이상과 현실 사이

이상과 현실 사이

중국의 동아시아 협력

장윈링張蘊嶺 지음

이희옥, 퍄오젠이朴鍵一, 리청르李成日 옮김

책과함께

한국어판 서문

《이상과 현실 사이》는 동아시아 지역협력에 대한 직접적인 참여와 실천에 기초하여 연구와 사고를 거쳐 완성된 것으로, 중국사회과학출판사 중국전략가 총서 제1부로 선정, 출판되었다. 영문판은 2019년 '루틀리지(Routledge)' 출판사에서 출판했는데, 이번에 한국의 '책과함께' 출판사가 한국어판을 출판하게 되어 참으로 고맙게 생각한다.

이 책은 1997년부터 추진되기 시작한 동아시아 지역협력에 대해 서로 다른 시각에서 정리하고 동아시아 지역협력 발전의 동력, 각국의 참여정책과 미래 발전추세에 대해 분석한 것이다. 2015년에 출간된 후, 그동안 새로운 정세변화가 일어났으며, 동아시아 지역협력도 새로운 변화와 추세가 나타났다. 따라서 한국어판 서문에 이러한 변화에 대해 보충, 설명하고자 한다.

여러 변화 중에서 가장 영향력이 큰 것은 미국의 정책전환이다. 오랫동안 미국은 시장개방 정책을 지지하고 다자 및 지역 협력을 적극 추진해왔다. 그러나 오바마 정부 집권기부터 정책을 조정하기 시작했다. 아태지역에서 APEC을 기본 틀로 하던 지역정책을 '환태평양경제동반자협정(TPP, 이하 TPP)'을 우선 추진하는 것으로 전화했으며, 새로운 시대의 새로운 규칙이라는 슬로건을 제기했지만 실제적으로는 중국과 같은 후발 경쟁자를 견제하기 위한 것이었다. 특히 트럼프 대통령이 집권한 후에는 '미국우선주의'와 일방주의를 적극 추진함으로써 TPP 탈퇴를 선포하고 기존에 체결했던 지역 및 양자 간의 자유무역협정에 대한 재협상을 강조했다. 이와 함께 '북미자유무역지대협정(NAFTA)'을 번복하고 멕시코, 캐나다와 양자협상을 통해 새로운 미국-멕시코-캐나다 협정을 체결했으며, 한국, 일본과도 양자협상을 다시 시작했다. 이와 동시에 트럼프 대통령은 중국에 대해서는 '무역전쟁'을 발동했으며 중국의 대미수출 제품에 대해 관세를 대폭 인상하고 중국의 대미투자에 대해 여러 난관을 만들었으며, 특히 하이테크기업에 대한 제재를 강화했다. 미국의 이러한 정책전환은 중국뿐 아니라 기존의 북미-동아시아 간의 생산네트워크에 중대한 영향을 미치고 있으며 동아시아 지역의 생산사슬에 균열을 초래하고 있다.

미국이 TPP에서 탈퇴한 이후, 일본은 미국이 참여하지 않은 '포괄적·점진적 환태평양경제동반자협정(CPTPP)'을 추진하고 완성했으며 앞으로 더욱 많은 국가들과 미국에 대해서도 참여의 문호를 열어놓고 있다. 동아시아 지역에서 아세안이 주도하는 '역내포괄적경제동반자협정(RCEP, 이하 RCEP)'은 15개 국가(인도 제외)가 참여해 2021년에 발효될 예정이다. 물론 동아시아 지역에서 개방된 거대시장을 구축하기 위해서는 인도가 RCEP에 참여해 동아시아 지역경제 개방과 협력 네트워크를 구축하는 것이 중요한 의의를 가지고 있다. 이와 동시에 인도가 후발 개도국으로서 지역경제 협력메커니즘 구축에 참여함으로써 본국과 지역이 규칙에 기초한 무역과 투자 수준을 높이는 데에도 도움이 될 것이다. 향후 적절한 시점에 인도와 RCEP 구성 국가 사이에 양자 무역협정 협상을 통해 인도를 참여시킬 필요가 있다.

미국의 정책전환을 고려하여 동아시아 지역은 개방과 협력을 심화시키고 지역시장 개방과 협력메커니즘의 구축 속도를 높임으로써 지역발전의 내적 동력을 확보해야 할 것이다. 동아시아 지역은 경제발전의 기초와 산업의 공급사슬 네트워크 및 거대한 발전 잠재력을 가지고 있기 때문에 개방과 협력 심화를 통하여 기존의 미국 시장에 과도하게 의존하던 기형적 구조를 개변할 수 있다. 나아가 새로운 기초 위에서 미국과의 경제관계를 포함하여 외부와의 연계메커니즘을 보다 확대해나가야 할 것이다.

동아시아 지역의 응집력은 경제상의 연계에 기초한 것으로 지역협력은 1997년에 발생한 동아시아 금융위기로 인해 시작되었다. 그러나 현실적으로 동아시아공동체 건설에 대한 각국 간에 공동인식이 부족하고 모두 '자신을 위주로 한 이익'을 고려하는 전략적 목표를 가지고 있다. 아세안은 동아시아 지역협력의 중추역량이지만 항상 '아세안 중심' 방식을 고집하고 있다. 일본은 동아시아 지역협력의 중요한 기둥이지만 스스로의 높은 지위를 적극적으로 수호하면서도 지역 국가들로부터의 배척을 우려하고 있다. 중국은 최대 경제체로서 동아시아 지역협력을 지지하고 있으나, 제도화 건설에는 신중하며 자체의 이니셔티브와 방안에 더욱 주력하고 있다. 한국은 동아시아 지역협력을 일관되게 지지하고 있지만 현실적 이익을 보다 중시하고 있다. 비록 각국이 동아시아 지역협력을 적극 지지하고 있지만 구체적 목표에 대해서는 강력한 공동인식을 여전히 형성하지 못하고 있다. 따라서 동아시아공동체 건설에 관한 논의는 동아시아 지역협력 의제 속에서 사라지고 말았다.

한편, 정세의 변화에 따라 동아시아 지역협력은 새로운 특징이 나타났다. 공동체 건설보다도 자유무역지대 건설을 중점적으로 추진하고, 특히 RCEP 건설을 중심으로 동아시아에 맞는 방식을 모색하고 있다. 또한 지역경제 발전의 내적 동력을 중심으로 인프라를 중점으로 하는 상호연계 건설을 크게 추진하고 있다. 나아가 신기술경제(AI, 디지털경제, 사물인터넷)를 협력 중점으로 삼아 동아시아 지역경제의 혁신적 발전을 촉진하고 있다.

개방은 지역경제 발전의 중요한 기초로서, 각국에게 지역협력에 참여할 수 있는 기회를 제공하고 생산요소의 유동을 촉진함으로써 국가와 지역의 경제운영 효율을 크게 제고시킬 수 있다. 동아시아 지역 국가들의 '집단적 굴기'는 시장의 개방과 이를 기초로 하여 구축된 생산네트워크(supply chain)에 기반을 둔 것이다. 다른 한편, 실천이 증명하다시피 개방은 만능이 아니며 일정한 부작용도 있다. 이를테면 경제부문 간의 기형과 불균형, 자본의 독점, 약자에 대한 배척 등이 있다. 따라서 금후 동아시아 지역협력은 이러한 요소를 고려하여 보다 포용적, 합리적, 균형적인 개방과 협력발전을 추진해야 할 것이다.

동아시아 지역협력은 이미 20여 년의 여정을 걸어왔다. 당초에 기획했던 동아시아공동체 건설은 방치되었지만 개방, 협력, 윈윈의 '공동체 정신'은 포기하지 말고 동아시아 지역협력의 지속적인 내적 역량으로 작용해야 할 것이다. 동아시아에는 여러 모순이 존재하고 있지만 지역협력은 이미 기본적인 공동인식으로 형성되어 있다. "서로 협력하면 이익, 다투면 손해를 본다"는 이치가 바로 이에 대한 반증이다. 이 책에서 동아시아 지역협력의 가치와 의의는 발전과정에 있으며 그 과정에서 발전을 탐색하고 제고시켜야 한다고 지적하고 있다.

중국은 개발도상국가로 대내개혁과 대외개방을 지속적으로 추진하고 있으며, 다자체제와 지역협력에 적극 참여하는 것이 기본정책이다. 또한 개발도상국가로 보다 큰 역할을 추구하는 것과 함께 발전이념에 기초한 이니셔티브를 적극 추진하고 있다. 예컨대 '일대일로(BRI)', '아시아인프라투자은행(AIIB)', '신개발은행(브릭스 협력체제)' 등이다. 미래 발전추세를 보면 중국은 신기술(AI, 빅데이터, 사물인터넷, 전자화폐 등)에 기초한 동아시아 지역의 네트워크 구축에 있어서 보다 중요한 역할을 발휘할 것이다. 만일 동아시아 지역이 이러한 분야에서의 협력을 강화한다면 세계경제 발전의 신동력을 선도할 수 있을 것이다. 따라서 향후 동아시아 지역 협력은 신기술의 개방과 협력에 중점을 두어야 한다.

한국은 높은 수준의 개방경제로서 양자 및 지역경제 협력메커니즘의 참여와 추진에 있어서 적극적인 역할을 발휘하고 있다. 동아시아 지역협력, 특히 동아시아공동체 건설에 있어서 한국은 독특한 리더 역할을 담당한 적이 있다. 이를테면 김대중 대통령이 제창한 '동아시아비전그룹'을 설립했으며 이 그룹에서 만든 보고서는 동아시아 지역협력의 중요한 문서가 되었다.

이번에 한국어판이 세상에 나오게 되어 매우 기쁘게 생각한다. 한국어판 출판에 배려와 기여를 아끼지 않으신 성균관대학교 이희옥 교수와 중국사회과학원 퍄오젠이(朴鍵一), 리청르(李成日) 교수, 그리고 한오종, 김도윤, 김국래 등 한국유학생 번역 팀에 깊은 감사의 뜻을 표한다. 특히 한국 아모레퍼시픽재단의 출판 지원에 진심으로 감사의 인사를 전한다.

2020년 11월
장윈링

| 차례 |

서문

학술연구의 세계에 들어설 당시 필자의 주요 관심사는 세계경제의 개방
과 발전의 문제에 관한 것이었다. 중국이 추진하던 개방과 발전정책의
'이론적 근거'를 탐구하고자 하는 내면적 동기가 있었다. 1985년 미국에
가서 공부하고 연구에 종사하면서 모든 시간을 이 분야에 쏟았다. 1980년
대 후반, 필자는《세계경제 속의 상호의존관계(世界經濟中的相互依賴關係)》
라는 제목으로 40여만 자에 달하는 저서를 경제과학출판사를 통해 출간
했다. 이 책을 2012년 중국사회과학출판사에서 재판을 찍었고 이는 '당
대 중국학자 대표저작 총서(當代中國學者代表作文庫)'에 포함되었다. 아무
런 수정 없이 그대로 펴냈기 때문에 당시 필자가 얼마나 이 작업에 공을
들였는지 어렵지 않게 알 수 있다.

　이 분야의 연구에 집중적으로 매진하고 싶었지만, 필자가 중국사회과
학원 유럽연구소(당시 서유럽연구소)로 전근한 이후, 연구 방향을 유럽연합
문제로 옮기고 이 연구에 에너지를 쏟게 되었다. 말하자면 관심의 초점을
세계에서 지역으로 전환하게 된 것이다.

　1990년대 초, 필자가 아시아태평양연구소로 옮기면서 부득이하게 연
구의 초점을 조정하게 되었고, 이때부터 아시아태평양 지역문제를 연구
하는 데 많은 힘을 기울였다. 필자는 이미 유럽연합 연구의 토대가 쌓여

있었기 때문에 아태지역의 협력을 연구의 주요방향으로 삼을 수 있었다. 아태지역이 매우 넓고 지역마다 차이가 크기 때문에 이 지역을 연구하기 위해서는 각 국가별 대내외 상황을 숙지해야 할 뿐 아니라 종합적 투시가 필요했다. 특히 지역협력 문제에 대한 연구는 경제문제의 분석은 물론, 정치와 국제관계에 대한 연구도 필요하다. 중국은 아태지역에 위치해 있고 주요한 무역시장과 해외투자가 이 지역과 긴밀히 연계되어 있다. 그래서 필자는 학자로서 APEC에서 동아시아 역내협력에 이르기까지 정책적 연구 및 관련 교류와 토론에 참여할 기회를 가질 수 있었다.

필자는 국내에서 처음으로 APEC 정책연구센터를 설립하고 정부 부처를 위해 많은 연구 성과를 제공했다. 동아시아 지역에서 협력프로세스가 시작된 후, 필자는 '동아시아비전그룹(East Asia Vision Group, EAVG)', '중국-아세안 자유무역지대 연합 전문가그룹', '동아시아 자유무역지대(East Asia FTA, EAFTA, 10+3) 타당성 연합연구 전문가그룹', '동아시아 경제동반자관계 긴밀화 협정(Close Economic Partnership for East Asia, CEPEA, 10+6) 타당성 연합연구 전문가그룹', 그리고 다수의 여러 그룹과 진행된 '트랙 1.5(관학)', '트랙 2(학계)' 회의에 참여했다.

십여 년 동안의 수많은 연구와 회의에 참여한 경험은 필자를 풍부한 지식과 넓은 시야를 갖출 수 있게 만들었고 사고의 깊이를 확장하는 데 많은 도움을 주었다. 또한 필자에게 맡겨진 수많은 정책 연구보고서를 완성하고 수십 편의 관련 논문을 발표했으며, 많은 학술저서를 출판하는 등 적지 않은 성과를 거두었다. 그러나 여전히 아태지역에 대해, 특히 동아시아 역내 협력프로세스의 발전에 대한 체계적 정리와 실천적이고 이론적인 문제에 대한 체계적 분석의 필요성, 그리고 필자의 실질적 참여를 바탕으로 한 중국의 지역전략, 특히 주변지역전략 문제에 대한 깊이 있는 사고와 탐색의 필요성을 절감했는데, 이러한 문제의식이 바로 이 책을 저술하게 된 동기가 되었다.

오늘날 세계의 발전은 세계화와 지역화로 정의되는 두 개의 거대한 사조가 있다. 특히 세계화의 발전을 추진하는 중요한 버팀목은 첫째, 전 세계 다자메커니즘이 추진하는 시장개방, 둘째, 각국이 취하는 개방적 발전정책, 셋째, 기업의 글로벌 경영(무역, 투자, 금융)이다.[1] 비록 세계화로 인해 많은 문제들이 야기되고 있지만 이러한 시대적 추세를 되돌릴 수는 없다.

지역화 발전을 추진하는 중요한 역량으로는 첫째, 정부가 지원하고 참여하는 지역협력정책, 둘째, 지역협력 메커니즘의 구축과 발전, 셋째, 사회적 지원이다. 기업과 국민은 협력을 통해 이익을 누리고 있다. 높은 수준의 지역화는 초국가적 지역화 제도의 건설을 상징하는데, 유럽연합이 바로 지역 차원의 관리와 거버넌스의 대표적 모델이다. 다른 지역의 협력은 다양한 특징을 가지고 있는데, 발전 정도가 다르고 목표의 설계 및 실행의 효과에서 큰 차이를 보이고 있다. 지역화는 세계화와 비교했을 때 좀 더 유연성이 있기 때문에 발전형식과 프로세스가 더욱 활발하다. 다양한 상황에서 이것은 지역화라기보다는 지역협력으로 부르는 것이 더 타당하다. 동아시아 지역협력은 자유무역지대의 건설뿐만 아니라 다양한 형식의 대화와 협력을 포함한다.

동아시아 지역협력의 역사는 그렇게 길지 않다. 근대 이후 동아시아는 하나의 지역으로서는 지리멸렬하게 존재해왔다. 제2차 세계대전 이후 오랜 시간 동안 동아시아 지역, 특히 동아시아 역내협력은 거의 언급되지 않았다. 1993년 세계은행(IBRD)이 '동아시아의 기적'에 관한 보고서를

---

[1] 세계화는 더 넓은 함의를 갖고 있다. 예를 들어, 기후, 생태(자원, 환경) 및 테러리즘, 자연재해, 질병의 전파, 네트워크 등 정치와 안보의 문제는 갈수록 전 지구적 특징과 의의를 갖게 되었다.

발표하고 나서야 비로소 동아시아는 지역으로서 점차 더 많은 관심을 받기 시작했다.

1997년은 동아시아 지역협력이 전환점을 맞게 된 해였다. 동남아시아에서 비롯되어 동아시아 지역 전체로 확산된 금융위기는 역내 지역 국가에게 역내협력의 추진에 대한 필요성을 환기시켰다. 위기에 직면한 아세안은 자발적으로 한중일 3국과의 대화를 요청하고, 동아시아 협력의 문을 열면서 동아시아 역내협력의 발전을 추진했다. 이로 인해 '동아시아공동체' 건설과 관련한 사상이 싹트기 시작했다. 그러나 이 동아시아공동체 건설을 목표로 하는 움직임이 나타나면서, 각 국가들 간의 비협력적 현상도 드러나기 시작했다. 오늘날에도 비록 다양한 형식의 협력이 추진되고는 있지만, 동아시아공동체 건설과 관련한 내용은 일부 사람들에 의해서만 언급되는 상황이다.

그렇다면 도대체 동아시아의 역내협력에 대해 어떻게 인식해야 할까? 그리고 미래의 발전전망은 어떠할까? 단편적 관찰과 분석에만 의지한다면 이 물음에 대한 본질을 정확하게 꿰뚫어보기 어렵다. 따라서 일관되고 총체적 차원에서 정리하고 생각할 필요가 있다.

필자가 '이상과 현실 사이'를 이 책의 제목으로 삼은 의도는 명확하다. 동아시아 협력의 진행과정과 그 성과를 객관적으로 평가해보기 위한 것이다. 요컨대, 동아시아공동체 건설을 '이상'으로 간주하고 건설과정에서 드러나는 모순과 어려움을 '현실'로 간주하여, 양자 사이에서 이루어진 선택과 노력에 의해 실제의 발전과 성과가 결정되었음을 입증하기 위함이다. 오늘날 사람들이 이상에 대해 많이 이야기하지는 않지만, 현실에 근거한 노력을 결코 멈추지 않고 있으며, 각국은 실용적인 태도와 협력의 정신으로 역내협력의 프로세스를 전력으로 추진하고 있다. 또한 실현가능한 다양한 방법을 모색하고 있다.

필자는 동아시아 국가 간에 얼마나 많은 모순과 불일치가 존재하는가와 상관없이, 또한 협력을 진행하는 과정에 어떠한 굴곡과 어려움이 존재하는지와 상관없이, 협력을 지지하고 대립을 피하여 협력을 주도적 추세로 만들 수만 있다면, 동아시아에는 희망이 있고 아름다운 미래가 도래할 것이라는 점을 믿어 의심치 않는다.

이 책은 모두 11장으로 구성되어 있다. 기본적으로 동아시아 역내협력의 주요부분에 관한 내용을 서술하고 있다. 각 장마다 '머리말' 역할을 하는 도입 부분이 있고, 각 절마다 발전 진행과정을 정리했다. 또한 동아시아 역내협력 프로세스의 성과와 어려움을 분석하고 필자의 의견을 제시했으며 일부는 이론적 관점을 내포하고 있다. 마지막의 '회고와 사고' 부분에서는 필자의 직·간접적인 참여활동과 결부해 종전의 진행과정과 미래 발전에 대해 경험적이고 이론적 사고를 도출했다.

각 장의 마지막에는 '더 읽을거리(참고자료)'를 덧붙였다. 이들 자료의 대부분은 필자가 이전에 발표했던 논문들과 관련이 있다. 세 개의 중요한 문건, 즉 동아시아 협력에 관한 두 개의 공동성명과 APEC의 '보고르 선언'과 관련된 의장성명은 중요한 가치가 있다고 판단되어, 각각 제1장과 제2장, 그리고 제6장의 마지막 부분에 첨부했다. 필자는 이러한 구성이 각 장에 대한 분석과 관점을 더욱 심도 있게 파악하고 이해하는 데 도움이 될 것이라 믿는다.

특별히 언급하고 싶은 것은, 필자가 '지역 관념의 회귀와 질서의 구축'을 책의 마지막 장에 배치했다는 점이다. 이 장은 사실 중국의 역내협력참여와 추진에 대한 필자의 결론이자 결산에 해당한다. 이 저서의 하이라이트이자 필자가 주장하는 생각의 핵심이다. 중국의 지역관념과 지역전략은 참여과정 중에 점차 명확해졌는데, 주변지역을 지정학적으로 하나의 통일체로서 배치하고 구성했다. 이는 중국의 전통적 지역관념으로의 회귀이자 전략적 자리매김이며, 나아가 중국의 지역관념과 지역전략의 승화이기도 하다. 승화란 중국 자신이 참여하고 추진하는 역내협력에 대한 중심전략이 마침내 명확해졌다는 것을 의미한다. 다시 말해, 지정학적 주변을 기초로 하는 상호의존의 지대와 지역질서의 수립을 의미한다. 회귀란 중국이 본래 지정학적 주변관계의 맥락과 질서의 프레임을 가지고 있었다는 것을 의미한다. 다만 근대에 이르러 중국 자신의 쇠락과 외세 침략의 상황하에 주변지역이 해체되면서 주변을 기초로 한 중국의 지역관념도 차츰 시야에서 멀어지게 된 것이다. 오늘날 중국의 종합국력이 상승하면서 중국과 주변국가 사이의 관계에 새로운 발전이 나타나기 시작했고, 주변지역과의 협력기제 구축이 새로운 발전을 맞이하게 되었다. 이처럼 지정학적 주변을 중심으로 하는 중국의 지역관념이 회귀하게 되었고, 이를 토대로 지역관계와 질서의 구축이 진행되기 시작했다.

중국의 지정학적 지역관념의 회귀 및 지역관계와 질서의 수립은 기나긴 과정으로 연관된 문제들이 아주 많다. 이는 급하게 처리할 수 있는 것이 아닐 뿐더러, 어렵다고 해서 뒤로 미룰 수 있는 것도 아니다. 중국의 부흥은 자신은 물론 외부세계를 변화시키고 있으며, 특히 지역질서를 크게 변화시키고 있다. 근대 이후 중국은 100년의 쇠퇴기를 경험했고, 지금은 100년의 부흥이라는 새로운 관건적 시기에 놓여 있다. 쇠퇴기에 중국은 자신은 물론 주변을 잃어버렸다. 새롭게 부흥하는 과정 속에서 중국은 자신과 주변을 다시 회복하게 될 것이다. 물론 새로이 회복된 중국은 이전과는 다른 것이며, 회복된 주변지역 역시 이전과 매우 다른 것이다. 이를 위해 중국은 반드시 새로운 사유와 새로운 이념, 그리고 새로운 전략을 통해 주변지역과의 새로운 관계와 질서를 수립해나가야 할 것이다.

필자는 이 주제를 가장 잘 이해하고 있다고 생각했다. 실무에 참여했었고 연구 성과도 많았기 때문이다. 그러나 필자가 일관성 있고 체계적인 정리를 시작하고 진지한 분석과 사고를 거듭하면서 이것이 굉장히 어려운 작업이라는 것을 발견하게 되었다. 연관된 분야가 매우 광범위하고 시간의 폭도 짧지 않기 때문이다. 특히 필자가 해야 할 다른 연구들이 적지 않았고, 생각을 정리하는 작업이 일단 한 번 중단되면, 더 많은 시간을 할애하여 이어나가야만 했다. 게다가 자료를 수집하고 정리하는 일 또한 결코 만만치 않은 과정이었다. 운이 좋게도 꾸준히 작업을 지속하다보니 마침내 원고를 완성할 수 있었다. 필자를 이해해주고 지지해준 나의 아내에게 감사의 마음을 전하고 싶다. 아내는 세심한 관심을 기울여주었다. 아내의 세심한 보살핌이 없었다면, 필자는 아마도 이 책의 원고를 순조롭게 완성하지 못했을 것이다.

필자는 이 책이 독자들에게 동아시아 역내협력의 발전을 이해하고 생각하는 데 도움이 되기를 간절히 바란다. 특히 중국의 지역관념과 전략적 방향에 대한 이해를 높이는 데 조금이나마 도움이 되기를 바란다. 이를 통해 이 지역에 관한 깊이 있는 연구들이 더욱더 많이 세상에 나오고, 많은 젊은 인재들이 이 분야의 연구와 작업에 열정적으로 임하게 되길 기대한다.

제1장

동아시아 지역협력의 시작

근대사를 살펴보면, 일본인들은 일찍부터 동아시아 협력에 관한 사상을 가지고 있었다. 메이지유신 이후 일본 경제는 급속하게 발전했고, 국력은 아시아에서 가장 강해졌다. 일본은 동아시아의 신흥 강국으로서 아시아 국가들의 연합을 통해 서양 제국주의 열강들의 포위라는 대외환경에 대항한다는 핑계를 내세워 자신들의 이익과 세력범위를 확산시키려 했다. 19세기 후반 국제적 영향력을 가진 수많은 일본인들이 다투어 '아시아주의'와 '동아시아 동맹' 등을 제창하고 추진했다. 그러나 일본인의 '아시아주의'는 자신들을 중심으로 한 것으로, 신흥 강국의 위치에 있는 자신들의 영향력과 세력범위를 넓히려는 의도를 갖고 있었다. 특히 아시아 지역주의의 슬로건을 이어받은 일본 군국주의자들은 '대동아공영권'이라는 기치를 내걸고 군사력 확장이라는 수단을 통해 다른 아시아 국가들을 복속시켜 자신이 '동아시아의 맹주'가 되려는 의도를 숨기지 않았다. 따라서 이른바 '아시아주의'는 일본의 군국주의를 확장하는 수단과 이유가 되었다.[1]

---

1   일본학자들에 따르면, 1930년대 일본의 지역주의(아시아주의)는 본래 세력 확장의 의도를 가지고 있었는데, 처음에는 중국의 동북지역을 겸병하는 이론적 바탕이 되었다가, 이후 아시아를 침략해 자국의 세력권 내에 편입시키려는 근거가 되었다. 19세기 후반에

그러나 부인할 수 없는 것은 당시 동아시아의 지조 있는 지사들도 아시아가 연합하는 것을 지지했을 뿐만 아니라, 서양 제국주의와 식민주의자의 침략과 통치에 맞서 일본이 아시아연합의 중심적인 역할을 해줄 것을 바랐다는 점이다. 예를 들어, 중국의 손중산(孫中山) 등은 서구 열강들의 분열의 난국에서 중국을 구해내기 위해 일본의 역할에 큰 기대를 걸기도 했다. 그러나 역사가 증명한 것은 자신의 실력과 자주성이 없는 상황에서 일본의 힘을 빌리려 하는 것은 스스로 호랑이 굴로 들어가는 것과 다를 바 없다는 것이었다.[2]

제2차 세계대전에서 일본이 패배한 후, 동아시아는 분열되고 냉전 대결의 구도 속에 편입되었다. 아시아 지역주의와 관련한 목소리도 한동안 종적을 감추었다가 1960년대에 들어 역내협력과 관련한 주장이 나타나기 시작했다. 그러나 이러한 주장의 근원은 동아시아 역내협력에 관한 것이라기보다는 미국을 포함한 태평양 지역의 협력에 관한 것이었다. 먼저 태평양 지역과 관련한 틀을 만들고 추진한 데는 이유가 있었다. 전후에 일본 경제가 급속하게 회복되었는데, 이는 미국과의 특수 관계에 따른 결과였다. 미국은 일본을 소련에 대항하는 군사동맹국으로 개조하면서 경제회복을 지원했고, 일본도 장기적으로 시장경제체제를 보장하기 위해

제기된 일본학자들의 이러한 사상과 평론에 관해서는 성방허(盛邦和), 〈19세기와 20세기 교차점의 일본의 아시아주의(19世紀與20世紀之交的日本亞洲主義)〉, 《역사연구(歷史研究)》, 2000, 제3기; 왕핑(王屛), 《근대 일본의 아시아주의(近代日本的亞細亞主義)》, 상무인서관 (商務印書館), 2004, 4쪽 참조.

2   1924년 손중산의 고베(神戶) 연설 참조. 《손중산 전집(孫中山全集)》 제11권, 중화서국(中華書局), 1986, 401, 411쪽. 예를 들면, 리다자오(李大釗)는 일본 중심의 아시아주의에 반대하고 신아시아주의를 주장했는데, 먼저 아시아의 식민지 국가들이 해방 및 독립 후 주권국가 연합을 건설하여 서구와 평등한 아시아 지역을 구축해야 한다고 주장했다. 리다자오, 〈대아시아주의와 신아시아주의(大亞細亞主義與新亞細亞主義)〉, 《리다자오 선집(李大釗選集)》, 인민출판사(人民出版社), 1959, 119~212쪽.

미국과의 안정적인 관계가 필요했다. 이것이 1960년대 일부 일본 전문가들이 태평양경제권을 건설하자고 주장한 배경이었고, 이 주장에 경제상황이 좋았던 호주와 뉴질랜드가 호응했고, 나중에는 '네 마리 용(싱가포르·한국·홍콩·타이완)'의 지지도 얻었다. 일본을 비롯한 이들의 '태평양 정서'는 미국의 이익에도 부합한다고 보고 실제로 미국 내 전문가와 정계 인사들의 지지를 얻었다. 그리하여 태평양 동서연안이 연결되고 지역기구의 설립도 추진되었으며, '태평양경제협의회(PBEC)'에서부터 '태평양경제협력위원회(PECC)'와 '아시아태평양경제협력체(APEC)'의 탄생으로 이어졌다.

동아시아가 하나의 지역으로서 다시 세상에 모습을 드러낸 것은 주로 경제적 상호연관성과 이익에서 비롯되었다. 동아시아는 상대적으로 독립적인 지역단위로 성장했으며 이것이 역내협력의 동력이 되었는데, 아태지역 협력에 비해서는 다소 늦었다. 사실 동아시아 역내협력 움직임이 처음 태동한 것은 동남아 지역이었다. 일찍이 1960년대 동남아 지역에서 '동남아시아국가연합(ASEAN, 이하 아세안)'이 결성되었다. 그러나 아세안의 실질적 성과는 1990년대 이후였다. 아세안은 협력의 중심과제를 정치 문제에서 경제문제로 전환하고 경제자유무역지대 건설을 추진하면서 역내 경제발전을 위한 환경을 마련하는 것을 최초의 과제로 삼았다. 경제 협력의 성과는 아세안의 지위를 확고히 했고 동남아시아 역내 조직으로서의 영향력을 확대하는 데 기여했다. 이와 함께 아세안을 중심으로 하는 지역주의 인식이 대폭 강화되었다. 아세안의 이익과 영향력을 확대하고 지역발전을 위한 외부협력과 평화적 환경을 조성하기 위해 아세안은 적극적으로 자신들을 중심으로 하는 다자간 '10+1 대화'와 협력의 틀을 구축했다.

동아시아 역내협력의 발전과정을 살펴보면, 아세안이 '방사형' 방식으로 확대하는 역내대화와 협력의 연계사슬이 동아시아 지역을 연결하는 기초가 되었다. 따라서 동아시아 역내협력을 위한 논의가 아세안에서부터 시작된 것은 당연한 결과였다. 1990년 당시 말레이시아의 총리였던 마하티르(Datuk Seri Mahathir Bin Mohamad)의 제안으로 '동아시아경제회의(EAEG)'가 창립되었고[이후 동아시아경제협의체(EAEC)로 개칭], 이 기구를 통해 아세안이 구축한 이러한 기초와 동아시아 지역의식을 구현했다.[3] 마하티르는 동남아 역내협력의 지도자이면서 동시에 동아시아 협력의 주창자로 각인되었다. 마하티르는 동아시아 지역이 단결해야만 국제무대에서 지역을 대변할 수 있는 발언권이 생기고 마땅한 권리를 얻을 수 있다고 주장했다.[4] 그의 이러한 사상은 미국의 통제를 반대하는 개인적 정서가 강하게 드러난 것이기는 하지만 동아시아에서 역내협력의 사조를 반영한 것이기도 했다.

1990년대 초, 동아시아 지역에서 동아시아 역내협력과 관련한 여러 주장이 나타났다. 예컨대, 한국의 김대중 전 대통령은 21세기는 동북아와 동남아가 협력하는 동아시아의 시대가 될 것이라고 제창하면서 만약 한중일과 동남아가 경제공동체를 건설한다면 21세기 세계경제를 주도할 수

---

3 EAEC의 회원국은 6개국(말레이시아·인도네시아·태국·싱가포르·필리핀·브루나이)이었으나 나중에 한국·중국·일본이 가입했다.

4 마하티르는 훗날 자신의 소망에 대해 다음과 같이 설명했다. "당시 유럽과 북미의 강력한 지역기구에 대응하기 위해 제안한 것으로 처음의 생각은 동아시아 국가들의 포럼(협의체)을 통해 공동의 문제와 세계무역의 담판에서 공동의 입장을 취하는 문제에 대해 토론을 하자는 것이었다. 그러나 미국은 이러한 동아시아 경제블록에 대해 반대했다. 북미 국가들은 북미자유무역협정(NAFTA), 유럽은 유럽연합(EU)을 조직해도 되는데, 동아시아 국가들이 서로의 관점에 대해 토론하는 것을 왜 반대하는가? 도무지 이해할 수가 없다", "만약에 우리 동남아와 동북아가 같이 강력한 경제기구를 조직한다면 NAFTA, EU와 경쟁할 역량이 생길 것이다." http://cppcc.people.com.cn/GB/34961/51372/51377/52183/3669338.html.

있는 지위를 획득할 것이라고 했다. 일부 일본학자들은 1990년대에 일본이 동아시아 지역주의를 추진할 것을 제안하면서 유럽의 경험을 배우고 동아시아경제공동체를 건설해야 한다고 주장했다.[5]

동아시아 협력의 기초는 확대되고 있는 역내의 연대의식과 경제적 이익에 있다. 점점 더 많은 국가가 개방전략을 추진하고 있고, 역내경제망은 더욱 확대되었으며 지역 특유의 생산 분업도 동아시아의 독특한 지역적인 특성을 형성했다. 가장 큰 영향력을 가지고 있는 세계은행(IBRD)의 《동아시아의 기적》이라는 보고서에는 동아시아를 긴밀한 관계가 있고 유사한 발전경험을 가진 지역으로 평가하고 있다.[6]

그러나 개방을 특징으로 하는 동아시아 국가의 경제모델과 동아시아에 대한 미국의 특수한 영향력을 고려했을 때 독립적 경제 블록을 형성하기 위해서는 보다 강한 응집력이 필요하다. 반미 성향을 가진 마하티르가 제창한 동아시아 경제공동체는 동아시아 대다수 국가들, 특히 일본과 같이 미국과 동맹관계에 있는 국가의 지지를 얻기 어렵다는 것을 쉽게 추측할 수 있다.

반면 동아시아 국가들이 하나의 지역으로서 그 경제적 이익의 기초가 형성되고 있다는 것과 무엇보다 동남아 국가들이 자신들의 역내협력기

---

5   김대중, 《21세기 아시아의 평화(21世紀的亞洲及其和平)》(중국어 번역본), 베이징대학출판사(北京大學出版社), 1994, 193쪽 참조. 그가 이런 생각을 가지고 있다는 것을 고려하면, 그가 '아세안+3' 대화협력체제가 가동된 이후 동아시아비전그룹의 구성을 먼저 제안한 것은 그리 놀라운 일이 아니다. 바로 이 그룹이 연구보고서를 통해 동아시아공동체 구상을 제안했다. Michio Morishima, *Japan's choice: to-ward the creation of a new century*, Tokyo, Iwarnmi Shoten, 1995; Kazuko Mori and Kenichiro Hirano ed., *A new Asia-toward a regional community*, NUS Press, Singapore, 2007, p. 12.

6   이 보고서에서는 동아시아경제는 다른 지역의 경제와 분명히 다른 특징이 있다고 했다. 세계은행 편, 《동아시아의 기적: 경제성장과 공공정책(東亞奇跡: 經濟增長與公共政策)》(중국어 번역본), 중국재정경제출판사(中國財政經濟出版社), 1994, 1쪽 참조.

구를 조직했다는 것을 고려했을 때, 역내협력체제가 세계 각국 그리고 국제기구들과 협력관계를 맺어야 하는 내재적 필요성도 있다. 동아시아 각국이 단합하여 역내기구의 형식으로 국제무대에 모습을 드러냈던 전형적 사례는 1996년 유럽연합과 공동으로 주최했던 '아시아-유럽정상회의(ASEM)'를 들 수 있다. 동아시아의 일원으로 참여했던 아세안과 한중일 3국은 유럽연합과 대화와 협력을 위한 기구를 공식적으로 구성했다.

그러나 동아시아 역내협력이 본격적으로 시작된 것은 아시아에서 금융위기가 발생한 이후이다. 1997년 아시아 금융위기는 아세안 국가들에서 시작되었으나 빠른 속도로 일본, 한국, 중국 등 다른 국가로 확산되었다. 금융위기의 영향으로 각국이 크게 손실을 입었고 역내경제 운영마저 위협을 당했다. 이러한 위기상황에 직면해, 아세안이 제안하자 각국이 여기에 적극 호응하여 '아세안＋한중일(10＋3)'이라는 역내협력 틀을 추진하게 되었다.

흔히 '위기(危機)'라는 단어는 '위급(危)'과 '기회(機)'라는 두 글자가 합쳐진 것으로 위급한 상황과 좋은 기회가 병존한다는 뜻이다. 만약에 아시아 금융위기가 없었다면 아마 아세안은 역내협력체제를 굳이 확대할 특별한 이유가 없었을 것이며, 비록 한중일 3국 중에서 동아시아 역내협력을 먼저 제안하더라도 아세안이 쉽게 수용하지 않았을 것이다. 따라서 동아시아 협력이라는 움직임의 기원은 먼저 아시아 금융위기에 대한 이해에서 시작해야 된다.

1. 금융위기의 발발

아시아 금융위기의 발단은 1997년 7월 1일 태국 주식시장에서였다. 이날 태국 주식이 대폭락했는데, 그 영향은 여기서 그치지 않고 모든 금융시스템의 위기로 확대되었으며 결국 동남아와 동북아 그리고 더 넓은 범위로까지 확대되었다.

그 위기의 기세는 맹렬했고 파급의 범위는 넓었으며, 파괴력은 사람들의 상상을 뛰어넘을 정도로 심각했다. '상상을 뛰어넘다'는 표현은 이 위기가 발생하기 전에 사람들이 동아시아 역내경제의 미래에 대해 상당히 낙관적인 전망을 가지고 있었기 때문이다. 금융위기는 순식간에 동남아 국가 경제 전체를 위기의 깊은 수렁으로 빠뜨렸으며, 그 재앙은 동남아 일부 국가가 아니라 동아시아 경제 전반에까지 미쳤다.

이 위기에 대한 다양한 분석과 시각이 존재했다. 주요한 원인을 내부와 외부에서 찾을 수 있다. 내부 원인은 일부 국가의 경제정책에서 문제가 발생한 것이고 여기에 더해 외부 영향도 결코 무시할 수 없었다. 외부 영향은 불 난 집에 부채질을 하는 격이었다. 구체적으로 내부 원인 중에서 가장 주요한 것은 단기간에 경제가 지나치게 과열되었고 정부의 경제 관리 정책이 실패했으며, 이로 인해 경제가 균형과 질서를 잃어버렸던 것이다.[7]

1980년대부터 1990년대 상반기까지, 엔화 가치의 상승으로 일본기업들은 외부로 산업을 이전했는데, 주로 아세안 국가들이 그 목표시장이 되었다. 이와 함께 1990년대 초 아세안은 자유무역지대를 추진하면서 역내 경제 환경을 개선하고 미국, 유럽, 한국, 타이완 기업의 투자를 끌어들이는 등 아세안은 외자의 투자열기가 높은 지역이 되었다. 투자열기와 함께 앞 다투어 유입된 자금이 아세안의 고도성장을 촉진했다. 당시 정부나 기

---

7   주요원인은 금융체계에 대한 관리감독이 결여되었고, 정부가 관리규칙을 제정하지 못하여 금융기구들이 '무규칙'하게 운용된 것이다. Seiichi Masuyama, Dnna Vandenbrink and Chia Siow Yue, *East Asia's Financial System*, NRI, ISEAS, Singapore, 1999, pp. 16-17.

업들은 모두 이러한 형세를 낙관적으로 보고 있었다.

어떻게 보면 당시 모두가 낙관하던 '세계적 분위기'가 위기를 조성한 화근이 되었는지도 모른다. 이러한 분위기에 편승해 동남아의 많은 국가들은 비교적 완화된 거시경제정책을 채택했고, 관리와 규제를 완화했으며 각종 금융기구의 활동을 적극적으로 장려했다. 또한 대규모 공사와 프로젝트를 추진하고, 맹목적인 기업의 생산 확대와 과도한 대출을 초래했으며 단기간에 횡재할 수 있다고 여기는 부동산 투자로 많은 자금이 흘러들어갔다. 이러한 과열되고 낙관적인 분위기에서 해외자금은 더욱더 대규모로 유입되었고 한순간에 동남아는 투자자(또는 투기자)들이 몰려들면서 더욱 뜨겁게 달아올랐다. 이 지역에는 위기가 발생하기 몇 년 전, 매년 약 1000억 달러의 자본이 유입되었을 것으로 추측된다. 이때부터 일부 아세안 국가에서는 국제무역과 국제수지의 심각한 불균형이 나타나기 시작했다.[8]

태국에서 시작된 위기가 왜 그렇게 급속하게 많은 국가들에게 확산되었을까? 주요한 원인은 동아시아 역내경제가 상호 밀접한 관계를 가지고 있었기 때문이다. 시장 간 상품과 자본, 그리고 서비스가 서로 연결되어 있어서 한 국가에서 문제가 생기면 주변국가의 시장에도 직접적인 영향을 미치게 된다. 태국의 국제수지에서 심각한 불균형이 나타나자 금융기관은 과도한 대출을 했고 연이어 주식가치가 하락했으며 마침내 '시장에 대한 믿음'에 불신이 생겨났다. 주변국가들에서도 태국과 비슷한 문제가 있었기 때문에 태국에서 문제가 생기자 투자자와 투기자들은 이들 나라들에 대해서도 믿음을 포기했고 대규모 환투기가 발생했다. 대규모 투

---

8 예를 들면, 태국에 경쟁적으로 유입된 외국자본은 1992년을 기준으로 할 때, 1996년에는 두 배에 달했으며, GDP 역시 두 배로 증가했다. 인도네시아 역시 비슷한 상황이 나타나서 위험지수가 대폭 상승했다. 위의 책, pp. 57, 77.

기자본의 유입과 단기간의 대규모 철수는 시장에 대한 믿음을 완전히 붕괴시켰다. 인도네시아에서는 어느 기업의 융자에 문제가 생기자 전체 금융권 간의 연결고리가 끊어졌다. 한국에서는 시장에 대한 믿음이 붕괴되자 과대평가되었던 환율이 하락했고, 동시에 외부의 채무문제가 순식간에 드러났다. 매우 짧은 기간에 동아시아 경제는 공황상태로 빠져들었다.[9]

외부 원인에 대한 일반적 평가는 당시 외부 영향력, 즉 외부 투기자본이 아시아 국가들의 내부에 풍랑을 일으켰다고 지적하고 있다. 거대한 국제 투기자본들은 항상 기회를 노리다가 일단 기회가 생기면 주저 없이 파고든다. 금융시장에서 문제가 생길 징후가 나타나면 사람들은 앞날을 걱정하게 되며, 이때 영악한 투자자는 '적극적인 대응'을 한다. 약점을 정확히 보고 허점을 이용하며 비교적 강한 정면보다는 상대적으로 약한 측면을 공격한다. 그러다가 밑천을 챙긴 후에 빠져 나온다. 시장에서 대규모 자금이 단기간에 외부로 빠져나가면 금융공황이 따라오고, 대공황은 시장을 붕괴시키며 금융시장의 혼란을 야기하고 이는 경제시스템 전반으로 확산된다. 소로스(George Soros)와 같은 금융계의 늑대들은 대규모 투기를 통해 시장을 조종하고 혼란을 부채질한다. 그들은 해당 정부가 금융파생상품들에 대해 완전히 파악하지 못하고 있는 것을 이용하여 금융투기를 감행하고, 대량의 자금을 빠른 시간에 철수시키는 방법으로 현지의

---

9 금융투자자 칼룸 핸더슨(Callum Henderson)은 아시아에서 금융위기가 발생한 후에 그의 저서 《아시아의 추락: 금융위기와 그 후의 느낌(亞洲跌落: 貨幣危機及其發生後的感觸)》에서 금융위기 발생의 참상, 즉 은행의 도산, 기업의 파산, 기업가의 자살 등을 자세하게 묘사했다. 그러나 2000년, 그는 저서 《아시아의 여명: 회복, 개혁과 새로운 아시아의 투자(亞洲的黎明: 復蘇, 改革與在新亞洲投資)》에서 아시아가 어떻게 금융위기의 수렁에서 빠져나올 수 있었는지, 어떻게 경제 재건을 할 수 있었는지에 대해 서술했다. Callum Henderson, *Asia Falling: making sense of the Asian currency crisis and its aftermath*, McGraw-Hill, 1998; *Asian Dawn: recovery, reform and inversting in the new Asia*, McGraw-Hill, 2000.

화폐를 압박하여 가치를 하락시킨다. 당시의 말레이시아 총리 마하티르는 소로스를 향하여 "말레이시아의 경제를 파괴하려는 의도를 가지고 있다", "정치적 목적이 있다"고 공개적으로 비난했다.[10] 일부 학자들은 금융의 늑대들이 움직이는 것이 '금융전쟁'이며, 이 전쟁의 목적은 새로운 모델로 부각되고 있는 '아시아의 경제'를 몰락시키고 '금융제국이 세계를 장악하는 것'이라고 주장했다.[11]

개방된 시장 환경에서 외자가 들어오고 나가는 것은 자연스러운 일이다. 그러나 대규모의 자본이 들어오고 나가게 되면 통화금융시장이 불안정해질 뿐만 아니라 경제 전반도 불안정해진다. 특히 자금이 대규모로 유출되는 것은 시장위축과 경제 불황을 초래하는 주요원인이 되기도 한다. 자본의 본질은 최대의 이윤을 추구하는 것이며, 이 목표를 달성하기 위해 이용할 수 있는 모든 수단과 기회를 이용한다. 만약 강력한 감독과 관리가 없고 이들의 활동을 지나치게 자유롭게 방치한다면 혼란에 빠지는 것을 막을 수 없다. 위기가 발생하기 이전에 대량의 국제 투기자본이 동남아 지역에 유입되어 이 지역의 경제과열을 부추겼고 위기 발생 후에는 대규모로 빠져나가 시장의 붕괴와 자본의 결핍을 가져오게 되었다.

통계에 따르면, 위기가 발생한 후 일 년이 안 되어 1000억 달러가 넘는 돈이 태국과 필리핀, 인도네시아 그리고 말레이시아로부터 빠져나갔고 은행대출도 1000억 달러 가까이 줄어들었다. 대규모 자금의 유출로 인해 은행은 새로운 대출 업무를 정지하거나 축소했고 이미 기울어지기 시작한 정세는 설상가상으로 악화되어 많은 국가를 불황으로 빠져들게 했다. 금융위기의 급속한 확산으로 인해 다시 한 번 명확하게 확인된 것은, 이

---

10 종타이(鍾泰) 외, 《중국으로 다가오는 위기(危機逼近中國)》, 연산출판사(燕山出版社), 1998, 145쪽.
11 쑹훙빈(宋鴻兵) 편저, 《화폐전쟁(貨幣戰爭)》, 중신출판사(中信出版社), 2007, 209쪽.

지역의 경제가 상당히 밀접하게 서로 연관되어 있으며, 각국의 통화와 금융시장 간에도 상호의존적 관계가 있어 이들 국가들 사이의 경제는 흥하면 같이 흥하고 망하면 같이 망하는 관계가 형성되어 있었다는 점이다.

대규모 외자가 단기간에 철수하자 금융기관의 악성채무가 대폭 증가했고 다급한 불을 끄기 위한 긴급자금이 필요했다. 태국을 비롯한 동아시아 국가들은 '국제통화기금(IMF, 이하 IMF)'에 구원의 손길을 청했다. IMF는 제2차 세계대전 이후에 건설된 주요한 국제금융관리기구의 하나이다. IMF의 규정에 나와 있는 주요기능은 '국제금융 협력, 국제무역의 확대와 균형발전 촉진, 환율안정과 환율의 질서 있는 배분, 지불체계의 다변화 촉진, 환율제한 철폐, 회원국의 국제수지 문제 해결 지원' 등이며 IMF는 회원국의 요구에 따라 긴급 구제기금을 제공할 수 있다.[12]

그러나 세상에는 공짜란 없는 법이다. 구제기금을 제공받으면 IMF가 제시한 조건과 이행사항을 반드시 받아들여야만 한다. 병이 있으면 의사가 처방한 약을 먹어야 한다. IMF의 처방은 경제가 과열되었으니 정부와 기업의 지출을 줄여 냉각시키고, 화폐의 가치가 떨어지면 금리를 높이고 화폐긴축정책을 써야 하며, 은행에 문제가 있으면 대출을 정지하고 구조조정을 단행해야 하며, 경우에 따라 통폐합한다는 것이다. IMF의 규정은 상당히 엄격하고 경험 많은 전문가들이 이 규정의 이행을 감독한다. 이 처방은 1980년대 남미 국가들의 채무위기에서 상당한 위력을 발휘한 바 있다.

그러나 서양의 약을 동양인이 먹었을 경우에 같은 효과를 기대하는 것은 무리다. 병이 낫지 않을 뿐 아니라 도리어 악화되기 일쑤다. 왜냐하면 동아시아에 나타난 문제와 남미가 전혀 다르기 때문이다. 남미에서 발생

---

12 United Nations Hand Book, 2010-2011, p. 349.

한 것은 공공채무 문제로, 정부가 빌린 돈이 너무 많아서 생겨난 것이다. 그러나 동아시아, 특히 동남아 국가들의 문제는 금융기구의 위기이자 시장 신뢰의 위기였다. 원래 경제성장 속도가 떨어지면 정부는 더 많은 지출을 통해 엔진의 출력을 높여야 하고 빠른 경제회복을 통해 후퇴하는 경제의 바퀴를 앞으로 굴려야 한다. 다시 말해 식어가는 시장을 가열하여 잃어버린 신뢰를 되찾고 냉각된 시장의 활기를 되살려야 하는 것이다.

결과적으로 IMF의 긴축방안은 정부의 긴축운영을 강제했는데, 이로 인해 설상가상으로 경제활동이 더욱 위축되었다. 은행과 금융기구는 자금이 부족하면 자금을 보충하여 기업들에게 대출을 늘려 경제에 활력을 불어넣어주어야 한다. 그러나 결과적으로 IMF의 규정 때문에 많은 은행이 파산했고 자산과 대부의 비율을 엄격하게 적용하여 거의 모든 은행들이 기준에 도달하지 못하게 되었고 대출업무를 수행할 수 없게 되었다. 정부가 돈을 쓰지 못하고 은행이 대출을 중지한 결과 더욱 경제가 악화되었고 많은 기업이 파산했으며 대량의 실업자를 만들어내는 것은 명약관화했다. 이러한 어려움에 대해 태국의 아난드(Anand Panyarachun) 전 총리는 "세계에서 어느 국가가 자국의 재정금융 관련 사무 관리를 국제통화기금에게 넘기고 싶어 하겠는가?"라며 비통한 심경을 토로했다.[13]

일부 사람들은 아시아 금융위기가 더욱 가중된 것은 IMF의 책임이 크다고 주장하고 있는데, 당시 상황을 지금 돌이켜봐도 이러한 비판은 결코 지나치지 않다.[14] 심지어 금융위기가 음모라고 주장하기도 한다. 소로스

---

13 종타이 외, 앞의 책, 149쪽

14 당시 한국을 제외한 태국, 인도네시아는 모두 정부재정이 흑자 상황이었고 재정운용에 여유가 있었다. 따라서 정부가 지출을 늘려 경제에 활력을 불어넣을 수 있었으나 IMF의 요구에 의해 긴축재정을 실시했고 결과적으로 이는 상황을 더욱 악화시키는 원인 중 하나가 되었다. Paul Bowles, "Asia's New Regionalism : Bringing State Back in and keeping the(united) States Out", *Review of International Political Economy*, Summer, 2002,

가 사냥을 하게 만들고 상처 입은 사냥감을 미국이 통제하는 IMF에 팔아 넘겼다는 것이다.[15] 이런 음모론에 대해서는 그렇게 찬성하지 않는다. 그러나 돌이켜봐야 할 것은 만약 어느 국가의 정부가 개방경제에 대한 감독이 부실하거나 능동적인 대응책을 마련하지 못한다면 그다음에는 상상하기 어려운 결과를 가져온다는 점이다.

일반 서민들은 가중되는 어려움 속에 선뜻 나서서 스스로 위기에서 벗어나기 위해 노력했다. 당시 많은 감동적인 사례가 있었다. 태국에서는 많은 사람들이 보관하고 있던 귀금속 액세서리를 기부했고, 한국에서는 김대중 대통령 부부를 필두로 수많은 사람들이 달러와 금괴, 귀금속 장신구를 무상으로 정부에 기부했다. 위기에 처한 국민들은 기다리지 않고 스스로 창업의 길을 찾았다. 태국에서는 파산한 기업가들이 노점상이 되어 길거리로 나섰고, 수없이 많은 사람들이 승용차를 팔고 술을 끊었다.

중국은 운이 좋아서 직접 위기의 수렁에 빠지지는 않았다. 여기서 말하는 '운'이란 행운이 아니라, 중국이 금융위기 직전에 국내 금융시장의 채무에 대해 규제를 강화했고 통화 발행에서 긴축정책을 실시한 것이다. 1990년대 초부터 중국 경제는 과열되기 시작했다. 많은 자본이 유입되었고, 은행은 대규모 자금을 대출했으며, 물가상승률은 두 자리 숫자를 기록했다. 경제과열을 억제하고 통화팽창을 해결하기 위해 정부가 자금을 투입해 관리조치를 실시했고 아시아 금융위기가 발생할 당시 중국 경제는 건전한 상태로 접어들었다. 그럼에도 불구하고 중국 경제와 외부시장

---

pp. 236-237, http://www.jstor.org/stable/4177421. 어떤 학자들은 국제통화기금의 처방에 중대한 오류가 있었다고 확신하고 있다. 니시구치 기요카쓰(Nishiguchi Kiyokatsu), 《현대동아시아경제론: 기적, 위기, 지역협력(現代東亞經濟論: 奇迹, 危機, 地區合作)》(중국어판), 샤먼대학출판사(廈門大學出版社), 2011, 63쪽

15 쑹훙빈 편저, 앞의 책, 209쪽.

은 긴밀히 연계되어 있었기 때문에 외부의 금융위기는 중국의 수출에 막대한 영향을 미쳤고 수출의 급속한 감소는 경제성장을 크게 둔화시켰다.

중국은 공동체의 이익과 책임에 근거하여 금융위기에 타격을 받은 국가들에게 원조의 손길을 내밀었다. 금융위기의 풍랑 앞에서 중국은 통화의 평가절하를 통해 수출을 자극하는 상투적 방법을 사용하지 않았고 위안화 환율을 유지했으며 태국, 인도네시아 등 금융위기의 수렁에 빠져 있는 국가들에게 구호자금을 원조했다. 이 과정에서 중국은 금융위기라는 재앙 속에서 '책임을 지는 국가'라는 영예로운 칭호를 얻었다.

당시 일본은 아시아 금융 대국이었으며, 동남아 국가들이 자금을 빌리는 주요 국가였다. 동남아 통화금융위기의 발생으로 일본도 심각한 위기에 처하게 되었다. 일본은 내부적으로 자신들의 금융체계를 조정하는 한편 외부적으로 '아시아통화기금' 설치를 제안했다. 역내 통화 협력시스템 건설을 통해 현재의 위기에 대응하면서 미래를 위한 안전판을 만들자는 것이었다. 그러나 이러한 일본의 계획은 미국의 강력한 반대에 부딪혔고 중국도 동의하지 않았다.[16] 이 계획이 외면당하고 나서 일본은 다시 '신(新) 미야자와 구상'을 제안하여 위기에 처한 아세안 국가들에게 직접 원조자금을 제공하는 한편 이들이 자금을 조달하는 것을 담보해주겠다고 밝혔다.[17]

---

16 일본이 제출한 아시아통화기금(AMF) 계획의 기본내용은 10개의 경제체, 즉 일본을 비롯하여 한국·중국·홍콩·인도네시아·말레이시아·싱가포르·태국·필리핀·호주가 1000억 달러의 기금을 조성하여 IMF와 무관한 지역 금융 협력시스템을 설립한다는 것이다. 이 계획은 미국을 포괄하지 않고 IMF체제에서도 벗어나고 있어, 미국의 주도적 지위와 IMF에 도전하는 내용으로 판단되어 미국의 강력한 반대에 부딪쳤다. 이와 동시에 아시아 금융을 주도하는 지위에 자신을 올려놓음으로써 아시아의 모든 국가로부터도 외면을 당했다. Phillip Lispscy, "Japan's Aaian Monetary Fund Proposal", http://web.stanford.edu/group/sjeaa/journal3/japan3.pdf.

17 '신 미야자와 구상'은 총 300억 달러의 자금을 일본이 단독 투자하여 기금을 조성한다는

한국은 어려움에 빠지고 금융체계가 붕괴된 후 대기업의 과도한 대출 (부채) 문제가 드러나 일부 부실기업이 위기에 처했고 이에 IMF에게 도움을 청할 수밖에 없었다. 미국은 동남아 지역에서 위기가 발생했을 때 적시에 원조를 하지 않았는데, 이는 같은 해 남미에서 채무위기가 발생했을 때 신속하게 원조를 한 것과는 크게 대비되는 모습이었다. 그러나 미국은 동남아 국가들과는 다르게 한국의 금융위기에 대해 신속하게 거액의 자금을 지원했다. 이는 한국이 미국의 동맹국이기 때문이라고 보인다.

더욱 심화된 위기와 무력한 대응에 직면해 많은 학자들이 금융위기와 관련한 중대한 문제에 논쟁의 불을 지폈다. 논쟁의 초점 중 하나는 '위기가 왜 더욱 악화되었는가'였다. 일부 사람들은 IMF가 원흉이라고 했다. 제일 먼저 화두를 던진 사람은 제프리 삭스(Jeffrey Sachs) 미국 하버드대 교수였다. 그는 IMF가 원조를 요청한 국가들에 요구한 극도로 가혹한 긴축계획은 이들 국가들이 어려움에서 벗어나지 못하게 했을 뿐 아니라 정세를 더욱 악화시켰다고 주장했다. 당시 세계은행 부행장이던 조지프 스티글리츠(Joseph Eugene Stiglitz)도 비슷한 관점을 가지고 있었다. 더욱 강한 비판론자들은 IMF의 강압적 조항을 '신식민주의'에 비유했다. 물론 IMF도 자신들의 논리가 있었다. 그들이 보기에 관용적으로 자금을 지원해주면 원조를 받는 국가들이 최선의 대책을 강구하지 않아 당초의 목표대로 교정되지 않는다고 보고 강한 규제를 선택했다고 주장했다.

그러나 하나의 공인된 사실은 국제금융시장이 폭넓게 개방되어 있고 융합되어 있는 현재의 상황에서 각국은 자본의 국제화에 대한 유효한 관

계획이었다. 그러나 여러 국가들은 일본이 금융위기를 확대시킨 책임에서 벗어나기 어렵다고 판단했다. 그 이유는 금융위기가 정점으로 치닫고 있을 때, 일본은 해외자본을 빼서 자국으로 돌렸기 때문이었다. 천원홍(陳文鴻) 외,《동아시아경제는 어디로 가는가(東亞經濟何處去)》, 경제관리출판사(經濟管理出版社), 1998, 231쪽.

리수단이 없고 국제사회도 국제자본의 유동과 금융기구의 운영을 위한 감독기구를 건립하지 않았다는 것이다. 동아시아 지역에서 발생한 금융위기는 이러한 결함에 대해 가장 엄중한 경고를 보낸 것이었다.[18]

또 다른 논쟁의 초점은 '동아시아모델'은 이미 시대에 뒤떨어진 것이 아닌가, 또는 동아시아 지역의 고도성장이 끝난 것인가 하는 문제였다. 여기에 대해 정부주도 중심의 동아시아모델은 이미 생명이 끝났다고 주장하는 학자들이 있었다. 일찍이 미국 경제학자 크루그만(Paul Krugman)의 동아시아 경제에 대한 비판과 예언이 적중한 것처럼 간주되었다. 그는 이른바 동아시아의 기적은 현실성 없는 신화에 불과하다고 보았다.[19] 따라서 많은 사람들이 동아시아 경제의 번영기는 다시 오지 않는다고 보았다.[20]

미국과 유럽의 수많은 신문지상에 당시 '동아시아모델'이 수명을 다했다는 논조가 유행했다. 물론 또 다른 많은 전문가들은 금융위기는 잠시 지나가는 것이며, 이 위기도 동아시아 경제의 장점과 유리한 조건을 바꾸지 못할 것이기 때문에 몇 년의 조정기를 거치면 제2차 성장의 기적이 나타날 것이라고 보았다.[21]

---

18 Karl D. Jackson, *Asian Contagion*, ISEAS, Singapore, 1999, p. 3 참조. 이 분야의 문제는 2008년 미국에서 발생한 서브프라임 모기지론 위기가 발생하고 이 위기가 세계적인 위기가 되어서야 관심을 받기 시작했으며, 모든 국가와 국제사회는 협력이라는 방식을 통해 해결책을 찾을 수 있었다. 이 분야의 분석은 뒷부분의 금융협력 부분에서 다시 다루기로 한다.

19 Paul D. Krugman, "The Pacific Myths", *Foreign Affairs*, 1994, pp. 11-12.

20 어떤 전문가는 위기가 아시아 이외의 국가에까지 퍼질 것이며, 따라서 금융위기가 발생한 원인은 동아시아 국가들에만 있는 것이 아니라고 보았다. 니시구치 기요카쓰, 앞의 책, 59쪽.

21 Callum Henderson, 앞의 책. 필자는 《아시아 현대화의 투시》에서 "위기가 지나가면, 아시아는 새로운 도약과 같은 발전을 이룩할 것이고, 아시아의 미래는 밝을 것이며, 이에 대해 어떠한 의심도 없다"라고 논술한 적이 있다. 장원링(張蘊嶺) 편, 《아시아 현대화의 투시(亞洲現代化透視)》, 사회과학문헌출판사(社會科學文獻出版社), 2000, 47쪽.

위기가 발생했다고 해서 동아시아 경제발전의 경험과 미래의 전망이 모두 부정되어야 한다는 것이 잘못되었다는 것은 이후 사실로 증명되었다. 정책 실패와 제도 결함으로 인해 발생한 금융위기 때문에 아시아인의 제도와 문화는 불치병이라는 시각은 지나친 편견이었다.

당연히 금융위기는 동아시아 국가들의 경제, 정부정책과 기업 경영제도의 심각한 문제점들을 드러나게 만들었다. 예컨대 정경유착, 과도한 수출의존, 고투자 저생산, 내수시장 개발 경시, 경제와 사회발전 사이의 불균형, 부실한 은행시스템, 증권시장의 정체와 낙후, 불투명한 시장시스템, 과도한 개방과 느슨한 관리, 국제자본에 대한 유효한 관리수단 미비 등이었다.

금융위기의 발생과 영향은 어느 특정 국가가 이 거대한 재앙에 대응할 수 없으며, 이런 재앙이 닥치면 극소수 국가만이 이를 피해가는 행운을 누릴 수 있다는 것을 보여주었다. 만약 동아시아 국가와 지역들이 개방발전전략을 통해 그 과실을 맛보았다면, 이 국가와 지역들은 공동운명체로서 서로에 대한 책임을 느꼈을 것이다.

2. 협력의 배 출항

만약 1990년 마하티르 총리가 제기한 '동아시아경제회의(EAEG)'의 조직이 시기상조이고, 1996년 동아시아 13개 국가를 한 축으로 하고 유럽연합(EU)이 또 다른 한 축이 되어 만든 '아시아-유럽정상회의(ASEM)'가 유럽의 초청에 응하여 집단적인 대화를 한 것에 불과한 것이었다면,[22] 1997년

22　아시아-유럽정상회의(ASEM)는 아시아와 유럽 사이의 정부 간 포럼이다. 1994년 7월, 유럽연합은 '아시아를 향한 새로운 전략(走向亞洲新戰略)'을 제정하고 아시아와 더욱 폭넓은 대화를 진행하며, 건설적이고 안정과 평화에 기반을 둔 동반자 관계로 발전시킬 것을

의 아시아 금융위기가 촉진한 '10+3' 협력기제야말로 내재되어 있던 필요성을 드러낸 것이라고 할 수 있다. 동아시아 국가들이 한 배를 타고 뜻을 모아 돛을 올리고 배를 출범시킨 것은 동아시아 역내발전 역사에 일대 사건이다.

1997년 12월 15일은 기억해야 할 중요한 날이다. 이 날은 아세안의 초청으로 한중일 3국과 아세안 10개국의 지도자들이 말레이시아의 수도 쿠알라룸푸르에 모여 비공식대화와 협력회의(10+3, APT)를 거행하여 돌파구를 마련한 역사적인 날이다. 이 회의의 의의는 상당히 심원하며 동아시아 협력의 미래를 제시해주었다.

'10+3' 정상회의에서는 금융위기 대처방안, 동아시아 역내의 경제 연계방안, 동아시아의 미래와 발전 등의 문제를 주요의제로 다루었다. 회의를 통해 지도자들은 여러 의제들에 대해 인식을 같이 하고, 동아시아 역내협력을 강화하는 분명한 정치적 의지를 표명했다.[23]

1998년 말, 베트남 수도 하노이에서 거행된 제2차 동아시아정상회의

주장했다. 1994년 11월, 고촉통(吳作棟) 싱가포르 총리는 '아시아-유럽정상회의'를 제의하여 각국의 적극적인 호응을 받았다. 1996년 3월 1~2일, 첫 번째 ASEM 회의가 태국에서 열려 ASEM이 정식으로 성립되었다. 지금 ASEM의 회원국은 성립 당시 26개국에서 51개국으로 확대되었다. 주요한 기구는 정상회의, 외교장관회의, 고위급회의, 장관급회의 등이 있고 협력의 영역은 정치대화, 즉 쌍방이 관심을 가지는 광범위한 의제를 가지고 토론을 진행한다. 경제협력(과학기술, 농업, 에너지, 교통, 인력자원개발, 빈곤극복과 환경보호 등), 무역과 투자 촉진, 그리고 국제무역, 글로벌 거버넌스 등의 문제에 대해 협상을 진행하며, 학술, 문화와 인적교류 협력을 추진하기로 합의했다. 회의에서는 '2000년 아시아유럽 협력 기본협의', '아시아유럽 무역편리 활동계획'과 '아시아유럽 투자촉진 활동계획' 등에 대해 서명하고, 아시아-유럽기금과 아시아-유럽정상회의 신탁기금을 설립했다.

23 여기에서는 또한 '아세안+1' 대화협력 시스템도 시작되었다. 아세안과 중국 지도자 간 회의의 성과는 '중화인민공화국과 아세안 국가 정상회담 연합성명'을 발표하고, 서로 간의 선린우호 동반자관계로 발전시키는 것이 중국과 아세안이 21세기의 관계에서 중요한 정책목표라는 것을 인정했다. http://cpc.people.com.cn/GB/64162/64165/74856/74966/5159314.html.

에서는 더욱 구체적인 성과를 거두었다. 제1차 대화가 협력 자체에 대한 공통의 인식에 도달한 것이라면, 제2차 대화는 동아시아 협력의 실무적인 방향을 모색한 것이라고 할 수 있었다. 회의의 주요의제는 어떻게 역내협력을 강화하여 금융위기를 극복하느냐, 어떻게 역내경제를 회복 및 성장시키느냐 하는 것이었다. 중국은 회의기간 동안 동아시아 협력을 강화하고 위기에 대응하기 위한 구체적인 방향을 제기했으며, 동아시아 국가들의 중앙은행 부총재 및 재무차관 회의의 설립을 제안했다. 또한 국제 금융 개혁과 단기유동자본 문제에 대해 연구할 것도 제의하여 각국 지도자들의 일치된 동의를 얻어냈다.

이러한 협력메커니즘이 시작되고 나서 처음으로 동아시아 지역 내의 정부고위층 직능부문 간의 대화와 협상 및 역내의 중대한 경제문제에 대한 실무협력 시스템을 구축하게 되었다. 다른 하나의 중요한 성과는 한국의 김대중 대통령의 제의와 각국 지도자들의 일치된 동의로 '동아시아비전그룹(EAVG, 이하 EAVG)'이 만들어져 동아시아 협력의 미래에 대해 전망과 계획을 수립하게 되었다는 것이다

1999년 11월 28일, 필리핀 수도 마닐라에서 거행된 제3차 회의는 중요한 전환점이자 출발점이 된 회의였다. 이 회의에서는 동아시아 협력의 원칙, 방향과 중점영역 등에 대해 공유하고 처음으로 '동아시아 협력에 관한 공동성명'을 발표했다. 성명은 "동아시아의 협력과 상호 간의 연계를 더욱 강화하면 밝은 미래가 있다"는 것을 강조하고, 지도자들은 "대화와 협력을 추동하고, 대화를 더 가속시키며, 집단의 노력을 더욱 강화, 견고히 하고, 상호 간의 이해와 신뢰, 친선우호관계를 통해 동아시아와 세계의 평화를 촉진하고, 안정과 번영을 이루자"고 결의했다.

이 성명에서는 경제와 사회, 정치와 기타 영역의 협력에 관한 중점사항을 열거했는데, 경제협력 부문에서는 무역과 투자, 기술양도의 가속화,

정보기술과 전자상거래의 기술협력 독려, 농·공업 협력 추진, 중소기업의 협력 강화, 동아시아 산업포럼 가동, 동아시아 경제성장 구역 추진, 메콩 강 지역의 발전방안 등이 포함되었다. 통화와 금융협력 부문에서는 정책대화와 협조·협력 강화, 거시경제 위험요소 등을 포함한 기업관리, 자본 유통지역에 대한 감독, 은행과 금융시스템에 대한 관리와 감독 강화, '10+3'의 틀을 통한 역내의 자구(自救)와 자조(自助)를 위한 시스템 강화 등이 논의되었다. 사회와 인력자원 부문에서는 '아세안 인력자원개발 구상' 추진, '인력개발기금' 설립 등이 포함되었다. 또한 기술개발 분야의 협력은 과학기술 부문의 협력을 강화하고 능력을 배양하는 것이 중점사항이었고, 문화와 정보통신 부문에서는 문화교류를 통해 상호 이해를 심화하는 것이었다. 이 외에 발전에 있어서 협력을 강화해 지속가능한 발전을 이루고, 정치와 안보에 관한 대화·협조·협력을 강화하고 상호이해와 신뢰를 강화해 초국가적 문제에 대해서 협력을 강화한다는 것 등이 다루어졌다.

각국 지도자들은 '한층 더 깊어지고 넓어진 동아시아 국가들의 협력에 대해 확고한 결의와 자신감'을 표시했다.[24] 지도자들의 이 성명은 동아시아 역내협력에 대해 장기적인 안목을 가진 구상이라고 할 수 있었다. 문제 시각을 당장에 닥친 위기와 충격에만 국한시키는 것이 아니라 동아시아 협력의 장기목표에 대한 스케치를 시작한 것이다. 따라서 이 회의를 가리켜 하나의 중요한 전환점이자 새로운 출발점이라고 불러도 과언이 아닌 것이다.

이때부터 '10+3' 정상회의는 정례화가 되었고, 점점 더 많은 장관급 회의시스템도 시작되었다. 특히 EAGV는 동아시아공동체 건설에 관한

---

24 〈동아시아 협력에 관한 공동성명〉, 마닐라, 1999. 11. 28, https://www.asean.org 참조.

보고서를 제출했으며 이어 정부 간 공식 연구그룹의 공동체 건설 이행계획도 승인을 받았다. 이제 동아시아 협력이라는 배는 순풍을 만난 것처럼 힘차게 앞으로 나아갈 수 있게 된 것이었다.

동아시아 국가들을 함께 하도록 만든 직접적인 동기는 금융위기에 대한 공동대응이었지만, 그 근본 바탕에는 이들 국가들 사이에 서로 의존하고 연계되어 있는 경제사슬에 근거하고 있다. 제2차 세계대전 이후 동아시아 지역은 일본 경제의 부흥에서 시작해서 '네 마리 용'으로, 다시 아세안과 중국으로, 산업이전과 분업이 투자–무역–금융의 연계사슬로 이어졌고, 점점 역내 생산 분업과 운영체계가 형성되었다. 이러한 분업의 연계사슬은 역사와 정치를 초월하여 시장연계시스템을 기초로 한 각국의 개방발전전략을 이끌어냈다. 동아시아 역내의 이러한 상호의존적인 연계시스템과 공동이익은 자연히 시스템화라는 협력을 통해 유지하게 되었다.[25]

동아시아 역내의 경제연계사슬은 차츰 길어지게 되는데, 점점 더 많은 경제체가 참여해서 유기적으로 구성하게 되었다. 제2차 세계대전 이후 일본의 경제는 빠르게 회복되었다. 동아시아 역내에서 먼저 발전한 국가로서 일본은 역내경제발전을 촉진하는 중요한 작용을 발휘했다. 뒤이어 후발 국가들에 자본과 기술을 제공하는 주요한 원천이 되었는데, 이렇게 일본이 앞서 이끌고 개발도상에 있는 국가들이 그 뒤를 따르는 '기러기떼 패턴(Flying Geese Pattern)'의 경제발전 모델을 점차 형성했다. 특히 1980년대 후반 엔화의 상승으로 일본기업들이 대거 외부로 이전했는데, 외자투자와 산업이전을 통하여 생산 분업을 연계하는 시스템이 형성되었다. 이러한 '기러기떼 패턴'은 시장네트워크와 산업분업에 참여하고 있는 경제

---

25 Kazuko Mori and kenichiro Hirano ed., *A New East Asia : toward a Regional Community*, NUS Press, 2007, p. 100.

체 사이에 긴밀한 경제연계를 형성하게 했다.[26]

국가 간 연계가 점차 깊어진 상황에서 더 많은 국가들이 개방발전전략을 택하게 되었으며, 국가 간 혹은 지역 간 분업 네트워크에 가입하고 국제시장체계에 편입하게 되었다. 가장 먼저 '네 마리 용'은 적극적인 개방과 경제부흥정책을 실시하고 저렴한 생산원가를 자신의 장점으로 내세워 외자유치와 가공무역을 통해 경쟁력 있는 가공기지와 수출국이 되었다. 이들은 투자를 유치하고 수출을 촉진시켜 경제의 빠른 성장을 이끌었다.[27] '네 마리 용' 다음으로 동남아의 말레이시아, 인도네시아, 태국, 필리핀 등 더 많은 경제체가 개방발전의 행렬로 들어섰다. 이들 경제체들이 분업체계에 진입하자 한 발 앞서 있던 '네 마리 용'은 재빨리 산업구조와 발전전략을 조정하여 저가상품 및 노동집약형 가공 산업을 네트워크에 신규 진입한 국가들로 이전했으며, 신입 국가들은 인계받은 가공 산업을 통하여 빠르고 경쟁력 있게 시장으로 뛰어들었다. 이들 국가들은 유입된 대량의 외자와 가공수출산업을 이용하여 빠른 경제성장을 이룩했다.

중국은 개혁개방정책을 실시하여 거대한 발전 잠재력과 특수한 경쟁력을 가지고 동아시아의 분업체계와 산업 네트워크망에 진입했다. 중국의 움직임은 역내경제에 거대한 활력을 가져다주었을 뿐만 아니라 역내에 존재하던 분업체계의 변경을 요구하게 되었다. 중국은 가공수출의 중심지가 되었고 역내의 '사슬형' 분업구조를 '입체교차형' 구조로 바꾸어

---

26 일본을 '기러기떼(雁行) 모델'을 이끄는 코기러기로 비유하는 것은 개괄적인 비유이며, 경제 비약의 질서를 나타내는 것일 뿐이다. 미국과 유럽에서 들어온 자본과 산업이전도 동아시아 생산체계의 중요한 구성부분이다.

27 '네 마리 용'은 한국, 싱가포르, 홍콩, 타이완을 일컫는 표현으로, 이들 국가가 경제발전을 성공시킨 의의는 낙후되어 있는 경제체(국가)도 개방을 통해 외자와 기술을 유치하고 국제분업에 참여하며, 국제 시장의 무대를 이용하여 고도성장을 이룩했다는 데 있다. 장윈링 편, 앞의 책(2000), 20쪽 참조.

그물형 역내 분업구조가 형성되었다. 대량의 외부자금이 중국에 집중 투자되었고, 중국은 분업의 가장 중요한 중심축이 되면서 역내와 세계 시장의 거대한 가공·조립공장이 되었다.[28]

알다시피 동아시아의 밀접한 역내경제 연계는 협력의 기반이 되었다. 만약 1997년 시작된 동아시아 대화협력 시스템이 금융위기에 대응하기 위해 나타난 것이라면, 이 시스템에서 통과된 '동아시아 협력에 관한 공동성명'은 장기적인 미래의 발전전략에 착안한 공통된 인식이었다. 지도자들이 이처럼 짧은 시간에 공감대를 형성하게 된 것은 날로 심화되는 경제연계와 공동이익에 기초한 것이기는 하지만, 더욱 중요한 것은 그들의 공통한 정치인식과 안목이 동아시아 역내의 협력·발전과 번영을 이끌었다는 것이다.

동아시아의 국가들이 이 단계에까지 협력해온 것은 결코 쉬운 일이 아니었다. 근대 동아시아는 혼란과 전쟁을 겪었고, 대립과 갈등이 있었으며, 심각한 타격과 손해도 입었다. 특히 정치와 안보문제로 인한 분단이 아직 해결되지 않은 상황에서 협력을 추진하자는 공통된 인식에 도달한 것은 현실적인 이익에 기초한 것임과 동시에 미래의 비전에 입각한 것이었다.

물론 크나큰 차이와 해결되지 않은 많은 모순들이 앞에 놓여 있다. 이에 사람들은 의문을 가질 것이다. 동아시아의 협력이 지속될 수 있을까? 경제의 협력이 정치의 강력한 지지를 받을 수 있을까? 아시아와 유럽은 상황이 다른데, 아시아 국가들이 자기의 특성에 맞는 협력 방식을 찾을

---

28 어떤 사람들은 그물형 구조가 나타내는 것은 더욱 세분화된 상품내분업과 수직분업체계라고 말한다. 탕하이옌·장후이칭(唐海燕·張會清), 〈중국의 굴기와 동아시아 생산네트워크의 재구성(中國崛起與東亞生産網絡重構)〉, 《중국공업경제(中國工業經濟)》, 2008, 제12기 참조.

수 있을까? '10＋3'을 기초로 한 아시아 협력은 미국을 포함하고 있지 않은데, 동아시아에서 거대한 영향력을 행사하는 미국이 이를 수수방관할 것인가? 이와 같은 문제 이외에도 더 많은 문제들이 존재한다.

어쨌든 동아시아 분열의 시간이 오래 되었고 현실적인 차이가 너무 클 뿐만 아니라 안팎의 관계도 상당히 복잡하다. 어떤 사람들은 근대 이후 1990년대 초까지 동아시아 국가들은 역내에서 공동의 사업을 진행해본 기억이 없고, 아시아의 단결을 호소하는 목소리가 아직은 작다고 지적하고 있다. 현실적인 이익이 이끄는 협력은 비교적 쉬운 편이나 진정한 지역화를 위한 시스템의 구축은 각 방면의 이익을 건드리게 된다. 현실적으로 동아시아 역내협력의 출발점을 실무적인 이익으로 본다면 역내협력의 제도화를 구축하는 것, 특히 국가를 초월하는 역내 제도화를 구축하는 것에는 고도의 정치적 공감대가 필요하다. 이처럼 동아시아 협력을 심화하는 것과 연관된 문제가 너무 많아서 이 과정에서 여러 문제들이 반복적으로 나타날 것이다.[29]

---

29 Simon S. C. Tay, *Asia Along: The Dangerous Post-Crisis Divide from America*, John Wiley and Sons(Asia) Pte. Ltd., 2010, pp. 176-177.

회고와 사고

세월은 쏜살 같아서 아시아 금융위기도 이미 20년 전의 일이 되었다. 오늘날 돌이켜보면 아직도 지나간 일이 눈에 선하다. 그러나 지금 그때 진행한 연구를 다시 진행한다면, 당시 직면했던 연구보다 한층 더 깊어진 사고를 할 수 있을 것이라는 생각이 든다.[30]

경제개방은 각국이 국제경제 무대에 참여하고 국제자원을 이용하여 경제의 빠른 발전을 실현시키는 정확한 선택이다. 개발도상국의 입장에서 볼 때, 개방은 발전의 병목인 자금조달을 가능하게 하고 기술부족과 협소한 시장문제를 해결해준다. 그러나 개방에는 위험도 따른다. 특히 환율의 변동과 금융시장의 개방은 한편으로는 자금을 끌어들이고 자본시장을 발전시키는 데 유리하지만 다른 한편으로는 환율변동이 심해지고 투기자본의 투기와 금융시장의 혼란과 동요의 위험도 있다. 당시 태국, 인도네시아, 한국 등의 상황은 기업의 대출금이 지나치게 많았고, 금융기관

---

30 특히 10년이 지난 후, 당초 강도 높게 아시아를 비판하던 미국에서 서브프라임 모기지론 위기가 발생했다. 이 심각한 위기는 급속하게 전 세계로 확산되었는데, 전 세계에 미친 영향과 손해는 아세안 국가에서 비롯된 금융위기보다 훨씬 엄중했다. 게다가 내재하고 있던 원인으로 볼 때, 두 번의 위기의 뿌리는 모두 금융기관·기구의 부실한 관리감독에서 비롯되었다. 금융시장이 발달되어 있고 금융관리감독이 완벽하다고 소문난 미국에서 위기가 발생한 것은 예상하지 못한 결과였기에 더욱더 주목을 받았고 더 깊이 생각하게끔 했다.

은 대출을 지나치게 많이 해줬기 때문에 환율이 큰 폭으로 요동쳤다. 금융시장에서 문제가 발생할 조짐을 보였을 때, 자금이 대규모로 빠져나가면서 금융위기가 악화되는 중요한 원인이 되었다. 그래서 경제개방은 관리감독에 관한 법규와 기관이 마련되어 평소에는 엄격한 관리감독을 하고 문제가 발생했을 때 강력한 대응능력을 발휘할 수 있어야 한다. 발전수준이 높지 않고 특히 금융체계가 허술하고 관리와 대응능력이 떨어지는 개발도상국들은 개방을 위한 준비를 철저히 해야 한다. 이것은 제도를 갖춘 다음에 개방을 하라는 것이 아니라 정책, 제도의 준비를 잘하여 빈틈 때문에 커다란 위기를 초래하는 일을 막아야 한다는 것이다. 문제가 생기고 나서 막으려 한다면 손 쓸 새도 없이 피해를 입게 되기 때문이다.

아시아 금융위기가 발생한 후, 여러 방면에서 그 영향을 경감시키기 위해 애를 썼고 금융위기의 직접적인 피해를 받은 국가들을 원조했으나 그다지 효과적이지 않았다. 아세안이라는 기구가 있었던 동남아 국가들은 당연히 더욱 긴밀하게 협력하여 대응해야 했지만, 아세안은 금융위기에 대처할 능력이 없어서 이 위기는 별다른 제어 없이 급속히 확산되었다. 금융위기가 시작되고 아세안은 여러 차례 회의를 열었으나, 결국 위기에서 벗어날 수 있는 길을 찾지 못했다.[31]

솔직히 말해서 그런 엄중한 위기상황에서 아세안 회원국들의 대처 능력은 상당히 부족했다. 이것이 아세안이 경제관계가 밀접한 한국, 중국, 일본을 대화와 협력의 자리에 불러들인 이유이다. 한중일은 경제 부문에서 서로 의존하고 있었기 때문에 이들 3국도 사실은 아세안과의 협력을

---

31 아세안이 세운 대책 중 가장 큰 의의가 있는 것은 금융위기가 발생한 후에 내부를 향한 보호주의 정책을 취한 것이 아니라, 내부를 더욱 결속시키는 일체화 행보(AFTA)에 발걸음을 맞추었다는 것이다. 그 의도는 분명하게 개방을 통하여 시장의 흡인력을 높이고 외자를 유치하여 경기회복을 추진하고자 하는 것이었다.

추진할 필요가 있었는데, 마침 형성된 쌍방향의 요구는 동아시아 협력시스템을 탄생시키는 좋은 환경이 되었다.

아시아 금융위기가 발생한 후, 필자는 일부 동남아 국가를 방문하여 금융위기가 가져온 결과를 직접 목격했다. 태국에서는 평소에 사람들로 붐비며 활기차던 거리에서 한산하고 스산함마저 느껴졌다. 기업의 고위직에 있던 필자의 한 지인은 금융위기 전에는 은행권 사람들이 매일 같이 찾아와 신용대출을 권유했지만, 금융위기 후에는 자신이 은행을 찾아가 대출을 받으려고 해도 모두가 외면했다고 말한 바 있다. 현지 은행에서 근무하던 또 다른 지인은 IMF가 설정한 은행의 지급준비율 기준이 너무 억지스럽다고 했다. 위기가 발생하면 은행의 자금경색이 나타나기 쉽고 자본금이 부족해지기 마련이다. 기업이나 개인들에 대한 신용대출의 문턱을 낮추어야 하지만, IMF는 오히려 은행의 지급준비율을 높이도록 요구하고, 기준에 도달하지 못하면 은행이 대출을 해줄 수 없도록 주문했다. 때문에 자금이 필요한 기업은 은행으로부터 자금을 빌릴 수 없었고, 결국 도산할 수밖에 없었다는 것이다.

말레이시아를 방문했을 때, 마하티르와 그를 보좌하던 안와르(Dato' Seri Anwar bin Ibrahim)의 의견이 갈라져 원수처럼 되어 있었다. 당시 필자는 안와르 말레이시아 부총리의 초청을 받아 '태평양헌장(The Pacific Charter)'의 초안을 작성하는 사업에 참여했다. 이것은 말레이시아 정부가 냉전 후 새로운 역내 규정을 제정하고 미국의 패권을 제한하며 말레이시아의 영향력을 높이려는 대전략의 일환이었다. 안와르가 책임자로 이 사업을 주도하고 있었는데, 여러 전문가를 초청하여 실무그룹을 구성했다. 이 그룹에는 아세안에서 인도네시아, 태국, 필리핀 그리고 아세안 이외에서 중국, 미국, 일본의 전문가들이 초청되었다. 실무그룹의 전문가들은 냉전 후 아태지역에 새로운 국제관계를 건설할 필요성이 있고 새로운 지도원칙이 필요하다는 인식에 동의하고 있었다. 전문가들의 개인 서명이 들어간 '태평양헌장'이 발표되었고, 이를 위한 발표회가 개최되었다. 필자는 이 사업에 참여하여 큰 영향을 받았으며, 이후 필자의 역내와 관계된 연구와 사고는 대부분 그 시기의 의제와 관련이 깊다.[32]

그러나 금융위기가 말레이시아를 덮쳐 경제에 엄청난 타격을 가하던 당시, 재정과 경제실무를 책임지던 안와르 부총리는 여전히 우리와 함께 '태평양헌장'의 문건을 논의하고 있었는데, 이는 마하티르 총리의 심기를 크게 건드렸다. '태평양헌장'과 관련한 연구 사업이 비록 마하티르의 동의 아래 진행된 사업이고, 마하티르도 수차례 사업팀의 인사들과 면담을 했지만 그때까지 이 사업을 끝내지 못한 안와르에 대해 불만을 표시했다.

어느 하루 우리 전문가들이 토론을 하고 있을 때, 마하티르가 갑자기 들어와서 불쾌한 표정으로 안와르에게 "왜 아직 이 문제를 토론하고 있는가? 이 사업을 당장 그만두라"고 말하던 것을 필자는 아직 기억하고 있다. 그렇게 화난 그의 모습을 보고 우리 모두 깜짝 놀랐다. 이 일이 있고 나서 얼마 지나지 않아 안와르는 파면 당했고 곧바로 감옥으로 끌려갔다. 당시 우리는 그가 무능해서 그랬다고 생각했으나, 나중에 알고 보니 그와 마하티르 사이에 말레이시아의 경제를 회생시키는 방법을 두고 이견이 있었기 때문이었다.

마하티르는 금융위기에 맞서 '대항하는' 정책, 즉 본국 화폐인 링기트

---

32 어쩌면 안와르의 실각 때문인지는 모르겠으나 우리들이 1년 넘게 심혈을 기울여 발표한 '태평양헌장', 즉 새로운 국제관계 지도원칙 선언이 푸대접을 받았다. 최근에 필자는 당시의 문건철을 꺼내서 자세히 들여다보면서 실무그룹 전문가들의 식견과 통찰력에 다시 한 번 탄복했다. 문건에 제시된 새로운 형세에서의 평화·평등·협상·화합·공존에 관한 사상은 오늘날에도 여전히 의의가 큰 내용들이다. 안타까운 것은 어쩌면 때를 잘못 만난 것인지 혹은 지도자 자신(안와르)이 실의에 빠져서인지, 그 훌륭한 문건은 천대받아 어디론가 처박혀버리고 말았다.

화와 미국달러를 연계시켜 고정환율정책을 실시하고 자본시장을 통제하며 자본의 유출과 투기를 제한할 것을 주장했다. 그러나 안와르는 IMF와 협력하여 링기트화를 평가절하고 본국의 금융기구를 정비한 후, 그 기세를 몰아 불법으로 정권을 탈취하는 방법으로 마하티르를 끌어내리려 했던 것이다. 금융위기에 대처하는 시각으로 보면 당시 마하티르가 선택한 방법이 좋은 효과를 보았다. 왜냐하면 그가 선택한 방법은 IMF의 간섭으로 생기는 부작용을 예방할 수 있었고, 결과적으로 말레이시아의 금융시장은 빠르게 안정되었으며 경제도 비교적 빠르게 회복되었다.

마하티르는 동아시아 협력의 경과도 중요하게 여겼다. 정부는 특별기금을 조성했고 '동아시아회의(EAC)'의 활동을 지지했다. 이 사업은 매년 정계·학계·재계의 인사들을 쿠알라룸푸르에 초청하여 동아시아 협력의 문제에 대해 토론하고, 정책건의를 하는 활동을 했다. 필자는 거의 매년 이 회의에 참가하여 초청 강연을 했으며 말레이시아의 단골손님이 되었다.[33]

당시 이런 활동은 기타 동아시아 국가에서도 다른 방식으로 진행되었다. 그 기간에 필자는 수많은 초청을 받았고 십여 개 이상의 다양한 국가기구들의 학술회의에 참가했다. 당시 필자가 소장으로 있던 중국사회과학원 아시아태평양연구소와 아태경제협력체, 그리고 동아시아 협력센터도 매년 회의를 개최하여 그때마다 특별과제를 정하고 동아시아 국가의 전문가들을 초청했으며 동아시아 협력에 관한 여러 권의 책을 출판했다.[34] 당시 동아시아 전체에 역내협력 추진의 열풍이 불었으며, 필자도 이러한 분야를 연구하는 학자로서 매우 흥미를 느꼈다.

---

33 그러나 훗날 동아시아 협력 과정이 복잡하게 변화되고 동아시아공동체 건설의 기세가 꺾이게 되자 이 시스템도 운영을 멈추고 말았다.

34 예를 들면, 필자가 편저한 *Emerging East Asian Regionalism: Trend and Response*, World Affairs Press, 2005.

그러나 '10＋3' 대화체제의 출범은 동아시아 협력과정의 첫 걸음에 지나지 않았다. 대화와 협력이 심화될수록 차이점도 점차 드러났다. 핵심적인 문제는 협력의 위상과 목표였다. 아직 해결되지 않고 있는 역사문제로 인한 갈등, 아직 끝나지 않은 냉전시기의 유산인 분열과 대립이 엄연하게 존재했다. 게다가 여기에 새로운 분쟁이 시작되고 있는 지역이 존재하는 상황에서 협력을 심화하려면, 반드시 역내협력의 시스템화가 구축되어야 하지만 공통인식의 수준이 그다지 높지 않았기 때문에 이를 끊임없이 추진하고 결실을 보는 것은 결코 쉬운 일이 아니었다.

　경제발전의 이익은 협력을 시작하는 기반이기는 하지만 이 기반도 이익의 차이와 정치적 입장 차이로 인해 견고하지 못할 수도 있다. 동아시아 경제는 연계되어 있으나 정치상의 한계와 안보상의 입장 차이 때문에 역내협력에서 많은 제약과 간섭을 받고 있다. 이러한 이유로 인해 동아시아 협력은 그 과정에서 수많은 갈등과 곡절을 겪을 수밖에 없는 것이 그 운명이었다.

더 읽을거리

동아시아 협력에 관한 공동성명[35]

필리핀 마닐라

1999년 11월 28일

1. 마닐라에서 개최된 아세안+3 정상회의에 참석한 브루나이, 캄보디아, 중국, 인도네시아, 일본, 한국, 라오스, 미얀마, 필리핀, 싱가포르, 태국, 베트남 정상들과 말레이시아 총리의 특별대표는 그들 국가들 간의 관계가 빠르게 발전하고 있는 데 대해 만족을 표했다.

2. 정상들은 동아시아 지역에서 상호교류와 밀접한 연계가 더욱 증진될 수 있다는 밝은 전망에 주목하고, 이러한 점증하는 상호교류가 동아시아 국가 간 협력 및 협조 기회를 증진시킴으로써 이 지역 평화, 안정과 번영의 증진에 필요한 제반 요소를 강화하고 있다는 점을 인식했다.

3. 정상들은 새 천년의 도전과 기회, 그리고 세계화, 정보화 시대에 있어서 지역차원의 상호 의존성 증대에 유념하면서, 동아시아 및 전 세계에서의 상호 이해, 신뢰, 선린, 우호, 평화, 안정 및 번영의 증진을 위해 대화를 촉진하고 공동노력을 심화, 강화해나가기로 합의했다.

---

35 1999년 11월 28일, 동아시아의 정상들이 동아시아의 협력에 관해 발표한 성명서의 번역본이다. 이 성명은 대단히 역사적인 것으로 내용이 길지는 않지만, 동아시아 협력을 시작하는 열쇠이다. (김대중 사이버 기념관, http://www.kdjhall.org에서 옮김 － 옮긴이)

4. 이러한 맥락에서, 정상들은 유엔헌장, 평화공존 5원칙, 동남아 우호협력조약 및 보편적으로 인정된 국제법의 제 원칙에 따라 동아시아 국가 간 상호관계를 다루어 나가야 한다는 점을 강조했다.

5. 정상들은 아세안 및 한중일 지도자들이 98.12 하노이 제6차 아세안 정상 회의에서 동 회의의 정례적 개최의 중요성에 관해 내린 결정을 상기하고, 또한 현재 활동 중인 동아시아비전그룹의 노력을 인정하면서, 미래의 도전에 직면하여 우선적으로 이해와 관심을 가지고 있는 분야에서의 동아시아 협력을 증진하기 위해 대화 과정을 더욱 촉진하고 협조를 강화해나가기로 합의했다.

6. 이러한 맥락에서, 정상들은 다양한 수준에서 그리고 특히 아래와 같은 다양한 분야에서 공동 노력하며 이미 진행되고 있는 여러 협의 및 협력과정을 발전시켜나가야 한다는 점을 강조했다.

가. 경제 및 사회 분야

① 정상들은 경제협력 분야에서 통상, 투자, 기술이전, 정보기술 및 전자상거래에 있어서의 기술협력 진흥, 산업 및 농업협력 증진, 중소기업 강화, 관광 진흥, 메콩 강 유역 등 동아시아 성장지역 개발에의 적극 참여 촉진 등의 가속화를 위한 노력 강화 및 동아시아 기업협의회와 업종별 민간협의회와 같은 네트워크 구축 조치를 통해 경제협력 활동에 대한 민간 부문의 광범위한 참여를 촉진키로 합의하고, 또한 동아시아에 있어서의 지속적인 경제성장과 경제위기 재발을 방지하기 위한 필수불가결한 안전조치로서 구조개혁을 지속 추진하고 이와 관련한 협력을 강화하기로 합의했으며,

② 정상들은 통화·금융협력 분야에서 공통의 이익이 있는 금융·통화·재정 현안 관련 정책 협의, 조정 및 협조를 강화함으로써 거시경제 위험 관리에 초점을 맞추어 나가며, 기업 경영행태를 제고하며, 역내 자본이동을 감시하며, 은행·금융 제도를 강화하며, 국제금융체제를 개편하며, 진행 중인 아세안+3 재무부 및 중앙은행 지도자와 관리들 간의 협의 및 협력 메커니즘을 포함한 아세안+3 틀을 통한 동아시아 지역의 자구 및 지원 메커니즘을 제고해나가기로 했으며,

③ 정상들은 사회 및 인적자원개발 분야에서 동아시아 국가 내 그리고 국가 간 경제·사회적 격차해소를 통한 동아시아의 지속 성장을 위해 사회 및 인적자원 개발이 중요하다는 데 동의했다. 이러한 점에서 정상들은 인적자원개발기금 그리고 사회안전망을 위한 아세안 행동계획 등을 통한 아세안 인적자원개발 계획의 이행과 같은 분야에서의 협력 노력을 제고시켜나가기로 합의했으며,

④ 정상들은 과학 및 기술 분야에서 동아시아의 경제발전 증진과 지속적 성장을 위한 능력 배양을 위한 협력을 강화하기로 했으며,

⑤ 정상들은 문화 및 정보 분야에서 동아시아 문화의 장점과 미덕에 초점을 맞추면서 이 지역의 강점이 문화의 다양성으로부터 나온다는 인식하에, 아시아적 관점의 여타 지역에로의 투영, 인적 접촉 증진과 문화적 이해, 우의 및 평화 증진을 위한 지역협력을 강화해나가기로 했으며,

⑥ 정상들은 개발협력 분야에 있어 이 지역의 장기적인 경제 및 정치적 안정을 달성하기 위하여 지속적인 경제개발, 기술능력 그리고 국민들의 생활수준 증진 등 하노이 행동계획의 이행을 위한 아세안의 노력에 대한 지지의 천명과 확산이 중요하다는 데 대해 의견을 같이했다.

나. 정치 및 기타 분야

① 정상들은 정치 안보 분야에서 동아시아 지역의 항구적 평화와 안정을 이룩하기 위한 상호이해 및 신뢰 증진을 위해 대화, 조정 및 협력을 계속해 나가기로 합의했으며,

② 정상들은 초국가적 문제에서 동아시아 지역의 공동 관심사를 다루는 데 있어 협력을 강화해나가기로 합의했다.

7. 정상들은 동아시아 국가들의 공동 노력과 협력 과제를 통해 각종 다자 무대에서의 제반 활동들을 어떻게 지지하고 보완해나갈 것인가에 유념하면서, UN, WTO, APEC, ASEM, ARF 등 다양한 국제적, 지역적 협의체 그리고 지역 및 국제금융기구에서의 조정 및 협력을 강화하기로 합의했다.

8. 정상들은 다양한 분야에서의 동아시아 협력의 실현을 위해, 관계 부처의 장관들에게 기존의 각종 기구 특히 고위관리들을 통해 본 공동성명의 이행 상황을 점검하도록 하는 과제를 부여했다. 정상들은 아울러 본 공동성명 이행의 진전 상황을 검토하기 위해 2000년 태국 방콕에서 개최되는 아세안 확대외무장관회의 계기에 아세안+3 외무장관 회의를 개최하기로 합의했다.

9. 끝으로, 정상들은 동아시아 국민들의 삶의 질과 21세기 이 지역의 안정에 실질적인 영향을 줄 수 있는 구체적 결과를 가져올 수 있도록 동아시아 협력을 보다 심화·확대시키기 위한 확고한 결의와 신념을 표시했다.

제2장

미래에 대한 동경

동아시아는 원래 하나의 지역이었으나, 근대에 들어 여러 갈래로 분열되었다. 오랜 역사 동안 동아시아의 질서는 전통적으로 중국을 중심으로 이루어졌다. 시간이 흐르면서 이러한 동아시아의 질서는 중심부와 주변부의 힘의 변화에 따라 때로는 불안정하고 조정도 있었지만 중국을 중심으로 하는 기본적인 틀은 청나라 말기까지 유지되어왔다.[1]

근대에 들어와서 이러한 질서는 일본의 부흥과 청나라의 쇠락으로 붕괴되었다. 메이지유신 이후 일본의 경제와 국력은 빠르게 성장하는 한편 확장정책을 실시함에 따라 일본은 중국 주도의 역내 질서를 타파하고 일본이 지배하는 '대동아공영권'을 건설하기로 했다. 청나라는 일본에 참패하면서 국력이 급격히 쇠락했으며, 중국 중심의 역내 질서도 해체되었다. 이러한 질서가 재편되는 과정에서 첫째, 중국은 자신이 장악한 제도의 틀을 지킬 능력을 상실하여 외부세력의 침략을 받아 사분오열되는 대상이

---

1   허팡추안(何芳川), 〈화이질서론(華夷秩序論)〉, http://hist.cersp.com/kezy/sxdt/200607/
3133_5.html; '화이질서'하의 지역관계와 함의에 대해서는 서로 다른 시각도 존재한다.
특히, 일부 일본학자들은 주변국가들이 널리 인정하는 '중국적 세계관'에 대해 인정하지
않는데, 이 때문에 '종번(宗藩)관계가 주변국가 관계의 전반을 포괄한다'고 보지 않는다.
가와시마 신(川島眞), 〈종번관계에 관한 사실과 기억(宗藩關係的事實與記憶)〉, 《중국사회
과학보(中國社會科學報)》, 2014. 6. 27, A05 참조.

되었으며, 둘째, 동아시아의 다른 나라들도 질서 재편의 소용돌이 속으로 급속히 빨려 들어갔다. 서구 열강들이 아시아를 놓고 쟁탈하는 가운데 수 많은 국가가 열강들의 식민지로 변했으며, 일본의 대외확장 정책 아래 또 다른 많은 국가들이 점령당했다. 이러한 열강들의 쟁탈로 인해 동아시아 역내의 혼란한 정세는 상당 기간 동안 지속되었다.

　제2차 세계대전이 끝나고 동아시아 지역 관계의 구조는 새로 편성되었 다. 첫 번째는 미국이 자신을 중심으로 한 군사동맹과 반공 및 안보를 연 결고리로 한 진영을 구축하여 많은 국가들을 끌어들였다. 두 번째는 소련 위주의 사회주의 진영이 구축되어 일부 국가들은 이 진영의 구성원이 되 었다. 중국은 국공내전을 끝내고 신중국을 건국했으며 사회주의 진영에 가입했다. 이로부터 동아시아 국가들은 양대 진영으로 분할되었고 전쟁 과 충돌의 위험이 상존하는 냉전의 대치 상황으로 진입했다.

　제2차 세계대전 이후 동아시아 지역질서를 재편한 역량은 다음의 세 가지로 나눌 수 있다. 첫 번째는 서구 진영에 속한 국가와 시장경제를 토 대로 발전한 나라들이다. 경제회복과 발전을 신속하게 이룩한 일본을 선 두로 하여 경제개발 정책을 실시한 '네 마리 용'이 계주하듯 뒤를 이었고, 그 뒤에 더 많은 동남아 국가들이 경제개발과 개방발전 전략을 선택하여 '기러기떼 패턴'에 합류한 것이다. 이렇게 시장시스템을 기반으로 하는 여러 국가들이 긴밀하게 연계되기 시작하여 동아시아 지역을 토대로 하 는 관계의 틀과 이해관계를 만들어냈다.

　두 번째는 중국이 소련 중심의 진영에서 이탈하고 개혁개방정책을 실 시하여 외자를 유치하며, 외부시장 개척과 국제 분업에 참여한 것이다. 이를 통하여 외부시장을 개척하고 서구 국가들이 주도하는 시장경제체제 에 진입하게 되었는데, 이러한 중국의 변화는 두 개의 진영으로 분할되어 있던 동아시아의 구조에 균열을 가져왔다.

세 번째는 냉전의 종식이다. 정치영역의 견고한 장벽이 무너지고 북한을 제외한 대부분의 국가들 사이에 관계정상화가 이루어졌으며, 시장체제가 역내 대부분의 지역으로 확산된 것이다. 이렇게 동아시아는 경제연계 시스템을 축으로 하고, 국가 간의 관계정상화를 토대로 하는 역내 구조가 점차 형성되기 시작했다.

동남아 국가들은 역내 연계 시스템의 앞선 주자이다. 초기 공동안보라는 동기에서 시작하여 6개 동남아 국가는 1960년대 후반에 동남아시아국가연합(약칭 아세안)을 결성했고, 그 후 조직의 기능과 위상을 조정함으로써 동남아의 역내 안정과 평화 그리고 발전을 취지로 하여 점차 모든 동남아 국가들이 가입하게 되었다. 아세안의 발전은 동남아의 지역 정체성에 대한 공동인식을 촉진했고, 공동 참여와 이익 공유의 지역협력 시스템을 구축했다. 지역 정체성에 대한 공동인식과 협력시스템이 부족했던 동아시아에서 아세안은 강한 흡인력을 가진 구심체로서의 역할을 하는 데 손색이 없었다.

아세안에서 시작된 아시아 금융위기는 아세안이 다른 나라들과 협력을 촉진하게 되는 계기가 되었고 이때부터 한중일 3국을 대화와 협력의 틀로 적극 끌어들이게 되었다. 그 당면한 목표는 당연히 금융위기를 극복하기 위한 것이었으나 이로 인해 동아시아의 역내협력 의식이 고양되었고 동아시아 협력을 위한 여건과 기반이 조성되기 시작했다. '아세안+3(10+3)'은 동남아와 동북아를 하나로 묶어 동아시아의 지역 틀을 확립하게 되었으며, 동아시아 역내협력을 촉진하여, 결국 1999년에 '10+3'의 지도자들이 동아시아 협력에 관한 성명을 발표하는 것으로 이어졌다. 이 성명이 동아시아 협력에 대한 구체적인 청사진을 제시하지 못했으나 다양한 협력분야에 대해 구체적으로 열거하게 되는 성과를 거두었다. 이렇게 동아시아 역내협력을 위한 항해는 시작되었고 이 토대 위에서 동아시아 협력에 관한 장기적인 계획과 미래 발전의 청사진을 그릴 수 있게 되었다.

'동아시아비전그룹(EVAG, 이하 EVAG)'은 이러한 배경에서 태어났다. EVAG가 제출한 보고서에는 '동아시아공동체' 건설의 장기적인 목표가 담겨 있다. 그러나 EVAG가 설계한 공동체는 유럽 방식이 아니다. 하나로 통일된 동아시아 협력기구를 건설하는 것이 아니라, '동아시아정상회의'를 포함하여, '동아시아자유무역지대', '동아시아화폐·금융협력시스템' 등 많은 협력시스템들이 각기 동아시아공동체라는 건물을 지탱하는 기둥의 역할을 하도록 건설하는 것이었다. 동아시아공동체는 '10+3' 위주로 건설되며, 경제협력시스템 구축을 기초로 하여 조금씩 확대·심화된다. 이러한 청사진은 동아시아의 현실을 고려한 것이었다.

동아시아공동체 건설에는 웅대하고 앞을 내다보는 식견이 필요하다. 그러나 동아시아는 상대적으로 지역정체성이 약하고 복잡한 이해관계가 얽혀 있다. 이런 조건은 동아시아공동체 건설의 과정에서 많은 장애와 어려움이 따를 것임을 말해준다. 동아시아공동체는 역내의 새로운 관계를 형성하고 새로운 질서를 구축하는 것이므로 각 세력들이 자신의 영향력을 행사하고자 치열하게 각축을 벌일 것이다. 따라서 그 과정은 예측하기 어려울 뿐만 아니라 각 세력들은 경쟁적으로 다양한 협력시스템을 구축하려 할 것이다.

동아시아공동체 건설의 동력이 떨어지면서 실제 전개과정에서 여러 노선과 많은 시스템들이 제각각 움직이게 되었으며, 결국 실무적인 기능보다는 통합적인 역내 시스템의 건설로 대체되었다. 지금에 와서 동아시아공동체는 '이념', 즉 포기할 수 없다는 '정신'만이 남게 되었다.[2] 활활 타오르던 '동아시아공동체 건설운동'은 잠시 휴면상태로 접어들었다고 할 수 있다.

동아시아 협력 진척은 아직도 여러 방식으로 추진되고 있다. 특히 자유무역지대 건설과 금융협력에 대한 열망은 여전히 강력하다. 그러나 전반 과정에서 보면 앞으로 나아갈수록 더 많은 문제가 나타나서 어려움도 더욱 커지게 될 것이다. 그중에서 중국의 국력 성장, 일본의 정치우경화, 아세안 내부정세의 불안, 미국의 소극적인 방해 등의 내외 환경변화는 '동아시아의 역내협력은 어디로 가야 하는가?' 하는 문제에 대해 사람들의 반성과 우려를 동시에 자아내고 있다.

1. 동아시아공동체의 꿈

1998년 '아세안+3' 정상회의에서 한국의 김대중 대통령은, 동아시아 협력의 미래에 대해 연구하고 향후 전망에 대해 보고하는 것을 주요임무로 하는 전문가그룹을 만들 것을 제의했다. 이에 회의에 참석한 정상들이 동의를 표시했고 '10+3'의 모든 국가들은 신속히 이 연구그룹에 참여할 인원을 선정하여 총 26명의 전문가들로 이루어진 '동아시아비전그룹(EAVG)'이 만들어졌다. 그리고 한국의 학자형 관료출신인 한승주 전 외교부 장관이 이 그룹의 팀장을 맡게 되었다.[3]

---

2   일부 사람들은 동아시아 협력에서 가장 중요한 의의는 참여에 있는 것이지 결과에 있는 것이 아니라고 주장하며, 과정이 곧 일종의 결과라고 강조하고 있다. 따라서 제도화 건설에서 성과를 보는 것은 급하지 않다고 주장하고 있다. 리원(李文) 편, 《아시아: 발전, 안정 그리고 평화(亞洲: 發展, 穩定與和平)》, 중국사회과학출판사(中國社會科學出版社), 2014, 485-487쪽 참조.

3   동아시아 역내협력 과정은 주로 참여 성원들의 이니셔티브(initiative)에 따른다. 일반적으로 누가 의견을 제의하면 곧 제의한 사람이 조직의 책임을 맡게 된다. 따라서 전문가그룹의 팀장은 이 제안을 했던 한국에서 임명하게 되었다. 예를 들면, 2004년 중국에서 제의해 만들어진 전문가그룹, 즉 '동아시아자유무역지대(East Asia FTA, EAFTA)에 관한 연구'를 진행할 때는 필자가 추천되어 전문가그룹의 팀장을 맡은 적이 있다.

이 그룹의 주요임무는 어떻게 동아시아 국가들이 경제·정치·안보·문화 등 여러 분야에서 장기적인 협력을 강화할 것인가를 연구하는 것으로, 미래 동아시아 협력을 위한 장기적인 계획과 청사진을 도출하는 것이었다. EVAG는 그 후 약 2년의 작업을 거쳐 2001년 정상회의에 최종보고서를 제출했고 이 보고서는 바로 아세안과 3개국 정상들의 비준을 얻었다.

EVAG의 보고서는 중요한 역사적인 의의를 가지고 있는데, 여기에는 동아시아 협력의 장기적인 목표를 '동아시아공동체를 향하여', '동아시아는 여러 국가가 모여 구성된 지역으로 위기에 공동대응하고, 공동의 지향과 목표에 대한 상호신뢰가 있는 공동체로 발전'했음을 명확하게 했다.[4] 이 보고서는 새로운 단계로 도약하는 중요한 의미가 있는 문서이다. 새로운 단계로 도약한다는 것은 '동아시아'를 일체화된 하나의 그룹으로 보고 기획을 한 것인데 지연과 이익에 기반하고, 지역공동체를 매개로 하여 개방·협력·발전·평화의 '새로운 동아시아'를 건설한다는 것이다. 동아시아 나라들 사이에는 차이가 많고 각종 모순과 갈등이 존재하고 있으나, 서로의 차이점보다는 미래를 보고 공동체 건설을 목표로 공동사업을 추진하는 것은 유사 이래 처음 시도되는 일이었다.

이 보고서의 전면적이고 정확한 이해를 위해 이 보고서에서 제출한 주요내용을 정리해보면 다음과 같다.

경제협력: 동아시아자유무역지대(EAFTA)를 아시아태평양경제협력체

---

4   장원링 저우샤오빙(周小兵) 편, 〈동아시아비전보고서(炷煥린茨東亞展望報告)〉, 《동아시아 협력 과정과 전망(東亞合作的進程與前景)》, 부록 2, 세계지식출판사(世界知識出版社), 2003년판에서 재인용. 이 책의 비전그룹의 보고서와 관련된 중국어판 인용은 별도의 설명이 있는 것을 제외하고는 모두 위 책에서 인용한다. 그러나 당시 부록의 번역은 'community'를 '대가족'으로 했었고, 이 책에서 재인용할 때는 관련 기관의 동의를 얻어 '공동체'로 바꾸었다.

(APEC)의 '보고르선언'의 목표인 2020년보다 먼저 건설한다. 투자영역의 개방을 추진하고 아세안 투자구역을 전체 동아시아 역내로 확대한다. 역내 발전과 기술 분야 협력을 추진하며 개발도상국에 원조를 제공한다. 지식경제의 발전을 추진하며 미래를 향한 경제성장의 구조를 구축한다.

금융협력: 역내 금융협력 시스템을 구축하여 점차 동아시아 금융협력을 추진한다. 환율 공조를 강화하여 역내의 금융안정을 실현하고 금융관리와 감독을 강화한다. 한편, 이 보고서에는 정치·안보 및 사회·문화 부문에 대한 정책 건의도 있었는데, 각국 사이에 정치·안보 협력이 없으면 사회·문화에 대한 공감대가 없고 나아가 경제협력도 발전시키기 어렵다고 전망했다.

정치 및 안보 협력: 상호 간의 선린·우호와 신뢰·단결의 토대 위에 역내 문제를 해결한다. 역내 평화를 위협하는 문제에 대응하는 협력시스템을 구축한다. 모든 국가가 각국의 내정 존중을 원칙으로 하여 정치협력을 확대한다. 국제무대에서 동아시아 국가들의 영향력을 확대한다. 세계의 새로운 질서 형성과정에서 동아시아의 역할을 확대한다.

사회 및 문화 협력: 인력자원 발전에 있어서 기술훈련과 능력을 제고하고 협력을 강화한다. 역내 공감대를 높이고 문화협력을 강화한다. 교육부문의 협력을 강화하고 동아시아교육기금을 조성한다.

이 보고서는 역내협력의 시스템화 추진에 대해 구체적인 건의를 했는데, '아세안+3'의 연례지도자회의를 '동아시아지도자회의', 즉 '동아시아정상회의(EAS)'로 격상시킬 것과 동아시아 협력을 위해 사회적 지지를 이끌어낼 '동아시아포럼'의 건설을 건의한다.

또한 보고서는 동아시아가 지금 빠른 속도로 세계의 중요지역으로 도약하고 있다고 강조했다. 새로운 천년을 맞이하여 세계화, 정보혁명, 지역 간 상호의존성 증대 등의 추세는 이제 되돌릴 수 없게 되었으며, 동아시아 역내 국가들에게 기회와 도전이 되고 있다. 현존하는 과거의 정치적 대립, 역사적 원한, 문화 차이, 관념의 충돌 등의 문제는 동아시아 국가들 간 협력의 장애가 되고 있다. 역내 발전단계, 무역, 경제정책, 금융과 법률 등의 차이 또한 역내협력에 지장을 주고 있다. 동아시아 국가들은 지리적으로 연결되어 있고 비슷한 역사적 경험과 문화 및 가치관이 있는 반면, 각자 서로 다른 자신들의 장점도 가지고 있다. 어떤 나라에는 질 높은 숙련공이 많고, 어떤 나라는 경영·관리에 능한 인재들과 자연자원이 풍부하며, 또 어떤 나라는 자금이 풍족하고 높은 수준의 과학기술을 보유하고 있다. 공통으로 직면한 도전과 이러한 요소들의 상호보완성은 각국의 상생협력과 교류의 필요성을 말해주고 있으며, 단지 경제영역뿐만 아니라 정치·안보·환경·사회·문화·교육 등 여러 분야에서의 협력을 요구하고 있다.

보고서는 경제의 세계화와 무역의 역내 집단화 추세가 국제적 기준의 통일, 관리의 공조, 다자간 무역 협상 등 새로운 도전에 직면하고 있는데, 이러한 도전들은 각국이 역내 공조·협력을 더욱 강화할 것을 요구하고 있으며, 단결하여 역내 공동의 이익을 증진시킬 것을 요구하고 있다. 아시아 금융위기는 역내협력을 강화하는 데 커다란 추진력을 제공했고, 각국이 역내협력을 통해 유사한 문제를 해결하고 새로 닥칠 위기를 예방할 수 있다는 공감대를 높여주었다.

보고서는 동아시아는 역내에서 적용할 수 있는 대화와 협력의 제도적 틀이 부족하다고 인식하고, 각국이 이에 대한 인식을 제고시키며 동아시아 역내 시스템을 구축하여 끊임없이 변화하는 외부환경에 대응해야 한다고 지적했다. 보고서는 하나의 비전을 확립하여 동아시아 각국의 국민들과 정부를 격려하고 미래에 다가올 도전에 대응할 수 있는 상호 이해와 신뢰의 동아시아공동체를 건설해야 한다고 강조했다. 동아시아공동체가 준수해야 할 운영 원칙에 대해 지역 공감대를 높이고, 경제협력을 토대로 하며, 사람을 근본으로 하고, 동아시아의 근면성을 드높이며, 교육을 중시하고, 검소하고 진취적 기상의 전통과 협력에 참여하는 포용력을 실현하며, 국제적 기준과 국제관계의 원칙을 준수하고, 상호존중하며, 친선우호와 각국의 평등, 각국의 주권을 존중하는 동시에 역내의 이익을 강화하고, 제도화된 시스템을 구축하며, 국제체계와 공조하여, 세계의 다른 지역을 향해 개방해야 한다고 건의했다.[5]

비전그룹 보고서는 '10+3' 지도자들의 동의를 얻은 후, '10+3' 각국 관리들이 참여하는 '동아시아연구그룹(EASG, 이하 EASG)'을 설립하여 EAVG가 제시한 건의사항에 대한 연구를 진행했으며 관련 이행조치를 제출했다.[6] 2002년에 EASG는 동아시아공동체 건설을 추진하기 위해 당장 시행해야 할 17개 부문의 시행대책과 8개 항의 중기 목표를 주 내용으로 하는 연구보고서를 제출했다.

EASG의 보고서는 당장 구체화할 수 있는 조치들을 포함하고 있었다. 그 내용으로는 '동아시아비즈니스위원회'를 구성하여 낙후한 국가들에 대한 의료원조 제공, 투자환경 개선, 동아시아 투자정보 네트워크 구축 등이 제시되었다. 또한 자원 및 인프라 협력 강화, 4대 부문(인프라, 정보기술, 인력자원, 아세안통합)에 대한 지지, 기술 이전과 기술 개발협력 촉진, 정보기술 촉진, 동아시아 브레인네트워크 구축, 동아시아 인력자원개발계획 실현, 빈곤해소 계획 수립, 보건의료 협력 강화, 비전통안보 부문의 협력강화, 역내 공동체 의식과 동아시아 정체성에 대한 공감대 강화, 동

---

5 동아시아비전그룹 보고서, 〈동아시아공동체를 향하여(走向東亞共同體)〉, 2001, http://www.asean.org.

6 2000년 '10+3' 지도자들의 지시로 동아시아연구그룹 설립이 결정되었으며, 이 그룹은 각국 정부 관리들로 구성되어 2001년 3월 출범했다.

아시아와 관련한 연구 진행 등이 포함되었다. 이런 구체적인 협력조치들은 비교적 빠르게 효과를 볼 수 있어 동아시아 국가 국민들이 역내협력의 효과를 직접 느낄 수 있게 되었으며, 이로부터 협력에 대한 광범위한 지지를 이끌어낼 수가 있었다.

보고서는 또한 중장기적으로 실행할 8개 항의 주요시책을 건의했는데, 그 내용은 다음과 같다. 동아시아자유무역지대 건설, 중소기업 투자 촉진, 아세안투자구역을 토대로 동아시아투자구역 건설, 동아시아금융협력기구 창설, 동아시아환율협동기구 건설, '10＋3' 정상회의에서 '동아시아 정상회의'로 전환, 해상협력 추진, 비정부기구(NGO)의 참여협력 진척 등이 제시되었다. 이 8개 항의 시책은 장기적인 안목과 현실성을 모두 가지고 있는 동아시아 협력의 심층적인 내용이면서 동시에 동아시아공동체 건설의 중요한 과정이기도 했다.[7]

그중 동아시아자유무역지대, 동아시아정상회의, 동아시아금융협력기구 등 3개 항은 동아시아공동체 시스템 구축의 3대 기둥이라고 할 수 있다. 이 두 편의 보고서는 동아시아 협력의 이상과 전망, 그리고 구체적 건설절차 등에 대해 모두 비교적 완전하게 밑그림을 그렸다고 할 수 있다. 그 이전까지 동아시아 협력에 관한 토론이 적지 않았다. 특히 1997년에 시작된 '10＋3' 대화·협력과정은 동아시아 협력의 바탕이 되었으며 이는 동아시아공동체가 역내협력을 목표로 큰 첫 걸음을 내디딘 것으로 동아시아 협력에 있어서 '지역주의'라는 특징이 나타나게 되었다.

이른바 '지역주의'의 기본특징은 협력을 위한 제도화(시스템화)를 구축하는 것이다. 동아시아공동체 건설이 동아시아 지역의 특징에 부합하는 협력제도의 건설이라는 점을 고려하면, 이는 기존의 시장경제체제 주도

---

7 동아시아연구그룹 보고서, http://www.docin.com/p-453744354.html.

하에서 경제통합으로의 업그레이드를 의미한다. 이러한 제도화 과정은 정부의 직접적인 참여가 이루어져야 가능하고 정책과 법규의 규정이 필요하다. 따라서 시장경제체제가 주도하는 경제통합의 주요한 행위자는 기업이지만, 역내협력 제도의 구축은 정부와 시장이 공동으로 추진하는 것이며, 정부는 시장을 지원할 뿐 아니라 협력의 제도화와 법규의 제정, 정책의 결정 등을 주도해야 한다.

유럽연합은 정부주도의 지역협력 운동이고 제도의 구축을 토대로 하여 최종적으로는 국가를 초월한 지역관리와 통치를 실현하는 것이다. 유럽협력 운동의 경험은 동아시아 역내협력 움직임에 '계몽' 역할을 했다. 그러나 EAVG는 동아시아공동체 건설에서 유럽 방식을 모방하지 않고 동아시아 역내의 구체적인 상황에 맞는 기능적인 제도화 구축을 토대로 하는 공동체 건설을 제안했다. 나아가 공동체 건설에 대한 단계별 노선도를 그리기보다는 공동체 건설의 과정을 점차 심화시키는 것을 주장했다.[8]

역내협력의 기능주의 이론에 의하면 각국이 경제협력을 통하여 협력의 규범을 설정하고 이를 지켜 국가를 초월하는 이익을 만들며, 이 이익이 더욱 확산되면 역내의 평화를 실현할 수 있다고 보고 있다.[9]

비전그룹 보고서는 특히 경제협력을 통해 지역 정체성을 높이고, 동아시아 역내의 평화를 실현하는 것을 강조했다. 동아시아 역내경제는 상

---

8 지역주의 이론에 의하면, 유럽은 상향식 건설모델을 보여주었다. 즉, 관세동맹-공동시장-경제공동체-공동체-연합의 과정이다. 이러한 과정은 두 가지 측면을 포함하는데, 첫 번째는 경제통합의 상향식 과정과, 두 번째는 선경제 후정치에 이어 마지막에 경제정치연합을 이루는 결합과정이다. 유럽의 이러한 모델을 아시아에 적용하기는 어렵다. 아시아는 많은 측면에서 유럽과 크게 다르기 때문이다. Ellen L. Frost, *Asia's New Regionalism*, Lynne Rienner Publishers, UK, 2008, p. 12 참조.
9 여기에 관한 정리는 전펑쥔·치젠화(陳鋒君·祁建華) 편, 《새로운 지역주의와 동아시아 협력(新地區主義與東亞合作)》, 중국경제출판사(中國經濟出版社), 2007, 39-43쪽 참조.

호의존적이고 지역적 생산네트워크가 형성되어 있지만 정치체제와 의식의 차이, 특히 안보상의 대립과 시장경제체제의 긴밀한 연계는 분쟁조절 능력의 취약과 위기대응상에서의 결함을 동시에 안고 있다. 따라서 비전그룹 보고서는 협력과정에서 정치와 안보협력, 지역 공동의식을 키우는 것도 포함하고 있다. 비전그룹 보고서에 의하면 동아시아공동체의 최종 목표는 역내 번영과 평화 그리고 공동의 안보를 실현하는 것이다. 따라서 동아시아공동체 건설은 매우 강한 정치적 의도를 가지고 있다. 사실 '10＋3' 지도자 회의는 정치대화와 협력의 틀이기 때문에 이를 정상회의로 승격시키고 협력의 정치적 함의를 더욱 높이는 방향으로 나아가야 할 것이다.[10]

비록 EAVG의 보고서에 설계된 동아시아공동체의 내용이 실질적이며 선명한 역내 시스템 구축의 함의를 가지고 있고 공동체 건설의 희망이 각국의 지지를 받고 있다 하더라도, 공동체 건설의 실제과정에는 응집된 공감대가 필요하다. 비전그룹 보고서는 동아시아 협력의 목표가 공동체인 것은 명확하지만 동아시아공동체 실현의 절차, 추진방식은 아직 모호한 부분이 많다. 훗날에 확인되었다시피 일단 실행단계로 접어들면 차이점이 드러나고 다시 공감대 형성이 필요한데, 이는 쉽지 않은 일이어서 원래의 틀을 바꿀 수밖에 없게 되었다.

사실상 정상들의 성명을 포함하여 여러 곳에서 가장 많이 사용된 것은 '건설 공동체(building community)'가 아닌 '공동체 건설(community building)'이다. 이 두 가지의 말은 다르다. '공동체 건설'이 동아시아 협력에 더 적합하고 타당하다. 왜냐하면 '공동체 건설'은 과정을 의미하는바,

---

10 장윈링, 〈무엇 때문에 동아시아 협력을 추진하는가(爲什麼要推動東亞合作)〉, 《국제경제평론(國際經濟評論)》, 2003, 제9-10기, 49-50쪽.

공동체는 미래의 장기적인 목표이기 때문이다. 그러나 '건설 공동체'는 분명한 방안에 근거하여 절차를 이행하는 것으로, 동아시아공동체는 유럽연합과 같은 명확한 방안과 일치된 행동강령에 의해 추진되는 것이 아니기 때문이다.[11]

동아시아 국가들의 입장에서 '동아시아공동체'라는 개념을 받아들이기 위해서는 '이념적 공동인식'이 바탕이 되거나 '가치의 선택'이 있어야 한다. 그러나 동아시아공동체가 무엇이고, 어떻게 만들 것인가 하는 것에 대한 인식의 기초는 아직 충분하지 않다.

이런 점에서 볼 때, 동아시아공동체 건설은 현실의 '자발적 행동(위기에 대한 대응)'으로 제기된 것이라고 할 수 있다. 특히 구조상의 느슨함은 건설과정에서 다양한 측면의 기능적 시스템의 발전으로 나타나고 있다.[12]

사실상 동아시아공동체에 대해서는 저마다 인식이 다르다. 예를 들면, '공동체'에 대해서, 어떤 사람들은 '공동의 이익을 창조하기 위한 기초'라고 생각하고, 또 다른 사람들은 '가치관을 공유하기 위한 토대'로 여긴다.[13] 이러한 동아시아공동체 인식에 대한 큰 차이는 실제 발전과정이 순탄하지 않을 것임을 보여주고 있다.[14]

---

11 Ellen l. Frost, 앞의 책, p. 16.

12 장원링, 〈동아시아 역내협력의 발전에 대해 어떻게 인식할 것인가(如何認識東亞區域合作的發展)〉,《당대아태(當代亞太)》, 2005, 제8기, 3쪽.

13 예를 들면, 일본이 '동아시아공동체협의회(Council on East Asian Community, CEAC)'를 만들고 아시아공동체 건설을 위한 보고서를 제출했지만, '공동체'에 대해서는 명확한 정의가 없이 제출된 내용이 대부분 '일본을 중심으로' 하는 것이었고 개방의 지역주의, 민주, 가치관, 국제법칙 등을 지나치게 강조하고 있었다. Kazuko Mori and Kenichiro Hirano ed., *A New East Asia: toward a Regional Community*, NUS Singapore, 2007, pp. 15-16.

14 각국의 동아시아공동체에 대한 다른 시각은 왕용(王勇), 〈동아시아공동체: 지역과 국가의 관점(東亞共同體: 地區與國家的觀点)〉,《외교평론(外交評論)》, 2005, 제8기 참조.

2. 동아시아 지역정체성

동아시아는 지연(地緣)적 개념으로 동북아시아 5개국과 동남아시아 10개국을 말한다. 동아시아비전그룹의 보고서에서 언급한 모든 동아시아공동체의 지연적 범위는 이 15개국인데 공동체 건설은 '10+3'이 선도하고 미래에 몽골과 북한까지 확대될 예정이었다.[15]

동아시아공동체의 이러한 지연적 획정은 역사 발전에 기초를 두고 있지만 동아시아 국가들이 처해 있는 현실 정치와 역내 안보질서의 제약을 받고 있다. 동아시아는 근대에 이르러 반복적으로 분열되어온 지역이다. 중국의 쇠락은 일찍이 형성되었던 질서의 붕괴를 가져왔으며, 서구 열강들은 중국의 주변지역을 잠식했을 뿐만 아니라 중국의 내부로 진입하여 분할한 후 자신들의 세력범위를 확대했다. 일본은 경제부흥 이후 거침없이 대외확장을 전개하여 먼저 한반도를 침략하여 점령한 후 다시 중국을 침략했고, 아시아의 다른 지역으로 침략범위를 넓혀갔다. 일본은 자신을 중심으로 한 '대동아공영권'을 무력으로 추진하여 동아시아가 오랜 기간 형성해왔던 질서의 토대와 사상을 뒤집어엎었다.

제2차 세계대전 이후, 동아시아 역내 질서는 두 가지 큰 흐름의 영향을 받았다. 첫 번째는 민족의 독립이다. 식민지로 있던 국가들이 독립을 실

---

15 동아시아 국가의 범위에서 러시아는 통상적으로 동북아 혹은 동아시아의 범위 안에 포함하지 않지만, 상당한 면적의 국토가 동북아에 위치하고 있어 당연히 동북아 혹은 동아시아 협력에 참여할 것이기 때문에 APEC나 동아시아정상회의에 회원국으로 받아들여질 수 있다. 러시아의 국가휘장은 쌍두독수리인데 그중 하나는 유럽, 다른 하나는 아시아를 향하고 있다. 비록 러시아의 지역적 연고와 주요한 이해관계는 유럽에 있지만, 현재 러시아는 동아시아와 아태지역의 사무에 대해 점점 적극적으로 참여하고 있으며 극동지역 개발 계획을 수립하여, 블라디보스토크를 동방개발의 거점으로 삼으려 하고 있다. 이처럼 러시아의 동아시아에 대한 의지는 점점 강해질 것이다.

현하여 스스로 자기 운명의 주체가 되었고, 중국도 내전을 끝내고 신생 중화인민공화국을 건립했다. 두 번째는 냉전인데, 동아시아 국가들이 양대 진영으로 분열되어 동·서양이 대치하게 되었다. 전자는 동아시아 질서를 다시 재편하는 계기가 되었으나 후자는 동아시아의 지연적 틀을 갈라놓았으며, 이 때문에 동아시아는 하나의 지역으로 인식되지 못했다.

동아시아의 지연적 구분을 타파한 것은 개방적 경제발전 모델이 가져온 역내경제 연계이다. 일본의 경제발전을 용두(龍頭)로 하는 '네 마리 용'과 동남아의 일부 국가들은 선후로 개방 발전전략을 실시함으로써 '대외투자–산업이전식 분업–교환무역'의 경제사슬이 형성되었고, 경제의 지역적 속성(屬性)이 나타나게 되었다. 이러한 배경에서 1990년대 초 세계은행이 발표한 보고서 《동아시아의 기적》은 동아시아를 경제적 공통성이 있는 하나의 지역으로 인식했다.

중국의 개혁개방정책은 역내경제 네트워크를 더욱 확대시켰을 뿐만 아니라 자체적으로 가지고 있는 거대한 시장규모, 외자유치 정책, 풍부한 염가의 노동력 등의 여러 요인으로 인해 빠르게 '가공수출의 중심'이 됨으로써 기존의 '사슬형 경제관계'를 '쌍방향의 그물형 관계'로 바꾸어 '역내 생산네트워크'를 형성했다. 이로 인해 서로 격리되어 있던 동북아와 동남아 지역은 동아시아라는 하나의 틀로 밀접한 연계를 형성하게 되었다. 이것은 아시아 금융위기 이후, 아세안이 한중일 3국에 협력과 대화를 요구하게 된 지연적 이익의 토대가 된 동시에 '동아시아 공감대'의 접착제가 되었다. 그렇지만 경제이익을 기반으로 하는 지역공동체 의식은 동아시아 지역 정체성의 한 측면일 뿐이며, 경제이익의 차이도 지역 정체성의 응집력에 영향을 줄 수 있다.[16]

지역 정체성이라는 것은 같은 지역이라는 지리적 틀을 가리키는 것으로, 해당 지역 내의 모든 국가가 그 틀 안에 포함되며, 해당 국가들이 이

틀의 합법성에 대해 인정하는 것이다.[17] 그러나 이런 공감대를 바탕으로 경제 네트워크가 구축된다고 해도 지역 내 정치, 안보 등에 역내 구조의 제약을 받지 않을 수 없다.

냉전이 끝난 후 동·서양을 기준으로 하는 구분이 없어졌지만 미국 중심의 안보와 정치관계의 틀은 여전히 존재하고 한반도는 아직 분열되어 있으며 긴장관계의 구도는 근본적으로 해결되지 않고 있다. 특히 미국은 동아시아 지역의 경제, 정치, 안보 영역에서 상당한 영향력과 이해관계를 가지고 있으며, 스스로 이 지역에서 없어서는 안 될 국가라고 여기고 있다. 따라서 미국은 동아시아공동체 건설의 논의 과정에 자신들이 배제되어 있는 것에 대해 경계심을 가질 수밖에 없다.[18]

중국은 동아시아 지역에 대한 영향력이 점점 커지는 나라이고, 동아시아 협력의 모든 과정에 참여하고 있으며 '10+3' 틀의 협력 방향에 대해 적극적인 지지를 보내고 있다. 그러나 동아시아공동체 건설의 각도에서 볼 때, 중국이라는 요소는 비교적 특별하다. 경제적으로 볼 때 중국은 역내 생산망의 연결점이면서 중국의 발전은 지역 내에 점점 큰 이익을 가져다주고 있다. 중국은 지역 정체성에 대해 복잡한 고려를 하고 있지만 동

---

16 경제 수준과 이익의 커다란 차이를 생각한다면, 설사 동아시아 자유무역지대를 건설하더라도 어쩌면 먼저 각국 간, 혹은 '10+1'의 자유무역지대가 필요할지도 모른다. 진청난·자오종비아오(金成男·趙宗標), 〈동아시아 경제협력의 현실과 모델(東亞經濟合作的現實與模式)〉, 《세계경제와 정치논단(世界經濟與政治論壇)》, 2005, 제6기, 22-23쪽.

17 크리스토퍼슨(Gaye Christoffersen)은 '10+3'의 틀이 정해진 것은 중국과 일본이 모두 '동아시아가 하나'라는 것에 동의한 것이라고 보고 있다. Lee lai Too, *Asia in the New Milliennium*, Msahall Cavendish Academic, Singapore, 2003, p. 138.

18 어느 미국학자는 이런 발전에 대해 "아시아 국가들을 불러들이고, 미국을 쫓아내다"라고 묘사했다. Paul Bowles, "Asia's new regionalism: bringing state back in and keeping the (united) states out", *Review of International Political Economy*, Summer, 2002, pp. 230-233, http://www.jstor.org/stable/4177421.

시에 중국의 영향력도 여러 요소의 제약을 받고 있다. 이는 중국이 중국식 사회주의라는 자체 정치체제를 이어가고 외부세력의 간섭과 영향력에 대해 고도의 경계심을 가지고 있으며, 중국이 처하고 있는 지연적 관계가 동아시아의 지역범위를 훨씬 초월했기 때문이다. 이와 함께 중국의 국력이 빠르게 성장하면서, 많은 국가들이 중국의 역할과 영향력에 대해 경계를 가지고 있는데, 특히 일본과 미국은 그 정도가 더욱 심하다. 일본은 중국이 역내 사무를 주도하는 것을 경계하고, 미국은 자신들이 동아시아에서 배척될 것에 대해 우려하고 있다. 이처럼 중국은 초창기에는 다른 나라들에게 동아시아공동체 의식을 유도하는 긍정적 요소였으나 지금은 오히려 제약을 받는 대상이 되었다.

중국이 동아시아 협력 과정에 적극 참여하고, 실질적인 협력을 더욱 적극 추진하고 있지만, 동아시아공동체에 대해서는 많은 고민을 하고 있으며 공식적인 입장표명에 대해서는 상당히 신중하다. 따라서 중국이 동아시아공동체의 건설을 주도하려 한다는 것은 중국 입장에서는 일부 억울한 측면이 있다.[19] 중국이 계속 신중한 자세를 이어가고 있는 이유는 대내외적으로 복잡한 원인이 있는데, 그중에서 가장 중요한 것은 동아시아공동체의 목표와 공동체의 기능, 위상 등의 문제에서 자신만의 고민이 있기 때문이라고 할 수 있다.[20]

실제로 동아시아공동체의 '경제공감대'는 동아시아 정치와 안보 틀의 제약을 받고 있다. 중국의 국력이 하루가 다르게 커지고 있는 상황에서

---

19 매년 '10+3' 지도자회의에서 중국의 지도자는 '10+3' 협력을 강조했지만 '동아시아공동체'라는 말을 사용한 적은 거의 없다.

20 어느 학자는 각국의 인식이 모두 상이하고, 이해타산도 다르기 때문에 동아시아공동체는 허황된 꿈에 지나지 않는다고 주장한다. 정셴우(鄭先武), 〈동아시아공동체 비전의 허황성 분석(東亞共同體愿景的虛虛幻性釋論)〉,《현대국제관계(現代國際關係)》, 2007, 제4기, 55쪽.

지역 내의 관계구조는 새로운 조정기를 맞아 구심력에 변화가 생기고 있다. 여기에 더하여 미국이 직접 간섭하고 있어 '10＋3'을 틀로 하는 정치구조, 즉 '10＋3' 대화 시스템을 동아시아정상회의 시스템으로 승격시키려는 계획은 많은 장애물에 의해 그 실현이 점차 어려워지고 있다.

돌이켜 보면 비전그룹 보고서가 '10＋3' 지도자들의 적극적인 지지를 받은 후에 동아시아 지역에는 동아시아공동체 건설의 열기가 일어나고, 여러 나라들이 수많은 기구, 포럼을 조직했다. 중국이 주도하여 구성한 '동아시아싱크탱크네트워크(NEAT)'는 각국에 지부를 설립했다. 이들 중 일본이 주도한 '동아시아공동체협의회(CEAC)'가 가장 규모가 컸다. 한국이 주도한 '동아시아포럼(EAF)', 말레이시아 주도의 '동아시아회의(EAC)' 등도 선후로 조직되었다. 어느 한순간에 동아시아 협력, 동아시아공동체 건설과 관련한 토론의 열기가 달아올라 대량의 학술논문과 서적이 발표 및 출판되었다. 이러한 분위기에서 '10＋3' 지도자들은 동아시아비전그룹과 연구그룹의 건의에 근거해서 빠른 시일 안에 '동아시아정상회의'와 '동아시아자유무역지대'를 건설하기로 합의했다. 2004년 '10＋3' 지도자들은 '10＋3' 경제장관 회의의 동아시아자유무역지대 건설과 관련한 실행 타당성연구에 대해 지지를 표시하는 성명을 발표했으며, 2005년 말레이시아의 수도 쿠알라룸푸르에서 제1차 '동아시아정상회의' 개최를 합의했다.

이는 1999년 '10＋3' 지도자들이 동아시아 협력에 관한 성명을 발표한 후에 추진한 새로운 협력의 진척이었다. 이 진척이 이전의 것과 다른 점은 동아시아 협력과 관련한 제도화의 구축이었다.[21] 그러나 이 제도화는

---

21 Strengthening ASEAN＋3 Cooperation, Chairman's Statement 8th ASEAN＋3 Summit, Vientiane, November 29, 2004, http://www.asean.org/news/item/chairman-s-statement-of-the-8th-asean-3-summit-vientiane-29-november-2004.

건설 단계에 들어서자 바로 각국의 차이점들이 드러나기 시작했다.[22]

실제로 동아시아공동체에 대한 일본의 인식은 처음부터 다른 국가와 다르게 나타났다. 일본 정부는 중국을 경쟁상대로 설정하고 패권을 다투는 데 온 힘을 쏟고 있었다. 2001년 말 중국과 아세안이 자유무역지대 건설에 합의한 후, 2002년 초 일본의 고이즈미 정부는 급히 일본과 아세안의 전면적 경제협력 구상을 추진하고, 2003년 말 도쿄에서 일본-아세안 특별정상회의를 개최하는 등 동아시아 역내협력에서 주도적인 역할을 발휘하고자 하는 의지를 공개적으로 드러냈다. 일본은 동아시아공동체 건설에 대해 공동체는 반드시 자유, 민주, 법치를 실현해야 한다고 누차 강조했다. 일본 정부의 정책결정에 영향력을 갖고 있는 어느 전문가는 동아시아공동체는 미국의 동아시아에 대한 실질적인 개입을 보장할 수 있어야 하고, 미일동맹 체계를 유지할 수 있어야 하며, 일본의 가치관과 부합되어야 한다는 등의 원칙을 분명하게 제시했다. 또 다른 한 일본 전문가는, 중국 주도에 대한 일본의 이러한 두려움은 동아시아 협력 과정에서 큰 골칫거리가 되고 있다고 지적했다.[23]

---

22 어떤 사람은 동아시아의 특징은 다양화이며, 정체성은 '문화 동아시아', '지리 동아시아', '경제 동아시아', 그리고 '제국 동아시아' 등의 다양하고 복잡한 기초 위에 형성되어 있으며, 또한 각자 다른 의도와 배경을 가지고 있어서 동아시아공동체에 대해 환상을 품어서는 안 된다고 주장했다. 톈이펑(田毅鵬), 《동아시아 '신발전주의' 연구(東亞'新發展主義'研究)》, 중국사회과학출판사, 2009, 378쪽 참조. 또 다른 사람은 동아시아는 '국가를 초월하는 지역주의 모델'이며, 서로 다른 영역의 공간들이 연계되어 구성되어 있고 비공식적 시장체제에 의지하고 있기 때문에 공식적인 정치 협의가 없다고 지적했다. Peter J. Katzenstein · 시라이시 다카시(白石隆) 편, 《일본 이외: 동아시아 지역주의의 동태(日本以外: 東亞區域主義的動態)》, 중국인민대학출판사(中國人民大學出版社), 2012, 15, 19쪽 참조.

23 중국에 대해 매우 비우호적인 와타나베 도시오(渡邊利夫)는 동아시아공동체에는 중국의 지역 패권주의가 숨겨져 있는 위험한 길이라고 거리낌없이 주장했다. 이러한 관점을 가지고 있는 일본의 전문가는 그 한 명만이 아니다. 니시구치 기요카쓰(西口淸勝), 《현대 동아시아 경제론: 기적, 위기, 지역협력(現代東亞經濟論: 奇跡, 危機, 地區合作)》(중국어판), 샤먼대학출판사, 2011, 198, 204-207쪽 참조.

일본 정부는 표면적으로는 동아시아공동체라는 개념을 거부하지 않고 심지어 아세안과 같이 공동체 건설에 대해 동의를 표시하기도 했지만 일본 정책 결정권자의 인식 속에는 '10+3'이라는 지연적 범주는 정치문제이고, 이미 중국이 주도하고 있다고 생각하고 있다. 일본의 전문가들은 이런 조건, 즉 '10+3'을 토대로 하는 동아시아공동체의 건설과정에서 일본이 중요한 역할을 하는 것은 '꿈속의 환상'이라고 인식하고 있다. 일본이 동아시아공동체의 건설에 동의한 이유는 중국과의 패권 경쟁 때문이며 사실은 어떠한 진척도 원하지 않고 있다.[24]

2004년 '10+3'의 지도자들이 2005년에 열릴 동아시아정상회의를 결정할 때, 일본 정부가 외무장관회의와 동아시아정상회의의 사무를 책임지겠다고 한 것은 자신들의 계산이 있었기 때문이다. 그 회의가 개최되었을 때, 일본은 자신의 방안을 제출했는데, '10+3'을 기반으로 하는 동아시아정상회의를 반대하면서 동시에 이 회의의 기반을 확대해 동아시아의 범주에 속하지 않는 인도, 호주, 뉴질랜드의 참가를 주장했다. 일본의 이런 고집에 의해 새로운 동아시아정상회의 시스템이 탄생했다.

아세안의 주장 때문에 동아시아정상회의는 '10+6'의 틀로 전환되지 않고 '10(아세안)+3(한중일)+3(인도·호주·뉴질랜드)'의 형식으로 출범했다. 아세안의 이러한 일관된 입장에 힘입어 새로운 동아시아정상회의 시

---

24 어떤 사람은 2004년 일본의 고이즈미 총리가 야스쿠니신사를 참배하고 중일관계가 악화되자 일본은 공식적으로 동아시아공동체에 대해 더 이상 제기하지 않고 대신 중국의 정책에 대처하는 데 주력하고 있다고 주장한다. 장윈(張雲), 《일본의 농업보호와 동아시아 지역주의(日本的農業保護與東亞區域主義)》, 톈진인민출판사(天津人民出版社), 2011, 151-152쪽 참조. 또 다른 사람은 일본은 처음부터 동아시아 협력에 대해 그다지 원하지 않았고 중국과의 경쟁 때문에 태도를 바꾼 것이라고 보고 있다. 리팅쟝·스위안화(李廷江·石源華) 편, 《동아시아 협력과 한중일관계(東亞區域合作與中日韓關係)》, 사회과학문헌출판사, 2013, 189쪽.

스템은 '10+3'의 연장선, 즉 아세안의 주도적 지위를 유지하는 전제 아래 더 많은 국가들을 초청하는 형식으로 되었다. 아세안과 한국, 중국의 일관된 입장으로 새로운 동아시아정상회의는 전략적인 포럼으로 자리매김하게 되었다. 주요의제로 전략·정치·경제의 큰 문제를 포함했고 동아시아공동체 건설 과정에서 적극적인 역할을 하게 되었다. 이렇게 기존의 '10+3' 대화 협력시스템은 계속 존재하게 되었고, 동아시아 협력의 주요한 경로로서의 역할을 이어갈 수 있게 되었다. '10+1'이든 '10+3'이든 아니면 동아시아정상회의든 연례회의는 아세안 회원국이 계속 주최하게 되었다. 동아시아정상회의 의장성명에서도 '10+3'이 동아시아공동체를 실현함에 있어서 이미 많은 노력을 했다는 것을 인정하고 동아시아정상회의와 '10+3' 그리고 '10+1'이 같이 동아시아공동체의 건설을 위해 중요한 역할을 한다는 것을 특별히 명시했다.

동아시아정상회의는 분명히 각 주체들 간 타협의 결과물이다. 비록 동아시아정상회의가 동아시아공동체 건설 과정에서 역할을 한 것은 분명하지만, 이 틀 안에서 동아시아공동체 건설은 '희석화'되고 개념만 남고 말았다. 특히 미국과 러시아가 동아시아정상회의에 참가한 이후로는 강대국들 간의 대화의 틀이 되고 말았다.[25]

새로운 동아시아정상회의는 동아시아 협력의 지연적 토대를 바꾸고 지연을 토대로 하는 지역정체성을 타파했으며, 대화협력의 방향을 이해관계 우선으로 전환시켰다.[26] 이런 변화는 동아시아 역내협력의 목표와

---

25 Kuala Lumpur Declaration on East Asia Summit, 2005, http://www.asean.org/news/item/kuala-lumpur-declaration-on-the-east-asia-summit-kuala-lumpur-14-december-2005.

26 새로운 동아시아정상회의의 추진을 통해서 동아시아공동체가 허황된 꿈이었다는 것이 드러났다고 주장하는 사람도 있다. 정센우, 앞의 글, 53쪽.

과정에 중요한 영향을 끼쳤고, 미래 동아시아 협력의 노정을 위한 여러 통로를 만들었다. 적극적인 의미에서 본다면 이것은 동아시아 협력을 위해 더 유연한 공간을 개척했다고 볼 수 있지만, 소극적인 시각에서 보면 '10＋3'을 토대로 하는 동아시아공동체 건설이 어려움에 봉착했다고 할 수 있다. 생각해봐야 할 것은 원래 2004년 '10＋3' 지도자들은 모두 공통의 인식에 도달했고, 이듬해에 '10＋3'의 틀로 동아시아정상회의를 열기로 합의했다. 그러나 정세는 돌변하고 회의 참가자들이 새로운 동아시아 정상회의 구성에 타협하면서 2005년에 회의 개최를 성사시켰다. 이는 한 측면에서 보면 동아시아 협력을 추진하는 데 있어서 타협과 실용적인 태도를 취했다는 것이며, 또 다른 측면에서 보면 지연을 토대로 한 동아시아 지역에 대한 정체성 인식이 견고하지 못했음을 보여준다. 이러한 각도로 볼 때 동아시아 역내협력 운동은 분명한 지역주의의 이념이 아니라 이해관계가 토대를 이루고 있음을 알 수 있다. 이렇게 동아시아공동체 건설에 대한 정체성 인식도 변이가 생겼고 이 점에서 유럽과의 차이가 확연히 노출되었다.[27]

동아시아정상회의가 원래의 계획에서 변형되었기 때문에, 처음 설계했던 '10＋3'을 토대로 하는 동아시아자유무역지대 건설은 계속 추진하기가 어렵게 되었다. 동아시아정상회의가 변형이 된 것이 정치적 고려 때문이라면 동아시아자유무역지대의 건설도 매우 강한 정치적 함의를 갖고 건설되는 것이라고 할 수 있다. 이는 또 일본이 새로운 동아시아정상회의의 틀을 토대로 하여 동아시아자유무역지대(동아시아포괄적경제파트너십,

27 사실 유럽연합도 전례를 답습한 것이 아니라 핵심적인 유럽의 국가들로 구성된 주요경로 (석탄·철강공동체-관세동맹-공동시장-경제공동체-공동체-시장통합-유럽연합)와 영국이 주도하는 '유럽경제연맹'이 있었는데, 이 중 후자가 점차 전자와 접근하고 영국이 유럽연합에 가입하면서 주요경로가 주류가 되었다.

CEPEA)의 건설을 추진하는 원인이 될 것이다.

사실 경제적인 지정학이 정치적인 지정학보다 더 유연하다고 할 수 있다. 자유무역지대 건설의 이익이라는 측면에서 보면 그 규모가 크면 클수록 이익은 더욱 커진다. 경제적 이익의 시각에서 보면 회원국들의 동의만 있다면 새로운 동아시아정상회의를 틀로 하여 건설하는 경제자유무역지대의 건설을 거절할 이유가 없다. 만약 인도, 호주, 뉴질랜드가 동아시아자유무역지대에 참여하길 원한다면 거절할 이유가 없는 것이다. 그러므로 이런 상황에서 '10＋6'을 틀로 하는 자유무역지대의 건설은 시간문제일 뿐이다.

개방과 협력의 이익이라는 각도에서 보면 동아시아 지역의 생산네트워크 구축이 '10＋3'의 토대 위에 진행되고, 인도, 호주, 뉴질랜드의 참여가 소극적이라 하더라도 자유무역지대를 건설하여 이들 3국을 역내 생산네트워크 안으로 끌어들이면 별로 나쁠 것도 없다. 사실 지리적 이유때문에 호주와 뉴질랜드는 이미 아시아·태평양 지역의 경제협력 시스템에 적극적으로 참여하고 있으며, 동아시아 경제네트워크 가입도 상당히 적극적이다. 일본이 인도의 참여를 제안한 이유는 인도가 잠재적인 경제대국이고, '동향정책(東向政策)'을 제정했으며, 동아시아 경제네트워크가입을 원하고 있다는 것인데 나름대로 수긍이 가는 이유이다. 아세안의 이익이라는 관점에서 보면 인도가 동아시아자유무역지대 시스템에가입하는 것은 나쁠 것이 없고, 아세안은 이미 호주·뉴질랜드(호주-뉴질랜드 간 공동시장화, CER)뿐만 아니라 인도와도 '10＋1' 자유무역협정을 체결했다.

이런 이유 때문에 일본이 주도하는 '동아시아포괄적경제파트너십(CEPEA, 이하 CEPEA)'에 관한 공동연구는 중국을 포함한 모든 새로운 동아시아정상회담의 회원국들이 전문가를 파견하여 참여했다. 사실 모두가 이미 간파하고 있듯이 일본이 이러한 틀을 바탕으로 한 자유무역지대 협정을 추진하는 것은 경제적인 이유가 아니라 정치적이며 전략적인 고려이며, 중국의 역할과 영향력 확장에 대응하려는 것이다. 이러한 것을 뻔히 알면서도 중국이 전문가를 파견하여 참여케 한 것은 동아시아의 다양한 협력에 대한 이익을 고려한 것이었다.

사실 자유무역지대에 관한 협상내용은 비록 경제문제이지만 정치와 역내관계도 다루고 있다. 많은 경우 자유무역지대는 일종의 정책 수단에 의해 추진되곤 한다. 이러한 예는 비일비재하다. 중국이 아세안과 자유무역지대 건설을 제기하자 일본이 다급하게 아세안과 긴밀한 경제 동반자 관계를 선포한 것은 분명히 중국과의 경쟁 때문에 나온 정치적 고려이다. 2009년 미국은 자신들이 없는 동아시아자유무역지대 건설에 대응하기 위해 '환태평양경제동반자협정(TPP)' 협상에 참여하겠다고 선포한 것도 그 구체적인 예라고 할 수 있다.

2000년 중국이 아세안에 제의한 '10+1' 자유무역지대 건설 방안은 아세안의 적극적인 지지를 받았다. 아세안 자유무역지대의 건설은 다른 나라들에도 큰 영향을 미쳐 '10+1'은 모방의 대상이 되었으며 아세안은 한국·중국·일본·호주·뉴질랜드·인도 등의 국가들과 '10+1' 자유무역지대 건설을 추진했다. '10+3' 지도자회의에서 합의한 공통의 인식에 근거하여 2004년에 '10+3' 자유무역지대 건설을 위한 사업을 시작했으며, 중국의 제안으로 '10+3'의 각국 전문가들로 구성된 '동아시아자유무역지대(EAFTA)' 타당성연구 전문가그룹이 만들어졌다. 전문가그룹은 순조롭게 운영되었으나 적극적으로 참여하던 일본대표가 본국 정부의 입장 변화(새로운 동아시아정상회의를 구성하려는 일본의 다른 계산)로 인해 연구보고서에 서명을 거부했다. 이에 다른 나라 대표들의 계속된 권고 끝에 일본대표는 마지못해 서명을 했으나 그들은 다시 성명을 발표하여 보고서

서명은 개인의 자격으로 했다고 입장을 밝혔다.

2006년 '10＋3' 동아시아자유무역지대 연구 전문가그룹이 보고서를 완성하고 '10＋3' 경제장관회의에 제출하여 토론할 때, 일본은 동아시아 정상회의의 틀 아래 CEPEA의 건설을 건의하고, 이어서 일본이 주도하여 타당성연구 전문가그룹을 구성해 동아시아정상회의 회원국들에게 전문 가의 파견을 요청했다. 이 전문가그룹은 이듬해 CEPEA 구축에 관한 보 고서를 완성했는데, 이 보고서의 핵심내용은 동아시아정상회의 체제 아래 16개국으로 구성된 자유무역지대를 설치하는 것이었다. 이렇게 동아 시아자유무역지대 건립에 관해 각기 다른 두 개의 방안이 생겨났으며, 의견 분열로 인해 기존에 설정했던 동아시아자유무역지대 건설과정은 기약 없이 연기되고 말았다.

동아시아자유무역지대와 동아시아공동체는 각국의 공감대 형성이라는 토대 위에 나타난 정성 어린 협상과 협조의 과정이었다. 서로에 대한 차이점이 드러나는 것은 두려워할 바가 아니지만, 협상과 협력을 거부하는 것이 진정 두려운 것이다. 협상과 협력을 추진하지 않는 이유는 서로 간의 인식과 책략에서의 차이 때문인 것이다.

유럽의 경험을 보면 유럽연합의 축은 프랑스와 독일의 협력이다. 두 나라는 모두 유럽의 강대국으로 역사상 끊임없이 전쟁을 해온 견원지간이었다. 프랑스와 독일이 협력하지 않으면 유럽연합은 협상조차 시작할 수 없었다. 유럽연합의 추진이 곡절을 만날 때마다 매번 양국의 지도자가 나서서 협상을 진행해서 한목소리를 냈고, 합심하여 유럽연합이 앞으로 나아갈 수 있게 협력했다. 동아시아에서 프-독 양국과 비슷한 관계에 있는 나라는 중국과 일본 양국이라고 할 수 있다. 그러나 지금 중-일 사이에는 공통인식에 도달하기 어렵기 때문에 동아시아공동체의 건설을 추진하는 것은 사실상 어려운 상황에 처해 있다.

프-독 양국은 왜 공통의 인식을 가지게 되었고 중-일 양국은 왜 불가능한가? 중요한 원인 중의 하나는 제2차 세계대전이 끝난 후 유럽과 동아시아가 걸어온 길이 다르기 때문이다. 유럽은 독일이 철저하게 패배했고, 게다가 분단되었으며, 유럽(서유럽)의 구조가 재편되었으며 독일은 완전히 개조되어 과거와 결별했다. 프랑스는 개조된 독일을 받아들였고 양국은 평등한 지위와 새로운 관계로 공동으로 새로운 유럽을 건설했다. 유럽을 재건한 중요한 출발점은 유럽에서 다시는 전쟁을 일으키지 말자는 공감대였다. 두 차례 세계대전의 발단은 유럽이었기 때문에 전쟁을 피하는 것이 유럽(서유럽)국가들의 가장 큰 공통의 인식으로 되었다. 명백한 것은 이것은 지리적 인접성을 토대로 한 정치적 공통 인식이라는 것이다. 각국이 연합 동기를 명확히 했는데, 유럽의 국경을 초월하는 관리 시스템을 건설하여 어느 국가가 전쟁을 일으킬 능력을 약화(당시의 목표 국가는 독일)시키고 공동의 지역 건설을 통해 이익을 나누는 튼튼한 토대를 구축한다는 것이었다. 다시 말해 유럽연합의 목표는 정치였고, 제도 구축의 출발점도 정치였으며, 첫 출발점이 된 석탄·철강연맹이든, 최고형태의 유럽연합이든 모두 이 취지를 벗어나지 않았다.

그러나 동아시아에서는 전쟁을 일으킨 당사국 일본이 패전하기는 했지만 일본은 철저하게 개조되지 않았고 과거와 결별하지도 않았다. 일본이 미국에게 점령당한 후, 평화헌법을 제정하기는 했으나 일본은 미국에 의해 동맹국으로 개조되었고 미일동맹이 결성되고 소련과 중국에 공동대항하게 되었다. 미국의 지원 아래 과거 일본의 제도와 틀이 유지되었고 전쟁에 참여한 주요 인사들은 신정부의 관료가 되었다. 일본은 미국의 보호 아래 빠른 경제회복을 실현했고 심지어 미국의 뒤를 이어 세계 제2의 경제대국으로 성장했다. 반면 신중국은 전후의 새로운 질서에서 배척(중국은 미국이 주도하는 '샌프란시스코 강화조약'에 참여하지 못했다)당했을 뿐만 아니라 미일의 공동 적대국이 되었다.

중일 간의 국교회복이 양국 외교관계의 정상화를 가져오고, 중국의 개혁개방이 일본과의 거리를 좁혔으며, 양국이 경제부문에서 밀접한 관계로 발전해왔다. 그러나 일본은 여전히 진정으로 과거와 결별하지 않고 있어 역사문제는 언제든지 양국관계를 저해할 수 있는 치명적인 요소로 남아 있다. 고이즈미 총리는 집권 시기에 수차례 야스쿠니신사를 참배했고 중일관계를 심각하게 후퇴시켰다. 아베 총리도 집권 이후 계속해서 야스쿠니신사를 참배하고 있어 중일관계가 다시 한 번 어려움에 처해 있으며 양국관계뿐만이 아니라 한중일 3국 협력관계에도 심각한 영향을 끼치고 있다.

냉전의 종식은 역내의 정치적 대립을 해소했으나 한미일 군사협력의 틀은 여전히 존재하고 있으며 새로운 역내의 정치·안보 협력시스템은 아직 구축되지 않고 있다. 경제부문을 보면, 일본은 동아시아 경제의 선두주자이자 동아시아 경제네트워크의 기둥이 되었고, 부흥한 중국은 일본의 지위에 도전장을 내밀고 있다(예컨대 아시아 금융위기 이후, 일본이 제출한 아시아화폐기금에 중국이 반대한 것이 있다). 중국의 신속한 부흥과 역내에서 커지고 있는 중국의 영향력 앞에 일본은 목에 가시가 걸린 듯이 우려가 많아지고 있다. 일본의 입장에서 보면, 자신들은 동아시아 경제협력에 대해 지지를 하고는 있지만, 자신들이 동아시아 협력의 진척을 주도하거나 혹은 중국의 영향력을 축소시키는 보다 큰 틀을 구축하거나 하는 것 외에는 받아들일 수 없을 것이다. 이렇게 보면 일본이 왜 굳이 '10+6'을 토대로 할 것을 강하게 주장하는지 이해가 될 것이다.

동아시아공동체 건설은 동아시아 지역의 관계와 질서를 다시 형성하는 것이고, 중일 양국 사이에 결핍되어 있는 공동전략과 공동이익을 모색하는 토대이다. 동아시아 지역의 정치·안보 문제 이외에, 더욱 중요한 원인은 중일 양국 간의 국력 변화인데, '중약일강(中弱日强)'에서 '중강일약(中强日弱)'으로 전환되고 있는 현재의 상황은 중일관계가 불안정한 조정기로 접어들었음을 보여주고 있다. 경제적 이해관계가 두 나라를 하나로 연결시켰지만 이것만으로 역내에서 형성되고 있는 새로운 질서를 되돌려놓기는 어려운 일이다.

그다음으로 동아시아와 유럽이 서로 다른 점은 동아시아 협력을 이끌고 조절하는 역할은 중국이나 일본, 한국이 아닌 아세안이 맡고 있다는 것이다. 아세안은 동아시아에서 가장 먼저 구성되고 가장 성공적으로 만들어진 기구이다. 지금 거의 모든 동아시아 지역의 대화와 협력 시스템은 아세안으로부터 만들어지고 있으며 아세안이 중심이 되어 운영하고 있다. 따라서 아세안의 동아시아공동체 건설에 대한 관점과 역할은 매우 중요하다.

사실상 아세안은 자신을 중심으로 하는 협력시스템에 대해서는 지지하고 열의를 보이지만, 아세안 자신이 동아시아 지역체제에 편입되는 것에 대해서는 소극적일 뿐만 아니라 온갖 이유로 시간을 지연시키고 있다. 아세안의 많은 인사들은 중일 양국의 갈등이 동아시아공동체 건설을 좌절시킨 원인이라고 말하지만, 아세안이 힘을 쏟아 부은 곳은 아세안공동체 건설이었으며 결코 동아시아공동체 건설이 아니었다. 동아시아공동체 건설은 아세안의 입장에서는 시급한 일이 아니다. 아세안이 우려하는 것은 동아시아공동체 건설에 주력함으로써 아세안공동체 건설에 불리한 영향을 받는 것이며, 만약 자신들이 애써 동아시아공동체를 건설하면 다른 강대국이 주도권을 가져갈 것을 우려하고 있다. 그렇기 때문에 역내협력 진척에 있어서 아세안이 진정으로 관심을 두고 있는 것은 '지도적 지위'가 아니라 '중심적 지위'인데, 이 지위가 보장되어야만 동화되거나 분열되지 않기 때문이다.

분명한 것은 역내 지역 정체성과 현실적 목표에 대한 공동인식이 부족한 것은 동아시아공동체 건설에 있어서 큰 약점이며, 동아시아공동체 건설 진척이 순조롭지 않고 비전이 실현되기 어려운 하나의 기본원인이다.[28]

---

28 기능적 협력의 시각에서 보면, 화폐·금융 협력 과정은 새로운 길을 찾는 과정이다. 2003년, 태국의 치앙마이에서 개최된 '10＋3' 재무장관회의에서 각국은 역내 통화 협력메커니즘(치앙마이 이니셔티브)에 합의했다. 통화 협력메커니즘은 동아시아 전체의 합의가 아닌 개별 국가 간 양자협상과 합의를 기본으로 하는 것이며, 이를 통해 전체적인 이익 균형의 문제와 역내 체제에 대한 정체성 인식의 문제가 해결되었다. 게다가 그 전에 이미 '아시아통화기금'과 관련한 파동과 곡절이 있었기 때문에, 이 부문의 협력에 있어서 어떠한 방식을 택할 것인가에 대한 학습효과도 있었다. 이렇게 화폐·금융 협력 과정에서는 성과를 거두었다.

회고와 사고

필자와 중국외교부의 스춘라이(石春来) 선생은 정부 파견으로 중국을 대표하여 '동아시아비전그룹(EAVG, 이하 EAVG)'에 참가했다. 스 선생은 호주 주재 중국대사를 역임한 노련한 외교관이어서 필자는 외교와 관련된 문제에 대해 큰 걱정을 하지 않았다. 한국은 자신들이 이끄는 EAVG에 큰 힘을 들여 특별자금을 지출했을 뿐만 아니라 실무 팀까지 배치했으며, 김대중 대통령은 두 차례나 EAVG 성원들과 좌담회를 가지고 그들의 연구과정을 경청했다.

EAVG는 새로운 일을 만들어내는 창조적 작업을 진행했으며, 각국으로부터 온 전문가들은 자국 정부로부터 추천된 사람들이기는 하지만 EAVG가 구성된 후부터는 독립적인 집단연구를 수행했다. EAVG는 구체적인 지시나 도움을 받지 않았을 뿐만 아니라 참고할 만한 것은 1999년에 발표된 '10+3'의 동아시아 협력에 관한 성명서뿐이었다.

연구를 통해 동아시아 지역의 특성에 맞고 실질적이면서도 전략적 안목을 갖춘 청사진을 제출해야 했기 때문에 이는 도전정신이 필요한 작업이었다. 필자의 기억으로는 EAVG는 수차례 열띤 토론을 전개했는데, 그중 핵심적인 것은 세 가지, 즉 장기 목표, 공동체 성격, 공동체 건설에 관한 것이었다.

동아시아 협력의 장기 목표에 관해 모두가 동의한 것은 동아시아 현실에서 출발하고 장기적인 안목이 있으면서도 실현가능성이 있어야 한다는 것이었다. 또한 유럽의 경험을 배우면서도 동아시아 자체의 창조성이 있어야 했다. 모두들 심사숙고하며 그동안 쓰지 않았던 새로운 용어를 찾았으며, 예를 들면 'Community', 'Union'(유럽연합이 사용), 'Association'(아세안이 사용), 'Cooperation'(APEC이 사용) 등 기존에 사용되었던 용어는 피하고자 했다.

그러나 하나의 완전한 새 용어를 찾기는 쉬운 일이 아니었으며, 토론 끝에 합의한 것이 바로 'East Asia community(동아시아공동체)'였다. 이것을 선택한 이유는 'community(공동체)'는 역내협력이 내포하고 있는 함의를 가장 잘 나타내는 용어이었기 때문이다. 그러나 동아시아공동체의 특징을 잘 드러내기 위해서 'community'의 영문은 역내협력체제의 발전을 표시하고, 유럽연합처럼 국가를 뛰어넘는 관리체제가 아니라는 것을 표시하기 위해 첫 글자를 소문자로 쓰기로 합의했다.

EAVG 보고서의 제목은 〈동아시아공동체를 향하여〉였는데, 협력의 꿈을 달성하는 것, 즉 공동체를 건설하는 것이 곧 목표였다. 제목에서 '향하여(toward)'를 쓴 것은 공동체가 하나의 발전과정이라는 것을 표현한 것이다. 따라서 이 보고서가 발표된 후부터는 '공동체 건설(community building)'로 표현했다. '공동체 건설'이라는 표현은 하나의 과정임을 표현한 것으로 '노력'인 동시에 '과정'이며, 또한 '목표'이기도 했다. 따라서 이러한 표현은 비교적 융통성이 있고 각국이 쉽게 받아들일 수 있는 표현이라고 할 수 있다.

공동체의 성격을 어떻게 정의할 것인가? 전문가들은 유럽의 협력 경험을 모델로 받아들일 수 있지만, 동아시아 협력은 유럽식이나 유럽연합의 길을 따라갈 수는 없다는 데 인식을 같이했다. 유럽의 지역협력은 자신들의 독특한 배경, 즉 정치와 문화가 바탕이 되었다. 유럽의 질서는 제2차 세계대전이 끝난 후 재편성되었는데, 과거의 질서를 무너뜨리고 새로운 구조를 구축했다. 전쟁 이후, 유럽(서유럽)의 정치가들과 국민들은 명확한 이념과 공통의 인식으로 단합했으며, 그것은 유럽에서 두 번 다시 전쟁이 일어나지 않게 하고 영구적인 지역 안정을 희망한 것이다. 때문에 유럽연합 정체성 인식의 토대는 역내 공동 관리를 추구하는 것이었으며, 역내관리체제를 구축하거나 국가를 뛰어넘는 초국가적 제도건설이 유럽연합의 출발점이었다. 동아시아 협력은 이와 달리 경제이익을 토대로 하는 공동체 건설을 위한 협력이 전개되어야 했고, 협력 목표는 눈에 보이는 이익이었다. 각국의 이해관계가 모두 다르다는 것을 감안하면, 각국이 협력에 참여하는 동기와 수용할 수 있는 방안도 모두 다를 수밖에 없었다.

1997년의 아시아 금융위기 이후 동아시아 각국의 협력과 공동대응의 긴박감이 높아졌다. 다시 말해 현실로 닥친 위기에 대응하는 것이 필요해졌으며, 이에 역내협력을 전개하기 시작했으나, 동아시아는 하나의 지역으로서 역내 제도화를 구축하려는 인식과 토대가 부족했다. 설사 '동아시아공동체 건설'이라고 하더라도 그 핵심은 협력을 전개하는 것이지 공동의 관리방안을 모색하는 것이 아니었다. 공동체의 영문 첫 글자를 소문자로 한 것은 바로 이러한 인식을 표현한 것이다.

필자는 EAVG의 토론에 직접 참여한 적이 있다. 참가자들 모두가 '동아시아공동체 건설'을 지지한 이유는, 첫째 지역협력 목표를 설정하는 것이며, 둘째 실질적 내용을 갖춘 협력 경로를 제시하는 것이었다. 그러나 동아시아 협력의 목표를 '동아시아공동체'로 설정하기 위해 EAVG 내부에서는 수차례 반복적으로 토론했고 그 과정에서 의견 분기가 발생한 적도 있었다. 특히 메커니즘 건설에 관해서 일부 용어는 거듭된 검토와 반복된 토론을 거쳤다. 예를 들면, 일본의 전문가는 아시아통화기금의 건설이 부결된 것을 감안하여 동아시아 메커니즘 건설은 역내 화폐기금과 통화·환율 조절시스템의 건설이 필요하다고 제기했으며, 이에 한 발 더 나아가 최종적으로 단일 화폐를 목표로 해야 한다고 주장했다.

필자는 일본의 이러한 제안에서 일본이 역내협력을 통해 엔화의 국제화를 추진하고 역내 금융시스템을 건설하는 과정에서 주도적인 역할을 하려 한다는 느낌을 받았다. 일본은 이미 역내 생산네트워크에서 주도적인 지위에 있음에도 불구하고, 동아시아의 금융까지도 '일본화' 추진을 자신들의 첫 번째 목표로 삼고 있는 것이었다.[29] 아세안 회원국의 한 전문가와 중국의 전문가는 이에 대해 이의를 표시했고, 모두 적합한 금융기금 협력 방식을 찾을 것을 기대하면서 토론을 거듭했다. 필자와 일본 측 전문가는 단일화폐의 문제에 관해 오랫동안 토론을 벌였다.

필자는 최종 원고를 확정할 때의 일을 아직도 생생히 기억한다. 모두들 깊은 밤까지 토론을 벌였고 다른 국가의 대표들은 모두 의견이 일치되었지만, 일본의 대표와는 의견을 좁히지 못해 새벽 두 시 넘어까지 토론을 계속했다. 한국과 아세안 회원국의 전문가들은 피곤함을 이기지 못하고 잠을 자기로 결정하여 필자와 일본의 전문가에게 모두가 받아들일 수 있는 방안을 찾아줄 것을 부탁하고 각자의 방으로 돌아갔다. 필자는 근 10년의 유럽통합에 대한 연구의 경험 덕택에 역내 단일화폐 제도의 필요한 조건과 운영의 어려움에 대해 잘 알고 있었으며, 이 때문에 발생하는 수많은 모순과 갈등도 이해하고 있었다.

필자는 계속해서 단일화폐가 동아시아 금융화폐 협력의 선택사항 혹은 목표로 반드시 필요한 것은 아니라고 주장했다. 우리는 평온하고 차분하게 실현가능한 방안을 찾는 데 모두 노력했지만, 필자가 보기에는 일본

---

29 Peter J. Katzenstein·시라이시 다카시 편, 앞의 책, 5-6쪽.

의 전문가는 일본 정부의 입장을 관철시켜야 하는 중임을 짊어지고 있는 것처럼 보였다. 만일 그렇지 않으면 그렇게까지 고집을 부릴 이유가 없었다. 그러나 밤은 깊었고, 다음날 또다시 이 문제로 토론과 논쟁이 일어나지 않도록 해야 했으며, 모든 성원들이 문서의 확정을 기다리고 있었다. 사실 우리 두 명도 피곤함이 극에 달했고 빨리 합의에 도달하고 싶었다. 나중에 우리는 다음과 같은 의견 일치를 보았다.

비전그룹은 동아시아가 장기간 발전하면 단일화폐 지역으로 될 가능성이 있다는 것, 즉 경제·정치·사회와 기타 분야의 연계가 더욱 밀접하게 발전하여 화폐통합의 가능성이 나타나고, 필요한 시기가 되면 가능하다는 것을 구상했다.

이 문장은 비교적 길고 표현은 완곡하며 단일한 화폐제도에 대해 많은 조건을 규정하고 있다. 통화기금과 환율공조시스템 설립의 문제에 대해서도 EAVG의 보고서는 융통성 있게 표현하여 '단계적', '이원화', 그리고 '동아시아 차관배정 혹은 동아시아통화기금' 설립을 제안했으며, 금융관리와 감독에 대해서도 강조했다.[30] 필자와 일본전문가가 합의한 내용에 대해 다른 국가의 전문가들도 동의를 표시했으며, 이는 보고서의 최종문안 통과를 위한 기초가 되었다.[31] 사실 중국 정부는 동아시아 협력에 대해 일관되게 적극 참여하는 태도를 견지했지만 초창기에는 동아시아공동체

---

30 동아시아비전그룹 연구보고서, 〈동아시아공동체를 향하여〉, 장윈링·저우샤오빙 편, 앞의 책, 284-285쪽에서 재인용.
31 여기서 필자가 참여한 '아시아-유럽협력 회의' 전문가그룹의 상황에 대해 기억하는 것은, 일본의 전문가는 동아시아와 유럽의 협력의 틀 내에서 '엔화, 유로화, 미국달러 채권' 발행에 대해 적극적이었다(YES bond). 이 제안은 아시아·유럽 정상회의 협력의 제안에 포함되었지만 조건이 마련되지 않아 유야무야되고 말았다.

를 협력의 목표로 설정하는 것에 대해 별로 지지하지는 않았다. 초창기에 정부의 한 인사가 필자에게 "동아시아 역내협력이 가능하려면 시스템화를 목표로 하는 것을 피하고, 되도록이면 동아시아공동체라는 표현을 쓰지 말 것"을 주문했다.

그러나 반복된 토론을 거쳐 절대다수의 전문가들이 모두 '동아시아공동체'를 역내협력의 장기적인 목표로 하는 것에 대해 동의했으며 전문가들은 이 목표가 동아시아 지역의 협력에 응집력을 높일 것이라 보았다. 토론과정에서 필자와 스춘라이 대사는 최대한 중국의 공식 의견을 전달하는 과정에서 실무적인 자세와 함께 융통성과 미래지향적인 태도를 견지하여 '반대파'가 되는 일을 피했으며, 건설적인 자세로 중국 정부의 동아시아 협력에 대한 지지를 표시했다.

사실 토론 과정에서 필자는 '공동체를 향하여'를 비전그룹 보고서의 제목으로 할 것을 제기했다. '공동체 건설'을 공동체를 실현하기 위한 매개체로 간주하여, 공동체가 점진적인 건설 과정 중에 구현되고, 지속적인 건설 진척을 일종의 추구하는 결과가 되는 것을 의미했다. 필자의 제안은 많은 전문가들의 지지를 얻었다.[32] '동아시아공동체'를 목표로 설정하는 것에 비전그룹의 인식이 일치된 이상 중국도 반대를 표시하지는 않았다. 그러나 중국 지도자의 발언이나 공식 문서에서는 '동아시아공동체'라는 표현은 거의 사용되지 않았다.

동아시아 협력이라는 배가 출항했지만 이 큰 배에 걸맞은 강력한 동력이 필요했다. 먼 바다로 항해를 하다보면 반드시 풍랑을 비롯한 여러 예

---

32 필자는 정부 인사를 향해 비전그룹의 토론과정에서, 절대다수의 의견이 동아시아공동체를 협력의 목표로 설정하는 것에 동의했기 때문에, 중국의 공식적인 입장에서도 '공동체'라는 용어를 거부하지 말아달라는 의견을 전달했다. 정부 관계부처도 이에 대해 모두가 동의했다면 중국도 반대할 필요가 없다고 했다.

기치 못한 어려움을 만날 것이고, 이를 헤쳐 나아가야 한다. 동아시아가 협력을 시작하게 된 것은 현실적인 필요에 의해서였지만, 한 단계 더 발전하기 위한 제반 여건은 견고하지 않고, 공통 인식과 단결력이 부족했는데, 이는 훗날의 동아시아공동체 건설에 있어서 논쟁의 씨앗을 묻어두었다.[33]

필자는 EAVG의 구성원으로서 일종의 책임감을 가지고 있었고, 모든 힘을 쏟아 부어 동아시아 협력의 진척에 기여하고 싶었다. 필자의 유럽연합 연구과정에서 쌓은 경험은 동아시아 협력의 추진과정을 이해하는 데 많은 도움이 되었다. 필자는 동아시아가 유럽의 경험을 배워 국가 간 협력, 특히 중일 간의 화해를 이루어내어 동북아 내지 동아시아의 평화를 실현해야 한다고 생각한다. 동아시아 협력 운동이 대두된 것은 얻기 힘든 역사적인 기회인 것이다.

2001년부터 2007년 사이에 필자는 동아시아 협력 관련 회의에 한 번도 거절하지 않고 참여했으며, 매년 해외출장 시간이 매우 많았다. 그러다 보니 중국사회과학원의 한 사람이 필자에게 '출국전문가'라는 별명을 붙여주었다. 이 별명은 조금 귀에 거슬렸는데, 나의 일에 대해 잘 이해하지 못하고, 마치 내가 외국에 많이 가고 싶어 하는 사람이라는 의미로 들렸기 때문이다. 사실 외국에서 열리는 회의에 참가하는 것은 그리 즐거운 일이 아니다. 토론을 위한 원고를 준비하고, 회의장에서 발언을 해야 하

---

33 어느 전문가는 동아시아 협력에는 다음과 같은 3대 장애가 존재한다고 지적했다. 첫째, 단결력의 부족이다. 발전수준, 정치체제, 문화와 종교 배경 등의 뚜렷한 차이, 지역대국 간의 역사적 적대와 정치상의 경쟁이 원심력으로 작용하고 있다. 둘째, 역외 역량에 대한 의존성이다. 특히 미국 및 미국과의 양자관계에 대한 이해이다. 셋째, 동아시아 국가들이 시스템화에 대해 결단하지 못하고 있는 것이다. 비록 각국이 협력방식을 통해서 문제해결의 중요성에 대해 알고 있지만, 신속하고 상명하달식 시스템에 대해서는 회의를 갖고 있다는 것이다. Peter J. Katzenstein·시라이시 다카시 편, 앞의 책, 145쪽 참조.

는 것이나 기자들과 만나는 일도 그다지 내키는 일은 아니다. 대부분의 경우 필자는 회의가 끝나면 바로 돌아와야 했기 때문에 어떤 도시는 수차례 방문했음에도 공항과 숙소를 제외한 다른 곳은 전혀 구경도 못하고 바로 돌아왔다. 대외 활동이 많기 때문에 필자는 자연히 많은 외국 친구들과 사귀게 되었는데, 외국의 학자, 전문가, 정부 요인 등과 여러 인맥 네트워크를 형성하여 마당발이 되었다. 사실 필자는 중국의 한 사람의 보통 학자에 불과하지만, 중국이라는 거대한 배경 때문에 어디로 가든지 사람들은 필자를 극진히 접대하고 회의 주최국은 항상 성의껏 배려해주어 나에게 감동을 주었다.

필자는 EAVG의 임무 외에도 다른 여러 일을 책임졌었다. 그중에서 가장 의미 있었던 일은 '동아시아싱크탱크네트워크(Network of East Asia Think Tank)'에 참여한 것이다. 2003년, 중국 정부가 제기하고 주도한 동아시아싱크탱크네트워크는 '10+3' 회원국들의 지지하에 성립되었다. 동아시아싱크탱크네트워크 창립대회 및 제1회 연례회의는 2003년 9월 29일부터 30일까지 도쿄에서 개최되었다. '10+3'의 모든 회원국이 대표를 파견하여 성대하게 진행되었으며, 당시 중국 국무위원 탕자쉬엔(唐家璇)이 참가하여 기조 발언을 했다. 그리고 필자는 행사 전체의 조정을 책임지는 초대 사무총장 직에 추천되었다.

회의 후에 일본, 말레이시아, 태국 등 일부 국가들은 각자 국가별 위원회를 설립했다. 필자는 사업에 대한 열정이 높아 맡은 사업을 추동시키고 싶었다. 필자는 동아시아싱크탱크네트워크의 영문 명칭을 확정하고 이를 등록하여 인터넷 홈페이지를 제작했다(NEAT). 필자는 이후에 한 걸음 더 발전하면 이 조직은 동아시아 협력을 추진하는 싱크탱크가 되고 동아시아 협력의 진척을 위해 지혜와 지식을 지원하는 조직이 될 것이라 구상했다. 그러나 1년 후, 외교부 담당부서는 '10+3'의 다른 구성원들과 상의도 없이 필자의 직무를 외교부 소속의 '외교학원' 책임자로 발령을 냈다. 이듬해 열린 동아시아싱크탱크네트워크 회의에서, 어느 한 참여자가 중국 정부는 왜 나머지 구성원들과 상의도 없이 사무총장을 바꾸었는지 명확하게 해명할 것과 함께 심지어 필자에게 그 직책으로 복귀할 것을 요구했다. 이러한 직무 변동은 중국외교부가 관련 시스템을 통합 및 흡수하는 과정에서 필자에게 더 높은 직위를 부여하며 발생한 것이었다. 당시 중국 정부는 경비를 지원해주지 않았고, 중국사회과학원의 고위인사들도 필자가 이 업무를 수행하는 것에 대해 지지하지 않아서 필자가 사무총장의 업무를 계속 수행하는 것은 쉽지 않은 일이었다.

비록 사무총장의 직무를 맡지 않게 되었어도 필자는 가는 곳마다 동아시아싱크탱크네트워크 건설의 중요성과 이 조직을 역내협력의 싱크탱크로 만들어야 한다고 호소했으나 그리 큰 성과를 이끌어내지는 못했다.

정부의 지원도 그다지 많지 않았다. 아직도 당시의 에피소드 하나가 기억난다. 일본 정부는 중국이 주도하는 동아시아싱크탱크네트워크에 대해 내심 곱지 않은 시선으로 바라보면서도 차마 드러내놓고 말하지 못했다. 그러다가 2005년 동아시아정상회의가 성립된 후 동아시아정상회의(16개국)의 틀을 토대로 하는 싱크탱크를 만들 것을 제기했다. 일본 측은 1억 달러를 출자하여 10년 동안 나눠서 쓸 수 있게 했는데, 이 돈은 이 연구기관이 매년 최소 1000만 달러를 기본 경비로 쓸 수 있는 거액이었다. 2007년, 일본 정부 주도하에 동아시아·아세안 경제연구센터(ERIA, 이하 연구센터)를 정식으로 설립했다.

일본 사람들은 일처리가 능숙하고 지략이 있어서, 연구센터의 경비는 일본이 부담하되 사무실은 일본 내에 두지 않고 인도네시아 수도 자카르타에 설치했다. 연구센터는 인도네시아에서 국제법인의 지위를 신청했으며 동아시아정상회의 16개 나라에서 파견한 대표들로 이사회를 구성했다.

필자는 중국 정부가 파견한 중국 대표의 신분으로 이사회에 참여하게 되었다. 이 연구센터는 비록 연구센터의 책임자와 주요 실무자들이 모두 일본인으로 구성되었지만 그 운영은 철저하게 국제기구의 방식을 따랐으며, 연구과제는 주로 아세안의 협력과정과 동아시아정상회의 진척에 관한 것이었다. 지금까지 필자는 연구센터의 이사를 세 번째 연임하고 있는데, 이사회 안에서 필자만이 세 번째 연임을 하고 있고 다른 나라의 성원들은 모두 바뀌었다.[34] 현재 연구센터는 이미 상당한 영향력을 확보했으며, 회의나 조사연구 보고서도 점점 더 큰 영향력을 발휘하고 있다. 이와 비교할 때, 중국이 주도하여 만든 동아시아싱크탱크네트워크는 그 설립시기는 빨랐으나, 활동은 점점 축소되고 성과도 별로 나오지 않아 영향력은 일본이 설립한 연구센터에 크게 못 미치고 있다. 이러한 두 상황을 비교하면 안타까운 마음을 금할 수가 없다.

중국 정부는 일관되게 '10+3'이 동아시아 역내협력의 주요한 경로라고 강조해왔다. 실제, 중일관계는 우여곡절을 반복해왔고, 일본은 중국이 주도하는 '10+3'에 대해 내심 경계하고 있으며, 한일관계도 독도문제와 역사왜곡 문제로 인해 악화되고 있는 상황에서 '10+3' 협력의 진척은 어려운 상황에 직면해 있다. 그 결과 이 방식으로는 점점 역할을 발휘하기가 어렵게 되었다.

일본이 '10+6'을 틀로 추진하는 포괄적 경제 파트너십은 호주와 뉴질랜드, 인도의 지지를 받고 있는 동시에 아세안 일부 국가도 적극적인 지

---

34 ERIA(Economic Research Institute for ASEAS and East Asia)는 독자성과 협력을 특징으로 하는 동아시아 지역에서 최고의 국제적 연구기구로 불린다. 대부분의 경비는 일본 정부로부터 지원받고 호주, 뉴질랜드, 인도 정부도 일부 지원한다. 매년 수많은 연구 프로젝트를 진행·완성하며, 동아시아 경제발전, 경제정책, 동아시아 협력진척 등과 관련 프로젝트를 수행하고, 특히 아세안의 싱크탱크로서의 기능을 자처하고 아세안을 위한 타당성 연구 보고서를 다수 작성했다.

지를 보내고 있다. 중국은 호주, 뉴질랜드와 밀접한 경제협력 관계를 형성하고 있고, 인도와의 무역관계도 빠르게 발전하고 있다. 이러한 조건에서 반드시 '10＋3'을 토대로 동아시아자유무역지대를 추진한다는 경직된 자세를 견지할 이유는 없다. 이러한 점을 고려하여 필자는 자유무역지대를 건설하는 데 있어서 더욱 융통성 있는 자세를 취할 것을 보고서와 공개적인 글을 통해 정부의 관련부처에 건의했다. 그 내용은 만약 '10＋6'을 토대로 하는 자유무역지대를 건설하는 것이 가능하다면, '10＋3'을 토대로 하는 자유무역지대보다 이익이 더욱 크다는 것이 주요취지이다.

특히, 중국과 인도 간의 시장개방을 역내체제 안에서 실현하는 것이 양국이 단독으로 협상을 추진하는 것보다 쉽다. 그 이유는 중국과 인도 양국은 경제부문에서 구조적인 차이가 있는데, 서비스 부문에서는 인도가 우월한 반면, 제조업 부문에서는 중국이 우위를 점하고 있기 때문이다. 따라서 제조업 부문이 빠르게 발전하고 있는 인도의 입장에서는 중국이 양국 간 자유무역지대 설치를 제안하더라도 자국의 제조업 보호를 위해 이를 수용하지 않을 것이다. 때문에 역내협력체제를 이용하여 중국과 인도의 시장을 모두 개방한다면 이는 전략적 의의가 있는 결정이 될 것이다.[35]

2010년 중일관계가 다소 개선된 상황을 감안하여 양국이 공동으로 아세안이 하루 빨리 동아시아 자유무역지대를 추진할 것을 제안했다. 이 제안은 '10＋3' 혹은 '10＋6'이거나 타당성만 있다면 모두 수용할 수 있다는 내용이었다. 이것은 중국이 동아시아 협력을 추진함에 있어서 유연성 있게 대응한 것으로, 중일 양국의 공동 제안은 아세안이 '역내포괄적경제동반자협정(RCEP)' 체결과정에 보다 유리한 환경을 조성해준다는 것을

---

35 장윈링, 〈동아시아 협력을 다시 생각한다(東亞合作再思考)〉, 《외교평론》, 2009, 제2기 참조.

의미한다.

이로 인해 동아시아공동체 건설이 새로운 전기를 맞게 되어, 실질적인 기능협력이 노력의 주요한 방향이 되었다. 필자 생각에는 이후로 동아시아 협력 과정 중에서 '주의(지역주의)'가 약화되고 '협력(기능협력)'이 강조될 것으로 보인다. 지금 어느 나라도 공식적으로 동아시아공동체 건설을 포기한다고 밝히지 않았으며, 동아시아공동체를 협력의 목표로 설정한다고 명확히 표명하지도 않았다. 동아시아공동체 건설에 관한 일정을 다시 제시할 수 있을지는 아직도 이후의 정세를 더 지켜봐야 한다.[36] 사실 중국에서 사용하는 공식 용어 중에는 '공동체'라는 말이 비교적 많다. '운명공동체', '이익공동체' 등이 그것인데, 이것은 당시 '동아시아공동체'라는 용어에 대해 중국이 일관되게 신중한 자세를 취한 것과 선명하게 대비된다. 중국이 제창하는 '공동체'는 비전그룹이 제창한 '공동체'와는 다른데, 중국이 제창하는 공동체는 동아시아공동체보다 더 종합적이고 다양한 협력의 이념과 협력발전의 정신에 가까운 개념이다.

동아시아는 복잡하고 역내 국가 간의 관계구조가 수시로 변하며 그 변화의 폭도 크다. 이러한 지역에서는 대부분 사건, 특히 사건이 클수록 그 원인은 결코 간단한 일이나 단순한 문제에 있지 않다. 근대 이후의 동아시아 지역의 국력을 비교해보면, 국가 간 관계와 역내질서의 구조 등에서

---

36 어떤 학자는 "동아시아공동체 건설이 어려움에 처하기는 했지만 이 형세가 약해진 것이 그 생명력이 끝난 것을 의미하는 것이 아니며, 동아시아공동체 구상은 여전히 가장 현실적인 선택이다"라고 주장한다. 그러나 그들이 말하는 동아시아공동체의 함의는 이미 변했고, 건설의 구조는 '일축양익(一軸兩翼: 하나의 축과 두 개의 날개)', 혹은 '3+10+3'으로 되어야 할 것이다. 앞의 3은 러시아·몽골·북한을, 10은 아세안을, 뒤의 3은 호주·뉴질랜드·인도를 말한다. 쑹쥔잉·위샤오화(宋均營·虞少華), 〈동아시아공동체 건설을 다시 생각함(對東亞共同體建設的再思考)〉, 《국제문제연구(國際問題研究)》, 2014, 제4기 참조. http://www.rmlt.com.cn/2014/0401/252643_3.shtml.

근본적인 변화가 발생하고 있다. 지금 또한 이런 역사적인 변환기이다. 이러한 새로운 움직임이 어떤 결과와 어떠한 힘의 충돌을 가져올지는 더 많은 검증 시간이 필요하다. 그러나 동아시아 발전은 협력이라는 방향으로 진행될 때만이 비극적인 역사가 반복되는 것을 막을 수 있다. 이러한 측면에서 볼 때, 협력정신과 공동체정신은 공동체의 이익에서 비롯되었거나 혹은 공동운명체라는 의식에서 시작되었던 간에 모두 고귀한 것이며 계속 실천하고 발전시켜야 한다.

동아시아 협력에 관한 공동성명[37]
_ 아세안과 한중일 협력의 토대를 강화하자

2007년 11월 20일

1. 들어가는 말

1) 우리, 동남아시아국가연합(아세안, ASEAN) 회원국과 중화인민공화국, 일본 그리고 대한민국의 국가원수, 정부 수뇌들은 아세안과 한중일('10+3') 협력 10주년을 맞이하여 2007년 11월 20일, 싱가포르에서 기념 회의를 개최했다.

2) 우리는 급격히 변화하는 국제환경과 세계화가 기회와 도전을 동시에 가져오는 것에 대해 주목한다. 우리는 공동의 이익과 평화·안정·협력·번영에 대한 희망과 약정이 있는 동아시아가 역동성, 개방성, 혁신적인 경쟁력이 있으며, 밝은 전망에 대해 공동한 인식을 가지게 되었다.

3) 이에 따라 우리는 '유엔 헌장'의 원칙과 취지, '동남아시아우호협력조약', 그리고 공인된 국제법 원칙에 근거하여 상호관계를 처리할 것을

---

37 제2차 공동성명의 배경은 2005년 '10(아세안)+3(한중일)+3(호주·뉴질랜드·인도)'이 참가하여 구성된 아시아정상회의이다. 성명은 '10+3'을 동아시아 협력의 주요경로로 하고 이를 위해 2007~2017년에 이르는 10년의 협력규획 제정을 강조했다.

확인했다.

4) 우리는 지난 10년 동안의 성과를 회고하고, 현유의 협력을 공고히 하며, '10+3' 협력을 위해 미래의 방향을 제시한다. 즉, 그 내용은 아세안공동체 건설을 위한 아세안의 통합을 위한 노력을 계속 지지하고, 동시에 동아시아공동체 건설이라는 장기적 목표에 기여하는 것이다.

2. 발전과 성장의 10년을 회고하며(1997~2007년)

1) 우리는 1999년의 '동아시아 협력 공동성명', 2001년의 '동아시아비전그룹 보고서', 2002년의 '동아시아연구그룹 보고서', 2005년의 '아세안과 한중일 정상회의의 쿠알라룸푸르 선언' 및 기타 '10+3' 협력과 관련한 모든 서명, 채택, 기록, 발표된 문서를 회고했다.

2) 우리는 지난 10년 동안 20개 부문으로 확대·발전된 '10+3' 협력의 눈부신 진전에 만족을 표하며, 각 부문 기구, 동아시아연구그룹 그리고 아세안 사무처 '10+3' 그룹 성원들의 모든 노력이 중요한 공헌을 기여했음을 인정한다.

3) 우리는 '10+3'의 진전이 1997~1998년 아시아의 금융위기에서 시작되었음을 회고하고, '10+3'의 진전이 '10+3' 각국의 상호이익과 긴밀한 연계 추진에 만족을 표시한다.

3. 성과를 공고히 하고 보다 긴밀한 통합을 위한 미래의 10년을 전망하며 (2007~2017년)

1) 지역구조에서 드러나는 '10+3' 협력의 목표와 역할 확정

   (1) 우리는 '10+3'의 진전이 동아시아공동체 건설이라는 장기적인 목

표로 가는 주요경로가 되고 아세안이 주도적인 역할을 발휘하고 있음을 다시 한 번 확인한다.

(2) 우리는 아세안-한국, 아세안-중국, 아세안-일본 사이의 발전이 '10+3' 틀 안에 미친 영향을 높게 평가한다. 우리는 아세안공동체를 위한 아세안의 노력에 대해 한중일 3국이 지속적인 지지를 보내는 것에 대해 동의하며 이를 환영한다.

(3) 우리는 '10+3'의 진전과 동아시아정상회의(EAS), 아세안지역안보포럼(ARF), 아시아·태평양경제협력체(APEC), 아시아–유럽정상회의(ASEM) 등 지역포럼이 동아시아공동체 건설을 촉진하는 상호 증진·보완적인 역할에 대해 동의하며 지지한다.

(4) 우리는 동아시아통합은 상호이익이 되는 개방·투명·포용·장래성을 실현하기 위한 과정임을 다시 한 번 확인하고, 역내의 평화·안정·민주와 번영, 그리고 국제사회의 보편적 가치의 실현을 지지한다. 동아시아와 기타 지역의 항구적 평화와 공동번영의 비전을 실현하기 위해 우리는 새로운 경제 질서와 끊임없이 발전하는 전략적 상호작용을 통하여, 모든 이해당사국과 기구로 하여금 변화에 적응할 수 있게 하며, 나아가 신성장 동력을 가진 개방지대 발전에 대한 신념을 실현하기 위해 지속적으로 힘을 기울인다.

(5) 우리는 아세안이 2015년까지 안보와 경제, 사회·문화를 3대 지주로 하여, 개방적이고 역동적이면서도 굳건한 아세안공동체를 건설하여 아세안 회원국 간의 발전격차를 해소하려는 목표에 대한 지지를 다시 한 번 확인한다. 우리는 '아세안헌장' 서명을 환영하며, 단합되고 활력이 넘치는 아세안이 동아시아의 안보와 번영을 위해 매우 중요하다는 것에 의견을 모았다.

2) '10+3' 협력의 합리화와 강화

우리는 앞으로 '10+3' 협력의 범주에 다음 분야를 포함하지만, 결코 이 범주에만 제한하지 않을 것에 대해 동의한다.

(1) 정치 및 안보 협력: 우리는 인적자원의 개발, 정례 안보대화와 교류, 그리고 기타 역량을 발휘하여 대화와 협력을 확대·강화하고, 역내 국가 간 나아가 세계 각국과 함께 공정하고 민주적이며 화합하는 환경을 조성하여 평화롭게 공생한다.

(2) 경제 및 금융 협력: 우리는 경제성장과 지속가능한 개발을 촉진하고, 경제자유화, 경제통합, WTO 협정을 준수하는 투명하고 자유로운 무역을 추진하며, 구조개혁, 투자 독려, 기술 이전과 개선, 지적재산권 보호, 연구·정책결정 능력의 제고, '치앙마이 이니셔티브'의 다변화와 아시아채권시장 이니셔티브 등을 촉진하여 상품과 서비스의 자유로운 유통, 자본과 노동력이 더욱 자유롭게 이동할 수 있는 번영된 동아시아를 만든다.

(3) 에너지, 환경, 기후변화 및 지속가능한 개발 협력: 우리는 기후변화, 에너지 안보, 환경 등의 상호 연관된 문제들에 대해 효과적인 대책을 취할 것을 확인했다. 에너지 안보에서는 에너지의 효율 제고, 공급의 다원화, 신에너지와 재생에너지의 개발에 대해 특히 강조했다. 지속가능한 개발 협력과 관련해서, 우리는 기후 변화의 속도 완화와 이에 대한 적응, 환경보호와 경제의 지속가능한 성장과 사회발전 사이의 공조성에 대해서도 특별히 강조했다. 우리는 장기적인 대기온실가스 농도조정, 기후체계에 대한 인류의 위협적 간섭 방지라는 공동의 목표에 전력할 것과, 공평하고 유연하며 효과적인 공동책임 원칙과 각국의 능력의 차이에 근거하여 2012년 이후 국제기후변화의 대응에 효과적이고 전면적이며 공평하게 참여

하기로 합의했다.

(4) 사회문화 및 개발 협력: 우리는 빈곤 해소와 동아시아의 천년 개발목표를 달성하기 위해 노력을 강화하기로 동의하면서 '비엔티안 액션프로그램'과 '아세안통합 이니셔티브'를 통해 격차를 줄이고, 이 서브지역의 발전을 위한 제의를 지지한다. 문화·교육 협력을 강화하고, 상호이해와 동아시아 정체성 육성 및 민간교류를 더욱 심화시키고, 성·아동·전염병·자연재해 등 제반 사회문제를 해결하며, 비정부기구(NGO)와의 정책협의·조정을 장려하고, 사회문제를 해결하기 위해 민간참여 또는 민관 협력관계 형성 추진을 지지한다.

(5) 시스템 구축 및 폭 넓은 범위의 협력체와의 관계: 우리는 역내협력을 보다 넓은 범위에로 확장, '10+3' 협력의 장점을 충분히 이용하기 위하여 자원을 중점협력 영역으로의 집중, 재배치에 동의한다. 이를 위해 우리는 '10+3' 협력기금을 조성하고, 아세안사무처의 '10+3' 분과를 강화하며, 합리화와 협조를 통하여 협력사업 강화에 동의한다. 이와 함께 우리는 동아시아 역내협력과 다른 지역, 나아가 세계적 범위에서의 상호협조 촉진에 대해서도 동의한다.

4. 맺는 말

이 '공동성명'의 목적은 첨부된 '사업계획' 중 구체적인 주도사업과 중점사업의 시행을 통해 실현된다. 관련 기구들은 '사업계획'을 이행해야 하며 각자의 기획과 행동계획을 여기에 포함시켜야 한다. '사업계획'의 시행상황은 '10+3' 국장이 감독하고, 매년 '10+3' 외교장관회의와 지도자회의에 보고한다. '사업계획'은 중간점검을 진행하며, '공동성명' 각 항의

목표를 효과적으로 실현하기 위해 적절하게 수정한다. 이 '공동성명'은
2007년 11월 20일, 싱가포르에서 통과되었다.

동아시아 지역주의를 탐색하다[38]

동아시아는 하나의 지리적 개념으로서, 일반적으로 동북아의 5개국과 동남아 10개국을 가리킨다. 동아시아는 하나의 지역으로, 먼저 지연적으로 연결되어 있는데, 각국은 육지 혹은 바다로 연결되어 있어 자연스럽게 관계가 형성되고 이익을 공유하고 있다. 동아시아는 하나의 지역으로 공생의 경제·정치·안보·사회문화 관계가 점차 발전되어왔고 점점 더 많은 공동이익이 형성되었다. 그래서 동아시아 협력은 동아시아 지역주의라는 내재적인 토대를 가지고 있다. 그러나 동아시아 국가들 간에는 커다란 차이가 존재한다. 역사인식에 대한 모순과 현실에서 상존하는 갈등 등의 문제는 동아시아 지역주의의 근간을 흔들고 있고 전체적인 공감대가 약하며 목표가 명확하지 않다. 지역주의의 성격을 가진 역내협력에 대해 도대체 어떻게 발전시켜야 할지 쉽게 단언하기 어려운 상황이다. 동아시아 지역협력이라는 표현에 내재되어 있는 의미는 그것이 현재 발전하는 과정에 있으며, 이 진척이 정확한 방향을 따라 발전해야만 이상적인 결과를

---

38 이 논문은 《당대아태(當代亞太)》, 2004, 제12기에 발표한 것이다. 여기에서 사용한 '지역주의' 개념은 동아시아 협력의 동기가 지정학적 정체성과 역내협력 시스템 구축의도를 모두 가지고 있다는 것을 의미한다. '지역주의'는 이 두 측면을 기본으로 구성된다. 그 후의 발전에서도 나타났듯이 지금 이 두 측면의 발전은 모두 정체상태에 있다.

만들어낼 수 있는 것이다.

1. 동아시아 지역주의의 대두

동아시아 지역협력에 대한 사상은 오래 전부터 시작되었다. 역사적으로 볼 때, 가장 먼저 동아시아 지역주의를 제기한 것은 일본인이었다. 메이지유신을 통해 강대해진 일본은 역내협력을 통해 서구의 열강들에 맞서 자신의 이익을 보호하고 영향력을 더욱 확대하길 원했다. 19세기 중후반, 수많은 일본의 영향력 있는 인사들이 앞다투어 '아세아주의', '동아동맹' 등을 제기했다. 그러나 일본의 동아시아 지역주의는 훗날 극단 방향으로 나아갔고 군국주의를 추진하는 도구와 이유가 되었다. 손중산(孫文, 쑨원) 등 중국의 일부 지조 있는 인사들도 일찍이 동아시아 협력을 통해 서구 열강들의 식민침략에 저항하고 중국을 분열의 재난에서 구하자고 주장했지만, 그 세력이 너무 미미하여 슬로건만으로 그치고 말았다. 제2차 세계대전에서 일본이 패하고 동아시아가 분열된 후에는 지역주의와 관련된 목소리는 한동안 자취를 감추었다.

1960년대에 들어와서, 동아시아에서 역내협력에 대한 목소리가 나오기 시작했다. 이번에도 일본에서 가장 먼저 나타났는데, 이전과 다른 것은 이번에는 '아시아·태평양 지역주의'에 관한 것이었다. 경제적으로 다시 부흥한 일본은 미국과의 긴밀한 관계를 형성하는 것이 필요했으며, 이 주장은 태평양 연안 국가들인 호주와 한국의 지지를 얻게 되었다. 이 주장은 협력시스템을 구축하는 것으로 태평양경제협력위원회(PECC)로부터 아시아·태평양경제협력체(APEC)까지의 흐름을 주도했다.

1990년대 초, 동아시아 지역과 관련한 개념이 새롭게 나타났다. 그중 가장 이목을 끈 것은 말레이시아의 총리 마하티르가 제창한 '동아시아경제그룹(후에 동아시아경제핵심포럼으로 개칭)'의 설립에 관한 것이었다. 마하티르의 의도는 유럽통합의 진전과 미국의 경제패권에 직면하여 동아시아 지역도 연대해 자체의 이익을 지켜야 한다는 것이었다. 마하티르의 이러한 생각은 전통적인 동아시아 지역주의의 흔적(서구 강대국들의 아시아 지배에 대한 반발의식)을 띠고 있었다. 그의 이런 생각은 결코 아무런 기초가 없는 것은 아니었다. 동아시아는 이미 하나의 경제체로서 형성되어 있었고 가장 큰 영향력이 있는 세계은행의 보고서 《동아시아의 기적》에서도 보다시피 국제무대에서도 이러한 점을 인정받고 있었다. 그 후 동아시아 지역발전의 개념은 점점 많은 곳에서 나타나기 시작했다.

동아시아가 하나의 지역으로 국제무대에서 집중적인 조명을 받은 것은 1995년 아시아·유럽협력회의 개최 기간으로 이 회의는 동아시아 지역의 아세안과 한중일 3국이 유럽과 함께 협력의 틀을 구축한 회의였다. 그러나 동아시아 협력이 논의되기 시작한 것은 아시아 금융위기의 발생 이후였다. 1997년 12월 15일, 아세안-한중일 지도자(당시는 '9+3') 사이의 비공식 회의가 말레이시아의 수도 쿠알라룸푸르에서 개최되었는데, 이 역사적 의의를 가진 회합이 첫 출발이었다. 이 지도자 회의의 의제는 아시아 금융위기에 어떻게 대응할 것인가 하는 것이었지만, 이것이 바로 역내협력의 첫 출발점이 되었다. 이듬해, 마닐라에서 개최된 동아시아지도자회의에서는 동아시아 협력의 원칙과 방향 및 중점부문 등에 대해 공감대가 형성되었고, 처음으로 '동아시아 협력에 관한 공동성명'이 발표되었다. 그 후, 지도자회의의 연 1회 정례 개최가 확정되었을 뿐만 아니라, 점점 더 많은 부문의 장관급회의로 확대되었고, '10+3' 틀은 동아시아 지역 각국이 대화와 협력을 전개하는 주요한 통로가 되었다. '10+3'의 틀이 경제협력을 주제로 하는 역내 대화시스템이기는 하지만 이 틀을 통해 수많은 실질적인 성과를 거두게 되었다.

금융부문의 협력은 '치앙마이 이니셔티브(CMI)'를 통해 지역통화 협력 시스템을 구축했다. '치앙마이 이니셔티브'의 토대는 양국 통화의 상호교환, 즉 양자협정을 체결하여 상대방이 자금문제나 자본의 타격을 받았을 때 원조를 제공한다는 것이다. 중요한 것은 '치앙마이 이니셔티브'가 동아시아 지역의 한 단계 더 높은 발전을 위한 역내 금융 협력시스템의 기초가 되었다는 것이다.

무역과 투자에서는 동아시아 전체를 포괄하는 자유무역지대의 계획이 아직 시작되지 않았지만, 역내협력의 틀을 통한 중요한 몇 가지가 발전하고 있는 것은 상당히 큰 의의를 지니고 있다. 먼저, 중국-아세안 자유무역지대의 건설인데, 2001년 11월 중국과 아세안의 지도자들은 긴밀한 경제동반자관계를 건설하자는 데 합의했고, 10년에 걸쳐 자유무역지대를 건설한다고 선포했다. 지금, '조기 자유화 방식(Early Harvest Program, 우선 농산물시장부터 개방)'이 구체화되고, 자유무역지대와 관련한 협상이 마무리 단계에 이르렀다. 이와 함께, 일본-아세안, 한국-아세안, 한-중-일 사이에도 곧 자유무역을 준비하는 경제협력을 추진 중이다.

이와 함께, '10+3'의 틀 아래, 각국은 메콩 강 지역의 개발에 대해서도 인식을 같이 했으며, 이 지역의 발전을 동아시아 협력의 가장 중요한 아젠다로 추진하고 있다.

'10+3' 시스템이 추진하는 것은 역내경제 협력뿐만 아니라 매우 강한 정치적 함의도 담고 있다. 우선, 이것은 동아시아 지역 국가 간의 정치관계를 개선하는 계기가 된다. 여러 이유로 인해 동아시아 지역 내의 국가들 사이에는 수많은 역사적 혹은 현실적인 갈등과 모순이 존재하고 있다.

'10+3' 시스템은 각국이 대화를 통해 이해를 깊게 하고 더 나아가 관계를 개선하며, 협력을 증진시키는 무대가 되었다. 한중일 지도자들의 대화가 바로 '10+3' 시스템에서 생겨났으며, 2003년에 이르러 3국의 지도자가 경제협력 선언을 발표한 것도 좋은 한 예이다. 중국-아세안 사이에는 심화된 경제협력의 토대 위에서 한 걸음 더 나아가 전략적 협력동반자 관계를 확립했다. 이와 함께 발전 시각으로 보면, 이러한 노력들은 이후 동아시아 지역의 안정과 긴밀한 정치협력 관계의 틀을 구축하는 데도 도움이 될 것이다.

2. 동아시아 지역주의의 발전

동아시아 협력은 현실적인 필요성에 의해 시작되었기에 하나의 명확한 정치적 목표가 없고 공통의 인식도 없다고 볼 수 있다. 이 협력은 하나의 진행과정으로, 실제적인 수요에서 시작되었으며, 진행과정에서 끊임없이 협력내용이 보충되었고 차츰 협력시스템이 만들어지고 확대되었다. 경제협력은 동아시아 지역주의가 형성, 발전하는 중요한 토대이다. 그러나 동아시아 지역 각국 간 경제발전상에서의 커다란 차이로 인해 동아시아 경제통합은 천천히 진행될 수밖에 없고 단일한 동아시아 시장의 형성에는 아직 많은 시간이 필요하다.

동아시아 협력이 이렇게 큰 틀로 발전하기 시작했지만 그중에서 실질적인 내용은 역시 경제협력 부문이고 그중에서도 시장개방이 가장 중요한 내용이다. 현재, 동아시아자유무역지대의 건설은 여러 개의 과정이 동시에 진행되고 있는데, 아세안 국가들 사이에 추진 중인 아세안자유무역지대, 중국-아세안자유무역지대, 일본-아세안, 한국-아세안 등의 자유무역지대가 있다. 그러면 이런 분산적인 과정을 어떻게 통합하는 것이 바람직한가. 다음 몇 가지의 방법이 있다.

첫째, 아세안을 확대하는 것이다. 즉, 다른 국가들이 아세안에 가입하여 종국에 가서 동아시아 전체 범위를 포괄하는 통합을 실현하는 것인데,

체제와 방식에 있어 현재의 아세안자유무역지대의 방식을 답습하는 것이다. 그러나 한중일, 특히 그중에서도 중국과 일본의 규모가 너무 커서 두 나라가 아세안에 가입하는 것은 많은 문제가 발생할 것이고, 아세안의 입장에서도 이를 받아들이기는 어려울 것으로 보인다.

둘째, '10'과 '3'이 제각기 발전하여 성숙된 토대 위에 동남아시아와 동북아시아가 연합하여 마지막에 동아시아 지역의 협력시스템을 구축하는 것이다. 관건은 동북아 국가들(주요하게 한중일)이 자유무역지대를 건설할 수 있는가 하는 것인데, 많은 어려움이 따를 것으로 보인다. 특히 한중일 3국 사이의 경제의 차이, 정치적인 대립은 진정한 통합으로 가는 데 있어서 가장 큰 장애로 되고 있다. 이와 함께, 동북아와 동남아가 각기 별도의 자유무역지대를 건설하면 이제 막 시작된 동아시아 협력이 제약을 받을 것이며 심지어 생산이 분열되는 후과를 초재할 수도 있다.

셋째, 한중일 3국이 각기 아세안과의 제도화를 준비하고, 조건이 갖추어진 곳(지금의 중국-아세안 자유무역지대 계획)이 먼저 한 발을 나아가면서 동시에 세 개의 과정을 하나로 합치는 방식을 모색하는 것이다.

넷째, 지금처럼 여러 방면에서 추진하는 동시에, 전체 동아시아 지역 협력의 틀과 조직시스템을 하루 빨리 구축하여, 각각 분산된 협력의 틀을 전체 동아시아 협력의 틀과 시스템 안에 재배치하고 나아가 동아시아자유무역지대를 건설하는 것이다.

비교해보면, 네 번째 방식이 현실성과 운용성에서 비교적 수월할 것이다. 동아시아 전체를 대상으로 하는 시스템 건설을 추진하는 것은, 이미 구축되어 있는 동아시아 협력시스템의 존재와 역할에 대해서도 함께 고려해야 한다. 따라서 당장 아세안을 해체하거나 다른 협력시스템의 운영을 중단하는 것은 바람직하지 않다. 오히려, 당분간은 다양한 방식의 협력에 대해 장려를 권장해야 한다. 중국과 아세안 사이의 자유무역지대를 먼저 건설하고, 만약 중국-아세안이 한 걸음 더 협력의 길을 나아갈 수 있다면, 혹은 더욱 빠른 길을 찾을 수 있다면 전체 동아시아의 협력에도 긍정적인 역할을 발휘할 것이다. 지금 동아시아의 대화협력 과정은 몇 개의 바퀴로 동시에 굴러 가고 있다(아세안 자체, 세 개의 '10+1'). 이 중에서 중요한 것은 동아시아 역내의 각종 협력시스템을 지역 장기적인 협력과 발전 메커니즘 그리고 조직체계 안으로 편입시키어 동아시아 협력의 장기 목표 실현에 보다 양호한 여건을 만들어, 예기치 못한 분열을 방지하는 것이다.

동아시아 협력을 추진하는 데 많은 어려움이 있다는 것은 인정할 수밖에 없는 것이 객관적 상황이다. 동아시아는 평등한 참여와 역내협력의 경험이 없었기 때문에 지역협력의 이념과 공감대가 매우 빈약하다. 따라서 협력목표에 대해 단시간에 인식을 공유하는 것은 어렵다. 결론적으로 동아시아 협력에는 다음의 몇 가지 주요한 어려움이 존재한다.

첫째, 역내 국가 간의 차이가 크다. 여기에는 세계 제2의 경제대국인 일본, 세계 최대의 인구대국인 중국, 그리고 세계에서 가장 발전이 느린 라오스, 캄보디아, 미얀마가 있다. 이렇게 지역 내부의 차이가 큰 곳에서 역내협력을 추진하려면 그 어려움은 충분히 짐작하고도 남는다. 따라서 만약 자유무역지대를 설치하려면 서로 다른 이해관계와 준비 정도에 대해 충분히 배려하고 시장을 개방하는 것과 경제발전의 추진을 결합하는 것 역시 전면적으로 고려해야 한다.

둘째, 동아시아 역내에는 이미 아세안자유무역지대가 있으며, 게다가 이 자유무역지대는 더욱 발전하는 과정에 있는바, 이러한 역내의 분산적인 시스템들을 어떻게 조화시키고 통합할 것인가 하는 것도 복잡한 과정이 될 것이다. 이와 함께 동아시아 지역주의의 종합적인 함의를 어떻게 발전시킬 것인지, 경제협력의 진전과 동시에 정치와 안보 협력을 강화하는 것 등에도 지혜가 필요하다.

셋째, 대국 간 주로 중·일 사이에 존재하는 발전, 전략, 안보 및 역사인식의 커다란 차이는 단시일 내에 극복하기 어려운 문제들이다. 정치적으로 보면 중일관계의 악화는 역내협력의 진척에 장애를 조성하고 있지만 그럼에도 불구하고 동아시아 협력 과정에서 지역주의 의식과 실천은 여전히 발전하고 있다.

인식의 측면에서 중요한 진전은 각국이 '동아시아공동체(East Asia community)'의 개념과 지위에 대해 낮은 수준이나마 동의하고 있다는 것이다. 이와 함께 실질적인 진전과정에서 각국은 이미 구체적인 지역주의 개념을 포함하고 있는 '동아시아정상회의'에 대해 동의하고, 동아시아 협력을 위한 사무처의 설치 등에 대해서도 고려하고 있어 이미 시간문제로 되었다. 만약 이 두 기구(동아시아정상회의와 사무처)가 설치되고 가동되면 동아시아 지역주의 기구의 기본적인 형식은 갖추게 되는 것이다.

현재 발전하고 있는 동아시아 지역주의는 새로운 특징을 가지고 있어 '새로운 동아시아 지역주의'라고 부를 만한데, 아래의 몇 가지 특징을 가진다.

첫째, 각국의 주권과 이의 보장을 전제로 하고, '주권양도'를 추진하지 않으며, 평등한 참여와 협상을 바탕으로, 협력내용은 실질적인 필요에서 시작되어 점차 발전했다. 따라서 협력과정에서 더 많은 '기능주의적 제도구축(functional institutional building)'의 특징을 체현했고 동아시아 지역주의의 토대는 이러한 기능적인 시스템의 발전에 있다고 할 수 있다.

둘째, 국부지역협력(局部區域合作)을 기초로 하는 아세안 지역협력이 동아시아 지역협력의 토대이자 엔진의 역할을 하고 있다. 동남아시아 지역은 원래 분열된 지역이었고 경제발전이 더딘 지역이었으며, 대부분이 크지 않은 국가들로 구성되어 있다. 그러나 지역이 연합하여 중국·일본 등

대국과 대화·협력을 진행할 때 비교적 평등한 관계를 형성함으로써 강대국이 독점, 농단하는 것을 피할 수 있게 되었다. 역내협력 시스템 구축을 통해 각국을 역내협력의 틀 안으로 끌어들인 것은 아세안의 가장 소중한 경험이라고 할 수 있다. 이처럼 국가관계의 개선과 지역의 안정·평화를 실현한 아세안의 경험을 동아시아 전체지역으로 확대하는 것은 매우 중요한 의의를 가지고 있다.

셋째, '동아시아 지상주의'의 정책을 취하지 않고, 이해관계의 차이를 인정하며, 각국의 노력을 격려하고, '개방적 협력주의'를 시행했다. 따라서 동아시아 지역 각국이 협력에 노력하는 동시에 각국이 역외 국가와 협력을 추진하는 것을 격려하여 역내협력에 있어서 폐쇄적 혹은 배타적인 경향이 나타나지 않았다. 경제부문에서 다양한 자유무역지대 협정이 나타났고, 안보문제에서 회원국이 가지고 있는 기존의 양자관계와 동맹관계를 인정하고 있다.

넷째, 협력의 주요목표는 역내 발전과 안정, 평화이며 협력중심을 역내기구의 우선적인 건설에 두지 않고 실질적인 발전을 중시했다. 경제적으로 보면 동아시아는 시장이 이끄는 역내 관계와 이익시스템이 발전하기 시작했으나 역내 안정을 위한 제도화의 준비가 부족하다. 국제관계 시각으로 볼 때, 동아시아 국가들은 아직 역사와 현실의 분열에서 벗어나지 못하고 있으며 새로운 지역주의의 정신으로 어떻게 평화공존을 이룰 수 있는지에 대한 학습이 필요하다. 새로운 동아시아 지역주의는 반(反)서구를 역내협력의 출발점과 동력으로 인식하지 않으며, 자체에게 내재된 공존과 협력의 논리를 찾는 것이다.

동아시아 역내협력의 이러한 특징은 지역주의의 초급단계의 표현인지, 아니면 자기의 근본 특징인지에 대해서는 아직 더 연구와 토론이 필요하다. 그러나 이러한 특징들이 최소한 역내협력의 순조로운 출발과 점진적인 발전을 보장해주고 있는 것만은 사실이다.

3. 동아시아 지역주의의 기능

동아시아 지역주의는 향후에 어떻게 발전할 것인가? 1998년, 한국의 김대중 대통령은 제2차 지도자 회의에서 각국의 각계 저명인사들로 '동아시아비전그룹'을 구성할 것을 제안했는데, 이 동아시아비전그룹을 설립하여 동아시아 국가들이 경제, 정치, 안보, 문화 등의 부문에서 장기적인 협력을 어떻게 강화할 것인가, 즉 미래 동아시아 협력에 대한 연구, 장기적인 계획과 청사진의 설계 등의 임무를 부여하자고 했다. 그 후 설립된 비전그룹은 2001년 지도자들에게 연구보고서를 제출했는데, 이 보고서에는 '동아시아공동체'가 동아시아 협력의 장기 목표로 설정되어 있었다. 사람들은 동아시아공동체 건설에 관한 개념을 기본적으로 받아들이고는 있지만, 그 함의가 무엇이고, 어떻게 추진할 것인가에 대해서는 아직 더 심화된 탐구와 토론이 필요하다.

유럽연합 건설은 세계를 향해 하나의 계시를 제시해주었는바, 그것은 하나의 지역에서 고도로 통합된 조직이 실현가능하다는 것이었다. 동아시아 지역의 입장에서 보는 유럽연합의 가장 귀중한 경험은 다음과 같다.

첫째, 연합을 통해 역내관계의 개선과 화합이 이루어졌다. 특히 프랑스와 독일이 화해했고, 전쟁으로 인한 지역의 분열이 극복되고 역내의 장기적인 평화가 실현되었다.

둘째, 지역연합의 안정과 발전은 점진적인 제도화가 이루어진 기반 위에 건설되었다. 제도화는 협력과정의 법리성과 유효성을 보장해주었다.

유럽의 초국가적 지역제도화의 경험을 동아시아에 적용할 수는 없지만 지역협력의 시스템 구축은 필수적인 것이라고 할 수 있다. 동아시아 협력의 장기목표는 지역공동체를 건설하는 것이지만 동아시아가 유럽과 다른 것은 이 공동체는 지역의 실제상황과 부합되어야 하고 자체 특색이 있어야 한다는 것이다.

필자의 관점으로는 목표나 방식을 성급하게 설정하는 것은 동아시아 지역주의의 발전에 큰 의미를 가지지 못하고 오히려 진전 내용이나 역할에 더 큰 의의가 있다고 생각된다.

첫째, 동아시아 역내협력의 중요한 기능 중의 하나는 역내의 법제화를 추진하는 것인바, 이는 역내 각국 사이 경제·정치관계의 합리적·균형적·안정적인 토대를 마련하기 위해서이다. 각국 간의 각종 양자관계, 양자와 서브지역 간의 협정과 협의는 법적 틀(이왕에 없던 것)을 확립하고 법제 수준(국제적 기준으로)을 높이는 두 가지 기능을 발휘한다. 동아시아 국가 사이에 법률과 법규기초를 마련하고, 그것을 국제적 기준과 규범에 맞춘다면 이것은 먼 장래를 내다보는 것이며 상당히 의미가 큰 일이 될 것이다.

둘째, 역내협력을 통해 국가 사이의 적대의식과 충돌을 방지하는 것은 아직 미해결 상태에 있는 문제들을 해결하는 데 도움이 될 것이다. 유럽연합의 초기 취지는 협력을 추진함으로써 전쟁을 방지하고 평화를 실현하여 과거 적대관계에 있던 국가들이 협력과정에서 우방으로 거듭나게 하기 위함이었다. 동아시아 협력과정은 지역 내 역사적, 현실적 분열을 치유하는 것과, 국가 간 특히 중국과 일본처럼 대국 사이의 수많은 모순과 갈등을 축소·화해하게 하는 데도 도움을 줄 것이다. 왜냐하면 지역협력은 모든 국가가 공동으로 참여하여 공동이익을 향유하는 틀을 제공하기 때문이다. 전통대국들의 전략은 지배권을 다투거나 이익을 독점하고자 하는 것이었다. 지역협력 시스템 중에서 이런 전략은 통하지 않게 되며 참여과정에서 조금씩 협동으로 나아가게 된다. 이것이 바로 '동아시아

공동체'가 존재하고 발전하는 하나의 전제이자 토대이기도 하다.

셋째, 지역이익은 그 특수성과 존재의 필요성을 가지고 있다. 동아시아도 '개방적 협력주의'를 시행했으나 이익 측면에서 다른 지역과 차이가 존재한다. 세계화 시대의 지역 이익은 종종 역내의 모든 국가들에게 이익을 더 많이 주고, 보장해주는 '공공재'의 역할을 한다. 따라서 지역협력은 '집단적 역량'으로 결속되어 세계화 속에서 지역 간 이익의 균형을 실현하고 동시에 자신의 지역에 상응하는 이익을 가져온다.

동아시아 지역에 대한 정체성(identity) 인식은, 동아시아의 안팎을 막론하고 이미 기정사실로 되었으며, 그 협력과정에서 이익의 공유와 제도화를 통해 이러한 의식은 더욱 공고화될 것이다. 만약 동아시아 지역이 하나의 실체로 존재한다고 가정하면, 세계경제나 국제관계는 모두 훨씬 더 균형적이고 합리적으로 바뀔 것이다. 만약 아시아·태평양 지역에서 동아시아-북미 간의 관계 틀을 만들 수 있다면, 이 틀은 비교적 균형적인 '태평양 협력기제'가 될 것이며, 강대국 간에 상호 동맹을 맺거나 대립을 하는 일이 다시는 나타나지 않을 것이다.

지역 정체성을 담고 있는 동아시아 협력 진척은 순풍을 만난 것처럼 쉬운 일이 아니라, 여러 어려움을 만나고 좌절을 겪을 수도 있을 것이다. 유럽이 하나의 꿈을 꽃으로 피우기까지는 반세기의 시간이 걸렸다. 동아시아가 공동체를 건설하는 데는 어쩌면 이보다 더 많은 시간이 필요할지도 모른다.

제3장

___

동아시아자유무역지대로 가는 길

'동아시아비전그룹(EAVG, 이하 EAVG)'이 제시한 동아시아공동체 보고에서 '10+3'을 기초로 하는 '동아시아자유무역지대(EAFTA, 이하 EAFTA)' 구축은 동아시아공동체 건설의 핵심사안 가운데 하나이다. 중국과 아세안은 2002년 '포괄적경제협력에관한기본협정'을 맺고 우선적으로 '10+1'의 자유무역지대를 건설하기로 결정했다. 이 조치로 인해 일본, 한국, 호주, 뉴질랜드 등도 적극적으로 아세안과 '10+1' 형태의 자유무역지대 설치를 추진했다. 각국은 자유무역지대 추진에 참가하지 않았다가 향후 손실을 입을 것을 염려했고 이에 일종의 '경쟁적인 개방'이 일어나게 된 것이다. 이러한 분산되고 배타적인 자유무역지대 건설은 동아시아 지역에 두 가지 결과를 가져왔다. 첫째, 분산된 자유무역지대 건설로 인해 동아시아 지역에서 과거 시장체제가 주도하던 생산네트워크의 운용체제가 복잡하게 되어버렸다. 비록 모든 자유무역지대가 시장개방을 촉진하는 기능을 하고 있더라도 상호배타적인 여러 자유무역지대에 가입하게 되면 '스파게티 볼 효과'[1]를 가져오게 되며 결국 기업이 자유무역지대

---

1 '스파게티 볼(Spaghetti bowl) 효과'란 여러 나라와 맺은 양자 간 자유무역협정과 지역무역협정은 서로 다른 우대규정과 '원산지 규정'을 갖게 되고 이러한 서로 다른 규정들이 함께 존재하는 것이 마치 볼 안의 스파게티가 서로 엉켜 있는 것 같다는 데서 온 말이다.

의 이점을 이용하는 데 곤란함을 증가시킨다. 그 결과 교역 과정이 지체되었고 경영원가가 높아졌다. 둘째, '경쟁적인 개방'이 촉진한 다방면에서의 다양한 자유무역지대 건설은 동아시아 전체를 포괄하는 통일되고 개방적인 시장시스템을 건설하려던 계획이 수포가 되었고 동아시아 역내 협력을 위한 단결력을 약화시켰다.

이 같은 배경하에 동아시아 '10+3' 협력체제하에서의 통일된 동아시아의 자유무역지대를 건설하는 것에 대한 수요와 의의가 증대되었다. 이 때문에 2004년 '10+3' 경제장관회의에서 통일된 동아시아자유무역지대 건설의 실행가능성에 대한 연구문제가 제기되었다. 2004년 말 동아시아 '10+3' 정상회의에서 원자바오(溫家寶) 총리는 "중국은 동아시아자유무역지대의 실행가능성에 대한 학술연구를 시작하는 데 앞장서길 원한다"고 밝혔다.[2]

아세안 10개국과 한중일 3개국의 전문가로 구성된 공동연구 전문가그룹은 2005년 초 성립되었고 같은 해 4월 베이징에서 제1차 회의를 개최, 공동연구의 일정을 시작했으며 1년여의 노력 끝에 2006년 중순 연구보고서를 완성했다. 이 보고서는 2006년 9월 '10+3' 경제장관회의에서 논의되었다. 원래 경제장관회의에서 심사 후 이 보고서를 채택해 EAFTA에 관한 협상을 시작하려고 했다. 그러나 회의 중 일본이 돌연 '10+3'을 기초로 하는 자유무역지대에 동의하지 않고 동아시아정상회의의 16개국을 기초로 하는 '동아시아포괄적경제파트너십(CEPEA, 이하 CEPEA)'을 제창

이런 복잡한 규정을 기업이 이해하기가 어렵고 나아가 이용하는 것은 더욱 어려워 결국 교역의 원가를 높이게 된다. 이 이론은 경제학자 바그와티(Jagdish Bhagwati)가 최초로 제창했다.

2 제8차 아세안+한중일 정상회의에서의 원자바오 총리 연설 참조, http://www.fmprc. gov.cn/mfa_chn/gjhdq_603914/gjhdqzz_609676/lhg_610182/zyjh_610192/t172444. shtml

했다. 비록 회의에 참석한 장관들이 일본의 제의에 대해 이견이 있었지만 일본이 주도하는 16개국이 참가하는 자유무역지대의 실행가능성연구 전문가그룹을 인정하고 CEPEA의 실행가능성에 대해 연구하기로 했다.

이렇게 하여 중국이 주도하여 제출한 EAFTA의 실행가능성에 대한 연구보고가 방치되어버렸다. 일본이 주도한 연구보고서가 2008년 동아시아정상회의 경제장관회의에 제출되었고 CEPEA의 건설에 대해 이견이 있는 점을 고려해 이 보고도 즉시 채택되지는 않았다.

2008년 한국의 주도하에 아세안 10개국과 한중일의 전문가가 모여 '10＋3'을 기초로 하는 EAFTA에 대한 제2단계 실행가능성연구를 실시했고 2009년 '10＋3' 경제장관회의에 보고서를 제출했다. 이 보고서는 EAFTA의 건설과정에 대해 한층 더 구체적이고 실행가능성이 큰 제안을 담고 있었다. 예를 들어, '10＋3' 자유무역지대 협상이 뜻하지 않은 어려움에 맞닥뜨리게 되면 우선 세 개의 '10＋1' 자유무역협정의 원산지 규정을 통합 및 조정하는 작업과 체결 간소화 협의를 시작하는 것 등을 제안했다.

한중일이 제각기 연구를 주도하여 서로 다른 방안을 내놓는 상황에서 아세안의 조율에 의지할 수밖에 없었다. 아세안은 실무그룹을 설립하여 EAFTA 건설 문제에 대한 연구를 진행했고 기존 연구의 기초 위에서 실행 가능한 방안을 내놓으려 했다. 그러나 실무그룹의 활동은 긍정적인 성과를 거두지 못했다. 이는 각각의 방안이 다르고 결정하기 어려운 요소가 있었기 때문이었으나 보다 근본적인 원인은 아세안 자체가 EAFTA 건설 과정에 참여할 준비가 되어 있지 않았기 때문이었다. 당시 아세안의 주요 관심은 자신들의 공동체 건설에 있었기 때문에 EAFTA 설립에 관한 논의는 미루는 것이 유리했다.

그러나 외부 정세의 갑작스런 변화가 EAFTA 건설 추진에 원동력을 제공했다. 미국이 2009년 '환태평양경제동반자협정(TPP, 이하 TPP)'의 협의에 참여해 높은 수준의 '차세대' 자유무역지대를 만드는 것을 주도하기로 결정한 것이다. 이러한 미국의 방침은 동아시아 지역협력에 대응하기 위한 전략적 고려임이 명백했다.[3] 이러한 가운데 중일 양국은 조속한 시일 내 동아시아자유무역지대 건설을 논의할 것을 공동제안했고 이는 아세안의 관심사와 맞아떨어져 아세안이 앞으로의 조치를 결정하는 데 길을 밝혀주었다.[4]

이어서 2011년 아세안은 아세안 국가와 한국, 중국, 일본, 인도, 호주, 뉴질랜드 등 16개국이 회원국으로 하는 '역내포괄적경제동반자협정(RCEP, 이하 RCEP)' 계획을 밝혔고. 이것은 한중이 주도한 '10+3'을 기초로 하는 동아시아자유무역지대 방안을 부정하는 것이었다. 2012년 아세안은 RCEP을 정식으로 추진했고 즉시 기타 6개국의 지지를 얻었다. 이렇게 하여 EAFTA와 관련한 의사일정이 본격적으로 시작되었다.[5]

---

3 TPP는 오바마의 '아시아 재균형' 전략의 초석으로 간주된다. 미국은 중국을 포함하지 않은 TPP를 이용해 중국의 동아시아 통합 역할에 대해 균형을 맞추려 했다. Wenchi Yu, "TPP Talks Show Promise for U. S. Strategy-with or without China", *The Diplomat*, August 2, 2013, http://thediplomat.com/2013/08/tpp-talks-show-promise-for-us-asia-strategy-with-or-whout-china/; Zhonghe Mu, "TPP's Impact and China's Strategy in Response", Working paper 490, Stanford Center for International Development, 2014, p. 10, http://scid.stanford.edu/publicationsprofile/2729.

4 아세안 국가인 말레이시아와 베트남이 TPP에 참가했고 TPP의 원년 회원국인 싱가포르와 브루나이 등 아세안의 4개국이 TPP에 참가했다. 이러한 형세에 직면해 아세안은 조속히 동아시아자유무역지대 논의를 진전시키는 것에 대한 압박과 긴박성을 느끼게 되었다.

5 2011년 2월 26일, 미얀마 네피도에서 거행된 제18차 아세안 경제장관회의에서 아세안은 이미 자유무역지대 협의에 합의한 6개의 경제협력국가들(한국, 중국, 일본, 인도, 호주, 뉴질랜드)과 어떻게 하나의 종합적인 자유무역협의를 도출할 것인가를 논의했고 '역내포괄적경제동반자협정(RCEP)'의 초안이 나오게 되었다. 2011년 아세안정상회의에서 아세안 10개국 정상들은 정식으로 RCEP을 비준했다. 2012년 8월 개최된 아세안과 한국, 중국, 일본, 호주, 뉴질랜드의 경제장관회의는 RECP 방안에 동의했고 연말에 열린 정상회의에서 정식으로 이를 확인했다. 결국 2020년 인도를 제외한 15개국이 RCEP을 체결했다.

동아시아가 넓은 지역의 자유무역지대를 구축하는 데에는 내재하는 이익에 대한 고려가 있었다. 이는 바로 시장을 기초로 하는 지역생산 네트워크이다. 경제적 측면에서 통일된 역내 자유무역지대에서는 생산네트워크 간 경제활동이 유리하고 따라서 교역의 원가를 낮춘다. 그러나 실제 구축과정은 순조롭지만은 않다. 이는 지정학적 요인의 영향을 많이 받기 때문이다.

우선 아세안 자신의 이익과 의향을 들 수 있다. 아세안은 자신을 중심으로 하는 여러 개의 '10+1' 자유무역지대를 구축했는데, 이러한 구조하에서 자신이 자유무역지대 건설에 적극적이고 중심적인 역할을 할 수 있기 때문에 이익이 된다. 게다가 우선적으로 자신들의 공동체를 만드는 데 주요한 노력을 쏟고 있기 때문에 통일된 역내 자유무역지대를 만드는 것에 긴박함을 느끼지 못하고 있다.[6] 만약에 중일 양국이 2010년에 공동제안을 하지 않았다면 그리고 미국이 이끄는 TPP로부터의 압박이 없었다면 아세안은 RCEP 구상을 이렇게 급박하게 내어놓지 않았을 것이다.

한편으로는 중일 양국이 동아시아 지역협력의 틀을 구축하는 데 이견이 있었다는 점이다. 사실상 일본은 처음부터 중국이 EAFTA 건설을 주도하는 것에 편견을 가지고 있었다. 일본에게 있어 더욱 우려스러웠던 점은 중국이 '10+3' 협력과정을 주도하는 것이었다. 따라서 일본은 이에 대한 전략적 대응으로 새로운 협력 틀을 적극적으로 제안했다. 지리적으로 동아시아에 속하지 않는 인도, 호주, 뉴질랜드를 참여시키고 공동연구

<hr>

6 아세안은 성급하게 동아시아라는 큰 지역을 아우르는 자유무역지대 논의를 추진하면 자신의 중심적 역할을 잃을 것을 우려했다. 아세안은 중일의 동아시아 무역지대에 대한 견해차를 이용해 시간을 끌었던 것이다 장윈링, 〈동아시아 협력발전의 재인식(東亞合作發展的再認識)〉, 《당대아태》, 2008, 제6기, 12쪽; 〈동아시아 역내협력의 새로운 추세(東亞區域合作的新趨勢)〉, 《당대아태》, 2009, 제4기, 9쪽 참조.

전문가그룹을 조직하여 '10+3' 공동연구 전문가그룹에서 발표한 보고와는 다른 보고를 내놓은 것이 그것이다.

효과와 이익의 측면에서 보자면 16개 국가가 참여하는 큰 규모의 자유무역지대가 당연히 13개국의 것보다 효과와 이익이 크다. 그러나 협상에 대해서 말하자면 참여 국가가 많을수록 국가들 사이에 입장차도 커지게 되어 협상이 난항을 겪게 된다. 어쨌든 RCEP의 협상은 이미 시작되었고 원래 예정된 시간은 2015년 말에 협상을 완료하는 것이다. 이러한 커다란 자유무역지대를 이렇게 짧은 시간 내에 완성하는 것은 난이도가 적지 않으므로 틀과 방식에서 새로운 생각이 필요하다. TPP는 먼저 매우 높은 수준의 기준을 정해놓고 협상을 시작하다 보니 막상 합의가 되려면 유연함이 필요했고 그렇지 않으면 협상이 중단되거나 심지어는 오랫동안 지연되었는데, 이를 반면교사로 삼아야 한다.

2008년 국제금융위기 발생 후 동아시아 지역의 경제는 구조적인 조정기에 접어들었다. 그중에서 역내 경제발전의 잠재력을 높여 발전의 내부 조건과 환경을 개선하고 균형적이면서도 지속가능한 발전방향으로 나아가는 것이 조정의 주요방향이었다. EAFTA의 건설이 이러한 조정에 새로운 환경을 창조할 것임이 틀림없다. 어쩌면 이러한 위기와 조정도 동아시아자유무역지대의 건설을 촉진하는 내부 동력이라 할 수 있다.

1. 동아시아자유무역지대 구상

지역화는 세계경제발전의 큰 흐름이다. 지역화는 제2차 세계대전 후 유럽의 통합운동에서 시작되었다. 유럽석탄철강공동체에서 시작해 유럽경제공동체까지 그리고 다시 통일된 시장의 형성과 초국가적인 유럽연합의 탄생까지 지역협력은 유럽경제의 발전을 촉진했을 뿐 아니라 유럽에 평화를 가져다주었다. 다들 알다시피 기타 지역들이 유럽연합의 모델을 그 대로 따라 하기는 어렵지만 유럽의 협력과 평화 그리고 발전의 경험은 본보기로 삼을 수 있다.

다른 지역에서 각기 다른 형식으로 진행되는 역내협력들은 모두 각자의 동기와 전개방식이 있기 때문에 모두가 유럽의 경험으로부터 배울 수 있는 것은 아니다. 특히 지역경제협력에는 그들만의 특수한 동기와 배경이 존재한다. 21세기 초 세계는 지역경제협력에서 다양한 협정들의 큰 진전을 이루었다. FTA 체결이 각국의 대외개방에 있어 중요한 전략이 되었고 경제의 지역화가 글로벌 시대의 중요한 특징이 되었다.[7]

시장개방 측면에서 다자체제하에서의 협정은 GATT와 WTO 체제를 통하는 것이 가장 좋다. 이는 어떠한 내부협정도 회원국 모두가 이용 가능해야 한다는 다자체제의 비차별성 원칙 때문이다. 이에 따라 WTO 체제는 무역 분쟁 해결시스템을 만들어 무역정책의 투명성과 공정성을 높였다. 제2차 세계대전 후 세계시장이 개방화의 길을 간 것은 주로 GATT와 WTO라는 다자체제하에서 추진된 수차례의 협상과 갈수록 많은 국가들이 GATT와 WTO 같은 다자체제에 편입되었기 때문이다. 그러나 다자체제에 참여한 국가들의 수가 많아지고, 이에 따라 국가들 간의 격차도 크기 때문에 새로운 협상을 진전시키기가 점차 어려워지고 있다. 실제로 2001년 11월 도하라운드 당시 특히 민감했던 농업 개방문제를 비롯해

---

7 지역무역우대협정의 다자무역체제에 대한 영향은 줄곧 핫이슈였고 이에 대한 다양한 관점이 있어왔다. 크리쉬나(Pravin Krishna)의 연구에 따르면 지역우대협정이 다자무역체제의 진전에 영향을 주지만 지역 내 유리한 효과를 발생하기 때문에 여전히 각국 정부는 이를 지지한다. 동시에 지역협정에서 포괄하는 영역과 추진하는 협력은 다자체제에서 보다 그 수가 많다. Pravin Krishna, "Regionalism and Multilateralism: a Political Economy Approach", *The quarterly Journal of Economics*, Vol. 113, No. 1, 1998, pp. 244-245 참조.

적용영역과 의제에 대한 문제로 인해 당초 2005년 초 체결이 목표였으나 결국 협상이 정체되어버렸다. 이러한 진전 없는 모습으로 인해 역내협정이 그 대안으로 주목 받게 된 것이다

그러나 역내 자유무역지대의 흥성은 단지 다자협정과정의 정체 때문만은 아니다. 이는 다자체제가 제공할 수 없는 것을 역내 자유무역지대만의 특수한 기능이 제공할 수 있기 때문이다. 지역협정의 이익을 설명하는 이론은 상당수 있는데, 이 중에 바이너(Jacob Viner)의 이론이 있다. 바이너는 관세동맹이 무역창출효과와 무역전환효과를 가져올 수 있다고 했다. 이 이론은 일정한 지역범위 내에서 개방적 시장이 역내 무역 증가와 경제발전을 촉진하는 데 도움이 된다는 설명의 근거가 되었다.[8] 발라사(Bela Balassa)는 지역경제통합의 제도 구축에 비교적 완전한 틀을 제공했다. 그는 지역경제통합은 낮은 단계에서부터 높은 단계로 발전한다고 했다.[9] 먼델(Rober Mundell)은 지역 내 화폐통합 실현의 이론을 제시해 '유로화의 아버지'로 불린다. 그는 유럽이 단일통화제도를 실행하는 데 이론적 근거를 제공했다.[10] 또한 바그와티(Jagdish Bhagwati)는 여러 국가와 맺은 FTA가 서로 다른 규정으로 인해 '스파게티 볼 효과'가 나타나 교역원가를 늘리고 경제성장에 불리한 영향을 끼친다고 했다.[11]

---

8 Jacob Viner, *The Customs Union Issues*, New York and London : Carnegie Endowment for International Peace and Steens & Sons, 1950.

9 발라사는 지역경제의 제도구축이 낮은 단계의 FTA, 관세동맹, 공동시장, 경제공동체, 경제동맹의 순으로 발전한다고 했다. 경제동맹은 무역, 투자, 통화, 경제정책, 경제운영을 포함하는 높은 단계의 통합이다. Bela Balassa, *The theory of economic integration*, Illinois, Richard D. Irwin Inc., 1961.

10 Rober A. Mundell, "A Theory of Optimum Currency Areas", *American Economic Review* 51, 1961.

11 Jagdish Bhagwati, *The Dangerous Drift to Preferential Trade Agreement*, co-edited with Anne O Krueger, AEI Press, 1995.

다수의 경우에 있어서 실질적인 발전을 이루는 데에는 경제적 이익과 정치적 고려 등 여러 요소들의 종합적인 추진력이 필요하다. 자유무역지대 건설의 진전을 위해 점점 다양한 방식이 채택되었고 이에 따라 더 많은 역할을 부여 받고 여러 목표를 실현하게 되었다. 중국-아세안 자유무역지대는 특히 유예기간 연장 등 개발도상국에 대한 배려와 함께 경제협력의 내용 외에도 자유무역지대를 통해 쌍방의 정치협력을 추진하고 전략적 파트너십을 구축한다는 특징적 내용을 담고 있다. '21세기형 무역협정'으로 불리며 미국이 주도하는 TPP는 '완전한 개방'과 '변경 내 문제'를 기본 특징으로 하고 있다. 소위 완전한 개방은 '네거티브 리스트'와 '진출 전 내국민 대우'를 원칙으로 한다. 즉, 국내 산업에 가장 적은 보호를 하고, 국외에도 내국민과 동등한 대우로 시장을 개방하는 것이다. 소위 '변경 내 문제'는 포괄하는 내용이 광범위하고 정책에도 영향을 끼칠 뿐만 아니라 경제체제에도 영향을 끼친다.[12]

동아시아가 역내 자유무역지대를 구축하려는 것은 지역경제발전에 대한 수요가 있기 때문이고 그 기초는 각국의 개방된 시장이 엮인 지역경제 네트워크이다. 제2차 세계대전 후, 제일 먼저 일본 경제가 부흥했고 동아시아 지역경제발전의 선도자가 되었다. 이후에 점점 더 많은 동아시아의 경제권이 개방발전전략을 취했다. '네 마리 용(한국·싱가포르·홍콩·타이완)'이 개방발전전략을 통해 대규모 해외투자(한국 제외)를 끌어들였고 가공수출공업을 발전시켜 빠른 경제성장을 이루었다. 이어서 동남아시아의 말레이시아, 태국, 필리핀, 인도네시아도 네 마리 용의 개방발전 경험을 학습해 투자유치와 분업생산을 실시했다.

---

12 소위 '변경 내 문제'와 관련한 주요 협상의제는 농업, 노동자, 환경, 정부조달, 투자, 지적재산권 보호, 서비스무역, 원산지 표기, 보장조치, 기술장벽(TBT), 위생 및 식물위생조치(SPS), 투명성, 국유기업 등이다.

한 시기 동안 동아시아는 시장개방에서 '기러기떼 패턴'을 형성했다. 즉, 일본을 선두로 네 마리 용과 동남아시아 국가들이 그 뒤를 이어서 투자전환 효과와 산업창출 효과를 통해 층계형의 산업사슬을 형성했다. 중국은 개혁개방 발전전략을 택했고 동아시아 지역의 투자전환과 분업생산의 지역체제에 편입되었다. 이후 중국은 풍부하고 저렴한 노동력과 거대한 시장규모 및 정부의 정책적 우대 등 특수한 우위를 활용해 점차 거대한 가공수출기지로 발전했다. 이렇게 함으로써 역내 투자전환 및 분업생산에 변화를 불러왔고 지역생산 네트워크를 형성하게 되었다. 이 네트워크에서 상품의 단계별 제조 공정이 다양한 도시에 분산되어 이루어지게 되었고 이렇게 동아시아 지역은 시장체제가 주도하는 통합 사슬을 형성하게 되었다. 당시 각국의 개방정책은 자신들의 수요에 근거하여 진행되었기 때문에 역내시장의 개방구조가 안정적이지 않았고 조화롭지도 않았을 뿐 아니라 깊이도 없었고 통일적이거나 조화로운 지역제도도 결여되어 있었다.

아세안은 지역협력체제를 이용해 지역시장 개방의 제도화를 이룬 선구자이다. 바로 아세안 지역협력체제 아래에서 '아세안자유무역지대(AFTA, 이하 AFTA)'를 구축했던 것이다.[13] 아세안과 중국이 자유무역지대 건설에 합의한 후 한국, 일본, 호주, 뉴질랜드, 인도 등이 잇따라 자유무역지대

---

13 아세안자유무역지대 건설은 1993년 1월 1일부터 시작해 15년간에 걸쳐 완성하며 주요체제는 '공동실효특혜관세계획(CEPT)'의 단계적 실시가 최초 계획이었다. 1994년 자유무역지대 건설 기간을 원래 15년에서 10년으로 줄이고 2003년 1월 1일 전에 아세안 내부 무역 관세를 5% 이하로 절하하며 4개의 새로운 회원국에 대해 유예기간(베트남은 2006년, 라오스, 캄보디아, 미얀마는 2008년까지)을 두기로 결정했다. 1998년 10월 아세안은 2010년까지 '아세안투자지역'을 만들 것을 결정하기도 했다. 1998년 아세안정상회의는 최초 아세안 6개국 자유무역지대 시작의 시간을 1년을 앞당겨 2002년 1월 1일에 실시하기로 결정했다. 1999년 아세안정상회의는 6개국 간 제로관세를 실시하는 시간을 2010년으로 앞당기고 새로운 회원국들은 2015년에 실시하는 것을 결정했다.

추진을 선언하고 아세안을 중심으로 방사형의 여러 '10+1' 자유무역지대체제를 만들었다. 비록 이러한 역내 개방협정이 동아시아 지역의 시장개방도를 높이는 데 도움이 되었지만 다방면에서 다양한 형태의 개방협정과 규정이 역내 생산네트워크에 새로운 장애를 발생시키기도 했다. 조사에 따르면 기업은 이러한 다양한 규정에 대해 어려움을 느끼고 있어 자유무역지대의 효과가 반감되고 있는 것으로 드러났다.[14] 동아시아 지역전체 차원의 자유무역지대를 건설하는 것, 즉 분산된 자유무역지대를 통합하는 것은 역내 경제통합에 부합할 뿐 아니라 특히 지역생산 네트워크의 요구에도 부합한다.[15]

EAVG 보고서는 EAFTA 건설을 동아시아 경제통합 실현의 주된 방식으로 규정했다. 2004년 '10+3' 경제장관회의에서 EAFTA 실행가능성연구를 위한 공동전문가그룹을 조직하고 연말에 열릴 정상회의에서 이 결정에 대해 지지를 표하기로 결정했다. 2004년에 EAFTA의 연구를 시작한 데에는 크게 두 가지 이유가 있다. 첫째, 동아시아 협력의 진전 분위기를 반영해 상기 회의는 '동아시아정상회의(EAS, 이하 EAS)'의 추진을 결정했다. 회의 대표자들은 성명을 통해 EAS의 제1차 회의를 2005년 말레이시아 수도 쿠알라룸푸르에서 열기로 선언을 했다.[16] 둘째, 당시 몇 개의 '10+1' 자유무역지대 논의가 이미 시작되었고 특히 중국-아세안 자유무

---

14 조사결과는 Masahiro Kawai and Ganeshan Wignaraja ed., *Asia's Free Trade Agrements: How is Business Responding?*, ADB Institute, Edward Elgar, 2011 참조.

15 분산된 자유무역협정을 통합하는 것을 말하는 것이며 합병을 말하는 것이 아니다. 왜냐하면 설령 큰 범위의 자유무역지대를 만들더라도 기존 자유무역협정이 여전히 존재하고 기업은 그저 큰 협정에서 제공하는 편리함을 이용하면 되기 때문이다.

16 Strengthening ASEAN+3 Cooperation, Chairman's statement of the 8th ASEAN+3 Summit, Vientiane, November 29, 2004, http://www.asean.org/news/item/chairman-s-statement-of-the-8th-asean-3-summit-vientiane-29-november-2004.

역지대의 진전이 두드러진 가운데 정재계 모두 지역의 시장이 분산되지 않는 동아시아 지역 전체를 아우르는 통일된 자유무역지대의 건설을 희망했다.

동아시아의 개방형 시장체인 형성은 각자의 이익과 나름의 해석을 바탕으로 하고 있다. 반면 통일된 자유무역지대를 만드는 것은 공통의 이익이 기초가 되어야 하고 공통의 규칙을 받아들여야 한다. 동아시아 협력의 역사는 매우 짧고 역내 공동의식 또한 약하다. 이러한 점이 EAFTA의 건설에 장애로 작용하고 있다. 한 단계 더 분석하면 주로 세 가지 방면에서의 제약요소가 있다.

첫째, 역내국가 간 발전 정도의 차이가 크다. 선진국에 속하는 일본, 싱가포르가 있으며 가장 낙후한 라오스, 미얀마, 캄보디아도 있고 또한 신흥국인 말레이시아, 태국 그리고 빠른 속도로 발전하고 규모도 큰 중국이 있다. 따라서 각국의 서로 다른 이익을 어떻게 배려하며 개방협정 안에서 그 차이를 어떻게 구현해나가는가 등이 문제의 핵심이다.

둘째, 아세안의 이해관계 및 전략에 대한 판단이다. 10개국 연합체인 아세안은 동아시아 협력 추진에 있어 중추적 역할을 담당하고 있고, 따라서 아세안이 원하지 않는 일은 추진되기 힘들다. EAFTA 건설 추진 당시 아세안이 그다지 적극적이지 않았던 것은 아세안이 내부를 통합하는 과정에서 여러 어려움에 직면해 있었기 때문으로 아세안이 한 단계 더 나아가기 위해서는 '하나'로서의 응집력과 흡입력 강화가 선행되어야 했다. 동아시아 전체를 포괄하는 자유무역지대가 건설되면 아세안 각국은 더욱 크고 개방된 시장에서 각자의 이득을 취할 것이고, 그렇게 되면 아세안이라는 협력체는 더 이상 의미를 갖지 못해 그 내부적 응집력이 약화될 수밖에 없기 때문이다. EAFTA 건설에 있어 아세안이 상당기간 주저해온 데에는 바로 이 같은 배경이 깔려 있는 것이다.[17]

셋째, 중일 양국 간 동아시아 협력 추진에서 지연적 전략다툼이 있다. 중국은 줄곧 '10+3'을 동아시아 협력의 주요방법으로 지지했고 EAFTA 도 '10+3'을 기초로 해 자유무역지대를 시장진입, 즉 상품무역시장 개방을 중점으로 하여 쉬운 것부터 먼저 하자고 주장했다. 그러나 일본은 동아시아 협력에 대해 지리적 제한을 받지 않으므로 여타 국가들을 초청해 자유무역지대가 시장개방의 의미뿐 아니라 지적재산권, 표준 등 각종 규칙 문제를 포함하여 '포괄적경제동반자관계(CEP)'의 구축이 필요하다고 생각했다.

사실상 중일 간 다툼의 배경에는 복잡한 요소가 있다. 이해관계도 있지만 전략적 판단도 있다.[18] 중국이 '10+3' 형태를 선호하는 것은 필자가 보건대 지연적 요소가 주요원인이다. 중국인의 인식 속에서 동아시아란 하나의 지연적 범주이며 동북아와 동남아가 합쳐진 것이다. 반면 일본이 더 중요하게 보는 것은 '공간' 범주이다.[19] 특히 수많은 일본인들은 중국이 동아시아 협력에서 '10+3'을 주장하는 것이 중국의 주도적 지위를 확보하기 위한 것이라고 생각하고 있다.[20] 이러한 확신은 일본 정부의 정책에 반영되어 중일 양국 간의 전략적 다툼이 되었다. 중일 양국 간의 이러

---

17 아세안의 협력은 경제뿐 아니라 정치, 안보, 사회, 문화 영역을 포괄하며 연합 공동체를 목표로 하고 있다. 이는 '아세안 헌장'에 충분히 나타나 있다. 따라서 아세안은 역내협력에서 '중심적 위치(centrality)'를 매우 염두에 두고 있다. 아세안이 더 큰 자유무역지대를 받아들이기 위해서는 우선 자신들의 공동체 건설 현황을 살펴야 한다. 장원링, 〈동아시아 협력 수요창조(東亞合作需要創新)〉,《국제경제평론》, 2010, 제1기, 35쪽 참조.

18 이 부분에 대한 분석은 장원링·저우샤오빙 편, 앞의 책, 10-13쪽 참조.

19 일본이 제창한 '대동아(大東亞)'는 매우 넓은 범위를 포함한다. 동아시아공동체 건설을 언급할 때, 고이즈미 전 일본총리는 한 번도 지역적 범위를 말하지 않았고, 하토야마 전 총리는 동아시아공동체를 언급할 때 미국을 포함시키기도 했다.

20 이에 대한 분석은 왕위창(王玉強), 〈역사적 관점에서 일본학계의 동북아공동체에 대한 조명(歷史視角下日本學界對東亞共同體的審視)〉,《동북아논단(東北亞論壇)》, 2013, 제2기, 38-42쪽 참조.

한 인식 차이는 동아시아 협력의 진전에 분명 커다란 제약으로 작용할 것이다.

EAFTA 건설의 가장 중요한 이익은 경제발전이다. 하나의 개방협력적 동북아공동체는 당연히 모두에게 좋은 점이 있다. 그러나 역내협력은 때때로 정치적 문제에서 벗어날 수 없고 각국은 모두 자신만의 정치와 안보적 고려가 있다. 따라서 구축방식에서 또는 협력의 내용 면에서 모두 서로 다른 세력들 간의 게임이 펼쳐진다. 예를 들어, EAFTA의 건설에서 아세안은 자신이 핵심이 된다는 원칙을 견지하고 역내협력이 대국의 좌지우지하에 확장되는 것을 방지하는 데 노력을 기울이고 있다. 중국이 더욱 중요시하는 것은 협력을 통해 지정학적, 지경학적 간 통합 조정을 이루는 것이고 이렇게 함으로써 자신이 처한 지연적 환경을 개선하는 것이다. 일본은 산업사슬을 만드는 것을 강조하고 동아시아의 지연적 범주를 확장시켜 중국의 주도적 위치를 희석시키려고 한다. 확실한 것은 역내협력 추진 과정이 힘을 얻으려면 '최대공약수'를 반드시 찾아야 한다는 것이다. 즉, 각국이 모두 받아들일 수 있는 기본적 공통인식을 찾아 역내협력 과정을 동시에 시작할 수 있는 적절한 환경이 필요하다.

2. 상이한 목표와 이익

중국이 선도하는 EAFTA 실행가능성 연구에 관한 공동전문가그룹의 보고서는 2006년 7월에 완성되었다. 이 보고는 EAFTA에 대한 첫 번째 설계서라는 점에서 의의가 있었고 '10+3' 경제장관회의와 정상회의의 결정에 근거한 연구였기 때문에 아세안과 한중일 3국 정부는 이 연구를 위해 전문가들을 파견했다. 따라서 이 연구그룹은 일반적인 학술연구와는 달랐고 '정부'라는 강력한 배후를 두고 향후 협상을 위한 예비방안을 만들었던 것이다.

연구보고에서 밝힌 EAFTA 건설의 필요성은 다음과 같다. 자유무역지대 건설은 세계적 발전추세이며 세계적 차원의 다자무역 협상과정은 느리지만 '10+3'을 기초로 한 역내협력 체제 등 EAFTA에 관한 논의는 빠른 진전을 보이고 있다. EAFTA 건설은 동아시아 협력과정의 중요한 부분으로 그 이익은 특정한 양자 간 그리고 동아시아 내 하위 지역들 간의 자유무역지대협정보다 크며, 동아시아 국가가 세계화와 지역화 발전에 대응하는 길이다. EAFTA는 역내 무역과 투자에서의 장애를 없애고 이를 촉진함으로써 역내 생산네트워크의 발전에 도움을 준다. EAFTA는 여러 양자 및 내부 하위지역 간 자유무역협정을 체결한 데서 비롯되는 규정, 표준, 절차 등의 중첩에서 나타나는 장애를 극복시켜준다. 통일된 EAFTA는 지역의 정치 및 군사적 충돌 가능성을 줄여주고 지역의 동질성을 높인다. 또한 상호신뢰를 증진시킴으로써 지역의 평화, 안정, 발전이 실현됨은 물론 국제무대에서 동아시아의 목소리를 실현하는 데도 도움이 된다.

보고서는 EAFTA가 가져올 이익을 열거했다. 자유무역지대는 정태적 이익을 발생시킬 뿐 아니라 동태적 이익도 가져올 수 있다. 시뮬레이션 분석 결과 자유무역지대 체결로 인해 역내 GDP가 1.2% 증가하고 1040억 달러의 경제적 복리를 발생시키며 특히 아세안 지역은 GDP 증가율이 3.6%에 이르게 되어 한중일 3국의 GDP 증가율보다 훨씬 크게 나타났다. 자유무역지대는 개방되고 통합된 동아시아시장을 이용해서 기업이 규모의 이익을 실현할 수 있도록 만들어줄 수 있다. 개방경쟁을 통해 신기술과 신상품의 출현을 촉진하고 소비자들의 이익을 증대시킨다. 또한 개방된 역내시장은 무역을 촉진하고 특히 투자가 저개발국가로 이전되어 저개발국의 경제성장 등에 도움을 준다.

EAFTA의 모델과 추진방식에 대해 보고서는 몇 가지 원칙을 제시했다.

우선 전면적 개방을 원칙으로 상품무역뿐 아니라 서비스무역과 투자도 포함하며 민감한 상품리스트를 예외로 인정하는 것이다. 그러나 이 예외는 마땅히 가장 낮은 수준과 가장 짧은 유예기간을 두어야 한다. 둘째, 자유무역지대 건설에는 경쟁력 제고를 위한 과정이 포함되어야 하며 발전 격차를 줄이는 조치가 있어야 한다. EAFTA는 폐쇄적이어서는 안 되며 역내 통합수준을 높이고 세계 기타 지역과의 교류를 촉진하여 '개방적 지역주의'를 따라야 한다. 이와 함께 보고서는 자유무역지대협정이 포괄하는 영역에 대해 보고서는 14가지 항목을 제시했다. 상품무역, 통관절차, 무역의 기술 장벽, 원산지 규정, 서비스무역, 노동력 유동, 투자, 경쟁정책, 지적재산권, 정부조달, 간소화 조치, 분쟁 처리 시스템, 경제협력과 대화를 위한 시스템 구축 등으로 매우 포괄적이다. 보고서는 EAFTA 건설의 로드맵에 관해 아세안과 한중일 3국이 모두 FTA 협상을 하는 점에 비추어 보아 세 가지의 '10+1' FTA를 기초로 하는 것도 한 방법이라고 했다. 그러나 단순히 세 개의 자유무역지대를 합병하는 것이 쉬운 작업이 아니며 이 세 가지의 모든 내용을 포괄하기는 더욱 어렵다. 또 다른 방법은 AFTA와 한중일FTA를 기초로 하는 것이다. 그러나 한중일FTA 협상과정은 매우 어렵고 불확실하다. 세 번째 방법은 '10+3' 협력시스템을 기초로 하는 독립된 EAFTA 협상을 시작하는 것으로 13개국 지도자들의 정치적 결단이 필요하다. 보고서는 이 세 번째 길이 더욱 적합하다고 말하고 있다. 보고서는 2007년에 EAFTA 협상 시작 선언 및 협상실무그룹 조직 후 논의를 시작하고, 2009년에 정식 협상 시작, 2011년 협상 완료, 2016년에 EAFTA를 출범(아세안 저개발국가는 2020년까지 건설)하는 시간표를 제시했다. 보고서는 또한 EAFTA는 먼저 아세안과 한중일을 기초로 교섭을 시작하고 차후 EAS에서 기타 국가에 개방할 것을 제안했다.[21]

이 보고는 13개국 20여 명의 전문가들이 일 년여 동안 노력한 결과물이다. EAFTA 건설에 대한 여러 측면의 문제들에 대해 기본적으로 모두 고려했기 때문에 정책성이 매우 강한 보고라고 할 수 있다. 그러나 일본이 상이한 의견을 제시하고 새로운 전문가그룹을 조직해 새로운 연구를 주도적으로 진행했기 때문에 상기 보고서는 방치되었고 EAFTA의 건설도 지연되었다.

첫 번째 보고서의 건의들이 채택되지 않은 것을 고려해 한국은 자신이 주도하는 EAFTA 실현가능성에 관한 제2차 연구를 제의했다. 한국은 13개국 전문가를 초청하여 공동전문가그룹을 조직했다. 이 프로젝트 또한 '10＋3' 경제장관회의와 정상회의의 지지를 얻었다. 이 연구는 2007년에 시작되어 2009년 중순에 완성되었다. 이 보고는 EAFTA의 추진에 대해 새로운 제안을 내놓았다. 그것은 EAFTA 건설에 대해 세 개의 '10＋1' 자유무역지대의 통합조정을 시작으로 통일된 원산지 규정을 정하여 AFTA와 세 개의 '10＋1' 자유무역지대의 역내 감세에 관한 약속이 조화를 이루고 통일되도록 하자는 것이다. 또한 2009년을 시작으로 우선 두 개의 실무그룹을 조직하여 하나는 원산지 통일에 관한 업무를 하고 또 다른 하나는 관세규정과 관세와 관련된 기타 문제를 다루는 업무를 하도록 하여 2012년에는 정식 협상이 시작되도록 할 것을 제안했다. 제1차 보고와 다르게 이 보고는 기업이 가장 관심을 기울이고 있는 영역인 원산지 규정의 통일과 서로 다른 자유무역지대 간 상이한 관세수준과 규정, 통관 문제를 해결할 것을 제안했다. 하지만 아세안이 이 제안에 따라 실무그룹을 조직했지만 결과적으로 실무그룹은 '10＋3' 경제장관회의와 지도자회의에 관련 보고를 제출하지 않았다.[22]

---

21 Towards an East Asia FTA: Modality and Road Map, July 22, 2006, http://www.thaifta.com/trade/aec/eafta_report.pdf 참조.

22 제2차 연구보고 내용은 Desirable and feasible option for an East Asia FTA, EAFTA

일본이 주도하는 CEPEA의 공동연구보고는 2008년 6월에 완성이 되었고 이후 동아시아정상회의의 경제장관 및 정상회의에 제출, 심의를 받았다. 이 보고는 동아시아 경제발전의 형세를 전반적으로 분석했고 EAS의 체제하에서의 협력 필요성을 강조했다. 보고는 CEPEA의 의의에 대해 포괄적인 경제협력 체제를 만드는 것과 주로 EAS체제하에서 경제협력, 무역투자 간소화, 무역투자 개방을 추진하는 것이라고 했다. 협력의 주요영역은 환경, 에너지, 물류 등을 포함한다. 분산되어 있는 자유무역지대를 통합조정하여 EAS체제하에서 커다란 규모의 자유무역지대를 만들고 기업이 참여하는 시스템을 만드는 것 등을 제안했다. 이 보고는 EAS 정상들이 결단을 내려 조속히 CEPEA에 관한 논의를 시작하고 협상시간표를 정하는 한편 관련 문제에 대해서는 전문가그룹이 책임지고 연구할 것을 건의했다. 예를 들어, 현재의 자유무역지대를 어떻게 통합조정하고, 발전 격차를 줄이며, 협력의 구체적 영역을 확정할지에 대해 더욱 심도 있는 연구가 필요함을 언급했다.[23] 그러나 EAS 성명에서 이 보고에 대해 긍정적인 평가를 내렸으나 CEPEA는 추진되지 않았고, 보고는 방치되어버렸다.

CEPEA의 제2차 연구보고는 2009년 7월 완성되었다. 이 보고가 제출된 배경에는 2008년 미국의 서브프라임모기지 사건이 일으킨 글로벌 금융위기가 있었다. 이로 인해 선진국의 수입이 대폭 감소했고 따라서 보고는 동아시아가 지역협력, 특히 금융협력을 강화하고 지역협력을 통해 내수를 진작할 것을 강조했다. 보고는 제1차 보고에서 선정한 세 가지 중

Phase II study report, June 7, 2009, http://www.thaifta.com/ThaiFTA/Portals/0/eafta_phase2.pdf 참조.

23 관련 내용은 Report of the track two study group on Comprehensive Economic Partnership in East Asia(CEPEA), http://www.thaifta.com/ThaiFTA/Portals/0/cepea_report.pdf 참조.

요영역에 대해 한 단계 더 나아간 분석을 진행했다. 경제협력의 중점을 경제성장 촉진, 발전격차 감소, 인력자원 협력, 기술 이전, 특히 IT기술의 이전, 교통 인프라, 에너지와 농촌개발 등의 영역에 두어야 한다고 했다. 또한 간소화 영역의 중점은 원산지에 대한 통일된 기준을 제정하는 등 원산지 규정에서 조화를 이루는 것이라고 했다. 시장개방 영역에서 중점은 분산된 '10+1' 자유무역지대를 동아시아정상회의 체제 아래의 FTA 또는 '경제파트너협정(EPA)'으로 통합 조정하여 개방적 투자, 서비스, 인원 유동을 촉진하는 것이라고 했다. 보고는 평가시스템을 만들고 세 가지 중점영역에 대한 전문가그룹을 만드는 것 등 CEPEA를 제도화하는 데에도 의견을 냈다. 또한 보고서는 EAS 정상들에게 조속한 시일 내 CEPEA 건설을 시작할 것을 재촉했다.[24] 비록 EAS가 2009년의 성명에서도 전문가그룹의 연구결과를 인정했지만 CEPEA 추진의 시작에 대해서는 여전히 결정을 내리지 못했다.

EAFTA 전문가그룹과 CEPEA 전문가그룹의 연구를 비교하면 이들의 근본적 차이는 동아시아 경제통합의 협력과정이 '10+3' 체제에서 이루어지는지 혹은 EAS 16개국 체제에서 이루어지는지에 있다. 중국과 한국이 주도한 연구는 '10+3'을 기초로 하고 있지만 일본이 주도한 연구는 동아시아정상회의 16개국을 기초로 하고 있다. 비록 이 두 연구보고의 명칭은 다르지만 내용에는 큰 차이가 없어 모두 시장개방(liberalization), 간소화(facilitation), 경제협력(economic cooperation)을 포함하고 모두 자유무역지대(FTA)의 건설을 제창한다. 단지 전자는 자유무역지대를, 후자는 파트너십을 매개로 하고 있으며 원산지 규정(ROO)의 통일에 있어서는

---

24 CEPEA 제2단계 연구보고는 Phase II report of the track two study group on comprehensive economic partnership in East Asia(CEPEA), http://www.dfat.gov. au/asean/eas/cepea-phase-2-report.pdf 참조.

양자 모두 이를 중요한 의제로 다루고 있다. 왜냐하면 여러 FTA의 원산지 규정에 대한 상이한 표준은 역내 생산네트워크의 산업공급 사슬에 새로운 장애를 발생시키기 때문이다. 두 보고 모두 빠른 시일 내에 건설과정에 착수하자고 제의한다. 이는 동아시아 지역의 발전이든 세계발전의 추세이든 모두 동아시아의 범위 내에서 시장개방과 협력제도를 조속히 갖추기를 요구하고 있고, 특히 분산된 여러 자유무역지대협정이 지역시장에 분할을 가져오고 있어 이를 해결할 필요가 있기 때문이다.

EAFTA의 시작 또는 CEPEA 과정은 모두 아세안이 물꼬를 터야 한다. 상술한 바와 같이 아세안은 두 가지 방안 앞에서 어떠한 의견도 내지 않고 있으며, 그 주요원인은 현재 아세안공동체 건설에 힘을 쏟고 있기 때문이다. 즉, 아세안은 다른 공동체 건설로 인해 와해되지도 않고 흐름이 되돌려지지도 않는, 공고하면서도 실질적인 공동체 건설에 노력하고 있었다. 아세안은 EAFTA 건설에 급할 것이 없었고 기타 조연배우들이 급해도 어쩔 수가 없었다. 향후의 전개과정으로 알 수 있듯이 아세안은 일본이 주도하여 제의한 방안을 선호했다.[25]

당시 중국은 왜 적극적으로 전문가그룹을 조직하여 EAFTA의 실행가능성연구를 수행했는가? 어떤 사람은 만약 일본이 이 연구를 주도하게 했다면 논란이 없었을 것이라고 이야기한다. 왜 중국이 주도했는가에 대해 전문가그룹의 대표로서 필자가 느낀 바는 중국이 중국-아세안 자유무역지대 건설을 고무하려는 데 있었다고 생각한다. 중국-아세안 자유무역지대 건설은 중국이 WTO 가입 이후 역내협력 추진의 전략적 방향을 제

---

25 사실상 이미 동아시아정상회의라는 체제와 아세안과 인도, 호주, 뉴질랜드 간 자유무역협정이 있으므로 아세안은 13개국 틀이 아니라 16개국 틀을 선택할 것이었다. 장원링, 〈동아시아 협력에 대한 새로운 생각(東亞合作需要新思路)〉, 《중국경제주간(中國經濟周刊)》, 2010. 1. 5, http://news.sina.com.cn/c/sd/2010-01-05/102619402031.shtml 참조.

시했고 역내협력에 참여하고 이를 추진하는 과정에 있어 자신감을 키워주었다. 둘째, 시장개방능력 측면에서 중국은 우위를 점하고 있지 않다. 그러나 중국은 EAFTA 실행가능성연구의 주도를 통해 역내 경제협력 과정에서 주도권과 발언권을 얻기를 희망했다. 또는 주도권을 얻어서 동아시아 지역의 개방과 협력과정이 중국의 상황에 적합하도록 조정하기를 원했다. 과거 세계적 차원과 지역적 차원의 체제 건설 중 중국은 늘 뒤쳐진 참여자였고 이것으로 인해 중국은 적극적으로 중국-아세안 자유무역지대를 건설한 이후 피동적 참여의 국면을 탈피하려고 했던 것이다. 이는 주도권과 발언권을 쟁취하는 또 다른 시도였다. 일본인들은 중국이 동아시아 지역에서 주도권을 획득하고 있다고 생각한다. 그러나 사실 중국은 주도할 능력이 되지 않고 피동적 태도를 벗어나 좀 더 능동적이 되길 바랄 뿐이다. 그러나 뜻밖에도 이러한 행동들이 일본의 우려를 불러일으켰고 일본뿐만 아니라 외부세계에서도 일본과 '주도권' 쟁탈전을 벌이는 것처럼 비쳤다. 중국의 종합국력이 높아짐에 따라 중일 양국 간의 힘의 균형이 한 단계 더 중국 쪽으로 기울게 되었고 향후 양국 간의 다툼이 더욱 늘어날 것이다. 이러한 다툼이 역내협력 체제를 건설하는 과정에서 더욱 많이 표출될 것임은 의심할 바 없다. 필자는 일찍이 프랑스와 독일이 화해한 것처럼 중일 양국을 같은 역내협력 체제에 두면 거리도 좁혀지고 따라서 평화도 증진하고 협력도 촉진할 수 있을 것이라 생각했다. 그러나 이렇게 되기까지는 어려워 보인다.

3. 위기 속에서의 희망

절망 속에서도 기회는 오기 마련인 것이 세상의 이치이다. 2011년, 아세안은 돌연 EAFTA 건설을 적극적으로 고려하겠다는 입장을 밝혔다. 종전의 소극적이었던 태도에서 적극적 태도로 바뀐 것이다. 이러한 변화를 촉진한 것은 첫째로 미국의 TPP 협상 주도였다. 아세안 회원국 중 4개국(싱가포르, 브루나이, 베트남, 말레이시아)이 TPP에 가입했고 향후 새로운 회원국(필리핀, 태국)이 가입할 것으로 예상되고 있다. 이렇게 된다면 아세안은 분열될 것이고 아세안이 하나의 주체로 역외 시장 환경을 건설하려는 노력은 물거품이 되어 아세안 경제공동체의 건설에 큰 충격을 줄 것이다. 둘째, 한중일이 자유무역지대 협상에 대해 2010년 정부주도 정책 연구의 시작을 선언했고 2012년에 자유무역지대 협상을 시작할 것이다. 이러한 조치들이 아세안을 핵심으로 하는 지역 경제통합 체제를 깨뜨려버렸다. 이러한 상황이 아세안으로 하여금 EAFTA 논의과정에서 더 이상 관망하며 시기를 기다리는 행동을 할 수 없도록 한 것이다. 2011년 아세안정상회의는 EAFTA를 추진하는 데 공통된 인식에 도달하고 16개 국가를 기본으로 하는 RCEP 계획의 추진을 결정했다. 역내 개방시장의 형성이 각국의 이익에 부합하는 것을 고려했을 때 아세안의 제창은 기타 6개국의 지지를 즉각적으로 획득했고 이는 EAFTA 건설을 논의한 이례로 아주 어렵게 도출된 공통인식이었다.

RCEP 방안에는 세 가지 뚜렷한 특징이 있다. 첫째, 아세안이 과정을 주도하여 아세안이 역내 경제통합에서 '중심적 위치'를 유지할 수 있도록 하고 있다. 둘째, 포괄적인 내용을 담을 수 있는 틀로서 개방과 협력을 최대한 하나로 융합하는 방안을 채택하여 동아시아 국가들 간 발전격차가 존재하는 현실에 부합하고 있다. 셋째, 5개의 '10+1' FTA를 매개로 하여 최대한 이를 통합조정하고 있다. RCEP 추진의 의미는 동아시아경제통합 체제가 더 이상 '10+3'을 기초로 하지 않고 '10+6'을 기초로 한다는 것이다. 이러한 체제도 나름의 합리성이 있다. 첫째, 아세안이 이미 6개 국가와 '10+1' FTA를 맺었기 때문에 일부 파트너만 분할하기가 힘들다.

둘째, 일본이 '10＋3'을 받아들이지 않았기 때문에 중국이 '10＋3' 또는 '10＋6'에 융통성(필자가 중국을 대표하여 CEPEA 연구에 참여했고 2010년 일본과 CEPEA 추진을 공동제안했다)을 발휘했다. 분명한 것은 관련국들에게 있어 '10＋3'을 기초로 한 방안보다 '10＋6'을 기초로 한 방안이 받아들이기 쉬웠다는 것이다.[26]

사실상 RCEP이 '10＋6'을 기초로 한 것은 중국의 이익에도 부합한다. 큰 규모의 역내 개방체제를 만드는 것은 하나의 작은 개방체제를 만드는 것보다 더 큰 이익을 가져다준다. 더욱이 중국과 호주의 FTA 협상이 정체에 빠졌고 인도와의 FTA도 불확실한 상황에서 RCEP 협상으로 중국은 큰 규모의 지역경제통합시장에 진출할 수 있게 되었고 이러한 결과는 원해도 얻을 수 없는 좋은 기회라고 할 수 있다.

RCEP은 TPP의 압력을 받고 있는데, 이는 긍정적이라고 할 수 있다. 첫째, 협상이 외부압력을 받게 되면 반드시 타결될 가능성이 커진다. 둘째, 다른 협상을 본보기로 삼을 수 있다. 예를 들어, TPP 협상의 방법과 적용영역 리스트, 단체협상 및 개별협상, 어려운 문제를 단계별로 해결해나가는 방법 등을 보고 배울 수 있다. 그렇지만 RCEP은 TPP의 모델과 경로를 답습해서는 안 된다. 만약 그렇게 한다면 RCEP은 타결될 수 없고 그 의의도 잃게 될 것이다.

TPP의 흡입력은 미국이라는 거대한 개방시장에 있다. TPP에 가입하는 것은 미국이라는 거대시장에 들어가는 입장권을 얻는 것이다. 베트남,

---

26 더욱 흥미로운 점은 RCEP 추진 후 국내 정계, 재계, 학계는 모두 지지하는 태도를 보이고 중국의 이익에 대해 열거했다. 이것은 중국이 TPP로부터 배척당한 것과 관계가 있는데, RCEP은 하나의 실용적이면서 전략적 선택이었다. 위안보·왕루이(袁波·王蕊), 〈우리나라가 추진 중인 RCEP에 대한 몇 가지 고찰(對我國當前推進RCEP的幾點思考)〉, 《국제무역(國際貿易)》, 2014, 제1기, 53-56쪽.

말레이시아 모두 미국 시장 진입이라는 파이에 눈독을 들이고 있다. 그리고 TPP는 높은 수준의 시장개방을 기준으로 하므로 RCEP과는 다르다. RCEP의 역할은 주로 (인도를 포함해) 동아시아 생산네트워크의 조정과 발전 그리고 확장에 있고 동아시아 지역 경제발전환경을 개선하는 것을 기준으로 삼고 있다. 따라서 RCEP은 시장개방협정에서 TPP보다 더 유연하다. 예를 들어, 상호연결 전략은 지역의 종합적인 발전환경을 개선하고 협력의 기초를 강화하는 데 장점이 있으며 이는 TPP가 가지지 못한 점이다. RCEP이 만약 상술한 장점을 실현하게 된다면 충분한 흡입력을 갖게 될 것이고 논의과정도 내부로부터의 추진력을 얻게 될 것이다. RCEP 협상이 정식으로 시작된 이후에는 협정의 모델과 내용에서 합의가 이루어져야 한다. 즉, '높은 수준'의 의견(호주, 뉴질랜드)과 '낮은 수준'의 의견(아세안의 새 회원국, 인도)이 융합을 이루어 실용적인 '중간 수준'의 합의점을 찾아야 한다.

동아시아 경제통합 노선의 현실적 선택인 RCEP을 체결하기 위해서는 두 가지 추진력이 동시에 작용되어야 한다. 첫째, 아세안의 계획과 지도력이다. 타 국가와 협상을 진행하며 의제와 의사일정을 지속적으로 조정함으로써 협상과정이 중단되지 않게 해야 한다.[27] 둘째, 한중일이 중견국가로서 협상과정을 이끌어야 한다. 한편으로 한중일FTA 과정을 추진하여 RCEP에 압력과 자극을 주고 다른 한편으로는 효과적인 조율을 통해 합의를 이끌어내고 적극적인 방안을 제시하는 것이다. 이는 특히 중일 양국의 협조(중일관계의 긴장이 중일 양국이 서로 협력하는 데 이로울 것이 없다는

---

27 아세안의 지도력에 대해 의구심을 갖고 있는 사람이 적지 않다. 주원인은 내부 격차가 크기 때문에 통합조정이 비교적 어렵고 아세안 자체가 관리기구가 아니라 협조기구이기 때문이다. 정쉐당·장루이(鄭學黨·莊芮), 〈RCEP의 동인, 내용, 도전과 중국의 대책(RCEP的動因, 內容, 挑戰及中國對策)〉, 《동남아연구(東南亞硏究)》, 2014, 제1기, 23쪽 참조.

것은 자명하다)가 필수적이다.[28]

RCEP은 아세안이 추진하고 조율해왔다. 그러나 16개 국가가 참가하는 거대한 자유무역지대를 만드는 것은 선례가 없던 일이고 협상과정에서 각국이 전력을 다해 밀고 당기는 협상을 하고 있다. 일본, 호주, 뉴질랜드는 선진국으로서 표준, 규정, 지적재산권을 중시하고 TPP에서 언급하고 있는 '변경 내 문제'도 제의하고 있다. 비교적 걱정이 되는 국가는 인도인데 참여가 변수로 작용하고 있으며 아세안-인도 FTA의 개방 정도가 낮을 뿐 아니라 인도의 시장개방에 대한 포용력이 낮다. 따라서 RCEP은 아마도 예외적 요구가 비교적 많아지게 될 것이다.[29] 각국이 중국에 거는 기대가 매우 높지만 중국 내부적으로 경제성장방식에 전환이 필요한 어려운 시기에 처해 있기 때문에 능력 이상의 약속을 하게 되면 중국 내부적으로 큰 부담이 될 수밖에 없다. 또한 아세안의 저개발국가는 반드시 개방에 있어서 융통성 있는 조치를 받게 될 것이며 자력으로 경제발전을 이루기 위한 능력을 개발하는 데 회원국들이 적극적으로 지지할 것이다.

RCEP 협상의 타결을 위해 16개국이 그 목표, 영역, 원칙에 관한 지도문건을 발표했다. 문건의 주요내용은 다음과 같다. RCEP은 현대적이

---

28 한중일 3국의 자유무역지대협상이 RCEP보다 앞서 이루어지는 것이 이상적이라는 의견이 있다. 한중일 자유무역지대가 RCEP에 본보기가 될 수 있고 RCEP 협상을 추진시키는 역할을 할 수 있기 때문이다. 그러나 실제로는 한중일 자유무역지대 협상과정이 오히려 더 느리다. 리춘딩(李春頂), 〈한중일 자유무역지대의 표류(中日韓自貿區的航船難達彼岸)〉, 《중국 경제와 무역(中國經貿)》, 2013, 제3기, 84-85쪽 참조.

29 인도에게 있어서 RCEP 참여는 매우 중요한 의미를 갖는다. 인도는 RCEP에 참여함으로써 동아시아와 융합하고 동아시아의 거대한 시장에 진출할 수 있다. 그러나 인도가 직면한 문제는 매우 많은데 예를 들어, 아세안-인도 FTA의 관세인하 정도가 비교적 낮다는 것이다. 그리고 환경 문제 같은 비무역 요소에 있어서 중국과 협상에 어려움이 크다. Rahul Mishra, *RCEP: Challenges and Opportunities for India*, EU-Asia Center, July 24, 2013, http://www.eu-asiacentre.eu/pub_details.php?pub_id=113 참조.

고 포괄적이며 수준 있고 호혜적인 협상이 된다. RCEP은 화물무역, 서비스무역, 투자, 경제와 기술협력, 지적재산권, 경쟁정책, 분쟁해결체제와 기타 문제를 다룬다. 따라야 할 원칙은 WTO 원칙과 일치하며 현재의 '10＋1' FTA보다 수준을 높여 회원국 간의 무역과 투자를 촉진할 수 있어야 한다. 협정에서 융통성을 발휘하고 현재의 '10＋1'과 양자 간 FTA를 대체하지 않고, 관련된 영역들을 동시에 협상해나가고, 저개발국에 대해서는 자체능력개발을 위한 도움을 준다. 개방성을 유지하고 참여를 원하는 국가에 대해 협상을 진행한다.[30] 그럼에도 불구하고 16개의 경제발전 격차가 큰 국가들 간의 협상이 예정된 시간표에 따라 체결되기 위해서는 큰 노력이 필요하다.

아세안 및 동아시아 경제연구소(ERIA)가 이끄는 RCEP 관련 원탁회의에 참여한 전문가들은 RCEP 협상을 어떻게 진전시킬 것인가에 대해 구체적으로 건의했다. 요점은 다음과 같다. 단계를 나누어 실시하며 적용 영역마다 각기 다른 개방 시간표가 필요하다. 예를 들어, 2015년에는 화물무역을 개방하고 2020년에는 서비스무역을 2025년에는 인원유동과 경쟁정책, 지적재산권 등의 영역을 개방하자는 것이다. 또한 RCEP 건설과 아세안공동체의 건설을 서로 연계할 것과 상호연결 협력과 같은 경제협력을 강화할 것을 제안했다.[31]

RCEP 협상의 제1차 회의가 2013년 5월 10일 개최되었고 16개국이 RCEP 협상의 기본원칙에 합의했다. 비록 어려움이 많지만 방법이 맞기

---

30 Guiding Principles and Objectives for Negotiating the Regional Comprehensive Economic Partnership, http://www.meti.go.jp/press/2012/11/20121120003/20121120003-4.pdf 참조.

31 Expert Roundtable for Regional Comprehensive Economic Partnership(RCE): Recommendations on the Approaches to be Adopted in the Negotiations of RCEP and its Implementation, http://www.eria.org 참조.

만 하다면 각국이 모두 받아들일 수 있는 방안을 찾아낼 수 있을 것이다. 협상과정에서 아세안은 RCEP이 '아세안의 중심적 위치'를 약화시킨다는 우려를 줄여나가야 하며 동시에 정치문제의 간섭을 극복해야 한다.[32]

RCEP 협상이 창의적인 방식으로 이루어짐에 따라 RCEP이 아세안 경제공동체 건설과 서로 연계되고 경제협력의 중심 또한 상호연결에 맞춰질 수 있었다. 이러한 점에서 RCEP과 기타 자유무역지대는 차이를 보이고 있다. 만약 TPP의 '차세대' 자유무역지대의 주요목표가 심도 있는 시장개방을 통해 교역효율을 높이는 것이라면 RCEP의 주요목표는 시장의 전면적 개방과 심도 있는 협력을 통해 동아시아 지역의 개방과 협력발전에 새로운 환경을 건설하는 것이다.

---

32 전문가들은 만약 아세안이 과도하게 자신의 중심적 위치를 강조하면 그 지도력이 오히려 약화될 것이고, 만약 중일관계나 중국과 아세안 일부 국가의 관계처럼 정치적 관계의 제약을 극복하지 못한다면 협상이 어려움에 처할 경우 이 어려움이 정치문제로 비화될 것을 걱정하고 있다. 왕위주(王玉主), 〈RCEP 제안과 아세안의 중심적 위치(RCEP倡議與東盟中心地位)〉, 《국제문제연구(國際問題研究)》, 2013. 5, 56-57쪽; 왕쥔(王君), 〈RCEP의 건설과 중국의 대응전략연구(RCEP的構建及中國的應對策略研究)〉, 《동남아종횡(東南亞縱橫)》, 2013, 제4기, 5-6쪽 참조.

회고와 사고

필자는 EAFTA의 건설에 대해 익숙하다. 학술연구 측면에서뿐만 아니라 정책연구 측면에서도 그러하다. 필자는 '10+3' EAFTA 실행가능성연구를 잇따라 주최했고 한국이 주도하는 EAFTA 실행가능성 제2차 연구에도 참여를 했다. 아울러 CEPEA 2차 연구에도 참여를 했고 RCEP과 관련된 전문가 원탁회의를 조직했으며 RCEP 참여에 대한 정책보고를 정부에 제출하기도 했다. 말하자면 중국 국내와 동아시아 지역에서 필자처럼 이 모든 과정에 참여한 사람을 찾기는 쉽지 않을 것이다.

2004년 '10+3' 경제장관 및 정상회의의 결정에 따라 중국은 각국 정부가 추천한 전문가와 EAFTA 실행가능성연구 공동전문가그룹을 만들었고 필자는 전문가그룹 대표에 임명되어 공동연구를 주재했다. 13개 국가의 전문가들은 모두 일종의 사명감을 띠고 있었다. 우리 연구그룹은 배정받은 연구경비 없이 모두 무보수로 일했으며, 보고의 초안을 담당했던 각 분야의 전문가들은 모두 자원하여 이 임무를 맡았다. 그럼에도 2005년 말까지 이 과정들이 매우 순조롭게 진행되었다. 보고의 초안도 기본적으로 완성했으며 관련된 주요문제들에 대해 공통된 인식에 이르기도 했다. 그러나 2006년 4월 일본대표가 돌연 태도를 바꾸면서 정세가 돌변했다. 그들은 일본 정부 입장의 변화로 인해 '10+3'을 기초로 하는 EAFTA의 건설을 지지하지 않는다고 했다. 또한 16개국이 참가하는 EAS가 있기 때문에 EAFTA도 인도, 호주, 뉴질랜드를 참여시켜야 한다고 했다.

그러나 일본대표의 의견은 채택되지 않았고 모두들 전문가그룹의 연구가 '10＋3' 정상들로부터 임무를 받아 수행한 것인 이상 자유무역지대 건설에서 '10＋3'을 기초로 하는 방식을 견지해야 한다고 생각했다. 일본의 전문가들은 자국 정부에 보고하기 좋도록 보고서 내용에 '동아시아자유무역지대의 협상과정은 개방적'이라는 문구를 추가했고 이렇게 함으로써 협상과정에 EAS의 기타 국가들도 참여가 가능하게 되었다. 하지만 최종적으로 일본의 전문가들은 경제장관회의에 제출된 보고서에 마지못해 서명을 했고 개인의 의견일 뿐이라는 성명을 반복해서 발표했다.

일본이 태도를 바꾼 데는 여러 원인이 있었다. 일본 총리의 계속된 야스쿠니신사 참배가 중일관계를 악화시켰고 이에 따라 중일 간의 협력 분위기도 손상되었다. 또한 중일관계의 악화로 인해 일본은 별도의 동아시아 협력 방식을 개척하게 되었고 이는 중국의 영향력을 약화시키는 데 목적이 있었다. 당연히 미국도 하나의 원인이다. 미국은 자신이 동아시아의 통합과정에 배제된 것에 대해 깊은 우려를 표했고 문제의 해결을 위해 배후에서 어떤 일을 도모하고 있었음이 확실했다. 이후의 경과에서 밝혀졌듯이 인도, 호주, 뉴질랜드가 참여하는 EAS는 미국의 인정을 받았고 미국도 이후 EAS의 회원국이 되었다.

필자는 EAFTA 실행가능성연구 공동전문가그룹을 대표하여 2006년 7월 쿠알라룸푸르에서 개최된 '10＋3' 경제장관회의에 연구보고서의 요점을 발표했다. 예측한 대로 연구보고서는 경제장관들의 긍정적 평가를 받았다. 왜냐하면 이 연구는 '10＋3' 정상의 위탁을 받아 이루어진 것으로 각국에서 온 전문가들 모두는 각국 정부가 추천한 인사였다. 그리하여 비록 전문가그룹의 연구 활동이 독립적으로 진행되었다 하더라도 보고서

상의 주요내용은 이미 전문가들을 통해 각국 정부에 보고가 되었고 정부 관리들의 의견이 반영되어 있었기 때문이다.

그러나 필자가 보고를 마친 후 일본의 통상산업부 장관이 준비된 원고를 갑자기 읽기 시작했다. 일본 정부는 공동전문가그룹의 보고를 지지하지 않으며 아세안 10개국과 한중일, 인도, 호주, 뉴질랜드 등 16개국으로 구성된 '아세안+6'을 기초로 하는 CEPEA를 제안했다. 일본의 이 같은 발언은 각국 대표들의 예상 밖에 있었다. 회의에서 장관들은 이에 대해 격렬한 토의를 했고 의견이 일치되지 않았으며 다수의 국가들이 부정적 태도를 보이기도 했다. 그러나 일본은 이 방안을 견지했고 싱가포르 등 아세안의 몇 개 회원국들이 동참했다. 결국 일본의 의견은 경제장관회의의 성명에 기입되었다. 일본 여론은 일본의 제의가 인가를 받은 것이라고 생각했다. 일본 정부는 이 기회를 틈타 CEPEA 추진과 관련된 공동연구 전문가그룹을 조직했다.

2006년 12월 제1차 EAS가 개최되었다. 이번 EAS와 EAVG가 제의한 원래의 정상회의는 차이가 있었는데, 그것은 인도, 호주, 뉴질랜드를 참가시킨 것이다. 이렇게 하여 일본이 주창하는 16개국을 기초로 하는 CEPEA에 관한 제안이 마치 제도적인 지지를 받는 것처럼 되어버렸다.

일본이 주도하는 공동연구그룹은 중국 전문가도 초청했다. 필자가 정부 유관부문의 추천을 받아 중국대표 자격으로 연구에 참여했다. 솔직히 말하자면 필자는 매우 난감했다. 왜냐하면 필자가 '10+3' EAFTA 공동연구를 주재했고 지금은 이 연구와 대립하고 있는 방안의 연구에 참여하게 되었는데, 필자가 당시 어떻게 해야 했겠는가? 추측컨대 유관부문은 필자가 내부에서 분란을 일으키길 원했던 것이고 '10+3'을 기초로 하는 EAFTA 건설의 입장을 견지하라는 뜻이 아니었을까. 그러나 일단 이 연구그룹에 들어가게 되면 중국의 대표로서 전반적인 국면을 고려해야 하고 건설적인 역할을 해야 하는 것이지 '파괴적인 행동'을 해서는 안 되는 것이었다. 왜냐하면 이렇게 했을 때만 모두로부터 중국에 대한 존중을 얻을 수 있기 때문이었다(어쨌든 필자가 중국의 유일한 대표였다).

연구과정 중 필자는 대다수 국가가 16개국 자유무역지대 건설에 대한 자신감이 부족하다는 것을 발견했다. 그러나 모두들 장기적 관점에서 16개 국가들 간의 협력을 강화하고 큰 규모의 역내 개방시장을 건설하는 것은 상당한 의의가 있다고 생각했다. 따라서 CEPEA 전문가그룹의 제1차 보고는 경제협력을 전면으로 내세우고 간소화와 자유화를 뒤로 두었다. 그러나 일본의 목적은 매우 분명했다. 비록 보고서에 서로 다른 관점과 제안이 많이 들어가더라도 한 가지 점은 명확했는데, 그것은 16개 국가를 기초로 하는 자유무역지대의 건설이었다. 한편 중국이 주도한 EAFTA 공동연구는 2차까지 진행되었는데, 일본이 주도하는 CEPEA 공동연구도 2차까지 진행되어 일본이 중국에 맞서 일을 한다는 느낌이 확실히 들었다.

일본이 주도하는 보고서는 EAS의 장관회의와 정상회의에 제출되어 논의되었으나 보고서 채택에는 아세안 측의 동의가 필요했다. 그러나 종전까지 자유무역지대 확대 추진에 대해 다소 소극적이었던 아세안은 서로 다른 제안 앞에 쉽게 입장을 결정하지 못했다. 아세안 측 인사는 필자에게 중국과 일본의 견해가 일치하지 않아서 아세안이 일을 추진하기가 어렵다고 반복해서 토론했다. 이 또한 사실이다. 그러나 EAFTA를 건설하는 과정이 계속 지연되는 것은 아세안의 뜻에도 매우 부합하는 것이었다. 왜냐하면 아세안은 우선 자신들의 공동체 건설을 필요로 했기 때문이다.

사실 역내협력의 이익적 측면에서 말하자면 '10+3' 체제를 주방향으로 잡은 원인은 이것이 동아시아 협력의 시작 틀이었고 EAVG가 제시한 동아시아공동체 건설의 주요방법이었을 뿐 아니라 아세안과 한중일 3국이 '10+1'의 자유무역지대 체제를 형성했었기 때문에 비교적 쉽게 통합

조정이 가능했기 때문이었다. 특히 중국의 지연적 인지에 대해 말하자면 '10+3'만이 비로소 '동아시아'라고 할 수 있기 때문이었다.

그러나 EAS라는 협력체제가 형성됨으로써 동아시아 협력의 틀에 변화가 생겼다. 비록 중국과 아세안이 '10+3'을 동아시아 협력의 주요방안으로서 '10+3' 정상성명에 명기하는 것을 줄곧 견지했고 EAS에서 이러한 협력 체제를 지지하기는 했으나, 중일 간에 전략 경쟁이 존재하고 EAS에 미국이 참가하는 상황하에서 '10+3' 틀의 대화와 협력체제가 동아시아 협력의 주요방안으로 채택되기는 힘들었다. 사실 자유무역지대의 주요의의는 시장개방을 추진하는 것으로 만약 16개 국가가 참가하는 CEPEA가 추진되면 반드시 '10+3'을 기초로 동아시아자유무역지대를 건설할 필요는 없게 된다. CEPEA 연구에 참여한 인도의 전문가는 필자에게 중국이 왜 인도가 동아시아 경제협력에 참여하는 것을 지지하지 않으며 구태여 '10+3'을 지지하는 이유가 무엇인지 물었다. 필자의 뉴질랜드 친구 또한 비슷한 질문을 했다. 솔직히 말하면 필자는 그들이 납득할 만한 이유를 말하기가 굉장히 어려웠고 단지 '10+3'부터 시작하는 것이 더 쉽다며 얼버무리고 넘어갈 수밖에 없었다.

이 때문에 필자는 연구보고서를 통해 중국이 EAFTA의 건설에 있어 좀 더 융통성 있는 입장을 가져야 하고 인도, 호주, 뉴질랜드가 동아시아 경제개방과 협력체제에 참여하는 것을 환영해야 한다고 공개적으로 제의했다.[33] 당시 정부 유관기관 인사는 '10+3'의 견지를 협상의 최저선으로 하라고 지시했는데, 사실 최저선은 이미 넘어버렸었다. 협상은 시대와 보조를 맞추어 나아가고 적시에 조정이 되어야 했다. 그렇지 않으면 중국은 고립되고 호주, 뉴질랜드, 인도로부터 원한을 사게 될 것이 분명했다.

---

33 장원링, 앞의 글(2008), 제1기.

새로운 정세를 맞아 중국은 자신의 참여 책략을 조정했고 실용적 입장을 채택했다. 2010년 중일관계가 개선되었고 양국은 공동으로 EAFTA 건설을 발의했고 TPP 협상으로부터 자극을 받은 아세안도 마침내 EAFTA 논의를 추진한다는 결심을 내렸다. 중국이 더 이상 '10+3'을 견지하지 않게 된 만큼 아세안은 당연히 '10+6'을 기초로 하는 협력방안을 택했다. 사실상 RCEP은 CEPEA 보고의 관점을 더 고려했다. 그러나 아세안은 협상과정에서 '아세안 중심'을 견지했고 협상의 구조와 설계에서 아세안을 하나의 단위로 하여 기타 6개 국가와 협상을 진행했다. 이는 아세안의 '10+α' 전략의 연장으로 보였다.

아세안이 RCEP을 '10+α'라는 틀로 유지하려 한 사실로부터 동아시아협력의 특징과 방향을 알 수 있다. 즉, RCEP과 EAVG가 제의한 EAFTA 건설의 출발점에서부터 이미 큰 차이가 있다는 것이다. EAVG가 EAFTA의 건설을 계획할 때 핵심은 동아시아공동체의 건설이었으나 RCEP에는 이미 동아시아공동체 건설의 그림자조차 보이지 않았다.

EAFTA 실행가능성연구 전문가그룹의 일을 회고해보면 필자는 모두가 어떻게 가슴 가득한 열정을 가지고 업무에 몰두했는지 기억한다. 연구경비도 없었고 어떠한 보수도 없었지만 몇몇은 초안을 미리 제출하여 충실한 토론을 가능케 했다. 연구그룹의 마지막 회의에서 정부 유관부문의 경비가 조달되지 않아 필자는 스스로 자금을 조달하여 임무를 완성했다. 전문가들은 EAFTA의 건설에 대한 뜻이 높았으며 경제협력이 충실함과 실용성을 갖추게 하기 위해서 '높은 수준', '(중국-아세안 자유무역지대와 같이 우선 화물무역을 하고 향후 서비스와 투자개방을 하는 것과는 다른)일괄타결 방안'을 제의했다. 하지만 모두가 이후 일본의 태도변화에 배신감을 느꼈고 보고서가 방치된 것에 안타까움을 느꼈다. 결국 모두가 고생해서 만든 것에는 EAFTA의 건설에 절박한 기대가 있었기 때문이었다.

일본이 주도한 CEPEA의 실행가능성연구는 EAS의 장관회의나 정상회의의 위탁을 받지도 않았고 자진해서 한 연구였다. 동아시아 협력의 '단결'을 고려하여 중국을 포함해 기타 15개 국가의 정부 모두 전문가를 파견했고 따라서 하나의 또 다른 공동 연구 집단이 형성되었다. 연구과정 중 일본인은 매우 소극적인 것처럼 보였는데, 다른 전문가들의 의견을 가능한 한 듣기만 하는 태도를 보였다. 예를 들어, 필자가 CEPEA에 참가하는 개발도상국이 많은 것을 고려하여 경제개발에서의 협력을 우선적인 위치로 해야 한다고 제의하고 순서를 '경제협력-간소화-자유화'로 추진하며 EAFTA의 추진은 '자유화-간소화-경제협력'이 되어야 한다고 했다. 필자의 제안은 아세안의 저개발국가(캄보디아, 라오스, 미얀마, 베트남, 인도)의 지지를 얻었고 일본은 이에 대해 동의를 표했다. 그러나 깊은 곳에 계략을 가지고 있던 일본인의 심리는 분명했는데, 추진순서를 어떻게 하든지 간에 핵심내용은 자유무역지대 건설이었고 지적재산권 보호를 앞세워야 하며 CEPEA 체제하에서 자유무역지대 추진 시간표를 만들 것을 견지했다. 참여과정 중 일본 측이 이것에 대해 들인 노력과 세세한 준비에 탄복을 하지 않을 수 없었다. 연구보고서 완성과 제출 이후 일본은 인력을 동원하여 자카르타에 설립된 아세안 및 동아시아 경제연구소(ERIA)에서 심도 있는 연구를 진행했고 이를 위해 대대적으로 여론을 조성했다. 이러한 상황에서 필자도 일본이 거액을 출연해 설립한 이 연구소가 의미하는 일본의 장기적 전략에 대해 깊은 감회를 느꼈다.

비교하자면 필자가 주재한 EAFTA 실행가능성연구의 마지막 전문가그룹회의를 위한 경비조달은 힘들었고 할 수 없이 자체적으로 방법을 생각해야 했다. 13개 국가의 전문가들이 이 프로젝트를 위해 고생한 약 2년간 마지막 한 번의 회의가 베이징에서 열렸고 필자는 수뇌부 또는 관련 부문의 책임자가 나와서 전문가들을 만나길 원했으나 그렇게 되지 않았다.

이에 대해 필자는 썩 기분이 좋지 않았다. 어쨌든 이것은 중국의 수뇌부가 스스로 약속한 것이었고 중국이 주도한 큰 작업이지 않았는가!

어쨌거나 EAFTA의 건설은 결국 본 궤도에 올라섰다. RCEP의 출범은 동아시아 지역협력의 큰 발걸음이었고 이 발걸음을 내딛기가 참으로 어려웠다. 만약 진행이 순조롭다면 동아시아 지역의 경제발전에 중요한 영향을 끼칠 것이다.

개방과 협력의 동아시아 시장 형성[34]

2012년 11월 캄보디아 프놈펜에서 열린 동아시아 정상 간 일련의 회의에서 아세안은 2013년에 RCEP과 관련한 협상을 시작하겠다고 선언했다. RCEP은 16개국(아세안 10개국, 한중일, 인도, 호주, 뉴질랜드), 35억 명(세계인구의 절반)을 대상으로 하며 현재 GDP 총액은 23만 달러(세계 연간 GDP의 3분의 1)에 달해 만약 이것이 건설된다면 세계에서 가장 큰 공동시장이 될 것이다.

RCEP은 동아시아를 통일된 거대시장으로 묶을 것이고 지역통합은 물론 분산되어 있는 협력체제의 통합을 이루어낼 것이다. 지금까지 동아시아 지역은 기업의 주도하에 지역생산 네트워크를 발전시켜왔고 정부가 추진하고 건설하는 자유무역지대와 협력체제는 분산되고 중첩된 상태에 처해 있었다. 자유무역지대에는 양자 간 협정, 다자간 협정이 있으며 아세안은 자신들의 AFTA를 세웠을 뿐만 아니라 여러 국가들과 '아세안+1' 자유무역협정도 맺었다. 협력체제 측면에서 보면 '아세안+1', '아세안+3(한중일)'이 있고 EAS(원년 회원국인 한중일, 호주, 뉴질랜드, 인도에 이어 현재는 미국과 러시아도 가입)도 있다. 지역생산 네트워크의 각도에서 분석하

---

34 원문은 《아시아경제주간(亞洲經濟週刊)》, 2013, 제1기에 게재된 논문을 수정한 것임.

면 분산된 자유무역협정은 '스파게티 볼 효과'를 유발하는데, 즉 각각의 협정의 규정이 다르게 되면(예를 들어, 서로 다른 원산지 규정) 역내시장을 분할하게 되고 그래서 지역생산 네트워크 내에 분업생산에 새로운 장애가 되며 결과적으로 기업의 운영비용을 높인다는 것이다. 동시에 여러 협정의 동시다발적 추진으로 수없이 많은 회의를 하게 되고 의제가 중복되기도 하고 심지어 각각의 협정 간에 상호경쟁과 제약이 생기기도 하여 협력의 실질효과와 효율에 영향을 주기도 한다.

　수년간의 지역협력체제에서 동아시아 각국은 역내 통일된 자유무역지대 건설에 대해 연구를 진행해왔다. 2004년 중국이 주도하여 13개국('아세안+3')이 참가하는 EAFTA의 실행가능성 연구 전문가그룹을 조직했고 2006년에 EAFTA의 조속한 설립을 촉구하는 연구보고서를 제출했다. 이 보고가 일본의 반대에 부딪히게 되고 2006년 일본은 16개국('아세안+6', 즉 동아시아정상회의)이 참가하는 CEPEA 전문가그룹을 조직, 2007년에 연구보고를 제출했다. 의견이 달랐고 아세안 자체적으로 종합적인 동아시아 통합 체제를 만드는 데 급한 것이 없었으므로 EAFTA를 건설하는 구상은 방치되어버렸다. 2011년 중일 양국이 동아시아 통합 과정 추진에 합의를 이루었고 쌍방은 동아시아역내통합협력체제 건설의 속도를 높이기로 공동제안했다. 이것이 기반이 되어 종합적인 동아시아경제통합체제 건설을 위한 논의의 시작을 가능케 했다. 따라서 RCEP은 각 측이 수년간 노력한 결과이며 비교적 양호한 바탕을 갖추고 있다고 말할 수 있다.

　현재 RCEP 협상과 관련된 가이드라인이 제정되어 있으며 무역, 서비스, 투자의 세 가지 영역에서 실무그룹이 조직되어 이미 업무를 시작했다. 계획에 따르면 협상은 2년 내 완성하게 되어 있고 2015년 초에 서명을 하기로 되어 있다. 가이드라인에 따르면 RCEP은 현행의 5개 '아세안+1' 자유무역협정을 기초로 통합조정하고 이 기초 위에서 업그레이드하여 최종적으로 높은 수준의 역내 개방시장을 만드는 것이다. RCEP은 전통적인 화물과 서비스, 투자자유화를 포함하고 지적재산권 보호, 환경 보호, 노동력 유동 촉진 등 일부 새로운 의제도 포함한다. 동시에 지역 인프라 네트워크(상호연결)나 저개발 회원국에게 유효한 원조를 제공해 발전 격차를 줄이는 등의 경제협력강화 조치도 포함하고 있다.

16개국을 포괄하는 자유무역지대 건설이 쉬운 일은 아니다. 각국 간의 경제발전 격차를 고려하면 각국이 협상에 참여해서 추구하는 이익과 개방의 정도가 다르므로 RCEP 협정이 높은 수준을 견지하는 한편 융통성과 포용력도 갖추어야 한다. 시장개방의 구조와 속도에서 상이한 상황에 근거해 차별성 있는 개방 리스트와 시간을 제정해야 하고 목표가 분명하고 운용성이 강한 실질적 조치가 있어야 한다. RCEP은 근거 없이 시작된 것이 아니다. 아세안자유무역지대와 아세안공동체 건설, '아세안+1' 자유무역지대 등 적지 않은 경험에서 비롯된 것이므로 RCEP 협상을 순조롭게 추진하기 위한 기초는 이미 갖추어졌다고 말할 수 있다.

RCEP 체결은 향후 동아시아 경제발전에 매우 중요한 현실적 의미를 갖고 있다. 과거 동아시아 지역의 경제적 성취는 주로 두 가지 우세를 바탕으로 이루어졌다. 첫째, 선진국이 만들어놓은 공업화 모델을 답습하는 것으로 추월발전전략을 실시해 경제의 빠른 비상을 실현하는 것이다. 둘째, 선진국 시장을 이용해 수출주도전략을 펼치는 것이다. 이로부터 수출에 힘을 쏟으며 경제의 고속성장을 실현했다. 그러나 현재 이 두 가지 우세한 조건에 모두 변화가 발생했다. 첫째, 전통공업화의 길을 답습하는 방법이 더 이상 통하지 않게 되었고 반드시 지속가능한 발전의 새로운 길을 모색해야만 하게 되었다. 둘째, 선진국 시장의 경기가 좋지 않아 반드시 내수가 경제를 이끄는 신성장 모델의 길을 가야만 하게 되었다. RCEP의 체결은 동아시아 지역 경제발전의 새로운 공간과 새로운 동력을 창조하는 데 도움이 될 것이고 역내 경제발전 환경을 개선함으로써 지역의 내수시장을 활성화시켜 각국의 정책조정에 환경적인 뒷받침을 해주고 기업은 지역에서 새롭게 필요로 하는 산업을 맞아 새로운 시장을 얻게 될 것이다.

아세안이 적극적으로 RCEP에 참여했고 기타 6개국이 적극적 지지를 표한 것은 한편으로는 아시아경제통합과 협력의 내재적 수요를 반영한 것으로 수년간의 협상이 이끌어낸 결과이다. 또 다른 한편으로는 미국이 주도하는 TPP에 대응하는 전략적 사고가 있었다. 2009년 미국은 싱가포르, 칠레, 뉴질랜드, 브루나이 4개국 간 체결한 FTA에 가입을 선포하고 이를 새롭게 조직하여 높은 수준의 그리고 21세기를 지향하는 아시아태평양자유무역지대를 만들 뜻을 세웠다. 아세안의 10개국 가운데 4개국이 TPP에 참여했고 또 다른 2개국이 참가의사를 표했다. 이것은 추진 중이었던 아세안공동체와 아세안 중심의 동아시아 지역경제통합과정에 심각한 도전으로 다가왔다. 아세안은 RCEP을 적극 추진해서 공동체 건설의 응집력을 다시 모아야 한다. 이렇게 자신의 매력을 높여 기타 아시아 국가의 적극적 지지를 확보하고 이로써 동아시아 지역통합과 협력의 이익을 보호해야 한다.

현재 아태지역에는 두 개의 거대한 자유무역지대가 추진되고 있는데, 바로 TPP와 RCEP이다. 회원국 다수가 겹치고 목표와 모델에 큰 차이가 있어 서로 경쟁적이고 상호보완성을 가지고 있다고 할 수 있다. TPP 협상 시작은 오래 전에 했고 지금까지 15차례의 협상을 진행했다. 협상 중 일본, 캐나다, 멕시코 등 새로운 회원국을 받아들였고 2013년 체결을 기대하고 있다. TPP의 특별한 점은 시장개방을 중점으로 경쟁정책, 노동표준, 환경표준, 국유기업 등 새로운 문제를 설정한 점이며 이 문제들과 관련한 규칙과 정책을 규범화하는 것을 목표로 하고 있다. 따라서 더욱더 많은 개발도상국이 TPP에 가입함에 따라 협상이 마주하는 곤란함도 더 커졌다. 미국이 주도하는 협상의 목표도 매우 분명하다. 경쟁 환경을 규범화하여 미국의 경쟁력을 재건하고 경제의 활력을 회복하는 것이다. 그리고 기타 국가가 TPP에 가입하는 목적 또한 분명하다. 바로 미국이라는 거대시장의 입장권을 얻는 것이다.

RCEP의 목표는 참가국마다 커다란 차이가 있다. 성공하기 위해서는 반드시 동아시아 경제발전의 특징에 부합하고 또한 필요한 모델을 새롭게 고안해야 한다. 즉, 동아시아의 현실에서 출발하여 실용적이고 융통성 있는 협상 틀을 만들어 점진적으로 실행하는 방식을 써야 한다. TPP와 비교하여 RCEP은 비록 시장개방을 추구하지만 이것이 유일한 목표는 아니며 종합적인 발전환경을 개선하고 경제협력을 강화하여 저개발국가의 경제와 사회발전 능력을 제고하는 것이 실현하고자 하는 목표이다.

RCEP은 협상과정에서 일부 어려운 문제들을 다루었다. 예를 들어, 민감한 영역의 개방에 차별을 두는 문제와 개방방식에 대한 문제인데, 서비스와 투자영역의 개방에서 개방영역을 밝히는 '포지티브 리스트'와 개방 불가영역을 밝히는 '네거티브 리스트' 방식 중 어느 것을 적용할 것인지, 투자 개방 시 '진출 전 내국민 대우' 원칙을 적용할 것인지 등이다.[35] 동시에 RCEP은 앞으로 화물무역의 관세취소 문제뿐 아니라 서비스무역과 투자개방, 상품검사표준, 지적재산권 보호, 투자환경 개선, 경쟁정책 등 '새로운 의제'를 다루게 될 것이다. 그러나 이러한 문제는 각 회원국의 경제 정책과 법규 문제에까지 관여하게 되므로 반드시 적절한 방식을 찾아서 충분한 협조, 협상을 거쳐 합의에 이르러서 실시해야 한다. 또한 먼저 쉬

---

35 사실 융통성 있는 협정으로서 '포지티브 리스트'와 '네거티브 리스트'를 함께 고려하여 혼합협정을 맺을 수 있다. 이러한 방법은 다른 협상에서 선례가 있다. 또한 '진출 전 내국민 대우' 원칙에 대해 단계적인 협정체결을 고려해볼 수도 있다.

운 것을 해결하고 나중에 어려운 것을 다루는 단계적 접근법이 필요하다. 이를 위해 RCEP은 선진국과 후진국의 요구와 이익균형을 조정하는 과정에서 포용력을 보여야 한다. 즉, 선진국의 개방에 대한 높은 요구를 충분히 고려하고 후진국의 개방능력 또한 고려해야 한다. RCEP이 성공하기 위해서는 반드시 모델, 내용, 기능 면에서 창의력이 요구되는데, 바꿔 말하면 동아시아 지역경제가 성장활력을 유지할 수 있고 지속가능한 발전이 가능하도록 하는 새로운 노선을 찾아야 한다. 그중에서 특히 중요한 것은 개방과 협력을 유기적으로 결합하여 동아시아 발전의 총체성과 포용력이 발현되는 것이다.

주목할 점은 한중일이 2013년 한중일FTA에 관한 협상을 시작한다고 이미 선언을 했다는 것이다(삼자 간 투자협정은 이미 체결되었다). RCEP과 한중일FTA와의 관계를 어떻게 설정할 것인가? 이상적인 발전은 한중일 자유무역지대의 과정이 RCEP보다 빨리 이루어지는 것이다. 이렇게 되면 동아시아경제의 중심인 한중일 3국이 개방이라는 주요의제에 대해 우선적으로 진전을 보이게 되고 RCEP 협상과정도 쉽게 진행될 수 있다. 이 의의에 대해서 말하자면 한중일FTA는 RCEP 과정의 촉매제가 된다는 것이다. 그러나 한중일 3국의 협상이 순조로울지는 미지수다. 3국의 정치관계에서의 곤경은 협상에 불리한 영향을 줄 것임이 틀림없다. 시장개방 자체만 봤을 때도 어려움이 적지 않다. 일전에 한일 양자 간 FTA 협상을 진행한 적이 있으나 방치되어 적지 않은 시간이 흘렀고 이를 지금까지 재개할 방법이 없다. 현재 한중 간에는 양자 FTA 협상을 시작했고 체결가능성도 매우 높다. 3국 간의 협상이 순조롭게 진행되기 위해서는 각국 지도자의 강력한 정치적 결단이 필요한데 바로 여기서 문제가 생긴 것이다. 당연히 만약 한중일FTA 협상과정이 장애물을 만난다면 추진되도록 힘을 모아서 한중일 3국이 RCEP의 기초에서 다시 올라가도록 해야 한다.

중국은 동아시아 지역에서 가장 큰 경제체이며 RCEP 건설에서 핵심적인 역할을 하고 있다. 따라서 자신의 경제력과 우위를 충분히 발휘해 참여과정에서 적극적인 역할을 해야 한다. 중국 경제의 빠른 발전은 개혁개방 덕분이다. 중국의 산업은 새로운 경쟁우위를 형성해야 하고 더욱 개방된 시장 환경에 참여해 경쟁해야 한다. RCEP 협상에 참가하는 것은 중국이 시장개방을 확대하는 것이며 대외개방전략이라는 객관적인 수요를 더욱 능동적으로 충족시키는 것이다. 중국은 현재 새로운 발전단계에 진입하고 있으며 개혁과 개방의 세기를 높여야지만 경제구조의 조정을 잘 실현할 수 있고 지역과 국제시장에서 새로운 경쟁력을 얻을 수 있다.

현재의 상황에서 비록 중국 정부가 시장개방의 확대와 가속에 대해 적극성을 표하고 있지만 수많은 기업을 포함한 수많은 부문에서 준비가 충분하지 못하고 오히려 협상 과정에서 '저지선을 수호하고', '시장을 보호하기'를 희망한다. 따라서 중국이 RCEP에서 진정으로 적극적인 역할을 하려면 예전 WTO에 가입할 때처럼 큰 결심이 필요하다.

제4장

통화금융협력의 실천

역내 통화금융협력의 발전단계가 가장 높은 곳은 바로 유럽연합이다. 유럽은 유럽공동체 내 통화환율협력(공동변동환율제, joint float)에 이어 유로화기금을 설립했다. 이후 1999년 유로화 통화체계를 세우고 2002년 단일통화인 유로화의 통용을 실현했다. 이처럼 유럽은 유럽연합체제 아래에서 화폐통합을 점진적으로 완성해왔다. 아프리카에서는 식민지국가들이 독립한 후에도 종주국의 통화체계를 따랐고 카리브 지역의 일부 국가는 통화연맹[1]을 결성하기도 했다. 그러나 기타 모든 지역들에서 역내 통화금융협력발전에 한계가 있었다.

---

1 프랑스를 종주국으로 했던 서아프리카 식민지국가들은 독립 후 서아프리카경제통화연합
   (UEMOA)을 결성(1994)하고 화폐로 아프리카금융공동체 프랑을 사용했다. 프랑스령이
   었던 적도지방의 아프리카 국가들은 중앙아프리카관세경제동맹(UDEAC)을 결성(1974)
   하고 화폐로 중앙아프리카금융협력 프랑을 사용했다. 두 아프리카 프랑은 프랑스 프랑에
   대해 고정환율제를 실시했고 자유태환이 가능했다. 프랑스는 이 아프리카국가들에게 담보
   (현재는 유로화에 연동)를 제공하고 있다. 남아프리카의 남아프리카공화국·레소토·스와
   질란드·나미비아 등 4개국도 통화동맹을 결성하고 초기 남아프리카공화국의 랜드를 사용
   하다가 레소토·스와질란드·나미비아는 각자의 통화를 발행했다. 그러나 그들의 통화가치
   및 환율은 줄곧 랜드와 동등하게 움직였고 4개국 간 통화도 자유롭게 통용되었다. 동카리
   브통화연합(1983)은 통일된 통화를 사용했고 미국달러에 고정되어 있었다. Raul Fabella,
   "Monetary cooperation in East Asia: a survey", ERD working paper, No. 13, May
   2002, http://www.adb.org 참조.

동아시아 지역의 통화금융협력은 주로 1997년 아시아 금융위기 이후 역내 협력의 중요한 구성부분으로서 발전해왔다. '동아시아비전그룹(EAVG)'은 통화금융협력이 동아시아공동체 건설의 3대 핵심 중 하나라고 밝혔다. 1997년 7월 태국에서 통화위기가 발생했고 곧 역내 통화 및 금융위기로 급격하게 번졌다. 미야자와 기이치(宮澤喜一) 당시 일본 재무장관은 1997년 9월 '아시아통화기금(AMF, 이하 AMF)'의 설립을 제의했다. 한국, 중국, 일본, 아세안 각국이 1000억 달러 규모의 긴급구제기금을 만들어 심각한 금융위기 상황의 동아시아 국가를 원조하겠다는 구상이었고 일본이 자금의 절반을 출연하기로 했다. 그러나 일본의 제안은 미국과 '국제통화기금(IMF, 이하 IMF)'의 즉각적인 반대에 부딪혔고 중국도 지지를 표하지 않아 이 제안은 좌절되고 말았다. 이후 1998년 일본은 300억 달러의 아시아기금을 설립해 동남아시아 국가에 일방적인 원조를 제공한다는 '신(新) 미야자와 구상'을 내놓기도 했다.[2]

　　2000년 5월 태국 치앙마이에서 열린 '10＋3' 재무장관회의에서 '치앙마이 이니셔티브'가 채택되었고 위기상황 시 회원국 간 통화스와프 실시를 합의했다. 이는 아세안 통화스와프 협정을 확대한 것으로 '10＋3' 회원국 간 통화스와프 협정을 체결하는 것이었다. 2007년 5월 양자 통화스와프 협정은 '치앙마이 이니셔티브 다자화 협정(CMIM, 이하 CMIM)'으로 확대 발전되었고 양자 간 통화스와프 협정의 기초 위에서 800억 달러 규모의 아시아 외환비축기금을 설립했다. 2009년 2월의 '10＋3' 특별 재무장관회의에서 CMIM 기금규모를 50% 확대하기로 결정했다. 기금규모는 1200억 달러로 중국과 일본이 각각 32%인 384억 달러, 아세안이 20%에 달하는 240억 달러, 한국이 16%인 192억 달러를 분담했다. 2011년 '아

2　비록 이 구상이 미국과 IMF의 지지를 받기는 했으나 이후 제대로 추진되지 못했다.

시아거시경제조사기구(AMRO)'가 설립되었고 2012년 3월에는 기금규모가 2400억 달러로 늘었다.

　다른 분야의 협력과 비교해 동아시아 통화금융협력은 성과가 뚜렷했으며 '10＋3' 형태를 갖추고 있었다. 그러나 외환비축기금이 이미 형성되었고 AMRO가 설립되었지만 이를 앞으로 어떻게 심화시킬 것인가에 대한 발전의 청사진이 명확하지 못했고 그저 한 발 한 발 두드려보며 앞으로 나갈 뿐이었다. 동아시아 통화금융협력에 대해 일찍이 서로 다른 관점의 많은 구상들이 존재했다. 그중 하나가 아시아화(貨)를 출범시키자는 움직임이 있었는데, 2006년 일본의 제안으로 아시아개발은행이 아시아 통화단위(ACU) 추진과 역내 통화감독기구 설립을 검토한 것이다.[3] 그러나 무역·서비스·투자개방과 비교하여 통화금융협력은 더 큰 정치적 협력과 공감대가 필요했다. 특히 실체가 있는 역내기구를 설립해 자금 제공, 융자 지원, 역내 자본시장 발전, 회원국의 경제 및 통화금융상황 모니터링 등의 실용적인 상설업무를 발전시켜야 하며 이 모든 일들에는 정치적 공감대가 필요했지만 동아시아 지역은 이러한 측면에서 여전히 부족했다.

　그러므로 미래 동아시아 통화금융협력이 어떻게 발전할 것인가는 정치관계를 포함한 역내협력의 종합적 발전과정을 고려해야 한다. 강력한 정치적 공감대가 없다면 금융협력체제가 있더라도 역내 협력기금도 실질적인 발전을 이루지 못하고 통화통합은 말할 것도 없이 어려울 것이다. 이는 세계 여러 지역 모두 다른 환경을 가지고 있으며 이들에게는 각자 자신들만의 협력에 대한 필요성과 형식이 존재하기 때문이다.

3　2006년 6월 아시아개발은행은 한중일·아세안 10개국 등의 15종의 화폐에 가중평균을 하여 '아시아통화단위(ACU)'를 추진했다. 이 통화단위를 기초로 하여 경제지수를 작성하고 아시아경제를 감독하는 데도 사용하여 동아시아 통화금융협력의 도구로 삼으려고 했다. 그러나 아시아 화폐단위 구상은 크게 진전을 보지 못했고 점차 사라졌다.

1. 통화금융협력의 전개

아세안 내부적으로 1977년 태국·인도네시아·말레이시아·싱가포르·필리핀 등 5개국이 '아세안 통화스와프 협정(ASA, 이하 ASA)'을 체결했다. 이 협정의 기능은 회원국의 통화가 위험에 빠졌을 때 협정에 근거하여 기타 국가들로부터 필요한 자금지원을 얻어 시장을 안정시키는 것이었다. 그러나 회원국들이 비축하고 있는 외환의 양이 적어 1997년 금융위기 때 이 협정은 제 기능을 발휘하지 못했다.[4]

1997년 금융위기는 동아시아 통화금융협력을 증폭시키는 역할을 했다. 1997년 7월 태국에서 통화위기가 발생했고, 그해 8월 IMF는 태국에 긴급자금을 지원했다. 그러나 미국은 나서서 도움을 주지 않았다. 일본은 9월에 열린 G7에서 AMF를 설립할 것을 제의했다. 이 기금에는 10개 국가와 지역[5]이 참여하고 규모는 1000억 달러에 이르며 일본이 이 가운데 절반을 부담하고 나머지를 중국·한국·아세안 일부 국가가 부담하는 것을 내용으로 했다. 이 기금의 주요기능은 IMF와 같은 차관협정을 체결하고 회원국들이 자본시장에서 유동성자금을 확보하는 데 협조하며, 이들이 국제시장에서 융자를 얻는 데 담보가 되어주는 것이었다. 동시에 협력을 전개하면서 금융체계개혁을 추진하고, 국제규정을 제정하는 데 참여

---

4 초기 기금의 규모는 1억 달러였고 1978년 2억 달러로 증대했다. 2000년 아세안 국가들에게 협정의 문을 열어 브루나이·미얀마·베트남·라오스·캄보디아가 참가했고 자금규모가 10억 달러가 되었다. 이렇게 아세안 통화협력체제는 모든 아세안 국가를 포괄하게 되었다. 아세안의 이러한 조치는 '10+3' 틀의 '치앙마이 이니셔티브'에 참여하기 위함이었고 이렇게 하여 아세안은 하나의 단일한 주체로서 한중일과 각각 '10+1' 틀로 통화스와프 협정을 체결할 수 있었다. The Chiang Mai Initiative, http://www.iie.com/publications/chapters_preview/345/3iie3381.pdf.

5 일본, 중국, 홍콩(중국), 한국, 인도네시아, 태국, 말레이시아, 싱가포르, 필리핀, 호주.

하며 역내경제에 대해 분석, 예측, 감독하는 것도 이 기금의 기능이었다. 그러나 이 제안은 미국과 IMF의 즉각적인 반대에 부딪혔다. 표면적 이유는 이 기금의 존재로 IMF의 역할이 약화될 것이 우려되고 '도덕적 해이'를 유발할 수 있다는 것이었다. 즉, 문제가 있는 국가에 완화된 조건의 신용대출을 제공하면 개혁에 대한 압박이 약해진다는 것이다. 그러나 실제로는 미국이 이 기금에 대한 참여가 배척된 점과 이러한 시도가 자신의 헤게모니를 흔드는 조치로 판단하여 기금의 설립을 탐탁지 않게 생각했던 것에 원인이 있었다. 실제로 수많은 정보들이 일본이 기금의 설립을 통해 아시아금융의 지도적 위치를 점하려는 전략적 사고가 있었음을 말해주고 있다.[6]

역내 협력체제를 구축하기 위해서는 협상을 거쳐야 하지만 AMF가 부족했던 것이 바로 이러한 협상과정과 기본적인 공감대였다. 연구결과에 따르면 일본은 오래 전부터 AMF의 설립을 구상해오고 있었다. 1994년 멕시코에서 발생한 채무위기 이후 일본은 AMF를 설립하는 문제를 연구하기 시작했다. 일본의 금융기구와 회사들은 동남아 금융에 깊게 관여하고 있었고 일부 인사들이 만약 동남아에 금융위기가 발생하면 미국과 IMF가 멕시코 위기 때처럼 즉각적으로 나서서 도움의 손을 내밀지는 않을 것으로 염려했기 때문이다.[7] 1997년 7월 태국에서 통화위기가 발생했고 위기는 신속하게 확산되었다. IMF는 태국에 엄격한 조건을 내건 원조차관을 제공했고 미국은 구조 활동에 소극적인 태도를 보였다. 이러한 상황이 일본이 AMF의 설립을 제안하는 데 기회가 되어주었다. 그러나 관련된 모든 사안들에 대해 일본이 내부적으로만 준비했기 때문에 갑자기

---

6   Philip Y. Lipscy, "Asian Monetary Fund Proposal", *Stanford Journal of East Asia*, Vol. 3, No. 1, 2003, pp. 95-96, 102.

7   위의 글, p. 94, www.standford.edu/group/sjeaa/journal3/japan3.pdf.

이러한 원대한 조치를 제안하자 주변의 공감대를 얻기가 힘들었다. 많은 사람들이 일본의 제안이 너무 갑작스러웠고 성숙되지도 않았으며 세부사항이 결여되었다고 평가했다. 미국은 이에 반대했고 중국도 지지하지 않았다.[8]

AMF 설립 제안이 좌절된 가운데 아시아 금융위기가 동아시아를 휩쓸었고 IMF 구제금융의 부작용을 우려한 말레이시아는 IMF의 원조를 거절했다. 그리고 미국은 여전히 사태해결에 소극적인 모습을 보였다. 이러한 여러 상황들이 동아시아 국가들의 협력에 대한 열망을 강화시켰고 1997년 연말 '10+3' 정상회의에서 각국은 협력체제 구축에 합의하게 되었다. 1997년과 1998년 회의의 주요내용은 어떻게 금융위기에 대응할 것인가를 논의하는 한편 '10+3' 틀에서 각국 재무장관과 중앙은행장들의 대화 협력시스템을 만드는 것이었다. 1999년 필리핀 마닐라에서 열린 제3회 아세안-한중일 정상회의에서 동아시아 정상 간 최초의 공동성명이 발표되었다. 금융협력이 중요한 의제로 다루어진 이 공동성명에서 각국 정상은 "동아시아 공동의 관심사인 금융·통화·재정 문제에 있어 정책대화·협조·협력을 강화하고, 협력 초기단계에서 거시경제 리스크 관리·기업관리 강화·지역 간 자본흐름 모니터링·은행 및 금융시스템 강화·국제금융시스템 개혁에 집중하며 현재 진행 중인 10+3 재무장관·중앙은행장·정부 관료의 대화 및 협력시스템 등의 10+3 체제를 통한 자구시스템을 강화한다"고 밝혔다.[9]

2000년 5월 일본은 태국 치앙마이에서 열린 '10+3' 재무장관회의에서 새로운 제안을 했다. 이는 역내 통화스와프 시스템을 만들자는 것으로

---

8 일본은 G7회의에서 갑작스런 제안을 했고 미국과 기타 국가들은 '충격'을 받았다. 위의 글, p. 93.
9 위의 글, p. 94.

'10＋3' 재무장관회의에서 지지를 얻었고 '치앙마이 이니셔티브(CMI, 이하 CMI)'를 틀로 하는 새로운 역내 통화협력시스템이 만들어졌다. CMI의 핵심은 통화스와프 시스템 구축이지만 기타 영역도 포함하고 있었다. 이는 역내 자본유동을 모니터링하고 역내 경제발전을 위한 조기경보를 제공하며 인력자원 육성 네트워크를 구축하는 것이다. CMI는 형태가 있는 기구가 아니라 ASA와 양자(한중일 간의 양자, 한중일이 각각 아세안과 맺은 양자) 통화스와프 협력시스템이 구축한 네트워크로서 양자 간 협상의 규모를 기본으로 하고 있었다. 즉, CMI는 실체가 있는 관리기구가 아니며 자금이 집중된 곳도 없고 달러를 기준통화로 삼고 있어 자국통화를 달러로 태환하게 되어 있었다. CMI의 주요기능은 필요한 회원국에게 금융지원을 하는 것이며 '10＋3' 협력시스템과는 무관하고 독립적으로 운용되었다. 그러나 자금사용국은 반드시 IMF의 개혁조건에 구속(CMI는 10%만의 자주권을 보유)을 받아야 했다.[10] CMI의 역할에 대해 당시 《파이낸셜타임스》는 단순히 '상징적인 것'으로, 《이코노미스트》는 '심리적인 역할을 할 뿐이며 시장에는 별 영향을 끼치지 못할 것'으로 평가했다.[11] 그러나 프레드 버그스텐(Fred Bergsten)은 CMI가 아시아통화기금 설립을 향한 첫걸음이며 향후 무역통합과 함께 동아시아경제권으로 발전해 나아갈 것이라 언급했다.[12]

2009년 12월 24일 CMI는 다자화, 즉 CMIM에 서명했다. 기존의 '10＋3'에 더하여 중국의 홍콩통화당국도 참여했다. 아세안 통화스와프 협정과 양자 간 통화스와프 협정을 연결하여 하나의 통화비축고를 만들었고 규모는 1200억 달러로 늘어났다. 협정은 2010년 3월 24일에 발효되

---

10 The Chiang Mai Initiative, pp. 20–23.
11 *Financial Times*, May 10, 2001, p. 16; *The Economist*, May 12, 2001, p. 73.
12 The Chiang Mai Initiative, p. 23

었다. 이후 2012년 5월에는 기금규모가 2400억 달러(한중일이 80%, 아세안이 20% 출연)로 늘었다. CMIM과 CMI의 차이는 분산된 양자 간 협의를 기초로 하는 CMI를 CMIM가 대체하여 단일한 협의체제로 정리하고 통화비축고를 형성했다는 것이다.[13] CMIM 기금의 운영은 지원을 원하는 국가가 신청서를 제출하면 회의를 개최해 어떠한 방식으로 지원할지를 결정하는 방식이다. 이후 2011년 4월에는 '아시아거시경제조사기구(AMRO)'가 출범했다. 동 기구는 본부를 싱가포르에 두고 상설위원회의 관리하에 전문가위원회의 자문을 접수했다. 주요기능은 동아시아의 경제상황에 대해 평가하고 CMIM의 운용에 대해 자문을 하는 것으로 평시에는 회원국들과 연례협상을 진행하며 분기별 거시경제보고서를 발표하고 위기상황에서는 CMIM에 분석을 통한 구제실시방안을 제공한다.[14] CMIM는 하나의 단일한 종합협정으로 지원기구, 즉 AMRO를 두었고 정책의 결정은 출연지분에 근거해 가중을 두고 있으며 여전히 IMF와 연계되어 있다. 따라서 개념상이든 운용방식에서든 AMF와 근본적인 차이가 있다고 여겨지고 있다.[15] 당연한 말이지만 CMIM는 효과적이면서도 쉬워야 하고 기준을 잃지 않으면서도 어려움을 비켜나갈 수 있도록 운영되어야 했다. 예를 들어, 2009년 한국이 미국의 서브프라임모기지 사태의 영향을 받아 어려움을 겪을 때 한국은 CMIM을 이용하지 않았고 미국 연방준비제도이사회(Fed)와 협정을 맺어 신용대출을 지원받았다. 한편 AMRO는 현재 단순한

---

13 아세안 통화스와프 협정(ASA)은 여전히 독립성을 지키고 있었고 CMIM에서 홍콩지역을 포함한 중국의 지분율은 30%까지 확대되었다.

14 Chiang Mai Initiative Multilateralization, http://www.bsp.gov.ph/downloads/Publications/FAQs/CMIM.pdf.

15 William W. Grimes, "The Asian Monetary Fund Reborn? Implications of Chiang Mai Initiative Multilateralization", http://www.nbr.org/publications/asia_policy/preview/AP11_CMI_preview.pdf.

연구 및 평가기구이며 실질적인 조기경보 역할을 하기 위해서는 격상시키는 것이 필요하지만 현재 정책건의와 프로젝트를 제안할 권리가 없다. AMRO가 권위를 갖기 위해서는 각국 정부로부터 독립되어야 하고 회원국들의 경제적 투명도가 제고되어야 하며 영향력 있는 조기경보 지표가 제정되어야 한다. 현재 AMRO 근무인력은 매우 적은 편이다. AMRO가 독립적으로 운영되기 위해서는 인원을 보강해야 하고 특히 IMF와의 연계성을 줄여야 하며 역내 상황표준 등을 제정해야 한다. 그러나 이 모든 것들은 미지수다.[16]

2013년 중국은 역내 금융안전네트워크 건설을 강화하고 CMIM이 실질적 역할을 할 수 있도록 추진하며 외환비축에 자국통화출자의 가능성에 대한 연구를 시작할 것을 제안했다. 또한 AMRO를 국제기구로 격상시키고 경제에 대한 모니터링과 금융위기에 대한 조기경보 능력을 강화할 것도 제안했다. 아울러 장기적 관점에서 역내 금융협력의 미래 발전 로드맵을 연구하여 안정적인 아시아통화 시스템을 만드는 동시에 아시아 신용시스템과 아시아투자·융자협력시스템을 출범시켜야 한다고 했다.[17] AMRO의 격상은 중요한 전환이었다. 이렇게 되면 AMRO는 실질적인 기능을 할 수 있게 되는데, CMIM을 효과적으로 관리할 뿐 아니라 채권시장의 발전에도 도움이 된다. 2014년 10월 '10+3' 각 측이 AMRO를 격상하는 데 합의를 했으며 이는 작지 않은 진전이었다. 역내 통화금융협력을 어떻게 심화시킬지에 대해서는 지속적인 모색이 필요할 것으로 보인다.[18]

---

16 Barry Eichengreen, "Regional financial arrangements and the international monetary fund", ADBI working paper, No. 394, 2012, pp. 13-14, www.adbi.org.

17 제16차 아세안-한중일('10+3') 정상회의에서 리커창 총리의 발표, http://www.fmprc. gov.cn/mfa_chn/gjhdq_603914/gjhdqzz_609676/lhg_610182/zyjh_610192/t1087131. shtml.

2. 미래 발전전망

동아시아 통화금융협력은 하나의 종합적인 시스템으로 지금까지 '치앙마이 이니셔티브 다자화(CMIM)', '아시아거시경제조사기구(AMRO)', '아시아 채권시장 발전방안(ABMI)', '신용보증투자기구(CGIF)'를 포괄하고 있다. 동시에 아시아개발은행도 내부에 역내 통합사무소를 설립해 '아세안 통합기구(AIMO)'와 '10+3' 체제에 대한 경제평가와 정책대화시스템(ERPD)을 지원하고 아시아통화단위(ACU) 지수를 발표하고 신용보증투자기구의 설립에 7억 달러 규모의 기금을 신탁하는 등 역내 금융기구로서 동아시아 통화금융협력의 발전에 지원을 아끼지 않고 있다.

2003년에 발표된 아시아 채권시장 발전방안은 동아시아 자본시장의 발전과 자본 환류를 촉진하고 단기자본융자의 리스크를 낮추기 위해 자국통화표시채권을 발행하는 것을 목표로 하고 있다. 3단계 계획으로 추진되는데, 2003년부터 2008년까지 실시된 1～2단계는 새로운 증권화된 채무수단 개발과 신용보증시스템 구축, 현지통화표시채권의 발행, 역내 등급평정기관 개설 그리고 기술지원에 협조하는 것을 주요임무로 했다. 이후 2008년부터 시작된 3단계는 새로운 로드맵을 제정했다. 3단계의 주요목표는 인프라 채권과 같이 현지통화가 중심이 되는 채권을 발행하고 기관투자자의 투자환경을 개선하여 현지통화 주도 채권의 수요를 높이는 것과 함께 최적의 선택을 통해 관리방면에서 통일을 이루어 관리기구를 개선하는 것 등이다.[19] 이 로드맵에 따라 2004년 '아시아채권온라

---

18 동아시아 지역 통화금융협력 추진에서 일본은 줄곧 적극적이었다. 중일관계가 나쁜 상황을 고려하여 일본은 중국의 제의에 대해 초반에는 적극적으로 응하지 않다가 2014년 공통의 이익을 고려하여 마침내 공감대를 이루었다. 그러나 어떻게 운영할 것인지를 결정하기까지는 아직 많은 일들이 남아 있다.

인' 사이트를 개설했고 시장에 아시아 채권시장 소식을 제공했으며《아
시아채권관찰》이라는 서적도 출판했다.[20] 2010년에는 '신용보증투자기구
(CGIF, 이하 CGIF)'와 '아시아채권시장포럼(ABMF, 이하 ABMF)'을 출범시
켰다. CGIF의 주요기능은 '10＋3' 시장에 회사채 발행을 지원하고 신용
보증을 통해 사용자가 현지 통화채권시장에 진입하는 것을 돕는 것이다.
ABMF의 주요기능은 역내 국제채권거래에 있어서 시장행위의 표준화와
관리규정의 통일을 추진하는 것이다. 2012년 제15차 '10＋3' 재무장관회
의는 아시아채권시장의 발전에 관한 새로운 구상을 재차 발표하고 역내
결산기구와 역내 등급평정시스템 설립 등의 문제에 대해 논의했다. 같은
해 아시아신용보증투자기구가 정식으로 출범했고 아시아채권시장포럼도
채권시장에 대한 지도원칙을 발표했다.

　지금까지 동아시아 통화금융협력은 두 가지의 큰 체제를 구축했다. 첫
째는 CMIM이며 주요기능은 위기관리와 예방으로 위기에 빠진 국가와
지역에 유동성을 공급하는 것이다. 둘째는 ABMI이며 주요기능은 역내
채권시장의 발전을 도모하는 것으로 역내 자본순환을 촉진하고 유입된
자본이 아시아 지역에서 유통되도록 하는 것이다.

　동아시아 통화금융협력은 여전히 초기 형성단계에 머물러 있고 비
록 몇몇 협력시스템이 만들어지고 운영되고 있으나 실질적 성과에는 여
전히 한계가 있다. CMIM 시스템은 완전하게 자리 잡을 때까지 시간이
필요하며 그 역할을 어떻게 발휘할 것인가가 주요과제이다. 예를 들어,

19　Takeshi Kurihara, "Achievements of Asia bond market initiative in the last decade
　　and future challenges, for OECE-ADBI Roundtable on capital market reform",
　　February 7, 2012, p. 4, http://www.idbi.org.
20　아시아채권온라인은 '10＋3' 아시아채권시장 이니셔티브의 구성부분으로서 아시아개발
　　은행의 역내 통합사무소가 실무를 맡았고 일본 재정부가 자금을 지원하여 2004년에 설립
　　되었다.

2008~2009년 국제금융위기 기간 CMIM은 전혀 역할을 하지 못했다. 위기에 처한 국가들이 CMIM 시스템을 이용하지 않았고 IMF와 미국에 도움을 청했던 것이다. 이것은 바로 CMIM의 효용성에 많은 결함이 있음을 증명하는 것이었다.[21] ABMI의 발전과 역할에 대해서 말하자면 지금까지 동아시아 지역 금융시장의 발전 속도가 완만했고 아시아 지역 자본의 대부분이 여전히 외부로 유출되는 상황에서 역외 자본유출액이 역내 자본유동액보다 훨씬 크다.[22]

동아시아 통화금융협력이 결과적으로 어떻게 발전하고 심화되며 향후 어떤 방향으로 이루어질 것인가? 1997년 아시아 금융위기 발생 후 동아시아 각국 통화의 환율정책에 큰 차이가 생겼고 환율이 불안정하게 움직였다는 점으로부터 환율안정이 핵심 사안으로 부상했다. 이에 대해 전문가들이 다양한 의견을 제시했다. 윌리엄슨(John Williamson)은 복수통화바스켓 환율협력제도의 구축을 제안했는데, 예를 들어, 달러, 엔화, 위안화 등 주요 세 개 통화를 바스켓 통화군으로 선정하여 각국이 각자의 통화를 바스켓통화의 환율변동구역에 연동하자는 것이다. 이 제안은 유럽 공동변동환율제도에 기반하고 있다. 일본의 가와이 마사히로(河合正弘)는 이러한 방향으로 발전한다면 환율안정시스템이 한 단계 더 발전하여 역내 단일통화시스템으로 발전할 수 있다고 했다. 한편 어떤 이들은 아시아환율시스템 구축을 제안했다. 이는 아시아 각국의 통화를 통화바스켓의 구성통화로 하여 단일한 통화목표를 정하고 '아시아통화단위(ACU, 이하 ACU)'를 제정해 각국의 역내 무역비중을 기준으로 가중을 한다는 구상이다. 또한 각국 통화와 ACU가 15%의 변동폭을 유지토록 하고 환

---

21 Iwan J. Azis, "Inadeguate Regional Financial Safetynet Reflect Complacency", IDBI working paper, No. 411, 2013, pp. 10–12, http://www.adbi.org/publication.
22 위의 글, p. 13.

율평형을 유지할 수 없는 국가에는 신용대출을 지원하며, 협력기구(Asia monetary institute)를 만들어 중심환율기준가격을 정한다는 것이다.[23] 또 다른 전문가들은 엔화통화권을 구축하자고 했다. 이는 역내 통화환율을 안정화하기 위한 주요구상으로 각국의 통화를 엔화에 안정적으로 연동하자는 것이다. 아이켄그린(Barry Eichengreen)은 아시아공통통화를 제안하며 그 구체내용을 제시했다. 아시아중앙은행을 설립하고 아시아통화시스템을 만들며 '10+3' 시장통합·관세동맹·자본시장 개방을 기초로 미국 달러에 아시아통화를 고정하고 넓은 변동폭을 설정한다는 것 등이다. 이러한 통화연맹이 실현되기 위해서는 역내 제도화의 도움을 필요로 한다.[24] 그러나 여러가지 복잡한 원인 때문에 이러한 제안들은 실행되지 못했다.

2009년 이후 유럽 채무위기와 유로화 위기는 역내 통화통합이 완전한 시스템을 필요로 하고 통합에 맹점과 커다란 리스크가 존재한다는 것을 보여주었다. 연구에 따르면 동아시아 지역에 있어서 금융협력은 통화통합보다 더 중요하다.[25] 그러나 수요 측면에서 보면 동아시아 금융협력은 3단계로 이루어져야 한다. 1단계는 역내 통화금융협력시스템의 건설이며 조기경보와 관리시스템의 건설을 포함하는 조치이다. 2단계는 다층적인 융자지원기구의 설립이다. 3단계는 각국의 금융기구개혁을 추진하는 것이다. 이러한 몇 가지 방면에서의 발전은 더 큰 공감대가 필요할 뿐 아

23　유로화 위기로 인해 아시아통화협력시스템 구상에 대한 여러 이견이 생겼다. 최근 극소수의 인사들만 여전히 현실적인 추진력이 존재한다고 본다. 일부 전문가들은 AMRO가 아시아통화단위(ACU) 지수를 제정하여 동아시아 통화금융협력체제의 조기경보 지수로 삼아야 한다고 제안한다. Victor Pontines, "How useful is an Asian Currency Unit(ACU) Index for Surveillance in East Asia", ADBI working paper, No. 413, 2013, pp. 4, 10-13, http://www.adbi.org 참조.

24　Rau Fabella, 앞의 글, pp. 12, 17, 23.

25　Iwan J. Azis, 앞의 글, pp. 10-12.

니라 현재의 협력시스템을 더욱 심화시켜야만 가능하다. 앞서 말한 단계적 협력방안은 공동의 협조가 필요하고 이상적인 미래는 RCEP처럼 통합된 통화금융 협력 틀 또는 기구를 설립하는 것이다. 만약 AMRO가 어떤 역내기구로 발전한다면 그 역할의 점차적 확대를 고려할 수 있고 이 기구를 분산된 기구의 통합을 주도하는 기구로 만들 수 있다.

회고와 사고

필자가 참여한 여러 협력과정 중 가장 덜 참여한 영역이 통화금융영역이다. 그러나 이 통화금융협력이 동아시아 전체 협력의 구성부분임을 고려해보면 많은 경우, 이 영역에 대한 참여와 관심에서 벗어날 수 없었다.

EAVG에서 동아시아 협력시스템과 전망을 토론할 때 금융협력시스템과 향후 방향에 대한 논쟁이 많았던 것으로 기억한다. 그 주요내용은 향후 역내협력의 목표설정에 관한 것이었다. 당시 동아시아 역내협력은 막 시작한 때였고 1997년 일본의 AMF 구상이 좌절되었다. 사실 전문가들은 역내 통화금융협력의 중요성에 대해 이의가 없었지만 미래에 어떠한 역내 통화금융협력시스템을 만들 것인지에 대해서는 명확한 공감대를 이루지 못했다.

금융위기의 피해와 IMF의 엄격한 정책제한을 받은 아세안 국가의 전문가들은 역내 금융구제시스템을 만드는 데 큰 관심을 보였고 역내 협력기금을 만들기를 원했다. 그러나 어떤 형태의 협력기금을 만들 것인가에 대해서는 명확한 구상이 없었다. 비록 중국이 역내협력에 지지를 표했지만 역내에 실체적인 기구를 만드는 것에는 우려가 있었다. 특히 역내 통화협조제와 같은 통화 방면의 협력에 매우 신중했고 미래 역내 단일통화(아시아달러)를 목표로 하는 것은 더욱 받아들이기 힘들었다.

일본대표가 AMF와 아시아달러를 미래 동아시아 통화금융영역의 협력목표로 설정하고 지지했던 것으로 기억한다. 필자는 중국 측 대표로서 통화금융협력의 시스템과 목표를 너무 구체화하지는 말 것을 제안하고 EAVG의 보고서에 아시아달러를 미래 협력의 방향으로 명기하는 데 반대했다. 마지막까지 필자와 일본대표는 각자의 견해를 고집했고 깊은 밤까지 토론했다. 마지막에는 시간이 너무 늦어 다른 국가의 대표들이 너무 졸려 하는 바람에 중일 양국 대표만 토론하기도 했다. 당연히 우리는 말다툼을 하는 것이 아니라 타협방안을 찾고 있었고 양측이 합의할 수 있는 표현을 찾았다. 일본대표는 같이 앉아 천천히 이야기를 나누면서 공감대를 찾을 수 있는 필자의 오랜 친구였다. 마침내 우리는 적당한 표현방법을 찾았다. 시간은 이미 새벽이었고 중국의 다른 대표는 일찍이 돌아가서 잠을 자고 있었다. 필자와 일본대표는 피로한 몸을 이끌고 방으로 돌아왔고 둘째 날 각국 대표는 우리의 노고에 감사를 표하고 그 합의결과에 대해 찬성했다.[26]

현실을 분석하면 비록 통화금융협력이 다방면에서 진전을 보이고 있지만 실질적 진전은 별로 없고 특히 제도 구축과 협력시스템의 역할은 여전히 상징적인 수준에 머물러 있다. 그 원인은 첫째, 협력 자체의 목표설정과 제도 구축의 문제이다. 동아시아 지역 통화금융협력의 목표는 무엇인가? 금융구제를 주요역할로 인식했던 일본이 제의한 AMF에 관한 구

---

26 환율시스템에 있어 동아시아비전그룹은 보고서를 통해 "더욱 밀접하고 협조적인 역내 환율시스템을 구축한다", "금융안정과 경제발전의 요구에 부합하는 적당한 환율시스템을 단계적으로 만들어간다"고 단순하게 제안했다. 단일통화에 대해서는 "동아시아가 장기적으로 단일통화권으로 발전해나가는 것을 구상했다. 즉, 경제·정치·사회 및 기타 관계가 더욱 밀접해지고, 통화통합에 대한 필요성과 시행가능성이 높아졌을 때 비로소 가능할 것"이라고 구체적으로 서술했다. 동아시아비전그룹 보고서(중문판), 장원링·저우샤오빙 편, 앞의 책, 285쪽.

상은 좌절되었다. 지금까지의 양자 간 통화스와프 시스템이 다변화를 이루고 통화비축기금이 설립되었지만 당초의 역내 통화기금 계획과는 여전히 매우 다른 모습이다.

현재 각국은 다자간 통화스와프 시스템을 역내 통화기금으로 발전시키는 것에 대해 공감대를 이루지 못하고 있다. 다자간 통화스와프 시스템은 통화비축고의 형식으로 존재하는 것인 반면 역내 통화기금을 설립하기 위해서는 실제적인 자본금이 필요하고 독립적으로 운영할 수 있는 규칙을 세워야 한다. 이 모든 것에는 강한 정치적 공감대와 제도 구축이 필요하다. 일본이 AMF의 설립을 제의했을 당시 일본은 아시아 제1의 경제 대국으로서 가장 많은 외환을 비축하고 있었다. 그러나 지금은 다르다. 중국의 경제규모가 일본을 훨씬 능가했고 외환비축액도 일본보다 더 많아졌다. 만약 통화기금을 설립한다면 중국이 당연히 주도적인 역할을 해야 한다. 그러나 이에 대해 일본은 받아들이기 힘들 것이고 미국도 지지하지 않을 것이다.

1997년 금융위기 이후 동아시아 각국은 외환비축을 위한 조치를 취했고 금융시장에 대한 관리를 강화했다. 2008년의 금융위기는 전 세계적으로 확산되었으나 동아시아가 받은 충격은 비교적 작았다. 오직 한국에서만 문제가 발생했는데, 한국은 미국에 도움을 청했고 각국은 한 단계 높은 금융시장에 대한 감독을 강화했다. 동아시아에 새로운 통화와 금융위기가 발생한다면 어떻게 될까? 만약 발생한다면 어떤 유형일까? 해외 언론들은 중국을 주목하고 있다. 비록 중국이 거액의 외환을 비축하고 있어 외채위기가 발생하지 않을 것이라고 하지만 중국 국내 금융시스템이 취약하고 특히 지방정부 부채가 빠른 속도로 증가하고 그 액수도 커서 사람들이 중국 국내 금융시스템에 위기가 될 것으로 걱정하고 있다. 만약 중국 금융시장에 동요가 발생한다면 동아시아 지역에 즉각적인 영향을 끼칠 것이다.

생각해봐야 할 점은 미래 동아시아 통화금융협력이 어느 방향으로 발전할 것인가이다. 중국의 국력이 전반적으로 높아진 가운데 주요 관심사는 위안화 국제화와 '아시아인프라투자은행(AIIB)'과 같은 실체적인 역할을 발휘할 수 있는 금융기구의 설립에 있는 것 같다. 그러나 이러한 구상들 모두 일본과 미국으로부터 중국의 진정한 의도에 대해 의심을 받고 있다.[27] 동아시아 지역 통화금융협력이 얼마나 심도 있게 진행될지, 어떤 길로 발전할지는 오직 실천과정 중에서 점차 탐색할 수 있을 것이다.

---

27 브릭스 국가 은행 및 상하이협력기구 은행에 이어 앞으로도 기타 구상이 나올 수 있다.

동아시아 금융협력의 과정과 미래의 선택[28]

1997년 아시아 금융위기 발생 이후 관련지역의 금융협력에 대한 이론적 논의가 급격히 증가했다. 동시에 동아시아 지역협력 중에서도 금융협력은 일부 실질적인 진전을 이루었다. 동아시아는 이미 '10+3'의 협력체제를 발전시켰고 이 체제하에서 동아시아 협력이 어떻게 추진될 것인가는 이미 사람들이 주목하는 큰 화제가 되었다. 특히 동아시아 금융협력이 '10+3' 체제에서 어느 방향으로 발전될 것이며 전망은 어떠한가?

1. 동아시아 금융협력의 실질적 진전

만약 우리가 역내 금융협력의 의미를 세 가지 내용으로 정의한다면, 첫째는 금융감독과 구제이고, 둘째는 환율시스템 협력이 주가 되는 통화협력이며, 셋째는 역내 금융기구 설립이다. 그렇다면 발전현황을 봤을 때 현재 동아시아 지역 금융협력에서 실질적 진전을 이룬 분야는 주로 첫 번째 분야이다. 금융위기 발생 이후 가장 긴박한 문제는 '어떻게 금융감독시스

---

28 본문은 《당대아태》, 2002, 제8기에 발표했고 필자의 박사연구생 장빈(張斌)과 공동 발표한 것이다. 원문이 비교적 길어 여기서는 일부 생략했다.

템을 강화하여 비슷한 위기가 다시 발생하는 것을 막을 것인가'였다. 사람들은 보편적으로 아시아 금융위기가 발생한 원인 중 하나로 금융감독기능의 결핍을 꼽았다. 금융감독의 기능은 신속히 문제를 발견해 해결할 뿐 아니라 향후 발생할 수 있을 위기에 대한 조기경보의 역할도 한다.

평시에 역내 감독시스템과 국내 감독시스템의 역할은 다르다. 역내 감독시스템은 국내 시스템처럼 관리기능을 하지 않고 적시에 정확한 정보를 제공하여 위험에 대한 조기경보를 한다. 따라서 역내 감독시스템이 발휘하는 역할은 주로 상호평가와 상호감독이다. 이를 고려했을 때 동 시스템은 회원국들의 정보공개에 고도로 의지하고 있고 공개된 정보의 정확한 평가와 권위성 있는 조기경보의 시의 적절한 발표를 중시한다. 한스 티트마이어(Hans Tietmeyer) 전 독일연방은행 총재는 상호평가와 상호감독에 대해 정의를 내렸다. 급변하는 세계 속에서 각국 내에 존재하는 각종 취약점을 평가하고 관련된 각 측이 불충분한 구조와 불안정한 추세를 바로잡는 것을 지연하는 행위에 대해 이 평가를 활용하여 저지하는 것으로 정의했다.[29]

1998년 10월 아세안 각국 재무장관은 아세안 감독시스템 구축을 위한 양해각서에 서명했다. 아세안 회원국 간 상호평가와 상호관심의 원칙에 의거하여 아세안 감독시스템의 핵심은 아세안 내부의 정책결정능력을 강화하는 것으로 아세안 회원국의 잠재적 위기를 발견하는 데 협조하고 이에 상응하는 대응을 하는 역할도 수행한다. 아세안 회원국을 금융 불안과 위기로 이끄는 각종 약점들을 평가하고, 국제표준에 부합하는 온건한 행위규범을 권장하며, 아세안 회원국들의 경제정책협조 수준과 잠재적 취

---

29 Hans Tietmeyer, "International Cooperation and Coordination in the Area of Financial Market Supervision and Surveillance", 1998, http://www.bundesfinanzministerium.de/tieteng.htm.

약부문에 대한 심사 제도를 개선하는 것 그리고 아세안 회원국들의 '상호 감독' 환경을 개선하는 것도 아세안 감독시스템의 역할이다.

정상적인 환율과 거시경제총량에 대한 감독 이외에 아세안 감독시스템은 회원국의 금융부문 및 기업 부문 그리고 사회정책에 대한 감독과 능력배양, 조직 임파워먼트(empowerment) 그리고 정보공유의 역할도 수행한다. 아세안 감독시스템에 근거해 아세안 각국의 재무장관은 매년 두 차례 모여 정책협조를 진행한다. 아세안 감독시스템은 아세안 각 중앙은행장과 재무장관으로 구성된 특별위원회를 두고 있다. 아세안 감독시스템은 또한 거시경제정책의 협력에도 관여하며 '아시아개발은행(ADB, 이하 ADB)'의 협조하에 일부 기술적 감독항목도 구축했다.

이미 아세안 감독시스템이 운영을 시작했지만 사람들은 여전히 이 시스템이 제대로 운영될 것인지에 관심을 가지고 있다. 감독시스템이 충분이 그 기능을 발휘하는 데 세 가지 요소가 영향을 끼칠 것으로 보인다. 첫 번째 잠재적 장애요소는 아세안 각국의 경제수치와 공개된 경제 및 금융 보고서의 투명도가 부족하다는 점이다. 각 정부 당국은 관련 경제 및 금융현황 자료를 제공하는 것을 별로 원하지 않으며 경제수치를 공공제가 아닌 일종의 책략도구로 본다. 두 번째 제약요소는 아세안의 현실정치와 관련이 깊다. 아세안 회원국 간의 경제발전규모와 경제수준 그리고 경제발전단계에서 큰 비대칭이 존재하는 동시에 경제, 특히 정치에 있어서 엄격한 내정불간섭 원칙이 역내 감독시스템이 유효하게 기능하는 데 매우 어려움을 주고 있다. 예를 들어, 한 국가의 '착오 및 지속 불가능한 경제정책'에 대한 비판은 '아세안 정신'과 맞지 않다고 생각하는 것이다. 세 번째는 비록 ADB의 도움이 있지만 아세안 사무국의 규모와 예산이 적으며 아세안이 비교적 느슨한 기구이기 때문에 일종의 정상적이고 유효한 감독시스템을 수립하는 것이 어렵다는 점이다. 그러나 이와 같은 어려움에도 불구하고 아세안 감독시스템의 수립은 중요한 진전이라고 할 수 있다. 만약 아세안 감독시스템이 운영 중 유효성이 증명된다면 '10＋3' 틀 내에서 이루어지고 있는 전체 동아시아 지역에 대한 감독시스템의 발전에도 도움을 줄 수 있다.

실질적으로 현재 '10＋3' 틀 내에서 금융감독시스템이 형성되고 있다. 제1차 상호평가회의는 2000년 5월 아시아개발은행 연례회의 때 부가적으로 실시되었다. 2001년 5월 하와이에서 열린 '10＋3' 재무장관회의에서 동아시아 '10＋3' 조기경보시스템을 구축하는 방향으로 한 단계 더 발전하는 것과 이러한 노력을 지속하여 조기경보모델을 수립하는 데 동의했다. 주목해야 할 것은 1997년 11월 역내감독을 위한 목적으로 설립된 '마닐라 프레임워크 그룹(MFG, 이하 MFG)'이다. 비록 MFG가 동아시아 국가만으로 대상을 한정하지는 않았지만 동아시아 국가의 참여와 동아시아 지역의 금융문제를 배경으로 하는 중요한 감독시스템이었다. MFG는 아태지역 내 14개 국가의 재무부와 중앙은행의 대표를 소집해 반년에 한 번씩 회의를 개최했고 아태지역 내 14개 국가의 재무부와 중앙은행 대표들이 참석했다. 역대회의에서 대표들은 새롭게 나타난 경제변화에 대해 토론했고 주요정책의 도전에 대한 견해를 교환했다. AADB, IMF, 세계은행은 각각 각국 기관의 대표들에게 감독보고서를 제출했다. 비록 마닐라 프레임워크 그룹 회의가 구체적 성과는 없었지만 정보교환과 리스크 감소 및 분산 그리고 조기경보에 일정한 기여를 했다.[30]

아시아 금융위기가 빠르게 전염된 중요한 원인 중 하나는 역내 통화공급력 부족과 적시에 구제하는 조치가 미흡했기 때문이었다. 금융위기 발

---

30 호주연방은행 부총재 그렌빌(S. A. Grenville)의 2000년 9월 4일 발언, http://www.bis. org/review.

생 이후 IMF의 조치가 느렸고 구제방식이 동아시아 국가들의 상황에 부합하지도 않았다. 미국도 도움의 손을 내미는 것을 주저했으며 이러한 상황이 동아시아 국가들에게 금융구제시스템의 긴박성을 인식하게 했고 더불어 동아시아 역내 금융협력시스템 구축에 대한 절실함을 느끼게 했다. 가장 초기의 제안은 AMF를 만드는 것이었다. 그러나 일본의 이러한 제안은 적극적인 호응을 얻지 못하고 좌절되었으며 이후 적극적인 진전을 보인 방안은 역내 통화스와프 협정이었다.

2000년 5월 태국 치앙마이에서 개최된 ADB 연례회의에서 동아시아 13개국 재무장관은 향후 재차 발생할 수 있는 금융위기를 극복하는 데 필요한 통화스와프 협정체제 구축을 만장일치로 통과시켰다. 이러한 통화스와프 협정의 목표는 역내 각 회원국 간 통화스와프와 양자조약에 기초하는 역내 금융협력네트워크를 만들어 핫머니의 공격을 받을 수 있는 통화를 보호하려는 것이었다. CMI는 아시아 지역 금융협력의 가시적 성과로 간주되며 역내 금융협력발전의 이정표로 여겨진다.

CMI의 핵심내용은 아세안 통화스와프 협정[31]을 확대하는 것, 모든 아세안 국가를 참여시키는 것, 아세안·한국·중국·일본 간에 양자 통화스와프와 환매계약 네트워크를 구축하는 것, 동아시아 '10＋3' 틀을 이용해 역내 금융자주능력을 증강하는 것, 역내 자본유동 관련 데이터와 정보의 교류를 촉진하고 역내경제와 금융감독시스템의 기초를 다지는 것, 연락네트워크를 구축하는 것, 적당한 위기경보시스템을 발전시키는 것, 동아시아 지역의 금융안정을 증강하는 것이다.

2000년 11월 17일 아세안 각국 중앙은행 총재와 통화당국의 수뇌부 그리고 브루나이 재무장관은 단기유동성지원자금을 2억 달러에서 10억

---

31 이전의 '아세안 통화스와프 협정'은 규모가 2억 달러밖에 되지 않아 영향력이 작았다.

달러로 늘려 회원국들이 단기국제수지의 어려움을 극복하도록 하는 데 합의했다. '아세안 통화스와프 협정(ASA, 이하 ASA)'는 금리가 비교적 낮고 최장 6개월까지 지원받을 수 있었다. 비록 통화스와프 협정의 금액이 여전히 크지 않았지만 아세안 각국이 통화와 금융협력을 강화하고자 하는 강렬한 열망과 실제적 노력을 반영하고 있었다. 현재 동아시아 각국은 CMI의 틀에서 일련의 양자 통화스와프 협정을 체결하고 있다. 2001년 일본이 한국, 말레이시아, 태국, 필리핀과 각각 양자 간 통화스와프 협정을 체결했고 중국도 태국과 비슷한 협정을 체결했다. 중국, 일본, 한국은 서로 간 통화스와프 협정을 체결하는 것을 논의하고 있으며 머지않아 체결될 것으로 기대된다. 향후 동아시아 협력시스템에서 이러한 양자협정이 하나의 네트워크가 될 것이다. '도덕적 해이'의 발생을 피하기 위해 통화스와프 협정은 IMF의 기준을 준수해야 한다. 그러나 CMI가 커다란 한계성을 지니고 있으며 현재 상징적인 부분이 크기 때문에 한 단계 더 구체화되어야 하고 통화스와프의 규모도 확대할 필요성이 있다.

2. 최근 동아시아 금융협력의 방향

동아시아 금융협력 추진은 하나의 공통된 인식이 되었다. 이를 위해 많은 이들이 다양한 아이디어와 정책적 건의를 제안했다. 역내기금 마련에 관해 가장 대표적인 제안은 AMF의 설립이었다. 이 제안은 일본이 1997년 9월에 제안한 것으로 1000억 달러 수준의 역내기금을 만들고 일본이 액수의 절반을 부담하며 그 나머지는 중국, 홍콩(중국), 타이완(중국), 싱가포르가 부담한다는 것이다. 이 기금은 충분한 유동성을 공급해 역내 통화에 대한 핫머니의 공격에 재빨리 대응할 수 있을 것으로 기대되었다. 역내시스템으로서 AMF는 최소한 아래와 같은 기능을 할 수 있을 것으로 여겨졌다. 첫째, 억지효과 기능이다. 국경을 초월하여 이동하는 핫머니는 이미 전 세계적 문제가 되었다. 통화위기와 금융위기의 발발은 대부분 핫머니의 투기행위가 촉발한 것이다. 전문적으로 투기를 하는 금융의 늑대들에 대해 아시아통화기금은 억지효과를 발휘할 수 있고 중소규모의 다양한 투기세력은 안정시켜 금융위기를 악화하는 '양떼효과'가 만연해지지 않도록 한다. 둘째, 감독기능이다. AMF는 위기 발발 시 구제행동에 나설 뿐 아니라 더욱 중요한 것은 위기상황이 아닐 때 회원국의 경제발전·경제구조·금융시장·경제정책에 대해 장기적이고 지속적으로 감독하며 연구조사를 진행한다. 이러한 기초 위에서 일종의 역내 협의시스템을 만들어 정기적·비정기적으로 거시경제·경제정책·금융시장 정보를 교환한다. 또한 회원국에게 압력을 가해서 회원국들이 위기를 불러올 수 있는 정책을 실시하는 것을 방지한다. 셋째, 구제기능이다. 일단 회원국의 통화가 핫머니의 공격을 받거나 국제수지에 긴급한 어려움이 발생하고 회원국 스스로가 극복할 수 없을 때 AMF는 즉각적으로 협의에 따라 해당 회원국에게 필요한 국제유동성을 공급해준다. 이렇게 해당 국가는 시간을 벌어 필요한 조치를 통해 정책상의 잘못된 부분을 수정한다.

이 제안에 말레이시아 등 일부 국가들이 찬성을 했으나 미국과 IMF가 명확히 반대의사를 밝혔고 중국도 이에 대해 이견이 있었다. 반대 입장은 이러한 역내기금의 존재로 IMF의 업무와 불필요한 중복이 일어나고 채무국가를 도덕적 해이에 빠지게 한다는 것이다. 이 제안은 전원의 동의를 얻지 못하고 끝내 폐기되었다. 그럼에도 역내 통화기금을 설립하거나 모종의 기금협정을 체결하려는 시도와 제의가 끊이지 않았고 여전히 각종 역내협의와 학술연구의 주요의제가 되었다. 태국발전연구원의 찬룽폽(Chalongphob Sussangkarn) 원장은 역내기금을 설립하는 것은 가능하며 아랍통화기금, 라틴아메리카준비기금 등 세계 기타 지역도 이미 이러한 시스템을 가지고 있다고 했다. 그는 IMF가 AMF의 설립을 반대하는 이유가 이치에 맞지 않다고 지적하고 동아시아의 지역상황에서 현실적으로 실행 가능한 영역부터 시작해야 한다고 했다.[32] 샌프란시스코의 미국연방준비제도이사회의 앤드류 로즈(Andrew Rose)도 IMF와 평등한 역내 통화기금을 설립하는 것에 찬성했다. 그는 통화위기가 종종 지역적 특징을 가지고 있으며 무역경로에 따라 퍼진다고 했다. 통화위기가 손쉽게 한 지역을 위험에 빠뜨리기 때문에 각 지역들은 금융안전네트워크를 만들어 비용을 낮출 필요가 있다고 밝혔다.[33] 그러나 미국경제학자 배리 아이켄그린은 분명한 반대 입장을 밝혔다.[34] 일종의 역내 통화계획을 수립하는 이유 중 하나로 "지역수준에서는 압력이 동등한 것이 더욱 효과적이다"고 했지만 아시아에는 유럽의 통화위원회와 경제금융이사회 같은 기구가 없다. 아시아 국가들이 자국 정책을 조정하지 않는 역내국가에 엄격한 징벌을 가하는 '마스트리히트 조약'과 같은 국제협약을 맺지는 않을 것이라고 했다. 또 버드(Bird)와 라얀(Rajan)은 어떠한 기준을 적용하는지가 중요하다고 했다. 그들은 IMF와 평행한 구조를 구축하는 것은 비효율적이라고 했다. 그러나 "AMF가 회원국들이 금융규범기준을 준수하는 것을 보장하는 것으로 공헌할 수 있다"고 했다.[35] 태국의 오람(Olarm Chaipravat)은 동

32 Chalongphob Sussangkarn, "East Asian Cooperation", Paper presented at Conference Hakone, Japan, September 29, 2000.

33 Andrew Rose, "Is There a Case for an Asian Monetary Fund?", *FRBSF Economic Letter*, No. 99-37, December 17, 1999.

34 Barry Eichengreen, *Toward a New International Financial Architecture: A Practical Post-Asia Agenda*, Washington, DC: Institute for International Economics, 1999.

35 Graham Bird and Ramkishen Rajan, "Is There a Case for an Asian Monetary Fund?", Presented at the Asian Development Forum, Singapore, June 5~8, 2000; Ramkishen Rajan, "Examining The Case For An Asian Monetary Fund", Discussion

아시아 지역금융협정에 대한 완성도 있는 이론을 제시했다. 그는 동아시아 지역이 '역내융자협정(RFA, 이하 RFA)'을 발전시켜야 한다고 했다. RFA를 실시하는 방법으로 동아시아 13개국이 각자 보유한 외화의 5%를 갹출해 기금을 형성하고 이를 각국의 중앙은행들이 공동으로 관리한다는 것이다. 자금이 필요한 국가는 일정한 비율로 기금에서 융자를 받을 수 있다. 그는 동아시아 기금협력협정을 3단계로 나누어볼 수 있다고 했다. 1단계로 ASA를 정비한 후에 2단계에서 '10+3'의 양자 간 통화스와프 협정(TBSA)을 정비하고 마지막 3단계에서 RFA를 완성하는 것이다.[36] 한국의 김태준 등이 제의한 아시아차입협정(AAB)의 설립과 상술한 협정시스템들은 유사하다. 그는 동아시아 지역이 회원국 간에 신용차입협정에 대한 협의를 진행하고 매 회원국들이 차입협정에 따라 제한적으로 차입 받을 수 있도록 하며 그 원칙은 IMF의 일반차입협정에 따르자는 것이다. 일본 도쿄에 위치한 ADB 연구소 역시 최종 채권자의 역할을 담당하고 효과적인 역내 감시를 제공하며 금융과 회사의 구조조정을 촉진하기 위한 역내 융자협정의 체결을 제의했다.[37]

각국이 실행한 달러 고정환율제가 동아시아 국가에 금융위기를 불러일으킨 중요한 원인 중 하나로 지목되고 있다. 그러나 사실 각 국가가 완전변동환율제를 실시하면 환율 변동폭이 커지고 금융시장의 위험은 더욱 격화된다. 따라서 아시아 금융위기 발생 후 관련지역의 환율에 있어 역내

Paper 0002, Center For International Economic Studies, University of Adelaide, Australia, January 2000, 참조.

36 Olarm Chapravat, "Toward a regional financing arrangement in East Asia", ADB/IMA Symposium, May 10, 2001.

37 Policy Recommendations For Preventing Another Capital Account Crises, 7 July 2000, Prepared By Asian Policy Forum, Asian Development Bank Institute(Forum Secretariat).

국가 간 협조가 필요하다는 제안이 많았다. 가장 대표적인 것은 역내 바스켓통화환율시스템 이론이다. 여러 전문가들이 이 시스템의 도입을 제안했으며 대체적인 내용은 아래와 같다. 지역고정환율제도를 실시하여 환율변동을 관리하자는 것이다. 동아시아에서 주요한 통화는 당연히 엔화지만 엔화가 큰 불안정성을 지녔기 때문에 대부분의 사람들은 엔화에만 통화를 연동해서는 안 된다고 주장한다. 대안으로 달러 고정환율제를 실시하고 있는 지역의 환율시스템을 채택하는 것이다. 공동으로 또는 단독으로 달러에 대한 고정환율제를 실시하는 것은 본질적 차이는 없다. 각국이 단독으로 달러에 환율을 연동하는 것과 비교하여 공동으로 하게 되면 서로 간 환율의 안정을 실현할 수 있다. 그러나 공동 달러 고정환율제는 동아시아 각국이 공동으로 달러에 대한 고정환율을 유지한다는 의미인데 그렇게 하기 위한 외화는 어디서 조달해야 하는가? 유럽통화시스템은 대외변동에 공동으로 대처할 때 각국이 보유한 외환의 일부분을 갹출했고 외환시장에 관여하는 데 사용했다. 동아시아도 각국의 외환을 모아 이렇게 할 수 있을까? 동아시아통화통합의 발전은 당시의 유럽 수준에도 미치지 못하고 있고 동아시아가 비교적 성숙한 조직화된 통화협력의 틀이 없기 때문에 현재 이렇게까지 하는 것은 불가능해 보인다. 어떤 이들은 만약 오직 달러에만 연동하게 되면 문제가 복잡해지고 달러와 엔화에 같이 연동하는 것도 고려해야 한다고 했다. 또 어떤 이들은 위안화 연동의 비중을 늘려야 한다고 한다. 그러나 동아시아가 한 가지 또는 두 가지의 화폐에 연동하는 역내환율협력은 쉽지 않다. 이 점을 고려하여 유럽통화시스템의 경험에 근거한 새로운 아이디어가 제기되었다. 바로 동아시아 통화단위를 만드는 것으로 이 통화단위의 확립은 각국의 무역에 가중한 비율을 기초로 삼는다.[38] 그러나 사실상 현 상황에서 통화단위를 무역 가중치에 따라 확립하게 되면 일본이 차지하는 비중이 압도적이기 때문에 엔화가 핵심이 되는 화폐단위에 가깝게 된다. 이렇게 되면 여전히 역내환율 안정화라는 목표에 근접하지 못하게 된다.

역내 환율협조시스템은 각 회원국 간 높은 수준의 협력시스템을 필요로 한다. 회원국은 협력시스템에 통화 및 경제관리권을 일정부분 양도해야 하고 따라서 환율협력을 실현하기 위해서는 동아시아 지역의 전면적인 협력을 필요로 한다. 현재 동아시아는 이러한 조건을 갖추고 있지 않은데 현재 각국이 큰 폭의 엔화 평가절하에 얼마나 무기력한지를 보면 알수 있다. 이를 통해 역내 환율협조시스템을 만드는 것의 어려움이 어디에 있는지를 알 수 있다. 따라서 어떻게 동아시아 지역의 환율안정을 실현할지에 대해서는 지속적인 연구가 필요하다.

동아시아 지역 내 무역 비중이 갈수록 커감에 따라 달러에 대한 과도한 의존에서 탈피하고 무역원가 및 환율변동이 국제수지에 주는 영향을 줄이기 위해 역내 각국 간 통화 직접결산의 강화가 필요하다. 이를 위해 어떤 사람들은 '동아시아청산동맹'의 설립을 주장한다. 알려진 바에 따르면, 동아시아 각국이 무역결제에서 역내통화를 사용한다면 상당량의 외화를 아낄 수 있다. 예를 들어, 1996년 동아시아 전체에서 국제통화를 통하지 않고 결산한 수입(輸入)이 1637억 달러가 되고 동아시아 전체 수입의 13%나 된다. 만약 이러한 비율에 따라 동아시아 각국의 외환보유총액을 곱한다면 1996년은 6800억 달러에 이르며, 절약할 수 있는 외환이 최대 860억 달러에 달한다. 이러한 방법을 실행하기 위해서는 동아시아 지역 각국의 중앙은행들이 협력을 강화해야 하고 결산을 보장하는 조치가

---

38 John Williamson, *Exchange rate regime for emerging markets: reviving the intermediate option*, IIE, 2000 ; Wendy Dobson, *Deeper integration in East Asia: Regional institutions and the international economic systemworking paper*, 2001 ; Yu Yongding, "On East Asian monetary cooperation", working paper, No. 2, 2001.

취해져야 한다. 예를 들어, 국제결산 과정 중 역내통화의 사용을 높이려면 각국이 경상수지와 자본수지 거래발생 시 모든 지역통화의 역내 태환을 보장해야 한다.

아세안 일부 국가들은 이미 서로 양자지불방식협정(BPA)을 체결하여 양자 무역에서 달러나 엔화를 쓰지 않고 자국의 화폐를 사용하거나 구상무역을 하기로 합의했다. 어떤 이들은 동아시아에서 엔화 결산의 비율을 높이는 동시에 다른 한편으로 중국의 무역비중이 증가하는 것을 고려하여 위안화의 결산 비율도 높여가야 하며 더욱이 중국과의 국제수지 경상항목 흑자인 무역파트너와의 무역결산 중에 위안화의 사용비중을 높여야 한다고 했다. 다른 통화들도 이러한 원칙에 근거하여 사용할 수 있는데, 예를 들어 한국이 중국 및 동남아 국가들과의 거래에서 국제경상수지 흑자를 보고 있는 상황에서 한국과 이러한 국가들 사이의 무역결산에서 한국 원을 사용하는 것이다. 이렇게 하면 환율등락에 따른 리스크도 줄이고 보증조치의 제정도 고려할 수 있다.

일본이 긴 시간 동안 세계 제2의 경제대국임을 고려하여 많은 이들이 엔화의 국제화를 동아시아 지역 통화협력의 중요한 구상으로 보았다. 1997년 하반기를 시작으로 일본에서 엔화 국제화 조건하에서의 역내통화와 환율시스템에 관한 토론이 주목을 받기 시작했다. 1999년 4월 일본 재무부의 한 자문기구인 '외환과 기타 교역 위원회'는 〈21세기의 엔화국제화〉라는 보고서를 발표했다.[39] 이 위원회는 엔화의 사용을 확대하는 것은 일본과 긴밀한 경제관계가 있는 아시아에서 시작해야 하고 엔화가 진정한 국제통화가 되기 위한 조치를 취해야 하며 아래와 같은 조치들을 제

---

39 일본 재무성 웹사이트 참고, Internationalization of the Yen for the 21st Century-Japan's Response to Changes in Global Economic and Financial Environments, April 20, 1999, Council on Foreign Exchange and Other Transactions.

안했다. ① 달러·유로화·엔화 간 환율안정을 실현하고 달러·유로화·엔화 간에 환율 목표지대 관리제 실시, ② 달러·유로화·엔화와 기타 통화로 조직되는 아시아통화바스켓을 만들고 무역과 경제중요성에 따라 매 통화의 비중 결정, ③ 일본의 금융 및 자본 시장 개선, ④ 일본은행이 외국 중앙은행에 엔화표시 신용대출 편이를 제공하는 것을 허락, ⑤ 비거주자의 엔화사용과 보유 확대. 1998년 10월 미야자와 기이치 일본 재무부 장관은 아시아 통화위기를 극복하기 위한 새로운 구상, 즉 '신 미야자와 구상'을 발효했다. 그는 엔화 사용의 증가는 국제통화시스템의 안정에 도움이 된다고 강조했다.[40] 이러한 계획의 목적은 엔화의 동아시아 지역에서의 사용범위와 영향을 확대하기 위한 것이었고 최종적으로는 엔화통화권을 설립하기 위한 것이었다.

그러나 일본 정부는 엔화국제화에 전력을 다하지 않았는데, 왜냐하면 엔화국제화가 일본의 통화자주권을 위협하고 기타 아시아 국가들에 대한 국제수지경상흑자를 감소시킬 것을 우려했기 때문이다. 미야자와는 긴급대출 총액을 300억 달러로 제한하자고 했고 이로써 일본이 진심으로 아시아 지역의 최종채권자의 책무를 맡을 생각은 없다는 것을 알 수 있었다. 사실 이 정도 규모의 달러대출자금으로는 아시아 기타 국가들이 통화위기에 대응하는 데에 턱없이 부족하다. 만약 일본이 역내 통화협력에 지도적 역할을 하는 데 진정으로 관심이 있다면 엔화를 개입통화로 하여 아시아 이웃국가가 핫머니의 공격을 막아내는 데 필요한 긴급자금을 액수가 제한적인 달러가 아닌 엔화로 언제라도 제공해야 한다. 이렇게 해야만 일본이 아시아핵심통화국가의 완전한 책임을 담당할 수 있다. 2000년 동

---

40 일본 재무성 웹사이트 참고, The New Initiative to Overcome the Asian Currency Crisis(New Miyazawa Initiative).

아시아·태평양 중앙은행 총재회의(EMEAP)에서 각국은 만약 각국이 핫머니의 심각한 공격을 받게 된다면 일본은행이 11개 아시아 이웃국가의 중앙은행에 긴급엔화대출을 제공해야 하고 각국은 일본국채를 담보로 사용해야 한다는 데 동의했다. 이는 어쩌면 아시아 각국의 통화안정에 대한 중요한 발걸음이다. 만약 아시아 각국이 대량의 일본 국채를 보유한다면 국채를 담보로 하는 긴급대출은 위기를 효과적으로 초기단계에서 억제할 수 있게 된다. 그러나 현재 아시아 각국이 보유한 일본 국채의 양이 매우 적기 때문에 이 협의가 정말 유효할지는 단정할 수 없다. 일본 국채의 보유량이 제한적인 이유는 일본 금융시장이 개방되지 않았으며 그 발달이 불충분하기 때문이다.

따라서 만약 동아시아가 엔화통화권을 형성한다면 일본은 시장을 한 단계 더 개방해 아시아 국가들의 수출을 흡수해야만 한다. 동시에 일본은 반드시 핫머니의 공격을 받고 있는 국가에 국채를 담보로 하는 유동성 제공이 아닌 긴급엔화자금을 무한으로 제공하여 각국이 지불능력의 부족으로 위기에 빠지는 것을 방지해야 한다. 그러나 일본은 마치 아시아 지역의 성장과 안정에 책임지지 않으려는 것처럼 보인다. 일본 금융시스템과 통화시장의 낙후는 실질적으로 일본이 역내 핵심 통화국가가 되는 데 가장 큰 장애이다. 동아시아에 위기가 발생했을 때 일본의 취약한 금융시스템으로 인해 일본의 은행은 아시아 국가들에 빌려준 자금을 무리하게 회수했고 위기에 빠진 아시아 국가들에 설상가상의 상태를 초래했다. 또한 일본이 타국과의 관계에 존재하는 거대한 무역흑자 상황을 고려하지 않아 엔화의 평가절하를 방임했고 이는 각국이 일본 엔화에 대한 신뢰를 잃게 만들어 아시아 각국의 수출에 영향을 주었다. 2002년 엔화는 대폭 평가절하되었고 일본의 동아시아 경제에 대한 책임감 없는 모습의 일면을 보여주었다. 이러한 상황에서 엔화국제화 또는 엔화 중심의 통화시스템을 구축하는 것은 아무런 의의가 없다.

3. 동아시아 지역 금융협력의 미래 비전

유럽이 단일통화제도 구축에 성공한 이후 동아시아 지역 금융협력의 미
래 비전에 대해 활발히 논의되기 시작했다. 많은 이들이 비교적 구체적인
미래 비전을 내놓았다. 사실 모든 논의들이 두 가지 측면에 집중되어 있
었다. 첫째, 궁극적인 목표는 무엇인가? 다시 말하면 유럽처럼 단일통화
를 지향할 것인가. 둘째, 어떠한 길을 갈 것인가 또는 어떤 모델을 채택할
것인가이다.

짚고 넘어가야 할 점은 동아시아 지역 금융협력의 과정과 목표는 반드
시 이 지역의 포괄적인 협력과정 및 목표와 긴밀하게 연계되어야 한다는
것이다. 따라서 금융협력의 미래 비전을 논의할 때 우선 반드시 역내 전
반적 협력의 장기목표를 명확히 해야 한다. 동아시아 협력의 장기적 목표
는 무엇인가? EAVG의 보고서는 이 문제에 대해 명확하게 동아시아공동
체의 건설이라고 답하고 있다. 그러나 동아시아공동체는 유럽공동체와
다르다. 동아시아공동체는 초국가적인 지역조직을 목표로 하지 않고 역
내 국가 간 경제·정치·사회·문화 등 다방면에서 협력시스템을 구축하는
등 점차적으로 심화되는 협력과 협조를 실현하는 것을 목표로 한다. 예
를 들어, 무역투자 측면에서는 최종적으로 자유무역 및 투자지대를 설립
하는 것이 목표이다. 금융영역에서는 최종적으로 단일통화를 실현할 것
인지에 대해 EAVG는 경제·정치·사회 등의 조건이 성숙해지면 공통통화
지대 설립 가능성에 대해 연구를 진행한다는 다소 모호한 태도를 보이고
있다.[41] 대다수는 동아시아 각국의 현재 경제발전 격차가 매우 커서 유럽
의 '마스트리히트 조약'에서 언급한 경제수렴기준과 같은 것을 충족하지

못한다고 생각한다. 통화통일은 국가통화주권의 포기와 각국이 일정정도에서 정치적 통합이 이루어진다는 것을 의미하며 이는 동아시아 각국의 강렬한 정치적 열망을 필요로 한다. 그러나 현재 동아시아 각국은 경제, 정치에서 서로 간의 차이가 매우 커서 통화통일의 기초가 부족하다. 따라서 현재 동아시아 지역의 통화통일을 논하는 것은 쉽지 않다.

동아시아 협력은 막 시작했다. 동아시아 각국의 경제·정치·문화에서의 큰 격차를 생각했을 때 협력은 점차적으로 발전시켜나가는 길을 선택해야 하고 금융협력도 그러하다. 금융협력은 비록 본연의 특수성이 있지만 전체 지역협력의 속도 및 정도에서 독립해서 나아갈 수는 없다. 따라서 금융협력을 고려할 때 동아시아 전체 측면의 협력의 목표와 과정을 생각해야만 한다.

동아시아 협력은 현재 '10+3'의 형식으로 추진되고 있으며 아직 명확한 장기적 목표의 설정이 없다. EAVG의 보고서는 동아시아 지역의 협력에 하나의 청사진을 그려냈다. 즉, 동아시아공동체 건설이다. 그러나 첫째, 공동체구상은 경제무역자유화를 핵심으로 하며 정치연합은 추구하지 않아서 금융협력의 최종적 목표가 불명확하다. 둘째, 이러한 일종의 구상에 대해 현재 모든 국가들이 받아들이기는 여전히 힘들다. 동아시아 협력의 현실적 전략선택에 대해 2001년 브루나이 정상회의에서 우리는 몇 가지를 배울 수 있다. 첫째, 현재 그리고 한동안 동아시아 지역협력의 주요 노력은 여전히 지역의 정치협상과 대화시스템을 강화하고 안정화하는 것이며 동아시아 지역협력의 장기적인 목표를 설정하는 것은 아직 이르다. 둘째, 동아시아 지역 전체 무역과 투자 자유지대 건설의 조건이 아직 성숙되지 않았고 주된 특징은 다층적 협력시스템의 병존과 발전이다. 셋째, 금

---

41 East Asian Vision Group, "Toward East Asian Community", 2001.

융위기의 후유증이 아직 근본적으로 치료되지 않았기 때문에 각국의 주요 관심사와 노력은 경제발전의 활력을 증강하고 회복하는 것이다. 이러한 상황에서 동아시아 협력의 현실적 선택을 연구할 때 반드시 실무적이고 점진적인 모델을 채택해야 한다. 1999년 동아시아 협력의 원칙에 관한 정상성명을 기초로 현재 그리고 앞으로 한동안 주요노력은 기능적 협력의 발전에 두어야 한다. 다시 말하면 먼저 장기적인 목표를 설정하지 않음으로써 목표와 모델 간의 대립이라는 함정에 빠지는 것을 피해야 한다. 만약 공동체의 건설을 장기적 목표로 한다면 이 공동체의 역할은 반드시 동아시아 각국 간의 밀접한 협력과 조화를 점차 심화시켜나가고 각국 간 공존번영의 공감대와 협조를 이루는 시스템을 구축하는 것이어야 한다.

동아시아 각국 간의 격차와 현행 협력시스템의 발전을 고려하면 여러 형식의 병진이 이루어져야 한다. 동시에 각종 시스템 간의 연계를 강화해야 한다. 즉, 현행 협력시스템의 기초 위에 동아시아 전체 지역의 협력시스템의 발전을 강화하는 것이다. 동아시아 협력의 발판은 유럽과 같이 명확한 정치목표를 실현하는 것이 아니라 현실적인 이익을 실현하는 것이다. 즉, 자신의 경제발전과 지역의 평화안정에 도움이 되도록 하는 것이다. 현재 동아시아는 여전히 진정한 지역통합을 향하는 정치적 기초와 동력이 구비되지 않았다. 따라서 지역협력의 기능적 건설을 추진하는 중에 우선 지역의 경제발전에 도움이 되는 것을 출발점으로 삼아야 한다. 동아시아 지역이 통합의 길로 가는 기반과 동력은 오직 점진적인 협력시스템 건설 과정에서만 점차적으로 형성된다. 그럼에도 불구하고 점진적 시스템화 건설은 여전히 필요하며 어떠한 분야는 좀 더 빨리 발전할 수 있다. 예를 들어, '10+3' 체제하에서 동아시아 협력은 이미 시작되었고 되돌릴 수도 없다. 따라서 협력을 위한 실무가 잘 진행되도록 돕고 미래 발전 방향에 대한 조직적 연구를 실시하기 위해 동아시아 협력사무처를 조속히 설립하는 것을 고려해야 한다.

동아시아 지역의 협력에 대한 비교적 명확한 정의 이후 다시 역내 금융협력의 현실적 선택을 말하는 것은 비교적 쉽다. 논의는 이하 몇 가지 방면에 집중되어야 한다.

① 거시경제 협력시스템을 강화해야 한다. 동아시아 금융안정의 기초는 경제안정과 발전이다. 따라서 금융협력의 주요내용은 거시경제에 대한 대화와 협조를 강화하는 것이며 이에 대화 및 협조 시스템을 더욱 강화하고 규범화해야만 한다. 정상회의에서는 경제발전과정에서 나타난 중요한 문제와 기타 방면의 문제에 대해서 직접적으로 논의해야 한다. 동아시아 재무장관회의도 연 2회로 정례화하고 중요한 문제에 대해서 논의를 진행하여 회의에서 합의된 사인이 각국의 경제정책에 일정한 영향력을 갖도록 해야 한다.

② 금융구제시스템을 조속히 완비해야 한다. 아시아 금융위기에 대한 근본치료가 여전히 되지 않고 있으며, 이에 후유증이 남아 있다. 동아시아에는 금융위기가 발생할 위험이 도사리고 있다. 따라서 역내 금융구제시스템의 건설을 더욱 강화하고 조속히 갖추는 것이 당면과제가 되었다. CMI는 동아시아 금융협력의 중요한 진전으로 역내 금융구제시스템이 구체적으로 드러난 실체이며 현재로선 가장 현실적인 선택이다. 따라서 양자 간 통화스와프의 체결을 조속히 마무리 짓고 양자 간 협정을 동아시아 지역협력 틀의 기초적 문건으로 삼아 현재의 통화스와프 시스템을 동아시아 금융협력 심화발전의 기본 틀로 삼아야 한다.

③ 금융 감독과 조기경보를 강화해야 한다. 금융관리는 주로 각국 정부에 의지하고 있다. 따라서 금융시장의 안정을 유지하고 금융위기 발발의 위

험을 감소시키는 주요한 노력은 각국이 자국의 경제정책을 개선하고 자국의 금융시스템 건설을 강화하는 것에 있다. 그러나 위험의 관련성과 위기의 확산성 때문에 역내의 공통감독과 조기경보는 반드시 필요할 뿐만 아니라 긴박한 문제가 되었다. 감독과 조기경보는 긴밀한 상관관계를 맺고 있다. 현재 역내 전문기구를 설립하는 것은 그다지 현실적이지 않다. 따라서 각국의 중앙은행 간에 협력시스템을 만드는 것과 각자의 은행 내에 직무협력시스템을 만드는 것 그리고 상설 연락 및 협력 통로를 만드는 것에 초점이 맞추어져야 한다. 주요 경제 및 금융지표를 발표하여 정부정책결정자와 시장에 적시에 정확한 정보를 제공하는 '동아시아 금융감독 및 조기경보시스템 체제'를 설립하는 것도 고려해볼 수 있다.

④ 역내 환율협조시스템을 연구해야 한다. 역내 환율협조시스템은 비교적 고위층의 협력구조가 필요하고 금융협력의 심화단계이다. 현 상황에서는 동아시아 지역에 효과적인 환율협조시스템을 만들 조건이 갖추어지지 않았다. 금융위기 이후 홍콩 지역 외 동아시아 각국은 모두 달러에 연동하는 상대적으로 고정적인 환율정책과 제도를 포기했고 변동환율제를 실시했다. 그러나 동아시아 각국의 통화환율은 엔화환율의 격변에 엄청난 압력을 받았고 엔화가 대폭 평가절하되었으며, 강제적으로 조정이 되는 가운데 관련국들은 이에 대해 아무런 조치도 취할 수 없었다. 이러한 것들이 동아시아 지역경제 안정에 심대한 영향을 끼쳤다. 따라서 동아시아 지역 환율안정시스템 구축을 연구하면서 동아시아 금융협력을 위한 협의 일정까지 다루어야 한다. 달러나 엔화에 연동된 지역 환율협력시스템이 통하기 힘든 점과 동아시아 통화단위도 기본조건을 갖추고 있지 않은 점을 고려해, 거시경제협조를 강화하는 동시에 일종의 역내 통화환율 변동목표지대 방안을 연구할 수 있다. 이는 협력과 약속의 원칙에 근거하여 모든 국가와 지역이 자신만의 특정 기간 안에서의 변동 상·하한선,

즉 목표지대를 밝히고 역내 협력시스템을 통해 이를 감독하는 것이다. 특수상황에서 목표지대를 조정할 수 있으나 기타 국가에 사전에 통보해야 하고 필요한 경우에 역내협력의 노력을 통해 조정범위를 감소해야 한다.

⑤ 동아시아통화기금의 실행가능성을 고려해야 한다. 일본의 아시아기금 설립제안이 좌절되었고 동아시아 금융협력은 CMI의 틀에서 통화스와프 시스템을 구축하는 것을 시작으로 진전을 이루어왔다. 통화스와프 시스템은 명백히 동아시아 금융협력의 최종 목표가 아니다. 금융협력의 필요성을 봤을 때 동아시아통화기금이라는 문을 반드시 닫을 필요가 없으며 실행가능성에 대한 지속적인 연구를 격려해야 한다. CMI의 실현은 아시아통화기금의 설립에 일정한 기반이 되어줄 것이다. 그러나 아시아통화기금을 설립할 것인지 여부는 주로 세 가지 측면의 진전에 달려 있다. 첫째, CMI의 진전과 이를 기초로 하는 동아시아 금융협력시스템의 발전이다. 둘째, 역내 통화기금에 대한 실제적 수요이다. 셋째, 동아시아 지역 기타 측면의 협력의 진전이다. 1997년 일본의 제안이 부결된 것은 동아시아금융의 심화협력이 동아시아의 전면적 협력 발전에 달려 있다는 것을 증명해주었다.

제5장

동북아시아 지역협력에 대한 탐색

동북아 지역의 국가들은 지연적으로 긴밀하게 엮여 있을 뿐만 아니라 역사적으로도 남다른 감회를 가지고 있다. 피비린내 나는 역사로 점철된 근대의 동북아 이후 중국의 쇠락과 일본의 부흥을 전환점으로 동북아 지역은 반세기 동안 전란을 겪었다. 청나라 해군을 무너뜨린 일본은 대국에게 굴욕적 조약에 조인하게 했고, 군대를 앞세워 한반도를 점령한 뒤 조선을 식민지로 삼았다. 이어 대규모 병력이 중국을 침략함으로써 중국 전역이 전화에 휩싸였다. 일본이 제2차 세계대전에서 패하고 신중국이 건국된 이후 동북아는 정상적인 관계를 회복해야 했으나 이 지역은 또 다시 양대 진영 간 싸움의 소용돌이에 휘말렸다. 한국전쟁은 새로 태어난 중국을 끌어들였고, 동아시아 지역의 분열과 모순을 더욱 악화시켰다. 한국전쟁 종식 이후 한반도는 두 개로 나뉘어 장기간 분열 상태에서 냉전을 지속하고 있으며, 동북아 지역은 충돌과 대치의 최전방에 서게 되었다. 1960년대의 중소 분열과 1970년대 후반부터 시작된 중국의 개혁개방정책은 이 지역의 구조재편을 촉발했다. 중일관계가 정상화하고 중국 경제가 급속도로 발전했지만, 중소관계 악화와 중몽관계 긴장으로 동북아 지역은 여전히 분열상태에 놓여 있다.

냉전이 종식되고 소련이 해체된 이후 중국은 러시아와의 관계를 회복했고, 한국과는 정식 수교를 맺은 데 이어 경제 분야에서의 교류를 더욱 강화하고 있다. 그러나 여전히 대치중인 한반도 남북관계로 인해 동북아 관계는 완전한 정상화를 이루지 못하고 있다.

인구대국이자 개발도상국인 중국은 개방정책과 경제 잠재력을 바탕으로 특수한 우위를 형성하며 일본과 한국기업의 중국 진출을 자극했다. 한중일 간의 긴밀한 경제관계가 동아시아 네트워크의 중심이 된 것도 바로 이 때문이다. 경제를 핵심으로 한 한중일 간의 이해관계는 역사적으로 존재한 적 없던 것으로, 이는 3국이 새로운 관계를 수립하는 데 이해적 토대가 되었다.

21세기 이후 동북아 지역은 협력에 있어 새로운 결실을 맺었다. 그중하나가 바로 '6자회담'이다. 2003년 중국의 제안으로 중국·북한·한국·미국·러시아·일본이 참여하는 6자회담이 개최되었다. 6자회담의 목적은 북핵문제를 해결하고, 이를 토대로 동북아 역내관계를 재편하는 데 있다. 특히 북미, 남북, 북일 양자 간 관계의 정상화를 실현함으로써 이를 바탕으로 새로운 역내협력 메커니즘 및 안보 틀을 구축하는 것이 6자회담의 주요목표였다.

6자회담의 출발은 비교적 순조로웠고 부분적인 성과도 있었다. 그러나 전체적인 관계구조, 특히 북미 양자 간 관계의 근본적 해결을 위한 조건의 부족은 결국 양측의 심각한 불신을 초래했다. 미국은 북한의 핵 포기를 믿지 않았고, 북한은 미국이 자신에 대한 적대적 시각과 정권전복정책을 결코 포기하지 않을 것이라고 생각했다. 결국 6자회담에서 도출된 합의사항은 이행될 수 없었고, 2007년부터는 6자회담이라는 메커니즘 자체가 작동을 멈추었다. 6자회담 정상화를 위해 각 측의 노력이 계속되고 있지만, 북한 내부의 정치적 변화와 중일관계 변화 등으로 인해 6자회담을 통한 북핵문제 해결이나 동북아 지역, 특히 한반도의 신형관계 및 안보

협력 메커니즘 건설은 더욱 어려워진 것이 사실이다. 그럼에도 불구하고 새로운 시대의 동북아 지역 질서의 메커니즘을 구축했다는 점에서 6자회담은 중요한 의미를 갖는다.

6자회담 외의 또 다른 성과는 2003년, 한중일 협력메커니즘이 가동된 것이다. 한중일의 긴밀한 경제관계는 주로 시장메커니즘 위에 구축된 것이다. 3국 정부 간 대화협력 메커니즘은 일찍이 1999년부터 시작되었지만, 초기에는 '10+3' 대화 협력 틀 안에서 제한적으로 이루어졌으며, 정상 간 조찬회동 같은 형식적 만남이 전부였다. 그러나 한중일 정상 간 대화는 점차 조찬회동 이외의 장소로 확대되었고, 토론의 주제 또한 '어떻게 10+3 메커니즘 안에서 협력할 것인가'에서 '3자 간 협력을 어떻게 강화할 것인가'로 달라졌다. 2003년 10월 7일 한중일 3국 정상은 인도네시아 발리에서 회의를 갖고 '한중일 3국 간 경제협력에 관한 공동선언(이하 공동선언)'을 발표했다. 한중일 3국이 협력을 기획하기 시작했다는 점에서 해당 공동선언은 중요한 성과로 평가된다. 공동선언에서 한중일 3국 정상은 통상무역, 문화, 인적교류, 정치, 안보 등 14개 분야에서의 협력을 추진하고, 3국 외교장관 주도의 3자 위원회를 설립하는 데 동의했으며, 3국 간 협력에 관해 연구, 기획, 조율, 감독을 하기로 합의했다. 이후 수년 간의 노력을 통해 한중일 3국의 협력은 새로운 진전을 거두게 되는데, 2008년 3국이 자체적으로 정상회담을 개최한 것이 그것이다. 당시의 정상회담으로 3국 간 공식적인 협력메커니즘이 확립되고 전담부처가 설립되었으며, 이로써 한중일 3국 협력이 새로운 발전 단계에 접어드는 분위기가 연출되었다.

그러나 2010년 이른바 '조어도 어선 사건'이 발생하며 좋은 시절은 막을 내렸다. 당시 일본은 조어도 해역에서 조업 중이던 중국 어선 선장을 체포하면서 일본 국내법에 따라 선장을 처벌할 것이라고 밝혔다. 이로 인해 중일관계는 긴장국면에 빠졌고, 이어 일본이 조어도의 국유화를 선언하면서 중일관계는 크게 퇴보했다. 아베 총리가 집권한 뒤, 중일관계는 악화일로로 치달았다. 일본 정부가 신보수주의 대외정책을 구사하며 자국의 침략역사를 왜곡했고, 야스쿠니신사를 참배한 데 이어 중국을 전략적 적수로 설정했기 때문이다. 일본 지도부의 야스쿠니신사 참배는 침략역사를 부인하는 것으로, 이는 한일관계에도 악영향을 미치면서 뒤에 예정된 3국 정상회담은 결국 취소되었다. 이렇듯 이제 막 탄생한 한중일 협력메커니즘은 시작과 함께 사라질 운명에 처하게 되었다. 한중일 정부 간 협력메커니즘의 답보상태가 시장연계 메커니즘이나 한중일 3국 자유무역지대 건설에 직접적인 영향을 미친 것은 아니지만 전반적 분위기가 협력 추진에 불리하게 변한 것은 사실이다. 정치관계의 냉각은 분명 경제관계의 심화에도 부정적 영향을 미치기 마련이다.

한중일관계의 긴장은 동아시아 역내협력에도 부정적 영향을 초래할 수밖에 없고, 이로부터 동아시아공동체 건설의 꿈은 더욱 멀어질 수밖에 없다. 이는 동아시아 역내협력에 있어 '리더'의 지위는 비록 줄곧 아세안이 차지하고 있지만, 한중일 3국의 단결은 실질적 성과 획득 여부를 가름하는 핵심이 되기 때문이다.

동북아 역내협력 추진 과정에 나타난 복잡하고 다양한 문제들은 우리로 하여금 지역에 대한 정의와 협력의 목표, 역내협력 제도화를 위한 기본 전략과 이해관계 등에 대한 많은 생각을 하게 만든다. 동북아란 정치와 안보라는 서로 다른 틀에 의해 쪼개져 있는, 일종의 지연적 개념으로, 북핵문제는 역내관계 및 안보 상황을 더욱 복잡하게 만들었다. 경제를 중심으로 한 한중일 간의 협력은 동북아 역내협력을 위한 포문을 열어주었지만, 3국관계에 나타난 새로운 국면은 이 문을 닫아버렸다. 닫힌 문이 언제쯤 열릴지를 내다보기 위해서는 정치관계의 변화를 살펴봐야 한다.

주목할 점은 '중국의 부상'이 동북아 역내 관계구조에 중대한 영향을 미치고, 전통관계의 재편을 촉발했다는 것이다. 이 같은 상황에서는 어떠한 포지셔닝을 취하고, 어떻게 지역을 구심점으로 하는 협력을 추진할 것인가에 대한 더욱 진지한 고민과 구체적 설계가 필요할 것이다.

1. 동북아시아 지역협력을 위한 노력

동북아 역사에서는 역내협력의 사례를 찾아보기 힘들다. 공동이익에 근거한 역내협력제도는 더욱 그렇다. 제2차 세계대전 이후 굳어진 각 국가 간의 복잡한 관계 때문에 동북아에서는 매우 긴 시간 동안 지역의식 또한 형성될 수 없었다.

가장 먼저 '지역'이라는 개념을 제시한 것은 일본학자들이다. 그들은 1960년대 말 전후로 '일본해경제권', '환일본해경제권'이라는 개념을 제창했으며, 이어 한국과 중국 경제가 발전함에 따라 한국과 중국의 전문가들 또한 '환발해경제권'이라는 개념을 제시했다. 인근 지역과 도시를 중심으로 한 경제연계네트워크를 구축하고, 무역 및 투자 교류를 촉진하자는 것이 주요목표였다. 일본, 한국, 중국, 러시아의 연해도시들 또한 적극적이고 능동적으로 개방발전정책을 시행하며 다양한 형식의 관계를 맺거나 협력을 추진하며 협력에 관한 MOU 등을 체결했다.

1991년, 유엔개발계획(UNDP)의 주도로 두만강개발계획(TRADP)이 출범했다. 이들의 목표는 중국, 북한, 몽골, 러시아, 한국 간 협력을 추진하고, 두만강 유역의 경제발전을 공동으로 추진한다는 것이었다. 1995년 중국, 북한, 러시아 3자 대표가 '두만강 지역 개발 협조위원회 설립에 관한 협정'에 조인하고, 중국, 러시아, 북한, 한국, 몽골 등 5개국 정부 대표가 '두만강 경제개발지역 및 동북아 개발협의위원회 협정'과 '두만강 경제개발지역 및 동북아 환경 양해각서'에 서명함으로써 두만강 개발 협력은 본 궤도에 올라섰다. 이후 당사국들은 다양한 방식을 통해 협력을 강화함과 동시에 접경지역 항구 개방 및 항구협력 협의체결, 인프라 개선 등 하위지역경제권(SREZ) 협력도 추진했다.

정부 간 차원에서 두만강과 주변지역 개발에 관한 협의는 중단 없이 이어졌다. 그러나 전반적으로 이 지역의 협력 수준은 여전히 정체되어 있다. 유엔개발계획은 20년 내에 이 지역을 '동북아의 홍콩 혹은 싱가포르'로 건설하겠다는 계획이었으나, 이 같은 청사진은 끝내 실현되지 못했다. 그 원인을 살펴보면, 첫째, 주요 당사국인 북한의 행동이 자유롭지 못했던 탓에 역내협력 및 발전이 많은 제약을 받았다. 이와 함께 러시아 극동 지역이 오랫동안 러시아 개방 및 발전에서 주목을 받지 못하면서 러시아의 참여도가 떨어졌고, 마지막으로 이 지역의 발전 자체가 많은 요인의 영향을 받은 것도 원인으로 꼽는다.

유엔개발계획이 주도한 두만강개발계획은 그 성격이 아시아개발은행이 중국과 아세안 국가 사이에서 추진한 메콩강유역협력개발계획(GMS)과 비슷하다. 다만, 메콩강유역협력개발계획은 하위지역 발전을 위한 기능적 협력에 속하는 것으로, 역내협력의 특징을 갖는다 하더라도 지역 전체를 포괄하는 역내협력 메커니즘과는 분명한 차이점을 보인다. 즉, 하위협력 메커니즘이었던 메콩강유역협력개발계획은 복잡한 정치관계에서 상대적으로 자유로웠고, 국가차원의 협력으로 격상됨에 따라 큰 성과를 거둘 수 있었다. 또한 해당 지역의 무역, 투자, 인적 교류를 촉진하고, 현지 환경 및 조건을 개선하는 데도 긍정적인 역할을 했다.

당초 두만강 지역협력의 목표를 지나치게 높게 설정한 것은 냉전 종식과 그로 인해 지역관계에 나타난 대변화, 유럽의 단일시장 건설 추진, 역내협력 성행 등의 영향을 받은 것이었다. 그러나 두만강과 같은 지역은 경제발전이나 정치적인 것 중 협력의 목적이 어디 있느냐에 관계없이 처음부터 '동북아의 홍콩'이 될 만한 조건을 갖추지 못했기 때문에, 개방과 협력을 통한 점진적인 경제 환경 및 조건 개선이 우선되어야 했다.[1]

일본 경제기획청 산하 종합연구개발기구(NIRA)의 시오야 다카후사(塩谷隆英)가 발의한 '동북아 대(大) 구상: 동북아공동체 건설' 제안은 전 지역을 포괄하는 전 방위적인 역내협력에 속한다. 시오야 다카후사는 경제 분야에서 한중일 3국의 상호의존도가 날로 강화되고 있고, 서로에게 있어 결코 없어서는 안 될 협력 파트너가 되고 있다고 생각했다. 또한 경제 분야에서의 높은 상호의존도는 국가 간 경계를 점차 허물어트리고, 국제화를 촉진하며, 동북아 지역 주민들로 하여금 동북아에 대한 귀속감을 갖게 할 것이므로, 이를 위해 '동북아공동체'라는 지역협력 메커니즘을 구축하자고 주장했다. 그가 속한 일본종합연구개발기구는 심층 연구를 통해 동북아공동체라는 청사진을 제시했다. 20년 내에 러시아, 몽골, 중국, 북한, 한국, 일본을 중심으로 한 동북아공동체를 건설하여 역내협력을 위한 개방정책을 시행하고 미국과 유럽연맹을 참여시키자는 내용이었다. 그러나 동북아공동체 건설 구상은 당사국 정부차원의 지지를 얻지 못함으로써 결국 무산되었다.[2]

한국은 동북아 역내협력을 매우 중요하게 여겼으며, 한국의 많은 학자

---

1 두만강 지역 개발은 정치관계·안보·이익·자금 등 많은 요인의 제약을 받았다. 따라서 전문가들은 두만강 지역협력의 중점을 단기 목표의 실현가능성과 편리성에 두고 협의를 체결해야 한다고 제안했다. 대두만강역내협력개발전략연구팀(大圖們江區域合作開發戰略研究課題組), 〈대두만강역내협력개발전략사고(大圖們江區域合作開發戰略思考)〉, 《사회과학원전선(社會科學院戰線)》, 2006, 제3기, 81-82쪽; 마오젠·류샤오후이·장위즈(毛健·劉曉輝·張玉智), 〈두만강 역내 다자간협력 개발 연구(圖們江區域多邊合作開發研究)〉, 《중국소프트과학(中國軟科學)》, 2012, 제5기, 84-85쪽 참조.

2 시오야 다카후사, 〈동북아공동체 건설〉, 인민망(人民網), http://people.com.cn/GB/shizheng/1026/2808425.html.

와 전문가들은 동북아 경제공동체 건설에 관한 다양한 의견을 개진했다. 한국에 있어 동북아 경제공동체는 두 가지 의미를 갖는다. 첫째, 한중일 경제협력을 중심으로 3국 간의 자유무역협정 체결을 말하는 것이고, 둘째, 2005년 중국 전문가와 함께 추진한 '동북아 지역 경제공동체 건설 협력방안'처럼 경제공동체를 통해 북한을 흡수하고 변화시키는 수단으로서의 경제공동체를 의미한다. 한국 측 전문가들은 고정적인 지역조직을 설립해야만 동북아 경제공동체 건설을 효과적으로 추진할 수 있다고 주장했다.[3] 한국의 이승률은 자신의 저서 《대동(大同)으로 가는 길: 동북아공동체 건설에 관한 새로운 사고》를 통해 이념·사상·문화·경제 등 다각적인 관점에서 동북아공동체 건설에 대한 현실적 방안과 이상적 생각을 밝혔다. "동북아는 공동체 건설을 위한 토대를 갖추고 있다. 대국(大局)에서 생각하고 작은 일부터 시작한다면 평화롭고 협조적이며 공동 발전하는 지역을 만들 수 있다"고 이승률은 강조했다.[4]

이 밖에도 민간 메커니즘, 혹은 관민대화 메커니즘 등 역내협력 성격을 띤 다양한 노력과 제안이 있다. 그중 1991년 발족되어 미국 하와이에 본부를 둔 동북아경제포럼(NEAEF)은 매년 중국, 북한, 한국, 일본, 몽골, 러시아, 미국에서 순회하며 회의를 갖고, 동북아 지역의 에너지, 교통, 발전 관련 현안에 대해 토론함으로써 역내 경제협력을 위한 도움을 제공한다. 1993년 미국 캘리포니아 대학 샌디에이고 캠퍼스가 발족한 동북아 협력대화도 해마다 미국과 동북아 국가를 순회하며 개최되는 다자간 포럼으로, 참가국의 외교부 관료, 전문가, 학자들이 참여해 동북아 지역의 안보

---

3 〈중한 전문가가 제시한 동북아 경제공동체 건설 방안〉, 신화망(新華網), http://news. xinhuanet.com/newscenter/2005-05/12/content_2951176.htm.

4 이승률, 《대동으로 가는 길: 동북아공동체 건설에 관한 새로운 생각(走向大同: 東北亞共同體建設新思維)》(중문판), 세계지식출판사, 2010 참조.

와 협력 등에 대한 의견을 교환한다. 동북아 지역 안보문제에 대한 논의를 통해 동북아 지역의 안보협력에 도움을 제공하고, 관료 간의 대화협력을 추진한다는 것이 동북아 협력대화 발족의 취지다.

가장 실질적인 협력은 단연 한중일 자유무역지대(FTZ) 창설이다. 한중일 3국은 시장을 토대로 한 경제관계를 부단히 강화하며 더욱 긴밀한 연계성을 가진 내재적 동력을 창출했고, 특히 중국-아세안 간, 일본-아세안 간, 한국-아세안 간 체결된 자유무역협정에서 자극을 받아 2002년 한중일 자유무역협정 체결에 관한 구상이 수면 위로 부상했다. 3국 정부의 적극적인 지원 속에 2003년 3국의 민간공동연구가 진행되었으며, 7년의 노력 끝에 2010년부터는 정부가 함께 참여하는 '산관학 공동연구'가 시작되었다. 정부의 참여는 정부의 적극적인 의지를 보여주는 것으로, 3국 간에 형성된 공감대와 건의사항 또한 협상 개시를 촉진했다. 십여 년 간의 준비과정을 거쳐 2013년 3월 마침내 한중일 자유무역협정 체결을 위한 공식 협상이 개시되었다.

지리적 관점에서 보면, 육지와 바다가 서로 맞닿아 있는 동북아 지역은 역내 일체화를 위한 최적의 조건을 갖추고 있다. 그러나 역사적으로나 현실적으로나 복잡한 경제·정치·안보 환경으로 인해 많은 '복병'을 안고 있는 것 또한 사실이라, 역내협력을 위한 구상, 심지어 정부가 추진하는 다양한 노력마저 수포로 돌아가거나 좌절되어왔다.

현재 동북아 역내에서 진행되고 있는 협력은 크게 두 가지로 나누어 볼 수 있다. 첫째는 역내 기능성 협력프로젝트 및 협력메커니즘을 발전시키는 것으로, 이와 관련해서 다양한 분야의 협력이 진행될 수 있다. 일부는 단독 프로젝트 형식으로 추진될 수 있고, 또 다른 일부는 장기적 협력메커니즘을 구축할 수 있는 것이다. 인근 접경지역 개방, 소(小)지역 발전협력, 에너지협력, 환경협력, 인프라 개발협력, 금융협력, 과학기술 R&D

및 활용 등이 그 예다. 지역개발과 관련해서는 현재 두만강개발계획과 환발해경제발전협력대화 등과 같은 협력이 진행 중에 있고, 환경 분야에 있어서는 한중일 환경장관회의, 에너지 분야에서는 중-북-러 천연가스 협력프로젝트, 과학기술 분야에서는 한중일 차세대 이동통신 및 인터넷 협력프로젝트 등이 있다. 미래 발전의 중요성을 고려할 때 동북아 역내협력은 에너지, 인프라 건설 등의 분야에서 큰 가능성을 찾을 수 있을 것으로 보인다. 특히 이들 분야에서의 협력은 중앙정부에 의해 추진될 수 있음과 동시에 지방정부가 추진하고 중앙정부가 지원하거나, 혹은 기업들이 추진하고 정부가 지원 및 우대하는 정책을 제공하는 방식으로 추진될 수도 있다. 두 번째는 동북아 역내 다층적인 공식 대화 및 협력메커니즘을 건설하는 것이다. 일례로 한중일은 일찌감치 공식 협력메커니즘을 구축하고 정상회의부터 여러 부처의 고위층 회의를 통해 경제성장은 물론 정치와 안보 그리고 사회 등 다방면에 관계된 문제들에 대해 의견을 교류하고 있다. 앞으로는 한중일 3국뿐만 아니라 러시아, 몽골, 북한 등 동북아 역내 모든 국가가 참여하는 공식적인 대화 및 협력 메커니즘을 구축해야 한다. 동북아의 복잡한 지역 관계를 고려할 때, 역내 공식적인 대화 및 협력 메커니즘을 건설함으로써 대화하고 상호 이해하며 신뢰를 쌓고 협력을 추진하고, 나아가 역내 평화와 발전을 유지해야 한다.

시장 주도의 경제교류가 때로는 정치 및 안보 문제를 피해갈 수 있겠지만, 심도 있는 교류, 특히 공동의 목표를 설정한 국가 간의 협력은 적절한 정치관계와 안보환경이 뒷받침되어야 한다. 일정한 조건이 충족되었을 때는 경제 이익이 정치적 장애물을 뛰어넘을 수 있지만, 공동 발전을 위한 협력메커니즘을 구축하기 위해서는 정치적 공감대와 안정적이고 평화로운 환경이 전제되어야 한다. 동북아가 정치적인 화해를 이루기 위해서는 아직도 가야 할 길이 멀고, 그 길에는 많은 위험이 도사리고 있을 것이다.

아득히 멀고 먼 길을 닦아가며 나아가는 노력이 필요하다.

이상주의적인 동북아공동체 구상에도 분명 참고할 만한 점은 있다. 그러나 더욱 중요한 것은 현실주의적 시각으로 실무 협력부터 시작해 하나씩 쌓아가고 땅을 다지면서 시원하게 뚫린 평화발전의 길을 개척하는 것이다.

2. 한중일 협력을 중심으로

한중일 3국은 오늘날 동북아 지역에서 가장 영향력 있는 국가다. 그러나 이들 3국관계는 복잡하게 얽혀 있어 제2차 세계대전 이후 관계정상화에 많은 우여곡절을 겪어야 했다. 가장 먼저 관계정상화를 실현한 것은 한국과 일본으로, 양국은 1965년 정식 외교관계를 맺었다. 중국과 일본은 중미관계가 해빙된 이후인 1970년대 초에야 비로소 국교를 회복하고 1972년과 1978년 각각 '중일공동성명'과 '중일평화우호조약'을 체결하며 관계정상화를 실현했다. 한반도 분열과 한국전쟁 영향으로 중국은 북한과만 밀접한 관계를 유지했고, 한국과는 특수하면서도 민감한 관계가 이어졌다. 한중관계가 전환점을 맞은 것은 냉전 종식 이후의 일로, 1992년 양국은 마침내 정식으로 수교를 맺었다. 쉽지 않은 여정이었던 한중일 3국의 관계정상화는 동북아 근대사의 새 장을 열었다.

그러나 3국 간의 다른 정치제도가 문제가 되었다. 일본과 한국은 모두 미국의 군사동맹으로, 이 같은 정치안보의 틀 안에서 3국의 협력관계를 발전시키고 협력메커니즘을 구축하기란 간단한 일이 아니었다. 다만 시장개방을 토대로 형성된 관계는 '이익 공동구역'이 되었고, 정치안보관계를 초월한 연합메커니즘을 형성하게 했다. 중국이 개혁개방정책을 시행하면서 일본과 한국의 투자를 유치했고, 시장을 중심으로 한 공동의 생산

네트워크는 3국 간 밀접한 경제관계를 발전시켰을 뿐만 아니라 3국 간 연락 및 운영메커니즘에 지역적 특징을 부여했다.[5] 그럼에도 불구하고 한중일 3국은 1997년 동남아 금융위기의 발발로 아세안이 한중일 대화협력을 추진하기 전까지 협력을 추진하지 않았다.

금융위기로 아세안 경제가 심각한 타격을 받은 가운데 동남아가 위기를 극복하고 경제를 회복하는 데 있어 한중일 3국 '공동역할'의 중요성이 크게 부각되었다.[6] 그리고 이는 한중일 3국 사이에 협력의 싹을 틔웠다. 1999년 11월 28일, '10+3' 대화에 참가한 3국 정상은 매우 이례적으로 비공식 조찬 회동을 갖는다.[7] 이는 동북아 지역관계 역사상 이정표적 의미를 갖는 중요한 사건이었다.

2000년 3국은 정상회담을 정례화하기로 결정하고, 2002년에는 조찬 회동을 정식회담으로 발전시켰으며, 2003년에는 3국 정상이 서명한 '한중일 3국 협력추진을 위한 공동선언'이 발표되었다. '한중일 3국 협력추진을 위한 공동선언'은 3국 정상이 협력과 관련해 발표한 최초의 공동문서로, 3국 간 협력이 새로운 단계에 진입했음을 상징한다. 여기에는 3국 협력의 잠정 원칙 및 분야와 함께 3자 위원회를 구성해 3국 간 협력을 조율하기로 한다는 내용이 담겼다. 2004년 3국 정상은 '한중일 3국 협력행

---

5 '지역적'이라는 것은 두 가지 함의를 갖는다. 첫째, 3국의 투자·무역·서비스 연계가 국가 범위를 초월했다는 것을 가리키며, 둘째, 3국과 동북아 지역 및 아태지역의 네트워크가 서로 연결됨으로써 한중일 3국을 중심으로 하는 동북아 지역성 구축이 특수한 의미를 갖게 된 것을 가리킨다.

6 1996년 3월 열린 유라시아회의에 아세안 10개국과 한중일 3개국이 참가했다. 당시 이미 '아세안 10+3' 틀이 등장했지만, 주최로서 한중일의 '지역성'은 여전히 약했다. 반면, 1997년의 아세안과의 대화 및 협력으로 한중일 3국은 '동북아'라는 지역적 함의를 대표하게 되었다.

7 당시 중국 언론은 "한중일 정상이 조찬 회동 형식으로 관련 문제를 논의했다", "선례를 남겼다"고 보도했다. http://www.chinanews.com/1999-11-29/26/9304.html.

동전략'을 통과시키고 각 분야에서의 전면적 협력을 위한 구체적 계획을 세웠다.[8] 공동 노력을 통해 3국은 협력메커니즘 구축 등에서 다음과 같은 괄목할 만한 성과를 이루었다.

첫째, 다양한 대화 및 협력 메커니즘이 수립되었다. 장관급 회의에서부터 국장급 회의까지 다양한 차원에서 무역, 투자, 해관, 품질감독, 검역, 지적재산권 보호, 환경보호, 해양생태, 관광, 문화, 교육 등 분야에 관한 대화가 이루어졌다. 일례로 경제협력과 관련해 3국 대화협상 메커니즘이 구축되었다. 3자 위원회, 3국 경제부서 장관급회의, 3국 경제부서 국장급 협상, 중일 경제파트너 협상, 한일 고위급 경제협상, 한중 공동경제위원회 등과 같은 메커니즘이 상호 이해 및 협력을 촉진했고, 매력적인 무역 및 투자환경을 조성했다.

둘째, 정부 간 협력과 함께 기업 간 협력프로젝트도 추진되었다. 금융 분야에서 3국은 재정장관회의를 개최하기 시작했는데, 이는 3국이 역내 금융협력을 모색하고 경제정책 관련 대화를 위해 마련한 무대였다. 3국은 양자 간 스와프협정 체결이나 '치앙마이 이니셔티브(CMI, 이하 CMI)' 체결, 아시아 채권시장 이니셔티브 채택 등을 통해 역내 금융협력을 강화했다.

셋째, 한중일 3국은 CMI를 이행하고 양자 간 통화스와프 협정을 체결하는 등 '10+3'과 동아시아 정상회담 틀 안에서의 협력을 모색함과 동시에 통신, 황사 방지, 청소년 교류, 한중일 자유무역지대 창설 시행가능성 연구 등과 같은 자체적인 협력을 적극 추진했다. 협력 분야 또한 경제 분야에서 정치안보, 다국적 범죄조직 퇴치, 테러방지 등의 분야로 확대되었고, 심지어 '6자회담' 틀 안에서 3국 외무부 장관들끼리 협상을 진행하기도 했다. 그럼에도 불구하고 각종 원인들로 인해 3국 협력의 실제 효과는

---

8 http://www.baike.com/wiki/, 한중일 합작.

제한적이었다. 대화와 협상 그리고 계획은 많았지만, 실천에 옮겨진 것은 적었다.

2008년, 한중일은 협력에 있어 중요한 걸음을 내딛었다. 12월 13일 후쿠오카에서 3국 정상회담이 열린 것이다. 당시 정상회담은 동북아 3국이 '10+3' 틀을 벗어나 단독으로 가진 최초의 정상회담으로, 비동맹국에서 열린 공식회의에서 3국은 단독 정상회담을 메커니즘화하는 데 동의했다. 후쿠오카 정상회담은 '평화적이고 지속가능한 발전을 실현하기 위한 파트너 관계 수립'이라는 목표를 확립했고, '공개적이고 투명하며 상호 신뢰하고 호혜공영을 추구하며 문화차이를 상호 존중한다'는 원칙을 강조했다.[9] 회담기간 3국은 '국제금융 및 경제문제에 관한 공동성명'과 '동반자 관계공동성명', '한중일 3국 재해관리 공동성명', '한중일 협력액션플랜' 등을 채택했다. 그중 '한중일 협력액션플랜'에는 5개 분야가 포함되었다. 경제 분야에서는 3국의 자유무역지대 창설을 위한 공동연구 지원, 3국 투자 편의성 제고 및 투자보호를 위한 협상 추진 등이 언급되었고, 과학기술 및 환경보호 분야에서는 동아시아 기후 파트너십 추진, 황사 방지 및 조기경보시스템 공동 연구, 철새 공동보호 및 모니터링 추진 등이 포함되었다. 사회문화 분야에서는 외교 및 안보포럼 발족, '한중일 청년지도자 포럼' 개최 등이 포함되었으며, 국제 분야에서는 UN기후변화협약과 아프리카 문제, 6자회담, UN 개혁, 동아시아 협력 등 의제와 관련해 긴밀하게 협력한다는 점이 강조되었다.[10] '한중일 3국 재해관리 공동성명'에는 포괄적인 재해관리 틀 수립, 화재 및 재난방지능력 제고, 재해피해 최소화가 명시되었으며, 3국이 재해관리부처 책임자 회의 및 전문가급 회의

9　신화사(新華社), '3국파트너관계공동성명(三國夥伴關係聯合聲明)'.

10　신화사, '한중일협력액션플랜(中日韓合作行動計劃)'.

를 순회 개최한다는 내용도 포함되었다.[11] 후쿠오카 정상회담 기간 한중, 한일 사이에는 각각 280억 달러와 300억 달러 규모의 통화스와프 협정이 체결되기도 했다. 이와 함께 중일은 CMI에 따라 금융위기의 충격이 컸던 한국에 처음으로 자금을 원조하기로 했다. 후쿠오카 정상회담은 한중일 3국이 제도화한 협력을 시작했음을 알리는 신호탄이 되었으며, 이는 동북아 역내협력에 새로운 지평을 열어주었다.

2009년부터 2012년까지 한중일 3국 정상은 각각 베이징, 제주도, 도쿄에서 회담을 갖고 '한중일 3국 협력 10주년 공동성명'과 '한중일 지속 가능한 개발 공동성명', '제4차 한중일 정상회담 성명', '전방위적 협력 파트너 관계 격상에 관한 공동선언' 등을 잇따라 채택했다. 이 기간 3국 간 협력은 상당한 성과를 거두었는데, 2011년 한중일 3국 협력 사무국을 설립한 것과 2012년 '한중일 투자보장협정' 타결 등이 그것이다. 이와 함께 3국은 18개 부처 장관급 회의를 개최하고 50여 개의 실무진 교류협력 플랫폼까지 구축했으며, 이로 인해 3국 간 협력이 본 궤도에 오른 듯한 분위기가 형성되었다.

그러나 한중일 3국 간 협력은 결코 순탄하지 못했다. 특수한 지연적 관계를 맺고 있고 역사적으로나 현실적으로나 공생 지역에 위치해 있음에도 불구하고, 결코 잊을 수 없는 숱한 고통의 기억과 크고 작은 분쟁, 의견 차이, 해결되지 못한 문제점들이 산적해 있었기 때문이다. 또한 3국은 서로 다른 성장방식을 추구하면서 발전수준에서 차이를 보였고, 정치제도와 대외관계구조 등에서도 커다란 간극이 존재했다. 역사의 그림자와 현실 세계의 영토분쟁, 안보체제상의 '어려움'[12]은 3국의 진정성 있는 협력을 가로막았고, 이로 인해 3국 간의 협력은 정체와 재개를 반복했다.

---

11 신화사, '한중일 3국 재해관리 공동성명(三國災害管理聯合聲明)'.

아주 사소한 일이 때로는 엄청난 파장을 불러일으킬 수도 있는 것으로, 3국 국민 간에 형성된 심각한 불신과 차이 또한 부정적 영향을 미쳤다.

중일관계는 줄곧 가다 쉬다를 반복하며 다양한 변화를 경험했다. 민주당 정권인 노다 요시히코(野田佳彦) 정부가 조어도에서 조업을 하다가 일본 해상경찰과 무력 충돌한 중국 어선 선장에 대해 일본 국내법을 적용해 판결함과 동시에 조어도를 국유화한 사건이 발생했다. 이에 더해 아베 정부가 보수적인 민족주의 정책을 시행한 데 이어 야스쿠니신사를 참배하고 심지어 중국을 전략적 상대로 간주하면서 중일관계는 극도로 악화했다. 또한 역사문제와 영토분쟁으로 인해 한일관계 또한 긴장국면에 빠지면서 2013년 서울에서 개최 예정이었던 3국 정상회담은 불발되었다. 현재 한중일 자유무역협정 체결에 관한 협상이 진행 중이고, 한중일 환경장관회의 같은 일부 부처 간 협력메커니즘이 작동 중이지만, 절대 다수 분야의 협력이 국가 간 관계 악화의 영향을 받았다. 3국 정상회담 메커니즘의 정상화 여부 역시 전반적인 정치 환경 개선이 전제되어야 하지만, 아베 정부가 계속해서 일본의 침략사를 부인한다면 회담 및 대화 재개는 더욱 어려워질 수밖에 없다.

돛을 올리기조차 힘들었던 한중일 3국 협력의 배는 항해 도중 파도에 휩쓸릴 수도 있고, 때로는 왔던 길을 되돌아가야 할지도 모른다. 그럼에도 불구하고 역사적 교훈과 현실적 이익은 협력의 배를 띄우지 않거나 항해를 포기한다면 더 큰 대가를 지불해야 할 것이다.

---

12 한중일 간에 존재하는 '안보상의 어려움'은 주로 다음과 같은 원인에 기인한다. 첫째, 제2차 세계대전 이후 미국이 구축한 군사동맹체계는 중국을 포함하지 않고 있을 뿐 아니라 심지어 중국을 배척하는 양상을 띠고 있고, 이로 인해 한중일 3국은 자체적인 안보협력체계를 갖기 힘들었다. 둘째, 중국의 빠른 굴기가 힘의 재편을 촉발했고, 특히 중일 간의 역할 전환이 전략적 경쟁을 유발했기 때문이다.

회고와 사고

필자의 동북아 연구는 전혀 생각지 못한 데서 출발했다. 1993년 중국 사회과학원 아태연구소 소장으로 취임한 이후 1995년 뜻하지 않게 일본연구소 소장을 겸임하게 되었는데, 당시만 해도 일본에 대한 연구는 부족했던 터라 문외한이 되지 않기 위해서는 공부를 하고 일본에 관한 가장 기본적인 지식들을 보충해야 할 수밖에 없었다. 또한 처음 예상과 달리 무려 6년간 일본연구소 소장으로 재임함과 동시에 '중일 21세기 우호위원회' 중국 측 위원으로 5년간 활동하게 되면서 해마다 다양한 회의에 참석했고, 그때마다 일본 측 위원들과 중일관계 발전에 대해 심도 있는 토론을 하면서 의도치 않게 '지일파' 인물이 되었다.[13]

한국에 관해서는 아는 바가 더욱 적었다. 필자가 한국에 관심을 갖게 된 것은 한국이 비약적인 경제발전을 이루면서부터다. 불과 30여 년 만에 빈곤국가에서 탈피해 1996년 경제선진국들의 모임인 경제협력개발기구(OECD)에 가입한 것은 충분히 연구할 만한 가치가 있는 것이었고, 중국이 본보기로 삼을 만한 것이었다. 필자는 한국의 시장경제모델을 중점적

---

13 많은 일본 친구들이 필자를 '지일파'라고 평가하지만, 사실 개인적으로는 '지일(知日)'과는 아직 거리가 멀다고 생각한다.

으로 연구할 태스크포스를 조직했고, 1997년 필자가 편저한《한국 시장
경제모델: 발전·정부·체제》가 출간되었다. 책에서 밝혔듯이 한국은 자
국 상황뿐만 아니라 당시 국제환경에도 부합하는 발전체제와 정책을 창
조했다. 이 같은 체제 및 정책은 한국 경제의 급성장을 촉진했고, 한국의
산업화와 현대화를 자극했으며, 기타 개발도상국에 발전의 새로운 본보
기가 되었다.[14]

이후 예상치 못한 또 한 번의 기회가 찾아왔다. 2009년 후진타오 주석
이 한국을 방문했을 당시 한중 양국 정상은 한중관계 발전에 대한 연구를
진행하고, 각 정부에 정책자문을 해줄 양국 공동 전문가위원회 설립을 결
정했는데, 필자가 중국 측 위원회 집행주석으로 임명된 것이다.[15] 이로 인
해 필자는 어쩔 수 없이 부단한 연구를 통해 한국에 대한 지식을 늘리는
과정에서 한국에 대해 제대로 이해할 수 있었다. 그 당시 몇 년간, 한국
은 필자가 해마다 가장 많이 방문했던 국가였고, 한국에서도 많은 친구
들을 사귈 수 있었다. 또한 신문과 방송국 등 다수 한국 매체와 인터뷰를
가지면서 한국문제를 가장 잘 이해하고 있는 '전문가'라는 평가를 얻게 되
었다.

2003년 한중일 3국의 '공동선언' 채택은 동북아 지역에 대한 필자의
더 큰 관심을 불러 일으켰다. 그해 필자는 공동연구 태스크포스를 조직해
동북아 지역경제 협력에 대한 연구를 진행했으며, 2004년에는《동북아
시아 지역경제협력: 진전·성과·미래》를 출간했다.《동북아시아 지역경

---

14 장원링 편저,《한국 시장경제모델: 발전 정부 체제(韓國市場經濟模式: 發展, 政府與體制)》,
    경제관리출판사, 1997, 20쪽.
15 한중 양국 공동 전문가위원회는 후진타오 중국 국가주석과 이명박 한국 대통령이 결정에
    따라 4년 기한으로 2009년 설립되었다가 2013년 박근혜 대통령 정부가 출범하면서 폐지
    되었다.

제협력》에서는 다양한 관점에서 지역경제협력에 대해 분석했으며, 특히 미래 발전의 청사진을 그렸다. 책의 서론에서 "현실적 가능성과 수요 측면에서 봤을 때 동북아가 독립적이며 제도화된 지역조직을 구축하는 데는 거대한 어려움이 존재한다. 다시 말해 실제 기능을 가진 동북아공동체를 건설하기란 거의 불가능하다"고 지적했다. 그러면서 "동북아 역내협력은 경제협력을 토대로 기능영역에서의 협력메커니즘 건설을 중점적으로 추진함과 동시에 종합협력, 즉 정치와 안보, 사회, 문화를 포괄하는 협력을 추진해야 한다. 즉, 협력을 통해 지역 공동의 이익을 증진하고, 나아가 지역 공감대를 확대해야 하는 것이다"라고 제안했다.[16] 사실 다양한 요인을 고려했을 때 동북아 지역협력의 미래를 그다지 낙관하지 않는다. 기능적 협력을 추진하는 것, 즉 각 영역에서의 협력은 실무적 선택에 의해 즉각적인 효과를 거둘 수 있으며, 복잡한 정치적 요소를 피할 수 있는 협력에 불과한 것이기 때문에 구조적으로 한중일 3국 간의 협력일 수도 있고, 동북아의 모든 혹은 일부 국가가 참여하는 협력이 될 수도 있다. 즉, 융통성이 있고 다양할 수 있다. 역내협력이 하나의 흐름이 되고, 많은 국가들이 역내협력에 참여하고 있다고 하지만, 모든 지역이 유럽처럼 긴밀한 연합관계를 형성하는 것은 아니다. 유럽연합은 유럽만의 특수한 환경과 조건하에서 존재할 수 있는 것으로, 동북아처럼 관계가 복잡하게 얽혀 있고 불균형이 존재하며 역내 정치적 응집력이 약한 지역은 지역공동체 건설이라는 목표를 확립하기 위한 지지 기반이 약하다.

　근대의 동북아는 역내관계의 변화무쌍함을 경험했고, 또한 이 지역에는 많은 충돌과 전쟁이 발생했다. 제2차 세계대전 이후 지역관계 및 질서

16　장윈링 편저,《동북아시아 지역경제협력: 진전 성과 미래(東北亞區域經濟合作: 進展, 成效 與未來)》, 세계지식출판사, 2004, 3-6쪽.

가 재편되었으나 이번에는 냉전이 국가 간 관계를 비정상적으로 만들었다. 먼저 패전국인 일본은 미국의 뜻에 따라 개조되고 통제되며 미국의 동맹국이 되었고, 급속도의 경제회복을 실현하며 아시아 최대, 세계 제2대 경제대국(2011년 전)으로 성장했다. 한반도는 남북으로 분열되어 대규모 전쟁을 겪었으며, 이는 한반도 분열과 대립을 장기화시켰다. 미국의 동맹국이 된 한국은 비약적인 경제성장을 이룬 반면, 북한은 앞서 밀접한 '준동맹관계'를 중국과 같은 전선에 섬과 동시에 미국과는 장기적 대치국면을 형성했으며, 일본과도 정식 외교관계를 수립하지 않았다. 특히 핵무기 실험을 하며 핵보유 국가가 된 이후 북한은 국제사회의 제재를 받았다. 중국 또한 북한의 핵무기 보유에 반대 입장을 표명했으며, 이로 인해 북한은 역내협력에서 제외되었다.

제2차 세계대전 이후 중국과 동북아 국가 간의 관계 역시 순탄치 않았다. 소련과의 관계를 보면 신중국 건국 후 짧은 기간의 동맹국을 거쳐 곧 분열되면서 대치국면에 빠졌다가 이후 소련 해체로 러시아와의 관계정상화를 실현했다. 중일관계 또한 1970년대 정식으로 수교를 맺었으나 줄곧 냉온탕을 왔다 갔다 하며 우여곡절을 겪었고 한국과는 1990년대 초 정식으로 수교를 맺은 뒤 경제적으로는 빠르게 가까워졌지만 정치안보 면에서는 여전히 많은 문제점을 안고 있었다.

동북아 역내협력은 곧 복잡다변한 상황에서 길을 찾는 여정으로, 때로는 가시밭길을 만나 넘어지기도 하고 쓰러지기도 한다. 그렇다면 동북아 지역의 화해와 협력은 왜 이렇게 힘든 것일까?

시장개방을 토대로 한 경제관계가 한중일 3국 간 이해토대를 공고히 한 것은 사실이지만, 미국이 주도하는 동맹국 정치와 안보는 중국을 격리시켰고, 이로 인해 3국은 많은 정치안보문제에서 공감대를 형성할 수 없었다. 역내협력을 추진하고, 특히 협력을 위한 제도를 확립하기 위해서는 정치적 공감대, 안보상의 공감대, 지역공동체 의식이 필요하지만 복잡한 지역관계 및 구조가 한중일 3국을 포함한 동북아 국가들의 공감대 및 공동체 의식을 크게 약화시킨 것이다.

한중일 3국 협력에 있어 '10＋3' 틀 안에서 3국 정상의 조찬회동이 시작된 것은 매우 획기적인 사건이었으며, 나아가 조찬회동을 정례화한 것은 전략적으로 뜻깊은 결정이었다. 또한 3국 정상의 단독회담 메커니즘을 구축하고, 다양한 분야에서 장관급·고위급 대화 등 다층적인 협력 플랫폼을 마련한 것도 역사적으로 큰 의미를 갖는다.

그러나 3국 간에는 정치와 안보상의 간극이 존재하고 있고, 이로 인해 협력 또한 많은 장애물에 부딪히고 있다. 특히 변덕스러운 일본의 현대정치는 3국 간의 협력을 더욱 어렵게 만들고 있다. 우익세력이 세를 얻으면서 정권을 잡고, 지도자들은 침략역사를 부정함과 동시에 중국을 전략적 상대로 간주하면서 중일·한일관계의 퇴보를 초래했을 뿐만 아니라 3국 협력에 필요한 정치적 분위기 또한 악화시켰다. 사실 일본과 한국 모두 미국의 동맹국으로, 이치대로라면 정치와 안보 면에서 공감대를 가지고 있어야 한다. 하지만 역사문제가 무대 전면에 서고 집중 조명을 받으면서 양국관계는 급격히 악화했다. 한국인에게 있어 일본의 식민통치 역사는 영원히 잊을 수 없는 것이기 때문이다. 한중관계에서는 북한문제가 양국관계를 뒤덮은 어둠의 그림자 같은 존재다. 이 그림자가 짙어지면 한국인은 중국을 비난의 대상으로 간주하고, 이는 양국관계에 악영향을 미친다. 최근 중국의 종합국력이 빠르게 제고되면서 일본에서는 강력한 저항성이 생겨났다. 이 저항성은 중국과의 협력에 대한 의구심을 증폭시키고 있는데, 이 의구심은 정계뿐만 아니라 기업계에서도 나타나고 있다. 반면 중국과 한국은 일본의 우익세력이 강해지는 데에 깊은 우려를 표시하며, 일본 지도자들이 역사를 왜곡하는 데 강한 분노를 느끼고 있다. 즉, 이 같은 상황에서는 한중일 3국 간 협력 틀이 계속해서 존재한다 하더라도 공감대를 형성할 수 없을 뿐만 아니라 협력을 위한 응집력 또한 약해질 수밖에 없다.

　미국이 한중일 3국관계에 영향을 미치고 있는 것에도 주목해야 한다. 미국은 한국과 일본에 군대를 파견해두고 있으면서 양국에 매우 큰 주도권을 보유하고 있고, 일본이나 한국이 중국과 협력메커니즘을 구축하는 것을 경계한다. 그 이유는 간단하다. 일본과 한국은 미국의 동맹국인데 중국과 미국은 전략적 경쟁을 벌이고 있고, 한중일이 가까워진다면, 특히 긴밀한 협력관계를 맺는다면 분명 미국의 주도적 역할과 영향력이 약해질 수밖에 없기 때문이다. 이 모든 상황을 종합했을 때 한 가지 드는 생각이 있다. 바로 미국이 참여하지 않은 한중일 협력이 과연 어느 정도까지 진행될 수 있는가 하는 것이다.[17]

　한중일 3국은 역사문제에 있어 먼저 화해해야 한다. 화해가 없다면 협력은 어려울 수밖에 없다. 물론 협력과정 중에 화해가 이루어질 수 있겠지만, 3국 간의 복잡한 관계를 고려할 때 화해를 이루기 위해서는 종합적인 환경과 정책적 결단력이 뒷받침되어야 한다. 특히 일본은 더 이상 역사문제로 분란을 야기해서는 안 된다. 그러나 일본 국내 정치기류를 감안할 때 이 점을 실행하기가 더욱 어려워졌다.

　한중일이 공유하고 있는 현실적 이해관계의 토대는 경제관계다. 때문

17　일부 학자들은 동북아 지역협력의 근본적 모순이 지역관계의 구조적 모순에 있으며, 미국의 패권과 중국의 굴기를 어떻게 처리할 것인가가 그 핵심이라고 주장한다. 따라서 동북아 협력의 개방성·포용성을 유지해야 하고, 이 중 포용성의 핵심은 미국의 이익을 보장하는 것이라고 한다. 이러한 관점은 그러나 문제를 미중 간의 문제로 귀결시킨 것으로, 사안에 대한 인식이 다소 깊지 않다고 생각한다. 이와 관련한 관점은 왕웨이웨이(王緯緯), 〈안보경쟁 중 일체화의 어려움: 동북아 지역 사례(安全博弈中的壹體化困境-以東北亞為例)〉, 《옌볜대학학보(延邊大學學報)》, 사회과학판, 2014, 제2기, 26-27쪽 참조.

에 3국의 협력은 주로 경제 분야에서 이루어지고 있으며, FTA 체결은 3국 간에 보기 드물게 형성된 공감대다. 협상 과정이 평탄치 않고 정치적 영향을 받고 있지만, 3국 간 FTA 체결은 시간문제이며, 이는 단지 구조설계 및 정치적 결심의 문제일 뿐이다.[18]

지역협력의 목표설계 및 기능 면에서 본다면, 메커니즘을 갖춘 건설은 참여자 관계를 개선하는 효과를 가지며, 지역적 메커니즘 구축을 통해 양자 간의 모순을 완화하고 호혜공영의 토대를 만들 수 있다. 유럽 협력은 석탄철강공동체로부터 시작해 관세동맹, 공동시장, 경제공동체, 대시장을 거쳐 지금의 유럽연합으로 발전했다. 또한 협력이 점차 심화됨에 따라 경제 분야에서 정치 및 안보로 그 영역이 확대되면서 유럽지역의 평화가 자리 잡았고, 회원국 간, 특히 대립관계에 있던 프랑스와 독일 간 관계가 개선되었다. 제도적인 차원에서 충돌이 반복되던 유럽역사의 악순환에 마침표를 찍었다. 동남아 지역은 본래 대립과 전란이 끊이지 않았던 지역이지만 역내 협력조직인 아세안이 결성됨에 따라 지역통합을 실현했다. 동남아 지역의 모든 국가가 협력 틀을 받아들이고, 점진적인 방식으로 역내시장의 개방수준을 제고함으로써 지역경제 발전을 촉진했다. 상호신뢰와 협력이익을 공유한다는 전제하에 아세안은 공동체 목표를 설정했으며, 실제로 현재 아세안만의 특징을 가진 공동체를 건설했다. 반면 동북아 상황을 보자. 한중일이 높은 수준의 협력을 이루기 위해서는 양자관계

---

18 일부 학자들은 한중일 협력의 핵심이 3국 간 FTA 체결 여부에 있으며, 이는 동북아 지역 나아가 동아시아 지역이 경제통합을 실현하기 위한 필수조건이라고 주장한다. 선이셰(沈義燮), 〈동북아시대의 한중일 협력을 논하다(論東北亞時代的中日韓合作)〉,《동북아연구(東北亞研究)》, 2008, 제3기, 11쪽. 일부는 구조적 차이에서 출발해 "한중일이 단기 내에 FTA를 체결하기 힘들 것"이라고 주장한다. 왕성진·주셴핑(王盛金·朱顯平), 〈동북아 지역 협력의 현황 및 추세(東北亞地區合作的現狀與趨勢)〉,《아시아문제연구론총서(亞洲問題研究論叢)》, 2007, 제5권, 250쪽.

개선이 토대가 되어야 하지만, 역내 협력메커니즘은 양자 간 관계 개선을 추진할 만한 내공을 갖추지 못한 상태다. 유럽연맹과 아세안의 협력의 경험을 통해 우리는 협력을 추진하기 위해 몇몇 핵심 국가의 적극적인 추진력이 필요함을 배웠지만, 동북아에서는 한중일 3국이 이 같은 역할을 발휘하기가 사실상 어렵다.[19]

하위지역의 협력은 더욱 빠르게 추진될 수 있다. 지연적 연계성을 고려할 때 동북아 국가 간에는 하위지역협력 발전에 대한 수요가 존재하고, 현실성도 높다. 하위지역의 협력에는 육로상의 국경 접경지역과 육해경제권이 포함된다. 육로상의 국경접경지역 협력과 관련해서는 접경개발구역 및 국경협력개발구역을 발전시킬 수 있으며, 이는 양국 간뿐만 아니라 수개 국가 간에도 가능한 일이다. 육해경제권과 관련해서는 연해도시 및 국경도시를 조성할 수 있고, 항구와 인근지역을 연계한 협력권을 건설할 수도 있다.

동북아 역내협력의 핵심 역량은 한중일 3국이지만, 그 범위는 더욱 포괄적이어야 한다. 지리적 관점에서 본다면, 최소 몽골과 러시아 그리고 북한 역시 포함되어야 한다. 협력방식에 있어서도 하위지역협력 및 기능성 협력을 포함해 다양한 방식을 추구해야 한다. 특히 정치문제로 인해 한중일 협력이 빙하기에 빠진 가운데, '범동북아적' 협력을 적극 추진해야 하며, 동시에 동북아 대 협력 틀 구축, 동북아 호련호통(互聯互通, 상호연결과 소통) 네트워크 건설, '3(한중일)+3(러시아·몽골·북한)' 혹은 '3(한중일)+2(러시아·몽골)' 대화메커니즘 건설을 추진할 수 있다. '3+3'이나

19 주요원인은 한국과 일본이 미국의 이해관계 및 정책의 영향을 받고 있기 때문이다. 일례로, 중국은 아시아인프라투자은행 설립을 주도하며 아시아 20여 개 국가로부터 지지 및 참여를 이끌어냈지만, 미국의 압력하에 한국은 참여를 망설였으며 일본 역시 참여하지 않았다.

'3+2' 대화는 장관급 대화에서 시작해 조건이 성숙되면 '3+3 정상회담'으로 발전시킬 수 있다.[20] 만약 한중일이 참여하는 '3+'메커니즘이 리더 역할을 발휘하기 힘들다면, 새로운 3국 메커니즘을 추진할 수도 있다. 일례로 한중일 대화협력 메커니즘과 함께 중·몽·러 대화 협력을 동시에 발전시킬 수 있는 것이다.

다양한 형식의 협력 중 정부의 역할은 '지지'와 '추진'으로, 시장개방을 추진하고 기업의 참여를 지지하는 것이다. 시장은 동북아 경제연계의 주요 채널이며, 기업은 경제활동의 주체이다. 한중일 3국의 경우 정치적으로는 풍파가 끊이지 않지만, 시장을 기초로 한 경제관계는 약화되지 않았다. 한중일 3국 경제는 구조적 상호보완성을 형성하고 있다. 일본은 기술적 우위를 점하고 있고, 한국은 투자가 활발하며, 중국은 시장 잠재력이 무궁무진한 것이 그것이다. 이러한 상호보완적 구조는 3국 간의 투자-무역-서비스가 연계된 네트워크를 형성했다. 특히 중국의 거대한 시장잠재력은 3국 간 경제교류에 거대한 발전공간을 제공했다.

그러나 최근 기존의 구조에 변화가 발생하고 있다. 과거에는 일본에 대한 중국의 수출의존도가 높았지만, 현재는 중국에 대한 일본의 수출의존도가 더 높아졌다. 중국은 일본과 한국의 최대 무역시장이며, 한국의 최대 투자시장이자 일본의 주요 투자시장이 되었다. 한중일 3국의 경제구조 재편 및 관계 변화는 주로 시장메커니즘에 의한 것이다. 3국의 경제연계는 시장 추진력, 기업의 능동적 행위에 기초한 것으로, 기업은 3국의 제도 구축을 추진하는 중요한 역량이다. 필자는 3국 일부 기업가들과의

---

20 필자는 2011년 열린 동북아시아 싱크탱크포럼에서 '3+3' 경제장관 대화협력 메커니즘 구축을 제안했다. 〈전문가, 동북아자유무역지대의 조속한 건설을 호소(專家呼籲東北亞自貿區應盡早建立)〉, 중국신문망(中國新聞網), http://www.chinanews.com/df/2011/06-16/3116626.html 참조.

교류를 통해 그들이 이미 확인된 시장기회를 포기하지 않을 것이며, 기본적인 이해관계를 무시한 일부 정치가들이 정치적 수단을 잘못 활용해 3국 관계를 긴장국면에 빠뜨린 데 대해 많은 불만을 가지고 있음을 확인했다.

동북아에 대해 이야기할 때면, 세계 어느 곳을 가보아도 한중일이 이룬 눈부신 경제발전에 탄복하지 않는 이가 없을 정도다. 세계 제2대, 제3대 경제체가 이 지역에서 탄생했다는 사실에 사람들은 부러움을 금치 못한다. 그러나 동북아의 지역정세와 국가 간 관계, 특히 한중일 3국관계, 그리고 한반도 위기국면과 관련해서는 많은 이들이 이해할 수 없다고 말한다. 두 번의 세계대전을 치른 유럽도 화해하고 협력하는데, 동북아는 왜 그러지 못하냐고 묻는다.

필자는 일본과 한국을 자주 방문하며, 몽골과 러시아, 북한도 방문한 적 있다. 특수한 정치 환경을 가진 북한을 제외하고, 기타 국가의 전문가와는 이야기가 잘 통하고 많은 부분에 공감한다. 동북아의 협력과 평화가 필요하다는 점, 대국에서 출발해 지혜로 모순과 대립을 해소하고, 타협과 협력의 정신, 그리고 방식으로 분쟁을 해결해야 한다는 데 동의한다. 그러나 이 같은 공감대도 국가관계 차원의 문제, 특히 영토분쟁과 역사적 원한 같은 문제들로 인해 와해된다. 이는 과연 무엇 때문일까? 공감대의 정치적 토대가 약하기 때문일까, 아니면 다른 원인이 있는 것일까? 필자 역시 때로는 고민에 빠진다.[21]

---

21 화해는 강한 정치적 염원에서 출발해야 한다. 한중 간의 화해가 매우 좋은 예다. 과거 적대 관계였던 한국과 중국은 치열한 전투를 치렀고, 아직도 그 기억이 생생하다. 그럼에도 불구하고 한국은 먼저 한국에 남아 있는 중국 인민지원군의 유해 송환을 제안했고, 이는 양국관계를 개선하고 양국 국민 간 정서적 차이를 좁히는 데 중요한 역할을 했다.

중국의 동북아 역내 경제협력 추진과 참여 전략[22]

중국에게 동북아는 지연적, 경제적, 정치적, 안보적으로 특수하면서도 중요한 의미를 갖는다. 그러나 동북아는 지연적으로 복잡한 관계를 맺고 있고, 이 지역의 역내협력은 틀과 메커니즘이 다양하고 많은 요인의 영향을 받는 등의 특징을 띠고 있다. 지연적 경제정치관계라는 관점에서 출발하면, 특히 동북아 지역발전 추진 전략의 관점에서 봤을 때 중국은 동북아 지역협력에 적극적으로 참여하며 시행가능성이 높은 정책들을 취해왔다.

1. 한중일 협력의 추진 중점

유구한 한중일 교류 역사를 살펴보면 한국과 중국은 원수이자 가족 같은 존재였으며, 이 같은 이원적 특징은 오늘날까지도 이어지고 있다. 각각의 이해관계가 서로 교차하고 발전의 상호의존도가 높아져 어느 한 쪽의 손해가 곧 전체의 손해가 되는 현재의 세계화·지역화 시대에서 우리가 해야 할 일은 바로 화해하고, 대화와 협상 그리고 협력을 통해 호혜공영을 실현하는 것이다.

---

22 《동북아포럼(東北亞論壇)》, 2013, 제1기.

1) 한중일 협력의 추진과정

한중일 3국의 협력을 추진하고 이에 참여하는 것은 중국의 이익에도 부합하는 것이자 중국의 지역화전략의 중요한 선택이기도 하다. 중국의 개혁개방은 3국이 긴밀한 경제관계를 맺는 포문을 열어주었다. 한국과 일본기업이 중국으로 산업을 이전함에 따라 3국 간 경제관계 및 이익토대는 더욱 공고해졌고, 3국 간 거리는 더욱 가까워졌으며, 이는 3국의 협력추진에 전제조건과 내재적 수요를 제공했다. 그럼에도 불구하고 역사와 현실적 원인들로 인해 3국 간의 체계적인 협력 틀 구축은 계속해서 지연되어왔다.

한중일 정상 간 회견은 1999년에야 비로소 성사되었다. 당시 필리핀에서 열린 아세안+3(한중일) 정상회담에 참석차 모인 3국 정상이 유례없는 조찬회동을 가진 것을 계기로 한중일 3국 간 대화 및 협력이 첫 걸음을 떼게 되었다. 당시 3국 간 정상 대화는 대대적인 반향을 불러일으켰지만 정치적 민감성을 고려해 3국은 지나친 해석을 자제했다. 수년에 걸친 대화를 통해 3국의 대화는 정상궤도에 올라섰고, 협력이 추진되기 시작했다. 2003년 3국 정상은 인도네시아 발리에서 '한중일 3국 간 경제협력에 관한 공동선언'을 체결했고, 이듬해에는 공동선언 이행을 위한 '한중일 3국 협력행동전략'이 통과되었다. 2008년에 이르러 3국 간 협력은 새로운 단계에 진입했는데, '10+3' 틀 안에 국한되어 있던 3국 정상 간 만남이 독립적으로 이루어지기 시작하며 '한중일 동반자관계 공동선언'과 '한중일 3국 협력행동계획'이 채택된 것이다. 2010년부터는 중장기 협력계획이 추진되면서 '2020년 한중일 협력 전망'과 '한중일 3국 협력 사무소 설립에 관한 비망록'이 발표되었고, 과학기술 및 경제 분야의 협력 심화, 지속가능한 발전 추진, 사회 인적교류 강화, 국제(지역)문제 관련 소통 및 협조 강화에 대해서도 합의했다. 2012년에는 베이징에서 제5차 정상회담이 개최되며 '전방위적 협력 동반자관계 격상에 관한 공동선언'이 발표되었다. 한중일 협력이 끊임없이 심화하며 성과를 내고 있음은 자명한 사실이다. 현재 3국은 외교, 과학기술, 정보통신, 재정, 인적자원, 환경보호, 운수 및 물류, 통상무역, 문화, 위생, 중앙은행, 해관, 지적재산권, 여행, 지진, 재해관리, 수자원, 농업 등과 관련해 18개 장관급 대화메커니즘과 50여 개의 교류협력플랫폼을 구축했다.[23]

한중일 3국 협력에 중국은 줄곧 적극적으로 참여하며 다양한 정책을 추진했고, 많은 부분에서 '창도자'의 역할을 담당했다. 제1회 한중일 정상회담 기간, 원자바오 총리는 "전략적이고 장기적 관점에서 일본 그리고 한국과의 우호적 협력관계를 발전시키는 것을 매우 중시한다"고 밝혔다. 그뿐만 아니라 "호혜협력을 강화하고, 3국 국민을 위한 실질적 이익을 모색하는 것은 3국 협력을 발전시키는 중요한 추진력"이라고 지적했으며, "글로벌 경제의 대변혁·대조정·대발전 시대에서 한중일 3국은 새로운 기회와 새로운 도전 앞에 직면해 있다. 전면적 협력 심화를 통해야만 각자의 발전을 촉진할 수 있고 동아시아 지역의 융합 및 일체화를 추진할 수 있으며, 세계평화와 발전에 응당한 기여를 할 수 있다"고 강조했다.[24] 중국의 진취적이며 적극적인 태도는 한중일 협력에 매우 중요한 역할을 했다.

경제협력은 3국 협력의 주축이고, 경제발전상의 공동이익은 협력을 지탱하는 내재적 기초이다. 그러나 3국 간에는 역사인식과 현실적 이해관계로 인한 모순이 존재하고 있고, 복잡한 안보 틀과 환경 속에서 경제 분야에서의 긴밀한 관계 및 협력으로는 정치·안보 면에서의 거대한 차이를 좁힐 수 없었다. 일부 민감한 문제, 특히 역사인식과 영토 및 영해 분쟁

---

23 http://www.fmprc.gov.cn/chn/pds/wjb/zzjg/yzs/dqzz/zrhhz.

24 '원자바오, 한중일 협력에 대한 4대 관점 제시(溫家寶提出對中日韓合作四大觀點)', 신화망, 2008. 12. 13.; '베이징 한중일 정상회담 중 원자바오 담화', 2009. 10. 10.

그리고 한반도 긴장국면 등이 3국 간 협력에 커다란 제약이 되었다. 3국 간 협력은 끊임없는 발전을 이뤘지만, 그 관계가 불안한 정치관계 위에 구축되어 있는 탓에 성명은 많이 발표되었지만 실제 행동은 적었고, 정치 및 사회적 지지기반의 취약성으로 인해 협력에 '정경분리'의 특징이 나타날 수밖에 없었다.[25] 이 같은 상황에서 3국 협력은 부침을 피할 수 없었다. 한중일 협력이 더욱 심화하기 위해서는 무수한 노력이 필요할 뿐만 아니라, 지혜와 공감대 또한 필요하다. 특히 오늘날처럼 영토 및 배타적 경제수역을 둘러싼 분쟁이 격화하면서 3국 간 협력도 심각한 위기에 부딪혔을 때에는 그 노력이 정체되거나 퇴보할 위험도 적지 않다.

2) 한중일FTA 체결 추진

한중일은 경제적으로 밀접한 관계를 형성했지만 연계메커니즘이 주로 시장과 기업의 자율적 선택에 의존하고 있고, 이것이 다시 3국 시장개방구조의 불균형과 규제 보장성의 약화 등을 초래하면서 3국의 내부 무역 및 투자시장은 상당히 저조한 상황에 직면해 있다. 따라서 3국은 일체화 수준을 제고함으로써 투자 및 무역구조의 재편을 촉진해야 하고, 이를 통해 경제공간의 용량을 확대함과 동시에 경제구조 전환 및 업그레이드를 실현해야 한다.

한중일FTA 체결을 가장 먼저 제안한 것은 중국이다. 3국은 2003년 이

---

25 일부 학자들은 동북아 지역이 더욱 긴밀한 협력관계를 구축하는 데 있어 내부·외부적 이중 압력을 받고 있으며, 역외 대국은 동북아 국가들이 긴밀한 경제정치협력관계를 구축하는 것을 바라지 않는다고 주장한다. 저우융성(周永生), 〈동북아 역사구조·외교이념과 미래 전망(東北亞的歷史結構, 外交理念與未來前途)〉, 《외교평론》, 2012, 제1기, 124쪽. 또 다른 학자들은 지역적 동질감 부족이 한중일 협력메커니즘 구축의 최대 장애물이라고 지적한다. 푸징윈(富景筠), 〈한중일 역내 경제협력: 회고와 전망(中日韓區域內的經濟合作: 回顧與展望)〉, 《아태지역발전보고(亞太地區發展報告)》, 사회과학원문헌출판사, 2011, 120쪽.

후 다년간에 걸친 공동학술연구를 통해 중요한 성과를 거두었고, 이를 기반으로 2010년, 3국 정부 주도하에 FTA 실행가능성 연구와 함께 3국 투자협정 협상이 시작되었다. 정부가 주도했던 실행가능성 연구보고서는 2011년 말에 마무리되어 2012년 5월, 3국은 '한중일 투자보장협정'을 체결, 같은 해 말에 3국 FTA 협상을 개시한다고 선언했다. 이후 FTA 체결을 위한 공식 협상이 시작되었다.

FTA 체결은 3국 경제개방과 협력 제도화 및 심화에 새로운 시장과 규제환경을 제공해줄 것이다. 과거의 3국 경제관계는 한국과 일본의 중국에 대한 산업이전을 토대로 형성되었지만, FTA 체결은 3국 시장을 더욱 높은 수준으로 개방시키고 더욱 평등한 관계를 구축하도록 할 것이며, 나아가 경제구조 재편과 업그레이드를 촉진할 것이다.[26]

물론 3국 간 경제수준과 구조가 상이하기 때문에 FTA가 각국에 미치는 영향 또한 다를 수밖에 없다. 분석에 따르면 비교우위가 약한 영역과 관세 세율이 높았던 영역이 상당한 충격을 받을 것으로 전망된다.[27]

〈표 1〉에서 알 수 있듯 중국은 1차 산업과 전자산업에서 우위를 차지하고 있는 반면, 기계제조나 자동차, 화학공업 분야에서는 열세에 있다. 한국은 방직과 전자, 화학공업에서 우위를 점하고 있지만 농업과 어업, 기계제조 분야에서는 경쟁력이 약하다. 일본은 비교적 많은 분야에서 우위

---

26 일부 학자들은 자유무역협정 체결이 3국이 글로벌 경제 충격에 대응하고 경제 경쟁력을 제고하기 위한 핵심 조치라고 주장한다. 장루이핑(江瑞平), 〈한중일 경제협력: 동인·현황·영향(中日韓經濟合作: 動因, 態勢, 影響)〉, 《외교평론》, 2012, 제5기, 33쪽 참조.
27 일부 학자들은 한중일FTA 협상과정에 일부 현실적 문제들이 존재한다고 지적한다. 어떠한 자유무역지대를 건설할 것인지에 대한 인식이 다를 뿐만 아니라, 각국의 대외경제협력이 상이하다는 것이다. 또한 FTA 체결은 단순한 경제협력이 아니라 정치협력으로서, 3국 간 정치적 상호신뢰가 부족하다는 점도 문제로 꼽힌다. 쑨젠훙(孫建紅), 〈한중일 자유무역지대 건설에 영향을 미치는 3개 요인(影響中日韓自貿區建設的三個因素)〉, http://news.sohu.com/29129·118/n332682490.shtml.

〈표 1〉 한중일 자유무역협정(FTA)이 3국 각 영역에 미치는 영향

	중국	일본	한국
농업	+	−	−
어업	+	/	−
방직업	+	−	+
전자산업	+	/	+
기계제조업	−	+	−
철강업	/	+	/
자동차	−	+	/
화학공업	−	+	+

주: '+'는 생산 증가, '−'는 생산 감소, '/'는 영향 적음

를 차지하고 있는데, 전자와 기계제조, 철강, 화학공업, 자동차 분야에서 강세를 보이고 있고, 농업과 방직업에서는 약하다. FTA 협상을 추진할 때는 비교우위 산업만 개방할 수 없고 종합적이고 평등해야 한다. 자유무역지대 자체 기능도 개방을 통한 산업 업그레이드 및 개조의 촉진에 있다.

그러나 농업은 특수 의미를 지닌 '사회적·정치적' 영역으로, 농업 개방에 있어서는 사회적·정치적 요인을 고려해 단계적이고 업종별로 접근해야 한다. 일본에게 있어 농업 개방은 정치적 문제이고, 한국 역시 사회적 압력이 크다. 중국 입장에서도 농업 개방은 쉽지 않다. 따라서 농업을 매우 민감한 영역으로 분류하여 점진적인 개방이나 비대칭 배정 등 방식을 취할 수 있다.

한중일FTA 체결을 위해서는 높은 기준과 점진적 방식이 필요하다. 일부 민감한 영역과 제품에 대해서는 점진적 개방 시간표를 마련해 '전환기'를 확보하고, 5~8년의 시간을 거쳐 높은 수준의 시장개방을 실현할 수 있다. 중국은 한중일FTA를 점진적으로 추진하는 데 적극적인 태도를

견지해왔다. 한국과 일본 상품의 시장 진입에 부담을 느끼면서도 중국
이 3국이 투자보장협정 협상 개시에 동의한 것은 협력에 대한 중국의 진
지한 뜻을 보여주는 것이며, 투자보장협정 체결은 3국이 전면 개방에 가
까운 FTA를 체결하는 데 밑거름이 되었다. 사실 중국 내부에서는 중국이
한국, 일본과 FTA 담판을 개시한 데 대한 상당한 거부감이 존재한다. 중
국이 화학공업이나 자동차, 통신, 물류, 금융서비스 등 분야에서 열세에
처한 가운데, 이 분야에서 강한 한국과 일본기업들과의 경쟁이 어려울 것
이라는 부담감 때문이다. 중국 경제가 전환단계에 진입한 현재, 다수 본
토 기업들은 중국 정부가 자국시장을 보호해 내국인의 창업에 더욱 유리
한 환경을 제공해주길 바라고 있다. 바로 이 때문에 중국은 협상 과정에
있어 국내의 반대 압력에 부딪히기 쉽다. 협상의 순조로운 진행을 위해
중국은 반드시 내부적 압력을 해소해야 하며, 강한 결단력으로 협상에 임
해야 한다.[28]

한중일FTA 협상 과정을 보면 FTA에 대한 3국의 전략, 내용, 수준에 차
이가 있음을 알 수 있다. 선진경제체인 일본의 경우 높은 수준의 '바스켓
식' 협의 체결을 희망하고 있다. 특히 투자 분야 개방에 있어 일본은 '진
출 전 내국민 대우'[29] 조항과 함께 '네거티브 리스트' 방식 채택을 요구하
고 있다. 미국 및 유럽과 높은 수준의 FTA를 체결했고, 고도로 개방된 시
장을 가진 한국도 중국에 상당히 높은 수준의 개방을 요구하고 있다. 중국

---

28 각 분야에 대한 한중일의 이해관계 및 각국의 국내 정치적·사회적 요인 등으로 인해 3국
    의 FTA 협상은 고된 노정이 될 수 있다. 장닝(張寧), 〈한국의 FTA 체결 현황·경제효과와
    미래 방향(韓國締結FTA的現狀, 經濟效應與未來方向)〉, 《한국발전보고(韓國發展報告)》, 사
    회과학문헌출판사, 2012, 158쪽.

29 한국과 일본은 기타 국가와 FTA 혹은 EPA 체결 시 대부분 '내국민 대우' 조항을 포함시켰
    다. 그러나 한중일 3국이 서명한 투자보장협정에는 이 같은 조항이 없으며, 이 때문에 한일
    양국은 분명 FTA 협상 중 중국 측에 관련 조항 추가를 요구할 것이다.

입장에서는 뼈를 깎는 고통의 노력이 필요한 내용이다. 물론 한국과 일본 역시 취약한 영역이 있다. 농업이 그것으로, 양국은 농업 개방에 신중한 태도를 보이면서 많은 품목에 대해 보호 혹은 개방시기의 연장을 주장하고 있다. 협상이 중단 없이 진행되기 위해서는 정치적 결단과 상호타협의 유연성이 필요하다. 일찌감치 시작된 한일 간 FTA 협상이 난항을 겪으며 현재까지 보류 중인 상황에서 한중 간 FTA 협상도 시작되었다. 양자 간 협상을 초월한 3자 간 협상을 만드는 것은 결코 쉽지 않은 일이다.

한중일FTA 협상은 수많은 어려움에 직면할 것이고, 불확실성도 적지 않다. 따라서 3국은 FTA 협상만을 기다릴 것이 아니라 다른 영역에서의 협력을 모색해야 한다. 예를 들어, 인터넷 통신망 건설 강화를 추진할 수 있다. 3국이 동의한 순환경제센터 건설을 하루 빨리 완성하고, 한중일을 중심으로 하는 동북아 물류네트워크를 구축할 수 있다. 편의성을 생각하면 더욱 다양한 영역에서 협력할 수 있다. FTA 체결을 위한 전면적 협상 개시 전에 식품검역이나 인증제도 통일 등 중요하고 시급한 분야에서 우선적으로 협력을 강화할 수 있다.

경제 면에서 한중일은 고도로 상호 의존하고 있으며, 무역, 투자, 금융 관계는 전대미문의 수준에 이르렀다. 중국은 한국과 일본의 최대 무역 파트너로 부상했고, 한국과 일본은 중국에게 있어 중요한 외자투자원일 정도로 3국은 이미 떼려야 뗄 수 없는 관계가 되었다. 3국 간 상호 보완성은 향후 상당기간 동안 유지될 것이다. 특히 중국의 발전은 3국이 개방적인 경제구역을 구축하는 데 유리한 조건을 제공할 것이다.

글로벌 경제가 중요한 조정구간에 진입한 가운데 3국은 미래지향적인 협력 틀을 마련해야 한다. 일례로 장기적 이익의 관점에서 봤을 때 '신성장 분야'에서의 협력을 추진할 수 있다. 청정에너지·신에너지 자동차·대체에너지·바이오·우주·해저자원 활용 등에 있어 정부가 참여 및 추진하는 공동회사와 기업을 설립할 수 있고, 기업 간 협력에 세금, 신용대출 등 우대혜택을 제공할 수도 있으며, R&D 협력을 통해 '제3차 혁명'의 새로운 영역에서 유리한 위치를 점할 수 있다.

3국이 협력을 심화하기 위해서는 양자 간 관계 개선도 필요하다. 현재 양자 간 관계가 많은 부분 개선되었지만, 정부 차원에서나 사회적으로 진정한 신뢰관계를 구축하기 위해서는 아직 가야 할 길이 먼 것이 사실이다. 3국은 긴밀한 경제관계를 형성했지만, 양자 간 FTA 협상은 아직도 합의점을 찾지 못하고 있으며, 정치적 공감대나 사회적 지지기반도 약하다. 따라서 양자 간 관계를 더욱 개선하고, 신뢰에 기초한 협력관계를 발전시키기 위한 많은 노력을 기울여야 한다.[30] 조어도 분쟁이나 배타적 경제수역 경계 획정 분쟁, 자원개발 분쟁 등은 인내심과 성의가 필요한 문제들로, 상호 양보하며 각국 모두 타협의 준비를 해야 한다. 이 같은 분쟁은 모두 인내심을 가지고 접근했을 때 점진적으로 해결될 수 있으며, 특히 3국 전체에 연관된 문제에 대해서는 이성적이고 현명하게 대처해야 한다.[31] 분쟁이 해결되기 전에는 긴장된 대치국면을 완화하는 데 노력을 쏟고, 최대한 논쟁을 피해야 한다. 자원 공동개발을 추진하고, 특히 대형 충돌을 방지해야 한다. 민감한 문제에서 분쟁을 줄이지 못하면 3국 협력은 계속해서 더딜 수밖에 없다.[32]

---

30 노르베르트 바스(Norbert Baas)는 "한중일 3국이 진정으로 협력하기 위해서는 깊이 있는 화해 책임감과 견실한 공동가치가 필요하다"고 지적했다. Norbert Baas, "Initiative for Northeast Asian Community building: a European perspective, Peace and Prosperity in Northeast Asia: Exploring the European Experience", *Jeju Peace Institute Research Series*, Vol. II, 2008, p. 347.

31 배타적 경제수역 경계 획정에 관한 원칙에 있어 중일 양국은 견해차가 크다. 대륙붕 원칙과 중간선 원칙 등 어떤 것을 인정할지를 결정하기 위해서는 인내심을 가지고 논의해야 한다. 왕수잉(王秀英), 〈중일 동해 대륙붕 경계 획정 중의 핵심 문제(中日東海大陸架劃界中的若幹關鍵問題)〉, 《동북아논단(東北亞論壇)》, 2007, 제11기, 78-79쪽.

한중일은 동북아 경제의 중심이자 동북아 협력의 핵심이다. 3국 간 협력 심화 및 발전은 동북아 역내협력의 기틀이 될 수 있고 경험을 제공할수 있다. 특히 3국 협력의 제도화는 동북아 역내협력을 추진하는 중심이자 무대가 될 것이다. 중국은 이 같은 전략적 판단에 따라 한중일 협력을 추진하고 참여하고 있다.

2. 실무적 참여와 하위지역 협력 추진

하위지역경제권협력은 동북아 협력의 중요한 요소로, 특히 중국 입장에서는 동북아 지역 발전을 추진하는 데 있어 지연적 토대에 기초한 하위지역경제권협력이 매우 특수한 의미를 갖는다.

1) 광역두만강개발계획의 발전

광역두만강개발계획(GTI)은 동북아 하위지역경제권협력의 중점이자 동북아 지역에서 가장 먼저 추진되고 제도적으로 가장 완비된 하위지역경제권협력이다. 유엔개발계획의 지원을 받아 1992년 중국·러시아·북한·한국·몽골 5개국이 공동으로 두만강지역개발계획을 추진한 데 이어 1995년 '두만강권 지역개발에 관한 협정'을 체결한 데서 시작했다. 1995년 중국·러시아·북한 3개국은 '두만강권 지역개발위원회 구성에 관한 협정' 과 '두만강권 지역개발에 관한 환경비망록'을 채택하기도 했다.

---

32 위샤오화(虞少華)는 "3국 내부에서 기인한 장애요인에는 정치체제 차이와 경제발달 수준의 차이, 역사적 원한과 영토분쟁이 있다. 이 같은 요소들은 전략적 상호신뢰가 부족한 상황에서 마찰 혹은 대립을 유발할 수 있고, 특히 역사적 원한과 영토분쟁·국민정서는 양자 간 관계에 있어 민감하고 취약한 문제"라고 주장한다. 〈한중일관계와 동북아정세(中日韓關系與東北亞局勢)〉, http://www.cpifa.org/q/listQuaterlyArticle.do?pageNum=5&articleId=61&quaterlyPageNum=1 참조.

지리적 관점에서 두만강개발계획은 두 개의 차원으로 구분할 수 있다. 하나는 두만강 접경국인 중국과 북한 그리고 러시아만 포함되는 두만강 지역경제협력이고, 다른 하나는 주변국가들이 모두 참여하는 광역두만 강개발계획이다. 전자는 주로 국가 간 경제협력 개방·연계·협력에 관계 되는 것이며, 후자는 이웃국가 간의 상호소통 강화·지역경제발전을 위한 개방 및 협력 추진이 주요내용이다. 여기서 중요한 특징 중 하나는 5개국 중 북한을 제외한 4개국 모두 세계무역기구의 회원(러시아도 막 가입한 직 후였다)이었지만, 이들 국가 사이에 체결된 양자 간 혹은 다자간 시장개방 협정, 예컨대 FTA 등은 전혀 없었다는 사실이다. 따라서 광역두만강개발 계획은 지리적 접근성을 적극 활용하고 맞춤형 무역과 투자를 위한 편의 제공, 상호 시장개방 및 무역 추진, 인프라 네트워크 강화, 협력개방구역 건설 등을 통해 하위지역 경제발전을 추진하는 방식으로 진행되어야 한다.

두만강지역경제협력은 최근 새로운 성장 동력을 찾았다. 중국과 러시 아가 각각 창지투(長吉圖, 창춘·지린·투먼)개발계획과 극동 시베리아 개발 정책을 추진한 데 이어 북한도 나선지역 경제개방수준 제고에 나선 것이 다. 중국과 러시아 그리고 북한의 이 같은 방침은 모두 국가차원의 전략 으로서, 대외개방 추진과 지역협력 추진이 그 주요내용이다. 주목할 만 한 점은 각국이 저마다 국가전략을 수립하고 추진하는 동시에 양자 간 혹 은 3자 간 협력 또한 새로운 성과를 거두었다는 것이다. 예를 들어, 중러 양국은 '중국 동북지역과 러시아 극동 및 동시베리아지역협력 계획 요강' 을 체결했고, 북중 간에는 항구개방, 도로 및 철도 건설, 특구 경제발전을 협력의 중점으로 하는 나선경제특구 개발 관련 새로운 합의사항이 도출 되었다. 이 같은 추세는 과거 수년간 볼 수 없던 것이었다. 중국·북한·한 국·몽골·러시아 5개국은 1995년의 협력협의를 연장하는 데 동의했으며, 자유무역항, 개발구, 수출가공단지, 국경개발협력과 국경 간 도로 및 철도네트워크, 항공운수 및 해운네트워크 건설 등의 분야에서 협력을 강화하기로 했다.

그러나 강력한 협력메커니즘의 부재로 많은 행동들이 모두 국가별 자주전략과 계획 수준에 머물렀고, 인프라 건설에 있어서도 자금이 부족했다. 특히 '공동건설'을 위한 자원투자가 제한적이었던 탓에 두만강 지역 개발 협력은 좀처럼 속도를 내지 못했고, 인프라 건설뿐만 아니라 변경경제특구 개방 및 협력발전도 매우 낮은 수준에 그쳤다.[33]

2) 중국의 동북진흥 발전전략

중국의 지역협력은 하위지역을 핵심으로 하는 특징이 뚜렷하다. 동북 3성은 중국이 참여하고 추진하는 광역두만강개발계획과 지연적으로 밀접하게 연계되어 있다. 따라서 두만강 지역 협력에 있어 가장 중요한 것은 중국 동북지역발전전략에 기여할 수 있어야 하는 것이다.

동북지역은 중국의 구(舊)공업기지이자 중국의 중요한 곡창지대다. 개혁개방 후 동남연해지역 경제가 비약적인 발전을 이루면서 동북지역의 구공업기지는 큰 충격을 받았고, 농산품 시장개방은 전통 농업에 심각한 위협을 초래했다. 따라서 어떻게 동북지역 경제를 살릴 것인가 하는 문제는 중국의 전체 발전전략에서 중요한 위치를 차지한다.

변경지역 육성을 위해 중국은 변경지역 항구 개방을 적극적으로 추진하고 있으며, 변경지역 도시 및 지역 개방에 속도를 내고 있다. 훈춘(渾春, 지린-북한), 만저우리(滿洲裏, 네이멍구-러시아), 쑤이펀허(綏芬河), 헤이허

---

33 나탈리아 야체이스토바(Nataliya Yacheistova) UNDP 두만강개발사무소장은 "두만강 지역의 방대한 잠재력을 발휘하길 원한다면 반드시 각국이 적극적으로 협력하고 자원을 분배해야 한다"고 지적했다. 중국신문망(中國新聞網), 2010. 7. 23, http://news.163. com/10/0723/20/6CA96C1A000146BD.html.

(黑河, 헤이룽장-러시아) 대외개방발전전략을 잇따라 수립, 추진하고 있는 동시에 각 성마다 대외무역을 위한 대통로를 건설했다. 중국의 변경지역 개방전략은 편벽한 지역에 위치한 소도시들에 새로운 발전활력을 불어넣었으며, 이들 지역은 새로운 성장 중심이 되었다.

개방된 경제구 건설 추진은 중국 동북아경제 진흥의 중요한 전략이다. 국무원은 잇따라 '랴오닝 연해경제벨트발전계획', '중국 두만강지역협력 개발계획요강: 창지투를 개발·개방의 선도 지역으로'를 비준했다. 랴오닝이 동북 연해지역인 점을 고려해 그 연해지역으로서의 우위를 활용한다는 것이 핵심으로, 임항산업 육성, 국제항공운수센터 및 국제물류센터 건설은 랴오닝 경제의 빠른 발전을 실현함과 동시에 동북지역 전체의 발전을 촉진할 수 있다. 또한 창지투를 개발 및 개방의 선도 지역으로 설정함으로써 중국, 러시아, 몽골, 북한을 연결하는 대통로를 건설하고, 지린, 몽골을 잇는 해운통로를 건설하며, 두만강 지역 경제벨트 발전을 중심으로 동북아 지역의 새로운 산업벨트를 육성하고, 동북아 통상무역의 연계센터, 예컨대 동북아 박람회 등을 건설한다는 목표다.

구공업기지 업그레이드를 적극적으로 추진하면서 동북아 지역은 새로운 발전 동력을 얻게 되었다. 국무원은 잇따라 '동북 구공업기지 개조계획', '국무원, 구공업기지 진흥전략 심화에 관한 의견', '동북진흥 12.5계획', '동북아 지역으로 뻗어나가는 중국 동북지역 개방계획요강' 등 일련의 문건을 비준·발표했고, 동북진흥을 국가전략으로 설정했으며[34], 이 지역의

---

34 동북지역 진흥계획의 목표는 동북지역을 중요한 경제성장지역, 국제 경쟁력을 갖춘 장비 제조업 기지, 국가 신형 원자재 및 에너지 보장기지, 국가 중요 상품식량 및 농·목업 생산기지, 국가 중요 기술 R&D 및 혁신기지, 국가 생태안보 중요 보장지역으로 건설하고, 동북지역의 전면적인 부흥을 실현한다는 것이다. 국가발전개혁위원회·국무원 동북지역 진흥 등 구공업기지, 영도소조판공실, 〈동북지역 진흥계획〉, http://baike.baidu.com/view/1113424.htm.

인프라 네트워크 건설, 신흥산업 육성, 대외개방을 위해 특별 지원정책 및 우대정책을 제공했다. 동북지역 경제진흥 전략은 동북지역이 동북아 협력에 참여하는 데 가장 직접적인 토대가 되었다. 동북지역은 중국이 동북아 지역협력에 참여하고 이를 추진하는 데 있어 중요한 지역으로, 변경지역 개발개방뿐만 아니라 동북지역 전체의 진흥계획 또한 중국이 동북아 지역협력에 참여하고 이를 추진하는 데 가장 직접적이고 가장 기본적인 틀이다. 동북지역의 발전이익은 두 가지 시스템의 지원을 받는다. 첫째는 역내, 즉 각 성(省) 간의 상호연결과 협력발전이고 둘째는 역외, 즉 대외 상호연결과 협력발전이다. 전자는 동북아 역내협력의 중요한 기초가 되고 후자는 동북아 지역의 새로운 발전 동력과 활력의 형성하는 데 도움이 된다.

3. 동북아 협력 추진에 관한 새로운 발상

동북아 지역은 지리, 경제, 사회, 문화, 안보적으로 긴밀한 관계가 있는 지역이다. 따라서 동북아 지역의 협력을 계획하고 추진하는 것은 매우 중요하다.

지금까지 동북아 지역 전체를 아우르는 협력시스템은 구축되지 않았고 이러한 시스템의 구축은 반드시 의제로 다루어져야 한다. 동북아 국가 간 차이가 크고 정치와 안보 측면에서 갈등과 장애가 있는 점을 고려하여 경제협력을 주축으로 하여 다방면에 있어서의 협력을 선택적이고 적극적으로 전개해야 한다. 협력의 틀과 방식은 융통성 있고 다양하게 설정할 수 있으며 자발적이며 선택적인 참여방식을 취하여 협력의 과정에서 점차적으로 심화시켜나가야 한다.[35] 동북아 협력의 발전을 위해서는 두 가지 측면에서의 노력이 필요하다. 첫째는 동북아 국가 전체가 참가하는 고위급대화와 협력시스템을 발전시키는 것이고 둘째는 동북아 지역의 경제통합과 협력시스템을 심화하여 실질적인 역내협력을 강화하는 것이다.

동북아 국가 모두가 참여하는 대화와 협력 틀을 건설하는 것의 첫 단계로 아세안의 경험을 빌릴 수 있다. '3+3'(북한이 참여하지 않는다면 '3+2'에 북한을 참관국으로) 대화 시스템을 발전시키고, 우선적으로 장관급대화를 시작으로 동북아 지역의 협력에 대한 대화를 진행하고 협력에 대한 아이디어가 여러 가지 제시되고 조건이 성숙했을 때 대화의 급을 격상하여 동북아 정상회의 시스템을 만드는 것이다.

동북아 지역의 경제통합과 협력시스템을 심화하는 측면은 한중일FTA의 건설에 아직 시간이 더 필요하다는 점을 고려하여 전체 동북아 지역의 무역투자 편리화, 역내 인프라 네트워크 건설, 하위지역협력 심화를 중점적으로 추진해야 한다. 무역과 투자편리화에 대해 자발적이고 선택적인 참여방식을 택하고, 융통성 있고 실질적인 조치를 취하여 상품통관, 무역촉진, 인적교류를 중점으로 하여 5개국 간 협력에 대한 협의를 이끌어내야 한다. 역내 인프라 네트워크의 구축은 협력의 핵심이 되어야 한다. 철도, 도로, 해상항로, 항공교통로를 건설하여 기존의 인프라 네트워크와 연결하고 낙후한 인프라 설비를 개선하고 편리화를 위한 교통규칙을 제정하여 동북아 물류를 촘촘히 연결해야 한다. 이는 역내 경제발전의 기본적 조건들을 대폭 개선할 뿐만 아니라 역내 경제발전의 새로운 성장 동력이 될 것이다. 동북아 지역 인프라 네트워크 건설에는 통합적인 계획과

---

35 일부 학자들은 현재 중북관계 발전에 중요한 기회가 왔다고 한다. 중국은 이 기회를 잡아서 북한과의 협력을 심화시켜나가야 하며 나선지역, 황금평지역, 위화도경제구의 건설을 선도하고 적극적으로 중북 간의 전면적 경제협력과 중북자유무역지대의 건설을 추진해야 한다고 한다. 리쥔장·판쉬(李俊江·範碩), 〈중북경제무역발전현황과 전망(中朝經貿全系發展現狀與前景展望)〉, 《동북아논단》, 2012, 제2기, 11-14쪽.

조율, 상호협력이 필요하다. 이를 위해 역내 협력시스템(예를 들어, '3+3' 장관회의)하에서 '동북아인프라 네트워크 계획'이나 '동북아 역내 상호연결계획'을 제정하고 자금을 융자하는 방안도 생각해볼 수 있다.

하위지역협력을 심화시키는 것은 현재 이미 관련 프로젝트들이 가동 중이다. 두만강개발계획은 이미 20년간 진행되어왔고 메콩강유역협력개발계획의 경험을 배울 수도 있다. 인프라 개선, 하위지역 교통 및 물류 네트워크 구축, 투자무역 편리화 추진, 장기적인 협력계획 제정을 중점으로 하여 정부 간 협정을 체결하는 것이다.

동시에 여러 차원의 하위지역협력을 융통성 있고 다양하게 추진하는 것이 필요하다. 예를 들어, 각국 도시 간의 협력, 환발해경제권 협력, 변경지역 개방 협력을 비롯해 경제영역 외에도 여행(국경여행), 인문, 문화, 사회교류 등이 있다. 이러한 다양한 협력은 전체적인 협력환경하에서 전개되지만 그 독특한 효과 및 실질적인 수요와 이익이 있으며 때로는 대체 불가능한 역할을 한다.

그 밖에 어떻게 동북아 각국의 하위지역개발계획을 조율하고 협력하는가도 중요한 문제이다. 각국의 계획은 상호보완적이고 공동이익을 달성할 수 있어야 한다. 예를 들어, 동북아 엑스포 시스템 속에서 동북아 하위지역 발전 협력포럼을 추진해 중국의 랴오닝연해경제벨트 건설, 지린의 창지투 개발구 건설, 러시아의 극동개발계획, 북한의 나선경제특구 개발계획 등을 직접 연계하고 하위지역협력을 큰 틀에서 추진하는 것이다.

물론 전체 동북아 지역의 협력은 적지 않은 어려움에 직면해 있다. 더욱이 한반도 남북의 대립, 중일, 한일 간 해상주권을 둘러싼 분쟁이 촉발하는 전면적인 긴장관계, 동북아 지역을 둘러싼 대국 간의 파워게임 등은 모두 동북아 지역의 협력을 심화시키는 데 부정적 영향을 주고 있다.

정치와 안보의 보장이 없는 지역협력은 심화되기 힘들다. 한중일 3국

협력시스템은 양자관계의 새로운 긴장국면의 영향을 받기 마련이며 한중일 자유무역협정의 진행도 지연될 것이다. 영토분쟁은 가장 풀기 어려운 문제이며 더욱이 한중일 간에는 국가의 주권 자체는 물론 역사문제까지도 얽혀 있다. 무력충돌이 발생하는 것은 분쟁을 해결하는 데 도움이 되지 않으며 전체적인 관계를 손상시킬 수도 있다. 따라서 관련된 각 측은 전체적인 형세를 보고 적절히 양보를 하여 3국이 협력 이외의 길은 가지 않도록 해야 한다. 이를 위해 한중일 협력은 정치와 안보시스템 건설에 있어 더 큰 노력이 필요하고 이를 동북아 지역협력의 전체 시스템 건설과정으로 확장해야 한다.

제6장

아태지역 협력프로세스

이른바 아태지역, 즉 아시아-태평양 지역은 일반적으로 태평양 연안의 광대한 지역으로 동아시아(동남아, 동북아), 북미, 남미의 태평양에 인접해 있는 국가와 오세아니아, 그리고 남태평양 국가들을 가리킨다. 이처럼 광활한 바다를 가운데 두고 있는 이 지역의 국가들은 서로 긴밀히 연결된 요소가 거의 없음에도 왜 이토록 이 지역을 중요시하고 있을까? 그 이유는 바로 이 지역의 국가들이 경제적으로 점차 더 긴밀하게 연결되고 있고, 이와 같은 사실이 역내 국가는 물론 전 세계에 중대한 영향을 미치고 있기 때문이다.[1]

비록 이 책의 의제는 동아시아 역내협력이지만, 동아시아를 설명하기 위해서는 아태지역을 논할 수밖에 없다. 이는 동아시아가 아태지역을 구성하는 일부분이자, 아태지역의 협력프로세스가 동아시아 협력프로세스와 연동되어 끊임없이 연계하고 경쟁하기 때문이다.

제2차 세계대전 이후, 미국은 경제발전에서의 연계 및 정치안보의 특

---

1 당연히 정치 및 안보 관계 역시 존재하는데, 제2차 세계대전 이후, 미국이 구축한 군사동맹관계망에는 북미, 동아시아 및 오세아니아의 여러 국가들이 속해 있다. 하지만 냉전으로 인해 이 지역의 국가들은 대립하는 두 개의 진영으로 분열되었다. 냉전이 종결되었음에도 한반도의 남북대립은 여전히 해소되지 않고 있다.

수한 관계에서 출발하여, 동아시아의 일부 국가 및 지역과 긴밀한 경제관계 맺고 이를 발전시켜왔다. 동아시아 지역에서 점점 더 많은 국가와 지역들이 개방정책을 시행하면서 세계 시장경제체계로 유입되었고, 그 지역의 경제는 확대·발전되어왔다. 또한 북미지역과 시장을 기초로 한 광범위하고 긴밀한 관계를 수립했고, 아태지역을 기초로 한 생산 분업네트워크를 형성했으며, 상호작용하는 경제운영시스템을 건립했다. 장기적인 발전이익의 차원에서 먼저 동아시아 지역(호주와 뉴질랜드를 포함하여)에서, 그다음은 북미지역에서 모두 역내 협력시스템을 추진하려는 움직임이 나타나게 되었다.

1980년 9월, 일본, 호주, 미국의 주도하에 아태지역 각 국가의 정부, 기업계, 학계 인사들은 호주의 수도인 캔버라에 모여 회의를 진행하고 지역이슈에 관해 동일한 전망과 전문성을 공유하는 대화 및 협력시스템, 즉 '태평양경제협력회의(PECC)'를 설립했다. 이 시스템의 주요목적은 아태지역의 경제통합과 협력을 추진하고 연도별로 대회를 개최하는 것 외에도, 무역포럼, 금융포럼, 공동체포럼 등의 전문적인 위원회포럼을 조직하고, 중요한 문제에 대한 연구를 진행하여 그 연구조사보고서를 출판하는 것에 있다. 이 시스템의 설립은 아태지역에 지역을 플랫폼으로 한 교류와 협력을 진행하는 정식경로를 마련해주었고, 아태지역이 경제적 연계와 협력을 추진하는 데 적극적인 역할을 했다.[2]

---

2   1990년 사무국을 설립했고, Pacific Economic Cooperation Conference, 약칭 PECC로 명명했다. 1992년에는 명칭을 Pacific Economic Cooperation Council로 개칭하고 약칭은 그대로 두었다. 원래, 매년 한 차례 회의를 열었으나 현재는 2년에 한 번으로 수정되어 진행되고 있다. APEC이 설립된 후, 그 옵서버가 되었으나 정부의 기능이 약화되면서, 기업계와 학계가 지지하는 APEC포럼 중의 하나가 되었다. PECC는 현재 25개의 회원국으로 구성되어 있는데, 호주, 브루나이, 캐나다, 칠레, 중국, 홍콩, 컬럼비아, 인도네시아, 일본, 한국, 말레이시아, 멕시코, 뉴질랜드, 태평양제도, 페루, 필리핀, 러시아, 싱가포르,

1989년에 아시아태평양 역내협력의 첫발을 내딛는 의미로 '아시아태평양경제협력체(APEC, 이하 APEC)'가 설립되었고, 그해 11월 5일부터 7일까지 호주, 미국, 캐나다, 일본, 한국, 뉴질랜드와 아세안 6개국은 호주의 수도 캔버라에서 아시아태평양경제협력과 관련한 첫 부장급 회의를 진행했는데, 이는 아태지역 정부 간 협력시스템의 정식수립을 의미한다.

1993년 11월 20일, 미국의 주도로 첫 APEC 비공식정상회의가 미국 시애틀의 블레이크 섬에서 진행되었고, 이를 통해 이 지역의 경제협력이 새로운 단계로 들어섰음을 알 수 있다. 즉, 부장급 대화협력시스템에서 정상급 대화협력시스템으로 격상되었다는 것을 의미한다. 그해 APEC은 아태지역의 경제개방과 협력을 추진하는 '보고르선언'을 제정했는데, 이는 선진 회원국들은 2010년까지, 그리고 개발도상 회원국들은 2020년까지 시장의 완전개방을 실현하여, 아태지역을 하나의 개방된(역내에서의 무역과 투자자유화를 실현하는) 지역공동시장으로 건설할 것을 골자로 한다. '보고르선언'의 달성을 위해, 1995년에 APEC은 '오사카행동지침'을 채택했고, 1996년 필리핀 수빅 정상회의에서는 더 진일보한 '공동실행계획(CAP)'과 경제기술협력을 위한 구체적 실현계획으로서 '개별실행계획(IAP)'을 채택했다.[3]

타이완, 태국, 미국, 베트남, 에콰도르와 준회원으로 프랑스령 남태평양 지역과 몽골이 있다.

3 아시아태평양경제협력체의 영문 명칭은 Asia-Pacific Economic Cooperation, 약칭 APEC으로 불리며, 중문으로는 줄곧 그것을 아태경협조직으로 번역해왔다. 이 조직의 구조를 보면 마치 하나의 역내조직인 것처럼 보이지만, 그 기능은 단지 협력포럼에 불과한데, 그 이유는 회원국들에게 채택된 사안의 집행을 강제할 수 없고, 그 사안의 실행은 자발성에 기초한 단독행동(약속)과 집단행동(조화)에 근거하기 때문이다. 1993년 1월, APEC 사무국이 설립되었으며, 현재 호주, 브루나이, 캐나다, 칠레, 중국, 홍콩, 인도네시아, 일본, 한국, 말레이시아, 멕시코, 뉴질랜드, 파푸아뉴기니, 페루, 필리핀, 러시아, 싱가포르, 타이완, 태국, 미국, 베트남 등 21개 회원국으로 구성되어 있다. 1997년 밴쿠버 정상회의

그러나 그 후 아태지역의 협력프로세스는 사전에 합의하여 결정된 방법에 근거해 발전하지 못했으며, 여러 원인들로 인해 협력의 동력, 형식, 방식 등에서 '변이'가 발생했다. 비록 그 조직이 여전히 존재하고 있고, 정상회의와 기타 활동들이 모두 전개되고는 있었지만, 아태지역의 지역 일체화와 협력과정에서 핵심적이고 주도적인 역할을 발휘하기에는 쉽지 않았다. 당시 APEC이 왕성하게 활동하고, 많은 사람들이 그에 대해 큰 기대를 품고 있었음에도 왜 이러한 '변이'가 발생하게 되었을까?

1997년의 아시아 금융위기는 하나의 전환점이었다. 금융위기는 아시아 지역, 특히 동아시아 지역경제에 커다란 충격을 가져왔고, 원래 계획되어 있던 APEC의 발전과정을 정체시켰다. 아시아 금융위기의 발단은 아세안에서 비롯되었기 때문에 아세안 회원국이 가장 큰 영향을 받았고, 경제를 대폭 후퇴시켰으며 그로 인해 아세안 국가들은 부득이하게 위기 대응과 경제회복에 온 힘을 기울일 수밖에 없었다. 또한 일본, 한국 등의 국가들 역시 금융위기의 영향에서 자유롭지 못했는데, 특히 금융부문에서 그 위기 정도가 심각한 단계에 이르렀다. 본래 1997년에 APEC은 개방속도를 가속화하기 위해 '분야별 자발적 조기자유화 계획(EVSL, 이하 EVSL)'을 제정하고 이를 통해 '보고르선언'의 실현을 앞당기려 했다. 협의에 기초하여, EVSL은 50개의 중요부문을 선정하고 APEC 회원국들의 자발적 참여를 원칙으로 조기 개방을 유도하려 했다. 그러나 첫째, 이 계획을 실현하기 위한 환경이 금융위기로 인해 훼손되었고, 둘째, 자발적 참

에서는 APEC 조직이 더 이상 비대해지는 것을 막기 위해 향후 10년간 신규회원국을 받지 않기로 선언했다. 2007년 각국 정상들은 신규회원국을 받는 문제에 대해 토론을 진행했지만, 신규회원국이 만족시켜야 하는 조건에 대해서는 의견을 일치시키지 못했다. 때문에 회원국 확대를 일시적으로 중단하고 그 기한을 3년 더 연장했다. 그 외에, APEC 옵서버로 아세안사무국, 태평양경제협력이사회, 태평양제도국포럼이 있다.

여 원칙은 각 회원국들이 관망적인 태도를 가지게 했다. 그로 인해 이 계획은 실현되지 못했고, 결국 유야무야되어버렸다. 전례 없던 엄중한 금융위기에 직면하여, APEC은 무능력하게 대처했고, 이는 사람들, 특히 아세안 국가들의 APEC에 대한 신뢰도를 하락하게 만들었다. 그 후 수년간 APEC은 재기하지 못하고 종전의 왕성했던 활력들을 상실했다.

APEC이 개방정책을 추진하는 데 어려움을 보이면서 아태지역에는 복합적 양자관계와 역내 FTA가 출현하게 되었다. '도하라운드', 즉 세계무역기구 제4차 각료회의에서 합의된 다자간 무역협상이 난항을 거듭하면서, 양자 간 협정이나 역내 FTA가 각국의 주도적인 전략이 된 것이다. APEC은 부득이하게 복합적이고 다양한 FTA의 조화를 임무로 삼았지만, 실질적인 정책결정 기능이 없었기 때문에 이러한 자발적 조화는 효과가 없었다. 그럼에도 FTA는 여전히 매력적이었고, 때문에 시장개방을 추진하는 주류모델이 되었다.

1992년 미국은 일찍이 캐나다, 멕시코와 '북미자유무역협정'을 체결했는데(1994년 발효), 이것은 미국에서 APEC 정상회의가 개최되기 전에 완성되었다. 미국의 입장에서 '북미자유무역협정'만으로 자국의 이익을 확대하는 것이 여전히 부족해 보였고, 더 중요한 목표는 동아시아 시장으로의 진입이었기 때문에 클린턴 대통령 재임시절의 미국은 아태지역 공동체 건설을 적극적으로 추진했다. 그러나 APEC의 아시아태평양 역내개방정책이 이상적으로 추진되지 못하고, 게다가 동아시아 지역이 미국이 참가하지 않는 자유무역지대(아세안+1, 아세안+3 등)를 건설함에 따라, 위기감을 느낀 미국은 새로운 방도를 모색하기로 결심하고, 그 일환으로 2009년에 4개 소규모 국가(싱가포르, 뉴질랜드, 브루나이, 칠레)가 체결한 자유무역협정에 참여하기로 결정했다. 그 후 이를 확대 개편하여 '환태평양경제동반자협정(TPP, 이하 TPP)' 건설을 주도하고 이를 통해 21세기의 새로운 자유무역협정 수립을 표명했으며 아태지역 12개 회원국의 참가를 이끌어냈다.

TPP의 등장은 아태지역의 경제통합 방식에 커다란 영향을 가져왔다. 미국은 TPP가 주경로로서의 역할을 담당하고, 최종적으로는 모든 국가, 혹은 절대다수의 아태지역 국가들이 TPP 회원국으로 가입하기를 희망했다. 이에 대해 아세안은 그 회원국들이 TPP에 가입하여 아세안공동체 건설이 물거품이 되지 않을까 우려했고, 중국은 배척되어 외부에 있었기 때문에 혼란을 거듭하고 있는 상황이었다. 이러한 상황 속에서 정체되어 있던 동아시아 자유무역지대 건설('아세안+3', '아세안+6')의 전기가 마련되었다. 2011년 아세안은 '아세안+6'(아세안 10국, 중국, 한국, 일본, 인도, 호주, 뉴질랜드)을 기본구조로 하는 '역내포괄적경제동반자협정(RCEP, 이하 RCEP)'의 시작을 알리고, 2012년에는 중국, 한국, 일본, 인도, 호주, 뉴질랜드 6개국을 정식회원으로 초빙하여 각국의 지지를 이끌어냈으며, 그리하여 2013년 각국 정상들은 정식으로 RCEP의 협상개시를 선언하고, 2015년 말까지 타결을 목표로 하는 계획을 수립했다.

이처럼 아태지역에는 두 개의 주요 자유무역지대가 건설되었는데, 하나는 미국이 주도하고 12개 국가가 참가한 TPP와 다른 하나는 아세안을 중심으로 하여 16개 국가가 참가한 RCEP이 바로 그것이다. 게다가 이 중 8개 국가는 TPP와 RCEP에 모두 가입되어 있었다.

이 양대 자유무역지대 틀이 최종적으로 어떻게 발전할 것인지에 대한 결론을 내리기가 쉽지 않지만, 크게 세 가지 가능성으로 압축될 수 있다. 첫 번째 가능성은 양대 틀 중 한 쪽이 주도적으로 다른 한 쪽의 대다수 회원국을 흡수하는 것이다. 관련하여 가장 유력한 담론은 TPP의 확대로 인해 RCEP이 흡수되는 것으로, 중국의 참가여부가 가장 큰 변수로 작용할 것으로 보인다. 두 번째는 양대 틀이 협상을 통해 최종적으로 합병되어 아태지역의 커다란 구조적 시스템을 마련하는 것이다. 마지막 세 번째는 새로운 프로세스를 통해 모든 APEC 회원국들로 하여금 협상에 참여케 하여 '아시아태평양자유무역협정(FTAAP, 이하 FTAAP)'을 체결하는 것이다. 사실 미국은 2006년에 FTAAP의 추진을 제의한 적이 있으나 대다수 회원국들의 지지를 얻지 못했고, 따라서 그 제의는 보류되었다. 2010년 미국이 TPP 협상을 주도하는 상황에서 APEC은 재차 FTAAP를 천명하고, FTAAP의 실현방도를 제출하여 이를 통해 아태지역 협력프로세스의 분열을 봉합하려 했다. 2014년 중국은 자신이 주도국가의 자격으로 개최한 APEC 정상회의에서 FTAAP의 실현 목표를 재천명하고, FTAAP의 실행가능성에 대한 연구를 추진했다. 그러나 미국은 현재 FTAAP를 새롭게 진행하는 것에 대해 흥미를 느끼지 못하고 있는데, 그 원인은 매우 간단하다. 미국이 주도하는 TPP 협상의 진전이 순조롭지 못해 진행과정이 차일피일 미뤄지는 것이 첫 번째 원인이고, 두 번째는 여전히 미국은 TPP를 확대해 주요경로로 만드는 것을 최종 목표하고 있기 때문에 TPP를 쉽게 포기하지는 않을 것이다.

아시아태평양은 지정학적으로 광범위하고, 국가 간 차이가 매우 큰 지역으로 현재 역내경제구조의 대(大) 조정기와 국제관계의 대 전환기를 맞이하고 있다. 그렇다면 이후에는 어떤 방향으로 나아갈 것인가? 미국과 동아시아의 시장수요, 생산·공급 간의 '위험한 균형'을 바탕으로 하는 전통적 지역경제 연계고리가 이 균형을 유지하지 못해 불가피하게 대대적인 구조조정이 필요할 때, 어떻게 협력적 공동이익 기초를 모색할 것인가? 최근 몇 년간 APEC이 추진한 협력의제는 자유무역지대의 건설뿐만 아니라 녹색경제, 신재생에너지, 금융안보, 상호연결 네트워크 구축 등 다양한 분야에서의 협력에 영향을 주었다.

또한 아태지역의 협력은 경제적 측면에만 국한되어 있는 것이 아니라,

정치와 안보 분야에서의 협력도 중요하기 때문에 중국과 미국은 신형대국관계를 수립하고, 미국은 전략적 대화의 성격을 갖는 동아시아정상회의에도 참여했지만, 아태지역의 새로운 형식의 정치 및 안보협력시스템은 어떻게 수립할 것인가? APEC은 아태지역 정치안보협력에 관한 내용을 보완할 것인가, 아니면 APEC 정상회의와 동일한 기간에 개최되는 별도의 독립적 정치 및 안보대화 의사과정을 수립할 것인가? 이러한 의문들은 모두 살펴봐야 할 것들로 만약 안보문제가 의사과정에 포함된다면 그 불일치 정도가 경제부문보다 훨씬 클 것은 자명하다.

1. 아태지역 경제사슬 구조

제2차 세계대전 이후 미국은 세계 최고의 경제대국이 되었고, 경제총량이 다른 국가들의 그것을 훨씬 초과했으며, 달러는 세계화폐가 되었다. 국제기구에서 부결권을 가진 동아시아 지역의 국가들, 즉 일본과 '아시아의 네 마리 용'으로 불렸던 한국, 싱가포르, 타이완, 홍콩은 미국의 자금과 기술, 그리고 시장에 기대어 경제의 급속한 발전을 일궈냈고, 이를 바탕으로 북미-동아시아 환태평양경제연계구조를 건설했다. 1980년대에 이르러 일본과 '아시아의 네 마리 용'은 개방정책을 실시한 아세안 국가들을 대상으로 투자와 제조업 이전, 그리고 산업연계를 강화하기 시작했다. 1990년대 초 중국의 경제개혁과 개방이 가속화되면서 미국, 일본, '아시아의 네 마리 용'의 투자가 대량으로 중국에 유입되었고, 이를 통해 중국은 종합적 개발도상국가의 모습을 갖추게 됨과 동시에 점차 동아시아 지역 제조가공업의 중심 및 수출기지로 변모해갔다. 또한 미국의 제조업이 외부로 이전되면서 그 소비물품의 수요가 점차 외부시장, 특히 동아시아 시장으로부터의 공급에 의존하게 되었다. 이처럼 아태지역의 경제

연계사슬은 그 규모나, 구조에서 매우 큰 발전을 거두었고, 1990년대 초에 이르러서는 미국의 대(對)동아시아 지역 무역규모가 전통적 무역파트너인 유럽과의 무역규모를 넘어섰는데, 이는 지역경제관계가 중요한 전환기를 맞이했음을 의미한다.

아태지역 경제연계발전의 첫 번째 요소는 제2차 세계대전 이후 주도적인 흐름으로 자리 잡은 시장개방과 점차 증가하고 있는 국가-지역 간 개방을 추진하는 경제정책이다. 제2차 세계대전 이후 경제적 우세를 바탕으로 미국은 주로 '관세 및 무역에 관한 일반협정(GATT, 지금의 세계무역기구 / WTO)'에 의거하여 시장개방을 추진하는 전략을 채용했으며, 비록 2001년의 'WTO 도하라운드' 이전까지의 다자간 무역협상은 난항을 거듭했지만 최종적으로는 시장개방을 목적으로 하는 협의를 달성했다. 다자간 무역기구의 틀 아래에서 시장개방의 주요특징 중 하나는 무차별 원칙인데, 이는 어떤 국가가 특정한 국가에 대해 다른 제3국에게 부여하는 것보다 불리한 무역상의 대우를 부여하지 않는 것을 말한다.[4] 이처럼 점점 더 많은 다자간 협상프로세스가 완성되어감에 따라 세계시장의 개방정도 역시 심화되었다. 또한 점점 더 많은 국가와 지역이 세계 다자간 무역기구에 가입하고 있다는 사실은 이들 국가와 지역이 개방된 세계시장의 공간을 이용하고, 또 자신의 후발경쟁적 우세에 힘입어 경제발전을 도모하고 있음을 의미한다. 이것은 제2차 세계대전 이후 세계경제발전의 가장 중요한 특징이다.

아태지역에서 미국은 전략적 이익을 고려하여 자신의 동맹국들에게 특별한 지원을 제공했고, 시장진입 혜택조치를 이용하여 시장경제를 시

---

4 GATT(WTO)는 회원국들이 '자유무역협정'을 달성함에 따라 녹색등이 켜졌고, 그 국가 간에 달성된 협의는 오직 협상회원국들만이 활용할 수 있도록 허용했다.

행하는 국가와 지역들에게도 지원을 아끼지 않았다. 그 결과 동아시아 지역에서 일본 경제의 급속한 회복과 발전이 가능했을 뿐만 아니라 빠르게 경제성장을 이룬 신흥공업국가와 지역(NIEs)이 등장했는데, 그 대표적인 예가 바로 '아시아의 네 마리 용'이다. 이들 국가들은 매우 낙후된 기반에서부터 시작하여 약 20여 년이라는 비교적 단기간에 경제 급성장을 실현하면서 이른바 '경제의 기적'을 이루어냈다. 1993년 세계은행은 《동아시아의 기적: 경제성장과 공공정책》이라는 제목으로 보고서를 발표하고, 그에 대한 체계적인 총화를 진행했다. 세계은행은 동아시아 지역이 실현한 기적 같은 경제성장의 원인이 정부의 적절한 공공정책 시행에 있다고 보고했는데,[5] 만약 이를 지역경제관계의 관점에서 분석해보면, 개방적인 지역시장 환경이 형성되고 차별성을 지닌 국가(지역)의 시장요소조건이 형성되었기 때문에 자본의 유동과 산업의 이전을 위한 편리한 조건과 시장 환경을 제공할 수 있었다.

이미 보았듯이, 아태지역의 개방된 시장 환경에서 북미에서 동아시아로의 자본유동 현상이 출현했고, 이것은 다시 동아시아의 선진 경제에서 후발 경제로의 자본유동을 가져왔다. 산업이전의 측면에서 자본의 유동과 확산에 따라 층계형 연계를 형성하는데, 이러한 연계를 '눈덩이 효과'[6] 혹은 '대나무식 성장'[7]이라 부른다. 이러한 의미에서 아태지역의 경제연계사슬은 '개방정책-자본유동-산업이전'의 과정으로 형성되었다. 당연히 이러한 경제연계는 흐르는 물과 같이 반드시 물줄기가 막힘없이 잘

---

5 세계은행, 《동아시아의 기적: 경제성장과 공공정책》, 중국재정경제출판사, 1995.

6 장루·마오지엔(張路·茆健), 《동아시아의 기적에서 부흥까지(從東亞奇蹟到東亞復興)》, 《현대관리과학(現代管理科學)》, 2011, 제5기, 86쪽 참조.

7 David Roland-Holst, Iwan Aziz, Ligang Liu, *Regionalism and Globalism: East and Southeast Asian Trade Relations in the Wake of China's WTO accession*, ADB Institute Research Paper Series, No. XX, January 2003, p. 16.

통해야 하고, 뒷물결이 앞물결을 밀어내야만 비로소 연계사슬의 지속적이고 끊임없는 회전을 보장할 수 있다. 이처럼 산업사슬은 아태지역의 경제지역공간을 건설하는 주요한 요소임에 틀림없다.

아태지역의 경제지역공간을 형성하는 과정에서 나타난 중요한 발전은 동아시아 지역이 지역적 개방시장 환경을 조성한 것이다. 이 환경은 두 가지 발전에 기초하여 조성되었는데, 하나는 아세안 시장개방의 발전이다. 1990년대 초 아세안이 역내 자유무역지대 건설(AFTA)을 추진하고, 그 진행과정이 점차 가속화됨에 따라 아세안은 내부적으로 10개의 회원국을 보유하고 인구규모가 수억 명에 달하는 개방시장공간으로 발전했다. 이처럼 거대한 역내시장은 그 내부로 자본을 유입시키고, 아세안 시장을 산업이전의 중요 거점으로 삼았다. 이로부터 아세안은 국제투자의 중심지가 되었는데, 싱가포르, 말레이시아, 태국, 필리핀 및 이 선발주자들을 추월한 베트남은 새로운 제조업 가공시장이 되었고, 그와 관련한 서비스업, 금융업 역시 뚜렷한 발전을 거두었다. 두 번째는 중국이 개혁개방을 가속화하면서 자본유동선택과 가공제조업 이전의 중심지가 된 것이다. 중국의 후발자 효과는 두드러졌는데, 풍부하고 값싼 노동력, 거대한 시장 공간 및 정부의 강력한 지원정책 등은 다른 국가와 비교할 수 없는 것들이었다. 이러한 우세를 바탕으로 중국은 급속도로 동아시아 지역의 가공제조업과 수출의 중심이 되어갔다. 중국의 가입은 기존의 역내 경제연계사슬방식에 중대한 변화를 가져왔는데, 선형적 연계에서 네트워크 연계로의 변화와 역내 생산네트워크의 발전이 그것이다.[8]

동아시아 역내 생산네트워크의 형성은 두 가지 변화를 가져왔다. 먼저

---

8 Zhang Yunling, *Designing East Asian FTA: Rationale and Feasibility*, Social Sciences Academic Press, 2006, pp. 4, 20-21.

동아시아의 생산 분업이 더욱 심화되었고, 더 많은 경제체가 분업에 참여했으며, 이에 따라 생산발전의 공간이 대폭 확장되고, 생산능력이 빠르게 향상되면서, 동아시아는 세계 제조가공업의 중심지가 되었다. 동아시아 지역은 세계에서 제조업상품이 가장 큰 경쟁력을 확보한 시장이자 세계 최대의 수출 중심지가 되었다. 다음으로 미국이 동아시아의 최대 수출시장으로 자리매김하면서 가공제조업 등 미국 본토에서의 산업이전이 빠르게 진행되었고, 이에 따라 미국에서 소비되는 물품들은 대부분 동아시아 지역에서 수입되었다. 그 결과 동아시아와의 무역적자가 큰 폭으로 증가했다(반대로 동아시아 지역은 미국과의 무역흑자가 큰 폭으로 발생했다). 이처럼 태평양을 중심으로 한 동서 지역 간의 전대미문의 긴밀한 경제적 연계가 발전하면서, 일종의 수요–생산시장의 상호의존구조가 형성되었다.[9]

아태지역에서 형성된 이 새로운 경제연계가 갖는 몇 가지 특징 중의 하나는 생산 분업의 세분화에 기초하여 건립되었다는 것이다. 비록 동아시아 지역에서 네트워크형 분업구조가 형성되었지만, 생산사슬의 차원에서는 일종의 내림차순구조로 볼 수 있다. 즉, 선진경제체는 분업의 상위구조에 위치하여 기술과 핵심부품을 제공하고, 중간발달경제체는 분업의 중간구조에 속해 제조기술과 중요부품을 제공하며, 저개발경제체는 주로 재가공과 상품의 최종조립을 담당한다. 이러한 층계형 분업구조는 기본적으로 기술능력과 비용효율의 비교우위에 기초하여 시장시스템에 의해 결정되는 것으로, 아태지역의 각 경제체 간의 발달수준 및 분업에 참여하는 역할을 반영한다.

역내경제관계의 구축은 아태지역에 일종의 동태적 우세의 이전과 확

---

9   일부 학자들은 이러한 관계가 기본적으로 완전한 아태지역의 생산과 소비의 관계사슬을 구성한다고 보고 있다. 저우샤오빈 편저, 《아태지구경제구조 변천연구(亞太地區經濟結構變遷硏究 1950–2010)》, 사회과학문헌출판사, 2012, 1쪽 참조.

장이 출현했다는 것을 의미한다. 이 발전을 추진하는 두 가지 원동력 중의 하나는 기업이 비용-효용비교분석에 근거하여 산업의 이전을 진행하고 생산구조의 변화를 발생시켜, 더 많은 경제체를 분업시스템으로 유인하는 것이다. 다른 하나는 본국의 기업이 연구개발부문의 투자를 확대해 경쟁력을 제고하고, 이를 바탕으로 고차원적 분업시스템에 진입한 뒤 효용이 낮은 부문은 그 부문에서 더욱 경쟁력을 갖춘 다른 경제체로 이전시키는 것이다. 시장개방이라는 거대한 환경에서 아태지역은 대대적인 산업 내 분업의 조정과 공간의 재건이 이루어졌고, 동시에 기술적 진보를 추진하는 힘이 내재된 경쟁동력이 발생했다.

중국이 가공제조업과 수출의 중심지 및 역내 생산네트워크의 중추적 역할을 담당하면서, 기존의 동아시아 산업사슬관계에 중대한 변화를 가져왔는데, 일본, 한국, 타이완은 대량의 가공수출 능력을 중국으로 이전하고 가공재수출 국가로 선회했으며, 중국과 미국 간에는 가장 주요한 생산-수요사슬이 만들어지면서, '위험한 균형'의 관계가 형성되었다.[10]

2008년 미국에서 서브프라임 모기지 사태가 발생한 후, 그 파장으로 인해 전 세계적 금융위기와 경제위기가 야기되었다. 이는 제2차 세계대전 이후 발생한 가장 심각한 위기였다. 이로부터 이전부터 유지되어온 '위험한 균형'이 깨졌는데, 미국은 더 이상 신용자산의 확장에 기대어 소비의 확대를 도모할 수 없게 되었다. 이는 동아시아 지역의 생산 확장이 미국 시장의 수요에 더는 의지할 수 없게 만들었다. 이러한 상황에서 미국은 쌍둥이 적자의 문제를 해소하고, 수출의 진작과 무역불균형적 구조를 개선하려 했으며 일자리 증가를 위한 모든 노력을 기울였다. 이에 따

---

10 중·미 간에 극도의 무역불균형이 발생하고, 동아시아 지역의 생산확장이 더욱 중국의 수출에 의존하게 되었다. 이러한 상황에서는 미국의 수요가 지속적으로 증가된다 하더라도, 이 구조는 불균형적일 수밖에 없다.

라 동아시아 지역은 부득이하게 조정을 단행하고, 내부시장과 기타 외부 시장을 개척하기 위해 노력했으며, 생산구조의 조정과 내수 진작을 도모하기 위한 노력을 경주하는 등 발전방식의 변화를 꾀했다. 그로 인해 아태지역의 경제연계구조 역시 새로운 변화가 발생했다. 이 변화는 무엇을 의미하고 있을까? 새롭게 수립된 더욱 긴밀한 경제연계일까, 아니면 북미와 동아시아 경제사슬의 단절일까? 아시아태평양 역내협력의 심화를 촉진할 것인가? 아니면 아시아태평양 역내협력의 동력을 상실하게 만들 것인가? 이는 더 자세히 살펴볼 만한 가치가 있는 문제들이다.

2. 역내협력의 추진

비록 아태지역의 경제연계가 점차 발전해가고는 있었지만, 여전히 정치적 격차가 크고, 안보가 구획화되어 있었으며 게다가 지정학적으로 분산된 특징 등을 고려해 지역 전체를 보자면, 유럽 지역주의의 기초와는 다르다. 그러나 경제연계가 가져온 지역의 이익으로 인해 역내경제개방과 협력을 추진하려는 생각과 행동은 여전히 존재하고 있었으며, 이는 광범위한 지지를 받았다.

가장 먼저 '아시아태평양자유무역지대(AFTA, 이하 AFTA)' 건설을 제안한 사람은 일본의 학자인 고지마 기요시(小島清)로, 그는 1965년에 유럽연합의 경험을 학습하여 태평양 지역의 선진국을 중심으로 하는 태평양자유무역지대를 건설해야 한다고 주장했다. 1967년 일본, 미국, 캐나다, 호주, 뉴질랜드 5개국의 기업가 대표들은 '태평양경제협의회(PBEC)'를 설립해 역내 무역 및 투자 등의 문제와 관련하여 토론을 진행하고, 정부 간의 협력 추진을 제의했다. 이 포럼형태의 역내 협력시스템의 회원국 수는 초기 5개국의 대표에서 출발하여 후에는 아태지역 대다수 국가의 참여를 이끌어내면서 20개국으로 확대되었다. 1968년 고지마 기요시는 직접 일본, 미국, 캐나다, 호주, 뉴질랜드의 학계대표들이 참가하는 '태평양아시아 무역개발회의(PAFTAD)'를 조직했다.[11]

이러한 사상의 흐름과 역내 협력시스템의 설립을 추진하는 행동이 주로 일본에서부터 시작된 이유는 아태지역에서 가장 먼저 발전하기 시작한 국가가 바로 일본이기 때문이며, 그 주요한 대외경제연계대상은 태평양 지역에서도 특히 미국이었기 때문이다. 이러한 사실들로 인해 일본학계와 기업계의 환태평양 역내 협력시스템 건립과 관련된 제안은 정부 당국의 지지를 이끌어냈다. 이 아태지역에는 경제가 비교적 발달하고, 지역 외부와의 연계(주로 미국)가 비교적 긴밀한 소수의 몇몇 국가, 즉 미국과 인접한 캐나다와 미국과의 연계강화를 희망하는 오세아니아의 호주와 뉴질랜드가 포함되어 있다. 이 포럼형태의 협력시스템 설립은 역내경제연계를 확대하는 토론의 진행과 역내시장의 개방을 추진하는 것을 목표로 한다. 당시 학계와 기업계의 제안이 정부 당국의 지지를 받았음에도 불구하고, 그 당시 상황에서는 정부가 전면에 나서 지역조직을 설립하기에는 그 조건이 아직 성숙하지 않았었다.

1970년대 동아시아 지역에서는 더 많은 경제체가 개방정책을 시행하면서 외래투자유치, 가공무역의 발전, 국제시장으로의 진출, 아태지역 경제연계사슬의 확장 등에 온 힘을 기울였고, 역내협력의 강화를 요구하는 목소리가 점차 높아짐에 따라, 1980년에 '태평양경제협력위원회(PECC, 이하 PECC)'를 설립했다. 이 또한 포럼형태의 기구였지만, 정부와 민간

---

11 이 조직은 지금까지 활동을 이어오고 있는데, 이는 결코 쉽지 않은 일이다. 그러나 정부 간의 협력조직으로 설립되었기 때문에 이 조직의 역할과 영향력은 대폭 감소되었다. 그럼에도 불구하고 그들이 조직한 일련의 회의와 활동들은 여전히 학계, 기업계 및 정부 인사들의 참여를 유도하고 있다.

(기업, 학계, 시민 등)이 공동으로 조직한 것으로 20개 이상의 경제체가 참가했다. 이것은 아태지역에서 정부가 직접 참가한 첫 경제협력포럼 기구로서, 사무국이 없는 대신 활동을 지원하는 중앙기금을 설립했다. 이 포럼은 연 1회 회의를 정례화하고, 조사연구보고서를 작성하여 정부에 건의안을 제출하는 등 역내 시장개방과 협력을 전개하는 중요한 플랫폼이 되었으며, 또한 정부 간 협력기구의 설립을 가능케 하는 중요한 역량이 되었다. 이 포럼은 아태지역의 경제협력촉진, '태평양공동체' 이념의 실현, '개방적 지역주의'의 선도를 그 취지로 한다. 또 역내협력이 세계경제 성장을 촉진하고 있음을 강조하고, 역내협력과 다자간 개방체계의 일치를 지원하는 데 그 설립 목표가 있다.[12]

PECC의 취지와 설립의 원칙은 유럽의 협력이념과는 다르다. 유럽의 협력이념은 유럽지역주의의 공동체 의식에서 발원하지만, 아태지역의 협력이념은 개방적 환경하의 발전과 협력에서 비롯된다. '개방적 지역주의'는 일종의 지도적 이념으로, 실제로 그것은 전통적인 '지역주의'가 아니라, 이익고찰에 기초한 새로운 협력이념으로 봐야 한다. 미국의 전문가 프레드 버그스텐의 해석에 따르면, 개방적 지역주의는 역내 협력시스템의 건설에 도움을 주며, 세계 개방적 체계의 발전을 가로막지 않는다.[13] 여기서 창도된 '공동체'가 추구하는 것은 이익의 집합이지 제도의 건설이 아니다. 이는 이후 아태지역의 경제협력발전과정에 중요한 영향을 미쳤다.

1989년 APEC의 설립은 아태지역 경제협력발전과정의 중요한 이정표가 되었다. APEC은 아태지역 국가와 지역의 정부가 정식으로 추진하여 설립된 것으로 회원국 대표는 정부이지 기업이나 개인이 아니다. APEC

---

12 http://www.pecc.org/about/pecc-charter.

13 Fred Bergsten, "Open Regionalism", http://www.iie.com/publication/wp/wp.cfm?ReseachID=152.

이 설정한 목표는 아태지역의 시장개방과 협력발전의 실현으로, 그를 위해 시장개방목표와 발전과정의 실시규정을 수립하고 경제기술협력을 전개하는 시스템을 구축했다. APEC의 설립은 아태지역 협력제도설립에 관한 토론을 불러일으켰고, 세계의 관심을 집중시켰다.

근본적으로 APEC의 설립은 이 지역의 경제이익사슬을 강화하고자 하는 바람의 결과로서, 각 측의 개방과 협력을 통해 지역발전을 실현하고자 하는 요구를 반영한 것이다. 그러나 시기적으로 봤을 때, APEC은 유럽공동시장으로부터 오는 도전에 대응해야 하는 상황에 처해 있었다. 특히 미국이 적극적으로 추진하고자 했던 이유는 유럽공동시장이 자신의 이익에 손해를 입힐 가능성에 대한 우려와 유럽이 우세한 위치를 점하게 되는 상황을 걱정했기 때문이다. 따라서 당시 미국의 클린턴 정부는 실질적 기능을 가진 역내 협력시스템의 설립을 적극 추진했고, '아시아태평양공동체'를 탄생시켰다. 영문으로 공동체의 첫 알파벳에 대문자를 적용할 것인지 아니면 소문자를 적용할 것인지에 대한 의견차이가 발생했는데, 대문자로 표기된 공동체는 실질적인 제도건설을 의미하고, 소문자를 표기된 공동체는 협력의 정신을 구현하는 차이가 존재하기 때문이었다. 그 결과 소문자 표기를 주장한 의견 중에서도 주로 아세안이 지지한 의견이 우세했다.[14]

미국 정부가 대문자로 표기된 공동체 명칭을 지지했던 이유에는 특별한 계획이 있었기 때문이다. 미국은 APEC을 통해 구속력 있는 협의를 진행하고자 했으며, 이를 위해 동아시아의 시장개방을 추진했는데, 그중 일본 시장의 개방을 촉진하는 것이 주요목표였다. 당연히 미국은 아태지역

---

14 〈알파벳 표기방식에 대한 논쟁이 조직의 근간을 변화시키다(一個字母寫法之争 一個組織根基之變)〉, http://news.xinhuanet.com/world/2009·11/09/content_12420314.htm.

에서 얻은 시장개방의 성과를 무조건적으로 유럽에게 제공하는 것을 원하지 않았다. 이는 유럽공동시장의 성과가 오직 그 회원국 내부에서만 활용되었기 때문이다. 당시의 토론에서 유럽의 무임승차를 허락하지 않은 것은 미국의 전략적 계획이었다.[15]

아태지역에서 구속력 있는 협상과 협의를 통해 개방을 추진하는 것은 현실성이 결여되어 있었기 때문에 어쩔 수 없이 APEC의 틀에 의지해 지역의 시장개방을 추진했지만 이 역시 어려움이 존재했다. 이로 인해 시장개방을 추진하려는 노력은 각자가 선택한 FTA의 방식으로 전환되어 갔다. 사실 미국은 줄곧 '양다리를 걸치고 있었다'. 미국은 적극적으로 APEC 회원국 경제정상회의 개최를 추진하여 APEC의 협력수준을 제고하기 위해 노력함과 동시에 다른 한편으로는 '북미자유무역지대(NAFTA)'의 체결을 지속적으로 추진하고 있었다(1992년에 체결되었다). 1994년 미국은 APEC의 발전과정에 실망하고, 대신 '미주자유무역지대(FTAA, 이하 FTAA)' 추진계획을 제출했지만, 이 계획은 기타 미주국가들의 호응을 얻지 못하고 방치되었다. 2006년에 동아시아 지역 경제협력발전과정이 진전을 보이자 미국은 APEC의 틀 내에서 '아시아태평양자유무역지대(FTAAP, 이하 FTAAP)'를 추진하려는 계획을 수립했다. 그러나 이 계획은 대다수 APEC 회원국들의 지지를 얻지 못했을 뿐 아니라 오히려 냉대를 받았다. 따라서 미국은 스스로 '뜻이 맞는 파트너'를 찾아 협상을 진행하기로 결심하고, 2009년에 TPP 회담에 주도적으로 참여할 것을 선포했는데, 이로 인해 아태지역의 경제협력발전은 직격탄을 맞게 되었다.

그리하여 미국이 주도하게 된 TPP 회담은 첫째, 새로운 규칙제정을 전제로 전면적이고 높은 수준의 시장개방을 추진했다. 새로운 규칙이 포괄

---

15 Fred Bergsten, 앞의 글.

하는 영역은 매우 넓었으며 기존의 시장개방모델을 타파하고, '변경 내 문제'를 깊이 파고들었다. 예컨대 국내경제체제 및 경제정책과 관련한 문 제들, 즉 경쟁정책, 국유기업, 정부조달, 환경기준, 노동기준 등의 문제들 을 의미한다. 둘째, 첫 회담의 파트너로 미국과 일본을 포함한 12개 국가 가 포함되었는데, 그 규모가 비교적 컸다. 예상대로 첫 동반자회담이 끝 나고 난 후, 두 번째 협상파트너를 초청하면서 TPP는 아태지역의 주요경 로가 되었지만, 중국은 그 협상과정에 참여하지 않았다. TPP가 만약 협 상에 성공한다면 아태지역의 경제개방과 협력프로세스에 거대한 변화를 가져오게 될 것이고, 이는 APEC의 주요경로로서의 역할이 유명무실해졌 음을 의미한다.

사실 미국은 제2차 세계대전이 끝난 후, 국제 경제규칙제정에 주도적 역할을 해온 국가로서, 줄곧 새로운 규칙의 제정을 위해 노력해왔지만, APEC과 같은 소프트한 지역시스템의 기능에 대해서는 회의적인 태도를 갖고 있었다. 가장 발달한 선진경제체가 추진하고 있는 것은 시장의 고도 개방이다. APEC은 개방(자유화, 편리화)과 협력(경제기술협력)을 기본바탕 으로 하는 기구로, 특히 경제기술협력은 개발도상경제체들이 지속적으로 추진되기를 바라는 것이다. 그러나 TPP의 틀 내에는 자유화와 편리화만 있을 뿐 경제기술협력은 존재하지 않는다. 이는 명백하게 미국이 중시하 고 추진하는 것이 시장의 '완전개방'과 무역규칙을 고도로 일치시키는 것 임을 보여준다.

비록 개발도상경제체가 규칙을 받아들일 수 있다 하더라도 규칙은 능 력과 결부되어야 하며, 시장개방 수준의 제고는 순차적으로 진행되어야 한다. 개발도상국가들로 구성된 아세안은 아태지역의 협력프로세스에 참 여하면서도, 동시에 점차 개방과 협력이 결합되어가는 방식을 지지해왔 다. 아세안은 자신의 자유무역지대 건설을 관세특혜계획에서부터 시작하여, 이후 더 진보한 건설계획 역시 단계별, 층별 추진(투자와 서비스의 단독행위)과 차별적 대우(저개발 신입 회원국은 더 많은 실현시간을 부여했다) 방식을 취했고, 자유무역지대 건설의 기초 위에서 공동체의 건설도 함께 추진했다. 아세안은 두 가지 주요방식을 토대로 발전해나가는데, 첫 번째는 개방의 추진, 두 번째는 협력의 전개(이는 전통적인 의미의 원조와 다르며, 유럽연합의 공동지역발전기금과도 다르다)다. 아세안의 방식은 당연히 미국의 입맛에 맞지 않았고, 아태지역의 일부 기타 선진경제체들 역시 그에 대해 찬성하지 않았다. 사실 아태지역의 시장개방과 협력프로세스에는 다양한 역할 및 다양한 동기와 방향들이 병존해 있기 때문에 비록 통합된 프로세스의 실현을 줄곧 목표로 설정해왔지만, 이 다양한 변수들을 조화롭게 엮어 발전시켜나가는 것은 매우 어려웠다.

3. 아시아태평양경제협력체의 생명력

아태지역의 두드러진 특징 중의 하나는 바로 다양성이다. 사회 및 경제제도가 서로 상이하고, 문화적 배경이 다르며, 다양한 민족, 종교가 공존하고, 각국의 경제발전 수준 역시 격차가 크다. 이처럼 매우 복잡한 조건하에서 역내협력을 전개하기란 쉽지 않은 일이다. 아태지역의 시장개방 추진의 기초는 경제연계이지만, 서로 다른 이익구조로 인해 동기의 출발점과 노력의 방향 역시 모두 다르다.

APEC이 설립될 수 있었던 이유와 존속할 수 있었던 원인은 이 기구가 융통성과 포용성을 발휘했기 때문이다. 이는 아태지역의 유일한 대화협력 플랫폼이며, 비록 각 성원들이 불만을 품고 있다 할지라도, 오늘날까지 그 누구도 이 기구를 포기하고 싶어 하지 않는다. 바로 이것이 APEC의 생명력과 가치를 존속하게 하는 요인이다.

그렇다면 무엇이 APEC의 생명력일까? 제공된 플랫폼 그 자체가 아태지역의 모든 관련 성원들에게 그 안에서 자신의 요구를 표현하고, 또한 공리에 기초하여 지역경제발전에 유리한 의사진행과정을 추진할 수 있는 토대를 제공한다는 점이다. 그렇다면 무엇이 APEC의 가치일까? 가장 중요한 것은 격차가 매우 큰 20여 개의 국가와 지역들을 한데 모아 지역의 소통 및 조화와 협력을 증진하고, 매년 한 차례 진행되는 정상회담은 논의의 장이 되었으며, 비록 다양한 원인들로 인해 참가하지 않거나 논의가 제대로 진행되지 않는 상황들이 발생하기도 했지만 상호 간의 대립이나 다툼은 피해야 한다는 것이 자발적으로 준수해야 하는 관례가 되었다는 점이다. APEC이 가지는 의의와 작용은 대체로 세 가지 측면으로 요약된다. 첫 번째는 회합으로, 이는 아태지역의 20여 개 경제체들이 모여 각 정부의 각료 및 정상들이 다차원적인 회의를 진행하고, 기업 및 기타 각계 인사들이 광범위하게 참여하는 것을 말한다. 특히 정상회합은 매우 강한 정치적 색채를 갖고 있어 지역의 발전과 평화에 일정 정도 도움을 준다. 두 번째는 개방으로, '보고르선언'의 실현을 통해 아시아태평양 역내시장의 개방을 촉진하고 보호주의를 거부한다. APEC이 설립되면서 아태지역의 시장개방 정도는 더욱 심화되었고, 관세율은 대폭 하락했으며 무역과 투자의 편리성 정도가 개선되었는데, 이러한 변화들이 바로 아태지역 경제 활력의 중요원천들이다. 세 번째는 공유로, 즉 협력전개를 통해 지식, 기술 및 정보의 공유를 촉진한다. APEC은 매년 수백 개의 회의와 훈련반을 개최하고 공동참여를 통해 경험을 교류하며, 연계 및 협력 네트워크를 새롭게 구축한다. 따라서 APEC은 학습을 촉진하고 능력을 제고시키는 기능을 갖추고 있다고 볼 수 있다.

아시아태평양 역내시장 개방의 추진은 APEC의 주요기능 중의 하나이다. APEC은 설립 초기에 이미 원대한 포부를 가지고 25년 이내에 아태지역의 완전개방이라는 웅대한 목표를 수립했는데, 이것이 '보고르선언'이다. APEC 회원국 간의 발전수준의 격차와 개방의 능력을 고려하여, '보고르선언'은 두 가지의 이정표를 제시했다. 즉, 선진회원국은 2010년까지, 개발도상회원국은 2020년까지 시장의 개방을 실현하는 목표를 수립했다. 개발도상회원국들은 참여능력의 제고와 지역 간 발전격차 축소의 필요성을 고려하여 경제기술협력을 전개하는 의사과정을 설립했다. 개방 추진과 격차감소는 APEC의 발전을 촉진하는 가장 기본적인 출발점으로 분명하게 인식되었다.[16]

사실 그대로 보면 아태지역은 APEC이 설립된 후 관세수준이 대폭 하락했고, 비관세장벽 역시 크게 낮아졌다. 비록 APEC 자체가 통상적인 지역조직처럼 '강경한 방식'으로 시장개방을 추진할 수는 없지만, 각종 '유연한 방식'을 통해서는 역할 발휘가 가능하다. 우선 APEC이 만들어낸 시장개방과 개방발전을 추진하는 지역 환경은 각 회원국 경제체들이 개방으로 나아가는 큰 방향을 유지하고 보호주의를 반대하는 데 기여했다. APEC 체제하의 회원국의 자기평가기제, 전문가심의기제, 각 위원회 및 실무그룹 등이 제출한 아태지역 시장개방 추진보고 등은 모두 지역시장의 개방 환경을 조성하는 데 중요한 요소로 작용했다. 그리고 APEC의 정기회의 일정, 특히 각료회의 일정과 정상회의 일정은 시장개방의 추진과 협력의 촉진 등 주요문제에 대한 토론과 공통의 인식을 모으는 중요 시스템이 되었고, 그 주최의 역할은 회원국 안에서 번갈아 가며 담당했다. 또 각 측은 그 해의 의사일정을 가장 성공적인 의사일정으로 만들기 위해 모든 노력을 기울였는데, 항상 일련의 새로운 내용들을 내놓고 역내 협력프

---

16 K. Kesavapany and Hank Lim, *APEC at 20: Recall, Reflect and Remake*, ISEAS, Singapore, 2011, pp. 18–19.

로세스가 앞으로 나아갈 수 있도록 추진했으며 비록 정세가 어렵다 할지라도 가능한 한 후퇴를 피하고 개방과 협력을 촉진하면서 무역보호주의를 반대했다.

APEC의 틀 내에서의 경제기술협력은 전통적인 발전 원조와는 차이가 있다. 이것은 주로 저개발 회원국의 참여능력과 관리능력을 제고하기 위한 각종 방식을 안배하여 진행하고 인력자원의 훈련을 전개하여, 개발도상경제체의 개방능력, 대응능력과 발전능력을 향상시키는 데 도움을 주었다. APEC의 이와 같은 '유연한 지원시스템'에 대한 평가는 엇갈리는데, 표면적으로 보면 마치 구체적인 성과가 없어 보이지만, 내재적 접근을 통해 분석해본다면 그 효과는 어렵지 않게 도출할 수 있다.[17]

만약 하나의 지역이 제도화된 역내협력건설을 진행한다면 그 기초는 고도의 지역공동체이며 그 지역공동체의 견실한 기초는 정치공동체이다. 하지만 아태지역에서는 이 정치공동체가 매우 부실했다. 제2차 세계대전 이후 태평양이 냉전에 의해 분열되면서 역내 국가들과 지역 역시 서로 다른 진영으로 분리되었다. 의식형태가 만들어낸 정치적 분열은 경제연계 역시 단절시켰다. 냉전체제가 붕괴되고 진영을 기초로 한 정치적 분열 역시 종결되었지만 정치적 봉합이 완전하게 실현되지는 못했다. 미국이 주도하는 군사동맹체계가 여전히 존재했고, 그 영향으로 아태지역의 안보의식은 매우 강했다. 또한 비록 시장경제시스템이 각국(지역)을 연결하고, 국가(지역) 경계선의 한계를 무너뜨렸지만, 정치적 장벽은 여전히 철저하게 제거되지 못했고, 공산당이 집권하는 사회주의제도는 미국 등의 국가에 의해 '독재국가' 혹은 '이단'으로 간주되어 역내 경제협력에 합류하기가 어려웠다. 특히 중국의 국력이 급성장함에 따라 새로운 정치적

---

17 APEC at 20, Recall, Reflect and Remake, p. 62.

경쟁, 특히 안보경쟁을 초래했는데, 그 예로 미국의 '아시아 회귀' 전략은 중국의 도전에 맞서기 위한 것이었다. 아세안 국가들 역시 자신을 중심으로 한 아세안공동체 건설을 우선순위로 삼고 어떠한 세력 혹은 지역운동에 휩쓸려 희생되지 않기를 원했다. 이 같은 원인들로 인해 아시아태평양 정치적 지역주의 공동체는 약화된 것처럼 보였다. 이는 필연적으로 경제 지역주의의 발전에 영향을 가져왔다. 이러한 의미에서 볼 때, APEC은 통합된 거대한 지역의 틀로써 여전히 아태지역의 경제개방 및 협력의 의지를 모으는 책임을 담당하고 있으며, 그것이 제공하는 정상회의 플랫폼 역시 그 무엇과도 대체할 수 없는 정치적 함의를 지니고 있다고 볼 수 있다.

회고와 사고

필자가 1993년 중국사회과학원 아시아태평양연구소장으로 전근했을 때는 아태지역의 역내협력이 활발해지기 시작하고, APEC 협력시스템이 정상회의로 격상될 즈음이었다. 유럽통합 방면의 연구경력을 가지고 있던 필자는 바로 이 기회를 놓치지 않고, APEC에 대한 연구와 중국의 APEC 참여를 연구의 중점으로 삼았다. 필자는 본래 아태지역의 협력문제에 관해 익숙하지 않았기 때문에 어쩔 수 없이 이를 보완하기 위해 논문자료를 읽고 아태지역에 대한 이해 및 APEC의 발전을 분석하는 데 많은 노력을 기울였다. 연구소와 학교 및 국내의 APEC 연구의 촉진과 중국의 참여를 위한 정책을 제안했고, 연구소급의 'APEC정책연구센터'를 신청하고 설립하여 주임을 맡았다. 센터는 비공식연구기관으로 연구와 활동을 위해 필요한 경비를 스스로 조달해야 했다. 당시에는 센터의 모든 경비가 부족했고, 연구비도 몇 만 위안에 불과해 때로는 원로간부를 위한 의료지원비용을 끌어다 충당하는 등 연구지원을 제공할 능력이 부족했다. 어쩔 수 없이 국외 연구기관과의 협력을 통해 연구를 진행하거나 외국기금회, 아시아개발은행 등에 연구프로젝트를 신청하여 센터의 연구와 활동자금을 마련했다. 운이 좋게도 센터는 차츰 명성을 쌓아갔고, 외부로부터의 지원도 점차 증가했다.

아마 많은 사람들이 믿지 못하겠지만 처음에는 APEC 활동과 연계된 협력기관이 전무했기 때문에 APEC 센터는 연구토론회의 이름으로 각 부문의 인사들을 불러 모아 관련 문제에 대한 협의를 진행했다. 수많은 중요 연구프로젝트를 구상하여 국내연구기관 및 대학의 연구원들을 초빙해 연구를 진행하고 매년 적지 않은 연구보고서를 출판했으며 일부는 영문으로 인쇄하여 외국과의 교류에 활용했다. 필자도 자주 정부유관부문과의 워크숍, 국외에서 열린 APEC 관련 학술과 워크숍 등에 참여했다. 또한 많은 논문과 정책보고서를 작성했다. 국내외의 일부 인사들은 이 분야에서의 '뛰어난 인물'로서 필자를 가리켜 'APEC 선생(Mr. APEC)'이라 칭하기도 했다.

그러나 APEC의 틀 아래의 각 회원국들은 정부가 인가한 'APEC센터'를 지정했는데, 그 센터의 주요기능이 'APEC 관련 인재'를 양성하는 것이었다. 이에 난카이대학이 설립한 APEC센터가 급부상하게 되면서 정부가 주도하는 활동의 대부분이 난카이대학의 센터를 중심으로 진행되었으며, 이 과정에서 소요되는 자금은 정부가 제공했다. 이로 인해 우리 센터가 전개하는 활동, 특히 정부참여와 관련된 활동은 감소되었다. 1990년 말 동아시아 지역협력이 활발해지면서 센터의 명칭을 'APEC과 동아시아 협력연구센터'로 개정하고 개인 연구와 센터활동의 많은 부문을 동아시아 지역협력 방면으로 수정했다.

사실 내 연구 중점 및 센터활동 중점의 전환은 아태지역협력발전의 변화와 관련이 있다. 여러 해를 거치면서 동아시아는 아태지역의 인력중심이 되었고 지역에서의 협력 추세도 강화되었다. 그러나 비록 연구중점을 동아시아로 전환했다 하더라도 아시아태평양 역시 분리될 수 없는 영역이며 동아시아와 아시아태평양은 늘 연결되어 있는, 소위 말하는 '떼려야 뗄 수 없는 관계'다.

아시아태평양 역내협력의 이상적 목표는 무엇인가? 이는 필자가 줄곧 생각해왔던 문제다. 1993년 APEC의 저명한 인사들로 구성된 소그룹이 제안한 보고서의 표제는 〈APEC의 전망: 아시아태평양지구 공동체 건설〉이었고, 그해의 APEC의장성명서에는 "아태지역의 개방과 동반자원칙을 견지하고, '공동체 의식'을 발양한다"라는 문장이 인용되었다.[18] 공동체의 영문 첫 글자를 대문자로 표기할 것인지 아니면 소문자로 표기할 것인지에 대한 문제를 둘러싸고 이견이 있었기 때문에 아태지역의 경제협력 목표에 대한 불일치가 존재했다. 사실 저명한 인사들로 구성된 소그룹의 아태지역 자유무역지대 건설에 관한 제안도 적극적인 지지를 받지 못했는데, 특히 아세안은 '아시아태평양공동체'가 미국에 의해 장악되어 아시아태평양자유무역지대의 건설이 아세안자유무역지대 건설에 타격을 줄 것을 우려했다.[19] 중국은 당연히 공동체의 첫 글자를 대문자로 표기하는 것에 동의하지 않았다. 이는 중국 자신의 개혁개방 프로세스가 방해받는 것을 우려했기 때문이었다. 중국은 개방이 필요했고, 조정과 개혁 및 적응이 가능한 공간이 필요했다. 동시에 중국은 아시아태평양공동체가 정치 간섭의 기능을 부여받아 중국의 국내 정치 사업에 간여하는 것을 걱정했다. 비록 APEC이 '보고르선언'을 통과시키긴 했지만 이 목표의 실현 수단은 애매모호했고 결정된 시행수단은 타협의 결과물이었다. 이것이 APEC이 '보고르선언'의 실현을 추진하기 위해 수차례 시도했음에도 그 효과가 미비했던 원인이다. 예를 들어, 1997년의 '분야별 조기자유화', 2001년의 '상하이합의', 2002년의 '멕시코 무역 원활화 행동계획', 2005년의 '부산로드맵', 2006년의 '하노이 행동계획' 등은 모두 성공하지 못했다.

---

18 http://www.apec.org/Meeting-Papers/Leaders-Declarations/1993/1993_aelm.aspx.
19 http://www.heritage.org/research/reports/1994/11/expanding-free-trade-in-asia-the-apec-meeting-and-beyond.

또한 선진경제체들이 '보고르선언'에서 규정했던 2010년까지의 완전개방 역시 그 시기가 도래했음에도 불구하고 아무런 변화도 발생하지 않았으며, 마침 2010년에 미국이 대대적으로 주도한 TPP 회담이 진행되었다. 이는 APEC의 명성에 타격을 주었고, APEC의 틀 아래에서의 아태지역 시장개방 가능성에 대한 의혹을 야기했다.

시장경제와 각국의 개방정책은 아태지역의 경제연계를 구축하여 북한을 제외한 기타 국가와 지역을 모두 역내연계사슬에 포함시켰다. 그러나 아태지역의 정치안보관계는 분열되어 있었다. 그 원인 중의 하나로 정치적으로 여전히 의식형태의 한계가 존재했고, 비록 그것이 국가 간의 정상적인 관계 수립을 가로막는 결정적인 장애물이 되지는 않았지만 정치적 간극은 여전히 남아 있었다. 특히 안보구조에서 미국은 동맹체계를 가지고 있었지만 다수의 국가는 그 동맹국의 성원이 아니었으며, 특히 중국과 같은 대국은 미국의 '정치적 반대세력'인 만큼, 자신의 위치를 동맹체계의 외부에 두고 있었다. 명백하게 아태지역의 복잡한 정치안보관계와 구조는 지역의 협력시스템 건설에 큰 걸림돌로 작용했다. APEC 정상회의에서 정치안보 분야는 논의되지 않으며 오직 경제 분야와 관련된 논의만이 진행된다. 그러나 예외적으로, 미국이 테러공격을 받은 직후, 2001년 상하이에서 개최된 APEC 비공식정상회의에서는 테러문제가 논의되었고, 성명을 발표하여 APEC 회원국 간의 반테러 협력을 강화했다.[20]

중국의 경제력이 일본을 제치고 세계 제2위의 경제대국으로 올라섰고,

---

20 일부 전문가들은, APEC의 경제의사과정을 심화하는 조치의 시행과 APEC의 시스템화를 필연적인 추세로 보고 있지만, 정치안보의제를 APEC 의사과정에 포함시키는 것에는 반대한다. 류천양(劉晨陽), 〈APEC 20년: 성과, 도전 그리고 미래(APEC二十年: 成就, 挑戰與未來)〉, 《난카이학보(南開學報)》, 철학사회과학판(哲學社會科學版), 2010, 제4기, 109쪽 참조.

국력이 꾸준히 상승하면서, 아태지역의 경제와 정치구조에 변화를 가져왔다. 이에 따라 경제관계와 정치안보관계는 조정과 재건이 진행 중에 있다. 아태지역의 이러한 변화는 지역의 협력에도 영향을 주었다. 아태지역의 협력을 지탱하던 원래의 응집력이 약화되고, 경쟁적인 대형자유무역지대, 특히 TPP와 RCEP이 주요한 추세로 떠오르면서 중미 간, 중일 간, 중국-아세안 간 관계 역시 새로운 조정 시기에 접어들고 있다. 이러한 상황에서 아시아태평양 역내협력의 동력은 어디서부터 나오는가? APEC의 가치와 역할은 어떻게 정립되어야 하는가? 이러한 문제의식은 깊이 사고하고 새롭게 탐색해볼 만한 가치가 있다.

APEC 경제정상 공동결심에 관한 성명[21]

인도네시아 보고르

1994년 11월 15일

1. 오늘, 우리 APEC의 경제정상들은 인도네시아 보고르에 모여, 우리 미
   래의 새로운 경제협력일정을 수립했다. 이를 통해 우리는 아태지역뿐
   만 아니라 전 세계에 빠르고, 균형되고, 균등한 경제성장을 가져올 것
   이라 믿어 의심치 않는다.

2. 일 년 전, 우리는 미국 시애틀의 블레이크 섬에서 우리의 다양한 경제
   가 더욱 상호의존적으로 변화하여 아시아태평양경제의 공동체를 향하
   여 나아가고 있음을 깨달았다.
   우리는 비전 성명발표를 통해,
   - 급속하게 변모해가는 지역과 세계경제가 직면한 도전에 대응하기
     위한 해결방법을 모색하기 위해 협력하고,

---

21 영문원본에 근거했다. 이 성명문건은 중요하기에 추가 참고자료로 첨부했다. 성명에서 볼
   수 있듯이 당시 APEC 정상들은 첫 번째, 다자간 무역체제의 유지와 지원을 우선순위에 둔
   것으로, 구체적으로는 막 완성된 우루과이라운드의 즉각적이고 전면적 시행의 성과를 강
   조하고 있으며, APEC 협력시스템을 이용한 다자간 무역체제의 촉진을 강조하고 있다. 두
   번째, 아태지역의 시장개방을 추진하여 2020년까지 역내 무역과 투자시장의 개방실현을
   위한 '보고르선언'을 확정하고, 협력의 정신, 이익공유의 정신 및 책임 정신을 바탕으로 아
   시아태평양경제공동체의 건설을 강조하고 있다.

- 세계의 경제발전과 개방된 다자간 무역체제를 지원하며,
- 무역 및 투자의 장벽을 지속적으로 제거하여 회원국가 간 상품, 서비스 및 자본 등의 자유로운 이동을 보장하고,
- 우리 국민들이 경제성장의 이익을 공유하고 교육과 훈련을 개선시켜나가며, 발달된 통신 및 교통수단을 통해 경제를 연계시키고, 우리의 자원에 대한 지속가능한 이용을 보장했다.

3. 아시아태평양경제공동체의 비전에 대한 제시는 우리의 지역 내에 선진국, 신흥공업국 및 개발도상국 등을 포함한 경제적 다양성이 존재하고 이들 간의 상호의존관계가 끊임없이 증대되어왔다는 인식을 바탕으로 한다. 아태지역의 선진공업국가들은 이 지역의 개발도상국가들에게 경제성장을 촉진하고 발달수준을 격상시키는 기회를 제공할 것이며 동시에 개발도상국가들의 새로운 경제번영과 지속적인 경제성장의 실현에 목적을 둔 노력들은 신흥공업국 경제발전과의 상호협력 및 보완을 통해 더욱 진일보한 경제성장을 이룩할 것이다. 아시아태평양경제공동체를 건설하는 방식은 종합적이고, 상호연계적인 특징에 입각한 것으로, 즉 구체적으로는 지속가능한 성장, 균등한 발전, 국가적 안정의 3대 축이 결합된 방식이다. 발전과정에서의 국가 간 발전수준의 격차를 줄여나가는 노력은 모든 APEC 회원국에게 유리함은 물론, 아시아태평양 역내경제의 전반적인 발전을 가져올 것이다.

4. 우리는 21세기를 앞둔 현시점에서 APEC 회원국은 동등한 동반자관계, 책임의 공유, 상호존중, 공동혜택과 공동이익에 기초하여 아태지역의 경제협력을 강화하고, 이를 통해 APEC이 아래와 같은 분야에서 중요한 역할을 발휘할 수 있도록 한다.

- 개방적 다자간 무역체제의 강화

- 아태지역의 무역 및 투자자유화 수준의 제고

- 아태지역의 발전을 위한 협력 강화

5. 시장경제원리에 입각한 경제성장의 기초가 개방적인 다자간 무역체제에 있음으로 APEC이 우루과이라운드의 성과를 바탕으로 다자간 무역체제를 강화하는 데 중요한 역할을 발휘할 수 있도록 한다.

우리는 APEC이 우루과이라운드의 성공적인 타결을 위해 기여한 공헌에 대해 기쁘게 생각한다. 우리는 우루과이라운드에서 합의된 약속을 즉각적이고 전면적으로 시행할 것이며, 또한 모든 우루과이라운드 참여 국가들에게도 함께 할 것을 촉구한다.

다자간 무역체제의 강화를 위해 우리는 우루과이라운드의 약속을 지체 없이 이행하고, 우루과이라운드의 성과를 심화 및 확대하는 조치를 취하기로 결정했다. 우리는 또한 일방적인 무역투자자유화를 지속적으로 추진해나갈 것이다. 우리는 다자간 무역체제 추진 약속을 입증하기 위하여 보호무역을 강화하는 어떠한 조치도 취하지 않을 것을 합의한다.

우리는 WTO체제의 성공적인 출범을 촉구한다. APEC 회원국은 전면적이고 적극적으로 WTO에 참가하고 지원할 것이며, 이는 다자간 무역체제를 강화하기 위한 우리가 발휘하는 역량의 핵심이다. 또한 우리는 모든 APEC의 비회원국이자 WTO의 회원국들이 APEC의 회원국들과 다자간 무역투자자유화의 추진에 함께할 것을 촉구한다.

6. 우리는 아태지역의 무역 및 투자확대 목적을 달성하기 위하여 이 지역의 무역투자자유화 실현을 위한 장기목표를 수립하는 데 동의한다.

순조로운 목표 달성을 위하여 우리는 무역과 투자의 장벽을 낮추고 회원국 간의 상품, 서비스 및 자본의 자유로운 이동을 촉진할 것이다. 이 목표의 실현은 '관세 및 무역에 관한 일반협정(GATT)'의 원칙과 부합되어 추진되어야 한다. 우리는 다자간 무역체제에 대한 지원을 성실하게 이행해나갈 것이다. 이와 같은 우리의 조치가 다자간 체제구조하에서 자유화 발전을 더욱 촉진시키는 데 중요한 영향을 가져올 것이라 믿는다.

우리는 늦어도 2020년까지 아태지역의 무역투자자유화와 개방을 실현하는 목표를 달성하기 위한 우리의 약속을 채택하는 데 동의한다. 우리의 약속은 APEC 회원국 간의 상이한 발전수준을 고려하여 이행될 것이며, 이에 따라 선진공업국의 무역투자자유화 및 개방 목표 실현기간은 2010년까지, 개발도상국가는 그 실현기간을 2020년까지로 한다.

우리는 세계적 자유무역화를 위한 노력에 역행하는 내부 지향적인 무역블록의 건설에 대해 강력한 반대의사를 강조하고자 한다. 우리가 실현하고자 하는 아태지역에서의 무역투자자유화와 개방은 세계 전체의 무역투자자유화에도 긍정적인 효과를 가져올 것이다. 이로 인해 아태지역의 무역투자자유화는 실질적으로 APEC 회원국 간의 내부 장벽은 물론, APEC 회원국과 비회원국 간의 장벽 역시 제거할 것이다. 그를 위해 우리는 APEC 회원국이 아닌 개발도상국가와의 무역에도 특별한 관심을 기울이고 이를 바탕으로 그들 개발도상국들이 GATT/WTO 조항에 따라 우리의 무역투자자유화 조치에 따른 혜택을 누릴 수 있도록 할 것이다.

7. 이 광범위한 자유화 과정을 지원하기 위해 APEC 틀 아래의 원활화 프

로그램을 확대 및 추진하기로 결정했다. 행정적 장애 및 무역과 투자를 저해시키는 기타 장애를 제거함으로써 APEC 회원국 간의 무역과 투자를 더욱 촉진시켜나갈 것이다.

우리가 무역 원활화의 중요성을 강조하는 이유는 단지 무역자유화 노력만으로는 무역의 증대를 가져오기가 충분하지 않기 때문이다. 기업과 소비자 모두가 교역의 과정에서 진정한 혜택을 누릴 수 있어야만 우리의 무역 원활화를 위한 노력이 비로소 중요성을 갖게 된다. 또한 무역 원활화는 세계적 차원의 전면적 자유화 목표를 실현하는 데 있어서 중요한 역할을 하고 있다.

특히 우리는 장관 및 관료들이 즉각 세관질서, 표준, 투자원칙 및 시장진입을 가로막는 행정적 장애와 관련된 프로그램들을 준비하여 대안을 제시해줄 것을 요구한다.

우리는 경제정책 회의에서 원활한 역내투자유동성 확보와 APEC의 강화를 위한 경제성장전략, 역내자본이동과 기타 거시경제문제 해결을 위해 의미 있는 협상을 지속적으로 전개해나갈 것에 동의했다.

8. 아시아태평양공동체 간의 개발협력을 강화하려는 우리의 목표는 아시아태평양경제의 지속가능한 성장과 균등한 발전, 경제 불평등의 감소, 국민의 경제 및 사회생활 개선 등의 항목을 달성하기 위해 인적자원과 천연자원을 더욱 효과적으로 개발하는 데 있다. 당연히 이러한 노력은 아태지역의 무역 및 투자의 성장을 촉진시킬 것이다.

이 분야의 협력프로그램은 인적자원 개발(교육과 훈련, 특히 관리기능의 개선), APEC연구센터 설립, 과학기술협력(기술이전을 포함), 중소기업 육성방안, 에너지, 교통, 정보, 통신 및 관광 등의 경제기반시설을 개선하기 위한 조치 등 지속가능한 발전에 도움을 주는 프로젝트들을 포함한다.

아태지역의 경제성장과 발전은 주로 시장원리에 의해 촉진되며, 기업 간 상호연계의 강화는 아태지역 경제협력발전을 지원하는 기반이 된다. 우리는 경제발전 분야에서의 기업부문의 역할을 인식하고 있으며, 따라서 기업부문을 협력계획에 포함시키고, 그를 위한 시스템을 건립하기로 동의했다.

9. 원활한 협력의 강화를 위하여 우리는 그러한 준비(협력의 강화 및 원활화를 위한 준비)가 잘되어 있는 APEC 회원국부터 우선적으로 계획을 시행 및 실현하고, 아직 준비가 되지 않은 회원국들은 참가를 늦추기로 동의했다.

APEC 회원국 간의 무역 분쟁 및 기타 분쟁은 이미 합의되어 시행되고 있는 협력프로젝트는 물론, 협력의 정신에도 부정적인 영향을 가져올 것이다. 우리는 분쟁해결을 돕고 재발방지를 위한 자발적인 협의분쟁 해결 및 중재 서비스기구의 건립에 대한 실행가능성을 검토하고, WTO의 분쟁해결시스템 보완하고 이를 분쟁해결의 주요수단으로 활용하는 데 동의했다.

10. 우리의 목표는 웅대하다. 그러나 우리는 먼저, 전 세계 무역투자자유화를 추진하는 과정에서 APEC이 중요한 역할을 하기로 다짐했다. 우리의 목표를 실현하기 위해서는 수년간의 노력이 필요하기 때문에 이번 성명의 발표 직후, 그 즉시 조정된 자유화 과정을 추진해나갈 것이다.

우리는 장관과 관료들이 우리의 결정을 실현하기 위한 구체적인 제안들을 신속히 제시해줄 것을 촉구한다. 또한 이 제안들이 APEC 회원국 정상들에게 신속하게 보고되어 그들의 숙고와 협의를 통해 합리적인 결정이 내려지도록 할 것이다. 이 제안 중에는 목표의 실현을 저해하는 내용들도 있을 것이다. 우리는 장관과 관료들이 저명한 인사들로 구성된 그룹과 태평양비즈니스포럼의 보고서에 제시되어 있는 중요한 건의들을 진지하게 고려해볼 것을 요청한다.

11. 우리는 저명한 인사들로 구성된 그룹과 태평양비즈니스포럼이 그들의 보고를 통해 흥미로운 건의들을 제시해준 것에 대해 감사를 표한다. 그들의 보고는 태평양경제공동체 협력체계를 수립하는 데 중요한 참고자료가 될 것이다. 우리는 이 두 그룹이 지속적인 활동을 통해 APEC 경제정상들에게 APEC의 발전에 대한 의견과 우리의 협력 강화를 위한 대안들을 제시해줄 것을 요청한다.

우리는 또한 저명한 인사들로 구성된 그룹과 태평양비즈니스포럼이 APEC과 현재 준비단계에 있는 AFTA, ANZERTA, NAFTA 지역 간의 상호관계에 대한 평가, 그리고 서로 간의 장애물을 제거하고 관계를 증진시켜나가기 위한 가능한 옵션을 검토해줄 것을 요청한다.

제7장

아세안에 대한 인식과 이해

근대에 들어 동남아시아 지역은 서구 식민주의의 침략을 당해 역내 대부분 국가들이 영국, 프랑스, 네덜란드 등의 식민지로 전락했으며, 제2차 세계대전이 끝난 후에야 비로소 독립할 수 있었다. 1954년, 공산주의와 민족 독립운동을 억제할 필요성을 느낀 미국은 영국, 호주, 뉴질랜드, 파키스탄, 태국, 필리핀 등을 규합하여 '동남아시아조약기구(SEATO)'를 설립했다. 이 조직은 비록 동남아라는 칭호를 붙이긴 했지만, 동남아시아의 국가 중 두 개 국가만이 참여했으며 1975년에 해체를 선언했다.

동남아시아 국가 간 협력기구의 기원은 1961년에 시작되었다. 태국, 말레이시아(당시 말레이라 불렸고 싱가포르와 분리되기 전이었다)와 필리핀의 발의로 '동남아연맹(ASA)'을 창설했으나, 이듬해 말레이시아와 필리핀 간의 영토분쟁 발생과 말레이시아와 싱가포르 간의 분리로 인해 연맹은 중단되고 말았다.[1]

---

1 1996년, 한국의 발기로 '아시아태평양협회(Asia and Pacific Council, ASPAC)'가 창립되었는데, 그 목적은 '자유세계'의 국가들로 반공을 조직화한다는 것이었다. 모두 9개국(그중 당시의 베트남을 포함한 4개국이 동남아 국가)이었는데, 그 회원들은 호주, 일본, 말레이시아, 뉴질랜드, 필리핀, 태국, 한국, 베트남, 타이완('포르모사'라는 명의로 가입) 등이었다.

1967년에 동남아시아 지역에서는 역내협력의 기운이 다시 일어나 태국, 말레이시아, 싱가포르, 필리핀, 인도네시아 등 5개국 외무장관들이 '방콕선언'에 공식서명하면서, '동남아시아국가연합(ASEAN, 이하 아세안)'을 창립하여 이전의 '동남아연맹(ASA, 이하 ASA)'을 '아세안(ASEAN)'으로 개칭했다.[2] 그 후 아세안은 점차적으로 확대되어 브루나이, 베트남, 라오스, 미얀마, 캄보디아가 선후로 가입했으며, 20세기 말에 이르러 10개국이 회원국으로 가입 및 발전하여 동남아시아 전체지역을 아우르는 연합체가 되었다. 현재도 여러 국가들이 여전히 가맹을 요청하고 있다.[3]

ASA 창립 계기는 정치안보 문제였고 주요목적은 민족독립을 추구하고 공산주의 세력의 확장을 저지하는 것이었다.[4] 아세안 결성 초기에도 정치와 안보문제를 특별히 중시했다. 그러나 내부에 이견이 생기고 정치와 안보를 강조하는 것에 대해 회원국들의 적극적인 지지를 얻지 못하자 기구의 기능이 활동중단 상태에 이르게 되었다. 냉전이 끝난 후 기구의 주요목표를 역내 경제개발로 전환시키고 역내시장 개방 환경을 조성하여 경제협력을 전개하고자 합의했다. 아세안은 경제개방과 발전에 대한 노력을 통해 역내기구로서의 신망과 영향력을 높였다. 이를 토대로 아세안

---

2 중화권에서 글자 의미대로 '동남아국가협회'라고 번역한 것이 있는데, '동협(東協)'이라고 약칭한다. 영어의 'Association'의 원래 뜻은 '연맹'이 아닌 '협회'이며, 연맹은 'Union'이다. '아세안조직'으로 번역한 것도 있는데, 줄여서 아세안이라고 하며 아세안의 영문 이니셜 'ASEAN'을 음역한 것이다.

3 2006년 동티모르(독립 후)가 아세안 가입의사를 밝혔고, 파푸아뉴기니는 아세안의 옵서버가 되었다.

4 Sharon Siddi and Sree Kumar ed., *The Second ASEAN Reader*, ISEAS, Singapore, 2003, p. 3. 동남아연맹(ASA) 결성의 세 가지 구체적인 목적은 공산주의 확장을 저지하고, 미국 등 서구 국가들의 원조를 유치하며, 역내협력을 촉진하기 위한 것이라고 주장하는 사람도 있다. Yoshiyuki Hagiwara, "The Formation of ASEAN", in *The Second ASEAN Reader*, ISEAS, Singapore, 2003, p. 4 참조.

은 역내정치, 안보, 사회 등의 영역으로 협력의 폭을 확대하여 아세안공동체 건설이라는 더 높은 목표를 설정하게 되었다.

아세안의 발전은 분열, 전쟁, 혼돈, 그리고 낙후된 지역에서의 협력을 통해 지역의 안정, 평화, 협력, 발전을 이루어낸, 동아시아 역사상 전례가 없는 기적이다.[5] 그뿐만 아니라 아세안은 지역협력체로서 동아시아 기타 국가의 참여와 지역협력에 있어서도 핵심적 역할을 하고 있다. 그리하여 동아시아 지역협력을 이해하려면 먼저 아세안에 대해 충분히 이해해야 한다.[6]

아세안에 대한 인식의 의의는 그 발전과정과 축적된 경험에만 있는 것이 아니라 아세안 경험이 동아시아 협력을 추진할 수 있다는 데 그 의의가 있다. 아세안이 없으면 동아시아 협력의 진척도 없다고 봐야 할 것이다. 아세안의 동아시아 협력에 대한 의의는 먼저, 동남아 지역의 안정, 평화, 발전에 기여했으며, 다음으로 동남아시아가 하나의 영향력 있는 집단의 역할을 하고 있는 것이다. 지연, 정치, 경제를 종합해서 볼 때, 동남아시아는 동아시아의 중심이 아니다. 그러나 동아시아 협력이라는 관점에서 보면 동남아시아는 중심적인 지위를 가지게 된다. 여러 개의 '10+1'

---

5 아세안이 제정한 '동남아시아우호협력조약'은 각국의 동등한 입장에 대해 명확한 규정을 하고 있는바, 주요내용은 독립, 주권, 평등, 영토보존 및 국가 정체성을 존중하며, 다른 나라의 내정에 간섭하지 않고 평화적 방법으로 분쟁을 해결하며, 무력으로 서로 위협하지 않고 협력을 전개한다는 것으로 국가 간의 갈등과 분쟁을 이성적이고 효과적이며 융통성 있게 처리하여 충돌의 방지를 약속한 것이다. http://www.asean.org/news/item/treaty-of-amity-and-cooperation-in-southeast-asia-indonesia-24-february-1976-3 참조.

6 냉전이 끝나고 아세안의 일부 인사들을 중심으로 '대(大) 아세안'이 제안되었는데, 그 내용은 모든 동남아의 국가들을 아세안으로 가입시켜 동남아시아 지역 내의 종교와 사회체제를 초월하여 평화와 협력, 발전을 실현하자는 것이었다. 그 후 아세안은 베트남, 라오스, 미얀마와 캄보디아를 선후로 받아들여 1990년대에 이르러 아세안 10개국의 목표를 달성했다. 이에 관한 분석은 원선(文深), 〈대아세안 미래의 탐색(大東盟未來走向探析)〉, 《동남아종횡》, 2000 증간 참조.

대화·협력 시스템은 마치 수레바퀴의 바퀴살처럼 아세안을 축으로 서로 연결해 하나의 큰 지역적 틀을 형성하고 있다.

물론 아세안 회원국 대부분은 중소국가이자 개발도상국이다. 하나의 기구로 형성되기는 했으나 회원국 간의 차이, 복잡한 대외관계구조와 이해관계로 인해 회원국들 사이의 단결력을 높이는 데 어려움을 겪고 있다. 그래서 분열과 외부 세력에 의해 좌지우지되는 것을 방지하는 것이 아세안이 역내협력을 설계하는 데서 가장 중요한 초점이 되었고, 이를 위해 동아시아 지역협력을 추진하는 과정에서도 아세안이 중심적인 지위를 잘 유지해야 한다.

동아시아 지역협력에 있어서 아세안의 중심적 지위 추구는 양날의 칼과 같다. 한쪽은 동아시아 지역의 협력을 추진하는 힘이다. 각국을 하나의 틀로 묶어 형성된 집단의 힘을 의미하며 지역협력과 발전을 추진하는 동력이다. 다른 한쪽은 지연시키는 작용을 할 수 있다. 아세안은 동아시아 협력 사업에서 두 가지의 성격을 가지고 있는데, 하나는 아세안이 자기 스스로를 우선적 지위에 두는 것이고 다른 하나는 협력의 참여자로서 자체의 중심적인 지위와 이해관계에 관심을 두는 것이다.

아세안에 대한 인식도 중요하지만 정확한 이해가 더욱 필요하다. 아세안을 중시하는 이유는 아세안이 있어야 동아시아의 지역협력이 가능하기 때문이며 아세안을 비평하는 이유는 아세안이 때로는 일을 그르치기 때문이다. 아세안은 10개의 회원국으로 이루어져 있지만 각 회원국이 자신의 이익을 위해 단독으로 행동을 취하는 것을 규제하지 못한다. 아세안은 지역협력기구지만 국가를 뛰어넘는 관리기능을 갖추지 못하고 있어서 어떤 일을 결정할 때 모든 회원국의 만장일치가 이루어져야 일을 추진할 수 있기 때문에 회원국들이 큰 부담 없는 '느슨함'을 느끼게 된다.

1. 아세안 방식의 특징

아세안은 창립 후 40년이 넘는 동안 끊임없이 발전을 이룩하여 풍부한 경험을 축적했으며, 유럽연합의 성공사례도 많이 학습했다. 그러나 그 발전양식을 그대로 모방한 것이 아니라 자신의 특성과 필요에 따라 독특한 '아세안 방식'을 만들었다. 아세안의 설립근거인 '방콕선언'은 그 내용이 한 페이지밖에 되지 않고, 헌장이나 조약도 아닌 그저 공동의 인식, 공동의 약속에 지나지 않는다.[7] 아세안 방식은 '명문화시키지 않은 규범이고, 비공식적인 이해'이다. 또한 6대 원칙에 근거하는데, 상대국의 주권을 존중하고 서로 의존하며 상대국의 내정에 간섭하지 않고 폭력을 사용하지 않으며 역내에서 양국 간의 문제로 대치하지 않고 협상을 통해 결정하고

---

[7] '방콕선언'의 목표와 취지는 (1) 평등한 동반자관계의 정신에 의거하고, 역내의 경제성장과 사회진보, 문화발전의 촉진을 위해 공동으로 노력하며, 동남아 국가들의 번영과 평화를 위한 사회기반을 강화한다. (2) 정의와 법률을 보호하고 'UN헌장'의 모든 규정과 각 항의 원칙에 따라 역내 국가 간의 평화와 안정을 촉진한다. (3) 경제·사회·문화·기술·과학·관리 등의 영역에서 공동이익의 사업에 대해 적극적인 협력과 상호 도움을 촉진한다. (4) 교육·직업·기술·관리 등의 부문에서 서로 인력양성과 연구 설비의 원조를 제공한다. (5) 농업과 공업을 충분히 이용하고 무역을 확대하기 위해 국제무역 문제에 대한 연구를 실시하고 교통·운수설비를 정비하며 국민생활수준의 제고 등을 포함한 더욱 효과적인 협력을 진행한다. (6) 동남아에 대한 연구를 촉진한다. (7) 기존에 있는 유사한 목표·목적을 가진 국제기구 혹은 역내기구와 더욱 밀접하고 유익한 협력을 유지하기 위해 보다 긴밀해질 수 있는 방법을 모색한다. 이상과 같은 아세안의 목표와 취지를 실현하기 위해 다음과 같은 회의와 기구를 설치한다. ① 외교부장관 정례회의, ② 상무위원회(외교장관회의는 주최국 외교부장관 혹은 대표가 의장을 맡고 기타 성원은 다른 나라의 주최국 주재 전권대사로 구성하며, 외교장관회의의 휴회기간에 아세안의 사무를 집행한다), ③ 전문가와 전문공무원으로 구성되는 특별위원화와 상설위원회, ④ 각 회원국의 사무처(각국의 아세안 사업을 대표하여 집행하며 외교장관회의와 외교장관특별회의, 상무위원회와 향후에 설치될 기타 위원회를 위해 활동). '방콕선언'은 아세안의 이러한 목표와 원칙 및 취지에 대해 동의하는 모든 동남아 국가들이 참가하는 것을 환영한다고 밝히고 있다. '방콕선언', 1967년 8월 8일 참조. http://www.caexpo.org/gb/news/special/cafta/ziliao/t20051222_55473.html.

민감한 문제를 신중하게 해결한다는 것이다.[8]

'아세안 방식'은 아세안의 대내외 두 측면에서 파악할 수 있다. 대내 방식이란 아세안 내부에 대한 건설, 즉 아세안 회원국들의 경제통합에서 경제공동체로의 전환이다. 대외 방식, 즉 아세안의 대외관계는 동아시아 역내협력에 있어서 아세안의 대외관계와 참여메커니즘의 구축이다.

먼저, 아세안의 내부 건설의 경험 특징에 대해 살펴보자. 사실 이것은 동아시아 지역협력방식을 개발함에 있어서 중요한 시사점을 제공해주고 있다. 첫째, 아세안의 확대와 향상을 점진적으로 추진하고, 아세안의 일은 아세안 내부에서 해결하는 원칙을 고수하여 지역내부의 응집력을 한층 강화시키는 것이다.[9] 아세안의 가치는 역내통합의 고도화(혹은 단일성)를 실현시키는 것에 있는 것이 아니라 다양성을 유지하는 것을 바탕으로 하여 협상과 협력을 추진하는 데 있다. '아세안 방식'의 공헌은 협력을 출발점으로 삼고 '협상과 일치의 문화'를 만들었다는 데 있다. 또한 매년

8　The 'ASEAN Way': An Analysis of Principles, Procedures and Practices(June 18, 2009), http://www.writework.com/essay/asean-way-analysis-principles-procedures-and-practices.

9　아세안 방식에 대한 해석은 다양한데, 싱가포르의 외교부장관 선무감 자야쿠마르(Shunmugam Jayakumar)는 이에 대해 "형식의 비공식화, 조직의 최소화, 활동범위의 광범위성, 문제해결의 협조와 일치, 갈등의 평화적 해결"이라고 평가했다. 아미타브 아차리야(Amitav Acharya), 《안보공동체 건설: 아세안과 역내 질서》, 왕정이·평화이신(王正毅·馮懷信) 옮김, 상해인민출판사(上海人民出版社), 2004, 87쪽 재인용. 또한, 말레이시아의 노르딘 소피(Nordin Soppiee)는 조화와 공감의 원칙, 민감성 원칙, 분쟁억제 원칙, 만장일치 동의 원칙, 조용하고 비공식적이며 엘리트 외교의 원칙 등으로 평가했다. 아세안은 갈등을 해결하기 위한 목표를 설정하지 않고, 끝까지 아세안의 틀 안에서 문제를 해결하려고 한다면, 각국이 자신들 마음대로 행동하는 것을 방지할 수 있다. Seoesastro Hadi, *ASEAN in a changed regional and international political economy*, CSIS, Jakarta, 1995, pp. iii-ix; Gillian Goh, "The ASEAN Way: non-intervention and ASEAN's role in conflict management", *Journal of East Asia Affairs*, pp. 114-115, web: stanford.edu/group/sjeaa/jour-nal3/geasial.pdf 참조.

1000여 회가 넘는 회의를 개최하여 폭넓고 다차원적인 '의사소통 경로와 시스템'을 구축했으며, 상호 내정불간섭의 원칙을 고수하면서 '조용한 외교와 분쟁관리 시스템'을 건설한 데 있다.

동남아시아 지역은 한때 '아시아의 발칸'이라고 불릴 정도로 긴장이 고조된 지역이었다. 냉전이 끝난 후에 유럽의 발칸 반도 지역은 전쟁을 겪었지만 동남아시아 지역은 평화로운 지역으로 전환되었는데, 그 비결은 바로 이런 창조성 덕분이라고 할 수 있다.[10] 동남아시아는 전 세계에서 지역내부의 차이가 제일 심한 지역 중의 하나이다. 정치체제, 경제발전 수준, 민족, 그리고 다양한 종교가 존재하지만 아세안은 이들을 하나로 통일시킨 것이 아니라 협력을 바탕으로 조화로운 공존을 실현한 것이다. 다양성을 유지하는 것은 협력을 추진하는 토대였고, 협력을 통해 공동발전을 실현하고자 하는 일치된 목표를 가졌다. 아세안의 발전과정은 아시아의 포용적 문화를 구체적으로 보여준 실례라고 할 수 있다.[11]

둘째, 경제발전을 바탕으로 아세안 메커니즘을 통해 역내시장의 개방을 점진적으로 추진하고 경제발전과 관련한 제반 환경을 개선시키는 것이다. 아세안은 1970년대 중반부터 역내협력의 중점사업으로 역내시장을 개방하고 발전환경을 최적화하는 데 주력하기 시작했다. 1977년부터 '특혜무역협정(PTA)'을 시작했고 시행과정에서 그 내용을 계속 수정하여 역내시장의 개방수준을 높였다. 1992년에 '아세안자유무역지대(AFTA, 이하 AFTA)'를 건설하기 시작하여 15년에 걸쳐 건설하기로 계획했으며,

---

10 Kishore mahbuhani and Rhoda Serovino, "ASEAN : the way forward", http://www. mckinsey.com/insights/public_sector/asean_the_wayforward.

11 태국의 외교부장관을 역임한 타낫 코만(Thanat Khoman)은 동남아 지역의 협력은 문화적 가치의 공유(shared value of culture)와 아시아의 문화와 전통에 기초하고 있다고 지적했다. Gillian Goh, 앞의 글, p. 114 참조.

역내 관세를 0~5%로 낮추기로 합의했다. AFTA의 건설은 효과적인 '공동유효 특혜관세 제도(CEPT)'의 공동실행부터 시작했지만 회원국의 발전수준에 따라 '고속 양허'(10년과 7년으로 구분)와 '저속 양허'(10년과 15년으로 구분) 두 단계로 나누어 진행하기로 했다. 아세안은 발전의 필요성과 실행가능성에 근거하여 시장개방의 속도를 계속 높이고 있다. 1994년에는 자유무역지대의 건설 시기를 원래의 15년에서 10년으로 단축하기로 했다. 1997년 금융위기를 겪은 후, 아세안 경제는 큰 어려움을 겪고 있지만 이런 상황에서도 아세안 회원국들은 보호주의로 회귀하지 않고 오히려 개방의 속도를 높이는 전략을 세웠으며 기존 회원국은 2000년까지 자유무역지대의 건설을 완성하기로 설정하고 신 회원국(베트남, 라오스, 캄보디아, 미얀마)들에게는 3~8년의 과도기를 제공하기로 했다.

1999년에 이르러 아세안의 6개 기존 회원국은 2015년까지, 신입 회원국은 2018년까지 전면적인 무관세를 실현하기로 결정했다.[12] 아세안의 이런 '도약적' 추진 방식은 진취적인 추진전략의 일종이라고 할 수도 있다. 이는 첫째, 아세안 내부의 격차가 심해서 경제가 낙후한 일부 회원국들은 한 걸음씩 전진해야 하기 때문에 매 시기의 상황과 필요에 따라 속도를 조정할 필요가 있었다. 둘째, 내부와 외부의 상황이 빠르게 변하기 때문에 추세의 변화에 맞게 신속하게 조정하고 곧바로 실행단계로 넘어가야 중단 없이 새로운 과정을 거쳐 개방을 더욱 높은 수준으로 추진할 수 있기 때문이었다.[13]

---

12 구체적인 분석은 장원링·저우샤오빙 편, 앞의 책, 76-80쪽 참조.
13 이에 대해 아세안이 만든 계획은 거창하지만 현실성이 떨어지고 회원국이 성실히 집행하지 않는다는 비판도 있다. 필자가 보기에는 아세안이 이런 추진방식에 의지하여 점진적으로 목표로 다가가는 것이 아닌가 하는 생각도 든다. 쑹바오원·팡장핑(宋寶雯·方長平), 〈아세안 방식의 아세안 역내협력에 대한 주도적 역할(東盟方式對東盟區域合作的主導作用)〉, 《중국청년정치학원학보(中國青年政治學院學報)》, 2013, 제5기, 118쪽 참조.

아세안이 경제협력을 전개하는 방식은 내부자원을 동원해서 집단프로젝트를 건설하는 것이 아니라 시장개방을 추진하고, 역내의 시장 환경을 개선하여 외부자원 투자에 있어서 매력적인 조건을 만드는 것이다. 사실 아세안은 개발도상국들의 연합체로서 역내에서 동원할 수 있는 자원이 제한되어 있으며, 이 중 제일 큰 자원은 시장 잠재력이다. 따라서 시장개방 그 자체가 자원을 창출하는 것이라고 할 수 있다. 특히 금융위기를 겪은 후 아세안은 시장개방을 가속화하여 외부자원에 대한 흡인력과 활력을 제고시켰다. 이런 방법은 자금이 아세안으로 유입되고 경기회복 속도를 높여 회원국들이 금융위기에서 벗어나는 데 도움이 되었다는 것이 실제로 증명되었다.

아세안은 개발환경을 개선하기 위해 시장개방(물품교역·서비스·투자 등 포함)을 추진할 뿐만 아니라 경제협력도 적극적으로 추진하고 있다. 경제협력은 회원국 내부와 대외 확산, 두 방향으로 전개된다. 아세안은 '호련호통(互聯互通, 주변국과 인프라 연결을 중심으로 상호연결을 도모하는 외교전략 —옮긴이)' 계획을 세웠고 이 계획을 현실화하기 위한 마스터플랜도 마련했다. '상호연결' 계획은 상호 간의 인프라 연결뿐 아니라 이와 관련된 법규와 인원교류도 포함한다. 그러나 아세안은 자체 내부자원이 제한적이기 때문에 이 계획을 추진하기 위해 10억 달러의 기금을 조성할 수밖에 없었다. 따라서 계획을 현실화하기 위해서는 회원국 자체와 외부자원의 유입에 의지해야 하며, 특히 외부와의 협력을 추진하는 것에 큰 비중을 두어야 했다.[14]

이런 노력을 통해 아세안은 경제적으로 낙후된 지역에서 활기차고 매

---

14 호련호통(互聯互通) 계획을 '10+1', '10+3', 동아시아정상회의 틀 안에 포함시켜 아세안 내부의 상호연결과 아세안과 외부지역 간의 상호연결을 실현한다.

력적인 지역으로 부상했다. 특히 신규 회원국은 지속적으로 높은 성장세를 유지했고, 그중 일부 국가는 비교적 빠른 속도로 저소득 국가 대열을 벗어나 중산층 국가 대열에 들어섰다.

셋째, 아세안 특색을 지닌 공동체를 구축했다는 것이다. 아세안공동체의 구축은 기존에 있던 공동체의 모델을 모방하지 않고 현지 실정에 부합하는 모델을 만들었다. 2003년 10월, 아세안은 2020년까지 아세안공동체를 완성할 것을 공식선언했다. 아세안공동체는 유럽과 같은 단일 기구를 건설하는 것이 아니며 '경제공동체', '안보공동체', '사회문화공동체' 등 세 개의 프레임으로 구성된다. 공동체의 원래의 뜻은 특정되고 고정된 형식이 있는 것이 아닌 '평화·협력·공존'이 어울리는 것이다.

유럽과 아세안은 서로 다른 모델을 선택했다. '동아시아비전그룹(EAVG, 이하 EAVG)'이 작성한 동아시아공동체 건설에 관한 보고서에는 동아시아공동체의 구조에 대해 정치·경제·금융을 3대 축으로 하여 단일한 지역기구를 만드는 것이 아니라고 제시했다. 아세안은 2015년을 공동체 구축의 완성시간으로 정했지만, 사실상 2015년까지는 일부 기본 목표를 달성하고, 기본 골자만 구축할 뿐이었다. 공동체 구축은 그 자체가 장기적으로 진행되어야 할 일이고 기나긴 과정이다. 이 과정에서 모든 영역에서의 협력이 심화되고 구조나 조직의 형태도 상황에 맞게 조정될 것이다. 아세안공동체 건설은 상호 수용할 수 있는 한계와 실행가능성을 중시한다. 이 점은 매우 중요하다. 왜냐하면 회원국이 받아들일 수 있는 한계를 넘어서면 회원국 간에 분열이 생기거나 중간에 포기하는 결과를 초래할 수 있기 때문이다.

아세안공동체 건설은 40여 년의 건설경험을 바탕으로 한 '자연스러운 발전과정'이었다. 아세안은 2007년에 '아세안헌장'을 제정했다. 헌장의 제정은 아세안의 협력과정에 있어서 중요한 전환점이라고 할 수 있는데,

아세안은 '공동의 지향'을 바탕으로 창립되었으나 헌장이 제정된 후 아세안의 지위, 목표, 원칙이 법률형식으로 확립되었기 때문이다. '아세안헌장'은 다음과 같이 규정하고 있다.

아세안은 법률적 지위를 갖는 지역기구이며, 회원국은 '아세안헌장'의 규정을 엄격하고 성실하게 준수해야 한다.

회원국들이 동일하거나 유사한 법률 환경에서 아세안 통합을 추진하기 위해 본국의 법규와 헌장이 충돌할 경우에는 헌장을 기준으로 한다.

아세안은 하나의 정체성을 가지고 대외교류를 할 수 있고, 다른 나라나 국제조직과도 중요한 협정을 체결할 수 있다.

아세안은 집단결정 권한과 효율적인 운영기구를 가진다.

헌장 제정은 아세안이 느슨한 협력플랫폼에서 법률적 지위와 결정권을 가지는 지역협력기구가 되었음을 의미한다. 이는 아세안이 기능적인 협력에서 출발하여 공동체 구축을 향해 발전해가는 토대가 된다.[15]

아세안의 발전경험은 동아시아 지역협력을 전개하는 것이 역내의 안정과 평화 그리고 발전을 이루는 데 효과가 있다는 것을 보여주고 있다. 동남아시아 지역에서는 역내협력의 역사가 없었지만 점진적인 협력과정을 거쳐 회원국들은 협력정신을 점차 가지게 되었으며, '문화 공유'와 '이익 공유'의 기초가 구축되어 '지역'의 역할과 영향력을 제고시켰다. 발전

---

15 한 아세안 전문가는 '헌장'의 의의는 아세안에게 법률적 지위를 부여했고, 공동체의 목표와 시스템의 건설을 명확히 했으며, 정책결정의 효율을 높이고 국가가 주도하는 협력에서 국민이 주도하는 협력으로의 전환을 실현했다고 말한다. Rizal Sukima, "ASEAN Beyond 2015: The Imperatives for Further Institutional Changes", *ERIA Discussion paper*, pp. 11, 13, 16, http://www.eria.org/ERIA-DP-2014-01.pdf.

과정에서 우려와 비판의 목소리는 늘 있었다. 이들은 아세안이 제기한 프로젝트나 사업계획이 너무 많고 이에 반해 효과적이고 구체적인 실행 시스템이 부족하다고 지적했다.[16]

이러한 비판과 우려는 상당부분이 사실이다. 특히 아세안은 자원이 부족하고 역내 공공재 제공능력이 부족하여 주로 외부자원에 의존해왔다. 그렇지만 아세안은 이런 상황을 극복해왔고 부단히 발전해왔다. 지금 아세안은 동남아시아뿐만 아니라 동아시아 지역에도 필수적인 존재가 되었다. 돌이켜보면 만약에 아세안이 없었다면 동남아시아는 어떤 모습이 되었을까? 적어도 지금같이 안정되고 평화로운 모습이 아니었을 것이며, 경제발전도 상당히 낙후된 상태였을 것이다.[17]

사실 아세안이 발전해온 동력은 전략적 기획과 '강인한 실행의지'였다. 전략적 기획의 의의는 추진하는 목표를 정하고 그 목표를 실천의 원동력으로 삼는 것이다. 특히 목표를 원동력으로 삼는 것은 아세안이 협력을 추진하는 주요방식이다. '강인한 실행의지'란 끈기를 가지고 복잡하고 어려운 상황에 처해도 인내심과 결단력을 가지고, 후퇴하지 않으며 협력을 계속 추진하는 것이다.

아세안공동체 전략의 추진과정을 예로 들면 이 전략은 1997년 12월에 개최된 아세안정상회의에서 처음 제안되었다. 당시 아세안 전체는 전례 없는 위기 속으로 빠져들고 있었다. 매우 어려운 곤경에 직면하고 있었던

---

16 어떤 사람은 "합의를 위한 시스템이 박약하고, 모든 문제를 만장일치로 결정하며, 순번 차례로 회의를 주관하고, 회원국의 이익을 과도하게 강조하며, 제도화 수준이 미약하다"는 점이 주요문제라고 지적하고 있다. Muthiah Alagappa, "Insititutional Framework", in *The Second ASEAN Reader*, ISEAS, Singapore, 2003, p. 4.

17 키쇼어 마부바니(Kishore Mahbubani)는 아세안은 세 가지 방면에서 공헌을 했는데, 즉 평화, 번영, 역내 안정을 실현했다고 강조했다. Kishore Mahbuhani and Rhoda Serovino, 앞의 글 참조.

아세안은 '아세안 2020년의 전망(ASEAN vision 2020)'이라는 미래지향적인 기획을 제출했다. 이를 통해 자신감을 높이고 대외적으로 한중일 3국을 대화에 초청해 동아시아 '10+3' 대화와 협력의 틀을 구축하며 협력의 방식으로 위기에 대응했다.

그 후 아세안공동체 건설은 아세안의 주요 발전방향이 되었다. 아세안은 2000년에 아세안 통합을 제창하고, 2003년에는 '발리선언 II'으로 불리는 '아세안협력선언 II'에 서명해 2020년까지 아세안에 3개의 공동체 건설을 정식 선언했다. 2007년에 아세안 각국은 공동체 건설의 시간을 2015년으로 앞당기기로 합의했다. 이런 조치들은 아세안 회원국들의 역내협력 추진에 대한 결심과 용기를 구현한 것이었다.[18]

물론 아세안에 대한 필자의 긍정적인 시각은 주로 지역발전의 관점에서 바라본 것이다. 이런 관점에서 볼 때 먼저 동남아시아 지역에서 아세안의 존재 여부는 매우 큰 차이가 있다. 지구상에서 유럽을 제외한 기타 지역의 협력은 동남아시아처럼 큰 성과를 거두지 못했다. 다음으로 아세안은 역내의 실정에 부합되고 독자적인 특징을 지닌 아세안 모델을 창조했다. 아세안 모델은 어쩌면 동남아시아 지역에만 적용될 수 있는 것일 수도 있지만 적어도 이러한 성공 사례는 다른 지역들이 역내협력을 확대하는 과정에서 본보기로 삼을 만한 좋은 경험을 제공해주고 있다.

아세안 발전과 관련한 연구에는 여러 시각이 있을 수 있다. 예를 들어, '소프트 시스템' 특성은 합의된 사업에 대한 집행과 제출한 계획에 대한 구속성이 부족하기 때문에 시행 효과가 크게 떨어져 '말은 많이 하지만 일은 적게 하는' 현상을 초래한다는 것이다. 그러나 '하드 시스템'이라는

---

18 이런 시각의 분석에 대해서는 루젠런(陸建人), 〈아세안의 지역협력 전략에 관한 간략한 분석(簡析東盟的區域合作戰略)〉, 《창신(創新)》, 2007, 제2기 참조.

또 다른 시각으로 보자면 여러 측면에서 차이가 많은 10개의 국가들이 계획을 세울 때 의견을 일치시키는 것은 매우 어렵다. 심지어 의견이 일치되지 않을 수도 있어 전반적인 사업이 교착상태에 빠지기도 한다. 사실 외부의 시각에서 볼 때, 당시 아세안이 미얀마의 국내정치에 충분히 개입하지 않아 미얀마 군사정권이 계속 집권할 수 있게 되었다는 지적도 많았다. 이러한 비판의 대부분은 서구 사회로부터 나왔다. 하지만 아세안의 '조용한 외교정책'이 과도한 압력에서 비롯될 수 있는 미얀마 정부의 '정책 반발'과 미얀마 내부혼란을 방지해 정세의 안정에 효과적인 역할을 했다는 것은 실증되었다. 따라서 외부시각으로 보면 아세안의 여러 정책에 대한 불만이 많을 수 있지만, 이보다 더 좋은 대안을 찾기는 쉽지 않다. 어쩌면 아세안 모델의 가치는 바로 여기에 있는지도 모른다.[19]

물론 아세안은 결함도 가지고 있다. 예를 들어, 아세안의 내정불간섭 원칙은 회원국의 자주성을 보장하지만 일부 성원국들이 너무 독단적으로 행동해 타국과 아세안 전체에 피해를 입히기도 한다. 이에 대해 아세안이 할 수 있는 것은 거의 없다. 아세안의 '느슨한' 원칙은 회원국들에게 융통성을 발휘할 수 있는 여지를 제공해주지만, 아세안의 사업 집행효과는 크게 떨어질 수밖에 없다.

그러나 아세안 연구에는 많은 노력과 시간이 필요하며 물론 이것이 이 장에서 말하고자 하는 중점 내용은 아니다. 제1절에서 종합 및 논의한 몇 가지 내용들은 이 장의 주제와 관련되어 있다. 즉, 아세안의 사례는 동아

---

19 어떤 학자는 미얀마 문제에 대해 아세안이 신중하고 '유연한 간섭'을 했다고 평가한다. 여러 차례에 걸쳐 성명을 발표하여 미얀마의 정책전환을 촉구했다. 아웅 산 수지의 석방을 요구하고, 인권을 개선할 것에 대한 입장을 발표하는 등 여러 방법을 통하여 소통과 관심을 표현했다는 것이다. 이러한 시각의 분석은 청샤오용(程曉勇), 〈아세안, 불간섭주의 초월: 미얀마 문제에 기초한 고찰과 분석(東盟超越不干涉主義: 基于緬甸問題的考察與分析)〉, 《태평양학보(太平洋學報)》, 2012, 제11기, 27-28쪽 참조.

시아 지역협력에 시사하는 바가 매우 크다. 아세안은 동아시아와 다르지만 동아시아의 일부인 것만은 확실하다. 앞에서 서술한 바와 같이 아세안은 아세안의 공유·포용의 문화와 아시아 문화를 긴밀히 연결시켰다. 그래서 아세안의 성공사례는 동아시아 협력에도 많은 시사점을 제공해주고 있다. 아세안은 한 발 앞서 결성된 지역기구로서 동아시아 지역협력 추진에 있어 중요한 역할을 하고 있다. 이러한 측면에서 보면 아세안은 동아시아 지역협력에 특수한 영향을 미치고 있다고 볼 수 있다.[20]

2. 아세안을 중심으로

아세안 중심은 아세안의 대외관계 발전과 대외협력 전개의 기본 원칙 중 하나이다. '중심의 원칙'은 크게 두 가지 기본적인 의미를 내포하고 있다. 하나는 아세안의 핵심적인 지위를 유지하는 것이고, 다른 하나는 아세안의 주도적인 역할을 견지하는 것이다. 이 두 가지 의미는 분리될 수 없으며 아세안의 핵심이익을 지키고 협력하는 과정에서 아세안 내부의 분화와 와해를 막는 것에 그 주요목적이 있다.[21]

---

20 어떤 전문가는 아시아나 아시아태평양 협력의 방식, 즉 아시아태평양경제협력체(APEC), 아세안지역포럼(ARF), 아세안+1, 아세안+3, 동아시아정상회의(EAS), 아시아유럽정상회의(ASEM) 등은 모두 아세안 방식의 영향을 받았다고 주장한다. David Capie and Paul Evans, "The ASEAN Way", in *The Second ASEAN Reader*, ISEAS, Singapore, 2003, p. 45 참조.

21 동아시아 협력과정이 시작된 몇 년간 많은 사람들이 곳곳에서 '아세안의 지도적 역할'과 동아시아 협력이라는 열차의 '운전석(driver's seat)'에 앉아 있는 아세안, 즉 마부 혹은 기관사의 역할에 대해 이야기했다. 그러나 나중에 아세안 인사들은 모든 자리에서 '아세안 중심'을 강조했는데, 중국과 일본 등의 강대국에 맞서 아세안이 중심적인 위치를 지키기 위해서였다. 아세안의 인사들은 아세안이 운전석에 앉아 있다는 말을 듣는 것을 원하지 않았고 오히려 아세안의 중심적 지위를 보장받는 것을 원했다. 중심적인 위치는 아세안의 통합이라는 의미를 포함하고 있고 아세안의 의향을 존중한다는 뜻도 가지고 있다. 필자는

아세안은 지역기구로서 대외관계를 확대하는 데 있어 두 개의 전략적 기준을 견지하고 있다. 하나는 아세안 자신들이 주체가 되어 역량의 균형을 위한 네트워크를 구축하는 것이다. 즉, 외부역량의 균형과 상호 규제를 통해 어느 한 역량, 특히 강대국의 역량이 역내를 좌지우지하는 것을 예방하고, 역량의 불균형으로 인해 이 지역에서 아세안의 이익에 손해를 끼치는 충돌과 전쟁을 방지하는 것이다. 다른 하나는 역내협력 시스템 건설 과정에서 아세안이 역내 사무를 담당하고 각국과 협상의 틀을 유지하는 것이다. 이는 두 가지 중요한 의미를 가진다. 첫째, 아세안은 각자가 아닌 집단역량으로서 역내의 안정적인 안보 환경을 구축한다. 이 과정에서 아세안은 '하드 파워'가 아닌 '소프트 파워'로 강대국에 대항한다. 즉, 지역기구의 힘을 발휘하여 강대국 간의 역량의 균형을 이루어 자신의 중심적 지위를 이어간다. 둘째, 아세안은 자신의 의견을 고집하지 않고 중심에서 방향을 제시하고 조정하는 역할을 하면서 각 세력의 의견을 듣고 공통분모를 찾아낸다. 이러한 공동인식에는 아세안 자신의 의견이 일치되는 것이 바로 자신에게 도움이 되는 것이라는 전제가 깔려 있다.

이러한 아세안의 자기중심적 방식은 지나치게 이기적이고 독단적으로 보일 수도 있지만 실리적인 선택일 뿐이다. 이는 동아시아 지역협력의 관점에서 보면, 아세안을 제외한 다른 국가들이 협력을 적극적으로 추진하지 못할 경우, 아세안이 진정한 '조정자'의 역할을 할 수 있다는 데 그 특별한 의의가 있다. 물론 이것이 동아시아 지역협력에 다른 영향을 미칠

한 아세안 친구에게 왜 'driver's seat'라는 표현을 싫어하냐고 물어본 적이 있는데, 그 친구는 "그들이 말하는 운전석이 다른 사람을 지휘하는 것을 뜻한다고 생각하지 않는다. 실제 의미는 여전히 중국이나 일본 같은 강대국들이 실제로 사무를 주도하겠다는 것이다. 또한 아세안이 중심적인 지위를 유지한다는 것은 아세안이 주변부로 밀려나는 것을 막기 위한 것이다"고 했다. 이에 대한 그의 문제의식은 분명했다.

수도 있다. 아세안이 중요한 문제에 대해 우유부단하거나 추진력을 발휘하지 못할 때, 심지어 어떤 경우에는 동아시아 협력에 장애가 될 수도 있다. 하지만 다른 국가들은 이러한 아세안의 현실을 인정하고 있을 뿐만 아니라 아세안이 조정자의 역할을 발휘해주길 바라고 있다. '역내포괄적 경제동반자협정(RCEP, 이하 RCEP)'의 출범은 좋은 사례이다. 중국과 일본이 동아시아자유무역지대 추진을 두고 이견을 보였을 때, 중국은 '10＋3'을, 일본은 '10＋6'을 기초로 이를 추진하려고 했다. 이러한 상황에서 양국은 아세안이 조정자 역할을 발휘하여 추진 방안을 제시하기를 기다릴 수밖에 없었다.

그러나 아세안은 2006년부터 2011년까지 결정을 하지 못하고 계속 시간을 미루었다. 이 사이에 미국은 '환태평양경제동반자협정(TPP, 이하 TPP)'을 추진했고, 성과를 거두자 아세안 4개국이 TPP에 가입하게 되었고, 아세안과 동아시아 협력이 새로운 도전에 직면하게 되자 그때서야 2011년에 RCEP에 대한 계획을 제출했다. 이 계획은 제시되자마자 한중일 3국과 인도, 호주, 뉴질랜드의 호응을 받았다. 아세안은 RCEP에 대한 운영원칙과 협상일정을 제시했고 이렇게 아세안의 '중심적인 위치'는 확립되었다.[22]

아세안이 중심적 지위와 역할을 확보하는 가장 좋은 방법은 '10＋α'의 틀을 추진하는 것이다. 이 틀은 아세안이 추진하는 '아세안-대화동반자체제'를 비롯하여 아세안과 여러 국가들과의 자유무역지대 구축, 그리고

---

22 어떤 학자는 아세안은 권력의 중심이 아니라, '기능적 중심'의 지위를 확립해야 한다고 한다. 이 '기능적 중심'의 역할을 통하여 그 위상과 이익을 유지하며, 동아시아 지역의 복잡한 관계를 고려하여 다른 국가들도 아세안의 이러한 역할에 대해 동의한다고 주장한다. 왕위주(王玉主), 〈RCEP 창의와 아세안 중심 지위(RCEP倡議與東盟中心地位)〉,《국제문제연구(國際問題研究)》, 2013, 제5기, 53쪽 참조.

'10+3'과 '10+6'(현재 RCEP이라고 함)의 자유무역지대 틀이 포함되어 있다. 각각 차원이 다른 '10+α'와 자유무역지대의 틀은 모두 아세안으로 하여금 설계자의 지위에서 아세안을 우선으로(아세안 내부에서 우선 회의), 아세안을 기반으로(아세안에서 회의 개최), 아세안이 주도하는(아세안이 회의 일정을 조정) 구조를 가지고 있다. 국제관계와 지역질서의 구조에서 아세안과 같이 역내협력에서 주도적인 역할을 발휘하고 있는 기구는 그 유례를 찾아볼 수 없다.[23]

아세안의 대화동반자체제 구축은 아세안 중심 전략으로 나타났다. 아세안은 호주·캐나다·중국·유럽연합·인도·일본·뉴질랜드·러시아·한국·미국 등 총 10개 국가와 연이어 대화동반자 관계를 구축했다. 대화동반자체제는 아세안의 대외관계 발전에 있어서 창의적인 성과라고 할 수 있다. 이 체제는 전통적인 동맹관계, 비동맹관계와는 다르며, 아세안이 균형적인 외교를 실현하기 위한 하나의 수단이다. 뿐만 아니라 아세안은 이 체제를 이용하여 대화상대국과 다양한 협력을 시작할 수 있게 되었으며, 상대 국가들도 이 체제를 통해 아세안과의 협력관계를 강화할 수 있게 되었다.

'10+1' 자유무역지대 구축은 아세안의 중심적 지위를 한층 더 강화시켰다. 원래 아세안과 자유무역지대를 구축하는 것은 중국 측의 제안이었다. 하지만 아세안은 '아세안+α'라는 프레임을 바탕으로 하여 중국의 자유무역지대 구축 제안을 '10+1' 대화체제의 협력 내용에 포함시켰다.

---

23 어떤 학자는 '아세안 중심'이 의거하는 것은 자신은 '규범의 공급자'이며 '과정의 설계자'인데, 전자는 아세안 자신이 성공적으로 발전(아세안 모델)했다는 것이고, 후자는 아세안이 하나의 집단적 역량이라는 것(과정을 주도)이라고 분석하고 있다. 구징(顧靜), 〈아세안 중심 위치가 맞이한 변화와 그 재구성(東盟中心地位面臨的變局及其重構)〉, 《당대세계(當代世界)》, 2014, 제3기, 64–66쪽 참조.

중국-아세안 자유무역지대 구축 과정에서 중국은 아세안을 하나의 통일체로 여기고 협상에 임했는데, 이는 아세안에게 중요한 의의가 있다. 중국과의 협상을 하기 전, 아세안은 하나의 집단으로 다른 나라와 실질적인 자유무역지대에 관한 협의를 진행한 적이 한 번도 없었다. 물론 아세안을 하나의 통일체로 대우하는 것은 중국 측도 원했는데, 이는 중국의 입장에서 협상이 간단해지기 때문이었다. 하나의 통일체로 된 아세안과 협상하는 것은 내부적으로 차이가 큰 10개의 국가들과 일일이 협상을 하는 것보다 훨씬 간단하고 쉬운 일이었다. 중국-아세안 자유무역지대 건설의 성공 사례는 아세안에게 '10＋1' 자유무역지대 프레임의 범위를 확대하는 데 자신감을 높여주었고 아세안이 일본, 한국, 인도, 호주, 뉴질랜드, 유럽연합(협상 중)과 자유무역지대 건설을 적극적으로 추진하는 데에도 도움이 되었다. 시장개방의 촉진과 경제협력의 전개를 하나로 통합하는 자유무역지대 건설은 아세안과 상대국과의 관계의 질과 내용을 풍부하게 해줄 뿐만 아니라 협력관계도 더욱 심화시켰다. 또한 이 과정에서 아세안은 '과정의 설계자'로서의 역할을 하고 있기 때문에 아세안의 중심적 지위를 이어가는 데도 많은 경험이 되었다.

　그러나 사실 아세안은 유리한 위치를 차지하고도 방향을 설정하고 유도하는 능력을 제대로 하지 못하고 있다. 많은 경우에 아세안은 상대국에 떠밀려 앞으로 나아가고 있다. 예를 들어, 중국-아세안 자유무역지대 구축 과정에서 중국 측은 창의적인 제안을 많이 했고, 아세안 측의 이해와 동의를 얻었다. 그러므로 아세안을 중심으로 한다는 것이 아세안이 모든 것을 결정한다는 것을 의미하는 것은 아니다. 아세안은 실제 이런 능력이 없으며, 아세안이 자신감을 갖게 하는 데 의미가 있다. 아세안과 협력을 하려면 아세안의 이해와 지지를 받는 것이 매우 중요하다. 아세안의 이해와 지지를 받으려면 아세안이 특별히 관심을 가지고 있는 이익과 받아들일 수 있는 범위를 충분히 고려해야 한다. 예를 들어, 중국은 아세안의 일부 개발도상국의 농산물 수출의 비교우위를 고려해서 '조기 자유화' 프로그램을 제의했다. 또 아세안 이익의 초점과 신규 회원국들의 참여 능력을 고려하여 협상내용에 대해 쉬운 것을 먼저 하고 단계별(상품무역을 먼저 하고 그다음에 서비스무역과 투자개방을 하는 것)로 추진하자고 제의하기도 했다. 그리고 특히 아세안 회원국들에게 상품을 전시할 수 있는 플랫폼을 제공하고 교류채널을 확대하기 위해 중국은 아세안과 함께 박람회 플랫폼을 구축하는 것도 제안했다.

물론 중국도 자신의 이익을 고려했다. 여기서 강조하고자 하는 것은 아세안의 중심 지위에 대한 이해와 인정이다. 이를 협력 파트너의 입장에서 보면 아세안이 자신들의 특수한 이익에 관심을 가지는 것을 충분히 존중하는 것이다. 아세안의 입장에서 보면 협상과정의 주도권을 획득하고 상대방이 아세안의 이익에 대해 고려하도록 만드는 것이다. 아세안에게 이는 반드시 필요한 것이다. 아세안 회원국들 사이에는 모든 부문에서 수준의 차이가 크기 때문에 이익의 차이도 클 수밖에 없다. 만약 아세안이 전체적 이익과 각 회원국의 차별적 이익 사이의 균형을 맞추지 못한다면 하나의 시스템으로서의 구심력을 상실하게 될 것이다.

'아세안지역안보포럼(ARF, 이하 ARF)'은 아세안을 중심으로 하여 강대국 균형전략을 구축하는 중요한 시스템이다.[24] 동남아시아는 육지와 해양을 연결하는 전략적 요충지이며 여러 세력 간 파워게임의 각축장이다.

---

24 아세안을 중심으로 하는 동심원 구조에서 아세안지역안보포럼은 가장 큰 틀이며 특별한 위상을 가지고 있다. 안보대화와 협력을 위주로 각국의 안보 분야의 신뢰증진에 역점을 두고 있으며, 다른 경제·정치대화협력의 틀과 호흡을 맞추고 있다. 저우스신(周士新), 〈아세안지역포럼의 신뢰구축조치의 일반분석(淺析東盟地區論壇的信任建立措施)〉, 《동남아연구(東南亞硏究)》, 2011, 제3기, 4쪽 참조.

냉전의 종식과 양극체제의 해체 후에 국제정세와 국제관계에 큰 변화가 일어났다. 새로운 국면을 맞이한 아세안은 1992년 역내 정치안보대화를 시작하기로 결정했다. 이듬해에 열린 제26회 아세안 외교장관회의에서 아세안은 6개 회원국, 7개 대화상대국, 3개 참관국, 2개 초청국의 외교 장관들을 초청하여 안보대화의 전개에 대한 협의를 시작하여, 1994년에 ARF체제를 시작하고 역내 정치안보문제에 대해 대화하고 협상하는 데 동의했다. 그 후 ARF를 아세안 회원국에서 매년 개최했고, 역내에서 영향력이 가장 큰 안보대화 및 협력체제가 되었다. 현재 회원국은 총 23개 국이며 아태지역 국가뿐만 아니라 유럽연합 국가도 포함되어 있다.[25]

ARF는 공식적인 협력시스템이다. 이 포럼의 구상에 따르면 그 역할을 점차 강화하며, 협력내용도 심화시켜나갈 것이다. 발전과정은 '신뢰조치 구축', '예방적 외교 전개', '충돌의 해결책 탐색'이라는 3단계로 나누어져 있다. 2011년까지 ARF는 이미 100여 개의 신뢰조치 구축 프로그램을 실시했다. 2011년, 제18회 외교장관회의에서 'ARF예방적외교사업계획'을 통과시킴으로써 예방적 외교의 전개, 즉 2단계로 접어들었음을 밝혔다. 아세안은 '아세안지역포럼'에서 중심 지위를 유지하기 위해 줄곧 아세안 외교장관회의의 후속 회의인 ARF를 그해의 아세안 의장국에서 주최하게 하고, 아세안 사무국이 주요의제와 기획에 대한 책임을 맡게 했다.

현재 전 세계와 역내의 안보문제는 매우 복잡하고 변동이 심하다. 안보

---

25 아미타브 아차리아의 연구에 의하면, 원래 냉전이 끝난 후 아시아에게 유럽의 안보와 관련된 경험, 즉 '공동안보(common security)'를 기반으로 하는 지역안전 협력시스템의 구축을 제의했다. 그러나 아세안은 이 제의를 받아들이지 않고 아세안의 이념을 기반으로 하는 '협력안보(cooperative security)' 개념을 제안했고 대화협력을 목적으로 하는 아세안지역안보포럼을 탄생시켰다. Amitav Acharya, "How Ideas Spread: Whose Norms Better? Norms Localization and Institutional Change in Asia Regionalism", *International Organization*, Vol. 58, No. 2, 2004, pp. 250-275 참조.

정세의 구조에는 중요한 조정과 변화가 일어나고 있으며, 새로운 지역 갈등과 전략적 경쟁이 끊임없이 출현하고 있다. 아세안은 지속적으로 두 가지 중요한 지점을 장악하고 있다. 첫째는 안보를 위협하는 중요한 문제에 대해 공식적인 대화와 토론을 전개하는 것이다. 둘째는 ARF가 충돌이 아니라, 교류를 강화하고 대치를 완화하며 공동의 인식을 나누는 장이 되도록 하는 것이다. 이것은 결코 쉬운 일이 아니다. 시장시스템이라는 내재적 규칙이 있는 경제관계와 달리 지역안보문제는 이익을 따지는 파워게임이기 때문에 공동의 이익을 추구하는 것과 협력시스템을 구축하는 것은 매우 복잡한 요소와 관련되고 있다. 따라서 ARF가 계속 활동을 전개하고 있기는 하지만, 당초의 계획과 같이 협력시스템과 역할을 현저하게 강화시키는 것은 하지 못하고 있다.

ARF는 중소 규모의 국가들이 주도하고 있는 국제안보대화시스템이라는 특징이 있다. 비록 아세안이 ARF의 기본적인 발전방식과 리듬을 장악하고 있으며 강대국으로 하여금 주도하게 하는 것이 아니라 강대국이 여기에 참여하게 하고, 강대국의 역량에 대해 '소프트 시스템의 균형'[26]을 이루고 있지만, 일부 강대국은 여전히 자신만의 회의진행 방식을 제기하기도 하고 가끔씩 아세안 회원국과 함께 예정되지 않았던 회의의 의제를 제출하는 경우도 있다.

사실 아세안이 중심적 지위를 유지하는 데 있어 가장 큰 도전은 내부의 구심력과 응집력이다. 아세안 자체가 가지고 있는 한계는 아세안이 회원국의 개별 행동을 완전히 통제할 수 없고 회원국이 갖는 발언의 자유를 제한할 수도 없다는 것이다. 예를 들어, 2010년 베트남은 의장국이라

---

26 천한쉬엔(陳寒煖), 〈아세안지역포럼의 효력에 대한 평가: 이성주의의 시각(東盟地區論壇的效力評顧: 一種理性主義的視角)〉, 《외교평론》, 2008, 제10기, 89쪽 참조.

는 조건을 이용하여 남해(이하 남중국해) 분쟁을 주요의제로 정했고, 미국의 전 국무성 장관인 힐러리 클린턴은 남중국해 분쟁에 대해 시비를 일으켜 중국을 비난하기도 했다. 2012년 필리핀은 자국의 입장을 회의의제에 삽입하는 등 ARF의 대화·협상·협력의 기본정신을 해치는 행위를 했다. ARF의 발전과정을 어떻게 효율적이고 예방적인 외교단계로 진입시킬 것인가 하는 것은 아세안에 있어 하나의 시련이자 실험이라고 할 수 있다.[27]

아세안을 중심으로 개방경제 협력 틀을 구축하는 경우에도 그렇다. 일부 회원국은 아세안에 가입하여 전체적인 의사일정과 논의에 적극적으로 참여하고 지지하지만 많은 경우에 있어 아세안의 의사일정과 논의에 제약을 받지는 않는다. 예를 들어, 싱가포르는 독자적으로 많은 나라들과 자유무역지대 협정을 체결했고, 발걸음도 빨랐다. 미국이 주도하는 TPP는 싱가포르와 브루나이가 처음 제기했고, 베트남과 말레이시아가 참여하고 있다. 이것은 아세안의 '중심적 지위'의 원칙이 흔들리는 결과를 가져왔고 아세안공동체, 특히 경제공동체 건설에 큰 타격을 안겨주었다.[28]

아세안의 강대국 균형전략도 미국의 '아시아 회귀전략'으로부터 도전을 받고 있다. 미국은 초강대국이고 아태지역과 동아시아 지역에 큰 이해

---

27 2010년 7월, 베트남의 하노이에서 열린 아세안지역안보포럼 회의에서 힐러리 클린턴 미 국무장관은 남중국해 문제를 제기하면서 중국이 남중국해에서 패권을 행사하고 항행의 자유를 방해하고 있는 것처럼 말하며 이를 크게 부풀려 문제 삼았다. 당시 포럼 주최국이 베트남이었다는 점을 감안하면 그 발언의 배후에 베트남의 의도가 있었다는 것을 추측할 수 있다. 그 후부터, 남중국해 문제는 아세안지역포럼의 뜨거운 화두가 되었다. 〈공공관계〉 아세안: 지역포럼에서 합종연횡의 지지 세력을 찾는 중국과 미국('公關 東盟: 中美在地區論壇上合從連橫尋支持〉, http://www.dfdaily.com/html/51/2012/7/11/822928.shtml 참조.

28 한 싱가포르인 지인에 의하면, 미국은 베트남을 TPP에 참여시키기 위하여 이미 암암리에 베트남의 참여를 허용하고, 합의사항을 이행할 때도 융통성을 발휘할 수 있게 했다. 개발도상국인 베트남은 높은 수준의 TPP에 이렇게 일찍 가입할 수 있는 준비가 되어 있지 않았다.

관계와 영향력을 유지하고 있다. 원래 아세안 일부 국가는 미국을 끌어들여 중국을 견제하려고 했다. 그러나 결과는 미국의 '아시아 회귀전략'으로 인해 힘의 균형이 미국으로 기울어지고 말았다. 베트남과 필리핀 등 아세안의 일부 국가는 미국의 힘을 이용하여 중국에 대항했고 아세안의 전체 균형전략은 와해되고 말았다.[29] 사실 미국의 과도한 개입과 주도권을 다시 장악하기 위한 노력은 아세안의 단합과 발전에 커다란 위협이 되고, 아세안의 일부 핵심적인 계획이 원래의 계획대로 추진하는 것이 어려운 상황을 맞이하게 되었다.

세계와 역내의 역량구도에 새롭고 큰 변화가 일어나고 있는 지금의 상황 속에서 아세안이 어떻게 자신의 새로운 위치를 찾을 것인지, 어떻게 자신의 집단적 역량을 운용하여 힘의 균형을 이룰 것인지, 어떻게 지역협력의 큰 틀과 이익 사이에 균형을 유지할 수 있을지, 그리고 자신의 위치를 지렛대의 중심 위치에 놓을 것인지가 아세안에게는 새로운 시험이다. 당초 계획에 따르면 2015년에 아세안은 3개의 아세안공동체를 건설하는 것으로 되어 있다.

복잡하고 빠르게 변화하는 동아시아 지역과 아태지역에서 아세안이 어떻게 그 중심적 위치를 유지하고 강화할 수 있을 것인지에 대한 것은 아직 미지수이다. 그러나 아세안은 힘을 다할 것이다. 그렇게 하지 않으면 아세안은 새로운 도전 앞에 좌절할 수밖에 없기 때문이다.

물론 동아시아 지역협력의 시각으로 보자면 '아세안을 중심으로' 한다는 것 역시 동아시아 지역협력의 목표와 구조에 문제를 제기하는 것이다.

---

29 아세안의 남중국해 분쟁에 대한 입장은 미국을 끌어들여 중국과 맞서는 힘의 균형을 유지하게 하는 것이다. 그러나 이러한 전략은 오히려 자신의 협상력을 약화시키고 아세안의 중심지위를 위협하는 것이 되고 있다. 장지에·주빈(張潔·朱濱), 〈중국-아세안 관계 중의 남중국해 요인(中國-東盟關係中的南海因素)〉, 《당대세계》, 2013, 제8기, 52쪽 참조.

목표를 중심에 놓고 볼 때, 만약 동아시아 협력의 최종 목표가 단일한 지역협력의 시스템을 건설하는 것이라면 두 가지 선택이 있을 수 있다. 하나는 아세안을 확대해 다른 나라들을 받아들이고 동아시아를 무대로 하는 커다란 아세안을 형성하는 것이다. 이렇게 하면 아세안은 이름만 남고 그 내용과 형식이 모두 변화하게 되어 이렇게 되었을 때 아세안은 아마도 중국과 같은 대국이 가입하는 것을 원하지 않을 것이다. 다른 하나는 아세안을 해체하고 동남아의 국가들이 더 큰 역내 협력기구에 가입하는 것인데, 이렇게 하면 아세안을 중심으로 한다는 원칙 또한 다시는 입 밖에 낼 수 없게 될 것이다. 아마도 아세안은 이러한 결과를 걱정하면서 가능한 한 이 선택을 피하려 할 것이다. 만약 이 두 가지 선택이 모두 비현실적인 것이라면, 아세안의 실체도 유지될 수 있고 동아시아 지역협력의 발전도 가져올 수 있는 동아시아 역내협력의 큰 틀이 무엇인지 심사숙고해야 한다.

RCEP을 추진하는 것은 경제적으로 볼 때, 포용의 틀을 구축하는 것이다. RCEP의 건설은 16개 국가로 형성된 거대한 시장을 만들고, 아세안은 지역조직으로 참여하여 지도적 역할을 할 것이다. 아세안은 RCEP에 참여하는 동시에 자기의 경제공동체를 세울 수 있다. 비록 아세안은 RCEP의 설계와 협상 과정에서 중심적인 위치를 유지하고 주도적인 역할을 했지만, RCEP 건설은 모든 참가국이 평등하고 동등하게 이익을 누리는 개방된 큰 시장이다. 다시 말해서 아세안 시장은 더 큰 시장의 프레임 속에 융합하게 된다. 동아시아의 금융협력도 기본적으로 이와 같다. 13개 국가로 형성된 '아시아신용보증투자기구'도 단독의 아세안 체제를 설립하지 않았다. 기능적인 측면의 커다란 역내 시스템을 구축하는 것에 대해 아세안이 분명히 반대하지는 않는다. 그러나 아세안은 통합에 장애가 되는 동아시아 지역의 제도적 시스템 구축에 대해서는 거부할 것이다. 이는 우리에게 앞으로 동아시아 역내협력의 목표와 틀을 구축하는 데 있어서 새로운 시각을 제공해주고 있다. 예를 들어, 동아시아공동체를 느슨한, 모두에게 용인되는 목표와 프레임으로 하고, 아세안의 존재를 허용할 뿐 아니라 그 중심지위를 유지하게 하고 적극적인 역할을 하게 하면 아마도 아세안의 큰 지지를 받을 수 있을 것이다.[30]

3. 아세안공동체 건설

아세안은 2015년까지 아세안공동체를 건설할 것을 결정했다. 아세안공동체는 실제적으로 경제공동체, 안보공동체, 사회문화공동체 등 세 부분으로 이루어진 하나의 '건물' 구조로 계획되었다. 이러한 디자인은 역내협력제도의 건설에서 유일무이한 새로운 도전이었다.

경제공동체는 초국가적인 역내 관리시스템을 구축하는 것이 아니라, '단일한 생산기지'를 만드는 것이다. 즉, 자유무역지대에 기초하여 시장개방의 수준을 높이고, 경제발전의 환경을 개선하며, 역내 생산네트워크의 연결을 한층 더 강화하고, 산업사슬 운영의 원가를 더욱 낮춰 역내경제의 전면적인 발전을 촉진하는 것이다.

아세안 경제공동체의 기본특징은 '하나의 통일적 시장과 생산기지', '하나의 경쟁력 있는 경제구역', '하나의 균등하게 발전한 경제구역', '하나의 글로벌 경제에 편입된 경제구역'으로 정의할 수 있다. 여기에 단일

---

30 필자는 《중국과 아시아의 지역주의(中國與亞洲區域主義)》에서, 동아시아의 이익을 기반으로 하는 기능적인 협력시스템을 구축하는 것을 분석하고, '개방적 지역주의'를 원칙으로 하는 동아시아 지역협력의 틀을 구축하자고 제창했다. Zhang Yunling, "China and Asian Regionalism", *World Science*, 2009 참조; 이 분야의 평론은 왕룽옌(王榮艶), 〈아시아 지역협력의 진화, 발전과 미래: 중국과 아시아 지역주의의 평가(亞洲區域合作的演化, 發展與未來: 評中國與亞洲區域主義)〉, 《당대아태》, 2011, 제2기 참조.

한 시장과 생산기지가 '상품의 자유유통', '서비스의 자유유통', '투자의 자유유통', '자본의 자유유통', '기술자의 자유유통'으로 나타나는 것이다.[31]

경제공동체의 건설은 회원국 간에 공통의 대외관세를 부과하는 전통적인 '관세동맹'과는 달리 아세안이 처한 현실적인 조건과 실정에 근거하여 새로운 길을 개척하는 것이다. '아세안경제공동체(AEC, 이하 AEC)'는 아세안자유무역지대(아세안투자구역, 경제협력, 각종 형식의 조합을 포함)를 토대로 구체적이며, 발전된 경제자유무역지대인 것이다. 2015년은 경제공동체 건설의 목표 시한이다. 그 전에 반드시 일련의 지표를 완성해야 한다. 단 2015년이 AEC 출범의 최후시한은 아니다. 이것이 유럽공동체와 확연히 다른 점이며 그 이후에도 공동체는 끊임없이 발전해나갈 것이다.[32]

사실상 회원국들 간에는 정치 및 사회제도가 상이하고 경제수준에서 엄청난 격차가 존재한다. 그러나 아세안은 하나의 기구이면서도 저개발 회원국에 결코 자원원조를 하지 않는다. 이는 회원국들 간에 강한 '정체성 공유'에 장애가 되기 때문이다. 특히 공동체 건설에 있어서 상의하달 식 방식은 대중들로 하여금 공동체에 대한 인식을 부족하게 만들고, 많은 국가의 국민들이 경제공동체가 그들에게 어떤 이익을 가져다주는지 이해하기 어렵게 만든다.[33]

유럽공동체가 단일한 큰 시장을 건설할 당시 이를 위해 입법준비를 갖추고, 사회홍보와 국민교육에 많은 노력을 기울였다. 국민의 충분한 인지와 이해를 바탕으로 국민으로부터 최대한의 지지를 이끌어냈다. 이에 비

---

31 〈아세안공동체의 청사진(東盟共同體藍圖)〉 참조, http://www.asean.org.

32 류밍(劉鳴)은 아세안의 경제공동체는 실제로 '자유무역지대를 초월'한다고 보고 있다. 류밍, 〈2015년 아세안경제공동체: 발전과정, 기회와 존재의 문제(2015年東盟經濟共同體: 發展進程, 機遇與存在的問題)〉, 《세계경제연구(世界經濟研究)》, 2012, 제10기, 84-85쪽 참조.

33 David Lozada, "ASEAN economic community: are we ready for 2015?", http://www.rappler.com/move-ph/27543-asean-economic-community-readiness-2015.

하면 아세안은 지금까지 공동체와 관련한 홍보와 교육은 턱없이 부족하다고 볼 수 있다.

'아세안사회문화공동체행동계획'에 의하면, 사회문화공동체의 주요목표는 ① 사회에 관심을 가지고 빈곤·평등·발전 문제에 공동 대처한다. ② 인력자원의 경쟁력을 높이고, 사회보장체계의 구축을 추진하여 경제통합이 가져올 사회의 영향에 대응한다. ③ 지속가능한 성장을 추구하고 보다 좋은 환경을 가꾼다. ④ 사회 응집력의 기반을 조성한다 등이다.

사회공동체는 서로 간의 이해, 선린우호와 공동의 책임, 인권보호 및 사회정의에 토대를 두고 있다. 그리고 문화공동체는 다양한 발전 정도에 대한 존중, 상호교류의 강화, 모범사례를 배우는 것에 토대를 두고 있다. 아세안 사회문화공동체는 공동의 사회정책을 추진하거나 공동의 문화와 가치관을 보급하는 것이 아니라 상생협력의 정신과 서로 존중하고 본받는 정신을 기르고, 융합하며 공존하며 서로 지지하고 안정되며 건강한 삶을 함께 누리는 지역을 만드는 것이다.[34]

아세안 사회문화공동체의 특징은 그 내용이 사회의 평등문제에만 한정된 것이 아니라 문화인식에 관한 문제와 환경, 생태 등의 문제까지 포괄하고 있으며 아세안을 지속가능한 발전지역으로 만들 것을 강조하고 있다.[35]

안보공동체의 목표는 지역의 공동안보를 유지하고 보호하는 것이다. 그러나 그것은 아세안의 집단적 보호능력을 강화하는 방식으로 실현하는

---

34 "The ASEAN socio-cultural community plan of action", http://www.asean.org/16832.htm.

35 웨이훙(韋紅)은 아세안의 사회문화공동체 계획이 과거 아세안의 사회문화 협력의 범위를 뛰어넘었다고 보고 있다. 웨이훙, 〈아세안 사회문화공동체의 건설과 중국에 대한 영향(東盟社會文化共同體的建設及其對中國的意義)〉, 《당대아태》, 2006, 제5기, 54쪽 참조.

것이 아니라, 내부협력을 강화하여 충돌을 예방하고, 안전을 위협하는 요인을 제거하거나 감소하여 해결하는 것이다. 아세안 안보공동체의 건설은 국가주권을 존중하고, 상호 내정에 간섭하지 않으며, 무력을 사용하지 않는다는 원칙 속에서 내부의 평화로운 환경을 창조하는 데 진력한다는 것이다.

예를 들면, 비핵화를 이루고 군비경쟁을 피하며 무력의 사용이나 무력을 이용한 위협을 하지 않고 분쟁을 평화적으로 해결하며 평화에 대한 인식과 책임의식을 키워야 한다. 분명한 것은 아세안 안보공동체가 구축하는 지역안보는 집단의 안보역량으로 안보에 대한 위협을 해결하거나 회원국이 국가의 안보 관리를 양도하거나 혹은 집단의 관리권한을 제고하여 해결하는 것이 아니라, 집단적인 의식과 평화를 위협하는 행위에 대한 규범과 이에 대한 공감을 통해 실현하는 것이다.[36]

아세안의 안보는 대외관계와 관련되어 있다. 그래서 외부국가와의 관계, 특히 대국과의 관계가 더욱 중요하다. 아세안은 대화와 협력, 그리고 힘의 균형전략을 채택하여 외부국가와 정치안보 분야의 대화를 진행하고, 협상과 협력을 전개한다. 또한 아세안을 중심으로 하는 대국 균형체제를 구축하여 외부세력이 역내에서 분쟁이나 전쟁을 일으키는 것을 방지한다. 아세안은 '동남아시아우호협력조약'과 '동남아비핵지대조약'을

---

36 웨이홍은 국가의 주권을 존중하고, 내정에 간섭하지 않는 것이 아세안 안보공동체의 독특한 특징이 되었다고 주장한다. 웨이홍, 〈아세안 안보공동체의 특징과 건설과정에서의 중국의 작용(東盟安全共同體的特征及中國在其建設中的作用)〉, 《국제문제연구》, 2007, 제2기, 61쪽 참조. 그러나 또 다른 사람들은 아세안의 불간섭 원칙도 절대적인 것이 아니고 가능한 범위 안에서 조정하며, 아세안의 중요한 이익과 관련된 문제에 대해 '허심탄회한 토론'을 진행'하여 압력을 가한다고 보고 있다. Hiro Katsumata, "Why is ASEAN Diplomacy Changing from Non-interference to Open and Frank Discussion", *Asian Security Survey*, Vol. 44. No. 2, 2004, pp. 237–238 참조.

제정하여 아세안과 대화·협력하려는 상대방에게 이 두 조약에 서명하고 조약의 원칙을 준수할 것을 요구하고 있다.

중국은 동남아시아 지역을 제외하고 처음으로 '동남아시아우호협력조약'을 체결한 국가이자 아세안과 '남중국해행동선언'을 서명한 국가이다. 미국과 같은 초강대국은 아세안과의 관계발선을 위하는 한편 중국을 견제하기 위해 어쩔 수 없이 아세안이 요구하는 대로 아세안이 제정한 조약에 서명했다. 미국은 그동안 다른 나라의 내정에 간섭하지 않고 분쟁해결에 무력을 사용하지 않겠다고 약속한 적이 없었다. 그러나 아세안이라는 집단의 힘 앞에 미국도 굴복할 수밖에 없었다.[37] 아세안은 지역안전연합군을 창설하지 않았지만 군사훈련을 포함한 각종 형식의 안보협력에 참여하는 것에 대해 적극적이다. 예를 들어, 말라카 해협의 항행안전에 대해서 아세안도 관계국들이 협력하는 것을 지지하지만 안전을 위한 사법집행이 가능한 역량을 조직하지는 않았다.

동맹에서 공동체로의 발전은 역사적인 전환이다.[38] 이는 첫째, 공동체 건설은 가맹국들이 서명하여 법적 문서로 인정된 '아세안헌장'이 있기 때문이다. '아세안헌장'은 2004년에 초안이 제출되고 2007년에 통과되기까지 3년이라는 시간이 걸렸다. 처음에는 일부 영향력 있는 인사들을 규합해 헌장의 틀과 원칙을 제출했고, 나중에 고위직 관리들이 헌장의 초안을

---

37 미국은 '동남아시아우호협력조약'의 서명에 관련된 모든 방면의 문제에 대해 분석했는데, 그중 내정불간섭과 분쟁의 평화적 해결이라는 조항이 미국의 '행동의 자유'를 제약하는가에 대해서 더욱 심도 깊은 연구를 했다. 당시, 구체적인 문제는 미얀마에 대한 제재문제였다. 한 연구결과에 의하면, 미국 행정당국의 서명과 국회동의와는 별개라고 주장했다. 자세한 연구내용은 Mark E. Manyin, Michael John Garcia, "US Accession to ASEAN's Treaty of Amity and Cooperation", *Congress Research Service*, pp. 2-3, 15-18, http://fpc.state.gov/documents/organization/124064.pdf 참조.

38 장시전(張錫鎭), 〈아세안의 역사적 전환: 공동체를 향하여(東盟的歷史轉折: 走向共同體)〉, 《국제정치연구(國際政治研究)》, 2007, 제2기, 130쪽.

정상회의에 제출하여 통과시켰으며, 마지막에 각 회원국의 서명을 통해 제정되었다. 헌장은 이처럼 각 회원국 의회의 비준을 거쳤기 때문에 모든 회원국은 반드시 법률적 의무를 져야 한다. 둘째, 아세안은 이때부터 법인의 신분을 갖추게 되었고 회원국을 대표하는 국제기구가 되었다. 이렇게 하여 역외 국가들은 아세안에 주재 대사를 파견하여 아세안과의 관계를 발전시킬 수 있게 되었고 이렇게 동남아 지역은 '안정적인 지역'이 되었다. 셋째, 아세안공동체의 발전을 지지하는 관리시스템을 구축하여 '응집력 있는 제도로 관리'하던 조직에서 '더욱 효과적인 조직'으로 바꿔놓았다.[39]

아세안공동체의 건설은 '아세안 방식'으로 진행된다. 유럽의 경우처럼 하나의 커다란 단일시장을 만드는 것과는 다르다. 수백 개 항의 법률을 제정해야 하고, 모든 부문의 문제를 법률로 정하고, 모든 것을 '법률에 근거해서 처리'해야 한다. 아세안공동체 건설은 회원국의 합의된 생각으로 만들어낸 건설지표에 근거해야 하며, 회원국은 이 지표를 완성하기 위해 구체적인 노력을 기울여야 한다. 2015년 말, 아세안이 공동체를 건설한다고 선포한 시기가 되었을 때 사람들은 과거와 다른 아세안을 볼 수 있을까?[40] 또한 아세안이 아세안공동체의 단계에 들어섰을 때 동아시아 협력의 과정에 어떤 영향을 미칠 것인가? 아세안이 진보적인 모습을 보여줄 것인가 아니면 보수적으로 변할 것인가? 2015년 말은 마침 RCEP 협상이 마무리되는 시기이기도 한데, 아세안공동체가 '동아시아경제공동체'

---

39 Lee Hsien Loong, "Plenary remarks at the ASEAN Summit", www.asean.org/21063. htm.

40 어떤 사람은 아세안이 고도로 통합된 공동체가 아니라 회원국 정부와 행정당국 사이에 서로 협력할 수 있고 제한적인 협조를 주고받을 수 있는 틀이라고 주장한다. David Martin Jones, Michel LR Smith, "Making Progress, Not Progress: ASEAN and the Evolving East Asia Regional Order", *International Security*, Vol. 32, No. 1, 2007 참조.

건설을 추진하는 역할을 할 수 있을까?[41] 이러한 물음들은 당연히 중요한 것들이다. 아세안 경제공동체 건설이라는 본연의 문제, RCEP 협상과정의 문제, 특히 동아시아 역내협력 과정의 문제 등을 감안하면 이러한 변화가 실현되는 데는 아직 더 많은 시간이 필요해 보인다.

---

41 동아시아비전그룹 2기 보고서에서 전문가들은 아세안 경제공동체 건설의 기반 위에 '동아시아 경제공동체'를 건설한다고 제안했다.

회고와 사고

필자는 동남아시아에 대해 잘 알지 못했다. 중국과 관련된 큰 사건들, 예를 들면 1960년대 인도네시아에서 발생한 중국인 학살 사건, 미국이 베트남을 상대로 전면적인 침공을 감행할 때 중국의 항미원월(抗美援越, 미국에 대항하여 베트남을 돕는다—옮긴이), 베트남의 반중국 운동, 중-베트남 전쟁, 캄보디아 내란 등의 사건들이 겨우 인상에 남아 있을 뿐이었다. 필자의 기억 속에서 동남아시아는 분쟁이 많은 지역이고 중국과의 관계가 복잡하고 자주 변하는 지역 중 하나였다. 솔직히 말하면 이런 이유 때문에 상당히 오랫동안 필자의 동남아시아에 대한 인상은 별로 좋지 않았다.

중국 사회과학원 아시아태평양연구소에서 근무하게 되면서 이전 유럽연구소에 근무할 당시 진행했던 유럽통합 문제에 대한 연구를 바탕으로 연구의 중점을 아태지역의 협력과 통합에 관한 문제에 두었다. 그중에서도 아세안은 가장 중요한 연구대상 중의 하나였다. 아세안은 동아시아 지역에서 조직된 첫 번째 지역협력기구이기 때문에 중국에게는 상당히 중요했다. 특히 연구를 통해 필자는 또 다른 동남아시아를 발견했다. 필자가 새롭게 발견한 동남아시아는 역사를 창조하고 평화를 만들며 규칙을 만들고 발전과 협력을 추진하고 있으며, 또한 중국과 긴밀한 관계를 유지하고, 중국과 협력관계를 발전시키기를 바라고 있는 지역이었다. 연구와 교류 과정에서 많은 동남아시아 친구들을 사귀게 되었다. 그들 중에는 정부 공무원도 있고 사업가도 있었으나, 대부분은 학자였다. 그중 일부 뜻이 맞는 학자들과 깊은 친구 사이가 되었고 우리는 동아시아의 협력 사업을 위해 함께 고민하고 전력을 다해 노력했다.[42]

1967년 아세안이 출범하기는 했으나 동남아시아 지역은 그 이전부터 상당히 오랜 기간 동안 분열로 인한 내란이 끊이지 않았던 역사를 가지고 있는 등 매우 어려운 환경에 처해 있었다. 그럼에도 불구하고 아세안은 끊임없는 모색과 발전을 거쳐 역내 실정에 부합하는 평화와 발전의 길을 개척했다. 1976년은 아세안에게 있어 하나의 분수령이 되는 해였는데, 아세안의 지도자들은 협력의 수위를 높이는 데 공감대를 형성했고 이를 위해 '동남아시아우호협력조약'을 제정했다. 이 조약에는 동남아시아 지역협력과 지역관계의 기본규범이 명확히 규정되었다. 그 요지는 서로 주권을 존중하고 다른 국가의 내정에 대해 간섭하지 않으며 평화적인 방식으로 분쟁을 해결하고 협력을 확대시킨다는 것이다. 사실 이 조약은 아세안 내부에 대한 행위규정일 뿐만 아니라 외부를 향한 관계규범이기도 했다. 아세안은 자신들과 관계를 맺으려는 상대국에게 이 규칙을 받아들이고 지킬 것을 요구했다.

동남아시아 지역 이외의 국가 중 처음으로 이 조약에 서명한 국가는 중국이다(2003년). 이때부터 조약의 체결은 '동아시아정상회의(EAS, 이하

---

42 인도네시아의 국제전략연구센터 주임을 역임했던 하디(Hadi Seoeasastro)와 말레이시아 국제전략연구센터의 노르딘 소피(Nordin Soppiee)는 모두 그해 정부의 정책입안에 참여했으며, 아세안과 동아시아 협력의 최전선에 서 있던 전문가였다. 우리 세 사람은 나이도 비슷하고 생각도 서로 통했으며, 늘 함께 회의에 참석하여 상호 협력하여 다른 사람들에게 동아시아의 '세 검객'이라고 불렸다. 그러나 안타깝게도 이들 두 명은 피로누적으로 병을 얻어 이미 고인이 되었다. 지금도 그 친구들과 함께 보내던 나날들을 생각할 때마다 애절한 마음을 금할 수가 없다.

EAS)'에 가입하는 전제조건, 즉 일종의 입장권이 되었다. 이에 따라 아세안의 '국제적인 위상'은 더욱 부각되었다. 중국-아세안 자유무역지대 건설과 마찬가지로, 중국과 아세안 간의 '동남아시아우호협력조약' 체결은 커다란 반향을 불러일으켜 다른 국가들을 견인하는 신호탄이 되었다. 특히 미국은 EAS에 들어가기 위해 이 조약에 서명해야만 했다. 이것은 '아세안 규칙'의 큰 승리가 아닐 수 없었다. 1990년대 초, 아세안의 발전추세는 더욱 빨라졌다. 먼저, 유럽의 거대시장 통합의 경험을 배우고, AFTA의 구축을 추진함으로써 역내시장 개방을 촉진하고 역내 발전환경을 개선하여 경제발전 속도를 더욱 가속화했다. 다음으로 냉전 종식을 계기로 하여 아세안을 확대하고 동남아시아 10개국을 하나의 지역협력 틀에 포함시켜 역내 화해와 평화를 이룩하고자 했다. 이 두 측면에서 취한 행동은 훗날 아세안의 발전에 큰 영향을 끼치게 되었다.

경제발전의 측면에서 볼 때, 아세안이 내부에 혜택을 제공함으로써 개방적인 프레임을 가진 자유무역지대의 구축으로까지 발전한 것은 전략적인 전환이라고 할 수 있었다. 아세안 회원국은 대부분 중소 규모의 개발도상국이기 때문에 경제발전과정에서 가장 절실하게 필요한 것이 자금과 기술이었다. 자유무역지대의 구축, 즉 개방적인 역내 거대시장의 구축은 외래자본의 흡인력을 높여 아세안을 다국적기업과 글로벌 생산사슬의 가장 좋은 기지로 만들었다. 이러한 아세안의 조치는 결과를 통해 증명되었다. 아세안은 순식간에 외국자본의 뜨거운 투자지역으로 부상했으며 이에 따라 경제도 빠른 속도로 발전하기 시작했다. 유럽조차 아세안 시장에 대해 부러워했으며 유럽공동체는 아시아에 투자하는 기업을 장려하는 성명을 발표하기도 했다.

정세가 너무 좋으면 사람이 흥분하기 쉽고 관리가 느슨해진다. 결국, 1997년에 심각한 금융위기가 일어났고 그 심각성은 사람들의 예상을 뛰어넘었다. 그나마 다행인 것은 아세안 국가들은 심각한 위기를 남 탓으로 돌리며 보호주의 정책을 취하지 않았다는 것이다. 이는 아마도 아세안이 그 역할을 발휘한 결과일 것이다. 이 어려운 시기에 아세안 회원국들은 미래를 내다보는 공감대를 형성했다. 첫째는 시장개방의 속도를 가속화하고 시장의 흡인력을 높여 외부자본이 다시 돌아오게 했다. 둘째는 동아시아의 협력을 추진하고 경제력을 갖춘 한중일 3국을 불러들여 대화와 협력을 전개해 당면한 위기에 대응하는 동시에 향후 협력과 전망에 대해 상의했다.

당시 아세안 국가를 방문했을 때, 금융위기가 가져온 엄중한 후과도 보았지만 사람들이 미래에 대한 확신과 자신감도 가지고 있다는 것을 느꼈다. 당시 외부 세계, 특히 미국과 유럽의 언론 매체는 아세안에 대해 혹독하게 비판했는데, 아세안 국가의 인사들은 이런 비판에 대해 놀라지 않았고 그렇다고 인정하지도 않았다. 아세안 국가들의 굴하지 않는 '내재적인 기질'을 느낄 수 있었다. 당시 태국의 고위 공직에 있던 한 친구가 "우리는 다시 일어설 것이다"라고 자신 있게 말했던 것을 기억하고 있다. 또한 쿠알라룸푸르에서 마하티르 총리가 국제투기자본이 풍파를 일으킨 것을 격렬하게 비판하는 동시에 아세안과 동아시아 국가들이 연합하여 소로스 투기자본의 공격을 물리쳐서 시장 질서를 바로잡고 경제를 회복시키자고 기염을 토하던 것 또한 여전히 기억하고 있다. 필자는 여러 차례 마하티르 총리를 만날 기회가 있었는데, 그와의 만남과 교류를 통해 그의 독특한 매력과 아시아를 위한 투지와 기개를 느낄 수 있었다.

활동에 대한 참여와 직접 체험한 일들로 인해 아세안에 대해 비교적 깊은 이해를 가지게 했다. 특히 필자처럼 유럽에 대한 연구로 잔뼈가 굵은 사람들은 '급선회'가 필요하다. 다시 말해서 유럽의 경험을 아세안에 대입해서는 안 된다는 것이다. 과거 사람들은 유럽연합에 대해서는 흠모와 경외심을 드러내는 반면 아세안에 대해서는 비판이 주를 이루었다. 최근에 이르러 유럽의 재정위기로 시작된 유럽연합의 종합적인 위기에 대해서 사람들은 반대로 유럽연합에 대한 비판이 많아지고 '아세안 방식'에 대해서는 많은 이해를 하게 된 것처럼 보인다.

사실 아세안에 대해 정확하게 이해하는 것은 쉬운 일이 아니다. 왜냐하면 아세안의 발전에는 정해진 공식이 없기 때문이다. 그러나 늘 얘기되는 '아세안 방식'이 있으며 발전과정에 있어 충분한 유연성을 가지고 있다. 역내 특징을 기반으로 하여 각국이 받아들일 수 있는 공통분모를 찾는 것이 바로 아세안 방식의 핵심이다. 반면 유럽연합은 프랑스와 독일이 함께 추진한, 사실상 강대국이 이끌어온 것이었다. 유럽연합은 역량과 실력에 따라 투표권을 많이 가지는 방식이어서 실제로 국력(경제력)의 규모와 실력에 따라 사안을 결정한다. 유럽연합은 법률에 의거해 협력을 진행하고 사실상 초국가적인 역내법률에 의거하여 회원국들을 관리한다.

하지만 아세안은 "국가규모의 크고 작은 것을 구분하지 않고 일률적으로 평등하다"는 원칙을 시행한다. 또한 협상을 통해 '집단적 공감대'를 형성하고 정치협상으로 계획을 구체화하며 '도덕 및 책임'으로 이를 처리 및 관리한다. 싱가포르의 토미 코(Tommy Koh, 許通美) 대사가 말한 것처럼 유럽연합은 비민주의 길을 선택했고 아세안 협력은 진정한 민주주의의 길을 선택했다. 아세안에서는 강대국이 사무를 좌지우지할 수 없고 아세안이 무엇을 하든 각 회원국의 이익과 의향을 충분히 고려해야 한다.[43] 아세안 회원국 중에는 중소국가가 많고 서로 간의 발전 정도의 격차가 크다. 이러한 다양성 때문에 아세안은 그 특유의 '유연성'과 '포용력'을 매

---

43 2013년 10월 23일, 제8회 중-싱가포르 포럼에서 한 토미 코의 발언. 필자가 참여한 이 회의의 기억에 근거하여 직접 인용함.

력으로 가지고 있다. 태국에서 고위직을 지낸 한 사람은 아세안 문화와 아시아 문화는 서로 통하며 아세안 문화가 곧 아시아 문화의 일부분이라고 말한 적이 있다. 아시아 문화의 정수(精髓)가 무엇인가? 아마도 '유연성'과 '포용력'일 것이다. 이런 의미에서 볼 때 아세안이 역내 발전을 추진하는 과정에서 아시아 문화를 더욱 발전시켰다고 해도 과언이 아닐 것이다.

사람들은 늘 협력의 기반이 신뢰라고 한다. 사실 신뢰는 원래 있는 것이 아니고 불신을 극복하며 얻는 것이다. 아세안의 발전과정에서 신뢰와 불신은 병존한다. 하지만 아세안은 어떻게 동티모르를 제외한 모든 동남아시아 국가들을 아세안으로 끌어들일 수 있었을까? 그것은 각국이 아세안 협력 발전에 대한 신뢰와 공감대를 가지고 있었기 때문이다. 이 공감대는 바로 아세안만이 동남아시아를 평화와 발전의 길로 이끌 수 있고 각국은 참여를 통해 이익을 얻을 수 있다는 신념에 기반하고 있다. 따라서 아세안의 발전은 아직 많은 문제가 있긴 하지만 회원국들이 힘을 합쳐 아세안을 유지하면서 계속 발전시켜야 한다는 기본적인 공감대가 있다. 외부의 눈에는 아세안이 거둔 성과가 실망스러울 수도 있지만 아세안 회원국들 입장에서는 작은 성과도 모두 소중한 것이다.

사실 아세안에 대한 불신은 회원국들의 조직에 대한 충성도가 약한 것이 아니라 대부분은 아세안이 지역조직으로서 해야 될 역할을 충분히 발휘하지 못하는 것에 대한 원망에서 나온 것이다. 아세안의 이런 '직무상의 과실'은 그것의 '약한 구속력'이나 '제한된 기능 설정' 같은 시스템상의 제약에 기인한다. 예를 들면, 아세안 자체는 집단적인 자원을 가지고 있지 않기 때문에 아세안의 발전은 개방과 협력의 촉진, 강제하지 않는 규약 안에서의 협력 의지에 달려 있다. 따라서 아세안에는 항상 새로운 제안이 많고, 합의도 많으며, 결정도 많이 하지만 정작 그것들을 현실화시키지 못하는 경우가 적지 않다. 아세안의 주된 설립목적은 초국가적인 관리조직을 만드는 것이 아니라 협력을 추진하는 조직을 만드는 것이기 때문에 강력한 집행체제와 처벌체제가 필요하지 않다. 설령 공동체 건설을 완성한다고 해도 아세안의 이런 특성은 계속 이어질 것이다. 어떤 기회에 아세안의 한 고위 지도자에게 "아세안은 왜 책임을 완수하지 않는 행위에 대해 징계하지 않는가?"라고 질문한 적이 있다. 그는 "결정된 것을 실행하지 않는 것은 회원국의 권리이고 그에 대해 징계를 하는 것은 권력의 남용이다"라고 유머러스하게 대답했다. 그의 블랙유머는 내부 회원국 간 차이가 심한 아세안이 하나의 협력체제로서 협력을 추진하는 것과 회원국의 자주성을 유지하는 것, 이 둘 사이에서 균형을 유지해야 한다는 것을 의미한다.

아세안은 '원활한 원칙'을 유지한다. 즉, 협력을 추진하는 과정에서 회원국들을 편하게 한다. 이런 표현이 우스울지 몰라도 시장개방 추진과 같은 '개혁'을 편안하게 한다면 어떻게 그 둘 사이의 공통분모를 찾을 수 있을까? 이것이 바로 아세안 방식의 어려움이다. '느슨하고 편안한 원칙'은 모든 회원국을 결집시킬 수 있는 방식이고 특히 저개발국들이 낙오되지 않게 하는 방법이다. 그렇지만 '편안한 원칙'은 일부 회원국이 결정에 대해 무시하거나 무성의한 집행을 초래하기도 해서 사람들이 아세안에 대한 불신을 유발하는 한 원인이 되기도 한다. 필자는 한 인도네시아 전문가 친구와 자주 아세안에 대한 농담을 주고받았다. 그 친구는 종종 아세안을 해체해야 한다고 했다. 그는 이유에 대해 "아세안이 정말로 어떤 일을 성사시키는 건 기대도 할 수 없다"고 대답했다. 필자가 또 "그럼 진짜 해체되면 어떻게 하느냐"라고 묻자 그가 "다시 만들면 된다"고 대답했다. 그에 대한 이유를 다시 묻자 그는 "없으면 안 되니까"라고 농담을 이어갔다. 이것이 바로 아세안이다.[44]

사실 아세안이 실제적인 일을 하지 않는다는 말도 맞는 말은 아니다. 아세안은 그동안 많은 일을 했다. 예를 들면, 아세안 자유무역지대의 구축은 아세안 내부의 실질적인 개방을 추진했으며, 현재 물품교역시장은 거의 무관세에 이르렀고, 투자개방도 상당한 수준에 이르렀다. 또 다른 예를 들면, '편안함'이라고 하지만 사실 완전히 편안한 것도 아니다. 미얀마의 정치적 전환이 바로 전형적인 예이다. 미얀마가 군사정권이기 때문에 회원국으로 받아들일 것인지에 대한 논쟁이 있을 때, 아세안은 '편안한 원칙'에 근거하여 먼저 정치체제를 바꾸고 나서 아세안에 가입하라고 강요하지 않았다. 다만 미얀마 정부를 향해 아세안의 체제에 호응하면서 스스로 전환할 것을 요구했다. 미얀마를 아세안이 받아들인 가장 큰 이유는 동남아시아 지역협력의 완전성을 지키기 위한 것이었다. 즉, 모든 국가를 하나의 지역협력 틀에 끌어들이는 것이 역내 분열과 갈등을 예방하는 효과적인 대책 중의 하나라고 생각했던 것이다. 미얀마를 배제한다면 아세안은 그 영향력을 상실할 뿐만 아니라 역내 충돌을 초래할 수도 있다. 미얀마를 받아들인 것은 미얀마에게 커다란 개혁 압력에 직면하게 하고 아세안도 여러 측면에서 미얀마를 향해 '부드러운 단체 압력'을 가할 수 있다. 아세안은 이 일 때문에 외부, 특히 서양으로부터 비난을 받는 대가를 치러야 했다. 미얀마도 제재를 당하여 경제적 어려움을 겪고 있다. 그러나 미얀마를 받아들인 것은 역내 안정을 지키는 측면에서 큰 도움이 되고 있으며 또한 미얀마의 정치 전환에 '연착륙'을 유도하고 그 전환을

---

44 2012년의 한 조사에 의하면, 아세안 회원국에서 온 2000명 중 76%의 사람들이 아세안공동체가 무엇인지 모른다고 대답했는데, 이는 '공동체'가 아직 사람들의 생각 속에 자리 잡지 않은 것을 보여준다. 똑같은 질문을 기업인들에게 했는데, 여기서는 30%의 사람들만이 모른다고 답했다. 다만 그중에서 절반 이상의 사람들이 아세안에 대해 잘 이해하지 못하고 있었고 잘 이해하고 있는 사람들의 비율은 20%에 지나지 않았다. Steven Wong, "ASEANess Still a Long Way Off", 2018. 8, http//www.isis.org.my 참조.

질서 있고 안정적인 방식으로 진행하게 하고 있다.

향후 발전의 측면을 보면 아세안 방식에 따라 구축하는 공동체도 '결정대로 집행'하는 것과 '규칙으로 준수'하는 것으로부터의 문제에 직면할 것이다. 특히 새로운 발전추세와 대외관계 구도에 대해 아세안은 더 큰 역할을 하여 역내에 새로운 활력을 불어넣고 안정과 단결을 유지해야 한다. 하지만 이런 문제들은 모두 점진적인 발전과정에서 적합한 해결방법을 찾아낼 수 있다.

중국과 아세안 국가들은 육지가 맞닿아 있거나 이웃해 있고, 혹은 바다를 사이에 두고 마주 보고 있어 특별한 관계에 있다고 할 수 있다. 하지만 중화인민공화국 건국 이후 동남아시아 국가와의 외교관계는 순조로운 길이 아니었고, 심지어 어떤 나라와는 전쟁을 치르는 등 여러 풍파를 겪었다. 아세안의 창립 의도는 동남아시아 지역에서 공산주의 세력의 확장을 막기 위한 것이었으며, 중국은 그 대상 중 하나였다. 중국은 개혁개방 정책을 실시한 후에 대외관계 구도를 조정하면서 동남아시아 일부 국가와의 관계를 개선했다. 냉전이 끝난 후 중국은 인도네시아, 라오스, 베트남과 관계를 정상화했고 이는 중국이 아세안 전체와 관계를 개선하는 데 중요한 기반이 되었다. 이를 바탕으로 중국은 아세안과의 대화와 협력을 추진할 수 있었고 아세안의 대화 상대국으로 부상했다.[45] 2000년대에 접어

---

45 중국과 아세안은 1991년 정식으로 발전적 관계를 맺었다. 당시 중국 국무위원 겸 외교부장이던 첸치천(錢其琛)은 아세안외교장관회의 의장이던 말레이시아 외교장관 다툭(Datuk Abdullah Haji Ahmad Badawi)에게 서한을 보내, 아세안은 분명히 "활력이 넘치는 역내기구이며, 아시아태평양 지역에서 더욱 중요한 역할을 하게 될 것"이므로 아세안과 협력을 강화하고 대화관계를 수립할 것을 원한다고 했다. 중국의 제의는 아세안의 동의를 받았고 이때부터 중국은 아세안외교장관회의에 초대받아 참가하면서 대화를 시작하게 되었다. 1996년 첸치천은 아세안장관회의 의장 겸 인도네시아 외교장관 알리(Ali Alatas)에게 서한을 보내 아세안의 대화상대국이 되기를 원한다고 했고 그 해 아세안은 정식으로 중국을 대화 상대국으로 받아들였다. 외교부아주국(外交部亞洲司) 편,《중국-아세

들어 중국과 아세안의 관계는 새로운 단계로 접어들었다. 동남아시아 지역과 중국의 지연적 관계를 고려하면 중국에게 아세안은 점점 더 중요해지고 있다. 이것이 중국이 왜 아세안 전체와 자유무역지대 건설에 대한 제안을 했는지, 왜 처음으로 '동남아우호협력협정'에 서명하고, 아세안과 전략적 동반자관계를 구축하고, 아세안에 대사를 파견했는지에 대한 이유이다. 이러한 중국이 아세안과 '처음으로 행한 것'들은 연쇄반응을 일으켰을 뿐만 아니라 아세안의 대외관계를 발전시키는 데에도 새로운 환경을 제공해주었다.[46]

중국과 아세안 사이의 관계는 두 가지로 나눌 수 있다. 첫 번째는 중국과 아세안 회원국 개별국가 간 관계이고, 두 번째는 중국과 아세안 전체와의 관계이다. 이 두 가지 관계는 서로 분리될 수 없지만 각자의 자리가 있고 역할 또한 다르다. 중국과 개별 회원국 간의 관계는 기초이다. 하지만 이 관계는 복잡하고 다양하며, 가까운 관계와 소원한 관계, 좋은 관계와 나쁜 관계가 모두 섞여 있다. 따라서 관계의 정도에 따라서 따로 처리해야 하고 서로 다른 이익과 구조 그리고 특징을 고려해서 다양한 방식을 취해야 한다. 예를 들면, 중국과 인도네시아의 관계는 큰 폭의 변화를 겪어왔다. 1960년대에 인도네시아에서 반중국 운동이 한창 벌어질 때에 양국관계는 단절되었고, 1990년대에 들어서야 양국관계가 회복되어 정상궤도에 오르기 시작했다. 중국과 베트남도 긴밀한 관계로부터 시작해 점점 악화되다가 전쟁으로까지 이어졌으며, 1990년대에 들어서야 양국관

안문헌집(中國-東盟文件集)》(1991-2005), 세계지식출판사, 2005 참조.

46 어떤 사람은 "중국의 아세안에 대한 지지는 아세안의 발전에 중요한 의의가 있지만, 아세안의 대중국정책은 명확하지 않고 각 회원국 대중국정책에 많은 차이가 있어 아세안은 이에 대해 조정능력이 부족하다"라고 보고 있다. 자성다(賀聖達), 〈아세안의 대중국정책과 중국-아세안 관계의 발전(東盟對華政策和中國-東盟關係發展)〉, 《세계경제와 정치논단(世界經濟與政治論壇)》, 2007, 제1기, 9-10쪽 참조.

계는 정상적인 관계로 회복되었다. 그러나 남중국해 문제로 인해 다시 악화일로를 걷고 있다. 즉, 아키노 정부가 중국에게 도전장을 던지며 남중국해 문제에 대해 미국과 일본을 끌어들여 중국과 대치하고 있는 형국인바, 양국관계는 어려움에 처해 있는 것이다. 중국과 미얀마의 관계도 변수가 많다. 미얀마는 국내정치적 문제로 중국과의 관계에서도 복잡한 변화가 생겼다. 중국이 일부 세력 간 싸움의 카드로 활용되고 있고 각각의 외부세력도 이 복잡한 기회를 틈타 미얀마에서 중국의 영향력을 약화시키고 중국의 목을 죄기 위해 전력을 쏟고 있다. 이러한 상황에 직면한 중국은 노력을 배가함으로써 복잡하고 불안정한 양측관계를 처리하고 발전시켜야 한다.

중국은 아세안에 대해 역내 안정을 실현하고 전체협력을 추진하는 중요한 플랫폼으로 만들고, 이를 통해 지역 전체의 이익을 실현하려 하고 있다. 1996년에 중국은 아세안을 향해 대화를 제의했고, 아세안은 이를 받아들였다. 그리고 2000년에 중국은 아세안에게 자유무역지대 건설을 제안했고, '아세안+1' 자유무역지대 협상이 시작되었다. 이어 2002년에 아세안과 '전면적경제협력협의서'에 서명하고, 2003년에 아세안과 우호협력조약을 체결하는 첫 번째 국가가 되어 전략적 동반자관계를 구축했다. 이와 함께 남중국해 정세를 안정시키는 '남중국해행동선언'을 발표하고, '난닝 엑스포'를 공동으로 주최했다. 그리고 이러한 조치들은 중국과 아세안의 관계를 긍정적 방향으로 변화시켰다.

그러나 중국과 아세안의 관계에도 음지는 있다. 먼저, 아세안 회원국들의 중국에 대한 두려움과 경계가 많아졌다. 중국은 이웃해 있는 거대한 나라이며 발전 속도가 너무 빠르다. 이에 일부 국가들은 중국이 나날이 강해지는 국력을 어떻게 휘두를지에 대한 걱정이 많다. 다음으로 중국이 아세안 일부 회원국과의 분쟁, 특히 해상 분쟁에서 날로 강화되는 중국의 해군 및 공군력에 대해 경계하며 중국이 무력을 사용할 것에 대해 우려하고 있다. 이로 인해 비록 중국과 아세안의 경제관계가 빠르게 발전하고, 중국은 아세안의 핵심 무역파트너가 되었지만, 아세안은 중국에 대한 의심과 우려가 오히려 커지고 있다. 남중국해 문제는 아세안의 대중국정책에 영향을 끼치는 중요한 요소가 되었다. 인도네시아의 국제문제 전문가인 유숩 와난디(Jusuf Wanandi)는 남중국해 문제가 중국과 아세안의 관계에 영향을 끼치는 주된 요소라고 했다. 만약 남중국해의 해상 영유권 문제를 둘러싼 긴장이 계속 높아져서 중국이 점점 강경해지고, 이를 자칫 잘못 처리하게 된다면 종국에 가서 중국은 아세안을 잃어버릴 수도 있다는 것을 경고했다. 그렇게 되면 아세안도 역량이 약화될 것이고 결국 양측이 모두 손해를 보는 결과가 나타날 것이라고 했다.

남중국해 분쟁의 격화에는 여러 원인이 있다. 그중 하나는 중국의 국력이 커진 것이다. 국력이 커지면 그에 따라 주권을 지키고 이익을 강화하기 위한 조치들을 취하게 마련이다. 과거에 역량의 부족으로 하지 못했던 일들을 실력을 갖춘 후에 하게 되는 것이다. 남중국해의 군사력을 증강하게 되면 필연적으로 그에 따른 다양한 반응들이 나타나게 된다. 이와 동시에 아세안 관련 국가들은 분명히 중국에 대한 경계를 강화하고 여러 방어조치들을 취해 자신들의 이익을 지키려고 할 것이며, 이를 위해 자신의 힘이 부족하다면 외부의 힘을 끌어들이는 것도 주저하지 않을 것이다. 미국처럼 전략적 주도권을 다투는 대국도 불난 집에 도둑질하는 격으로 뛰어들기도 하고, 일본과 인도처럼 중국과 경쟁관계에 있는 나라들도 기회를 틈타 개입한다. 미국은 '아시아 회귀' 전략의 일환으로 남중국해에서의 '항행의 자유'라는 카드를 꺼내들었고, 일본은 필리핀과 베트남을 앞세워 중국과의 대치선을 형성하고 있다. 남중국해는 한순간에 전 세계의 이목이 집중되는 지역으로 변했고 중국과 아세안의 관계도 시험대에 올랐다.

미국이 남중국해에서의 항행의 자유문제를 꺼낸 이유는 중국의 국력이 강해지면서 중국에게도 개입하는 능력이 생겼기 때문이다. 하지만 실제로 해상 항행의 자유 그 자체는 문제가 되지 않는다. 오랫동안 남중국해에서 분쟁이 존재해왔지만 이로 인해 항행의 안전을 위협하는 문제가 생긴 적은 없었다. 중국과 아세안이 '남중국해행동선언'에 서명하고 남중국해 행동준칙을 정하기 위한 협상을 했지만 기존 환경에는 별다른 변화가 없었다. 그러나 필리핀은 마음대로 행동하고 불시에 풍파를 일으켜 협상과 협력의 분위기를 깨고 있다.

중국과 같은 강대국과 이웃하고 있는 아세안 국가들의 중국에 대한 속내는 복잡하다. 태국의 고위 공직에 있던 한 친구가 필자에게 중국을 코끼리에 비유했던 기억이 난다. 그 친구는 "중국은 코끼리와 같다. 우리는 그의 주변에 있는 작은 사람이다. 코끼리가 우리한테 우호적이긴 해도 가끔씩 부주의로 인해 우리와 부딪치게 되는데, 악의는 없지만 우리는 다치게 되고 때로는 중상을 입기도 한다. 코끼리가 일부러 한 것이 아니기 때문에 코끼리를 미워하지는 않지만 그렇다고 매번 그냥 당할 수는 없다"고 했다. 자세히 생각해보면 그의 말에도 일리가 있다. 주변국들이 중국을 경계하는 것은 지극히 정상적인 일이다. 그러나 이에 대해 중국이 이해하는 것도 쉬운 일은 아니다.

오래 전 라오스의 한 전임 장관을 수행하여 베이징의 홍차오 시장을 방문한 적이 있다. 시장을 둘러본 후 그는 "이렇게 질 좋고 저렴한 제품을 생산할 수 있는 나라는 중국밖에 없다. 우리가 어떻게 중국과 경쟁을 할 수 있겠는가? 만약 우리가 시장을 개방한다면 우리에게는 더 이상 기회가 없을 것이다"고 말했다. 그에게 "기업들이 당신네 나라에 가서 생산을 할 수도 있다"고 하자 그는 "그래 봤자 당신네 기업이다. 만약 당신네 기업들이 모두 우리나라로 들어온다면 우리에게는 아무 것도 없게 된다"고

했다. 물론 아세안 국가들이 중국의 급성장 과정에서 이익도 있었겠지만 중국과의 경쟁에 직면해 있는 그들의 우려와 고민이 기우인 것만은 아니다. 무역수지를 봐도 그들의 걱정을 이해할 수 있다. 구체적으로 중국은 라오스, 캄보디아, 베트남, 미얀마 등 아세안의 개발도상국가들과의 무역에서 오랫동안 흑자를 누리고 있다. 중국에게 1차생산품을 수출하고, 중국으로부터 완제품을 수입하는 그들의 무역구조는 불리할 수밖에 없다. 세계 2위의 경제체로서 중국은 그들에게 수출시장을 제공하여 그들이 중국과의 무역에서 이득을 볼 수 있는 환경을 제공해주어야 한다. 하지만 중국의 가공수출방식과 대외투자가 자원개발 분야에 집중되어 있기 때문에 중국은 단기간에 이러한 구조를 바꾸지는 못한다. 이 점은 분명히 일부 아세안 국가들이 중국과의 경쟁에서 두려움을 가지는 주요한 요인이다.

중국과 아세안이 전략적 협력 동반자관계를 확립한 지 벌써 10년이 넘었다. 지난 10여 년 동안 각국 간 관계는 발전했지만 전략적인 신뢰는 실현되지 않았다. 중국이 강대국으로 급성장하고 있는 것도 원인이지만 핵심적인 원인은 역시 '안보딜레마'이다. 강대국 사이의 균형전략을 시행하고 있는 아세안은 중국의 국력이 급성장하고 있는 상황에서 '중국을 견제하는 균형정책'으로 기우는 경향이 있다. 특히 중국과 분쟁이 있는 나라들의 경우에는 더욱 심각하다. 분쟁이 격화되고 있는 상황에서 중국과 아세안이 전략적 신뢰를 구축하는 것은 확실히 풀기 어려운 문제이다.

중국-아세안 관계 발전상의 새로운 도전[47]

중국과 아세안은 1990년에 대화와 협력관계를 맺은 이후 빠르게 발전해왔다. 이전의 과정을 돌이켜보면 아래와 같은 세 가지 특징을 발견할 수 있다. 첫째, 중국과 아세안 회원국가들 간의 관계가 정상화되었을 뿐만 아니라 근본적으로 개선되었다. 둘째, 양측은 경제적인 이익을 공유할 수 있는 관계로 발전했고, 서로 가장 중요한 상대방의 무역파트너가 되었을 뿐만 아니라 여러 부문의 협력도 발전하고 있다. 셋째, 양측관계는 시스템화를 기초로 하여 차츰 고위급 대화와 자유무역지대 등 여러 협력메커니즘으로 발전되었다. 중국과 아세안 사이에는 특수한 지정학적 관계와 이해관계를 바탕으로 하여 양호한 관계로 발전시키는 것은 양측에게나 역내에 모두 굉장히 중요하고 의미 있는 일이다.

1. 중국-아세안 관계의 연혁

역사를 돌이켜 보면, 제2차 세계대전 이후부터 중국이 개혁개방 정책을 시행하기 전까지 미소 간의 대립과 중소의 대결로 인해 중국과 동남아시

---

47 《동남아종횡》, 2012, 제10기에 게재된 원문을 수정·보완했다.

아 국가들 간의 관계도 매우 복잡하며 변덕스럽고 심지어 대치하는 상태로 빠져들었다. 개혁개방 정책을 시행한 이후에 중국은 전략을 조정하여 경제발전과 외부환경 개선에 온 힘을 쏟아 부었다. 대외 개방과 외부환경의 개선이 필요했던 중국은 적극적으로 서구 국가들이나 서구 국가들과 관계가 밀접한 동남아시아 국가들과의 관계개선에 나서 싱가포르, 필리핀, 브루나이, 태국 등과 외교관계를 수립하고 경제교류를 확대해나갔다. 냉전 종식 후에 중국은 구소련과 관계가 밀접했던 나라들, 즉 베트남, 라오스와의 관계를 개선했고, 인도네시아와 캄보디아와도 관계를 정상화했다. 이후 1990년대 초까지 중국은 동남아시아의 모든 나라들과 관계를 정상화했다.

이 과정에서 중국과 동남아시아 국가들 간의 관계에 크게 영향을 미친 두 가지 요인이 있었다. 첫 번째는 중국 자체의 변화였다. 중국은 개혁개방 정책을 시행하여 급속한 경제발전을 이루고 적극적으로 동남아시아 국가들과의 관계를 개선시켰으며 관계정상화를 실현했다. 또한 이를 바탕으로 중국은 양측의 정치경제적 교류를 확대시켜 점차 협력을 축으로 하는 관계의 프레임을 형성했다. 두 번째로는 동남아시아 내부에서 일어난 변화이다. 전쟁을 끝내고 각국 간에 점차 수교를 통한 협력의 길로 들어섰다.

중국의 변화는 주로 두 가지로 나타난다. 하나는 중국이 모든 아세안 국가들과의 관계정상화를 적극 추진하고 있으며 경제발전을 중심으로 하는 협상과 협력관계를 확대 및 심화시키는 것이다. 다른 하나는 중국이 아세안의 단결을 대대적으로 지지하고 아세안이라는 단일한 협력시스템을 이용하여 협력시스템을 구축하며 중국-아세안 관계의 안정과 발전을 추진하는 것이다.

아세안 입장에서 보면 아세안은 아세안이라는 역내기구를 통해 점차 회원국의 수를 확대하고 모든 동남아시아 국가들을 가입시켜 단일한 동남아시아를 구축하고자 한다. 아세안은 주요활동 방향을 경제 및 대내외의 안정적인 발전환경 구축으로 전환하여 1990년부터 자유무역지대를 건설하고 동남아시아 내부 발전 환경을 개선하기 위한 역내 발전전략을 추진했다. 결과적으로 중국과 아세안의 전략과 발전과정은 서로 박자가 맞아 떨어졌다. 따라서 중국은 아세안을 긍정적인 역량으로 여기게 되었고, 이러한 변화는 중국과 동남아시아 국가들 간의 관계발전에 중요한 역할을 했다. 아세안도 중국을 특별히 중요한 상대로 여기고 중국과의 협상과 협력을 매우 중요시했다. 1997년 동남아시아에 금융위기의 풍랑이 몰아칠 때, 아세안의 중국에 대한 인식은 크게 개선되었고, 아세안의 발전과정에서 중국의 지위도 향상되었다. 금융위기에 직면했을 때, 중국은 능동적이며, 책임감을 갖고 위안화 환율을 유지하고 위기에 처한 다른 국가들을 지원했다. 그 결과 이러한 긍정적인 영향이 아세안의 발전전략상에서 중국의 지위를 크게 향상시켰다. 과거에 동남아시아의 대외관계는 전략상으로 보면 미국이, 또 경제상으로 보면 일본이 핵심적인 지위를 차지하고 있었다. 그러나 이러한 관계는 1997년 금융위기를 겪은 후에 변화가 생겼다. 이는 훗날 중국과 아세안 사이에 협력관계를 형성하는 데에 좋은 밑거름이 되었다.

금융위기가 발생한 이후 아세안은 중국에 대한 인식이 긍정적으로 변하긴 했지만 중국에 대한 우려는 가시지 않았다. 특히 아세안은 중국이 WTO에 가입한 후 흡인력과 경쟁력이 강해지고 더 많은 외자를 유치하면서 아세안의 경제회복에 장애가 될 것을 우려했다. 이러한 상황에서 중국은 장기적이고 안정적인 협력관계를 구축하기 위한 제안을 했다. 즉, 자유무역지대를 핵심으로 하는 종합적인 협력의 틀을 구축하는 것인데, 그 핵심은 안정적인 개방협력 시스템으로 아세안이 중국의 발전과정에서 이익을 얻을 수 있게 하는 것이었다.

중국-아세안 자유무역지대의 구축은 양측관계 발전에 있어 중요한 전환점이다. 중국이 이 방안을 제시한 후, 양측은 이에 대해 동의했으며 전문가그룹을 공동으로 조직하여 책임지고 연구를 진행하기로 했다. 이어 전문가그룹에서 구체적인 실행방안을 마련했고 양측 지도자들의 동의를 얻었다. 이 과정에서 중국과 아세안 양측은 많은 창의적인 방안과 실제상황에 적합한 방식들을 제시했다.

이 방식들 중에는 뛰어난 많은 것들이 있었다. 예를 들어, 양측은 '조기자유화' 프로그램 실시, 아세안 국가들 내부의 다양성을 고려하여 단계별로 협상을 하는 것, 쉬운 것을 먼저 하고 어려운 것을 나중에 하는 것, 그리고 실행하는 방식과 심화시키는 방법을 분리하는 것, 집행상황에 대한 정기적인 평가를 진행하는 것, 추가 개방에 대한 방안을 단계별로 분류하는 것 등의 방법이 제시되고 실행되었다. 또한 경제협력과 시장개방을 모두 중요한 문제로 취급하게 된 것도 중요한 성과였다.

아세안은 '아세안 방식'이 있고, 중국과의 협력과정에서 '중국-아세안 자유무역지대 방식'도 만들었다. 이런 방식은 자유무역지대의 협상과정과 실행과정을 순조롭게 할 수 있도록 보장해주었고 빠르게 발전하는 중국에 맞서 각자가 이익을 얻을 수 있다는 것을 실감할 수 있는바, 아세안 국가들을 안심할 수 있게 해준다.

물론 자유무역지대 건설이 그리 순조로운 것만은 아니었다. 2010년 1월 1일, 자유무역지대가 전면적으로 발효될 때까지만 해도 일부 국가들은 불안감을 갖고 있었다. 심지어 인도네시아의 일부 관련 부서는 재협상이나 자유무역지대의 연기를 주장하기도 했다. 이런 상황에서도 중국은 참고 기다리며 아세안과의 실무적인 협상을 진행하여 결국 공감대를 형성하게 되었다.

이러한 사실에서 확인할 수 있듯이 중국-아세안 자유무역지대의 구축은 양측의 경제관계발전에 큰 도움이 되었다. 세계적인 금융위기와 경제위기의 영향으로 세계시장이 쇠퇴하는 상황에서 중국-아세안 자유무역지대의 무역투자는 계속해서 큰 폭으로 증가하고 있다. 특히 중국의 대아세안 수입이 큰 폭으로 증가하고 있고 당연히 아세안의 대중국 수출도 빠르게 늘고 있다. 이러한 상황은 아세안 국가들이 애초에 가지고 있던 우려를 씻어주었고 중국은 이미 아세안의 최대 시장으로 변했다.

미래 발전전망의 측면에서 보면, 중국과 아세안의 경제관계는 한층 더 확대될 수 있는 잠재력을 가지고 있다. 양측은 2015년까지 중국과 아세안 사이의 무역액을 5000억 달러까지 끌어올린다는 목표를 세운 바 있는데, 이 목표치는 예상보다 앞당겨 달성할 수 있을 것으로 확신한다.

물론 양측의 경제관계발전은 시장개방과 무역투자에만 한정되어 있지 않고, 다른 분야에서도 협력을 전개하고 있다. 구체적인 예로 지역을 뛰어넘는 인프라 시스템 구축 및 연결, 소통의 실현, 금융협력과 각국의 역량강화 등에서 많은 프로젝트와 회의 일정이 진행되고 있다. 이러한 사업들을 위해 중국과 아세안은 협력기금을 설립했고, 중국은 큰 규모의 특혜차관과 지원을 약속하기도 했다.

중국과 아세안 관계에 있어 또 다른 중요한 이정표는 양측 간 전략적 동반자관계의 구축이다. 대화 상대국에서 시작하여 전략적 동반자관계까지 격상된 것은 외교관계 발전에서의 큰 변화이다. 전략적 동반자관계의 핵심은 양측이 경쟁상대가 아닌 협력동반자가 되는 것이고 대항이 아닌 협력을 진행하는 것이다. 이를 통해 볼 때, 중국-아세안 자유무역지대의 구축은 중국과 아세안과의 관계를 개선하는 데 크게 기여했다

그러나 이와 동시에 우리는 중국-아세안과의 관계에서 '중국위협론'이 여전히 사라지지 않고 있다는 것을 알아야 한다. 가장 먼저 그리고 가

장 많이 '중국위협론'을 언급한 것은 일부 동남아 국가들이었다. 왜냐하면 이들은 중국이 강해지면 자신들의 자주권을 통제하고 무력을 사용하여 분쟁에 개입하려 할 것이라는 관성적이고 고정적인 관념을 가지고 있기 때문이다. 양측의 전략적 동반자관계를 더욱 높은 수위로 끌어올리는 것은 상호 신뢰가 있어야 한다. 대화와 협상은 오해와 오판을 줄이고 협력을 증가시키며 대립을 감소시킴으로써 충돌을 예방할 수 있게 한다.

중국은 일부 아세안 국가들과 남중국해 영유권 분쟁을 벌이고 있다. 전략적 동반자관계에 있는 양측이 대화, 협상, 협력을 통해 분쟁을 해결할 수 있는지는 전략적 동반자관계의 유효성을 가늠하는 하나의 시금석이다. 중국과 아세안은 남중국해 분쟁에 대한 공동선언을 발표하여 충돌을 피하고 남중국해의 안정을 유지해야 한다는 기본적인 원칙을 제시했다. 공동선언은 조약은 아니지만 어느 정도의 영향력이 있으며 어느 방향으로 나아갈지에 대한 합의라고 할 수 있다. 원래 양측은 남중국해 행동준칙을 제정하기로 했으나, 필리핀의 반대로 예정보다 지연되고 있으며, 앞으로 새로운 환경을 만들어 이 부분을 해결하기 위한 노력을 지속해야 한다.

중국과 아세안은 지역협력을 추진하는 데 있어 양자 협력뿐만 아니라 '10＋3', 동아시아정상회의 등과도 적극적인 소통을 통한 협상과 협력적 관계를 유지하고 있다. 중국은 아세안이 지역협력을 추진하는 과정에서 리더 역할을 하는 것에 대해 일관되게 지지하고 있다.

전체적으로 보면 지난 20년은 중국과 아세안 관계발전의 황금기였고 양측의 관계가 지속적으로 심화되었다. 어떻게 이러한 발전을 이룩할 수 있었을까? 가장 중요한 원인은 호혜 증진과 신뢰의 확대이다. 호혜의 핵심은 이익을 나누고 양측이 모두 이익을 얻을 수 있으며 한쪽으로 치우치지 않는 것이다. 신뢰의 핵심은 상대방에 대한 믿음을 갖고 상대방 때문에 손해를 입을 걱정을 하지 않는 것이다. 물론 호혜가 이익을 일률적으로 평준화하는 것을 의미하지 않으며 신뢰도 모든 갈등이 없는 상태를 뜻하는 것은 아니다.

2. 미래를 어떻게 인식하고 파악할 것인가

중국과 아세안의 관계에 새로운 변화가 나타나고 있다. 특히 2011년 11월 동아시아정상회의에서 남중국해 문제가 부상하자 안정적이고 평온하던 중국과 아세안 사이에 많은 갈등이 표면화되었다. 왜 이렇게 되었을까? 문제는 아세안에 있는가, 중국에 있는가? 그리고 더욱 중요한 것은 이러한 새로운 정세를 맞이하여 중국과 아세안 관계의 큰 방향을 어떻게 파악할 수 있을까?

먼저 아세안의 대중국 관계에 대한 변화를 살펴보자. 지난 20년 동안 아세안의 대중국 관계는 대체로 반중국 전략을 취하지 않는 '접납중국(接納中國: 중국을 받아들임)', 중국의 발전과정에서 이익을 얻는 '취리중국(取利中國: 중국의 발전과정에서 이익을 취함)', 강력해진 중국의 도전에 대응한다는 '응대중국(應對中國: 중국에 대응함)'의 세 단계로 나눌 수 있다. '접납중국' 단계에서는 아세안이 중국을 대화상대국으로 받아들였고, '취리중국'에서는 아세안-중국 자유무역지대를 구축했다. 또한 '응대중국'에 해당하는 지금은 아세안이 국력이 커진 중국을 견제하기 위해 미국을 끌어들여 균형을 이루는 전략을 구사하고 있다.

아세안은 왜 '응대중국'이라는 새로운 전략을 구사하는가? 경제적 측면에서 보면, 중국의 거대한 경제력은 일부 국가들의 입장에서 보면 중국이 자국의 자원과 국가경제의 명맥을 좌우할 것이라는 우려를 하게 만든다. 따라서 아세안은 처음에 중국에게 대아세안 투자를 확대할 것을 요구했지만 실제로 투자가 진행되자 오히려 이에 대해 신중을 기하며 제약을 가하기도 한다.

특히 베트남, 필리핀 등 남중국해에서 중국과 다툼을 벌이고 있는 국가들은 날로 국력이 강해지는 중국에 맞서 정세를 흔들기 위해 미국, 인도, 일본 등과 아세안 내부에 통일된 전선을 형성하여 중국에 압력을 가하려는 시도를 하고 있다.

아세안의 이러한 변화는 미국의 '아시아 회귀전략'의 실행에 좋은 기회를 만들어주었고, 이 기회를 틈타 미국은 자연스럽게 남중국해 문제에 개입했다. 미국은 항행의 안전을 수호한다는 미명 아래 군사력을 전진 배치하고, 동아시아정상회담의 시스템을 바꿔 중국의 압박을 받고 있는 약소국에게 원조를 약속했다. 중국과 갈등관계에 있는 일본, 인도도 적극적인 행동으로 아세안을 자신들의 편으로 편입시키며 중국에 압력을 가하려고 하고 있다.

이런 변화에 대해 우리는 어떻게 인식해야 할까? 중국과 아세안이 자유무역지대를 건설하고, 전략적 동반자관계를 형성하고, 특히 경제협력이 심화되고 있는 상황에서 왜 이러한 상황이 발생했는가? 20년간의 대화와 협력의 과정을 겪은 후에도 왜 일부 아세안 국가들은 아직도 중국을 믿지 못하는 것인가? 아세안의 대중국 전략이 변한 것인가?

이것은 새로운 정세에 직면하고 있는 일부 아세안 국가들의 전략이 변한 것이 아니라 '전략의 공황'이고 '전략적 파워게임'이라 생각된다. 전략적 파워게임이란 각 측의 전략 경쟁에서 임기응변식의 균형과 장기적 전략균형을 적절히 운용하여 자신의 지위를 유지하는 것이다. 따라서 아세안은 기회주의적 경향이 현저하고 대강대국 균형전략을 포기하지 않을 것이기 때문에 중국과의 관계도 기존의 협력에서 향후 대립각을 세우는 방향으로 전환하지는 않을 것이다. 새로운 정세는 무엇인가? 중국의 급속한 국력성장이 바로 새로운 정세의 중요한 요소이다. 경제적 차원에서 중국과 아세안 사이에 경제총량의 격차가 점점 확대되고 있다. 2000년 중국의 GDP는 아세안 전체의 1.8배였고 2010년에는 3.65배로 벌어졌다. 앞으로 이 격차는 더 크게 벌어질 것이며, 이로부터 일부 아세안 국가들의 우려는 점점 커지고 있다.

무역과 투자구조를 보면, 중국은 아세안 최대의 무역 상대국이지만 그 품목을 보면 중국은 아세안으로부터 주로 원재료와 부속, 반제품을 수입하고 이를 가공하여 완제품을 수출한다. 게다가 아세안이 중국으로 수출하는 부속품, 반제품은 다국적 기업의 제품이며, 이를 중국이 가공, 완성하여 다시 아세안으로 수출하는 구조여서 아세안 국가들의 중소기업들은 대부분 중국 시장과 별다른 관계가 없게 되는 것이다.

특히 중국은 베트남을 비롯한 아세안 저개발 회원국들 사이에서 장기간 동안 무역흑자를 보고 있다. 이런 나라들은 중국으로 1차생산품을 수출하고 중국으로부터 완제품을 수입한다. 값싸고 질 좋은 중국의 완제품이 현지 제조업체들의 생존과 발전에 커다란 압력을 가하고 있는 것이다.

중국의 아세안에 대한 투자업종 중 가장 큰 비중을 차지하는 분야는 자원개발 분야이다. 아울러 중국기업 중 아세안 일부 국가로 이전하여 생산하고 있는 곳은 중소기업이기 때문에 생산네트워크의 확대가 이루어지지 않으며, 오히려 현지의 소기업들이 하청업체로 전락할 가능성이 있다. 이는 일본, 한국, 미국 대기업들의 생산네트워크 확장형 투자와는 차이가 있다. 따라서 중국의 자원투자는 종종 현지의 자원을 빼앗아가는 것으로 여겨지고, 가공업 투자는 현지의 투자기회를 가로막는 것으로 여겨지기도 한다. 이것은 실제로 문제가 되고 있고 여론이 악화되는 측면도 있어, 투자방식을 개선하고 소통을 강화하여 아세안 국가들의 의심과 우려를 해소해야 한다.

남중국해 문제가 중국과 아세안 관계에 영향을 미치는 가장 큰 요소라는 것은 의심의 여지가 없다. 중국은 남중국해 지역에 있는 모든 도서(섬과 암초)와 해역(남중국해 구단선)에 대해 역사적으로 주권을 가지고 있다. 그러나 현실은 아세안 관련국들은 중국이 이 해역에 주권을 가지고 있다는 것을 인정하지 않고 있으며, 오히려 남사군도 지역의 도서는 여러 나라들이 점유하여 자원개발을 진행하고 있다. 중국의 국력이 커지고 특히 군사력이 증강되자 이곳에서의 대치와 충돌은 격화되기 시작했다. 사실 문제의 본질은 분쟁 자체에 있는 것이 아니라 아세안 일부 국가들이 중국의 국력 성장에 대해 우려하고 중국의 전략을 신뢰하지 않는다는 데 있다. 남중국해 문제는 복잡해서 해결하기까지 시간이 더 필요하다. 위험한 것은 여러 요소들의 '참견'인데, 특히 미국이 핑계거리를 찾아 개입하고 다방면으로 훼방을 놓는다면 정세는 혼란하고 통제하기 어려운 상황으로 변할 수도 있다.

보다 넓은 차원에서 대다수 국가들은 이 문제가 확대되기를 바라지 않고 있다. 아세안은 전체 이익의 관점에서 남중국해 문제가 큰 판을 그르치고 아세안공동체 건설의 발걸음을 방해하거나, 중국과의 관계를 파괴하는 것을 피하려고 한다. 2011년 EAS의 경우를 보면 아세안은 지속적으로 중국과 대화하고 협력하는 틀 안에서 협상을 진행했고 안정적인 정세를 유지하는 데 힘을 쏟으며 충돌을 피하려고 했다. 그러나 정상회의 기간 동안 일부 국가는 수시로 로비를 하며 아세안이 남중국해 문제를 주요 의제로 설정하여 중국에 대해 단일한 입장을 가질 것을 주장했지만 결국 실패하고 말았다.

대국적 입장에서는 아세안 대부분의 국가들은 현명하다. 내부적으로 단결하고 큰 정세를 고려하며, 이를 통해 공동체 건설을 보장받고 대외적으로 여러 세력의 힘의 균형을 유지하여 아세안의 중심적인 지위를 유지하려 한다. 때문에 아세안이 미국을 끌어들여 중국과의 균형을 유지하려는 것은 분명한 사실이지만 이 또한 지나치지 않게, 즉 중국을 향해 적의를 드러내거나 충돌을 야기하거나 혹은 중국과의 관계가 파괴되는 것을 피하려 한다.

새로운 정세 변화에 직면하여 중국은 신중하게 전반적 정세를 고려하고 내부 정비를 해야 한다. 중국은 베트남, 필리핀과 적극적인 사업을 전개하고, 양국 지도자가 중국을 방문하는 것을 계기로 공동성명을 발표해야 한다. 이를 통해 양측이 전방위적으로 정세 안정에 대해 공감대를 형성하고 협상과 협력, 평화로운 방법을 통한 분쟁해결이라는 원칙을 이어가야 한다.

이와 동시에 중국은 아세안과 '10＋1' 협력 틀을 적극적으로 활용하여 전체의 이익을 부각시키고 실질적 협력을 추진해야 한다. EAS 기간 동안 원자바오 총리는 남중국해 문제에 대해 당사국 간 평화적 협상을 통해 분쟁을 해결하는 원칙을 강조하는 한편, 다른 한편으로는 아세안과의 협력을 강화하고 '남중국해행동준칙'을 제정할 것에 대해 약속했다. 중국은 아세안을 향해 "아세안이 주도하는 동아시아 협력프로세스"와 "아세안의 실력과 영향력을 부단히 제고하는 것에 대해 낙관한다"는 것을 명확하게 표시했다.

특히 아세안과 실질적인 협력을 가속화하기 위해 중국은 일련의 새로운 협력방안을 제출했다. 구체적인 내용을 보면, '중국-아세안 상호소통 협력위원회'를 설치하고, 2009년에 아세안 국가들에게 150억 달러의 신용 대부금 제공을 약속한 것을 기반으로 하여 100억 달러(40억 달러 규모의 특혜차관 포함)의 신용 대부금을 추가하고, 30억 위안의 '중국-아세안 해상협력기금'을 설립하여 다차원적이고 전면적인 해상 협력을 추진하기로 했다. 또한 과학·기술 동반자 계획을 실행하고 10개의 직업교육 훈련센터를 설립하여 아세안 국가를 위해 인재를 양성하며, 중국-아세안 구호물자 비축창고 건설, 중국-아세안 전통의약 교류협력센터 설립, 중국-아세안 문화협력실천계획 제정 등이 포함되어 있다. 이런 것들은 모두 실질적인 것들이어서 중국과 아세안 국가 사이의 협력의 심화와 성의를 뚜렷이 드러낸다.

물론 사람들은 경제협력을 확대하는 것이 아세안 국가들의 대중국 신뢰위기를 극복하는 데 도움이 되는지, 남중국해 분쟁해결에 얼마나 도움이 되는지에 대해 회의를 가질 수도 있다. 분명한 것은 경제적인 것으로 모든 것을 해결할 수는 없지만 '이익'이 바로 관계의 접착제라는 것이다. 중국과 아세안은 육지와 바다로 연결되어 있고 특별한 지연관계와 공동의 발전이익에 관심을 갖고 있다. 그러므로 실질적인 협력을 촉진하고 이익의 기반을 심화하는 데 중국은 다른 나라보다 유리한 위치에 있다. 상호연결의 예를 들면, 중국과 아세안 국가 간에 상호연결이 잘 추진되어 중국과 아세안 국가들이 도로, 철도망으로 연결되고 여기에 자유무역지대의 시장개방에 관한 법규가 더해지면, 하나의 커다란 경제개발구역이 형성되고 그렇게 양측의 공동이익 기반도 더욱 견고하게 된다. 미래 발전의 측면에서 보면, 중국의 내수가 촉진되고, 친환경적이며 지속가능한 발전방식으로 경제개발 방식을 바꾸는 것은 아세안 국가들에게 새로운 기회가 될 것이다.

물론 아세안의 10개 국가 사이에는 차이가 크고 중국과의 관계에 있어서도 차이가 많다. 베트남은 남중국해 문제를 빌미로 분쟁을 일으켜 중국을 시험하고, 인도네시아는 다시 아세안에서 주도적 위치로 올라서려고 하며 중국이 아세안에서 발언권이 커지는 것을 경계하고 있다. 싱가포르는 소국이지만 늘 새로운 주장으로 자신을 드러내려 하면서 미국에 의지하려는 경향이 있다. 전체적으로 아세안은 중국에 대해 여전히 대화와 협상 그리고 협력을 이어가고자 하는, 큰 틀에서의 정세는 여전히 변하지 않을 것이다.

아세안은 대중국 정책을 수립하는 과정에서 세 가지 중요한 요소를 고려해야 한다. 첫째는 지연요소이다. 아세안은 중국과 연결되어 있고 분리될 수 없다. 둘째는 국력의 차이다. 아세안과 중국의 국력 차이는 더욱 커질 것이다. 셋째는 구체적인 이익이며, 향후 중국은 아세안에게 점점 중요해질 것이다. 이 몇 가지 요소로 인해 아세안은 중국을 반드시 특별한 지위에 두어야 한다. 아세안은 자신의 발전을 위해 강대국 균형전략을 취하고 있다. 이 전략은 아세안의 입장에서는 일리가 있고 특정 강대국의 통제권으로 들어가게 되는 것을 방지한다. 그러므로 미국을 끌어들여 중국의 균형을 맞추는 것은 전략적 요구 중의 하나이다. 그러나 아세안은 균형을 유지하는 과정에서 충돌이 발생하고 아세안의 이익에 손해가 가는 것에 대해 상당히 주의하고 있다. 아세안의 어느 개별 국가가 자기 이익을 위해 지나친 행동을 한다면 다른 국가들의 경각심을 불러일으킬 것이다. 확실하게 말할 수 있는 것은 아세안은 반중국 운동을 하던 옛길을 다시 가지 않을 것이며, 미국의 중국 포위 전략에 있어 최전방 기지가 되지는 않을 것이다.

중국은 아세안과의 관계에서 전반적인 정세를 파악해야 한다. 전반적인 정세란 무엇인가? 그것은 바로 평화와 발전이다. 중국과 아세안은 특별한 지연적 이해관계를 가지고 있고 이는 양측 모두에게 필요한 것이다. 게다가 양측은 대화와 협상, 협력관계가 안정적으로 유지될 것에 대한 믿음도 있으며, 특정한 사건으로 인해 전략과 정책이 바뀌는 것을 원하지 않는다. 중국과 메콩 강 유역 국가들 간의 협력은 좋은 사례에 해당한다. 2010년 10여 명의 중국 선원들이 동남아 일대의 폭도들에게 참혹하게 살해당한 후 중국은 상대방에게 곧바로 복수를 하지 않고 인내심을 갖고 해당국가와 협력하여 결국 진실을 밝히고 살해범을 찾아 법적으로 처리했다. 이 사건을 계기로 중국은 미얀마, 라오스, 태국과 메콩 강 안전통항 협력을 강화하고 공동순찰 시스템을 구축했다.

중국-아세안 관계의 미래를 전망하면, 많은 새로운 도전에 직면해 있지만 미래를 비관적으로 볼 이유는 없다. 어느 각도로 보나 어떤 국가도 중국과 아세안 국가들 사이의 관계는 대체할 수 없다. 중국은 아세안의 발전과 아세안과 다른 나라들과의 관계에 대해 반대하지 않는다. 양측의 관계는 개방적이며, 배타적이지 않기 때문이다. 아세안은 강대국 중국에 대해 우려할 필요가 없다. 왜냐하면 중국은 처음부터 끝까지 평화와 발전의 길로만 간다는 것을 표명하고 있기 때문이다.

제8장

일본의 역할과 의도

제2차 세계대전 후, 일본은 오랜 기간 동안 동아시아라는 화두를 제기하지 않았다. 경제가 회복됨에 따라 일본은 동남아 시장 개척을 중요한 대외정책으로 추진하기 시작했다. 1952년 일본의 요시다 시게루(吉田茂) 총리는 동남아 시장이 일본에 있어서 대단히 중요하며 시장 확대를 통해 신흥국가 경제발전에 대한 지지를 정치관계 발전의 중요한 정책으로 해야 한다고 지적했다. 1953년 12월 일본 정부는 동남아 경제협력에 관한 기본방침을 제정하고 동남아개발기금 설립에 관한 구상을 제기했다. 이후 1957년에 기시 노부스케(岸信介) 총리가 동남아를 방문했으며, 1966년부터는 '동남아개발장관회의'를 개최하기 시작했다. 그러나 여러 원인으로 일본의 동남아 외교는 큰 성과를 거두지 못했다. 1977년에 와서야 일본은 동남아 국가들과 상호이해에 기초한 우호관계의 구축을 지침으로 하는 '후쿠다 독트린'을 제기했으며, 이를 계기로 동남아 국가들과의 관계는 큰 발전을 이루게 되었다. 특히 일본과 아세안 사이에 '일본-아세안 포럼', '일본-아세안 외교장관회의', '일본-아세안 경제장관회의' 등 일련의 협력메커니즘을 구축했으며, 아세안 국가들에 정부개발원조(ODA)를 제공하기 시작했다. 이러한 노력들은 일본과 동남아 국가들 간의 관계를 크게 촉진시켰다. 그리고 1993년에 일본은 '미야자와 독트린'을 제기하며 경제협력 외에도 정치 및 안보 분야의 협력으로 확대시켰으며, 동남아 지역의 평화와 번영의 공동추진을 제창했다.[1]

본래 일본은 동남아의 동아시아 지역협력 추진을 지지하지 않았다. 1990년 말레이시아 마하티르 총리가 '동아시아경제협의체(EAEC)'에 관한 구상을 제기했을 때, 일본은 지지하지 않았다. 이 메커니즘이 미국에 대항하는 의도가 있다고 판단했기 때문이다. 1997년 동남아 지역에서 금융위기가 발생해서야 일본은 서둘러 '아시아통화기금(AMF, 이하 AMF)'에 관한 구상을 제기했다. 그러나 이 방안이 부결된 후, 독자적인 '미야자와 원조계획'을 제정했다. 후에 아세안이 한중일 3국과의 대화를 제기했을 때 일본은 한중 양국과 함께 적극적인 의사를 보여주었다. 이때부터 '아세안+3'을 기초로 하는 동아시아 지역협력이 시작되었다. 동아시아 금융위기는 일본에까지 영향을 미쳤으며, 일본 경제뿐만 아니라 일본의 대동남아 투자에 대해서도 위험을 초래하게 되었다. 이로부터 일본은 아세안에 대한 원조에 높은 열의를 보여주었으며, 동남아 금융위기 극복을 위한 동아시아 협력도 지극히 당연한 것으로 되었다. 그러나 동아시아 협력이 진척됨에 따라 중국의 영향이 강화되어 중국이 주도하는 동아시아 지역협력에 대한 의구심도 강화되었다. 이를 위해 일본은 호주와 뉴질랜드 및 인도를 동아시아 협력메커니즘에 초청했다. '동아시아정상회의' 메커니즘 구축을 논의할 때에도 일본은 '아세안+6(한중일 3국과 호주, 뉴질랜드, 인도)'을 기초로 하는 메커니즘을 견지했다. 또한 '동아시아자유무역지대(EAFTA)'에 대해서도 '아세안+6'을 강조했으며, '동아시아포괄적경제파트너십(CEPEA, 이하 CEPEA)' 논의에 있어서도 금융협력 영역에만 한정하여 '치앙마이 이니셔티브(CMI, 이하 CMI)' 틀 내에서 '아세안+3' 기초를

---

1   거젠팅(葛建廷), 〈일본의 동남아시아 경제외교〉, 《유럽연구》, 2014, 제4기, 100-105쪽.

유지하는 데 동의했다.

일본은 동아시아공동체 건설에 열정을 보인 적이 있었다. 이는 고이즈미 총리 집권시기로, 이때 마침 동아시아공동체에 관한 붐이 일어나기 시작했다. 2001년 '동아시아비전그룹(EAVG, 이하 EAVG)'은 〈동아시아공동체를 향하여〉라는 보고서를 제출했다. 그리고 그해 고이즈미 총리가 동아시아공동체 건설을 지지한다고 표명했다. 2003년 일본은 아세안 국가 지도자들을 초청하여 회의를 개최했으며, 이 회의에서 '도쿄선언'을 발표하고 동아시아공동체 구상을 명확하게 제기했다. 2005년에 일본 정부는 관방문서 형식으로 동아시아공동체에 대한 정의를 제시하고 개방적인 동아시아 지역주의를 견지한다고 발표했다. 후에 일본 정부는 기본적으로 이 원칙에 근거하여 동아시아 지역협력을 추진했다. 후쿠다 야스오(福田康夫)와 하토야마 총리 집권 시기에 동아시아공동체에 관한 입장을 기본적으로 견지했지만, 이후에 일본 정부는 동아시아공동체에 대해서 크게 화두를 제기하지 않았다. 이후 2011년에 일본 정부는 미국이 주도하는 '환태평양경제동반자협정(TPP, 이하 TPP)' 가입에 대해서 고려하기 시작했다. 이와 같이 일본은 동아시아 지역협력 정책에 있어서 새로운 조정을 실시했으며 동아시아와 아태지역 협력을 병행하지만 우선적으로 TPP를 고려하게 되었다. 이러한 상황에서 비록 아세안이 주도하는 '역내포괄적경제동반자협정(RCEP, 이하 RCEP)'이나 한중일FTA 협상에 참여했지만 TPP의 참여에 집중했다.[2]

일본이 동아시아 지역협력에 참여하는 과정에서 세 가지 요소의 영향을 받아왔다. 첫 번째는 아세안 요인으로 일본-아세안 관계를 안정시키

---

2   2016년 미국 대선에서 공화당과 민주당 후보자가 모두 TPP 포기를 주장했지만, 트럼프 대통령은 취임하면서 TPP를 탈퇴했다. 그러나 일본 국회는 그대로 TPP 협의를 비준했다.

면서 아세안에 대한 관계와 투입을 강화해왔다. 두 번째는 중국 요인으로 동아시아 지역협력에 있어서 중국 주도를 우려하고 성원국의 확대를 통해 중국의 역할에 대한 희석화를 강구해왔다. 세 번째는 미국 요인으로 미국의 반대를 우려하면서 미국이 동아시아 지역협력에의 참여를 지지했다. 일본의 이러한 다층적 고려는 동아시아 지역협력 진척에 중요한 영향을 가져다주었다.[3]

1. 아시아 금융위기와 일본

1997년 아시아 금융위기는 신속하게 확산되어 동남아 경제에 심각한 타격을 입혔을 뿐만 아니라 일본에게도 위기를 가져다주었다. 이에 동남아 경제와 밀접한 연계를 가지고 있던 일본도 신속한 행동을 취했다. 1997년 8월, 도쿄에서 열린 '동남아원조회의'에서 일본은 '국제통화기금(IMF, 이하 IMF)' 외에 독립적인 전문기금 구상을 제시했으며, 이 구상은 '세계은행'과 IMF 연회에서 정식으로 제기되었다. 이 구상은 AMF로 규모는 1000억 달러이며, 일본이 자본의 절반을 출자하기로 했다. 그러나 이 구상은 미국과 IMF의 강한 반대를 받았다. 그 이유는 독자적인 아시아기금 설립은 원조 표준을 완화시킴으로써 도덕적 해이를 초래할 수 있기 때문이었다. 따라서 일본도 어쩔 수 없이 AMF에 관한 구상을 포기할 수밖에 없었다.

이러한 상황에서 일본은 여전히 여러 조치를 적극적으로 강구하면서

---

3 일본은 '아세안+6'을 통하여 TPP에 가입하고 미국을 동아시아정상회의에 초청하는 등 동아시아 전략이 아닌 실질적인 아태 전략을 추진했다. 이는 1970년대 일본이 적극 추진했던 동아시아 경제권과 일치했으며 미일동맹 이익과도 일치한 것이었다. 리샤오(李曉) 편, 《아베노믹스와 중일 경제관계》, 인민출판사, 2016, 285-287쪽.

동남아 국가들에 대한 원조를 강화했다. 1998년 1월 일본은 내각회의의 결의를 통해 '동남아 경제 안정에 관한 응급조치'를 채택했으며 동년 4월에 대신회의를 통해 '전면적 경제조치'를 제정했다. 10월에는 일본의 대장대신인 미야자와 기이치는 '신 미야자와 구상'을 제기하고 동남아 금융위기 국가들에 300억 달러의 원조를 결정했다. 이 자금은 위기를 입은 동남아 국가들에 장기 및 단기 자본의 명목으로 지원되었으며, 동남아 국가들과 통화스와프 협의와 연계시켰다. 이듬해에 일본은 '신 미야자와 구상' 제2방안을 제시했으며 일본은행과 일본수출입은행이 동남아 지역의 융자담보 제공을 지지했다.

이와 동시에 일본은 엔화 국제화전략을 적극 추진했다. 1998년 일본 정부는 '21세기를 향한 엔화 국제화전략'을 제정하여 선후로 달러, 유로, 엔 환율변동의 목표구간 건의를 제안함으로써 엔, 달러, 유로를 기초로 하는 '아시아통화바스켓'을 제시하기도 했다. 2000년 5월, 일본의 적극적인 추진하에 '아세안+3' 재무장관회의에서 CMI에 관한 협의를 달성했다. 이 협의는 AMF와 다른 것으로 양자 통화스와프를 기본으로 주요 통화사용감독권(90%)을 IMF에 교부했기 때문에 IMF의 지지를 얻을 수 있었다.[4]

일본이 아시아 금융위기 시에 이렇게 적극적인 것은 여러 이유가 있었다. 첫 번째는, 일본은 동남아 지역에서 거대한 경제이익을 가지고 있었기 때문이다. 금융위기 발생 전 동남아 지역 외래자본의 1/4과 35%의 외

---

4   2008년 '아세안+3' 재무장관회의에서 800억 달러 규모의 공동 비축금을 세우기로 결정했으며, 2009년에는 1200억 달러에 달했다. 2012년에는 배로 증가하여 2400억 달러로 확대되었으며, 동시에 동아시아 국가들의 자주적 사용 권한도 30%로 제고됨으로써 양자 통화스와프의 다자화를 실현했다. 통화, 금융협력에 관한 구체 내용은 이 책의 통화, 금융 협력에 관한 장을 참고하기 바란다.

부대여금이 일본으로부터 제공되었으며, 일본은 동남아 국가들의 최대 무역파트너와 투자내원이었다. 이는 1970년대 이후, 특히 1985년의 '플라자 합의' 이후 엔고 현상이 발생함에 따라 일본기업이 동남아 지역에 대한 투자가 장기 축적된 결과였다.[5] 일본은 선후로 여러 경로를 통해 동남아 국가에 대략 800~900억 달러의 원조를 제공했다.[6] 사실상 동남아 금융위기는 동남아 지역에서 투자 및 경영하는 일본기업의 위기이기도 했으며, 공장의 폐쇄, 시장의 위축, 은행의 부실 등으로 인해 기업들이 곤경에 빠지게 되었다. 이러한 위기는 신속하게 일본은행에도 파급되었으며, 은행 위기가 초래되었다. 이는 일본은행들은 동남아에 투자한 일본기업들의 대주일 뿐만 아니라 많은 동남아은행과 기업의 대주였기 때문이다. 1997년 말에 이르러 일본은행들의 위기는 상당히 심각한 상태에 빠졌다. 따라서 일본 정부는 눈앞의 위기 대처보다도 메커니즘 구축에 착안함으로써 AMF에 관한 구상을 제기하게 되었다.

1980~90년대부터 일본은 엔화의 국제화를 추진했지만 여러 원인으로 국제외화 비축에서의 엔의 무역결제 비율은 그다지 높지 않았다. 일본 정부는 아세안 국가에 금융구제 제공을 이용하여 통화, 금융협력에 있어서 엔화의 국제화를 적극 추진했다. 특히 유로가 탄생한 후, 일본은 이를 엔화의 국제화 기회로 포착했던 것이었다. 일본이 달러와 유로 그리고

---

5 플라자 합의는 1985년 9월 22일, 미국, 일본, 연방독일, 프랑스 및 영국의 재무장관과 중앙은행장이 뉴욕 플라자호텔에서 회의를 개최하고 5국 정부가 연합으로 외환시장에 개입하여 주요 통화에 대한 달러의 절하를 유도함으로써 미국의 거액 무역흑자문제를 해결하기로 합의한 것이다. '플라자 합의' 체결 후, 달러는 대폭 절하되어 달러 대 엔화의 환율은 1:250으로부터 1:120까지 하락되었다. 이를 계기로 일본기업이 대량으로 대외에 투자했으며 많은 생산기지를 동남아에로 이전시키게 되었다.

6 고하마 히로히사(小浜裕久), 〈아시아 금융위기와 일본의 지원〉, 《세계경제평론》, 1999년 3월호.

엔화의 국제통화체계, 화폐 환율체계, 아시아통화 등을 추진한 것은 엔화가 아시아의 주요 화폐가 되어 미래의 아시아 지역 화폐가 엔화를 기초로 형성될 것을 기대했기 때문이다.[7] 그러나 일본 정부가 추진한 엔화의 국제화 노력은 달러의 중심적 지위의 저애를 받았으며, 이에 도쿄의 금융중심 지위도 큰 진전을 가져오지 못했다.

그럼에도 불구하고 일본은 동아시아의 최대 경제체로서 동아시아 금융위기를 극복하는 과정에서 그 역할은 매우 중요했다. 사실상 아시아 금융위기는 일본의 동아시아 지역협력에 대한 인식을 크게 바꾸는 계기가 되었으며, 중요한 양자전략으로부터 적극적인 지역전략으로의 변화와 함께 일본이 동아시아 지역협력에 적극 참여하는 동력을 제공했다.

2. 동아시아 지역협력에 대한 일본의 참여와 추진

일본의 동아시아 지역협력 메커니즘 참여와 추진은 아시아 금융위기에 기인하지만, 비교적 명확한 국가전략을 제기한 것은 21세기에 들어온 이후부터였다. 2000년 중국이 아세안에 제기한 FTA 방안이 적극적인 지지를 얻었으며, 2002년에 경제협력에 관한 합의를 체결하면서 FTA 협상이 시작되었다. 이는 일본에 커다란 자극을 주었으며, 보다 진취적인 조치를 취하도록 촉구하게 되었다. 2001년에 EAVG의 보고서는 동아시아 지역협력의 궁극적 목표에 대해 동아시아공동체 구축이라고 제기했으며 일본 정부도 처음으로 동아시아공동체 구축에 대해 명확하게 제기했다. 2002년에 고이즈미 총리가 아세안 5개국 순방 시에 처음으로 동아시아공동체 구축에 대해 명확하게 제기했다. 그 후에 일본 외무성은 일본의 FTA 전

---

7 리샤오 편, 〈엔의 국제화 딜레마 및 전략적 조정〉, 《세계경제》, 2005, 제6기, 11-12쪽.

략에 관한 정책보고서를 2002년에 발표했으며, 일본 경제 및 외교에 있어서 FTA 및 '경제파트너협정(EPA)'의 전략적 의의를 천명함으로써 일본 FTA 전략에서의 동아시아의 핵심적 지위를 확립했다.[8] 2004년 일본 정부는 '금후 경제파트너협정 추진에 관한 기본방침'을 발표하고 FTA 전략을 보다 체계화했다.[9] 일본 정부는 동아시아를 중심으로 하는 경제협력 추진 방침을 강조했으며, 경제파트너협정의 체결을 통해 동아시아공동체 구축을 추진함으로써 일본에 유리한 국제환경의 조성을 도모하고자 했다. 2002년 보고서에 비해 일본 정부는 경제파트너협정을 중시했으며, FTA 요인(상품과 서비스 무역자유화)을 포괄했을 뿐만 아니라, 무역 이외의 영역, 이를테면 투자, 인적 유동, 정부 간 협조 등도 포함함으로써 내용상 보다 광범위한 경제협정 추진을 목표로 했다.[10]

2003년 말, 일본 정부는 아세안 지도자들을 초청하여 도쿄에서 일본-아세안 정상 특별회의를 개최했으며 아세안과의 협력에 대해 논의했다. 당시 정상회의에서 발표한 '도쿄선언'에서 일본은 아세안과 함께 공동으로 동아시아공동체 구축을 선언했다. 이러한 상황에서 동아시아공동체에 대한 일본 사회 각계의 논의가 고조되었다. 이를테면 '일본-동아시아공동체평의회'를 설립하여 전문가, 학자 간의 네트워크를 구축했으며 동아시아공동체 관련 연구를 적극 추진하고 각종 세미나를 개최하기도 했다. 2005년 8월 일본 동아시아공동체평의회는 〈동아시아공동체 구상의 현황, 배경 및 일본의 전략 보고서〉를 발표했으며, 여기에는 일본의

8 일본 외무성, 〈일본의 FTA 전략〉, http://www.mofa.go.jp/mofaj/gaiko/fta/senryaku. html.

9 일본 내각부 경제연계촉진관계각료회의, 〈금후 경제연계협정 추진에 대한 기본방침〉, http://www.mofa.go.jp/mofaj/gaiko/fta/hoshin_0412.html.

10 일본 재무성, 〈경제연계협정(EPA)〉, https://www.mof.go.jp/customs_tariff/trade/ international/epa.

영향력 있는 학자와 전문가, 전직 고위관리들이 참여한 것으로 비교적 영향력이 컸다. 이 보고서의 기본관점은 EAVG 보고서와 기본적으로 일치했지만, 특히 동아시아공동체 구축에 있어서 일본은 '개방적 지역주의'를 주장했으며, 미국을 요청하는 한편 자유, 민주, 인권에 기초한 '보편적 가치관'을 강조했다.[11]

2005년 10월, 일본 정부는 〈동아시아공동체 구축에 관한 일본의 견해〉라는 제목의 보고서를 발표했다. 이 문서는 상기 보고서의 관점을 반영했으며 동아시아공동체 구축에 관한 일본 정부의 기본방침을 보다 명확히 제시했다. 여기에는 개방적 지역주의를 견지하고 기능성 협력을 강조했으며, 자유, 민주, 인권의 기본적 가치관을 제시했다. 나아가 동아시아 지역협력에 있어서 미국을 배제하지 말고 미국의 참여를 추진해야 한다고 지적했다.[12]

이러한 인식과 입장에 근거하여 일본 정부는 '아세안+3' 대화메커니즘에 있어서 대동아 입장을 견지했으며, '아세안+3'을 기초로 하는 것을 반대했다. 나아가 호주, 뉴질랜드와 인도의 가맹을 주장했으며 '아세안+3' 대화메커니즘과 구별되는 새로운 플랫폼을 형성하고자 했다. 아세안 국가들이 동아시아정상회의를 '아세안+3+3'이라고 칭함으로써 동아시아공동체 구축을 위한 확대판 대화협력 메커니즘으로 만들려고 했다. 그러

11 동아시아공동체평의회는 2004년 5월에 설립, 같은 해에 성립된 동아시아싱크탱크네트워크(East Asia Think Tank Network, NEAT)의 멤버로서 NEAT의 활동에 참여하고 일본에서의 연구를 주최했다. 일부 학자들은 동아시아공동체평의회 보고서가 자유, 민주, 인권을 기초로 하고 동아시아 평화, 번영 및 진보 실현을 목표로 설정함으로써 가치관을 중시하는 일본의 추진방침은 중국을 견제하고자 하는 의도가 있다고 지적했다. 우화이중(吳懷中), 〈일본의 동아시아공동체 전략에 대한 분석〉, 《일본학간》, 2006, 제3기, 68쪽.

12 니시구치 기요마사(西口淸勝), 〈동아시아공동체 구축과 일본의 전략〉, 《남양자료역총》, 2006, 제3기.

나 시간이 흐름에 따라 '아세안+6'이 새로운 협력플랫폼으로 자리 잡게 되었다. 2010년 동아시아정상회의는 미국과 러시아를 초청함으로써 당초 일본이 제기한 동아시아 지역협력에 미국 참여에 대한 소원을 실현하고 말았다.[13]

'동아시아자유무역지대(EAFTA, 이하 EAFTA)'도 이와 마찬가지라고 할 수 있다. 일본 정부가 추천한 전문가를 포함하여 '아세안+3'의 13개 국가의 전문가들은 1년 반의 연구를 거쳐 2006년에 타당성연구에 관한 보고를 제출했다. 그러나 같은 시기 일본 경제산업성이 제기한 〈글로벌 경제전략〉 보고서에는 동아시아 EPA 구상에 아세안, 한중일 3국, 호주, 뉴질랜드와 인도 등 16개 성원국(아세안+6)을 포함시켰다. 그 내용에 있어서도 상품무역, 투자, 서비스무역, 지적재산권, 경제협력 등 다양한 영역에 걸쳐 높은 수준의 지역경제 협력 모델을 구상했다.[14] 그 후 동년 8월에 개최된 '아세안+6' 경제장관회의에서 일본은 CEPEA, 즉 '아세안+6'에 관한 타당성연구를 제안함으로써 동아시아 지역 경제협력 주도권을 확보했다. 일본이 주도하고 16개국이 참가한 타당성연구 전문가들은 동아시아정상회의 지도자들에게 연구보고서를 제기했다. 이 보고서는 '아세안+6'의 틀 내에서 '동아시아의 밀접한 경제파트너'에 관한 구상을 제시했으며, 여기에는 경제협력, 편리화와 FTA 등을 포괄하는 동시에 이를 기초로 하여 경제협력기구(OECD)와 같은 동아시아 경제협력 메커니즘을 제안했다. 사실상, 일본이 EAFTA에 호주, 뉴질랜드, 인도의 참여를 강하

---

13 고이즈미 총리는 현실 속의 동아시아 지역협력은 역외 국가들과의 밀접한 기초 위에서 추진되어야 하며, 특히 미국의 역할은 불가피하다고 강조했다. "Japan and ASEAN in East Asia : a sincere and open partnership", http//www.aseansec.org/2822.html.

14 일본 경제산업성, 〈글로벌 경제전략〉, http://www.meti.go.jp/committee/summary/ eic0009/pdf/006_05_02.pdf.

게 주장했기 때문에 '아세안+3'을 기초로 하는 EAFTA 논의는 방치되고 말았다.[15]

2009년 일본민주당이 집권하게 되었으며, 하토야마 총리는 우애정신에 입각한 동아시아공동체 구상을 제기했다. 자민당 집권 시기 고이즈미 총리가 추진한 동아시아공동체는 안보상에서 미국에 의존하고 경제상에서는 아세안과의 관계를 밀접히 함으로써 중국을 견제하고자 했다. 하토야마의 동아시아공동체 구상은 한중 양국과 협력하여 동아시아 지역의 정체성을 강조했다. 따라서 '아세안+3'을 핵심으로 했으며, '아세안+6'과 APEC 틀 내의 '아시아태평양자유무역지대(FTAAP)'에 대해서는 다른 차원에서 추진하고자 했다.[16] 하토야마 총리의 구상은 지각변동을 일으켰으며, 특히 미국의 경계를 초래하게 되었다. 이후 하토야마 총리는 8개월 만에 사직했다. 그 후의 민주당 후임자들인 간 나오키, 노다 요시히코 등은 '아세안+3'을 핵심으로 한 동아시아공동체 구상과는 거리를 두었다. 이후 2011년에 노다 총리는 TPP 가입을 선포했으며 이와 동시에 동아시아공동체 구상을 제기할 필요가 없다고 밝히기도 했다.[17]

2009년 미국의 오바마 행정부는 TPP 협상을 주도하기로 선포했으며, 일본의 가입 또한 요청했다. 당시 일본으로서는 가맹 준비가 되지 않았

---

15 일본이 주도하여 작성한 CEPEA 보고서의 주요관점은 아래 보고서를 참고하기 바란다. "Executive Summary of the Report of the Track Two Study Group on Comprehensive Economic Partnership in East Asia (CEPEA)", http://www.thaifta.com/ThaiFTA/Portals/0/cepea_execsum.pdf.

16 류장융(劉江永), 〈하토야마의 동아시아공동체 구상과 동아시아 협력 전망〉, 《국제관찰》, 2010, 제2기, 13-15쪽; 안쟝·왕쉐솽(安江·王學雙), 〈일본의 동아시아 협력전략 조정 및 중일 경제무역 협력에 대한 영향〉, 《일본연구》, 2010, 제3기, 9쪽.

17 팡하오(方浩), 〈일본의 대외정책의 중점: 동아시아 지역협력의 이념〉, 《남양문제연구》, 2013, 제1기, 40쪽; 왕허우솽·숭춘즈(王厚雙·宋春子), 〈동북아 경제통합에 있어서 죄수의 딜레마 탈출에 관한 경로 분석〉, 《랴오닝대학학보》(철학사회과학판), 2012, 제6기, 147쪽.

으며 중국은 여기에 배제되었다. 이러한 상황에서 2010년 중일 양국은 EAFTA 구축에 있어서 '아세안+6'을 기초로 하기로 합의했다. 그리고 2011년에 아세안은 EAFTA를 추진하기로 결정했으며 RCEP을 목표로 제시했다. 이후 2012년에 '아세안+6'의 16개국은 RCEP 협상을 시작하기로 합의했다. 비록 2013년 3월에 일본은 TPP 협상에 가입하기로 선포했지만, RCEP 협상에는 계속 참가하기로 했다. RCEP은 일본이 견지해온 EAFTA에 대한 CEPEA의 버전으로 '아세안+6'의 메커니즘이었다고 할수 있다. TPP 협상의 참여로부터 일본은 RCEP 협상에 있어서 더욱 자신감을 갖게 되었다. 이는 TPP의 표준이 RCEP보다 높았기 때문이다.[18]

사실 동아시아정상회의 성원국이 미국, 러시아까지 확대되었고, 기타 여러 이유로 인해 2010년 이후에는 동아시아공동체에 관한 논의가 대폭 감소되었으며 동아시아 지역협력도 새로운 조정기에 진입했다. 일본은 TPP 협상에 주력했으며, 중국은 '일대일로 이니셔티브'에 주력함으로써 지역협력의 내면과 범위를 점차 확대해나갔다. 이러한 상황에서 동아시아 협력메커니즘은 계속 작동되었지만 21세기 초의 형세와는 커다란 차이가 났다.

동북아 협력은 일본이 동아시아 지역협력에 참여하는 중요한 구성부분이다. 동북아 지역의 경제협력은 지방협력에서부터 시작되었다. 1987년에 일본 전문가들이 '환일본해경제권'에 관한 개념을 제기했다. 그 후에 일본, 중국, 러시아, 한국 및 북한의 지방정부와 기업이 참가하는 '환일본

---

18 TPP 기초 협상은 2017년에 종결되었지만 그해 연말에 미국 대통령에 당선된 트럼프는 TPP 탈퇴를 선언했다. 일본 국회가 먼저 TPP 협정을 통과시켰기 때문에 미국의 이와 같은 결정으로 일본은 딜레마에 직면하게 되었다. 이에 아베 총리는 만일 TPP가 실패하면 대외경제정책의 중점을 RCEP에 집중할 것임을 시사했다. 〈일본의 방향전환: 아베 총리, TPP가 실패하면 RCEP에로의 전환 시사〉, http://wallstreetcn.com/node/273606.

해경제권' 회의가 매년 개최되었으며 항구 간의 항선 개통, 기업투자 촉진 등의 협력을 추진해나갔다. 시간이 흐름에 따라 지방협력에 관한 다양한 구상이 제기되었으며, 유엔개발계획(UNDP)이 제기한 '두만강개발계획', '환황해경제권', '환발해경제권' 등 다양한 구상들이 진척되기 시작했다. 그러나 지리적 원인으로 인해 일본은 이러한 메커니즘에 참여하지 않았다.

이 시기에 한중일 협력메커니즘도 점차적으로 추진되기 시작했으며 일본 정부도 적극 참여했다. 1999년 '아세안+3' 대화의 틀 내에서 한중일 3국 정상들이 역사적 의의가 있는 조찬 모임을 가지게 되었으며, 이것을 일본도 적극 지지했다. 그 후에 한중일 협력은 점차 추진되어 3국 정상 간의 대화와 협력을 추진하는 중요한 플랫폼이 되었다. 그러나 한중일 3국의 정치관계에는 아직 여러 문제가 존재하고 있으며 정치협력은 상당히 낮은 수준에 머물러 있다. 일본은 동북아 지역의 전반적 협력메커니즘 구축에 줄곧 신중한 태도를 보여왔으며 개별적인 전문가들의 제안 외에 정부 차원의 명확한 입장은 아직 발표되지 않았다. 그 원인을 본다면 동북아 지역에 있어서 양자관계나 지역관계, 특히 안보관계에 있어서 모두 민감한 문제가 존재하고 있기 때문이라고 할 수 있다.[19]

---

19 21세기 초, 일본종합개발기구의 시오타니 다카히데(鹽谷隆英)는 '동북아 대구상'을 제기하고 동북아공동체를 구축하며, 이 지역의 인프라 네트워크 연계를 추진할 것을 건의했지만 일본 정부의 지지를 받지 못했다. 시오타니의 구상은 중국 다롄에서 개최된 동북아 경제협력 회의에서 제기되었다. 시오타니 다카히데, 〈동북아공동체 구축〉, http://www.people.com.cn/GB/shizheng/1026/2808425.html.

회고와 사고

필자는 일본과 인연이 있다. 1995년에 중국사회과학원에서 일본연구소장 겸직을 제안했으며, 이를 계기로 일본의 학자와 전문가, 관원들과 접촉할 기회가 생겼다. EAVG, EAFTA 타당성연구 전문가그룹, CEPEA 타당성연구 전문가그룹 등과 같은 메커니즘에서 일본의 전문가, 학자들과의 공동연구와 교류가 많아졌다. 그리고 2003년부터 '중일 21세기 우호위원회'의 중국 측 위원을 맡게 되어 그 후 5년 동안 일본 측 위원들과 1년에 두 차례씩 중일관계, 지역협력 등 다양한 분야에 대해 깊이 있게 토론하고 양국 정부에 관련 건의를 제기하기도 했다. 이 과정에서 일본 정계인사 및 고위관리들과 자연히 접촉하게 되었다.

중일 간의 지역협력에 관해서는 주로 세 가지 메커니즘에 관한 토론을 통해 일본 정부의 관련 정책에 대해 깊이 이해할 수 있게 되었다. 참여 전문가들은 정부가 지명했기 때문에 토론과정에서 제기하는 견해나 최종적으로 형성된 문서에는 일본 정부의 입장이 명확하게 반영될 수밖에 없었다. EAVG에서 일본 측 대표는 초기부터 동아시아공동체 구상을 지지했으며, 주요관점은 두 가지였다. 하나는 동아시아 지역협력의 개방성으로, 폐쇄적이지 않은 지역그룹으로서 미국 요인을 고려하여 미국을 배제하지 말아야 한다고 주장했다. 특히 동아시아 협력은 경제협력을 위주로 하여 공동체 건설에 있어서도 경제영역에 집중하는 한편 안보문제를 언급하지 않을 것을 강조했다. 다른 하나는 동아시아 지역은 통화, 금융협력에 대해 지역의 통화환율 조정메커니즘을 구축할 것을 주장했다. 이를 통해 동아시아 지역에서 엔화의 우세적 역할을 확보하고 유럽 협력의 경험을 학습하여 '동아시아통화단위(AMU)'의 설립을 강조했다. 이러한 주장은 당시 일본 정부의 정책과도 일치한 것이었다. 특히 인상 깊었던 것은 일본 측 대표가 동아시아 단일화폐에 관한 목표를 제정하고 시간표 설정을 강조했던 점이다. 당시 기타 국가들의 대표들의 의견에 따라 일본 측의 이러한 제안은 EAVG 보고서에 기입되지 않고 조건이 구비되면 다시 고려하기로 합의를 했다.

CEPEA 타당성연구는 일본 정부의 제안을 대표했기 때문에 일본 측 전문가가 그룹의 팀장을 맡게 되었다. 이 보고서는 일본 정부가 갖고 있는 세 가지 의도를 반영하고 있다. 첫 번째는 동아시아 경제통합의 메커니즘은 CEP, 즉 긴밀한 경제파트너를 추구한 것으로 FTA 차원이 아니라 지적재산권, 표준화 등 보다 광범위한 내용을 포함했다. 두 번째는 개방적 지역주의를 지향하며 다자체제 구도를 추구했으며 기타 지역의 메커니즘과의 협조도 강조했다. 세 번째는 '동아시아정상회의' 체제에서 FTA의 실현을 추진하고자 했다. 실제로 아세안이 주도하여 추진한 RCEP은 일본의 이러한 의도를 충분히 고려했으며, 이를 통해 동아시아 지역협력에 있어서의 강력한 영향력을 알아낼 수가 있다.

필자는 중국 측 대표로서 CEPEA의 토론과 최종문서 작성과정에서 일본 측 대표의 주장을 깊이 있게 알아낼 수가 있었다. 일본 측이 주장하는 CEPEA이 동아시아 지역 산업사슬 구축에 유리하다는 관점은 동아시아 지역 내 일본의 강세를 반영한 것으로 동아시아 지역에서의 일본기업의 투자는 생산 분업네트워크의 주요한 역량이었다. 일본이 강조한 이 몇 가지 주장은 사실상 관철되었으며, 다만 새로운 것은 EAFTA 협상 초기부터 인도의 참여를 추진한 것이었다. 인도의 참여는 협상의 난이도를 증가시켰다. 왜냐하면 인도는 시장개방을 진정으로 준비하지 않았기 때문이다. 만일 '아세안+3' 혹은 '아세안+5(한중일 3국, 호주, 뉴질랜드)' 협상을 타결한 후에 인도에 참여를 요청했더라면 진전은 보다 순조로웠을 것이다. 당시 CEPEA 타당성연구에 참여한 인도의 쿠마르(Kumar) 선생은 일찍이 필자에게 "중국은 무엇 때문에 EAFTA에 인도가 참여하는 것을 지지하지 않는가" 하고 물은 적이 있다. 필자는 그에게 만일 인도의 EAFTA 참여가 중국에게 이익이 된다면 결코 반대하지 않지만, 인도로서는 자체의 참여능력을 고려할 필요가 있다고 조언했다. 사실 필자가 주최한 EAFTA 타당성연구 보고서에는 '아세안+3'을 기초로 하여 FTA 협정을 체결한 후에 나중에 호주와 뉴질랜드, 인도를 초청할 수 있다고 제기했다.

필자는 한중일 협력에 있어 일본의 참여에 대해서는 깊이 있는 이해가 비교적 적었고, 이에 일부 관련 연구에 참여한 적이 있다. 한중일 협력에 대해 일본도 상당히 적극적이었다. 이는 일본과 한국, 일본과 중국과의 양자관계에 있어서 모두 민감한 문제가 존재하고 있기 때문에 일본으로서는 3국 간 대화와 협력을 통해 양자관계를 개선할 수 있기 때문이었다. 이와 동시에 일본은 3국 간 경제연계에 있어 산업사슬 중 높은 지위를 이용하여 투자협정 협상, 한중 FTA 및 기타 경협 구상을 포함하여 3국 협력 메커니즘을 구축함으로써 기업의 경영환경을 개선하고자 했다.

중일관계는 굴곡이 많았다. 특히 역사 문제 및 조어도 문제와 동해(동중국해) 문제는 양국관계뿐만 아니라 한중일 3국의 대화 및 협력 메커니즘에도 영향을 미쳤다. 주지하듯이 2013년과 2014년, 2년간 '한중일 정상회의'가 중단되었으며, 2015년에 와서야 재개되었다. 문제가 발생할 때마다 일본은 양국 문제로 인해 3국 간 정상회의를 중단하지 말아야 한다고 강조했지만, 양자 간의 긴장관계를 회피할 수는 없었다. 1999년 한중일 3국 정상들의 조찬모임부터 시작해 2008년 3국정상회의 체제를 확립하고, 2011년에는 협력사무국을 한국에 설치했다. 전반적으로 3국 협력은 발전되어왔지만 실질적인 성과는 그다지 많지 않았다. 2002년 한중일FTA 구상이 제기되었지만, 2013년에 와서야 협상을 시작했으며, 이 과정에서 그 속도는 매우 완만했다. 2013년에 일본이 TPP 가입협상에 참여한 후, 우선적인 목표를 TPP로 설정했음을 알 수 있었다. 2013년에 중국은 '일대일로 이니셔티브'를 제기했으며, 2014년에는 '아시아인프라투자은행(AIIB, 이하 AIIB)'의 설립을 제안했다. 일본은 이에 참여를 거부했으며, 다른 한편으로 AIIB의 자본금보다 많은 인프라 기금을 단독으로 설립했다. 2016년에 일본의 한 고위관리에게 "일본은 언제쯤 AIIB와 일대일로에 가입할 수 있는가"라고 문의한 적이 있다. 그는 자민당이 집권하는 한 참여를 고려하지 않을 것이라고 대답해주었다. 이 답변은 중일 전문가 대화에서 한 것으로 일본 정부의 입장을 대변한 것이라고 볼 수 있다.

필자는 일본의 전문가와 학자 및 관리들과의 접촉 그리고 토론 및 교류 과정에서 여러 문제에 대해 고민하게 되었다. 첫 번째는 제2차 세계대전 이후 동아시아 경제발전에 있어서 일본은 선두에 서서 주로 미국에 의존했기 때문에 미국이 참여하는 아태지역 경제협력을 제일 먼저 추진했으며 1990년대 초까지 '태평양경제권' 구축에 주요한 역량을 집중해왔다. 그리고 이후에 발생한 두 가지 요인으로부터 일본은 점차 동아시아 지역 협력으로 그 역량을 돌리기 시작했다. 하나는 1997년 금융위기이다. 일본은 1997년 금융위기로부터 동남아 지역에서 일본의 경영네트워크가 타격을 받았기 때문에 이를 극복하고자 AMF를 제안했다. 그러나 이 제안에 대해 미국이 반대를 하면서 독자적인 원조계획, 즉 '신 미야자와 구상'을 발표하게 되었고, 동아시아 화폐, 금융협력 메커니즘 구축에 적극 참여하게 되었다. 다른 하나는 중국이 동아시아 지역협력 메커니즘 구축에 적극 참여하고 이를 추진하는 과정에서 2000년에 아세안과 FTA 협상을 시작한 것은 일본에게 커다란 자극이 되었다. 이에 일본은 아세안 정상들을 초청하여 도쿄에서 '일본-아세안 정상회의'를 개최하고 동아시아 공동체 구축에 관한 '도쿄선언'을 발표했다. 두 번째는 중일 사이에는 동아시아 협력을 둘러싸고 비교적 뚜렷한 경쟁적 동기가 존재하고 있다. 이를테면 중국이 주도하여 '아세안+3'을 기초로 하는 EAFTA 타당성연구를 추진하면, 일본은 '아세안+6'을 기초로 하는 CEPEA 타당성연구를 주도하고, 이를 추진했다. 물론 경쟁적 협력은 완전히 부정적인 것은 아니며, 일정한 상황에서는 보다 많은 적극적인 참여를 동원할 수가 있다. 따라서 기존의 각종 플랫폼 참여에 대해서는 거부할 필요가 없었다. 그러나 이는 동아시아 지역협력의 결합력을 약화시키게 되었고, 현재 '동아시아 공동체'에 관한 논의는 이미 매우 줄어들게 되었다.

제9장

미국의 참여와 역할

미국은 지리적으로 동아시아 국가는 아니지만 여러 관계를 통해 동아시아 지역에 직접적으로 개입되어 있다. 정치, 안보의 차원에서 군사동맹을 통해 일본과 한국에 미군이 주둔하고 있으며, 필리핀, 태국, 싱가포르와 긴밀한 협력관계를 맺고 있다. 그리고 경제 분야에 있어서 동아시아의 중요한 시장과 투자처로서 이 지역의 여러 나라들과 밀접한 상호의존관계를 구축하고 있다. 이로부터 미국은 동아시아 지역의 통합과 협력의 발전에 특별한 관심을 갖고, 이에 상응하는 대응을 취하고 있다.

미국은 1990년대 초에 동아시아 지역과의 연계를 강화하고 미국 경제 발전의 성장 동력을 확보하기 위해 '아시아태평양경제협력체(APEC, 이하 APEC)'의 협력수준을 주도적으로 제고시켰다. 미국에서 사상 처음으로 'APEC비공식정상회의'를 개최했으며, APEC 발전 비전을 주도하여, 이를 제정하고 아태지역의 투자 및 무역 자유화의 목표를 실현하기 위한 이른바 '보고르목표(Bogor Goal)'를 제시했다. 그러나 APEC이 '개방적 지역주의'의 원칙을 실시했기 때문에 시장개방 목표를 실현할 수 있는 실제적 기능을 구비할 수 없었다. 따라서 양자 혹은 지역 등 다양한 차원의 FTA 협상이 진척되었으며, 특히 1997년 아시아 금융위기 이후 양자 혹은 다자간의 FTA가 주류로 되었다.

사실 미국은 APEC 체제하에서 아태지역 시장개방의 제도화 실현을 신뢰하지 않았다. 따라서 APEC이 '보고르목표'를 제정할 때, 미국은 1992년에 '북미자유무역지대(NAFTA, 이하 NAFTA)' 협상을 시작했다. 그리고 이듬해에 NAFTA 협정을 체결한 후, 1994년에는 '미주자유무역지대(FTAA, 이하 FTAA)'에 관한 구상을 제기했다.

2006년에 FTAA 구상이 실패한 후, 미국은 '아태자유무역지대(FTAAP, 이하 FTAAP)'를 제안했다. 그러나 아세안과의 협상이 진전이 없었기 때문에 FTAAP 제안도 APEC 대다수 성원국들의 지지를 받지 못했다.

2009년 미국은 '환태평양경제동반자협정(TPP, 이하 TPP)'의 가입을 선포하고 기타 11개국의 참가를 주도적으로 요청했다. 2016년에 TPP 협상이 성공했지만, 오바마 행정부는 국회 비준을 얻지 못했기 때문에 TPP 국회 동의를 다음 정부에 넘길 수밖에 없었다. 그러나 미국 대선 토론과정에서 공화당의 트럼프 후보나 민주당의 힐러리 후보 모두가 TPP에 대한 반대의사를 표명했다. 그리고 미국 대통령에 당선된 트럼프는 TPP를 폐기하고 양자협정에 관한 협상을 개시할 것이라고 선포했다.

미국은 TPP를 이용해 동아시아 지역협력의 영향을 약화시키고 지역경제의 규범을 제정하는 과정에 있어 주도적인 지위를 확립하고자 했다. 만일 TPP를 폐기한다면, 트럼프 행정부는 주요방향을 다자에서 양자로 전환시킬 것이며, 이는 미국이 지역정책에 있어서 중대한 방향 전환이 될 수 있다. 이와 함께 미국은 여러 적극적인 개입정책을 함께 추진했다. 2009년 미국은 '아시아로의 회귀(Pivot to Asia) 전략'을 실시하고 '동남아시아우호협력조약(TAC)'을 체결했으며, '동아시아정상회의(EAS)'에도 참여했다. 사실 미국은 아시아, 특히 동아시아를 이탈한 적이 없다. 미국이 '아시아로의 회귀'를 강조하는 것은 주로 동아시아 지역에서의 영향력을 강화하고 이 지역에서의 주도적 지위를 지키기 위한 것이다.

1. 미국의 지역전략과 추진

미국은 다자메커니즘을 이용해 세계시장의 개방을 일관되게 중시해왔다. 이는 세계시장을 개방해야만 미국에 유리한 경쟁 환경을 조성할 수 있기 때문이다. 이를 위해 제2차 세계대전 후 미국은 장기간 동안 GATT/WTO 체제하의 다자협상을 적극적으로 추진했다. 그러나 유럽의 단일화, 기타 지역의 자유무역협상, 특히 양자 혹은 지역 간 FTA의 진전으로부터 미국은 커다란 압력을 받게 되었다. 그리고 이러한 상황에서 미국은 지역의 새로운 구상을 중시하게 되었으며 자국 중심의 지역경제 메커니즘을 구축하고자 했다.

1980년 미국 의회는 '북미무역그룹'을 설립했으며, NAFTA 구축방안을 연구하기 시작했다. NAFTA 협상을 시작하기 전에 미국은 선후로 캐나다 그리고 멕시코와 양자협정에 관한 협상을 추진했다. 미국은 1985년 캐나다와 자유무역협정에 관한 협상을 시작으로 1988년에 협상을 완성하고 협정을 체결했으며, 1989년부터 '미국-캐나다 자유무역협정' 효력이 발생되었다. 그리고 미국은 1986년에 멕시코와 양자 자유무역협정에 관한 협상을 시작했으며 1990년에 무역 및 투자에 관한 협정을 체결했다. 미국은 캐나다 그리고 멕시코와의 양자협정을 기반으로 3자 간 협의를 비교적 순조롭게 진행했다. 이후 미국, 캐나다, 멕시코 3국은 1992년에 협상을 시작하여 이듬해에 NAFTA 협정을 체결했다. NAFTA는 1994년에 효력을 발생하기 시작했으며 이 협정은 일련의 계획에 의해 체결되었기 때문에 효력 발생 시부터 북미자유무역지대의 형성을 상징했다. 북미자유무역지대의 형성은 여러 중요한 의미를 가지게 되었다. 하나는 미국이 3국 경제규모의 90%를 차지하는 등 3국 경제에 있어서 압도적인 우세를 차지하고 있기 때문에 시장개방에 관한 규범 제정의 주도권을 장악할 수 있었다. 다른 하나는 북미자유무역협정을 통해 향후 높은 수준의 개방 모델을 형성함으로써 기타 지역의 자유무역지대의 형성에 지대한 영향을 미치게 되었다.[1]

NAFTA가 형성된 이후, 미국은 FTAA 구축을 추진하기 시작했다. 1994년 말, 미국 주도하에 제1회 미주국가정상회의가 마이애미에서 개최되었으며 FTAA 구축을 위한 기본적인 공동인식을 달성하고, 2005년을 협정 체결의 최후기한으로 확정했다. 그러나 여러 원인으로 인해 FTAA의 준비와 협상은 순조롭지 못했으며, 결국 남미국가들이 FTAA 추진 중지를 선언했다.[2]

2000년에 중국이 아세안에 자유무역지대(ASEAN-China FTA)에 관한 협상을 제안했고, 아세안 국가들은 적극적인 호응을 했다. 이후 한국과 일본도 아세안과 FTA 협상을 추진했다. 이러한 상황에서 미국도 아세안에 자유무역지대(EAI) 건설을 제안했으며, 아세안 성원국들과의 개별적인 FTA 협상을 통해 광범위한 경제협력을 추진하고자 했다.[3] 그러나 이 과정에서 미국은 미국-싱가포르 FTA를 바탕으로 기타 아세안 성원국들과 FTA 협상을 제안했던바, 기타 아세안 국가들이 미국의 구상에 적극적으

---

1 NAFTA에 관한 논쟁은 지금도 계속되고 있다. 많은 이들이 미국이 멕시코에 시장을 개방했기 때문에 미국 경제가 커다란 손실을 입게 되었다고 주장하고 있다. Michael Snyder, "NAFTA is 20 years old-here are 20 facts that show how it is destroys the economy", http://www.infowars.com/nafta-is-20-years-old-here-are-20-facts-that-show-how-it-is-destroying-the-economy/.

2 사실, 많은 미주국가들이 미국이 시장 통제를 우려하여 시작부터 FTAA 협상을 반대했으며, 시민들도 시위를 했다. "Free Trade Area of Americas", http://www.citizenstrade.org/ctc/trade-policies/potential-trade-agreements/the-free-trade-area-of-the-americas-ftaa/.

3 White House, "See Enterprise for ASEAN Initiative", October 26, 2002, https://2001-2009.state.gov/p/eap/rls/14700.htm.

로 호응하지 않았다.

FTAA 협상이 실패하고 '동아시아자유무역지대(EAFTA)' 구축이 진척됨에 따라,[4] 2006년에 미국은 '아태자유무역지대(FTAAP)' 구축에 관한 건의를 지지한다고 표명했다.[5] 그러나 결국 미국의 제안은 받아들여지지 않았다.[6] 당시 상황을 보면 FTAAP 구축 환경과 조건이 준비가 되어있지 않았으며, 미국이 이 구상을 제기한 것은 미국이 배제된 EAFTA에 영향을 주기 위한 것이기 때문이었다. 그리고 미국은 이 두 가지 노력의 실패로부터 자신이 주도적인 역할을 발휘할 수 있는 새로운 메커니즘 구축의 필요성을 느끼게 되었다. 당시 FTAA에 참여했던 국가들 중 다수가 미국에 불만이 있었던바, 미국이 주도하는 지역협력 메커니즘을 우려하게 되었고, 이에 범미주FTA 또한 그 난이도가 매우 높았다. 그러나 FTAAP의 난이도는 그보다 더욱 높았고, 특히 NAFTA 모델을 기반으로 FTAAP를 구축하는 것은 동아시아 국가들이 받아들이기가 어려웠다. 이러한 상황에서 미국은 새로운 전략을 취했으며, 2009년에 아태지역의 싱가포르, 뉴질랜드, 칠레, 브루나이 4개국이 구축한 FTA에 가입하기로 선언했다. 나아가 이를 TPP로 확대해 새로운 멤버들을 흡수하여 협상을 추진했다. 미국이 주도한 TPP는 21세기 신형 FTA를 목표로 과거 시장관세철폐 중심

---

4 2004년, 동아시아의 '아세안+3'을 기초로 하는 FTA 구상이 이 지역 지도자들의 지지를 얻었으며, EAFTA 타당성연구 전문가그룹을 설립하여, 2006년에 이 그룹은 EAFTA 구축에 관한 타당성연구 보고서를 제출했다.

5 FTAAP는 APEC상공자문회의(ABAC)가 2004년도 보고서에서 처음으로 제기하고 관련 연구를 건의했다. ABAC, "Bridging the Pacific: Coping with the Challenges of Globalization", http://www.keidanren.or.jp/abac/report/docs/en/2004es.pdf.

6 2006년 말, ABAC가 제출한 보고서는 FTAAP의 조건이 구비되지 않았다고 지적했다. 이에 그해 APEC 정상회의 성명에서 이 보고서 건의를 접수하고 FTAAP 협상을 추진하지 않고 관련 연구를 계속 진행하기로 결정했다. 〈2006년 APEC 정상회의 성명〉, http://www.apec.org/Meeting-Papers/Leaders-Declarations/2006/2006_aelm.aspx.

에서 규칙, 제도, 정책 등의 철폐를 중심으로 전환했다. 이로부터 미국은 원래의 '환태평양전략적경제동반자협정(TPSEP)'에 참여한 4개국 외에 선후로 일본, 페루, 멕시코, 호주, 캐나다, 말레이시아와 베트남을 흡수하여 참가시켰다. TPP 협상은 2015년 10월에 완성하고, 2016년 2월에 서명했지만 각 성원국들의 비준을 얻어야만 정식으로 효력을 발생할 수 있었다.[7]

이 시기에 미국이 적극적으로 추진한 FTA는 현저한 성과를 거두었다. 미주지역에서 NAFTA, 미국-도미니카-중미주FTA, 미국과 페루, 칠레, 파나마, 콜롬비아와 양자 FTA를 체결했다. 그리고 중동지역에서 이스라엘, 요르단, 모로코, 바레인, 오만 등 나라들과 양자 FTA를 체결했다. 한편 아시아 지역에서 싱가포르, 한국과 양자 FTA, 대양주지역에서 호주와 양자 FTA, 그리고 뉴질랜드와 무역투자협정을 체결했다. 이 외에 미국이 제안한 '미국-EU 간의 환대서양동반자협정(TTIP)', 미국과 남아공 간의 관세동맹동반자협정 등이 있다. 이와 같이 미국이 주도하는 지역 FTA 구상은 세계 주요지역으로 확장되어나갔다.

미국의 FTA 전략에는 단순한 무역확대의 의도 외에 지정학적인 차원에서 정치, 외교, 안보 등에 대해 규칙 제정권을 장악하기 위한 의도가 있었다. 이를테면 TPP는 오바마 대통령이 지적했던 바와 같이 미국이 규칙 제정을 주도해야 하며, 결코 중국이 주도해서는 안 되는 것이었다.[8] TTIP

---

7   2005년 싱가포르, 뉴질랜드, 칠레와 브루나이 4개국이 '환태평양경제전략동반자협정 (TPSEP)'을 체결했다. 이 협정은 APEC 모든 성원국에 개방했으며 협상을 통하여 이 협정의 멤버가 될 수 있었다. 2009년 11월에 미국이 TPSEP 가맹을 선포했으며 TPP로 명칭을 바꾸었다. 2016년 2월, 12개 성원국이 TPP에 서명했지만 매 성원국들의 비준을 받아야만 정식으로 효력을 발생할 수 있게 되었다. 2016년 11월 10일, 일본 국회는 TPP를 비준했지만, 11월 11일에 미국 국회는 TPP 비준 심사를 연기하기로 결정했다. 대선에 승리한 트럼프는 대통령 선거기간에 일단 자기가 당선되면 TPP에서 탈퇴할 것이라고 선언했다.

8   〈오바마, 아시아경제 규칙은 미국이 제정, 중국은 불가〉, http://news.163.com/16/0114/ 09/BD9FNJI2000146BE.html.

의 목적에는 EU와 공동으로 규칙을 제정함으로써 경쟁우위를 확보하여 신흥경제국들의 도전에 대응하기 위한 전략적 의도가 내포되어 있었다.[9] 또한 중동지역에서 미국과 FTA를 체결한 국가들이 모두 미국의 안보동맹국이었던 것을 통해 볼 때, 미국의 FTA 추진 전략에는 명확한 정치적 의도가 내재되어 있음을 알 수 있다.

2. 미국과 동아시아

미국과 동아시아는 긴밀한 관계를 가지고 있다. 제2차 세계대전 이후 미국은 동아시아 경제발전의 가장 중요한 자원인 자금과 기술, 특히 시장을 제공했다. 또한 군사동맹관계를 기반으로 일본의 경제회복을 적극적으로 도왔다. 그뿐만 아니라 '아시아의 네 마리 용'으로 불리는 한국, 싱가포르, 타이완, 홍콩에게도 시장을 제공함으로써, 경제발전에 많은 도움을 주었다. 이들 국가와 지역들은 수출가공제조업에서부터 시작해 점차 산업의 업그레이드를 실현함으로써 비교적 짧은 시간에 '신흥공업경제체' 대열에 진입하게 되었다. 이후 동아시아 지역에서 일본을 선두로 하는 '기러기떼 모델'을 형성했으며, 동남아 국가들은 일본과 산업사슬을 구축하고, 수출가공업의 발전을 통해 신속한 경제발전을 이룩했지만, 미국의 시장만큼은 여전히 특수한 역할을 지속하고 있었다. 한편 1980년대 초부터 중국은 개혁개방정책을 통해 고속경제성장을 이룩했으며, 외부투자를 유치하는 한편 수출가공업 또한 크게 발전시켰다. 이 과정에서 미국은

---

9 미국이 견지하는 TTIP 규칙에 대해서 EU는 불만이 있었으며, 시민들의 반대 목소리가 컸기 때문에 결국 TTIP 협상은 방치되고 말았다. Nick Dearden, "TTIP was defeated by activists-Trump just explored public anger over it", https://www.theguardian.com/commentisfree/2016/nov/14/ttip-defeated-activists-donald-trump.

중국의 제1의 수출시장이었으며, 미국과의 대규모 무역흑자는 동아시아 산업사슬의 중요한 기반이 되었다. 이로부터 미국과 동아시아 경제 간에는 특수한 사슬구조가 형성되었다.

1960년대부터 미국은 호주와 뉴질랜드를 포함하는 동아시아 국가들과 안정적인 협력관계를 추진 및 건립했으며, '태평양' 혹은 '아시아-태평양(Asia-Pacific)'으로 명명한 다양한 메커니즘이 시대의 요구에 따라 탄생하기도 했다. 이를테면 1967년 기업가들이 발기한 '태평양 분지 경제위원회(PBEC)', 1968년 학계와 정부 관리들이 발기한 '태평양 경제 및 무역 발전회의(PAFTAD)', 1980년 산관학이 공동으로 발기한 '태평양경제협력위원회(PECC)' 등이 그것이다. 이러한 메커니즘의 핵심 기능은 연계네트워크를 확대하고, 교류와 대화를 통해 미국과 동아시아 간의 경제적 연계와 긴밀한 네트워크를 추진하는 것이었다.

1989년에 창립된 APEC은 정부가 기획하고 추진한 대화 및 협력 메커니즘이다. 이후 1993년 미국의 주도하에 APEC 장관급 대화를 정상급 대화로 격상시켰고, 아태지역의 무역과 투자 및 시장개방에 관한 목표가 담긴 '보고르목표'가 제정되었다. APEC의 창립은 미국과 동아시아 간 경제 연계와 협력에 있어 중대한 전환점으로, 특별한 의미를 가지는 것이었다.

1993년에 미국이 주도적으로 APEC의 성격을 격상한 것은 동아시아와 경제 연계를 강화해야 할 필요성을 느꼈기 때문이었다. 이는 동아시아가 이미 세계경제에서 가장 발전 잠재력이 큰 지역으로 부상했기 때문이다. 과거에 동아시아 국가들은 주동적으로 미국과의 경제 연계를 강화하고, 미국과의 협력메커니즘을 추진해왔다. 그러나 현재에 와서는 미국이 오히려 동아시아 지역과의 협력 수준을 주동적으로 격상시키고자 하고 있다. 이러한 변화의 발생에는 1990년대 초, 미국과 동아시아 간의 무역이 미국과 유럽 간의 무역 규모를 뛰어넘은 배경이 있다. 즉, 경제적인 차원에서 미국에게 동아시아의 중요성이 크게 제고된 것이었다. 이에 당시 클린턴 행정부는 미국의 경제성장을 추진하기 위해 동아시아와의 협력을 강화하기로 결정한 것이다. 따라서 미국은 메커니즘의 구축을 통해 동아시아 시장에 진출함으로써 동아시아 지역에 대한 수출량을 증가하고자 했다. 이를 위해 미국은 1993년에 APEC 정상회의를 주도적으로 제안한 것이며,[10] 이후 미국 전문가들이 주도하며, APEC 유명 인사 그룹이 아태지역에서 제시한 개방적인 거대시장에 관한 비전인 '보고르목표'가 제정된 것이다.

사실 미국은 초기에 EU와 유사한 형태를 가진 '아태 대시장' 구축을 제안하고, 아태공동체를 형성하고자 했지만 동아시아 국가들, 특히 아세안 성원국들이 부정적인 의사를 표시하며, '개방적 지역주의'는 하나의 원칙으로만 작용하게 되었다. 당시 동아시아 국가들이 미국의 이러한 제안에 부정적인 의사를 표시한 것은 미국 주도로부터 자주성과 활동공간에 관한 제약을 받을 것을 우려했기 때문이다. 특히 아세안 성원국들은 아세안 내부의 응집력을 강화하고, 아세안 내의 협력을 지속적으로 심화시켜나가야 했기 때문에, 부정적인 의견을 표출했던 것으로 볼 수 있다.[11]

1997년 동남아시아에서 발생한 금융위기는 동아시아 전반으로 빠르게 확산되어나갔다. 이러한 위기 속에서 미국의 대응은 신속하지 못했

---

10 클린턴 미 대통령은 아태지역은 미국이 취업과 기회 창조에 있어서 상당히 중요한 역할을 한다고 강조했다. Clinton, "Remarks to the Seattle APEC host committee", 1993. 11. 19, http://www.presidency.ucsb.edu/ws/?pid=46137.

11 개방적 지역주의의 핵심은 아태지역에서 내향적, 기시성 지역 FTA를 형성하지 않고 성원국들의 아태 협력 참여는 기타 협력메커니즘 참여를 제한하지 않는다는 것이다. 그러나 'open regionalism'에 대해서는 이해의 차이가 존재했으며, 그 관건은 APEC의 시장개방 성과가 비성원국에 공평하게 개방하는가 하는 것이었다. Zhi Wang and Bill Cayle, "APEC open regionalism and its impact to the world economy", p. 3, https://www.gtap.agecon.purdue.edu/resources/download/760.pdf.

으며, 아세안 국가들은 미국의 이러한 태도에 대해 실망하게 되었다. 아울러 일본이 추진하고자 했던 '아시아통화기금(AMF)'에 대한 제안도 미국에 의해 진행이 어려웠던바, 미국에 대한 실망은 더욱 클 수밖에 없었다. 이로 인해 아세안 국가들은 동아시아 지역의 협력을 통해 위기에 대처할 수밖에 없었으며, 미국이 포함되지 않은 동아시아 협력메커니즘, 즉 한중일 3국이 포함된 '아세안+3'이 형성된 것이다. 금융위기 초기에 미국은 동아시아 협력에 큰 관심이 없었다. 하지만 이후 EAFTA나 CEPEA 등 '동아시아정상회의(EAS, 이하 EAS)', 그리고 '치앙마이 이니셔티브(CMI)' 등과 같은 다양한 협력이 추진됨에 따라 미국은 동아시아 협력에 관심을 갖기 시작했다. 미국과 동아시아 간에 형성되어 있는 정치, 경제 및 안보이익 등을 고려해봤을 때, 동아시아 협력에 미국이 포함되지 않은 것은 이 지역에서 미국의 영향력의 약화를 초래하는 결과를 낳게 될 것이다. 이러한 상황에서 미국은 한편으로 동아시아 협력메커니즘에 주동적으로 참여하되, 다른 한편으로는 미국이 주도하는 메커니즘의 구축을 추진했다. 여기서 전자는 주로 동아시아정상회의에 참여하는 것으로 나타났으며, 후자는 TPP를 주도적으로 추진함으로써 동아시아 국가의 참여를 확대하는 것으로 나타났다.

미국의 EAS 참여는 동아시아 지역협력 정책에 대한 중대한 조정이자 전환이었다. 2009년 미국은 EAS에 참여하는 동시에 '아태재균형전략(rebalance of the Asia-Pacific)'과 '아시아 회귀전략(Pivot to Asia)'을 선포했다. 이 두 전략은 모두 동아시아 지역에 적극적인 참여와 개입을 심화시키는 것이었다. 따라서 이러한 관점에서 미국이 EAS에 참여하는 것 또한 '아시아 회귀전략'의 구체적 행동이라 할 수 있다. 미국은 아세안의 요구에 따라 EAS에 참가하기 전에 아세안과 '동남아 우호협력조약(TAC, 이하 TAC)'를 체결해야 했다. TAC의 기본원칙에는 상호 간 내정불간섭, 분쟁에 대한 평화적 해결, 무력 혹은 무력위협의 사용 불가 등의 원칙이 있다.[12] 그러나 미국에게 있어 이러한 원칙을 수용하고, 서명하는 것은 결코 쉬운 결정이 아니었다. 그럼에도 불구하고 미국은 EAS에 참가하기 위해 조약에 서명을 결정할 수밖에 없었다.

미국이 EAS에 참여하는 것은 동아시아의 지역협력을 지지하는 것이 아닌, 동아시아 협력메커니즘으로 하여금 영향력을 발휘하여 미국의 목소리를 내고, 협력방향을 주도하기 위한 것이라 할 수 있다.[13] 하지만 동아시아 협력메커니즘은 구동존이(求同存異)의 플랫폼으로, 각 방면의 공감대를 찾아내어 협력을 추진하는 것으로 각자의 이익을 쟁탈하는 곳이 아니었다. 미국과 동아시아 국가들 간에는 많은 공동이익이 있던 반면 다른 이익도 많았다. 특히 미국은 초강대국이자 군사동맹의 맹주로서, 동아시아의 전략적 지위와 이익에 대해 매우 많은 관심을 가지고 있었다.[14] 이에 미국은 EAS에서 항상 갈등을 조장하거나, 분쟁을 확산하려는 모습을 보여왔던 것이다.[15]

미국은 동아시아와의 관계에 있어 두 가지의 커다란 도전에 직면하고 있다. 하나는 북핵문제이다. 북핵문제는 미국의 동맹국인 한국의 근본이익과 관련되어 있을 뿐만 아니라, 미국 자체의 안보와도 관련되어 있다. 따라서 한국과의 군사동맹을 강화하는 한편, 북한에 대한 압력과 군사위

---

12 '동남아시아우호협력조약'은 1976년에 체결되었으며, 인도네시아, 말레이시아, 필리핀, 싱가포르, 태국 등 5개국이 서명했다. 후에 동남아 기타 국가들도 이 조약에 가입했다. 구체 내용은 '동남아시아우호협력조약'을 참고하기 바란다. http://www.law-lib.com/law/law_view.asp?id=96958.

13 Alan Burns, "An interview with Ann Marie Murphy", http://www.nbr.org/research/activity.aspx?id=183.

14 왕광허우(王光厚), 〈미국과 동아시아정상회의〉, 《국제논단》, 2011, 제11기, 31쪽.

15 Joseph Santolan, "Obama heightens antagonisms with China at East Asia Summit", September 9, 2016, https://www.wsws.org/en/articles/2016/09/09/asea-s09.html.

협을 증강시키고 있다. 다른 하나는 중국의 부상이다. 중국의 종합국력이 향상됨에 따라 동아시아에서 미국의 지위와 영향력 그리고 근본이익이 도전을 받게 되었으며, 이에 미국은 '아시아 회귀전략'을 통해 군사력을 강화하고 동맹을 확장하는 한편 중국 이슈를 적극적으로 조장하고 있다. 즉, '아시아 회귀전략'의 이면에는 중국의 굴기에 대한 미국의 대응조치인 것이었다.

물론 중국의 종합국력이 향상되고, 이에 따라 영향력도 확대됨에 따라 이익 추구의 동기 또한 증가했지만, 미국에 직접 도전하거나, 미국의 지위를 대체하는 것이 결코 중국의 전략이 아니다. 아세안 성원국들과 동아시아 기타 국가들도 이 지역을 중국이 주도하는 것을 원치 않고 있으며, 특히 아세안은 동아시아 지역협력에 있어 '아세안 중심'의 원칙을 일관되게 강조해왔다. 이러한 상황에서 미국은 포용적인 개입정책을 취해야 할 필요가 있으며, 그 역할은 건설적이어야 할 것이다. 그리고 이는 미국과 동아시아 모두에게 유리한 것이라 할 수 있다.

아태지역 시장개방의 차원에서 보면, 미국이 주도하여 추진하는 TPP는 일종의 대항 전략으로, 아세안을 분열시키고, 중국을 배제시켰으며, TPP 자체의 확대 또한 크게 제한했다. 중국은 동아시아 최대 규모의 경제체로서, 지역 각국에 최대의 시장을 제공하고 있다. 따라서 중국이 참여하지 않은 자유무역지대는 그 역할이 제한될 수밖에 없다. 더욱이 미국이 정치적인 이유로 베트남과 같은 경제발전 수준이 상대적으로 낮은 국가를 참여시킨 것은 높은 수준의 FTA를 실현하는 과정에서 문제가 되기 때문에 미국 내 이익집단의 불만 또한 초래했다. 이에 2016년 미국 대선 기간, 민주당 후보인 힐러리나 공화당 후보인 트럼프 모두 TPP에 관한 불만을 표시했으며, "미국이 너무 많은 양보를 했다"고 비판하기도 했다. '미국우선주의'를 표방하는 트럼프가 TPP 탈퇴를 선언한 이유도 바로 여기에 있다.

한편 트럼프 행정부는 TPP의 탈퇴를 선언했지만, 동아시아의 RCEP 협상은 계속 진전되어왔다. 만약 RCEP 협상이 완성되어, 그 효력이 발생된다면 미국은 미래에 미국이 포함되지 않은 통합된 동아시아 시장에 직면하게 될 것이며, 이로부터 미국은 보다 큰 압력을 감수해야만 하는 상황이 오게 될 것이다.

회고와 사고

필자와 미국과의 관계에는 뿌리가 있다. 대학원 재학 시절 미국이 어떻게 발전해왔는가를 연구하기 위해 미국 경제를 전공했고, 학위논문으로는 〈미국 다국적기업의 해외투자와 현지 경제에 대해 미친 영향〉을 썼다. 그리고 대학원 졸업 후 베이징사범대학 미국연구소에 들어가서, 미국 경제에 관한 연구직에 종사하게 되었다.

이후 1983년 중국사회과학원 서유럽연구소에 취직하여, 유럽연구를 본격적으로 시작하게 되었다. 이후 미국으로 해외유학을 가게 되었고, 미국 하버드 대학에서 레이몽 버농(Raymond Vernon) 교수에게 국제투자에 관한 이론을 배우게 되었다. 필자는 버농 교수의 명망을 듣고, 그의 밑에서 수학하기를 원했으며, 그에게 논문 지도를 받게 되었다. 버농의 국제분업과 제품 생명주기에 관한 이론은 필자에게 많은 영향을 주었으며, 이후에 《세계경제의 상호의존》을 집필하는 과정에서 중요한 이론적 기초를 제공해주기도 했다. 그리고 1993년부터 아태 경제와 동아시아 경제발전에 관한 연구를 시작했으며, 미국과 직접적인 관계를 맺어나가기 시작했다.

중국이 APEC에 가입한 이후, 필자는 APEC의 발전 및 아태지역 협력과 중국의 참여에 관해 중점적으로 연구했으며 여기에는 미국의 아태 정책도 포함되어 있었다. 한편 업무와 연구로 인해 이후 미국을 수차례 방문했으며, 자연스럽게 미국의 정계와 학계 그리고 전문가들과의 접촉과 토론도 많아졌다. 여러 전문가 중에서 가장 많이 접촉하고, 관계가 많았던 사람은 미국 국제경제연구소의 프레드 버그스텐 소장이었다. 그는 APEC 유명인사 그룹의 팀장으로, 아태지역의 거대한 시장의 구축을 제일 먼저 제안했던 사람이다. 이후 버그스텐 교수는 중국 경제의 고속성장을 고려해 세계경제 거버넌스에 관한 중미협조론(G2)을 제기했다. 그는 아태지역에 대해 동아시아와 미국에게 모두 중요한 지역으로, 동아시아만의 협력이 아닌 미국이 반드시 참여해야 한다는 점을 주장했고, FTAAP 구축에도 매우 공감을 하고 있었다. 그러나 그의 많은 견해가 미국 정부에게 받아들여지지 않았고, 당시 G2의 논의에 대해 중국 정부도 받아들이지 않았다.

사실 '동아시아비전그룹(EAVG)'에 관한 토론에서도 동아시아 전문가들은 동아시아 지역의 협력 비전을 구상할 때, 미국 요인을 잊은 적이 없었다. 특히 일본과 한국 그리고 싱가포르 등의 전문가들은 동아시아 지역 협력에 있어 향후 미국의 참여문제에 대해 고려해야 한다는 점을 강조해 왔다. 실질적으로 동아시아에서의 공동체는 유럽과 달리 메커니즘을 구축하는 과정에 있어 융통성 있고, 개방적이며, 이 과정에서 미국을 배제하는 것을 목표로 하지 않았다. 문제는 주로 미국에 있었으며, 미국은 동아시아가 협력해 미국을 배제하고, 미국의 이익에 손해를 끼친다고 인식하고 있었다. 이에 미국은 자신이 주도하고, 동아시아 국가들이 참여하지 않는 여러 FTA를 체결했다. 또한 2009년 미국은 갑작스럽게 TPP 가입을 선포했고, 여기에 아세안 4개국이 가입했던바, 아세안의 우려를 자아내기도 했다. 이는 만약 아세안의 많은 국가들이 TPP에 가입하게 되면 아세안 경제공동체가 붕괴될 가능성이 높았기 때문이다. 그리고 이로 인해 아세안은 미국을 포함하지 않은 RCEP을 추진하게 된 것이다.

TPP에는 중국이 포함되어 있지 않았기 때문에 중국은 이에 대한 갈등을 느끼고 있었다. 이러한 과정에서 중국 내에서는 주로 두 가지의 의견이 있었다. 한 가지는 TPP는 중국을 겨냥한 것으로 중국이 포함되지 않은 FTA를 통해 지역 내 중국의 경쟁력을 약화시키는 것이었다. 그리고 다른 한 가지는 미국이 고수준의 FTA 규칙을 제정한 후에 중국에 압력을 가함으로써 협상의 여지를 주지 않는 것이었다. 비록 중국 관방의 발언에는 TPP에 대한 비판은 없었지만, 미국에 의도에 대해 중국 내부에서는 상당히 경계하고 있었다. 물론 이에 대해 전문가들 사이에서는 강한 비판이 나오기도 했다. 사실상 미국은 경제전략과 안보전략을 긴밀히 연계시키고 있는 것이다. 미국의 어느 한 전문가가 지적한 바와 같이, 오바마 정부의 '아태재균형전략'에는 두 개의 축이 있다. 하나는 군사력을 강화하는 과정에서 다수의 해군력과 공군력을 아태지역에 배치하는 것이며, 또 다른 하나는 TPP를 핵심으로 아태지역의 개방시장을 형성하는 것이었다. 그리고 이 두 가지 모두는 중국의 굴기와 밀접하게 연관되어 있는 것이라 할 수 있다.

미국이 동아시아에서 담당하는 역할은 자신이 주도하는 지위의 수호자이며 주도권 경쟁자이다. 그리고 그 핵심적인 의도는 중국의 부상에 대한 대응이다. 그러나 미국의 이러한 역할은 동아시아로 하여금 일종의 딜레마에 빠지게 만들고 있다. 하나는 동아시아 대부분의 나라들이 미국과 중요한 이익관계를 맺고 있어 미국과의 안정적인 협력관계를 유지하고자 하지만 이와 동시에 동아시아 국가들이 서로 밀접해지고 있는 상황에서 이 지역의 협력이 촉진되고 있다는 것이다. 다른 한 가지는 동아시아 지역에 있어 중국의 역할과 영향이 날로 증대됨에 따라, 동아시아 국가들이 자체 이익의 요구에 따라 중국과의 관계를 원만하게 이어가고자 하는 것이다.[16] 이를 통해 볼 때, 동아시아 국가들은 동아시아의 지역 통합을 추진하는 내재적인 요구가 있는 동시에 중미 간에서 제로섬 게임을 원하지 않고 있음을 알 수 있다.

2008년 미국에서 서브프라임모기지 사태가 발생했을 때, 매우 빠른 속도로 동아시아를 포함한 전 세계에 그 위험이 확산되었다. 이로부터 미국과 동아시아 간에 형성된 소비-생산의 위험적인 균형관계가 깨졌으며, 새로운 관계 형성에 대한 요구가 떠오르기 시작했다. 이 과정에서 2017년 미국 대통령으로 취임한 트럼프는 TPP 탈퇴를 선언했으며, 미국 내에서 생산하고, 미국 제품을 구매하는, 이른바 '미국우선주의'를 표방했다. 미국의 이러한 방식은 동아시아와의 균형을 이루기 위한 좋은 방법은 아니었다. 오히려 이는 미국과 동아시아와의 관계에 있어 심각한 영향을 미쳤으며, 양측은 향후 어떻게 상호관계를 재구성해나가야 할 것인지에 대해 고민하게 되었다.[17]

16　일본의 여러 가지 방법은 중국과의 이익 경쟁을 고려하고 있으며 경쟁도 있고 협력도 있다. 그러나 동아시아 여러 협력메커니즘에 있어서 중일 양국은 항상 동일한 플랫폼에서 위치하고 있다.

17　David Brunnstram, "Trump trade strategy starts with quitting Asia pact", https://www.yahoo.com/news/trump-trade-strategy-starts-quitting-asia-pact-white-02230 2091.html 참조.

미국의 신아태전략, 영향 및 대책[18]

미국의 신아태전략은 경제, 안보 분야를 포함하는 전면적인 전략 조정으로 현재 진행 중이며, 이후에도 수년 동안 지속될 것이다. 이 전략에는 강한 목적성이 있다. 경제적으로는 미국의 경쟁우위를 다시 수립하여 경제성장의 활력을 회복하는 것이며, 안보적으로는 아태지역에서 미국의 주도적 지위를 확보함으로써 전략적, 현실적 이익을 수호하는 것이다. 미국의 경제전략이나 안보전략에 있어서 중국은 하나의 중요한 요인이다. 그중에서 특히 중국 경제의 신속한 성장과 동아시아 지역에서의 영향력 확대는 미국의 신아태전략의 핵심적인 고려사항이 되었다. 따라서 중국에게 객관적이며, 정확하게 미국의 신아태전략을 분석 및 인식하는 것은 중국의 핵심이익을 수호하고, 적절한 대응조치를 취하는 과정에서 매우 중요하다.

---

18 이 글은 2012년 초에 작성한 조사보고에 근거하여 수정, 보완한 것이다.

1. 미국의 아태전략 조정을 어떻게 이해할 것인가

1) 신경제전략의 조정

경제적 측면에서 미국은 1990년대 초 클린턴 정부 때부터 전략의 중점을 아태지역으로 이동하기 시작했다. 이는 미국과 동아시아 간 무역수지가 미국과 유럽 간 무역수지를 초과했던바, 대외관계의 중점을 유럽에서 아태지역으로 이전하고, 이 과정에서 APEC 정상회의 개최를 통해 아태지역의 개방된 무역과 투자 시장을 구축하고자 했기 때문이다. 주요목표는 동아시아 시장의 개방이었다. 클린턴 행정부는 아태공동체를 구축하기 위해 배타적 성격을 지닌 아태 자유무역지대에 관한 협상을 제기했지만, 아세안과 중국을 필두로 한 동아시아 국가들의 지지를 얻지는 못했다. 비록 APEC이 2020년 아태지역의 무역과 투자 자유화를 실현하기 위한 '보고르목표'를 제기했지만, 일방적인 개방원칙에 대한 협조만을 요청해왔던바, 미국은 이에 만족하지 않았다. 이에 미국은 자체적으로 미국-캐나다FTA, NAFTA, 동아시아 국가들과의 양자 FTA 등을 주도했으며, 다른 한편으로 FTAAP를 제안하기도 했다. 그러나 미국의 FTAAP에 관한 제안은 APEC 성원국들의 적극적인 지지를 얻지 못했으며, 이에 TPP의 협상을 통해 21세기 FTAAP를 추진하고자 했다.

TPP는 미국의 기존 전략과는 다른 성격을 지니고 있다. 과거 미국의 전략은 시장개방을 통해 미국기업의 시장개척을 추진하는 것이었으며, 나아가 미국이 주도적이며 지배적인 지위를 점유할 수 있는 아태지역의 경제네트워크를 구축하는 것이었다. 그러나 이러한 전략은 미국이 예상하지 못했던 여러 결과를 초래했다. 첫 번째는 신흥경제체들에게 개방된 시장 환경을 제공함으로써, 그들의 경제가 발전했고, 이로부터 특수한 경제우위를 형성하게 된 것이다. 두 번째는 미국의 산업체들이 개발도상국으로 대거 이전하게 된 것이다. 이는 시장이 개방된 상황에서 개발도상국이 지니고 있는 저렴한 노동력과 외부투자 및 사업을 적극적으로 유치하고자 하는 정부정책의 특성이 있기 때문이다. 세 번째는 미국 금융자본이 하이테크 산업에 투자를 해야 했지만, 창업 리스크를 회피하고자 각종 금융 레버리지를 이용하여 가상경제에 집중한 것이다. 이로부터 미국의 경제는 화폐정책과 재정정책의 규제완화와 함께 발전해나가기 시작했다. 이로부터 미국의 제조업은 쇠퇴하게 되었고, 관련 산업을 수입에 의존하게 됨으로써 무역의 불균형이 심화되기 시작했다. 또한 미국의 전반적인 금융시스템이 실물경제의 지탱을 받지 못함으로써 점차 취약해져 갔다. 그리고 미국 신용위기의 폭발로부터 이러한 문제들이 동시에 수면위로 부상하게 되면서 총체적인 위기가 도래하게 되었다. 즉, 전통적인 개방 추진전략은 미국에게 큰 손해가 되었으며, 이로 인해 오바마 행정부는 새로운 전략을 취할 수밖에 없었던 것이다. 이러한 새로운 전략에는 주로 세 가지의 내용이 포함되어 있다. 첫 번째는 미국 내 경제 환경을 개선하여 실물경제의 발전을 지원하는 것이며, 두 번째는 기업의 해외진출에 대해 세금을 부과함으로서 제한하는 것이고, 세 번째는 외부 사업자들의 미국 내 진출 비용을 증대하는 것이었다. 이 중 외부 사업자들에게 비용을 증대하기 위한 주요수단으로 TPP 설립을 통한 신흥경제체의 내부경제요인을 규범화함으로써 미국 내 경영 및 경쟁 환경의 평준화를 도모하고자 했다.

그렇다면 미국의 새로운 전략은 효과를 거둘 것인가? 일부분은 실현이 가능할 것으로 보인다. 특히 미국 내 정책 조정은 일정부분 실물경제의 성장환경을 개선할 것이다. 이는 미국의 정책조정 능력과 혁신력이 낮은 수준이 아니며, 하이테크 및 고효율 산업과 관련해 여전히 우위를 점하고 있기 때문이다. 그러나 TPP를 통해 국내외 경영 환경과 경쟁 환경을 개선하고자 하는 노력은 큰 효과를 보기 어려울 수 있다. 이는 발전도상국이 갖고 있는 저렴한 원가 및 노동력의 비교우위가 기업의 해외 이전에 있어 필수조건인바, 대부분의 생산수단이 미국으로 복귀하는 것은 어려울 것이기 때문이다. 또한 현재 TPP에 가입한 발전도상국이 미국이라는 거대한 시장을 노리고 있는바, 협상과정에서 일종의 '흥정'을 통해 미국이 하고자 하는 바를 전면적으로 받아들이지도 않을 것이다. 따라서 TPP 협상은 순조롭지 않을 것이며, 결국에는 유형별·단계별 개방과 규제의 메커니즘의 역할만을 할 것이다.

TPP는 새로운 표준을 통해 현재 TPP의 참여 규모나, 최종적인 협상결과 등을 통해 미국의 새로운 전략에 관한 문제를 완전히 해결할 수 없다. 따라서 미국은 지속적으로 일방적인 행동을 하며 경쟁자들을 제한할 것이다.

2) 신안보전략의 조정

안보전략의 차원에서 미국의 신아태전략은 수년 전부터 조정되어왔다. 냉전이 종식된 이후, 미국의 주요전략은 글로벌 패권을 공고히 하는 한편, 이를 확대해나가는 것이었다. 미국은 9·11 이후 전략의 중점을 글로벌 반테러로 전환했으며, 선후로 이라크와 아프가니스탄에서 두 차례의 전쟁을 수행했다. 10년 동안 이어진 반테러전쟁을 거쳐 미국은 테러조직의 대부분을 소탕했고, 빈 라덴을 사살했으며, 국내외적으로 반테러 안전 네트워크를 구축하는 등의 뚜렷한 성과를 거두었다. 그리고 오바마 대통령 집권 이후, 테러와의 전쟁의 종결을 선포하고 이라크, 아프가니스탄에서 미군들이 철수하기 시작했다. 이와 함께 전략의 중점을 태평양으로 이전하면서 신전략의 조정에 착수했다. 그러나 미국의 국력은 글로벌 패권을 수호하기에는 한계가 있었다. 10년 간 이어져온 반테러전쟁으로부터 미국은 거대한 대가를 치르게 되었고, 동시에 미국 안보전략의 최전방이자, 중심인 동아시아 지역에서 일련의 중요한 변화가 일어났기 때문이다. 첫 번째는 미국의 동맹국들 사이에서 동맹관계와는 별개의 외교안보적인 움직임이 나타났다. 예컨대 한국은 민족주의가 고조됨에 따라 미국을 이탈해 남북교류를 적극 추진했으며, 일본은 미국이 포함되지 않은 동아시아공동체 구상을 제기하기도 했다. 두 번째는 동아시아 지역협력이 새로운 발전단계에 접어들었으며, 특히 미국이 포함되지 않은 상황에서 협력이 커다란 진전을 거두었다. 세 번째는 중국의 국력이 크게 제고되어 영향력이 강화되었으며, 특히 동아시아 지역협력 및 대화메커니즘에 있어서 그 역할이 더욱 부각되었다. 즉, 미국은 반테러전쟁으로부터의 손실과 글로벌 패권능력 장악의 부족으로 인해 전략적 배치를 축소·조정할 수밖에 없게 되었다. 하지만 동아시아 지역은 미국의 직접적 이익과 관련되어 있기 때문에, 동아시아 지역협력의 발전에 따라 미국 또한 자신들의 전략중점을 동아시아로 이전할 수밖에 없게 되었다. 미국의 '아시아 회귀전략' 또한 이러한 요인들이 복합적으로 상호 연관되어 있는 것이라 할 수 있다.

미국의 '아시아 회귀전략'은 주로 세 가지 방면에서 나타나고 있다. 첫 번째는 전통적인 동맹관계를 안정화함으로써 아태지역에서 미국의 전략적 이익의 기초를 지키는 것이다. 두 번째는 전략적 협력 동반자관계를 확대하고, 동아시아 협력메커니즘에 주도적으로 참여함으로써 이 지역에서 주도적인 역할과 핵심적인 영향력을 발휘하는 것이다. 세 번째는 전략적 경쟁자에 대해 새로운 전략적 조정과 배치를 추진하는 것이다. 현재까지 미국은 이 세 가지 방면에 있어 모두 일정한 성과를 거두었다. 동맹관계의 차원에서는 미-일, 한-미, 미국-호주, 미국-필리핀 관계를 회복하고, 군사안보관계를 새롭게 강화했다. 협력 파트너의 확대 측면에서 미국은 베트남, 인도, 인도네시아와의 안보협력관계를 발전시키고, 동아시아

정상회의에 참가했다. 경쟁자에 대한 대응차원에서, 주요목표는 중국이었으며, 군사동맹과 협력파트너와 공동으로 중국에 대응하는 동시에 자체적으로 새로운 배치, 즉 해·공군의 통합전략을 추진함으로써 중국의 도전능력을 통제 가능한 범위 내에서 억제하도록 했다.

현재 미국의 신아태전략의 성격은 전략적 수호이자 전략적 방어로 볼 수 있다. 전략적 수호는 주로 주도적 지위 및 우위이며, 전략적 방어는 중국이 미국을 배제하고, 대체함으로써 미국의 이익에 위협을 주는 것이다. 따라서 냉전시기 소련과 대적하던 전략적 성격과는 큰 차이가 있다. 그러나 미국은 핵심 수단은 중국을 이 지역에서 밀어내는 것이 아닌 동아시아 국가들이 미국의 역할을 중시하게끔 만듦으로써 미국으로 하여금 주도적인 역할을 발휘할 수 있도록 하게끔 하는 것이다.

비록 미국의 신안보전략의 기세가 사납지만, 그 자체의 약점 또한 있다. 첫 번째는 금융 등 경제력의 회복에 있어 시간이 필요하고, 미국의 상대적 국력 또한 감소한바, 과거와 같이 미국의 의지대로만 할 수 없게 되었다. 두 번째는 초강대국으로서의 '세계적 책임'을 감수하면서 전 세계에 관여해야 하는바, 중동 및 아프리카 지역에서 일부 능력을 소모하고 있는 상황에서 모든 능력을 아태지역에 집중할 수 없다는 것이다. 세 번째는 아시아 지역의 동맹국들 또한 각자의 이해관계로부터 미국과의 관계를 강화시키는 동시에 중국과의 관계 또한 발전시키고 있는바, 중미 간의 대립을 피하려고 하고 있다. 따라서 미국이 보다 많은 능력을 투입하고, 자체의 영향력을 활용하여 신아태전략을 추진하고 있지만 이 지역에서 더 이상 미국은 독주할 수 없는 상황에 마주하게 된 것이다.

시간의 흐름에 따라 미국은 기존의 지위를 낮추는 한편, 이 지역의 한 성원으로써 기타 국가들과 대화를 해나가며, 다양한 대화 및 협력 메커니즘의 존재와 역할을 받아들여야 할 것이다. 이러한 차원에서 미국의 '아시아 회귀전략은 다양한 대화와 협상의 방식을 취해야 할 필요가 있으며, 중국에 대한 고립 또한 실현하기 어려울 것이다.

2. 신아태전략하의 미국의 대중국관계

미국의 신아태전략은 중미관계에 중요한 영향을 미치기에, 현재의 새로운 국면에서 중미관계에 대한 분석, 인식 등은 매우 중요하다.

1) 안보전략관계의 추세와 특징

중국과 미국의 경제는 상호 밀접하게 연계되어 있어, 비교적으로 강한 상호보완뿐만 아니라 매우 큰 잠재력도 가지고 있다. 따라서 이러한 관계는 쉽게 분리될 수 없다. 그러나 중국과 미국의 경제는 한편으로 심각한 불균형 구조도 가지고 있다. 첫 번째는 무역불균형으로 중국은 미국의 최대 무역적자국으로, 2000년 이래 이러한 불균형이 지속적으로 확대되어왔다. 두 번째는 자금유통의 불균형이다. 중국은 미국의 거액 달러채권 자산을 가지고 있지만 대미국 직접투자는 매우 적은바, 미국 경제에 대한 직접적인 참여도는 낮은 편이다. 한편 미국은 중국에 대규모의 직접투자를 하고 있지만, 기타 경제영역에 대한 참여도는 낮은 편이다. 세 번째는 미국은 중국의 최대 수출시장이지만, 미국은 중국을 비시장경제 국가로 상정하고 있으며, 중국에 대해 기술수출 제한조치를 취하고 있다. 따라서 중국은 미국 시장에 대한 의존도가 높지만, 할 수 있는 역할은 매우 제한되어왔다. 이러한 불균형은 중미 경제관계의 지속가능한 발전을 제한하고 있는바, 이러한 불균형을 점차 해소해나가는 것이 중국과 미국의 이익에 부합할 것이다.

중미관계의 측면에서 미국의 신아태경제전략은 주로 중국과의 무역불균형을 해결하는 것에 중점을 두어왔다. 최근 미국은 중국 제품에 대해 반덤핑 조치를 실시하며, 인민폐 절상을 억제하고, 중국의 대미수출 증가를 제한하는 등의 일방주의적인 조치를 취하고 있다. 이와 동시에 TPP 협상을 주도하며, 근본적인 중국과의 불공정 경쟁문제의 해결방안을 모색하고 있다. 다시 말해 중국의 경영환경과 지적재산권, 노동, 환경, 신용 등을 포함하는 중국 제품의 생산표준 등을 규제함으로써 일부 미국기업의 본토로의 투자복귀를 촉진하고, 신흥경제체인 중국 내부의 경쟁력을 약화시키고자 하고 있다.

중국의 대미무역 흑자는 주로 2000년 이후에 대폭 이뤄졌다. 중국의 입장에서 이의 주요원인은 그간 누적되어온 외자기업의 생산력과 수출가공력이 급속하게 팽창되었기 때문이다. 그러나 미국의 입장에서 이는 산업 이전, 해외 하청 등이 초래한 국내 공급력의 감소로 인해 중국이 가장 중요한 수입기지가 되었기 때문이다. 중국 대외무역의 흑자는 국내 생산의 원가 상승으로 인해 일부 외자기업의 생산 이전과 경제적 원인 및 제한된 정책으로부터의 대외 수요 감소 등이 나타나며, 수출가공이 감소함에 따라 점차 하락될 것이다. 다만 중국은 경쟁력이 있는 '세계의 제조공장'인바, 중국이 갖고 있는 수출대국의 지위는 비교적 긴 시간 동안 유지될 것으로 보인다. 다만 중미 간 무역불균형은 중국의 대미 직접투자의 증가, 그리고 미국의 대중국 기술수출 제한조치의 완화로부터의 중국의 대미수입이 증가되어야만 해소될 수 있을 것이다.

물론 TPP가 온전하게 중국을 겨냥하는 것은 아니지만, 발전적 차원에서 보면 중국과의 관계가 매우 크기에, 중국에 대한 영향도 무시할 수는 없다. 현재 중국이 TPP에 가입하고 있지는 않지만, 미국은 TPP의 표준에 따라 중국의 대미수출을 요구하고 있으며, 이 표준에 부합하지 않은 제품에 대한 제한 혹은 보복 조치를 취할 것이다.

향후 발전추이를 보면, 중미 간 경제관계는 두 가지로 나타날 것이다. 하나는 경제의 상호보완성이 유지되며, 상호의존성 또한 강화되는 것이며, 다른 하나는 경쟁의 심화로 인한 분쟁이 지속적으로 발생하게 되는 것이다. 그간 세계경제의 발전경험상 관계가 밀접해질수록 갈등요인도 많아지며, 이러한 갈등은 조절과 균형의 과정이 되기도 한다. 예컨대 과거 미국과 유럽 간에 여러 차례 이뤄졌던 다자 무역에 관한 합의 혹은 1980년대 미일 간 무역마찰을 통해 봤을 때, 두 번 모두 후발 경쟁자가 미국에 압력과 충격을 준 것이 기본적인 특징이었다. 현재 중미 간 경제관계는 그 격차가 점차 축소됨에 따라 일부 요인의 갈등은 매우 첨예해지고 있으며, 갈등의 대립 면도 무역에서 기술 및 화폐로, 그리고 경제정책 및 경제체제로까지 확대되어가고 있다. 그리고 이 시점에서 미래의 TPP가 가져올 새로운 규범은 중미 간 경제정책과 경제체제에 심각한 갈등국면을 가져올 것이다. 이와 동시에 미국은 보다 많은 자유무역지대에 관한 협상을 통해 새로운 규범을 구현함으로써 많은 국가들은 이를 인정하며, 일종의 세계 표준이 될 것이다. 이것이 바로 미국이 달성하려는 전략적 목표이다.

2) 안보전략관계의 추세와 특징

미국의 신아태안보전략은 중국의 행위를 규제하고 확장력을 억제하는 한편, 중국과의 대화를 통한 협력관계를 유지함으로써 아태지역 내에서 미국의 지위와 이익 및 영향력을 최대한 수호하기 위함이다.

전통적 이론과 역사적 경험을 통해 봤을 때, 미국은 중국이 미국의 이익에 도전하고 영향을 배제할 것이며, 현재 아시아 지역에서 중국이 이러한 행동을 취하고 있다고 인식하고 있다. 이에 기반하여 미국은 중국에 대해 강한 위기의식을 가지고 있으며, 미국의 신아태안보전략의 설계와 운영에 있어서도 중국을 주요 도전자로 간주하고 있다. 따라서 미국은 중국 군사력의 발전과 행동방향을 제약 및 감시하고 있으며, 중국의 성장을 억제하고 있다. 나아가 미국은 중국의 전략 운영공간을 억제하고자 위기대처에 효과적인 안보네트워크를 구축하고 있으며, 이는 향후 지속적으로 추진될 것이다. 그러나 다른 한편 미국은 일부 공간을 중국에 제공하고 있기도 하다. 그중 하나는 중국을 지나치게 압박하지 않음으로써 중국과의 직접적인 충돌을 일으키지 않고 중국의 핵심이익을 위협하지 않는, 즉 중국과 기타 국가와의 분쟁에 대한 직접적인 개입을 회피하고 있다. 그리고 다른 하나는 중국과의 전략대화를 통해 양자 공동이익과 지역이익과 관련되는 여러 사안에 대해 대화와 협상을 추진하며, 협력의 경로와 방식을 모색하고 있다는 것이다.

미국의 신아태안보전략하에서 중미관계는 결코 제로섬 관계도 단순한 양자관계도 아니다. 중미 사이에는 다양한 분야의 대화와 협상 그리고 협력의 공간이 있으며, 향후 발전추세를 보더라도 이러한 공간은 감소되지 않고, 오히려 증대될 것이다. 아울러 지역 내 기타 국가들은 중국과의 대화, 협상 그리고 협력을 발전시켜나감으로써, 중미 간 딜레마에 빠지지 않으려고 할 것이다. 미국 또한 기타 국가들이 중국과의 관계를 구축하는 과정에 있어 융통성을 확보해주고, 이익에 관한 선택지를 충분히 고려하도록 할 것이다.

사실상 미국의 신아태안보전략하에서 아태지역의 구조는 중미 갈등을 축으로 하는 것이 아니고, 양자를 축으로 하는 것도 아니며, 단지 미국이 주도하는 전통적인 동맹체제가 갖는 제한요인에 대한 돌파를 시도하는 것일 것이다. 나아가 중미관계의 제약을 크게 받지 않는 다방면의 복합적인 역할을 통해 다차원적이며, 다양성이 있는 지역안보체제를 구축하는 것이 차후의 발전추세가 될 것이다.

3. 미래의 전략적 사고

중미관계는 전략적 이익이 충돌하기도 하고 공동의 이익 또한 존재하고 있는 등 매우 복잡한 관계이기 때문에 이를 파악하여 관계를 만들어나가는 것은 쉬운 일이 아니다. 미국은 자체의 주도적 지위와 이익을 지켜나갈 것이고, 중국 또한 현재 겪고 있는 국제체제상의 제약과 미국의 대중국 압박 등을 돌파해나가고자 할 것이다. 또한 미국은 국제질서의 주도적 지위를 점유하고 있는 대국으로 빠르게 부상하는 중국의 도전을 우려하고 있고, 중국 또한 빠르게 부상하는 대국으로서 미국의 억제와 제약에 대해 경계하고 있다. 중국과 미국 간의 지정학적인 거리와 정치제도상의 차이는 중미 양측의 전략적 상호 의구심을 더욱 증가시키고 있다. 전략적 상호 신뢰의 부족은 중미관계가 갖고 있는 최대의 문제점이며, 이의 관건은 서로가 대국이라는 점을 인지하는 한편 관계 악화, 특히 판단 오류로 인한 중미 간의 대결구도를 초래해서는 안 된다는 것이다. 물론 이러한 가능성이 전혀 없는 것은 아니다. 중미 간에는 상호 밀접하게 연계된 경제와 안보적 요인에 대한 이견이 있지만, 이 외에 하나의 공동의 인식이 있다. 그것은 바로 대결, 즉 중미 간에 전쟁이 발생하게 되면 양측 모두가 치러야 하는 대가와 손실이 매우 크다는 것이다. 미국은 실용적인 국가이기 때문에 이를 원하지 않을 것이지만, 신흥대국으로 부상한 중국의 지역 및 세계무대에서의 영향력과 양국 간 중첩된 이익의 증대로부터 미국은 불가피하게 대결구도를 선택할 수도 있을 것이다.

중국은 개방된 국제시장과 국제체제의 평화로운 발전환경으로부터 고속 성장을 이룰 수 있었다. 그리고 이는 중미관계와도 깊은 연관을 지니고 있다. 먼저 중미관계의 안정은 국제체제의 평화로운 발전환경과 이를 넓혀가는 과정 속에서 나타날 수 있는바, 이는 중국에게 유리한 발전과정을 구축하는 과정에 있어 매우 중요하다. 따라서 향후 관건은 장기적으로 평화적 발전환경을 지켜나가고, 아태지역의 평화를 유지하기 위해서 중미 간 비대결 구도를 구축하는 것이다. 예컨대 중국의 경제규모가 미국에 근접해지거나 혹은 넘어선다 하더라도 미국과의 패권 경쟁은 자제해야 한다. 이는 현재의 국제체제와 환경 속에서 중국이 대국으로 발전할 수 있었던바, 중국은 현재 국제체제의 수호자이자 변화자이기 때문이다. 물론 변화자의 입장에서 미국의 이익과 부딪히기도 한다. 그러나 수호자의 입장에서는 미국에게도 유리한 측면이 있을 수밖에 없다. 따라서 현재의 국제체제의 조정과 개혁 과정에서 중미관계는 절대적이며 완전하게 대립하는 것이 아닌 협상과 협력의 공간도 동시에 존재하고 있는 것으로 볼 수 있다.

미래에 미국이 중국에 취할 수 있는 보다 많은 일방주의적인 무역제한 조치를 고려하여, 중국은 대미수출에 과도하게 집중되어 있는 수출품목을 줄여나갈 필요가 있으며, 이와 함께 국내소비를 확대시켜나가야 할 필요가 있다. 특히 태양에너지, 풍력에너지와 관련한 제품수요에 있어 관련 제품의 대부분이 수출을 통해 이뤄지고 있는바, 관련 정책의 제정을 통해 국내 이용도를 높이는 한편, 국내 수요로 이를 대체해나갈 필요가 있으며, 이는 결국 해외 수출가격의 상승 또한 불러오게 될 것이다. 현재 중국과 미국이 겪고 있는 경제 갈등을 완화해나가기 위해서는 경제관계의 기반을 확대하는 한편, 중국이 겪고 있는 일련의 무역불균형에 관한 검토를 통해 국내시장을 개방하는 등의 경제협력에 관한 논의를 심화시켜나가야 할 필요가 있다. 이 과정에서 중국은 구체적인 조치를 통해 대미 무역흑자를 줄여나가는 한편, 미국은 하이테크 산업에 관한 수출제한 조치를 완화해나가야 할 것이다. 아울러 중미 양측은 '경제협력위원회'를 설립함으로써 석유, 천연가스 등 자원의 공동개발을 추진하는 한편, 인프라 건설 및 태양에너지 기술 개발 등 다방면에서의 협력을 모색해야 할 필요가 있다. 그 밖에 현재 집계되고 있는 무역 관련 통계들, 대표적으로 무역불균형에 관한 통계 등은 전통적인 무역통계방식에 기인하고 있는바, 중국은 현재의 상황에 맞는 무역통계방식에 관한 연구를 적극적으로 추진하여 주도적으로 미국과 협력하는 한편 WTO를 통한 전문가위원회를 설립해야 할 필요가 있다.

실질적으로 TPP가 중국에게 많은 영향을 미치지는 않지만, 중국으로서는 이에 대한 두 가지 방안의 전략을 대응조치의 차원에서 구사해야 할 필요가 있다. 하나는 중미 간 무역과 투자개방에 관한 제도의 건설을 적극 추진함으로써 미국 측에 중미FTA에 관한 협상 및 추진을 제안하여 대미투자 시장을 개방해야 한다. 다른 하나는 아시아자유무역지대 구축을 추진하는 등 보다 개방적인 정책을 구사할 필요가 있다. 그리고 이 과정에서 한중FTA 및 한중일FTA 협상을 가속화하고, RCEP 협상에도 적극적으로 참여해야 한다. 아울러 아세안의 이니셔티브를 지지하는 한편 참가범위, 의제, 방식 등에 있어서 보다 융통성 있게 처리해야 할 필요가 있다. TPP에 대해서는 추적 연구와 주도적인 정책의 조정을 통해 적극적으로 이를 관찰해나가야 할 필요가 있으며, 이를 통해 수출 분야의 적응력을 제고해야 할 필요가 있다. 특히 새롭게 설립된 의제의 대부분은 중국의 개혁과 관련되어 있는바, TPP로 하여금 국내 개혁추진의 동력이 될 수도 있다. 따라서 중국은 미국과 TPP와 관련한 대화를 추진하는 과정에 있어 보다 태연한 자세를 취할 필요가 있다.

중미 간 공동안보 메커니즘의 결여는 전략적 신뢰상실의 중요한 원인이며, 미국의 신아태안보전략은 이러한 안보메커니즘의 분열을 심화하고 있다. 따라서 중국은 미국을 포함하는 지역안보체제의 구축을 적극적으로 추진해야 할 필요가 있다. 예컨대 6자회담은 중미 양국이 공동으로 참여한 지역안보 협력메커니즘으로, 이를 기반으로 동북아 지역의 안보체제 구축에 관한 비전이 제시되기도 했다. 그러나 한반도 문제는 이미 매우 복잡한 상황에 직면해 있으며, 특히 한국과 일본은 미국의 동맹국으로 자리하고 있기에, 동북아 지역 내 신안보체제의 구축은 당분간 큰 진전을 이루기 어려울 것이다. 이러한 상황에서 EAS는 아태지역 내 모든 대국을 포괄하는 지역메커니즘으로, 이를 실제적 기능을 갖춘 안보전략 협력메커니즘으로 발전시킴으로써 미국이 주도하는 아태안보체제의 구질서에 대한 균형을 맞추거나 혹은 타파해나갈 필요가 있다. 이 과정에서 중국은 EAS 체제하의 국방장관회의의 개최를 적극 지지하는 한편 군사 교류 및 협력을 전개하여 연합군사연습을 진행할 필요가 있다. 나아가 위기대응에 관한 협력메커니즘을 구축하고 EAS의 사무국 설립을 추진해야 할 필요가 있다. 과거의 중국은 안보체제의 메커니즘화와 기능화에 대해 비교적 신중한 태도를 취했지만, 미래에는 아태지역 내 신안보체제의 구축을 적극적으로 지지하는 한편 실질적인 역할을 발휘해나가야 한다.

중미 간의 군사안보적인 교류와 협력을 회복하고 이를 촉진하는 것은 매우 절박하다. 가까운 시일 내에 우선적으로 국방장관회담의 정상화 및 메커니즘화, 중국군과 미국군 간 교류 규모 및 수준의 제고, 우주산업 분야의 협력 등을 모색해야 한다. 아울러 사이버안보가 중미 양국의 안보 및 전략적 신뢰기반을 구축하는 과정에 있어 매우 중요한 요소로 부상한 바, '중미인터넷안보포럼'의 설립을 고려해야 할 필요가 있다. 아울러 지역 차원에서 중국은 보다 주도적으로 일련의 소규모 다자연합 군사훈련에 참가하는 한편, 중러 간 연합 군사훈련 과정에 미국의 옵저버 요청도 적극적으로 고려해야 한다.

미국은 결코 쇠퇴하고 있는 국가가 아닌 상대적으로 약화되고 있는 국가이다. 미국의 주요전략은 자체의 주도적 지위를 지켜나가는 한편, 중국

의 부상으로 인한 주도적 지위의 변화를 예방하는 것이다. 중국은 미국을
대체할 필요도 없고, 완전하게 배제할 필요도 없다. 따라서 중미 양국은
대화와 협상을 통해 상대방에 대한 오판을 줄여나가는 한편, 갈등을 줄여
상호 전진해나가는 과정 속에서 신뢰를 증진하고 불신 등을 해소해나갈
필요가 있다.

제10장

중국-아세안 자유무역지대 건설

동아시아 역내협력 중 가장 많은 주목을 받은 사건은 단연 중국-아세안 자유무역지대 건설이었다. 이는 자유무역지대 중 최초의 '10＋1' 형식을 취했을 뿐만 아니라 타결과정에서 다양하고 새로운 시도가 있었고, 그 규모와 잠재력 또한 매우 컸기 때문이었다. 중국에게 아세안과의 자유무역지대 건설은 아세안 10개국의 시장을 얻고, 관계를 더욱 긴밀하게 만들 수 있는 일거양득의 일이었다. 아세안 또한 이를 통해 중국이라는 거대시장에 진입하는 한편 중국 경제의 발전으로부터 이익을 얻을 수 있는 기회를 얻게 되었으며, 중국과의 관계를 심화시켜나갈 수 있는 플랫폼을 구축하게 되었다.

중국이 아세안과 자유무역지대를 건설한 배경에는 중국의 '세계무역기구(WTO, 이하 WTO)' 가입이 있었고, 이는 중국의 대외경제전략 및 추진시기를 고려했을 때, 명백한 사실이었다. 중국에게 WTO 가입은 현재의 세계경제체제를 수용하고, 이에 융합되는 커다란 결정이었다. 중국은 세계시장에 진출하기 위한 입장권을 필요로 했으나, 반드시 세계의 시장체제 규정에 맞게 자신을 변화시켜야만 했고, 세계시장체제와 함께 발전하기 위해서 WTO 가입은 반드시 거쳐야 할 관문이었다. 세계적으로도 인구와 발전 잠재력이 거대한 국가가 세계체제에 편입되는 것은 세계의 다자체제와 경제발전에 중대한 의미와 영향을 주는 사건이었다. 한편 중국과 세계, 그리고 세계와 중국이 서로 적응하는 데에는 시간이 필요했고, 중국의 WTO 가입까지 무려 15년이라는 긴 시간이 소요되었다.

WTO에 가입한 이후 중국은 발전을 거듭했다. 한편, 세계시장에는 WTO와는 다른 형태의 역내협정체제(RTAs)가 존재했는데, 2000년 당시 이미 다양한 역내무역협정이 수백 개나 되었다. 중국이 비록 WTO 가입 전 '아시아태평양경제협력체(APEC, 이하 APEC)'에 가입을 했으나 APEC은 일종의 정부 간 협력포럼일 뿐이었다. 비록 APEC이 아태지역의 시장개방과 협력을 적극 추진했고 2020년까지 아태지역의 무역과 투자자유화를 이룬다는 '보고르선언'을 제정했지만 APEC은 여전히 일종의 포럼일 뿐이었다. 따라서 '함께 약속하고, 단독적으로 행한다'는 방식이 통했고 구체적인 목표를 실행하는 데 규제가 약했으며 이는 협상을 통해 체결된 법률적 규정인 역내무역협정과는 다른 것이었다.

실제 역내 협력과정 중 APEC 회원국들은 APEC에 참가하는 것에 만족하지 않고 자유무역지대 건설을 향한 노력을 게을리하지 않았다. 미국·캐나다·멕시코는 '북미자유무역협정(NAFTA)'을 체결했고, 일본과 싱가포르는 규칙·기술표준·지적재산권도 다루는 '긴밀한 경제 동반자관계(CEP)' 협정을 체결했다. 그리고 아세안은 '아세안자유무역지대(AFTA, 이하 AFTA)' 논의를 심화했으나, 중국은 2000년까지 어떠한 국가와도 자유무역지대 건설을 논의하지 않았다. 이러한 상황에서 역내무역협정에 참여하는 것이 자연히 중국에 있어 WTO 가입 이후의 전략적 선택이 되었다.

중국이 아세안을 첫 번째 역내 경제협력파트너로 지목한 데에는 합리적 이유가 있었다. 첫째, 아세안은 이웃국가로서 중국의 개혁개방 이후 양측의 경제관계는 신속한 발전을 거듭하며 이익의 토대가 마련되어 있어 이를 더욱 강화할 가치가 있었기 때문이다. 둘째, 아세안과 중국의 경제발전 단계는 모두 중간수준에 머물러 있어 시장개방으로 받게 될 압력도 적었기 때문에 협상의 시작이 비교적 용이했기 때문이다. 셋째, 아세안과 개방적이고 협력적인 경제관계를 맺음으로써 아세안과의 관계를 개선할 수 있다는 지정학적 의미가 있었기 때문이다. 물론 시장관계의 긴밀한 정도로 말하자면 아세안은 중국에게 있어 한국이나 일본에 미치지 못한다. 또한 한국과 일본 모두 중국에게 있어 중요한 지정학적 의미가 있었으나 당시 상황에서 중국과 한국, 중국과 일본의 자유무역지대 협상은 어려움이 컸고 따라서 중국은 아세안을 첫 번째 협상파트너로서 택했으며 이러한 선택에는 이성적이고 장기적인 안목이 있었다고 말할 수 있다.[1]

비록 아세안이 실질적인 관리기능을 가진 역내기구는 아니지만 아세안은 자신들의 자유무역지대를 만들었고 개방적인 역내시장을 형성했다. 중국이 10개 동남아시아 국가와 각각 자유무역지대협정을 맺지 않은 것은 확실히 지혜로운 행동이었다. 그러나 중국과 아세안의 자유무역지대 협상에는 적지 않은 어려움이 있었다. 예를 들어, 아세안과 중국의 경제상황이 큰 대조를 이루었던 점이다. 중국 경제는 줄곧 양호한 성장을 해왔고 더불어 WTO 가입은 중국에 활력을 불어넣고 외자유입의 매력을 높여주었다. 그러나 아세안 국가의 경제는 금융위기라는 심각한 충격을 받았고 2000년이 되어서도 완전히 회복되지 못했다. 따라서 아세안 국가에게 중국이라는 활발한 성장을 이루고 있는 국가와 시장개방을 두고 협력을 하고 있다는 사실은 매우 염려스러운 부분이었다. 또 다른 어려움은

---

1 국내적으로 당시에 이견이 없었던 것은 아니다. 필자가 기억하기로 정부 유관부문과의 토론에서 일본과 먼저 협정을 체결해야 한다는 의견이 있었다. 일본과 중국의 무역관계가 긴밀하고 일본 시장이 중국에게 있어 매우 중요하기 때문이었다. 어떤 이는 싱가포르와 먼저 시작해야 한다고 했는데, 싱가포르는 많은 국가들과 자유무역협정을 맺고 있어 아세안 시장으로 들어가는 통로가 될 수 있기 때문이었다.

쌍방의 경제규모와 경쟁력에 비대칭이 존재한다는 점으로써 중국은 성장하고 있는 거대경제체였지만 아세안은 여러 중소국가가 모인 기구로 회원국 모두 저개발국가였다. 따라서 중국과 아세안의 자유무역지대 협상은 반드시 아세안 회원국 모두가 받아들일 수 있는 방식으로 진행되어야만 했다.

아세안 내부에도 큰 차이가 존재했으며 어떻게 개방과 협력의 과정을 추진하는가에 대해서 아세안은 풍부한 경험을 축적하고 있었다. 예를 들어, 아세안자유무역지대 건설을 순차적으로 진행하는 한편 시장개방 과정에서 '함께 그러나 차이를 두는' 형식(새로운 회원국에는 더욱 긴 유예기간을 두었다)을 채택했다. 중국과 아세안의 FTA 협상은 반드시 아세안의 특수성을 고려하고 아세안의 개방과 협력에 있어서의 경험을 충분히 참고해야 했다. 가장 중요한 것은 큰 격차가 존재하는 상황에서 아세안 국가로 하여금 중국과의 자유무역지대 건설에 확신을 갖게 하는 것이었으며 아세안 국가들이 진정으로 이를 통해 이익을 얻을 수 있다고 믿게 하는 것이었다.

중국과 아세안의 자유무역지대 협상에는 긴 시간이 소요되었고 기본협정 체결부터 마지막 투자협정의 완성까지 8년의 시간이 걸렸다. 이에 2010년 1월에 비로소 발효되었고 제안 시점부터 시간을 더하면 무려 10년의 시간이 걸렸다. 다행이었던 점은 협상이 모든 항목에 대해 합의한 후에 체결하는 방식, 즉 일괄타결방식으로 진행된 것이 아니라 단계적으로 진행되었던 점으로 일부분에 대해 먼저 발효하는 식으로 진행된 것이다.

중국과 아세안의 자유무역지대 구축은 둘 모두에게 큰 사건이었을 뿐 아니라 기타 국가에게도 큰 영향을 주었다. '돌 하나가 파문을 일으키듯' 중국과 아세안의 조치는 아세안과 경제관계가 밀접한 일본 및 한국으로 하여금 즉각적인 행동에 나서게 했다. 그들은 아세안과 FTA 논의를 시작했고 이후 호주-뉴질랜드(CER) 그리고 인도가 따라서 협상을 시작했으며 미국과 유럽연합도 흥미를 보였다. 따라서 아세안은 중국·일본[2]·한국·호주-뉴질랜드(CER)·인도와 각각 '10+1'의 자유무역지대 협정을 논의하게 되었다.

실제적 효과를 살펴보면 자유무역지대 건설로 중국과 아세안 간의 경제관계가 확실히 밀접해졌고 특히 상품무역이 신속히 성장하는 데 큰 공헌을 했다. 그러나 중국-아세안 자유무역지대의 1차 협의는 주로 상품무역시장의 개방을 추진하는 데 집중했고 서비스와 투자의 개방도는 비교적 낮았다. 따라서 쌍방의 경제관계가 밀접해짐에 따라 서비스와 투자영역의 개방을 위한 '업그레이드 버전'을 추진하는 것이 쌍방 경제관계의 구조적 확장과 심화를 위한 필수적인 조치로 제기되었다. 특히 중국 경제의 구조전환 및 업그레이드에는 동남아 지역으로의 산업이전, 산업사슬의 확장, 금융영역의 참여가 필연적으로 수반된다.

중국이 아세안과 자유무역지대를 개척한 것은 중국 입장에서는 합리적 선택이었으나 동아시아 역내협력 측면에는 촉진작용을 했는가, 분화작용을 했는가, 이상과 현실 사이에서 이성적인 선택이었는가, 자신의 이익을 우선하는 선택이었는가. 이러한 의문에 대해 생각해볼 가치가 있다.

중국과 아세안의 자유무역지대 건설에 있어서 창의적 방식은 기타 지역과 세계에 새로운 본보기가 되었다. 예를 들어, '조기 자유화' 방식은 보편적으로 인정되는 일종의 선택사항이 되었다. 당시를 생각해보면 중국의 일부 '색다른 방법'은 적지 않은 비판을 받았고 일부 서구국가는 중국과 아세안의 조약이 규범에 부합하지 않고 개방수준이 낮아 자유무역

---

2   일본은 우선 아세안 가운데 비교적 발달한 회원국과 협상했고 이후에 아세안 전체와 협상을 진행했다.

지대라고 할 수 없다고도 했다. 그러나 현재 우리의 '완고함'이 일리가 있으며 수많은 조치에서의 '비규범'이 문제를 해결하기 위한 창의적 아이디어였음이 증명되고 있다.[3]

1. '이심전심'

2000년 11월 25일, 중국과 아세안의 '10＋1' 정상회의가 싱가포르에서 열렸고 주룽지(朱鎔基) 총리는 "중국과 아세안의 경제무역협력이 나날이 밀접해지고 있어 쌍방은 한 단계 더 상호 간에 편이를 제공할 필요가 있으며 상품·기술·자본·정보의 소통을 촉진해야 한다. 장기적으로 보면 중국과 아세안은 자유무역관계를 수립하는 문제에 대해 더욱 심층적으로 연구할 수 있다"고 발언했다. 또한 "쌍방은 중국-아세안 경제무역위원회의 틀 아래에서 중국-아세안 경제협력 전문가그룹을 만들고 상호 간의 경제관계 강화와 무역과 투자에서 편의를 제공하는 문제 그리고 기타 양측의 관심 사안에 대해 논의하자"고 제의했다.[4] 이 제안은 아세안의 긍정적인 반향을 불러일으켰고 마침 아세안도 같은 생각을 하고 있었기에 소위 '이심전심'이라고 할만했다. 이후 중국-아세안 경제협력의 정부 전문가그룹이 구성되었고 중국과 아세안의 경제무역관계를 강화하기 위한 연

---

3 중국 입장에서 이러한 아이디어는 '이타주의'에서 나온 것이 아니라 국가 상황을 고려하여 추진 가능한 방안을 찾은 것이었다. 어떤 전문가들은 중국이 단계적 개방의 방법을 찾은 원인이 주로 국내 관련 영역에 있어서 조정의 어려움 등 국내시장 개방에 어려움이 있었기 때문이라고 지적한다. Yang Jiang, "China's Pursuit of Free Trade Agreements: Is China Exceptional?", *Review of International Political Economy*, Vol. 17, No. 2, 2010, pp. 238-250 참조.

4 〈주룽지 총리 제4차 중국-아세안 정상회의 담화(朱鎔基總理在第四次中國-東盟領導人會晤上的講話)〉, www.gx.xinhuanet.com/topic/2006-10/29/content.

구에 즉각 돌입해 정책보고서를 내놓았다. 또한 중국과 아세안은 '중국과 아세안의 자유무역관계 건설'에 대해 공동전문가그룹을 조직해 연구를 진행했다. 전문가그룹의 주요임무는 자유무역지대 건설의 실행가능성을 논술하는 것이 아니라 정상 간의 공감대를 구체화하고 실행가능한 정책보고서를 작성하는 것이었다. 정상 간의 공감대가 형성되어 있었기 때문에 전문가들은 일하기가 비교적 순조로웠고 2001년 7월 보고서가 완성되었다. 이 보고서는 우선 '10+1' 경제장관회의에 제출되었으며 이후 정상들의 정책결정에 참고가 되었다.

전문가그룹 보고서의 핵심제안은 중국과 아세안이 전면적인 경제협력을 전개해야 하며 이를 위해 10년의 시간에 걸쳐 중국-아세안 자유무역지대를 건설해야 한다는 것이었다. 보고서는 중국-아세안 자유무역지대가 향후 엄청난 이익을 창출할 것이고 양측의 경제협력을 대폭 강화시킬 것으로 내다봤다.[5] 이 보고서는 2001년 11월 열린 중국과 아세안 정상회의에서 채택되었고 이를 기반으로 하여 양측은 기본협정 초안을 만드는 데 착수했다. 2002년 11월 제6차 중국-아세안 정상회의에서 쌍방은 '중화인민공화국과 동남아시아국가연합의 전면적 경제협력 기본협정(이하 '기본협정')'에 서명했다.[6] 해당 협정의 목표는 매우 명확했다. 계약 당사국 간의 경제·무역·투자협력을 강화하고 증진하는 것, 상품과 서비스 무역을 촉진하고 이 두 영역의 자유화를 점진적으로 실현하는 것, 투명하고 자유로우며 편리한 투자시스템을 만드는 것, 계약 당사국 간 더욱 긴밀한

---

5 구체적 효과 분석은 다음을 참고, "Forging closer ASEAN-China economic relations in the 21st century", report submitted by the ASEAN-China expert group on economic cooperation, 2001, http://www.aseansec.org/newdata/asean-chi.pdf/.

6 '기본협정' 구체내용 참고, http://gjs.mofcom.gov.cn/aarticle/Nocategory/200212/20021200056452.html.

경제협력을 위해 새로운 영역을 개척하고 적절한 조치를 취하는 것, 아세안 신규 회원국의 경제통합협정 참여에 편이를 제공하고 각 당사국 간 발전격차를 줄이는 것이었다. '기본협정'은 자유무역지대의 법률적 기초로서 16개 조항으로 되어 있으며 중국-아세안 자유무역지대의 기본구조를 확정하고 있다. 주요내용은 아래와 같다. ① 자유무역지대의 내용: 상품무역·서비스무역·투자·경제협력 등을 포괄하며 상품무역은 자유무역지대의 핵심내용이다. 소수의 민감한 상품을 제외한 기타 모든 상품의 관세와 무역제한 조치를 모두 점차적으로 폐지한다. ② 협상일정: 상품무역협상은 2003년 초에, 서비스무역과 투자협상은 2003년 내에 시작하고 조속히 마무리한다.[7] 경제협력은 쌍방이 농업·정보통신기술·인력자원 개발·투자 촉진·메콩 강 유역개발을 중점적으로 추진키로 결정했으며 기타 영역으로 점진적으로 확장한다. ③ 자유무역지대건설 진행일정: 쌍방은 2005년을 시작으로 정상상품의 관세를 축소하고 2010년 중국과 아세안 기존 회원국은 자유무역지대를 건설한다. 2015년 아세안 신규 회원국들과 자유무역지대를 건설하고 이때 중국과 아세안의 절대다수 상품에 대해 제로 관세를 실시할 것이며 비관세장벽을 철폐하고 쌍방의 무역자유화가 실현될 것이다. ④ 조기 자유화 프로그램: 쌍방이 자유무역지대의 이점을 조속히 누리기 위해 쌍방은 '조기 자유화' 프로그램을 제정에 합의했으며 2004년 1월 1일을 시작으로 500여 개의 상품(주로 '세칙' 제1~5장 농산품)에 대해 관세율을 인하하며 2006년에는 이 상품들에 대해 제로 관세를 실시한다. ⑤ 아세안의 WTO 미가입국가에 최혜국 대우를 약속한다. 아세안의 베트남·라오스·캄보디아 같은 WTO 미가입국가들

---

7   상품무역협정은 2004년 11월, 서비스무역협정은 2007년, 투자협정은 2009년 말에 체결되었고, 2010년 1월 1일에 전면 발효되었다.

의 발전을 돕기 위해 중국은 아세안의 WTO 미가입국가에 최혜국 대우 적용에 동의한다. ⑥ 무역규정의 제정: 원산지 규정의 제정, 반덤핑·반보조금·보장조치·분쟁해결시스템 등 무역규정을 제정하여 향후 중국-아세안 자유무역지대의 정상적인 운영을 보증한다.[8] 기본협정은 자유무역지대 건설의 방식·기본구조·의사일정·내용에 대해 구체적으로 규정했으며 앞으로의 협상에 기반이 되었다. 이처럼 기본협정에 우선 서명하는 것은 앞으로의 협상에 지도원칙이 되는 동시에 쌍방이 전면적 협력을 전개하는 데 길이 되어주므로 중국과 아세안 자유무역지대 건설을 위한 창의적 조치였다. 이전에는 중국이든 아세안이든 모두 다른 국가들과 자유무역지대 건설을 명확히 하는 이러한 협정을 맺은 적이 없었다. 쌍방이 어떻게 이렇게 조속히 협정을 체결할 수 있었을까? 주원인은 쌍방의 이익에 대한 공감대에 있었다.

중국 입장에서 WTO 가입 이후 역내 경제협력에 참여하는 것은 중요한 전략이었다. 아세안을 협상 대상으로 먼저 선택한 것에는 신중한 고려가 있었으며 중국에게는 가장 수월한 출발점이었다. 쌍방의 경제수준이 비교적 비슷했기 때문에 협상은 비교적 순조로웠다. 중국은 WTO에 막 가입했고 많은 공약들이 아직 실행되지 않은 상태에서 만약 선진국과 자유무역지대를 논의하게 된다면 커다란 압력을 받게 되는 등 쉽지 않은 과정이 될 것이었다. 따라서 중국은 아세안과 자유무역지대 건설을 논의하기로 결정했고 협상과정을 통해 역내협력에 대한 자신감을 얻게 되었다. 중국과 아세안은 지리적으로 가까워 자연스럽게 경제권을 형성하고 있었고 만약 자유무역지대를 건설해 서로 시장을 개방하고 생산요소들이 역내에서 자유롭게 유동된다면 새로운 경제성장의 동력이 될 것이었다.

---

8 '기본협정' 본문 참고, http://fta.mofcom.gov.cn/dongmeng/dm_kuangjiaxieyi.shtml.

중국과 아세안의 인구를 합하면 대략 19억 명에 달하며 대부분 개발도상국이어서 거대한 발전 잠재력이 있었다. 동시에 경제구조 역시 매우 강한 상호보완성을 지니고 있어 시장개방으로 생산요소의 상호보완을 실현할 수 있었다.[9]

또한 중국은 아세안에 장기적인 경제협력관계 구축을 제안했고 아세안 국가의 긍정적 반응을 얻었다. 1997년 태국에서 발생한 통화위기가 금융 및 경제위기로 확산되었고 아세안 전체를 휩쓸었다. 아세안의 경제는 심각한 충격을 받았고 금융시장은 공황상태에 빠졌으며 자금은 이탈하고 경제는 마이너스 성장을 기록했으며 실업도 심각해 2000년까지 경제는 여전히 회복하지 못한 상태였다. 아세안은 중국이라는 시장이 필요했고 중국과 협력하여 시장의 자신감을 회복해 경제회복에 속도를 내야만 했다. 동시에 아세안 금융위기가 발생한 이후 중국의 태도도 아세안 국가들의 신임을 얻었었다. 수출이 대폭 줄어든 상황에서 중국은 위안화 평가절하를 단행하지 않아 아세안 국가들의 수출증대에 기여를 했고 아세안 국가의 금융시장 호전과 유동성에 도움을 주었다. 또한 중국은 태국·말레이시아·인도네시아에 구제금융을 제공하여 위기에 대처할 수 있도록 했다. 아세안 국가들에게 중국은 책임감 있는 국가의 모습을 보았다.

물론 중국과 아세안의 자유무역지대 건설과 경제협력에는 종합적인 전략적 고려가 있었다. 1992년 이래로 중국과 아세안이 대화를 시작한 이후 쌍방의 관계는 현격하게 개선되었고 중국은 아세안의 대화파트너가

---

9 일부 아세안 전문가들은 중국과 아세안의 경제 상호보완성에 대해 동의하지 않는다. 그들은 양자 간의 경쟁이 보완성보다 더 크며 중국 경제가 한 단계 더 발전하면 아세안에 있어서 하나의 위협이 될 것이라고 보았다. John Wong and Sarah Chan, "China-ASEAN Free Trade Agreement: Shaping Future Economic Relations", *Asia Survey*, Vol. 43, No. 3, 2004, pp. 511-512.

되었다. 1997년에 쌍방은 21세기를 지향하는 평화와 번영의 동반자관계를 맺었다. 그러나 21세기에 들어 새로운 상황을 맞이해 중국은 아세안과 더 높은 단계의 협력관계를 맺어 쌍방의 관계를 더욱 전략적인 관계로 만들고자 했다. 경제가 정치를 이끌도록 하는 것은 중국의 대외관계에 있어 일종의 관행이다. 그러나 중국과 아세안 회원국 간의 관계에는 복잡한 역사적 배경이 있었고 고도의 전략적 사고로 양국관계 강화를 추진했어야 했다. 이를 위해 중국과 아세안 간 관계의 수준을 격상할 필요가 있었다. 이후의 사실에서 밝혀졌듯이 이러한 전략적 사고는 옳았다는 것이 증명되었고 아세안의 이해와 지지를 얻게 되었다. 경제협력합의가 체결되고 이듬해인 2003년 중국은 아세안과 전략적 동반자관계 협정을 체결했다.

중국과 아세안의 자유무역지대 건설은 신속하게 진행되었고 제안한 시점부터 기본협정 체결까지 2년의 시간조차 걸리지 않았다. 기본협정은 자유무역지대의 협상에 방법·내용·원칙을 제정했고 협상전개의 법률적 기반을 마련해주었다. 이는 매우 새로운 작업이었고 이전에 어떠한 국가도 아세안을 하나의 단일한 주체로 대하고 자유무역지대 협상을 진행하지 않았다. 중국이 아세안을 하나의 협상 주체로 바라본 것은 첫째, 중국이 아세안을 거대한 개방시장을 형성하는 데 필요한 하나의 전략적 중요성을 가진 지역으로 대한다는 것을 보여주었고, 둘째, 중국이 10개의 아세안 회원국들과 일일이 협상을 진행하는 것을 피하게 함으로써 협상과정이 간소화될 수 있었다. 이렇듯 중국의 조치가 지혜롭고 효과적이었음은 사실로서 증명되고 있다.

중국-아세안 자유무역지대 건설의 어떠한 문제들은 더욱 깊이 고찰할 가치가 있다. 우선 중국-아세안 자유무역지대와 동아시아 역내협력의 관계이다. 1999년 동아시아 '10+3' 정상회의는 '동아시아 협력공동성명'을 발표했고 '10+3'을 여러 영역에 있어서 협력의 기본 틀로 결정했다.

사실상 당시 각국은 협력의 목표와 방식에 있어 명확한 공감대를 보이지 못했다. 단지 동아시아비전그룹의 보고서가 동아시아공동체 건설을 역내 협력의 장기목표로 제의하자 비로소 목표가 비교적 명확해진 것이다.

당시 중국 정부는 동아시아 역내협력 추진에 관심이 높았지만 지역공동체를 만드는 것에는 큰 열의가 없었다. 그 원인은 첫째, 중국과 동아시아 지역 국가의 관계가 비교적 복잡했다는 것이다. 중국은 특유의 정치체제를 견지하고 있으며 타이완 문제도 안고 있었다. 따라서 가장 우려하는 부분이 외부의 간섭이었고 자주성을 견지하는 것이 중국의 대외정책의 기본이었다. 둘째, 중국이 막 WTO에 가입을 하여 세계시장을 향한 첫발을 이제야 내디뎠던 점이다. 가공수출 위주의 경제체제를 가진 중국 정부는 해외시장 진출 방법을 찾는 것, 타국의 경험을 배우는 것 그리고 자유무역지대 건설에 참여하고 이를 추진하는 것이 주된 관심사였다. 따라서 중국이 주도적으로 아세안과 자유무역지대 건설을 제의한 것은 주로 중국의 전략적 고려에 기반을 둔 것이었고 이러한 제의가 동아시아 역내협력과정에 어떠한 영향을 줄지에 대해서는 특별한 고려가 없었다.

중국-아세안 자유무역지대는 동아시아 지역에 '10+1' 자유무역지대 붐을 일으켰는데, 이는 동아시아 역내협력에 긍정적이었을까 부정적이었을까. 동아시아 역내협력과정 자체가 발전에 대해 깊게 탐구하는 과정이기 때문에 이에 대해 간단히 대답하는 것은 별 의미가 없다. 사실 '동아시아자유무역지대(EAFTA)' 건설을 자유무역지대 건설의 출발점으로 삼는 것은 비현실적이었다. 아세안은 이를 감당할 능력이 없었고 기타 국가들도 각자의 다양한 생각이 있었다. 이후의 EAFTA에 대한 계획·연구·추진 상황에서 보건대 어쩌면 여러 개의 '10+1' 자유무역지대 체결이 일종의 거대한 자유무역지대 구축에 이르는 준비단계라고 할 수 있었다. 최소한 중국의 상황에서는 아세안과 자유무역지대를 건설한 경험으로 이후의 자유무역지대 협상에서 더욱 노련하고 자신감 있게 임할 수 있게 되었다.

2. 협력 혁신에 대한 모색

중국이 동남아시아 10개국과 아세안이라는 단일한 협상주체를 통해 자유무역지대를 구축함에 있어서 자신에게 적합한 새로운 방식, 즉 혁신적인 방식을 모색해야만 했다. 첫째, 중국과 아세안 모든 회원국이 받아들일 수 있고 지지할 수 있는 방법이 필요했다. 그래야만 협상과정이 중단되거나 차일피일 미루며 결정을 내리지 못하는 상황을 피할 수 있었다. 둘째, 중국이 개발도상국이며 아세안 회원국 간의 발전수준과 관심 이익 분야에 큰 차이가 있음을 고려해야 했다. 이를 위해 각국의 차이를 감안한 개방된 배치가 필요했으며, 실질적인 경제협력의 내용도 고려할 필요가 있었다. 또한 비록 자유무역지대 건설이 창의력을 필요로 하고 신축성과 융통성을 요구하지만 중국과 아세안 다수 회원국은 WTO 회원국으로서 역내 자유무역지대 건설이 WTO라는 다자체계의 기본원칙에도 부합되어야 했다. 이렇듯 중국과 아세안의 자유무역지대 협상과정은 매우 많은 새로운 아이디어가 필요로 했다. 중국이 우선적으로 자신의 수용능력을 고려해볼 때, 쉬운 것부터 하고 어려운 것은 나중에 하며, 단계적인 협상을 통한 점진적 추진방식이 중국의 국가상황에 맞는 것이었다. 아세안은 AFTA 및 기타 여러 협정이 이미 있었기 때문에 중국과 자유무역지대를 건설함에 있어서 시장개방의 구조방식 등을 포함하여 AFTA와 연계시켜야 했다. 자유무역지대를 추진하는 데 점진적이고 차이를 두는 방식은 쌍방의 인정을 받았으며 이는 중국의 상황에도 부합되는 것이었다. 따라서 일부 큰 원칙에 있어서 중국과 아세안은 많은 공감대를 가지고 있었으며, 이는 기본협정 체결과 이후의 협상과정을 상대적으로 용이하게 해

주었다.[10]

　'기본협정' 문건은 중국-아세안 특유의 자유무역지대 건설에 지도원칙을 제공했다. 특히 가장 두드러진 것은 '조기 자유화' 프로그램이었다. 소위 '조기 자유화'는 우선 시행되는 시장개방 프로그램을 가리키거나 전면적 시장개방 협상 전에 우선적으로 일부 영역을 개방하는 것으로, 이는 아세안 저개발국가의 능력과 이익을 특별히 고려한 조치였다. '조기 자유화' 프로그램은 중국-아세안 자유무역지대 상품무역 영역의 고속도로로 불렸으며, 2004년 1월 1일부터 실시되었다. 제품 범위는 주로 '세관세칙' 제1장부터 제8장까지의 상품들이 적용대상이었으며 500여 개의 농수산품이 포함되었다.[11] 그러나 아세안 회원국 간 경제격차가 크기 때문에 각국 간에 차이를 두는 방식이 필요했다. 예를 들어, 협상 중 일부 아세안 국가는 '세관세칙' 제8장까지의 모든 상품에 대해 '조기 자유화' 프로그램에 따라 관세를 줄이고 취소하는 것은 곤란하다고 밝혔다. 이러한 국가들을 배려하기 위해 쌍방은 관세인하가 곤란한 상품들에 대해 '조기 자유화' 프로그램의 '예외 상품'으로 지정했고 조기 관세인하를 유예했다. 캄보디아, 라오스, 필리핀, 베트남이 예외 상품 목록을 제출했으며 일부 아세안 국가는 세칙 제8장까지 거론된 상품들은 중국과의 무역에 있어 수량이 상대적으로 적거나 이익이 균형적이지 않다는 점을 지적했다.

10　사실 비교적 쉬웠던 것은 상품무역이었으며, 서비스무역과 투자영역의 협상은 쉽지 않았다. 이는 쌍방이 서비스와 투자시장의 개방에서 모두 비교적 낮은 수준에 있었기 때문이었다.

11　각 회원국의 적용상품 개수는 상이한데, 중국 593개, 브루나이 597개, 캄보디아 539개, 인도네시아 595개, 라오스 406개, 말레이시아 599개, 미얀마 579개, 필리핀 214개, 싱가포르 602개, 태국 581개, 베트남 547개였고 2010년 말까지 모두 제로관세를 실현하기로 했다. 〈중국-아세안 자유무역지대 시험무대: 조기 자유화 프로그램(中國-東盟自貿區試驗田: 早期收獲計劃)〉, http://www.mofcom.gov.cn/aarticle/Nocategory/200507/20050700180151.html 참조.

이러한 문제를 풀기 위해 중국과 이러한 국가들은 따로 양자협상을 가졌고 제8장까지의 상품 이외에 대해서도 '조기 자유화' 대상으로 지정했고 이를 '특정 상품'으로 칭했다. 인도네시아, 말레이시아, 태국은 잇따라 커피, 팜핵유, 야자유, 비누, 무연탄, 코크스 등을 특정상품 목록으로 제출했다. 특정상품의 우대관세는 중국과 특정상품을 제출한 아세안 회원국 양자 사이에서만 적용이 되고 중국과 기타 아세안 회원국 간에는 여전히 WTO 최혜국세율이 적용되었다.[12] 이처럼 '조기 자유화' 프로그램은 아세안 전체를 고려했을 뿐 아니라 서로 다른 회원국의 이익도 함께 배려했음을 알 수 있다. 협상 초기 이러한 협정은 아세안이 하나의 단일한 주체로서 협상에 참여할 수 있게 하는 데 중요한 역할을 했다.[13] '조기 자유화' 프로그램은 개발도상국이 자유무역지대 건설에 참여하는 데 본보기가 되는 방식을 제공했다는 의의가 있었다. 이후 일종의 보편적 협상방식이 되었고 다른 자유무역지대협상에 사용되었을 뿐 아니라 WTO는 이를 도하라운드의 정체를 돌파하는 유효한 방식으로 인정했다. 이러한 결과는 당시 모두들 생각지도 못했던 것이었다.[14]

---

12 중국-아세안 '조기 자유화' 프로그램 상품범위 참고. http://www.cafta.org.cn/show. php?contentid=63993.

13 실제 실행과정은 매우 복잡했다. 광시(廣西), 윈난(雲南) 과수농가는 아세안 국가로부터 오는 동종의 상품들과 경쟁해야 했고 태국 농민은 중국에서 오는 저렴한 마늘, 생강 등의 충격을 극복해야 했다. 이러한 도전에 직면한 현지 농민들은 대응능력 부족으로 손실을 입었다. 일부는 현지 지방정부의 지원하에 조정을 거쳐 새로운 품종을 들여오거나 작물을 바꾸었다. 당연히 시장개방에는 각종 충격이 수반된다. 그러나 이 같은 구체적인 충격이 있는 반면 종합적인 이익도 같이 존재한다. 이 측면에 대한 분석은 다음 글 참고. 랴오샤오렌(廖少廉), 〈'조기 자유화'로 본 중국-아세안 자유무역지대 원인(從'早期收獲'看中國-東盟自貿區雙贏)〉, 《동남학술(東南學術)》, 2004 증간, 247-249쪽; Zhang Yunling, *Economic and Social impact of liberalization: a study on early harvest program under China-ASEAN FTA*, Social Science Academic Press, 2009.

14 '조기 자유화' 협정방식에 대해 모두가 보편적으로 받아들일 수 있었던 것은 아니었다. 예를 들어, 중국이 RCEP 협상에서 '조기 자유화'를 제의했을 때 당사국 대부분이 이에 동의

중국과 아세안은 자유무역지대 건설에 있어서 쉬운 것을 먼저하고 어려운 것을 나중에 하는 단계적인 협상방식을 취했다. 즉, 먼저 상품무역을 개방하고 나중에 서비스무역 개방을 논의하며 최후에 투자개방을 논의했던 것이다. 또한 개방협정에 있어서도 점진적이고 차이를 두는 방식을 택했다. 점진성은 시장개방을 일차적으로 실현하는 것이 아니라 단계적으로 협상하고 점차적으로 심화한다는 것이며 먼저 개방협정에 합의한 이후 협정을 실행할 만한 상황인지에 대해 평가하며, 이 평가에 기초하여 새로운 개방협정을 다시 협의하는 것이다. 이렇게 양측 간의 자유무역지대 건설은 중단 없이 점차 심화되는 과정을 겪어왔다. 기존의 대부분 자유무역지대 협상은 한 번에 모든 것을 마무리 짓는 일괄타결방식을 택해왔다. 예를 들어, NAFTA는 한 번에 모든 것을 고려하여 수천 페이지의 빈틈없는 협정서를 통과시켰으며 협정 체결이 높은 수준의 시장개방을 의미하는 것이었다.

중국과 아세안이 일괄타결방식을 취하기에는 어려움이 많았다. 만약 일괄타결방식을 취했다면 아마도 일부 단계에서 협상이 궁지에 빠지거나 심지어 협상 전체가 정체되었을 것이다. 이러한 상황은 다른 자유무역지대 협상 과정에서도 종종 나타난다. 아세안 자체의 자유무역지대 건설도 단계적인 방식을 취했으며, 이러한 방식의 채택으로 아세안이 융통성을 발휘할 수 있었다. 따라서 중국-아세안 자유무역지대 협상도 AFTA 건설의 경험을 충분히 참고했다. 만약 2002년 기본협정 체결을 시작으로 한다면 쌍방은 8년의 시간에 걸쳐 전체 협상을 마무리했다. 2003년에 '조기 자유화' 프로그램, 2004년에 상품무역협정, 2007년에 서비스무역협정, 2009년에 투자무역협정을 완성했으며, 2010년 1월 1일부터 자유무역지

하지 않았으며, 특히 일본, 호주 같은 선진국의 지지를 얻기는 더욱 힘들었다.

대 협정이 정식 발효되었다. 한편 어떤 이들은 중국-아세안 자유무역지대가 2010년 1월 1일에 정식 발효된 것은 자유무역지대의 완전한 구축을 의미하는 것이 아니라, 1차적인 과제로서 기본협정의 내용을 실현한 것이며 동시에 전면적 자유무역지대 건설을 위한 시작을 의미한다고 평가했다.

2005년 7월에 '상품무역협정'이 정식으로 실행단계에 들어섰다. 협정에 따르면 2010년까지 중국과 아세안 기존 회원국은 민감한 품목을 제외한 93%의 상품에 대해 제로관세를 실시하고 평균관세를 9.8%에서 0.1% 이하로 인하하기로 합의했다. 동시에 2015년까지 아세안 신규 회원국도 제로관세를 실시하며 2018년에는 중국과 아세안의 모든 회원국이 상품무역에서 제로관세를 실시한다고 규정했다. 2007년 7월에 '서비스무역협정'이 실시되었다. 각국은 양허리스트를 제출하는 형식으로 각자 서비스부문에 대한 구체적인 개방, 즉 포지티브 리스트를 약속했으며, WTO '서비스무역협정'상에서 각국이 한 공약보다 더욱 높은 수준의 개방약속을 제시했다. 중국이 구체적으로 개방을 약속한 주요영역은 건축·환경보호·운수·체육·비즈니스서비스(전산, 컨설팅, 시장리서치 등) 5개 서비스부문의 26개 영역으로, 일부 서비스영역에 대해 개방도를 높이고 독자기업의 설립을 허가하며 회사설립 시의 지분비율제한을 완화하고 내국민 대우를 허가하는 것 등 내용을 포괄하고 있었다.

2011년 11월 18일, 중국과 아세안은 '중국-아세안 자유무역지대 서비스무역협정에 관한 제2차 구체공약 협정서'를 체결했으며, 의정서는 각국이 국내 자체의 법률적 심사비준과정을 거친 후 2012년 1월 1일에 정식으로 발효되었다. 중국의 제2차 구체공약은 WTO 가입 공약에 기반하고 있으며 비즈니스 서비스·전신·건축·대리판매·금융·여행·교통 등 부문의 공약내용에 대해 갱신과 조정이 있었다. 이와 함께 도로운수·직업

훈련·엔터테인먼트·스포츠서비스 등 영역에 대해 한 단계 더 개방하기로 했다.

한편 아세안 각국이 제2차 구체공약에서 다루는 영역도 명확히 증가했으며 WTO 공약보다 더 높은 수준의 개방을 공약했을 뿐만 아니라 많은 국가들이 새로운 기준의 개방 수준을 제시했다.[15] '투자협정'은 2010년 1월 실시되었으며, 정의·목표·적용범위·내국민 대우·최혜국 대우·투자 대우·징수·손실보상·이전 및 과실송금·국제수지 균형보장조치·대위·당사자 간 분쟁해결·당사자와 투자자 간 분쟁해결·이익 거절·일반예외·안전예외·기타의무·투명도·투자촉진·투자편이·기구협정·기타 협정관계·심의·수정·보존·발효 등에 대해 27개 조에 걸쳐 규정하고 있다. 이 중에서 내국민 대우 조항은 각 당사자가 타국 내 투자관리·경영·운영·유지·사용·판매·청산 등에 대해 같은 조건하에서는 자신과 그 투자가 받는 대우가 해당국가의 본국투자자 및 그 투자에 부여하는 대우보다 낮아서는 안 된다는 규정이다. 최혜국 대우 조항은 각 당사자가 타국에서의 투자에 대해 같은 조건하에서는 자신이 받는 대우가 해당국가가 어떠한 당사자 및 제3국 투자자에 대한 대우보다 낮아서는 안 된다는 것이다. 이 두 핵심조항은 양측의 투자자에게 공평, 공정의 무차별 대우를 보장하는 데 핵심적 역할을 했다.

이 외에 투자대우·투명도·투자촉진·투자편이·분쟁해결 등의 조항은 양측의 투자환경 개선·외자정책의 투명도 제고·투자편리화 촉진·투자 분쟁해결의 공평함과 효율제고·투자보호 강화 등의 측면에 유효한 법률

---

15 〈중국과 아세안이 체결한 자유무역지대 '서비스무역협정'〉, http://news.xinhuanet. com/world/2007-01/14/content_5604891.htm; 〈중국과 아세안이 체결한 '중국-아 세안 자유무역지대 서비스무역협정에 대한 제2차 구체공약 협정서'〉, http://www. mofcom.gov.cn/aarticle/ae/ai/201111/20111107839431.html.

적 보장을 제공했다. 이렇게 '투자협정'을 통해 양측은 서로의 투자자들에게 내국민 대우·최혜국 대우·투자공평공정 대우·투자 관련 법률법규의 투명도 제고·상호투자에 대한 불합리한 제한과 단속 감소 등을 약속했다. 즉, 중국과 아세안이 투자를 확대하는 데 있어서 개방적이고 편리하며 투명하고 공평하며 충분한 법률적 보호를 제공하는 투자환경을 창출했다.[16]

협정 내용과 실행이 단계적이었으며 아세안 회원국 간의 차이에 대해서도 충분히 고려하여 경제가 낙후한 신규 회원국에게 보다 많은 유예기간과 선택권을 주었다. 이러한 차별대우는 협상과정에서도 매우 중요했을 뿐 아니라 협정의 발효도 비교적 용이하게 해주었다.[17]

포괄적 경제협력 추진은 중국-아세안 자유무역지대의 중요한 특징이었다. 2002년 체결한 경제협력 기본협정에서 협력강화가 필요한 5개 우선영역을 제시했다. 이는 농업·IT기술·인력자원 개발·투자·메콩 강 분지 개발이었다. 협정은 또한 협력 분야를 은행·금융·여행·공업협력·교통·전신·지적재산권·중소기업·환경·바이오기술·어업·임업·임업상품·광업·에너지·저개발지역 개발 등 보다 많은 영역으로 확대하기로 공약했으며, 상품무역·서비스무역·투자편리화를 추진하고 이를 위한 유효한 조치를 취하기로 했다. 예를 들어, 평가의 표준화 및 일치·무역기술 장벽·비관세 장벽·세관협력·중소기업 경쟁력 강화·전자상거래 활성화·능력배양·기술이전에 대한 조치들이다.

---

16 〈중국-아세안 자유무역지대 '투자협정'에 대한 중국상무부 관원의 답변〉, http://www. chinanews.com/cj/cj-gncj/news/2009/08-15/1819891.shtml.

17 물론 협정의 발효 때에도 어려움이 있었다. 예를 들어, 협정의 전면적인 발효를 앞두고 인도네시아가 협정 발효 시 어려움이 있음을 호소했으며 일부 경쟁력이 약한 부문에 대해서 유예를 요구했다. 중국은 이를 충분하게 고려하여 인도네시아와 협상했다.

이 협정은 능력배양계획과 기술 원조를 특별히 강조했으며, 특히 아세안 신규 회원국에 대해 그들의 경제구조를 개혁함으로써 중국과 무역 및 투자의 확대를 추신하려 했다.[18] 중국과 아세안은 경제협력을 위해 여러 협력시스템과 플랫폼을 만들었다. 중국-아세안공동협력위원회, 중국-아세안경제공동위원회, 중국-아세안과학기술협력위원회, 중국-아세안비즈니스이사회 등이다. 이러한 협력시스템과 플랫폼들은 단순한 장식품이 아니라 실제로 양측이 소통을 강화하고 협력일정을 제안하며 협력계획을 실행함에 있어서 중요한 역할을 했다.

특기해야 할 것은, 중국 광시 난닝(南寧)에서 개최된 중국-아세안엑스포이다. 이 엑스포는 중국-아세안 협력의 중요 프로젝트로서 2003년부터 개최되어 여러 해 동안의 노력을 거쳐 양측의 경제관계를 강화하고 세계 기타 국가들과의 관계를 발전시키는 중요한 플랫폼이 되었다. 엑스포는 "중국-아세안 자유무역지대 건설을 촉진하고, 협력과 발전기회를 공유하는 것을 핵심으로 하며, 상호이익을 원칙으로 하고, 자유무역지대 내의 경제무역협력을 중점으로 세계를 향해 개방한다"는 목표를 내세웠다.[19] 중국이 엑스포를 개최를 담당했고 쌍방의 경제협력과 전면적인 관계발전을 위해 아세안에 전시공간을 마련해주었다.[20]

아세안과의 자유무역지대 건설에서 경제협력에 관한 내용을 보강하는

---

18 〈중화인민공화국과 동남아시아국가연합의 전면적 경제협력에 관한 기본협정(中華人民共和國與東南亞國家聯盟全面經濟合作框架協議)〉, http://gjs.mofcom.gov.cn/aarticle/Nocategory/200212/20021200056452.html.

19 중국-아세안엑스포 참고, http://baike.baidu.com/view/560740.htm?fr=aladdin#1_7.

20 일부 학자들은 중국-아세안엑스포 성공에 유효한 공동건설시스템이 중요한 역할을 한다고 했다. 왕징룽(王景榮) 전 아세안 사무총장은 아세안과 중국이 함께 엑스포를 개최하는 것은 양측이 협력을 강화하는 '미래지향적인 첫발'이라고 평가했다. 판리핑(範麗萍), 〈구성주의에서 본 중국-아세안엑스포(建構主義視域下的中國-東盟博覽會)〉, 《광시사범대학학보(廣西師範大學學報)》(철학사회과학판), 2011, 제5기, 115, 117쪽 참조.

데 중국은 능동적인 자세로 임했다. 예를 들어, 중국-아세안 투자기금을 설립해 아세안의 인프라 건설과 중요한 발전프로젝트에 투자했으며, 아세안이 제안한 상호연결 계획에 적극 참여해 중국-아세안 상호연결(互聯互通) 네트워크를 구축하는 것 등이었다. 양측이 체결한 '기본협정'이라는 명칭에서 볼 수 있는 바와 같이, 양측은 이를 기본으로 전면적인 경제협력을 전개했으며 자유무역지대는 전체 협력의 한 구성부분일 뿐이었다.

종합적으로 보면, 중국과 아세안 자유무역지대 건설이 취한 방식은 주로 전체 협상과 단계적 협상의 결합, 통일된 계획과 차이에 대한 배려의 결합, 시장개방과 협력확대의 결합 등과 같은 조치에서 잘 나타난다. 물론 이러한 방식에도 한계가 있었는데, 바로 '어려운 것을 버리고 쉬운 것을 취하는' 태도가 있었다는 것이다. 즉, 난이도가 있는 문제는 피하거나 연기해버리는 것으로 그 결과 서비스무역, 투자영역의 개방도가 비교적 낮게 되어버렸다.

2010년 발효된 중국-아세안 자유무역지대는 여전히 초기단계에 머물러 있으며 핵심은 상품무역시장의 개방을 추진하는 데 있다. 양측의 무역거래의 신속한 발전은 상품무역시장의 개방의 성공을 기대하게 된다. 2002년 800억 달러였던 무역액이 2013년 4000억 달러 이상으로 늘어났으며, 중국은 아세안의 제1무역상대국으로, 아세안은 중국의 제3무역상대국이 되었다.

물론 모든 성장을 자유무역지대 덕분이라고 할 수는 없다. 2002년 이후 중국 경제는 줄곧 두 자리 수의 고도성장을 기록해왔으며, 대외무역 또한 고속 성장을 거듭해왔다. 아세안 국가의 경제는 금융위기를 겪은 후 조정을 거쳐 성장 국면으로 들어섰다. 이후 경제의 고속성장이 중국과 아세안 경제무역관계를 인도하고 있다. 한 연구에 따르면 중국기업이 수출을 하는 데 중국-아세안 자유무역지대를 이용하는 비율이 20% 정도이며 태국기업이 이를 이용하는 비율은 10%에 지나지 않는다는 결과가 나왔다. 즉, 그들 대다수의 무역활동은 자유무역지대협정과 크게 관련이 없다는 것이다.[21] 그러나 설령 수출입교역에서 관세인하의 우대조치를 이용하지 않더라도 경제무역관계의 성장이 자유무역지대 건설과 무관하다고 할 수는 없다. 왜냐하면 자유무역지대의 건설과정에는 '중력효과'가 발생하는데, 이는 자유무역지대의 건설로 인해 기업이 투자매력을 느끼게 되었고 아세안 또는 중국 시장으로의 진출 전략을 수립하고 모색하게 된다는 것이다.

결과적으로 중국과 아세안 간의 시장개방 정도는 여전히 비교적 낮으며 투자영역, 서비스영역과 법규와 정책 등에서 여전히 여러 제한이 많다. 따라서 업그레이드를 추진할 필요가 있으며 개방과 협력의 수준을 지속적으로 격상해야 할 필요가 있다. 2013년 중국-아세안 정상회의에서 중국은 중국-아세안자유무역지대 업그레이드 추진을 제안했다.[22] 물론 중국-아세안 자유무역지대 건설과 경제협력은 하나의 동태적 발전과 지속적인 심화 과정이다.

3. 자유무역지대를 초월한 탐색

중국과 아세안은 지리적으로 내륙과 해상으로 이어져 하나의 지역을 이루고 있다. 이것이 양측 관계의 특수성이자 편리성이다. 경제발전 측면에

---

21 Masahiro Kawai and Ganeshan Wignaraja, *Asia's Free Trade Agreements-How is Business Responding?*, ADB Institute, 2011, pp. 113, 207.

22 리커창(李克强) 총리는 또한 2020년 중국과 아세안의 무역액을 1조 달러 규모로 키우자고 제안했으며 중국의 아세안에 대한 투자도 1조 달러를 목표로 한다고 밝혔다. 〈리커창의 제16차 중국-아세안 정상회의 발언〉, http://finance.people.com.cn/n/2013/1010/c1004-23144383.html.

서 이러한 개방적인 환경은 거대한 경제지대를 형성하는 데 장점을 가진다.[23] 물론 지리적으로 인접한 것은 하나의 환경일 뿐이고 지역경제권을 만들기 위해서는 여러 다른 조건들이 필요하며 그 방식도 다양하다.

유럽은 특유의 역내협력모델을 만들어왔다. 즉, 석탄철강공동체에서 시작해 협력의 단계를 차츰 높여 관세동맹-공동시장-경제공동체-공동체-연합으로 나아갔으며, 마침내 높은 단계의 유럽연합에 이르러 통일시장을 형성하고 통일된 통화와 통화정책을 갖게 되었다. 유럽의 방식은 역내통합에 대한 높은 정치적 공감대를 기반으로 하고 역내협력에 대한 명확한 목표가 그 추진력이 되었으며 초국가적 법률시스템의 구축이 뒷받침된 결과이다. 이는 타 지역에서는 볼 수도 없고 심지어 전혀 실현할 수도 없는 일들이었다.

아세안 국가는 지리적으로 인접하고 역내 평화발전에 대한 열망이 강하다. 아세안은 역내협력에 대한 어느 정도의 정치적 공감대가 있으며 협력목표를 단계적으로 실현하기 위한 추진력도 있다. 그러나 아세안에는 유럽과 같은 강렬한 정치적 공감대는 부족하고 그만큼 명확한 최종목표도 없다. 따라서 아세안 협력은 유럽 방식대로 추진되기 어렵고 새로운 방법을 고안해서 자신만의 방식으로 이루어져야 할 것이다.

미국·캐나다·멕시코는 지리적으로 인접해 있지만 유럽과 같은 지역연합을 추진할 정치적 의지가 부족했다. 그러나 결과적으로 시장개방을 기초로 하는 역내경제개방의 규모효과를 실현했다. 현재의 북미자유무역지

---

23 일부 학자들은 중국과 아세안이 협력을 강화해 새로운 발전환경을 만드는 것, 상호연결 네트워크를 구축하는 것, 역내 상품·서비스·투자·노동력의 편리한 유동을 실현하는 것 등이 반드시 중국-아세안 자유무역지대와 아세안경제공동체의 기초 위에서 이루어져야 한다고 지적했다. 루젠런(陸建人), 〈현재 중국: 아세안협력이 직면한 새로운 도전과 대책 (當前中國: 東盟合作面臨的新挑戰與對策)〉, 《광시대학학보(廣西大學學報)》(철학사회과학 판), 2013, 제4기, 4쪽.

대가 바로 협력의 '최종목표'로서 높은 수준의 자유무역지대 구축을 기반으로 지역경제 연결과 역내 분업을 통해 '원원'을 실현한다는 것이다.[24]

중국과 아세안의 관계는 유럽연합이나 북미와는 다르다. 유럽연합과 비교해 중국과 아세안 관계는 고도의 역내연합을 구축하려는 정치적 공감대가 부족하다. 북미와 비교해서는 중국이 경제성장의 중심이기는 하지만 국제 분업의 핵심은 아니라는 차이가 있다. 이러한 상황에서 어떻게 중국-아세안 경제권을 만들 수 있는가? 먼저 경제 측면에서 중국과 아세안의 경제관계의 구조와 특징을 살펴봐야 한다.

생산네트워크 측면에서 중국과 아세안이 함께 속해 있는 지역이 바로 동아시아 지역생산 네트워크이다. 이 생산네트워크에서 중국과 아세안의 기업은 모두 역내 분업의 참여자이며 주로 부가가치 측면에서 본다면 중·저수준의 단계에 참여하고 있다. 따라서 중국과 아세안은 생산네트워크상에서 수준이 비슷한 참여자 간의 분업관계를 이루고 있으며, 역내 분업의 주된 참여자는 한국·미국·일본·유럽·타이완(중국) 등 기업이다. 이에 따라 중국과 아세안 간 무역은 주로 부속품·에너지·재료 등의 공급에서 서로 관계를 맺고 있다. 이러한 생산네트워크 구조에서 개방시장의 필요성은 주로 분업생산품(부속품)의 유통비용을 낮추는 데 있다. 비록 분업생산의 효율을 높이기 위해 관세를 줄이거나 없애는 것이 첫 번째 선택이지만 비용절감과 효율제고를 위해서는 여러 방면에서의 최적화 노력이 필요하다.

예를 들어, 서비스 및 투자영역 개방, 교통시설 개선과 통관 간소화, 관련 인원의 유동 편리화 등에 노력이 필요하며 바로 이러한 조치들이 자유

---

24 북미자유무역지대가 추구하는 것은 미국을 중축으로 하는 역내 분업과 그 네트워크이며 캐나다와 멕시코는 분업에 참여함으로써 이 생산네트워크에 진입하는 것이다. 장원링 편, 《세계 지역화의 발전과 모델(世界區域化的發展與模式)》, 세계지식출판사, 2004, 94쪽.

무역지대 업그레이드판의 주요내용이기도 하다. 향후 중국 경제구조의 업그레이드에 따라 대외투자가 증가할 것이고 중국기업의 생산네트워크에서의 지위도 제고될 것이며, 나아가 중국과 아세안 국가 간 경제관계가 심화됨에 따라 상호관계도 변화할 것이다. 특히 중국기업의 투자가 중요한 역할을 할 것으로 보인다. 이러한 발전가능성들은 업그레이드판 자유무역지대 구축의 필요성으로 새롭게 제시되고 있다.[25]

아세안 회원국들은 상호 간에 경제수준의 격차가 크고 각국 간의 인프라 연결도 충분하지 못하다. 대다수 국가들에게 있어 인프라 건설, 에너지 및 전력네트워크 건설 등 발전환경의 개선이 시급한 문제이다. 아세안 자유무역지대 구축 후 20년이 지난 시점에야 아세안은 상호연결 계획을 제시했으며, 이는 새로운 인식이자 조치였다. 상호연결은 인프라 네트워크 건설, 법규의 조화, 인원 유동의 편리화를 포괄하고 있으며, 아세안 지역 내부의 발전환경에 대한 대폭 개선에 핵심이 있다.[26]

중국과 아세안 간의 인프라 연결은 여전히 낮은 수준이다. 고속도로가 없고 이미 건설되어 있는 도로는 통행 수용능력에 한계가 있다. 고속철도도 없고 현행 철도는 노후화되었으며 규격도 통일되어 있지 않다. 또

---

25 산업가치 사슬을 업그레이드하는 데 중국-아세안자유무역지대 체제에서 투자와 서비스 개방을 심화하고 새로운 규정을 실시하는 것이 중요하며 중국의 업그레이드된 산업을 아세안 지역으로 이전하는 것을 촉진하기 위해 '네거티브 리스트'와 '진출 전 내국민 대우'를 실시하는 것도 고려해야 한다. 량잉(梁穎), 〈중국-아세안 자유무역지대 업그레이드판 추진을 위한 경로 및 책략(打造中國-東盟自貿區升級版的路徑與策略)〉, 《아태경제》, 2014, 제1기, 103-106쪽 참조.

26 2010년 10월 아세안은 '아세안 상호연결 총괄계획(東盟互聯互通總體規劃)'을 발표, 2015년까지의 실시계획을 밝혔다. 이 계획은 2015년 아세안 경제공동체 건설의 중요한 구성부분이다. 만약 아세안 회원국 간의 상호연결 네트워크가 없다면 아세안 경제공동체는 기초가 없는 '사상누각'이 될 것이다. 왕친·리난(王勤·李南), 〈아세안 상호연결 전략과 성과(東盟互聯互通戰略及其實施成效)〉, 《아태경제》, 2014, 제2기, 115-119쪽 참조.

한 공중항로는 일부 발달한 대도시에만 연결되어 있으며, 내륙 수상항로도 끊겨진 메콩 강 항로밖에 없고, 바다 항로는 일부 큰 항구 간에만 서로 연결이 되어 있으며 항구 협력네트워크는 구축되어 있지 않다. 이러한 상황에서 중국과 아세안 간 경제관계를 심화하기 위해 가장 기본적인 조치가 경제를 연결하는 기초 환경을 개선하는 것이다. 따라서 중국과 아세안 간 상호연결을 실현하는 것은 쌍방의 협력수준을 높이기 위한 중점 사업이다. 서로 간에 법규를 통일시키며 인원 유동을 간편화하는 상호연결의 '소프트웨어 구축'도 매우 중요하다. 그러나 실제 조치에는 적지 않은 한계와 장애가 있으며 이를 제거하고 규범화하는 재구성 작업에 큰 노력이 필요하다.

중국이 직접적으로 아세안과 내륙지역과 인접한 윈난성 지역(미얀마·라오스·베트남)과 광시자치구 지역(베트남)의 경제발전 수준은 높지 않아 대외 개방과 협력을 통해 경제발전을 촉진할 필요성이 있다. 따라서 중국과 아세안의 개방 및 협력은 우선 큰 틀에서 논의를 진행해야 한다. 중국과 아세안 10개국의 관계는 경제뿐 아니라 정치, 안보, 문화 등을 모두 포괄하고 있다. 둘째, 하위지역, 즉 지리적으로 인접해 있는 중국의 성(省)과 아세안 회원국 간에 특수한 경제관계를 형성해야 한다. 예를 들어, 윈난성은 중국의 지역을 대표하여 메콩 강 하위지역 협력시스템에 참여했고 이 시스템은 여러 아세안 회원국을 포괄하고 있으며 자체적인 개방 협력 프로젝트와 협정을 갖추고 있다. 광시성은 범 통킹 만 하위지역협력계획을 제안하여 아세안 관련 국가와의 내륙 및 해상협력을 추진하고 있다.

국경지역의 하위지역협력은 한편으로는 중국과 아세안 협력이라는 큰 틀에서의 협정으로부터 수혜를 받을 수 있고 한편으로는 자체적인 특별 협정을 추진할 수도 있다. 예를 들어, 변경지대에 개방 도시를 만들거나 혹은 경제협력지대를 만드는 것 등이다. 이러한 협력은 큰 개방체제에서는 관심을 갖기 힘든 것들이다. 물론 변경지역 개방은 경제문제뿐만 아니라 정치문제, 밀수·마약·인구 등과 관련한 안보문제도 안고 있다. 이러한 점을 고려해 접경지역 개방협력에는 더욱 세심한 노력이 필요하다.[27]

중국과 아세안의 경제관계에서 중국 경제의 비중이 점점 커지고 있으며 아세안 경제발전에 대한 그 중요성도 차츰 높아지고 있다. 1997년 중국 경제총량(GDP)은 아세안 경제총량의 1.7배에 지나지 않았으나 2013년에는 거의 4배 가까이 증가했다. 향후 그 격차는 더욱 확대될 전망이다. 따라서 중국은 점점 아세안의 거대 수출시장으로, 아세안 경제발전에 더욱 중요한 역할을 하게 될 것이다.

아세안과 중국이 지리적으로 인접한 점을 고려하면, 개방 수준이 높은 아세안 시장(경제공동체)의 구축은 중국기업이 산업네트워크를 구축하는 데 지리적 기회를 제공하는 등 중국 경제가 확장할 수 있는 공간이 될 수 있다. 또한 경제협력 강화나 원조 등 중국 경제의 확장으로 인해 아세안 저개발 회원국들은 새로운 발전 기회를 얻을 수 있게 된다. 이러한 과정을 통해 중국-아세안 자유무역지대 건설의 1단계에서 나타난 '비정상'도

---

27 접경지역 경제협력에는 다양한 형식이 있다. '메콩강유역협력개발'은 중국·태국·미얀마·라오스·캄보디아·베트남 등 6개국을 포괄하고 1992년 시작되었다. 정상회의·장관회의·고위급 관료회의 등을 갖추었고 협력영역이 광범위하며 실제적인 성과를 거두었다. 중국 허커우-베트남 라오까이 접경협력지대, 중국 모한-라오스 보텐 접경협력지대, 중국 루이리-미얀마 무세 접경협력지대는 지역수준에서 더욱 개방적이고 편리한 협정을 맺었으며 상품·투자·인원의 유동을 추진했다. 중국 지방정부는 독립된 접경지역 개방지대 건설을 제안하고 '2국 1지대'의 관리방식을 채택했다. 한 지대에 대한 초국가적 관리 등 양국의 법률과 관련된 복잡한 문제에 대해서 구체적인 성과는 없다. 이 문제에 대한 연구에 필자는 여러 차례 참석했는데, '2국 1지대' 형식에 대해서는 부정적인 입장을 견지했다. 대신에 '2국 2지대, 상호개방, 협력발전'을 제안했다. 접경지역 경제협력지대와 관련된 법률 등 여러 문제에 대한 분석은 다음 글 참고. 쩡엔·쩡링량(曾彦·曾令良), 〈변경지역협력지대의 특징과 법률 및 메커니즘의 보장(跨境經濟合作區的特徵與法律和機制保障)〉, 《시대법학(時代法學)》, 2012, 제5기.

시정할 수 있게 된다. 즉, 아세안의 저개발 회원국과 중국 경제와의 관계가 밀접해짐에 따라 무역에서의 적자 폭이 오히려 더욱 커지고 이러한 무역불균형이 아세안 저개발국과 중국의 관계가 한 단계 더 발전하는 데 제약이 되어왔던 것이다.

아시다시피 중국과 아세안은 자유무역지대를 통해 일종의 '복합형 개방협력발전관계'를 구축했다. 자유무역지대는 양측의 경제교류에 커다란 역내개방시장을 제공함으로써 교역장애를 감소 또는 해결하여 요소자원의 상호교류를 촉진하고 경제의 성장을 촉진했다. 그러나 개방을 통해 요소자원유동의 장애를 감소시키는 것으로는 인프라 네트워크 및 인력자원의 능력배양 등에서 나타나는 발전의 장애현상을 완전히 해결할 수는 없다. 특히 저개발국가와 변방지역은 특별한 조치를 취하지 않으면 시장개방으로부터 이익을 얻지 못할 뿐 아니라 오히려 요소자원의 유출로 인해 주변화가 더욱 심해질 수 있다. 이러한 점을 고려해 중국과 아세안이 종합적 개방경제지대를 건설함으로써 개방 및 협력의 종합계획을 제정하고 시장개방의 기초 위에서 협력중점을 경제발전의 기초 환경과 조건을 개선하는 데 둔다면, 개방과 협력에 기반을 둔 거대한 지역경제지대를 만들어 중국과 아세안 모두 더 큰 이익을 얻을 수 있게 된다.

사실상 아세안경제공동체는 아세안을 기반으로 하는 개방경제지대를 의미한다. 계획에 따르면 아세안경제공동체의 목표와 기능은 고도로 개방되어 있고 통일된 법규를 가지고 있으며 인원이 편리하게 유동할 수 있는 커다란 생산기지를 만드는 것이다. 중국과 아세안이 건설하려는 개방발전경제지대는 아세안 경제공동체의 경험을 배우려고 하고 있다. 그러나 이것이 결코 아세안경제공동체의 확장은 아니다.

중국과 아세안의 자유무역지대 수준은 계속 제고되어야 하며 자유무역지대의 업그레이드판을 출범하여 개방 정도를 더욱 높여야 할 것이다.

중국-아세안 자유무역지대 업그레이드판의 목표는 무엇일까? 소위 '차세대' 자유무역지대를 모방하려는 것일까?

차세대 자유무역지대는 주로 미국이 주도하는 '환태평양경제동반자협정(TPP, 이하 TPP)'의 모델이다. 그 주요특징은 상품무역영역의 완전한 개방(소수의 민감 상품만 유예), 최소한의 보호영역만 남겨두는 네거티브 리스트 방식에 따른 서비스 영역의 개방, 투자에 대해 진출 전 내국민 대우 원칙 적용, 투자선택에 개방된 시장 공간 제공, 경제체제와 정책의 수많은 '변경 내 문제'에 대해 다루는 것이다.[28]

아세안 10개국 간에는 경제발전 수준, 관리 수준 격차가 매우 크고 비록 아세안공동체를 건설한다 하더라도 각국의 경제체제와 관리정책의 차이를 그대로 유지할 것이기 때문에 단일한 역내경제체제를 형성하기는 힘들 것이다. 중국과 아세안 간의 격차는 매우 커서 체제와 구조상에서의 통합은 어려우며, 특히 TPP의 방법에 따라 업그레이드판을 이루는 것은 더욱 힘들 것이다. 따라서 자유무역지대의 업그레이드 추진은 여러 요소를 충분히 고려해야 한다.

우선, 각국의 차이를 고려해 점진적으로 추진해야 한다. 둘째, 공동발전에 유리해야 한다. 즉, 후발 국가는 더욱 빠른 발전으로 격차를 줄일 수 있는 기회를 얻어야 하며 추진중점을 요소(상품, 서비스, 투자) 유동에 영향을 주는 기본적 장애물과 정책상의 차별과 한계를 제거하는 데 두어야

---

28 TPP에 참여하는 회원국 간에는 매우 큰 차이가 존재한다. 저개발국인 베트남도 가입했으며 농산품 보호가 엄격한 일본도 참가했다. 최종협상 결과는 미국이 계획한 대로 높은 수준의 개방이 가능하지는 않을 것 같으며 차이에 근거해 실행에 있어서 차이를 두는 과도기를 가질 것이다. 또한 TPP는 기존의 양자 간 자유무역지대협정을 대체하지 않을 것이며 시장개방에도 구조적 차이가 있을 것이다. Christopher M. Dent, "Paths Ahead for East Asia and Asia-Pacific Regionalism", *International Affairs*, Vol. 89, No. 4, 2013, pp. 963-985.

한다. 물론 개방 정도도 이러한 과정이 실행됨에 따라 자연스럽게 제고되고 현재 부분적으로 인정되고 있는 높은 수준의 원칙도 점차적으로 채택될 것이다.

서비스 개방을 예로 들면, 원래의 개방 정도도 비교적 낮지만 제2기 개방협정에서도 일부분만 추가되었으며 개방도는 여전히 낮은 수준에 머물러 있다. 따라서 새로운 업그레이드판 자유무역지대는 네거티브 리스트 원칙을 적용해서 각자 잠정적으로 개방할 수 없는 영역을 열거하고 나머지는 모두 자동으로 대외에 개방하는 것도 고려해볼 수 있다.[29] 투자 면에서는 새로운 원칙을 실시하는 것을 고려해볼 수 있다. 진출 전 내국민 대우원칙으로 중국에 투자를 결정한 아세안 회사나 아세안에 투자를 결정한 중국회사에 자국 회사의 자국 내 투자와 같은 대우를 실시하는 것으로 이로써 상당한 시간이 소요되는 진출 전 심사제도를 피할 수 있다.

상술한 바와 같이 중국과 아세안 간의 개방만으로는 부족하다. 아세안 공동체 건설과정이 증명해준 바와 같이, 진정으로 내부요소의 유동을 막는 것은 교통과 통관법규의 불일치, 인원유동의 어려움 등 인프라 낙후이다. 이를 위해 아세안은 상호연결 계획을 발표했다. 동 계획에는 인프라 네트워크(고속도로·철도·수로·항공) 건설 등 인프라 개선은 물론 교통과 인원유동의 편리화를 위한 협정 체결도 포함되어 있다.[30] 상호연결은 아세안이 경제통합을 심화하고 경제공동체를 건설하는 데 새로운 이정표로 간주되고 있다.

---

29 서비스 영역 개방의 난이도와 복잡함을 고려했을 때 비록 네거티브 리스트라도 시작단계에서는 비개방 명단이 많을 수 있다. 이후 발전 현황에 근거하여 비개방 영역의 항목을 한 단계 더 줄일 수 있다.

30 2010년 제17차 아세안정상회의는 '아세안 상호연결 총괄계획'을 통화시켰다. 700여 개의 실행계획은 교통운수·정보통신기술·에너지·무역편리화 조치·투자 및 서비스의 상호 승인 시스템·운수협정·통관절차·능력배양·교육·문화·여행업 발전 촉진 등을 담고 있다.

사실 중국과 아세안 사이의 상호연결은 양측이 향후 공동경제지대를 건설하는 데 매우 중요한 역할을 한다. 중국과 아세안은 지리적으로 인접해 있지만 통로가 적고 인프라 건설의 수준도 매우 낮다. 해상통로의 경우 항구네트워크 건설이 많이 부족하며 육상통로의 경우도 중국 내에는 국도와 고속도로가 기본적으로 완성되었으나 아세안 국가로 통하는 도로는 쿤밍-방콕 고속도로밖에 없다. 베트남이나 미얀마로 향하는 고속도로는 현재 건설 중이며 중국-태국 고속철도의 건설은 일정표가 나온 상태이다. 그러나 설령 건설을 바로 시작하더라도 수년이 지나서야 완공이 될 것이다.

아세안 국가의 도로건설에는 자금의 어려움이 존재한다. 철도망은 더욱 낙후되어 있는데, 현재 베트남으로 통하는 철도 하나밖에 없으며 규격도 다르다. 기타 철도 건설은 계획 중에 있다. 항공교통도 일부 대도시에만 통하고 있으며 중소도시로의 항로는 매우 적은 편이다. 특히 저개발국가의 교통 인프라는 매우 낙후되어 있어 교통을 개선하는 것이 경제발전의 급선무로 되고 있다.[31]

아세안 대다수 국가들은 바다를 끼고 있어 항구의 상호연결은 매우 중요한 의미를 갖는다. 항구네트워크 시스템을 조속히 건설하고 해상항로의 연결과 항구물류네트워크의 건설 그리고 항구물류 편리화 협정 등을 포함한 상호연결을 실현해야 한다. 중국이 제시한 '21세기 해상 실크로드' 건설 제안에서 아세안 해상교통 상호연결은 중점 추진사항이다.

육상교통네트워크는 도로망과 철도망 건설이 중점사항이다. 우선 아세안과 협력위원회를 설립해 중국-아세안 도로·철도망의 건설계획과 일

---

31 리천양(李晨陽), 〈중국의 발전과 아세안 상호연결이 직면한 도전과 전망(中國發展與東盟互聯互通面臨的挑戰與前景)〉, 《사상전선(思想戰線)》, 2012, 제1기, 7쪽.

정을 제정하고 도로와 철도망 건설계획에 공감대를 이루어 아세안 자체의 계획과 연계시켜야 한다. 양측이 협력하여 도로와 철도의 중추교통망을 건설하며 아세안 회원국은 각자 지선교통망을 건설하여 2020년까지 건설을 기본적으로 완성하도록 해야 한다. 중추교통망은 주요 대도시와 주요 항구를 연결하도록 건설해야 한다.[32]

중국과 아세안 국가 사이에는 이미 적지 않은 협력시스템이 존재하고 있다. 예를 들어, 광시자치구가 제안한 베트남과의 '두 개의 회랑, 하나의 권역(兩廊一圈)',[33] 중국-아세안 간의 범통킹만하위지역협력계획, 메콩강유역협력개발계획(GMS) 등이다. 인프라 건설을 지지하기 위해서 중국은 2011년 중국-아세안 협력기금의 설립을 제안했고 규모는 200억 달러에 달한다. 나아가 중국은 2013년 아시아인프라투자은행(AIIB, 이하 AIIB)의 설립을 제안했으며, 인프라 건설을 지원하는 것이 주요역할로 되어 있다. 인프라 건설에는 정치적 공감대와 결심이 필요하지만 융자지원이 필수적이다. AIIB의 설립은 융자통로를 더욱 다양화할 것이다. 예를 들어, 국제시장에서 자본을 조달하고 채권을 발행하는 행위를 통해 인프라 건설에 속도를 높일 수 있다. 그렇지 않고 중국이 제공하는 자금으로만 인프라 건설을 추진하는 것은 불가능하며 아세안 국가들에게도 이를 바라는 것은 더욱 불가능하다.

메콩강유역협력개발계획은 1990년대 초 아시아개발은행이 추진한 것으로 주로 프로젝트 협력방식으로 이루어졌으며 교통·에너지·전신·환

---

32 건설과정은 개방적이고 다른 국가의 참여도 환영해야 한다. 동시에 정부에만 의지하지 않고 PPP방식을 추진함으로써 정부와 사회의 협력시스템을 발전시키고 민간자금(중국-아세안 이외 지역의 자금도 포함)을 유치해야 한다.
33 두 개 회랑은 '쿤밍-라오스-하노이-하이퐁-광닝'과 '난닝-랑썬-하노이-하이퐁-광닝'의 경제회랑을, 하나의 권역은 통킹 만 경제권을 의미하며 2004년에 중국과 베트남 양국이 합의했다.

경·농업·인력자원개발·여행·무역편리화·투자 등 9개 중요영역을 대상으로 했다. 가시적인 성과로는 인프라 네트워크의 계획과 건설, 교통 편리화 조치 실시, 메콩 강 항운통로 개통, 지역차원의 통신·전력네트워크 건설 등으로 모두 해당 지역의 종합발전환경을 개선하는 데 도움이 되었다.[34] 메콩강유역협력개발계획은 발전환경을 개선하는 것이 관련 국가들이 가장 필요로 하는 것이며 가장 쉽게 공감대를 이룰 수 있는 부분이라는 것을 보여주었다. 자유무역지대협정과는 달리 이러한 협력은 개방적이고 배타적이지 않으며 기타 국가들의 광범위한 참여를 수용할 수 있다.

2013년 중국과 인도는 '중국-인도-미얀마-방글라데시 경제회랑' 계획을 공동으로 발기했다. 이 중에서 미얀마는 특히 중요한 지리적 위치를 차지하고 있다. 경제회랑 구축에 있어서 가장 중요한 것은 인프라 건설이며, 중국의 윈난성이 미얀마로 통하고 있으나 인도와 방글라데시까지 도로나 철도로 이어지지 않고 있다. 만약 연결된다면 중국의 남서쪽 지역에서 인도양까지 직접 진출할 수 있으며 또한 관련 국가와 지역에 새로운 발전기회를 제공할 수 있다.

중국과 아세안 간에는 발전협력이 기본원칙이며 개방과 다양한 형식의 협력을 통해 서브지역의 발전을 추진하고 저개발국가에 원조를 제공하며 중국 남서부 지역의 발전을 도모하는 것이 핵심이다. 이렇게 해야만 비로소 중국과 아세안의 특수 관계에 적합한 협력의 길로 갈 수 있고 공동발전을 목표로 운명을 함께 하는 공동경제지대를 형성할 수 있다.

---

34 2011년 12월, 중국이 발표한 '중국이 참여한 메콩강유역협력개발계획에 대한 보고(中國 參與大湄公河次區域經濟合作國家報告)'에서 협력시스템과 진전 및 중국의 참여에 대해 비교적 상세한 서술을 했다. www.gov.cn/jrzg/2011-12/17/content_2022602.htm.

WTO 가입 후, 중국의 대외전략은 역내협력 참여와 추진이었다. 당시 동아시아의 '10＋1', '10＋3' 대화와 협력 시스템은 이미 갖추어져 있었으며, 동아시아비전그룹의 동아시아공동체 건설에 관한 보고서는 '10＋3' 대표들의 지지를 얻었다. 따라서 중국은 자연스럽게 역내협력의 중점을 동아시아 지역에 두게 되었다.

아세안이 중국의 자유무역지대 건설의 출발점이 되는 것에 대해 지속적인 논의가 있어왔으며, 결코 모든 의견이 일치된 것은 아니었다. 필자는 학자로서 정부에 우선 아세안과 자유무역지대를 논의할 것과 아세안을 하나의 단독 협상대상으로 설정할 것을 건의했다. 필자의 이러한 생각에는 나름의 근거가 있었는데, 지정학·지경학적 요소들을 종합적으로 고려한 것은 물론, 가장 중요한 것은 실행가능성과 잠재적 이익이었다. 소위 실행가능성에 대해서 말하자면, 첫째로는 중국이 WTO에 금방 가입했기 때문에 단기적으로 시장을 더 개방하는 것에는 한계가 있었다. 둘째, 상대의 수용능력과 관련이 있어, 상대가 중국과 협상하기를 원하고 이를 통해 이익을 얻을 수 있다고 판단하는 것이다. 소위 잠재적 이익은 자유무역지대가 건설되면 아세안 지역은 더욱 확장된 시장을 갖게 되는 거대한 잠재이익이 생기게 된다. 아세안을 단일한 협상주체로 간주한 것에 대해, 필자는 첫째로는 아세안이 동아시아 '10+3' 대화협력에서 줄곧 하나의 주체였고 이미 아세안자유무역지대의 건설 경험도 있었으며, 둘째로는 아세안 10개국의 차이가 커서 각각의 회원국들과 협상을 한다면 어려움이 많을 것으로 예상했다. 이와 동시에 아세안은 중국에 있어 인접 국가로서 지리적인 전체성을 갖추고 있었다. 예상보다 긍정적이었던 것은 우리의 제안과 정부의 정책결정이 일치했다는 것이다.

중국과 아세안 지도자 간의 공감대를 이루기 위한 절차로서 2001년 초 양측은 정부차원의 협력실무그룹을 조직했다. 실무그룹 산하에 연구 전문가그룹을 설립했고 전문가그룹에는 필자를 비롯해 중국과 아세안 10개국에서 온 전문가들이 참여했다.

중국과 아세안 10개국 전문가들은 정책에 대한 공동연구를 진행해 공동보고서를 제출했다. 이는 선구적인 작업이었다. 이 연구보고서는 경제협력의 필요성, 주요내용, 그 이익과 추진방식이라는 세 가지 측면의 문제에 대해 집중적으로 논증해야 하는 과제를 안고 있었다. 전문가그룹은 분업과 협업을 통해 연구를 진행했으며 중국은 협력의 필요성과 주요내용에 대해 아세안은 이익과 추진방식에 대한 연구를 담당했으며 아세안 사무처는 협조를 담당했다.

협력의 필요성에 대해 당위적으로 말하자면, 아세안 국가와 상호신뢰 관계 구축을 통해 이익을 얻을 수 있다고 분명하게 말할 수 있는 쉬운 문제로 보이지만 현실은 그렇게 쉽지 않았다. 당시 아세안 경제가 1997년 금융위기 이후 여전히 어려운 회복기를 보내고 있었기 때문이다. 아세안은 중국이 WTO에 가입하게 되면 대외자본에 대한 흡입력이 더욱 강해질 것이고 자금이 아세안 시장에서 이탈하거나 아세안 국가로 흐르지 않고 중국으로 방향을 전환할 것을 우려했다. 필자는 이 부분에 대한 연구 초안에서 제시한 주요견해는 만약 중국이 아세안과 협력을 하여 상호 개방된 시장을 갖추게 되면, 즉 히나의 개방된 경제공간을 이루게 되면 외부투자가 아세안 시장을 버리고 중국에만 투자하거나 아세안에만 투자하고 중국을 버리는 선택은 하지 않을 것이며 개방된 거대 시장에서 투자는 비교우위와 지역의 산업사슬에 따라 분포하게 될 것이라는 것이다. 이러한 견해는 전문가들의 동의를 얻었고 시뮬레이션을 통해 각국이 얻을 이익에 대한 데이터를 도출해냈다. 데이터에 따르면 각국이 모두 이익을 얻을 수 있으며 이후의 사실에서도 이는 증명이 되었는데, 중국과 아세안 시장 간의 개방에 기초한 생산 분업은 양측의 무역성장을 촉진하는 하나의 중요한 시스템이 되었다.

어떻게 협력을 전개할 것인가는 새로운 문제였다. 선례가 되는 형식은 많았다. 유럽연합식의 고도 통합 모델도 있었으나 우리는 성공할 수 없는 모델이었다. 북미식의 고도 개방과 일괄타결식 협상 모델도 있었으나 이역시 할 수 없었다. 남미식은 협정은 있었으나 뒤따르는 실행이 부족해 성과가 좋지 않았다. 따라서 중국과 아세안에게는 자신만의 모델이 필요했다. 이 부분의 연구는 주로 상무부 국제무역연구원의 전문가들이 담당했다. 초안에서 중국과 아세안의 전면적 경제협력을 추진하는 것의 핵심 부분은 중국-아세안 자유무역지대를 만드는 것이며 중국-아세안 자유무역지대는 자신만의 특징을 가지고 개방과 협력이 조화되며 통일된 틀에서 차이를 배려하는 협정이 되어야 한다고 했다. 자유무역지대의 건설은 멀리 내다보지만 발은 현실에 붙이고 있는 실용적 태도가 필요했다. 개방은 효과를 빨리 볼 수 있는 영역부터 시작하고 시장개방과 협력을 연계한다는 원칙은 아세안의 저개발국가인 캄보디아, 라오스, 미얀마, 베트남(CLMV)의 이해와 지지를 얻었다.

협력의 이익에 대해서는 일반균형이론(CGE)에 따라 수치를 입력해서 결과를 얻으면 되었다. 건설방식은 새로운 모델을 모색하는 과정에서 자연스럽게 혁신을 실현할 수 있을 것이었다.

　그러나 실제 건설방식 문제에 대해서 전문가들은 토론을 거듭했고 두 배의 노력이 들었다. 각국 모두가 서로 다른 이익을 추구하고 있는 상황에서 어떠한 건설방식이 아세안 회원국들의 차이를 충분히 배려할 수 있는 방식인가에 대해 우선적인 합의가 필요했다. 전문가들은 전체보고서와 국가별 보고서를 결합하는 방법을 채택했다. 즉, 각국으로부터 각자의 자유무역지대 건설 참여에 대한 입장과 개방영역, 특히 관심 이익 분야에 대한 보고서를 받았고 전체보고서에 각국의 관심 사안에 대해 가능한 한 반영하고자 했다. 만약 반영되지 않으면 첨부문서로 이를 반영하려 했다. 그렇지만 전체보고서는 국가별 보고서의 단순한 병합이 아니라 자유무역지대의 종합적인 틀과 전체이익을 반영할 수 있어야 했다. 자유무역지대의 건설에 대해 전문가들은 자유무역지대 건설을 10년 단위로 나눠서 단계적으로 나아갈 것과 쉬운 것부터 처리하고 어려운 것을 나중에 처리하는 방식을 채택할 것을 제의했고 아세안의 저개발 신규회원국에 대해서는 시장개방에 유예기간을 주고 경제협력을 시장개방과 같은 중요한 위치로 격상시켰다.

　필자는 전체보고서의 수정을 담당했다. '민주집중제'를 채택해 각국 전문가들의 의견을 충분히 들었다. 일단 아세안에서 온 전문가들의 서로 다른 의견을 듣고는 아세안 사무처에 출석시켜 조정에 들어갔다. 이렇게 아세안 10개국 간의 의견을 일치시킨 다음에 중국과 아세안 양측 전문가가 모두 받아들일 수 있는 서술방식을 찾아냈다. 이러한 방법은 전문가그룹 보고서의 완성을 비교적 순조롭게 해주었다.

　공동전문가그룹은 3개월 남짓의 시간 동안 실행가능성 보고서를 완성했다. 2001년 7월 아세안-중국 협력 고위급회담에 이를 제출했고 9월에는 장관회의에 제출했으며 연말에 정상회의에 제출해 중국과 아세안 정상들의 동의를 얻었다. 2002년 양측은 기본문건을 체결했고 이로써 협력의 기반이 마련되었다.

중국-아세안 자유무역지대 건설 연구가 이렇게 짧은 시간 안에 완성되고 양측 지도자들의 공감대를 얻어낸 것에 모두가 놀라워했다. 필자가 기억하기로 2001년 말 공동전문가그룹의 보고서가 중국과 아세안 지도자들의 동의를 얻을 당시 양측이 자유무역지대 건설과 전면적인 경제협력을 전개하기로 합의했다는 소식이 공포되자 여러 명의 일본 기자들이 필자의 사무실로 찾아왔다. 그들은 중국과 아세안이 어떻게 이렇게 빨리 합의에 이르렀으며 중국은 아세안을 왜 일본으로부터 배척시키려 하는가에 대해서 물었고 필자는 질문을 듣고 놀라지 않을 수 없었다. 중국과 아세안이 어떻게 이렇게 빨리 합의를 할 수 있었는지에 대해서 대답하는 것은 어렵지 않았다. 그 원인은 주로 양측이 공동이익에 기초하여 모두가 수용 가능한 방식을 찾았으며 이는 끝이 아닌 시작일 뿐이고 협상이 결과적으로 순조롭게 진행될 것인가는 지혜와 인내를 가지고 지켜볼 필요가 있다고 답했다. 아세안을 일본으로부터 배척시킨다는 문제에 대해서는 당초 일본이 이렇게 민감하게 받아들일 것이라고는 생각지도 못했다. 그들이 이러한 질문을 한 주요원인은 일본이 아세안에 커다란 이익을 보유하고 있었기 때문으로 일본기업은 아세안에 대규모의 투자를 지속적으로 해왔다. 특히 1980년대 중후반 일본 엔화가 평가절상되어 수많은 일본기업들이 동남아로 생산라인을 이전했고 아세안은 일본이 가장 중시하는 시장이 되었다. 그러나 당시 중국과 아세안의 경제관계는 일본에 크게 미치지 못했고 무역량도 많지 않았으며 투자는 오히려 아세안으로부터 중국으로 유입되었다. 그러나 중국 경제는 이미 그 거대한 발전 잠재력을 현실화했다. 일본은 중국과 아세안의 자유무역지대 건설이 아세안에서 일본의 사업기회를 빼앗고 결과적으로 중국이 아세안에서 일본이 가지고 있는 주도적 지위를 넘어설 것을 우려했다. 필자의 한 일본친구는 당시 일본 총리를 역임하던 고이즈미 총리가 아세안 연석회의를 마치고 돌아가는 길에 공항에서 여러 관리들에게 왜 중국에게 기선을 빼앗겼냐고 질책하며 매우 화를 냈었다고 전했다.[35] 일본의 이러한 마음의 병은 향후 동아시아 협력 과정에서 '중국의 주도를 제지'하는 것을 하나의 '원칙'으로 삼게 되는 속박으로 나타났다. 당시 이러한 결과에 대해서 생각지 못했었다.

중국-아세안 자유무역지대 계획에 참여하는 것은 학자로서 얻기 힘든 기회였고 필자의 생각이 인정을 받아서 정책으로 전환되는 것을 보는 것도 매우 기뻤다. 필자가 역내협력에 대해 더 많은 사고와 연구를 하는데, 참여과정에서 체득한 경험들이 자극이 되어주었고 중국이 역내협력에 참여토록 하는 데 더욱 열정을 가지도록 했다.

아세안과의 협력을 확대하기 위한 새로운 협력플랫폼으로서 2003년 중국은 아세안과 공동으로 중국-아세안엑스포 개최를 제안했다. 이 구상은 아세안 측의 적극적인 반응을 얻었고 필자는 엑스포 고위고문으로 위촉되었다. 5명의 고위고문 중에서 필자는 유일한 학자였고 다른 이들은 모두 전 고위공무원이었다. 위촉 전 필자는 엑스포에 대해 아는 것이 별로 없었고 이에 많은 시간을 들여 공부했다. 전직 고위공무원들이 '경험에 근거해' 말하는 것과는 달리 학자로서 필자는 학습과 연구 그리고 진지한 사고과정을 통해 여러 제안을 했다. 사실 중국과 아세안의 공동엑스포 개최는 쉽지는 않았다. 개최지인 난닝은 당시에는 발달되지 않은 '소도시'였고, 인프라든 인재든 모두 부족했다. 아세안도 투입 가능한 자원이 많지 않았고 주요 아이디어와 계획을 모두 중국에 의지하고 있었다.

아세안과 공동개최를 결정하고 개최지를 중국 난닝으로 결정한 후 중

---

35 개인의 구두내용일 뿐이며 공개된 보도를 본 적은 없기 때문에 참고만 하기 바란다.

국은 '협력과 공동이익'의 원칙을 잘 드러내는 데 역량을 집중했다. 다시 말해 아세안이 이를 통해 이익을 얻을 수 있다고 느끼게끔 해야 한다는 것이다. 이로 인해 엑스포는 기획단계에서 특별히 아세안의 저개발국가들에게 편익을 제공했다. 엑스포가 중국과 아세안 간 협력을 전 세계에 드러낼 수 있는 무대가 되도록 해야 한다는 게 필자의 주장이었다. 난닝에서 출발해 세계로 뻗어나가고, 경제무역 위주로 광범위한 협력을 추진하며, 협력을 통한 호혜공영을 위해 난닝 엑스포의 성과가 아세안 국가의 엑스포 협력네트워크로 확대되어야 한다고 주장했다. 결과적으로 필자의 수많은 제안이 채택되었다.

그리고 지금까지 10년의 노력을 거쳐 엑스포는 높은 인지도를 얻게 되었고 엑스포 산하에 십여 개의 포럼을 갖추게 되었다. 난닝은 가장 직접적인 수혜자이며 변방의 작은 도시에서 현대적인 분위기가 충만한 중형도시가 되었고 광시성의 발전을 이끄는 엔진이 되었으며 중국과 아세안을 이어주는 하나의 축이 되었다. 그러나 필자가 걱정하는 것은 아직 난닝 엑스포가 개방적인 플랫폼으로의 기능을 하고 있지 못하다는 점이며 아세안 국가도 파생되는 활동을 하고 있지 않고 있다는 점이다.

광시성은 난닝 엑스포의 성과를 거두었고 이후 새로운 구상을 많이 내놓았으며 수많은 구상들이 중앙정부의 지지를 받았다. 예를 들어, '범 통킹 만 협력'[36]이나 '일축양익(壹軸兩翼, 난닝-싱가포르를 잇는 주 통로와 이에 윈난과 광시를 연결하는 것)'[37] 등이 있었고 필자는 이 연구과정과 공동전문

---

36 범 통킹 만 경제협력지대의 계획은 환 통킹 만 경제협력(중국-베트남)의 확장으로 중국·베트남·말레이시아·싱가포르·인도네시아·필리핀·브루나이 등을 포괄한다. 2007년을 시작으로 매년 난닝에서 범 통킹 만 경제협력포럼이 열리고 교통시설을 포함한 여러 영역의 협력을 추진하고 있다.

37 광서성에 따르면 '일축'은 난닝부터 싱가포르까지의 경제통로를 의미하며 철도와 고속도로 그리고 고속국도가 양익의 6개 국가를 연결한다. 여기서 '양익'은 대 메콩 강 하위지역

가그룹의 작업에 모두 참가했었다. 그러나 이러한 '자기중심적' 구상은 아세안 모든 국가의 동의를 얻기는 힘들었고 실제 효과는 제한적이었다.

사실 중국과 아세안의 경제협력과정에서 비록 양측의 무역이 큰 폭으로 늘었고 총량도 가파르게 증가했으며 중국이 아세안의 제1수출시장이 되었지만 전체적인 경제관계는 여전히 무역위주이며 경제적 연계가 별로 심화되지 않았다. 중국의 시장구조는 수출위주고 비교우위도 외자를 받아서 가공수출을 하는 데 있었다. 중국과 아세안 국가의 산업사슬은 주로 두 가지 구조를 가지고 있었다. 첫째는 중국의 가공수출과 관련한 공급사슬로서 주로 부품을 공급하는 것이 주 역할이며 이러한 공급기업 대부분은 동남아에 투자한 외자기업이었다. 또 다른 하나는 중국의 자원과 에너지 수요와 관련된 공급사슬로서 주로 아세안의 자원형 국가가 중국에 자원과 에너지의 1차 가공 상품을 수출하는 것이었다. 이러한 구조는 두 가지의 눈에 띄는 불균형을 촉발했다. 첫째, 최대수혜자가 중국과 아세안에 투자한 다국적기업이라는 점이다. 그들은 자유무역지대의 개방시장이라는 유리한 조건을 충분히 활용하여 경영과 생산네트워크를 확장했으며 이 가운데 아세안 지역 중소기업과 중국의 연계는 적었고 아세안은 중국의 수출전략의 압박을 받게 되었다. 둘째, 아세안 저개발국가는 중국에 에너지, 원자재 등의 1차 상품을 수출했고 중국으로부터 대량의 완제품을 수입했는데, 수입이 수출을 넘어섰고 무역에서 적자가 발생하여 불균형이 장기적으로 누적되었다. 중국-아세안 자유무역지대 협상의 전반기 10년 동안 중국의 경제는 초기 고속성장 단계에 있었고 각종 우대정책을 실시하여 외부투자를 흡수했다. 따라서 아세안 지역으로 향하는 대외투자, 특히 제조업의 투자가 매우 적었다. 이처럼 중국은 수많은 국가에게

협력지대와 범 통킹 만 경제협력지대를 의미한다.

있어서 하나의 경쟁자였으며 기회 제공자가 아니었다. 인도네시아 같은 국가는 제조업이 현재 신속히 발전하고 있는 단계지만 중국이라는 개방시장으로 인해 '탈공업화'되고 있음을 느끼고 있다. 즉, 제조업이 중국과 경쟁하며 위축되고 파산하고 있어 중국으로 1차 원자재를 수출하는 국가가 될 수밖에 없다는 것이다. 이를 고려했을 때 인도네시아가 제시한 산업보호 요구는 중국에 대한 원자재 수출을 제한하는 조치이기도 하다.

중국과 아세안 국가의 경제관계 심화를 위해서 중국은 아세안과의 무역지대조를 조정할 필요가 있다. 아세안에 대한 투자를 늘리고 중국-아세안 개방지대를 플랫폼으로 하는 산업사슬을 구축해야 한다. 구식 산업을 아세안 국가로 이전 생산하는 것뿐만 아니라 신흥산업과 R&D 영역도 이전해야 한다. 이렇게 해야만 아세안을 개방된 경제지대로 발전시킬 수 있고 아세안이 중국과 경제관계를 확대하는 과정에서 자신의 제조업 수준과 R&D 능력을 제고할 수 있다.

비록 아세안은 6억 명에 달하는 인구를 보유하고 있으나 대다수가 개발도상국으로 내수시장에 한계가 있고 주로 외부수요에 의해서 경제성장이 견인되고 있다. 따라서 중국의 아세안 발전에 있어서의 중요성은 첫째로 중국이 하나의 거대한 수출시장으로서 기능하는 것으로 특히 제조업에 있어서 아세안의 상품을 소비하는 것이다. 둘째는 인프라 건설 방면을 포함한 투자를 확대해 종합적 협력공간을 확장하고 경제가 낙후한 아세안 국가를 돕는 것이다. 중국 경제발전의 제2단계, 즉 내수 소비를 진작하고 대외투자를 늘리며 역내 그리고 세계적인 생산사슬을 구축하는 추진과정에서 중국의 중요성이 효과적으로 부각될 수 있다.

중국과 아세안의 자유무역지대 건설은 십여 년의 과정을 거쳤고 이러한 과정 중에 가장 중요한 변화는 무엇이었나? 필자가 보건대 시장개방과 양측 경제시스템의 연계를 추진한 것이었다. 그러나 실제로는 양측의 경제교류활동 대부분이 자유무역지대가 제공하는 법규 내에 있지는 않았다. 상품무역을 예로 들면 자유무역지대협정을 이용해서 무역하는 비율은 약 5분의 1밖에 되지 않았다. 어렵게 체결한 자유무역지대의 이용률이 이렇게 낮은 것의 원인은 무엇인가? 이용상의 불편함과 원산지증명 발급에 필요한 비교적 비싼 비용, 협정의 복잡함과 이해의 어려움으로 기업이 자유무역지대에 대해 잘 알지 못한다는 점 등 여러 이유가 있으며 이러한 점들은 앞으로 모두 개선되어야 할 것이다.[38]

그러나 가장 많이 생각하는 것은 그래도 자유무역지대 건설과 경제발전 그 자체이다. 지금까지 자유무역지대 건설은 이미 하나의 큰 흐름이 되었고 필자는 이 대세를 돕는 역할을 하고 있다. 역내협력에 대해서 여러 이론들이 있는데, 그중에서 비교적 영향력 있는 것은 바이너(Jacob Viner)의 '무역창조와 무역전향이론'이다. 이 이론은 당시 주로 관세동맹의 기능을 설명하는 데 사용되었다. 일정한 범위 내의 개방시장은 역내 무역증가를 촉진할 수 있고 역내의 수익을 제고할 수 있다는 것이며 나아가 구매력을 높인다는 것이다. 지금까지 자유무역지대의 효능에 대한 설명은 모두 이를 근거로 하고 있다. 그러나 실제로는 개방시장에서 생산의 효익은 수익불균형의 문제에 직면해 있다. 즉, 비교적 발달한 경제체와 저개발 경제체가 얻는 이익이 서로 다르고 중심과 주변지역의 수익도 다르며 다국적 회사와 향토기업의 수익도 동등하지 않다. 예를 들어, 개방시장 환경이 분업생산의 합리적인 분포에 도움을 주고 이로부터 무역이 증가하는 가능성은 이 산업사슬에 가입해 있는 외자기업에게만 해당되는 말이다. 필자는 아로요 필리핀 전 대통령과 중국-필리핀 경제무역관계에

---

38 이 측면에 대한 분석은 필자가 참가한 연구보고서를 참고했고 중국 부분은 필자가 담당한 것이다. Masahiro Kawai and Geneshan Wignaraja ed., 앞의 책.

대해서 이야기를 나눈 직이 있는데, 필자가 통계상으로 필리핀과 중국의 무역은 여러 해 동안 필리핀이 흑자를 보고 있고 중국과 경제무역관계를 확대하는 것으로부터 이익을 얻을 수 있을 것이라고 했다. 그러나 그녀는 무역흑자는 주로 필리핀에 투자한 외국 다국적기업과 관련되며 중국의 수출증대의 영향으로 자국의 많은 중소기업이 파산했다고 했다. 왜냐하면 필리핀 중소기업들이 중국의 저가상품과의 경쟁에서 무력했기 때문이었다. 결과적으로 우리의 분석이 오직 빅데이터와 대세에만 근거를 하고 있으면 안 되고, 반드시 세세한 구조에 대해서 심도 있게 분석을 해야지 사태의 본질을 심도 있게 알고 문제가 어디 있는지 알 수 있다.

또한 개방된 시장공간도 '구축효과'를 촉진하므로 만약 경제성장의 견인효과만 고려한다면 저비용 고오염의 산업이 더욱 확대될 것이고, 심지어 고비용의 양질의 산업은 붕괴될 것이다. 현실에서 중국은 '세계의 공장'이자 최대의 매연배출국, 오염가스 배출국으로 스모그가 항상 있고, 폐수가 넘쳐흐르고 있으며 동아시아 지역의 생산네트워크를 확대하면서도 비슷한 문제를 야기할 것으로 보인다. 따라서 자유무역지대를 건설하는 것은 시장개방의 추진만으로는 부족하고 지속가능한 발전을 위한 내용을 담아야 하며 기업의 사회적 책임 조항이 마련되어야 한다. 따라서 앞으로의 자유무역지대 건설에서 고려해야 할 문제는 더욱 많고 깊다.

더 읽을거리

중국의 역내경제 개방 및 협력 참여[39]

개혁개방 정책을 실시한 이후 중국의 첫 번째 전략은 바로 세계경제시스템에 편입되는 것이었다. 이는 해외 시장과 자원(자본, 천연자원)이 발전을 가속화하는 데 도움이 될 것이라는 판단을 했기 때문이다. 앞서 중국은 국제통화기금과 세계은행의 회원이 되었으나 세계시장의 가장 중요한 국제기구인 관세와 무역에 관한 일반협정(GATT)과 세계무역기구(WTO)에는 배척되어 있는 상태였다. 이 때문에 세계무역기구에 가입하는 것은 중국이 제1단계 전략을 실행하는 데 있어서 핵심적인 조치였다. 15년이라는 긴 시간 동안의 힘든 여정을 거쳐 2000년에 협상을 완료했고 2001년부터 중국은 세계무역기구의 정식 회원으로서 개방된 세계시장을 이용하는 입장권을 얻게 되었다.

그러나 WTO의 최혜국 대우(무차별 원칙)가 각양각색의 역내무역협정에 모두 통용되는 것은 아니었다. 다시 말해 WTO라는 입장권이 역내

---

39 이 논문은 2012년에 발표했으며 왕뤄린(王洛林) 편,《WTO 가입 10년 후 중국(加入WTO 十年後的中國)》, 중국발전출판사(中國發展出版社), 2012년판에 실렸다. 논문의 내용은 중국이 역내경제 개방 및 협력에 전면적으로 참여한 과정을 분석한 것으로 이 책의 뒷부분에서 다시 심도 있게 다루어질 것이다. 이 장의 '더 읽을거리'로 이 논문을 선정한 것은 독자들이 뒷부분의 분석에 앞서 중국의 역내참여 전략과 실천에 대해 이해함으로써 종합적인 이해를 하는 데 도움이 되기를 기대했기 때문이다.

우대시장협정에 참가하는 데 큰 효과를 발휘하지 못했다. 역내무역협정 (RTA)은 사실상 1960년대에 시작해 1980년대 이후에는 더욱 빠르게 발전했고 20세기 말에 이르러 WTO에 등록한 각종 역내무역협정은 200여 개나 되었다. 한편으로 WTO가 다양한 협상을 통해 전 세계적 시장개방 이라는 커다란 국면을 만들어냈지만 한편으로는 세계시장도 각종 역내협정으로 분할되었다. 세계시장에 존재하는 전체적인 개방(세계화, 다자화가 특징이며 WTO로 대표된다)과 지역화(지역화, 양자 혹은 역내가 특징이며 RTA로 대표된다)의 이중구조를 고려했을 때 WTO라는 입장권을 획득한 이후 역내무역협정에 참가하는 것이 중국의 제2단계 전략이었다.[40]

한편 WTO 체제하에서 시장개방 범위에 한계가 있었는데, 초기단계에서는 주로 상품(제조업)시장 개방에 초점을 맞추었고 선진국 간의 개방에 중점을 두었다. 다음으로 개발도상국으로 확대했고 개방 범위를 서비스 영역으로까지 넓혔다. 그러나 광범위하고 심도 있는 개방을 추진하는 것이 점차 더욱 많은 어려움에 부딪혔고 도하라운드 협상은 장기간 정체에 빠졌다. 역내협정은 전 세계적 다자협정이 대체할 수 없는 장점을 지니고 있다. 첫째, 참여범위가 적어서 비교적 쉽게 타결에 이를 수 있다. 둘째, 경제협력, 정책협조, 표준통일 등에서 더욱 융통성 있고 확장성을 가진 개방적이며 협력적인 협정을 만들 수 있다. 셋째, 역내협력은 지정학적 함의를 가지고 있으며 따라서 여러 목표를 동시에 실현할 수 있다. 이것이 다자과정이 정체되어 앞으로 나가지 못하는 상황에서도 역내무역협정은 신속히 증가한 하나의 중요한 원인이다.

중국이 WTO 가입협상을 완료했을 당시 각종 역내무역협정은 이미 큰 진전을 이루고 있었다. 유럽·북미·남미·오세아니아·아프리카 등의 지

---

40 장윈링·저우샤오빙 편, 앞의 책, 16쪽.

역에서 여러 다양한 수준과 형식의 역내경제협정이 시작되고 있었다. 당시 아시아, 특히 경제적으로 활력을 띠었던 동아시아에는 아세안이 주도하는 자유무역지대만 존재했다. 그러나 1997년 아시아 금융위기 발발 이후 아세안의 주도하에 동아시아는 협력과정을 시작했고 EAFTA와 동아시아공동체 건설 구상이 제안되었다. 아태지역에서 주도적 역할을 하고 있는 APEC은 지역시장 개방을 촉진한다는 목표를 갖고 '보고르선언'을 제정했으나 실제 진전은 순조롭지 않았다.

아태지역과 동아시아 지역에 속하는 국가로서 중국은 APEC과 동아시아 협력시스템에 참여했으며 유럽·북미·남미·오세아니아·아프리카 지역의 어떤 역내협정에도 참여하지 않았다. 경제관계의 중심이든 지리적인 고려든 동아시아는 중국의 역내참여와 전략구조에 있어서 중점지역이었으며 우선순위였다. 따라서 중국은 동아시아 협력시스템에 적극적으로 참여하는 것을 목표로 정했고 중국-아세안 자유무역지대 건설을 추진했다. 중국-아세안 자유무역지대 건설은 시장개방과 경제협력 강화의 목표를 실현하는 것이었을 뿐 아니라 아세안 국가들과 정치관계의 기반을 개선하고 강화하는 것이었고 양측이 전략적 동반자관계를 맺는 데 중요한 작용을 했다.[41]

중국-아세안 자유무역지대의 건설로 중국은 역내경제협력에 대해 자신감을 갖게 되었고 역내협력의 추진이 가진 장점을 발견하게 되었다. 따라서 중국은 동아시아 지역경제협력을 추진하는 데 더욱 적극적이고 능동적으로 변했다. 이는 중국이 EAFTA의 실행가능성 연구를 주도적으로 제안한 것, 동아시아 통화금융 협력과정, 즉 '치앙마이 이니셔티브(CMI)'

---

41 Zhang Yunling, 앞의 글(2010), pp. 101-102; 궁잔쿠이·멍샤·류천양(宮占奎·孟夏·劉晨陽) 외, 《중국과 아세안의 경제통합(中國與東盟經濟壹體化)》, 중국대외경제무역출판사(中國對外經濟貿易出版社), 2003, 13쪽.

협력 틀과 그 심화과정을 적극적으로 추진한 것, 한중일 3국 협력시스템의 구축을 추진한 것 등에서 나타났다. 물론 중국의 이러한 자신감과 능동성은 자신의 경제발전에 대한 필요성에 기반을 둔 것이었다. 즉, 대외경제관계를 확장하고 심화하여 역내시장을 만들기 위한 것이었으며 따라서 중국이 추진하는 역내협력은 일반적인 자유무역지대보다 더욱 넓은 영역을 포괄했고 내용도 풍부했다.

그러나 중국이 적극적으로 참여하고 주도한 동아시아 역내협력과정도 순조롭지만은 않았고 많은 어려움에 부딪혔다. 경제적인 원인도 있었고 지정학적인 원인도 있었으며 외부적인 원인도 있었고 내부적인 원인도 있었다. 이는 EAFTA 건설의 정체라는 결과로 나타났고, 동아시아 역내협력의 제도화 건설은 여러 단계에서 서로를 견제하는 경쟁 게임의 양상을 띠게 되었다.

물론 중국의 역내참여가 오로지 '가까운 지역'에만 국한되지는 않았고 동아시아 역내협력의 참여는 전 세계적 이익과 실행가능성 측면에서 융통성 있는 선택이었다. 현재 중국은 아시아의 기타 지역·오세아니아·남미·중동·아프리카 국가들과 양자 또는 지역 간 자유무역협정을 체결했거나 협상함으로써 다양한 형식을 활용해 외부지역과의 경제협력을 강화하고 있다. 그럼에도 복잡한 원인으로 인해 자신의 주요 무역파트너와 자유무역지대를 건설하는 것에는 중국이 별 진전을 보지 못하고 있다. 미국·유럽·일본 등 선진국과 이웃나라인 한국 그리고 거대한 발전도상국인 인도·브라질·러시아 등은 모두 중국과의 자유무역지대 건설에 적극적인 반응을 보이지 않고 있다.

중국은 개발도상국이자 대국으로서 발전이익 측면에서 세계시장 개방에 참여하고 추진하는 것은 매우 중요하다. WTO 가입을 시작으로 세계시장 개방 흐름에서 중국은 다방면에서 중요한 역할을 수행해야 했다.

그러나 역내경제협력을 추진하고 이에 참여하는 것에는 특수하고도 대체할 수 없는 의의가 있다. 따라서 향후 어려움이 적지 않을 것이지만 중국은 노력을 배가해 더욱 개방된 자세로 역내무역협정에 참여하고 주도해 나가야 한다.

1. 중국의 역내협력 참여에 대한 회고

중국은 APEC에 가입하면서 역내협력에 참여하기 시작했다. 여러 곡절을 거쳐 1991년에야 정식으로 회원국이 되었고 이때에도 WTO 가입 협상은 여전히 어려움을 겪고 있었다. APEC은 역내협의 및 협력시스템으로서 시장개방을 위한 조치는 주로 회원국의 자체적인 행동에 기대고 있었다. 중국은 이에 비교적 편안함을 느꼈고 APEC을 활용해 자주적으로 시장개방 과정을 계획할 수 있었다.[42] APEC에서 중국은 적극적인 참여자이자 주도자였다. 자국의 개방뿐 아니라 경제기술협력에 있어서도 중국은 적극적인 공헌을 했다. 그러나 비록 APEC이 회원국 간의 협상과 대화에 긍정적인 역할을 했지만 APEC 자체적인 시스템 결함으로 인하여 '보고르선언'을 통해 아태지역 시장개방을 추진하는 것은 순조롭지 않았다.[43] 그럼에도 APEC의 존재와 발전에는 대체할 수 없는 중요한 의의가 있었고 중국은 APEC의 중요 회원국으로서 아태지역에서 중국의 경제발전,

---

42 1996, 1997년 중국은 APEC에 대한 이행 공약으로 두 차례의 관세인하를 단행했다. 35.9%에서 23%로, 23%에서 17%로 인하했고 또한 앞으로 더 인하를 약속했다. 장원링 편,《개방경쟁과 발전(開放競爭與發展)》, 경제관리출판사, 1998, 22쪽.

43 '보고르선언'에 의하면 선진국은 2010년, 개발도상국은 2020년에 시장개방이라는 목표를 이루기로 되어 있다. 그러나 2010년, 선진국은 공약을 이행하지 않았고 목표는 흐지부지되었다. 2011년 미국은 TPP 협상을 주도하기 시작했고 APEC의 일부 회원국만 이 협상에 초대했다.

대외관계에 있어 주요한 함의를 가지고 있다. 정상회의, 장관회의부터 재계의 대화까지 APEC은 중국이 아태지역과 긴밀한 관계를 맺는 데 중요한 플랫폼을 제공해주고 있다. 따라서 중국은 APEC의 활동에 지속적이고 적극적으로 참여해야 하며 다른 회원국과 힘을 합쳐 협력과정을 통해 한 단계 더 발전할 수 있는 방식과 노선을 찾아야 한다.

동남아 국가들의 1997년 아시아 금융위기가 아태지역의 역내협력방식과 구조에 중대한 변화를 가져왔다. 위기 전에는 APEC의 역할이 미미했으나 위기의 피해가 가장 심각했던 동남아 국가들이 동아시아 역내협력을 주도했고 한중일을 초대해 대화에 나서며 동아시아 역내 협력시스템을 구축하는 등 협력을 통해 위기를 극복하고자 했다. 1997년 말 '아세안+한중일(10+3)' 대화체제가 출범했고 중국은 적극적인 참여자가 되었다. 중국 경제가 금융위기의 직접적인 영향을 비교적 적게 받았기 때문에 경제가 성장을 계속 유지했었고 따라서 위안화 환율을 안정적으로 유지하면서 피해국가에 구제금융을 제공하는 등 아세안 국가의 경제회복과 위기대응에 능동적이고 책임 있는 모습을 보였다. 중국은 이 과정을 통해 동아시아 역내협력에 적극적으로 참여하고 협력과정을 심화시키는 데 자신감을 얻었고 중국의 책임감 있는 태도는 아태지역에서 중국의 신뢰도를 높여주었다.

'10+3' 협력시스템을 출범한 다음해인 1998년 중국은 협력시스템하에서 중앙은행 부총재 및 재무차관 회의의 설립을 제안했고 실질적인 협력을 진전시켜 위기에 대응하는 데 목표가 있었다. 1999년 동아시아 정상은 공동성명을 발표하여 동아시아 역내협력을 심화하기로 결정했고 각국의 전문가들로 구성된 '동아시아비전그룹(EAVG)'을 만드는 데 뜻을 모았다. 중국은 이를 적극 지지했고 전문가를 파견해 보고서의 초안을 작성케 했다. 전문가그룹이 제안한 동아시아공동체 건설에 대한 보고에 중국

정부는 적극적으로 지지했고 보고서에서 언급한 정책제안의 실행을 추진했다.[44] 2004년 '10+3' 정상이 EAFTA 건설에 대한 실행가능성 연구를 진행할 당시 중국 정상은 중국이 13개 국가의 전문가를 초청해 공동연구를 주도하겠다고 제의했다.[45] 중국이 주도적으로 이를 제안한 이유는 동아시아 지역의 시장개방이 중국 경제에 커다란 발전 공간을 마련해줄 것으로 판단했기 때문이었다. 중국의 이러한 능동성은 중국-아세안 자유무역지대 건설을 통한 자신감에 기반을 둔 것이었다.

중국-아세안 자유무역지대는 중국이 역내협력에 참여하고 이를 추진하는 데 돌파구가 되었다. 2000년 WTO 가입협상을 완료했을 때 중국은 아세안 국가에 자유무역지대 건설을 제의했다. 이 제의는 아세안 국가들의 적극적인 반응을 불러일으켰는데, 아세안 국가들이 경제를 회복시켜야 할 때 경제성장 속도가 매우 빠른 중국과 자유무역지대를 건설하는 것이 자신들의 경제발전에 도움이 될 것이라고 판단했고 장기적으로 지속 성장하는 중국 경제가 기회가 될 것이라고 생각했기 때문이었다.[46]

대다수가 개발도상국인 아세안 10개국과 자유무역지대를 건설하는 것이 쉬운 일은 아니었다. 핵심은 바로 신뢰를 쌓고 공동이익을 실현하는 동시에 양측이 모두 받아들일 수 있는 방식을 찾는 데 있었다. 중국-아세안 자유무역지대의 건설과정에는 세 가지 새로운 시도가 있었다. 첫째,

---

44 필자는 중국을 대표해 비전그룹의 활동에 참여했고 중국의 적극적인 공헌은 각국의 지지를 얻었다. Zhang Yunling, 앞의 글(2010), p. 66 참조.

45 13개 국가의 전문가들은 모두 전문가그룹 활동에 참여를 했고 2006년 전문가그룹은 연구보고서를 통해 조속히 '10+3' 동아시아자유무역지대를 건설할 것을 제안했다. 이 전문가그룹은 필자가 주재를 했으며 이후 한국이 제2차 연구를 주도했고 2008년에 보고서를 제출했다.

46 Zhang Yunling ed., "ASEAN's Role and Interests in the Formation of East Asian Economic Regionalism", *Emerging East Asian Regionalism: Trend and Response*, World Affairs Press, 2005, pp. 56-57.

아세안 10개국을 하나의 협상단위로 본 것이고 동시에 각 회원국 간의 차이를 충분히 고려하여 통일된 조치를 단계적으로 실행하는 방식(서로 다른 시간표)을 적용한 것이다. 둘째, 협상내용을 분리한 것으로 먼저 쉬운 것부터 하고 나중에 어려운 것을 처리했다. 즉, 상품무역-서비스무역-투자 순으로 협상을 하면서 한편으로는 실행도 하는 형식을 취했다. 셋째, '조기 자유화' 프로그램이다. 아세안 국가들로 하여금 조기에 자유무역지대의 단맛(농산물 개방을 시작으로 비대칭적인 양보를 실행)을 맛볼 수 있게 하는 데 중점을 두었다. 2002년을 시작으로 8년간의 협상기간을 거쳐 2010년 1월 1일에 전면적으로 발효했다. 중국-아세안 자유무역지대는 세계에서 가장 큰 자유무역지대로 불렸고 인구규모와 발전 잠재력도 매우 컸다. 현재의 발전양상으로 보건대 자유무역지대의 건설이 무역뿐 아니라 투자, 인프라 건설 같은 종합적인 경제관계와 정치관계를 대폭 촉진하고 있음이 증명되고 있다.

중국-아세안 자유무역지대의 건설은 또 다른 '10+1(일본·한국·호주·뉴질랜드·인도)' 자유무역지대의 출현을 촉진했고 이러한 양상은 '경쟁적인 개방' 과정으로 불렸다. 그러나 이러한 양상은 동아시아 시장을 상호 연계되지 않은 자유무역지대로 분할시켰고 소위 '누들 볼 효과' 또는 '스파게티 볼 효과'를 야기했다. 이를 위해 동아시아 역내 협력시스템하에서 각국은 줄곧 분산된 자유무역지대를 하나의 통일된 거대시장으로 합치는 시장통합을 시도했다. 그러나 여러 원인으로 인해 통합 노력은 줄곧 눈에 띄는 성과를 보이지 못했다.[47]

---

47 예를 들어, 중국은 동아시아자유무역지대(13개국) 실행가능성 연구를, 일본은 동아시아 정상회의(16개국)를 기초로 하는 '동아시아포괄적경제파트너십(CEPEA)'을 주도적으로 추진했으나 아세안은 자신들의 공동체를 건설하고자 하는 계획이 있었기 때문에 동아시아 지역 전체를 아우르는 시장을 건설하는 데 열의가 없었다.

동아시아 시장 통합이 어려움을 맞은 상황에서 중국은 한중일 3국 협력을 추진하는 데 눈을 돌렸다. 2008년을 시작으로 3국은 단독적인 협력 과정을 시작했고 매년 정상회의, 장관회의를 개최하는 동시에 협력사무처를 개설했고 자유무역지대의 건설을 가속화하기로 결정했다.[48] 물론 3국 간 경제구조 차이와 정치관계 취약점을 고려해볼 때 협력과정이 순조롭게 진행될 수는 없는 것이었고 자유무역지대 협상도 매우 어려울 것이 예상되었다. 그럼에도 한중일 3국의 동아시아 지역에서의 위치를 생각했을 때 3국 간 협력을 추진하는 것은 매우 중요한 의미가 있었다. 중국은 이를 통해 더욱 균형적인 시장구조를 건설할 수 있을 뿐 아니라 전체 동아시아 지역의 협력에 있어서도 긍정적인 촉매작용을 할 것으로 기대되었다.[49]

자유무역지대의 건설과정과는 달리 동아시아 지역의 통화금융협력은 시작부터 줄곧 '10+3'을 기본 틀로 유지해왔다. 비록 2003년의 CMI가 양자 간 통화스와프로부터 시작했으나 점차 심화발전하며 양자 간 통화스와프 시스템을 기초로 하여 서로 연계되는 역내 상호원조시스템으로 발전했고, 다시 한 단계 더 발전하여 규모가 1200억 달러에 달하는 기금(향후 기금의 규모는 더 늘어나게 된다)을 형성했고, 동아시아 지역의 경제발전을 연구하고 경제의 운영을 관찰하고 제안하는 기능을 수행하는 아시아거시경제조사기구 등을 만들었다. 비록 1997년 중국은 일본이 제의한 아시아통화기금 구상에 지지를 보내지 않았지만 중국은 CMI 추진을 기

---

48 한중일 정상은 정부가 주도하여 3국 간 자유무역지대 건설에 대한 공동연구를 2011년 말까지 완료하고 2012년 자유무역지대 협상을 시작하기로 결정했다.

49 Yoon Hyung Kim·Changjie Lee, *Strengthening Economic Cooperation in Northeast Asia*, KIEP, 2004, p. 4; 《아태지역발전보고(亞太地區發展報告)》, 사회과학문헌출판사, 2011, 121쪽.

초로 한 역내 통화금융협력에 일본을 포함한 동아시아 국가와 함께 적극적인 노력을 기울였다.

통화금융협력이 역내협력에 있어 눈에 띄는 진전을 보인 원인은 첫째, 아시아 금융위기의 영향으로 모두가 단합을 통해서만 새로운 금융위기의 확산을 방지할 수 있음을 인식했기 때문이었다. 둘째, 통화금융 자체적으로 통합에 대한 필요성이 있었다. 즉, 위기 발생 시 안전장치로서의 기능을 제대로 하기 위해서는 전체 역량을 이용해서 최대한의 자본을 모을 필요성이 있었다. 중국은 세계에서 가장 큰 외환보유고를 가진 나라로서 역내 통화금융협력을 추진하는 데 있어서 우위를 점하고 있었고 역내 통화금융 협력시스템의 건설을 통한 역내 자본시장의 발전은 중국에도 도움이 될 뿐 아니라 중국 자본에 새로운 시장 공간을 창출할 수 있는 기회를 제공하는 것이었다.

중국이 참여한 아시아태평양 및 동아시아 지역협력 과정을 돌이켜보면 한편으로는 중국이 역내 협력시스템을 적극 추진함으로써 경제를 대외적으로 확장했고, 다른 한편으로는 역내협력이 중국에 능력을 발휘할 수 있는 새로운 무대를 제공했다. WTO 가입 당시와 비교했을 때 역내협력에 참여하고 추진하는 과정에 있어 중국은 더욱 강한 리더십과 영향력을 발휘했다. 비록 빠르게 발전하고 있는 큰 국가로서 중국의 이익은 세계 전체를 바라보고 있었지만 지역, 더욱이 인근지역은 어쨌든 특수한 의미를 가지고 있었고 그 의의는 경제적 이익을 넘어서는 것이었다. 이러한 의미에서 중국의 적극적인 역내 경제협력 추진은 이익추구를 위한 것이기도 하지만 전략적인 선택이기도 했다.

동시에 중국도 능동적으로 홍콩·마카오·타이완 지역과의 관계를 합리적으로 처리했고 잇따라 홍콩, 마카오와 '포괄적경제동반자협정(CEPA)'을, 타이완과 '양안 경제협력기본협정(ECFA)'을 맺어 개방적이고 긴밀히 연계된 '중화경제권'을 만들고자 힘썼다. 그러나 양안관계의 복잡성으로 인해 ECFA는 낮은 수준에서 시작할 수밖에 없었으며 점진적이고 선택적인 개방과 통합조치를 실행해나갈 수밖에 없었다.[50]

물론 중국의 자유무역지대 건설이 아태지역과 동아시아 지역에만 국한된 것은 아니었으며 세계적 범위에서 적절한 파트너를 찾아 협상을 전개했다. 동아시아 지역 이외 중국과 이미 협정을 체결한 국가는 남아시아의 파키스탄, 오세아니아의 뉴질랜드, 남미의 칠레·페루·코스타리카, 유럽의 스위스가 있었다. 현재 협상중인 국가로는 오세아니아의 호주, 중동의 걸프협력회의(GCC), 유럽의 아이슬란드·노르웨이 등이고 현재 실행가능성 연구 단계에 있는 국가로는 한국·인도·남아프리카공화국 등이 있다. 위 국가들과의 협상은 일부는 빠른 진전을 보이고 있기도 하고 일부는 난이도가 높아 쉽지 않기도 하다. 사실상 중국이 세계 기타 지역 국가와 자유무역지대를 구축하는 과정은 순조롭지 않으며 몇 개의 작은 나라들을 제외하고 비교적 규모가 있는 국가, 특히 유럽·미국·일본 등 선진국과는 진전을 보지 못하고 있다.

역내경제개방과 협력에 참여하는 중국의 노력을 어떻게 바라볼 것인가, 중국의 참여와 추진에 있어서의 어려움에 대해 어떻게 인식할 것인가에는 심도 있는 분석과 사고가 필요하다.

2. 역내협력 발전과 중국 참여에 대한 사고

현재 세계는 지역화가 대세가 되고 있다. WTO 조항은 회원국의 역내무역협정 가입을 허용하고 있고 따라서 역내무역협정은 세계무역시스템의

---

50 Zhang Yunling, 앞의 글(2010), pp. 22-23 참조.

하나의 중요한 구성부분이다. WTO의 무차별원칙과 다른 점은 역내자유무역지대는 차별성을 가지고 있다는 것으로, 즉 어떠한 시장개방 협정도 참여 회원국의 상황에 적합하게 적용되어야 한다는 것이고 이로써 두 가지 결과를 가져온다. 첫째, 비회원국의 시장진입에 대해 불평등대우를 하고 따라서 비회원국은 경쟁에서 불리한 위치에 있게 된다. 둘째, 세계시장이 서로 다른 역내협정으로 분할되고 따라서 비록 전 세계를 아우르는 다자간 개방협정인 WTO에 가입했지만 여전히 역내무역협정이 존재하는 일부 시장에 완전히 진출할 수는 없게 된다. 따라서 각국에게 있어서 역내무역협정 참여는 하나의 현실적이고 전략적인 선택이 아닐 수 없게 된다.

이러한 의미에서 중국이 적극적으로 역내경제협력을 추진하는 것은 시장을 확대하기 위한 것으로 중국 상품이 세계시장에 더욱 좋은 조건으로 팔리게 하기 위해서이다. 더욱이 중국이 대량의 외자를 이용해 가공수출산업을 발전시켜온 산업후발주자인 점을 고려했을 때 외부시장의 개척은 경제성장을 이끄는 데 특별히 중요한 의의가 있다.

그러나 역내협력이 다루는 범주는 시장진입이라는 기능뿐만이 아니다. 자유무역지대하에서는 인프라 건설·규정 통일·인원 유동 등의 상호연결, 능력배양, 정치협력 등 광범위한 협력을 전개할 수 있다. 중국은 역내대국으로서 여러 이웃국가와 지리적으로 광범위하게 연결되어 있고 역내협력은 역내경제권을 형성하여 평화·협력·발전의 역내환경이라는 플랫폼을 만드는 데 목적이 있다. 따라서 역내협력을 추진하는 데 있어 중국은 더욱 많은 노력을 기울여야 하고 개발도상국이자 대국으로서 지역의 평화적 발전에 도움이 되는 공공재를 더욱 많이 제공해야 한다.

1) 중국-아세안 자유무역지대 건설

중국이 아세안을 역내무역협정의 첫 번째 협상대상으로 택한 것에는 경제적 측면에서 볼 때 대체적으로 두 가지 중요한 고려가 있었다. 첫째, 아세안 10개국 대다수가 개발도상국으로 중국의 경제발전 수준과 비슷했고 일부는 비슷한 경제구조와 시장개방 환경을 갖추고 있어 협상에서 비교적 쉽게 공감대를 형성할 수 있을 것이기 때문이었다. 실제로도 그러했고 협상방식에서 '조기 자유화' 프로그램을 실시한 것, 상품무역·서비스무역·투자를 분리해서 협상한 것, 각국의 차이를 고려하여 적용을 달리한 것, 아세안 국가들의 경제발전 수준을 고려해 단계적으로 실시한 것, 점차적으로 높은 수준의 공약을 이행한 것 등에 있어서 양측은 공감대를 이루었다. 둘째, 아세안 국가는 중국과 가까워 지경학적인 우위를 보유하고 있어 개방시장을 기초로 하여 전면적인 협력을 전개할 수 있을 것으로 예상되었기 때문이다. 장기적 관점에서 개방적이고 긴밀히 연계된 거대한 인구와 영토의 경제권을 형성할 수 있었고 이러한 경제권의 형성은 중국은 물론이고 아세안 국가에게 있어서도 중요한 의의를 갖는다.

만약 개방적인 경제지대를 건설한다는 측면에서 바라본다면 시장개방도 중요하지만 동시에 다른 여러 측면에도 노력을 기울여야 한다. 예를 들어, 아세안 국가가 제의한 상호연결 전략, 즉 인프라 건설·규정·인원의 긴밀한 연계의 추진, 상대적으로 낙후한 아세안 회원국에 원조제공을 강화해 발전격차를 줄여 시장개방을 강화하고 경제협력에 있어 상호신뢰를 향상시키는 것, 거시경제정책의 협력을 통해 경제의 안정적인 발전을 실현하고 구조적인 업그레이드를 촉진해 발전방식의 전환을 앞당기는 것 등이다. 특히 앞으로의 추세는 경제성장과 힘의 중심이 신흥국가 경제시장으로 옮겨가고 선진국 시장은 신흥국 경제성장의 주요한 외부원동력이라는 기존의 역할에 구조적인 역전현상이 나타날 것이 예상되는 등 세계

경제는 중요한 전환기를 맞고 있다. 다시 말해, 신흥국은 지금까지 주요 선진국의 지속적인 수요증가에 기대어 수출증가와 경제성장을 끌고 가던 방식이 더 이상 통하지 않게 된다는 것이고 반드시 자체적으로 새로운 내수 동력을 창출해야 한다. 이러한 가운데 역내 경제협력의 심화는 새로운 '내수'를 창출하는 데 새로운 원동력이 될 것으로 보인다.

개발도상국으로서 중국이든 아세안이든 모두 거대한 발전 잠재력을 갖추고 있고 관건은 어떻게 잠재적 요소를 실현시키는가이며 역내협력의 심화는 잠재적 요소를 발휘하는 데 중요한 의의를 가지고 있다. 이러한 의미에서 중국-아세안 자유무역지대 협상이 발효는 양측의 역내경제권 구축의 시작이 되었다. 현재 중국-아세안 간 무역은 비교적 신속한 발전을 보이고 있고 그 주요원인은 그래도 자유무역지대의 건설에 기인하고 중국 경제의 지속적인 고성장이 아세안 상품(주로 자원과 부품)의 수요를 증가시킨 결과이다.[51] 따라서 중국-아세안 자유무역지대 건설의 잠재력은 아직 완전히 발현되지 않았다. 따라서 긴밀히 연계된 경제권을 만들기 위해서 중국은 양방향 시장의 관세 관련 조치 이상의 실질적인 개방, 인프라의 현대화와 이와 관련된 교통관리 및 통관편리화, 운수안전 등의 상호연결 수준 제고, 저개발국가의 능력배양 등에 있어서 더욱 적극적이고 진취적으로 임해야 하며 이를 위해 더욱 많은 투자를 해야 한다.

2) 역내통합에 대한 다방면의 노력

시장진입의 측면에서 본다면 자유무역지대 규모는 클수록 좋다. 즉, 참여하는 국가가 많을수록 좋다는 말이다. 그러나 실제 협상과정에서는 규

---

51 시장조사 데이터에 따르면 중국회사의 자유무역지대협정 이용률 대비 아세안과의 무역 비율은 높지 않고 20% 이하로 나타났다. Masahiro Kawai and Ganeshan Wignaraja, 앞의 책, pp. 81, 117, 118 참조.

모가 클수록 참여하는 국가도 많아지므로 어려움이 커진다. 또한 대다수 경우에 있어 자유무역지대 건설은 정치적 동의와 지지를 필요로 하고 만약 국가 간 정치관계에 모순이 발생하면 추진과정은 정체될 수밖에 없다. APEC이 추진하는 아태지역 자유무역과 투자처럼 참가국의 자발적인 단방향 조치에 기대는 방식으로는 설정한 목표를 달성하기 어렵고 APEC하에서 자유무역지대 협상을 진행하는 것은 회원국이 많기 때문에 상당히 어렵다.

APEC에 속하는 개방 정도가 높은 4개 국가(싱가포르, 브루나이, 뉴질랜드, 칠레)는 솔선수범하여 높은 수준의 자유무역지대를 통과시켰다. 미국이 바통을 받아 TPP를 주도했고 APEC에 속하는 일부 국가를 초청(첫 단계에서 기존 4개국을 포함해 미국·호주·페루·말레이시아·베트남 등 전체 9개 국가)했다. 일본은 2011년 11월 협상에 참가했고 앞으로 다른 국가들도 참가를 선언할 것으로 보인다. 미국은 높은 수준의, 그리고 앞으로의 발전수요에 적합한 자유무역지대협정의 타결을 추진하겠다고 선포했다. 미국정부는 아태지역 시장개방에 대한 지도력을 되찾고 자신의 표준을 적용하기 위해 이러한 태도를 계속 견지했다.[52]

그러나 회원국 간 큰 격차를 고려하면 높은 수준의 협정을 체결하는 것이 쉽지만은 않다. 만약 TPP를 아태지역 무역 및 투자 자유화 목표를 위한 모델로 삼는다면 어려움은 더욱 커진다. 중국은 TPP 첫 단계에 초청받지 못했고 중국도 참가신청을 하지 않았다. 그 원인은 미국이 지금까지 중국의 시장경제 지위를 승인하고 있지 않다는 것이고 중국 측면에서는 높은 수준의 자유무역지대협정을 추진하는 것에 현실적인 어려움이 있었

---

52 미국무역대표부 커크(Ron Kirk) 대표는 미국은 TPP 협상을 주도하며 자신의 표준을 수출하는 것이라 했다.《차이징(財經)》, 2011. 6. 6. 인터뷰 참조.

기 때문이다. 그러나 중국은 TPP에 참여하지 않음으로써 아태지역의 시장개방 과정에서 배제될 것을 걱정하고 있다. 더욱이 향후 역내경제관계의 제도 구축에 참여하지 않으면 자신에게 불리한 영향을 끼치게 될 것을 더욱 우려하고 있다. 즉, TPP 참여국과 경제교류를 하는 데 차별대우를 받는 등 불리한 경쟁을 하게 되는 상황에 처할 것을 우려한다는 것이다.

그러나 현실적으로 중국이 만약 TPP 참가를 신청했다면 미국도 동의하지 않았을 것이다. 여기에는 중국의 시장경제 지위를 승인하는 것에 대한 미국의 국내정치적 문제가 존재하기 때문이다. 그럼에도 중국이 취한 전략은 첫째, 조용히 그 변화를 관찰하며 TPP 협상이 다루는 여러 측면에서의 문제에 대해 알아가는 것이다. 향후 발전추세를 봤을 때 아태지역의 경제통합은 중국을 제외하고는 논할 수 없다. 둘째, 동아시아, 상하이 협력기구 등 다른 측면의 플랫폼을 활용해 더욱 적극적인 노력을 기울이는 것이다.

동아시아 역내자유무역지대의 통합에는 경제적 측면에서 내재하는 수요가 있다. 동아시아 지역은 생산 분업을 기초로 하는 지역생산 네트워크(RPN)를 형성하고 있기 때문이고 개방적인 통합시장 환경과 규정의 조화가 필요하기 때문이다. 그러나 분산되고 규정이 다른 하위지역 또는 양자 간 자유무역지대협정은 오히려 '스파게티 볼 효과'를 낳게 되고 따라서 지역생산 네트워크의 교역에 새로운 장애를 유발하게 되고 기업의 운영 비용을 높이기 된다. 조사에 따르면 재계는 이러한 장애를 소거하고 통합된 역내개방시장이 실현되기를 강력이 원하고 있다.[53] 이것이 바로 EAVG이 그 보고서에서 EAFTA를 동아시아공동체 건설의 가장 중요한 시스템 중 하나로 꼽은 이유이다. 그러나 상술한 바와 같이 '정치전략'에서의 다

---

53 Masahiro Kawai and Ganeshan Wignaraja, 앞의 책, p. 13.

틈으로 인해 서로 다른 구상이 생겨났고 이러한 노력들이 답보상태에 빠지게 되었던 것이다.[54]

이로 볼 때 동아시아 지역통합의 제도적 통합조정에서 비록 경제적 측면에서는 합리적인 기초가 존재하지만 여전히 강력한 정치적 동의와 지지가 필요했으며 이는 결코 쉽지 않은 일이었다. 과거 동아시아 지역은 주로 세 가지 시스템에 의지해 긴밀한 연계를 가진 생산네트워크를 형성했다. 첫째, 개방적인 다자시장 개방 환경으로 서로 연계되고 공존할 수 있는 역내외 시장 환경을 만들었다. 둘째, 역내경제체가 적극적인 개방발전전략과 정책을 취했고 일련의 '우호적'인 투자촉진과 무역교환 정책을 만들었다. 이는 투자와 분업생산이 역내로 집결하는 데 유리한 환경을 조성했다. 셋째, 지역 경제의 발전이 투자와 산업이전에서 층계형 구조를 형성했다는 것이다. 이는 기술의 확산과 생산의 확대에 끊임없이 확장하는 시장을 제공했다. 지금까지 비록 이러한 시스템들이 여전히 기능을 하고 있지만 동아시아 지역은 제도적 조화가 필요하다. 시장시스템의 통일에는 경제적 이익에 대한 공감대도 필요하지만 정치적인 합의도 필요하다. 실제 이 두 가지 측면에서 공감대 부족이 나타나고 있고 더욱 큰 노력이 필요하다.

3) 중국의 깊이 있는 참여와 역할

중국이 개혁개방정책을 실시한 이후 정부가 제공한 우대정책, 풍부하고

---

54 2011년 9월 중국과 일본은 각자의 견해를 버리고 동아시아 지역 자유무역지대 건설과정에 대한 공동구상을 내놓았다. 세 그룹의 전문가그룹을 구성하고 동아시아자유무역지대(EAFTA) 또는 '동아시아포괄적경제파트너십(CEPEA)' 추진을 위한 실무적인 실행가능성 연구를 실시했다. 그러나 공동구상은 아세안의 호응을 얻지 못했다. 아세안은 이 구상이 그들의 '핵심지위'에 손상을 가할 것이라 우려했고 아세안 주도의 '10+α' 방식을 견지했기 때문이다.

낮은 가격의 노동력 공급이 대량의 외부투자와 산업이전을 유인했고 중국은 중요한 가공수출기지가 되어 아태지역, 특히 동아시아 지역생산 네트워크의 중요한 구성부분이 되었다. 따라서 중국이 역내경제개방과 협력에 참여하고 주도하는 것은 자신의 경제발전을 위해서였을 뿐 아니라 역내 생산네트워크의 운영에도 필요한 조치였고 중국은 점점 적극적으로 임해왔다. 어쩌면 이러한 눈에 띄는 적극성으로 인해 일부 국가들은 중국의 이러한 신속한 굴기의 목적에 대해 의심을 보내기도 하고 중국의 주도와 제어에 대해 걱정을 하기도 한다. 이것이 바로 동아시아 역내협력의 민감한 부분이며 다시 말해 복잡한 역사와 현실적인 원인 때문에 일부 국가 간 충분한 정치적 신뢰가 부족하다.[55]

세계적으로 양자 간 자유무역협정의 선택에서 중국은 두 가지 측면에서 한계를 가지고 있다. 첫째, 중국은 저비용 생산을 통해 제조업 대국으로 신속히 성장했기 때문에 수많은 개발도상국이 중국과의 협상에서 대등한 수준의 시장개방에 대해서는 흥미를 가지지 않고 따라서 그들은 중국에 시장을 개방하면 자국의 '탈공업화'가 촉진될 것을 걱정한다. 즉, 본국의 제조업이 중국 상품과의 경쟁에서 붕괴될 것을 우려한다. 둘째, 주요 선진국이 중국의 시장경제 지위를 인정하지 않고 있어서 중국과 자유무역지대협정을 추진하지 않고 있다. 물론 가장 주요한 원인은 그들이 자유무역지대협정을 하지 않고도 우위를 유지할 수 있다는 것이다. 예를 들어, 중국에 하이테크 산업을 수출하는 데 있어 제한을 받지 않고 중국에 한 단계 더 개방함으로써 발생되는 상품시장의 보호를 피할 수 있다. 이는 커다란 사회적 압력이다. 동시에 중국과의 무역불균형, 즉 통계상의

55 Ellen L. Frost, *Asia's New Regionalism*, Lynne Rienner Publisher, 2008, p. 147; 상하이사회과학학원 세계경제와 정치연구원,《후기위기시대(post-crisis era) 세계질서의 재구성(後危機時代世界秩序的重構)》, 시대출판사, 2011, 196-197쪽.

무역적자는 중국으로부터 오는 상품에 대해 반덤핑관세와 같은 각종 제한을 두게 한다. 따라서 비록 중국이 큰 노력을 기울이고 있지만 아시아 이외 지역에서 자유무역지대를 건설하는 과정은 순조롭지 못하다.

물론 중국 자체적으로도 제약요소가 있다. 가장 주요한 것은 경제발전 수준과 경제구조의 불균형이라는 제약이다. 경제발전 수준의 제약이 주로 나타나는 곳은 시장의 심화개방에 대한 수용력이 약하다는 것으로, 즉 선진국과 일치된 규정에 대한 수용능력이 부족하다는 것이다. 따라서 시장개척에 대해 정부는 자주 큰 적극성을 보이지만 구체적인 협상에서는 개방할 분야를 정하는 데 있어 매우 신중한 태도를 보이고 일부 분야에 대해서는 강력한 보호를 요청해 협상이 중단되기도 한다. 정책법규는 WTO에 가입하며 WTO 규정에 부합하도록 조정을 했지만 개발도상국으로서 여러 측면에서 모두 선진국과 같은 수준으로 조정하는 것에는 무리가 따른다. 특히 새로운 자유무역지대협정은 시장개방을 촉진할 뿐만 아니라 지적재산권, 노동기준, 환경기준, 규정, 정책 등에서 매우 높은 요구를 한다.[56] 이 측면에서 중국은 갈 길이 멀다. 물론 중국이 선진국으로 완전히 발돋움한 후에야 다른 선진국과 협상을 할 수 있다는 것은 아니다. 실제 WTO 가입이 중국 경제체제의 개혁에 커다란 압력과 추진력이 되어준 것과 마찬가지로 자유무역지대의 협상도 중국의 개혁과 체질개선을 촉진하는 외부적 추진력이 될 수 있고 앞으로 이러한 추진력은 지속적으로 필요하며 특수한 의미를 가지고 있다.

---

56 TPP 협상내용에는 노동기준, 지적재산권, 환경기준, 중소기업 등이 포함된다.

3. 향후 발전 방향과 전망

역내협력은 강력한 발전추세를 보이고 있고, 특히 세계화에 대해 점점 더 많은 의문이 생기고 반세계화운동이 일어나고 있는 상황에서 역내협력을 전개하는 것은 각국의 중요한 고려사항이 되었다. 사실 역내화(지역화)가 신속히 발전한 배경을 돌이켜보면 그 원인 중 하나는 도하라운드와 같은 다자간 협상과정이 난관에 부딪혀 더 나가지 못했고 역내협력이 하나의 대체전략으로 급부상했기 때문이다.[57] 최근의 상황을 보면 도하라운드가 당초 목표로 했던 결과를 얻기는 매우 힘들어 보이고 새로운 다자 협상을 출범하는 데도 일정한 시간이 소요된다는 것을 고려했을 때 역내경제개 방과 협력이 각국의 새로운 대안이 되고 있다.

아태지역의 정세를 봤을 때 APEC은 여전히 대화와 협력이라는 특징 을 가지고 있으며 향후 거시경제대화, 국제질서 정비, 경제 안정화, 편리 화 조치 등에 있어서 더욱 발전할 것으로 보인다. 따라서 중국은 APEC의 발전을 지지하고 지속적으로 참여할 필요가 있다.

아태지역에서 미중 간 경제관계의 안정과 협력을 바탕으로 하는 조율 은 매우 중요하다. 미중 양자 간 상호작용 외 APEC도 하나의 중요한 플 랫폼이 되어주었다. 미중관계의 지향점도 이 지역의 기타 APEC 회원국 의 이익을 고려해야 하며, 중국도 이 플랫폼을 적극 활용해 미국의 신보 호주의의 발현을 저지하고 아태지역의 전면적 개방 구상을 추진하며 다 른 회원국의 지지를 적극적으로 확보해나가야 한다. 이렇게 APEC이 아 태지역 시장개방을 보호하고 추진하는 데 더욱 분명한 역할을 하도록 해

---

57 Zhang Yunling ed., *Emerging East Asian Regionalism: Trend and Response*, World Affairs Press, 2005, pp. 16-18; Kazuko Mori and Kinichiro Hirano, *A New East Asia: Toward a Regional Community*, Waseda University, Tokyo, 2007, pp. 13, 16.

야 한다. 그러나 APEC이 아태지역 자유무역지대 건설 추진에는 아마도 주도적인 역할을 할 수 없을 것으로 예상되고 미국이 주도하는 TPP가 주된 형식이 될 것이다. 비록 점점 더 많은 국가들이 협상에 참가함에 따라서 과정이 비교적 완만해지고 있지만 미국은 협상을 포기하지 않을 것이다. 이러한 상황에 직면하여 중국은 TPP 협상의 전개과정을 긴밀히 주시하면서 이 과정이 APEC 내에서 투명하게 이루어지길 요구해야 하는 한편 향후 이 협정에 참여할 준비도 해야 한다. 어쨌든 TPP가 미중과 아태지역 경제체를 하나의 개방적인 거대시장으로 연결시키는 주요방법이 될수 있기 때문이다. 향후 추세를 예측해보면 중국이 참가하지 않는 아태지역 자유무역지대협정은 그 의미가 많이 퇴색될 것이다. 따라서 아태지역의 기타 국가도 중국의 참여를 이끌 수 있는 이익동기를 보유해야 하고 중국의 참여는 아태지역 자유무역지대 건설에 중요한 영향을 발휘할 것이다. 물론 이렇게 크고 거대한 변화를 겪고 있는 지역에서 자유무역지대를 건설하는 것이 쉬운 일은 아니다. 이것이 APEC 지도자들이 아태지역 자유무역지대 추진을 위해 다양한 노력과 방식을 도입하는 이유이다.[58] 더욱 긴 기간(10~15년)으로 볼 때 경제총량에 있어서 중국은 미국과 대등해질 것이고 따라서 중국은 이후의 역내구조 변화에 대비를 해야 한다. 발전의 측면에서 볼 때 높은 수준의 아태지역 통합협정은 중국이 이 지역에서 경제발전의 공간을 확장하는 데 장점을 가지고 있으며 중국이 참가하고 있지 않은 TPP에 대해서도 중국은 향후 적당한 방식으로 참가할 것으로 예상된다. 또한 중국이 TPP에 참여하기 전에도 APEC 내에서 신경제영역발전의 협력이나 아태지역의 상호연결 등과 같은 기타 경제협정을

---

[58] "The Yokohama Vision-Bogor and Beyond, The 18th APEC economic leaders Meeting", Japan, November 2010, pp. 13-14.

추진할 수 있다.

동아시아 지역의 역내 협력시스템 통합노력은 계속될 것이고 현재 역내에 다양한 협력플랫폼이 있는 형세가 한동안 계속 될 것이다.[59] 이러한 형세가 지속되는 동안 각국은 흥미를 가지고 적극적으로 참여할 것이며 동시에 협력심화 과정의 어려움을 돌파할 수 있는 방법을 모색할 것이다. 또한 각종 기능적 협력을 특징으로 하는 시스템을 적극적으로 구축할 것이고 이는 향후 제도화 통합을 뒷받침하는 플랫폼이 될 것이다.

아세안은 여전히 동아시아 협력의 핵심적 지위를 점하고 있고 이는 아세안 자신이 힘써 지켜온 것이다. 아세안이 핵심적인 지위에 있다는 것은 대체적으로 두 가지 중요한 함의를 가진다. 첫째, 아세안은 동아시아 지역에서 가장 먼저 구축된 역내협력기구로 2015년까지 아세안공동체를 만드는 것을 목표로 하고 있다. 아세안공동체 건설은 아세안 국가들이 참여하여 추진하는 동아시아 지역 통합에 제도적인 뒷받침을 해주고 통합방식을 선택하는 데 도움을 줄 것이다. 둘째, 10개 아세안 국가의 적극적인 참여와 주도는 동아시아 협력 심화의 기초가 된다. 따라서 아세안이 공동체 형성이라는 목표를 이룰 수 있도록 지지하는 것은 여전히 동아시아 협력 심화의 관건이다. 아세안의 중국에 대한 지리적 중요성을 고려하면 중국은 실질적인 노력을 더 많이 기울여 아세안공동체 건설을 지지해야 한다. 이는 중국과 아세안 그리고 역내 발전에 모두 유리한 조치이다. 동시에 아세안 국가의 중국에 대한 신뢰를 증진시키고 양측 간의 정치 환경을 개선하는 데 도움이 되어 양측관계의 전면적인 발전을 촉진하게 된다. 상술한 바와 같이 중국의 아세안과의 경제협력전략은 자유무역

---

59 웨이링(魏玲), 〈동아시아 지역화: 곤혹과 전망(東亞地區化: 困惑與前景)〉, 《외교평론》, 2010, 제6기, 27권, 43쪽.

지대 심화를 기반으로 하는 통합경제권의 건설을 특징으로 하고 인프라 건설·규정 통일·인원 교류·신경제산업 발전·신형경제 발전방식 등 영역에서 실질적인 진전을 이루는 것이 목표이다.

동아시아 역내협력의 제도 구축에 있어 합리적이고 실행 가능한 방법은 '10+3'을 기초로 하여 점차적으로 확대 및 심화하는 것이다. 예를 들어, 자유무역지대 건설은 우선 '10+3'으로 시작하는 것이 '10+6'으로 시작하는 것보다 쉽다. 그러나 인식의 불일치 때문에 우선 '10+3'부터 시작하는 방식은 거의 폐기되었고 이후에도 이를 기초로 한 방식은 추진되기 어려울 것으로 보인다. 2011년 9월 중국과 일본의 공동제안으로 세 그룹의 전문가그룹이 만들어졌고 이 그룹은 EAFTA 건설에 융통성 있는 방식을 제시했다. 즉, '10+3'이든 '10+6'이든 모두 고려할 수 있다는 것이다. 그러나 실질적으로 한 번에 격차가 큰 16개 국가 간 자유무역지대 협상을 시작하는 것은 매우 어렵다. 그러나 미국이 주도하는 TPP에 대해 말하자면 일부 아세안 회원국이 TPP에 참여했고 만약 아세안이 동아시아 역내통합에 노력을 하지 않는다면 첫째, 아세안이 분열되는 위험에 처할 수 있고 둘째, 아세안이 중심적 지위에서 밀려날 수 있다. 따라서 아세안은 EAFTA를 적극적으로 추진해야 한다는 새로운 압력을 TPP로부터 느꼈다. 아세안은 미국이 주도하는 TPP의 방식에서 착안해 EAFTA의 틀을 설계하는 데 다른 동아시아 국가의 참여를 청했다. '10+α'의 구조를 더 이상 고집하지 않고 비동맹 회원도 참여할 수 있는 융통성 있는 방식을 택했다. 비록 미국과 러시아가 동아시아 정상회담에 참가하면서 원래의 '10+6' 체제는 이미 변했지만 그들이 '10+α' FTA 협상에 참여할 가능성은 낮으며 따라서 가장 현실적인 것은 한중일 3국이 우선 참가하거나 호주·뉴질랜드·인도가 참가하는 것이고 중국은 이에 대해 개방적 태도를 가져야 한다. 물론 이렇게 큰 자유무역지대는 협상에서의 어려움이 크고 아세안의 강력한 리더십이 요구되지만 아세안이 이러한 리더십을 발휘할 것인가의 여부는 더 지켜봐야 한다.[60]

또 다른 방식은 당연히 한중일 3국의 자유무역지대 건설이 비교적 빠른 진전을 보이는 것이다. 만약 협상이 순조롭다면 2012년 3국은 자유무역지대 협상을 시작할 수 있을 것이다. 어쩌면 협상의 개시를 공표하는 것은 어렵지 않지만 어려운 점은 협상과정이 실질적인 진전을 이루는 것이고 어려움에 직면했다고 하여 협상을 중단해서는 안 된다는 점이다. 만약 3국이 2015년에 기본적인 합의에 다다를 수 있다면 3국 자유무역지대 건설은 EAFTA 건설을 추진하는 데 중요한 원동력이 될 수 있을 것이다. 그 이유는 2015년이 마침 아세안공동체 건설의 목표가 되는 해이기 때문에 이와 함께 전체 EAFTA 건설과정을 진전시킬 수 있기 때문이다. 물론 이것은 하나의 이상적인 목표지만 어떤 방법으로 건설하고 이를 실현시킬 것인가는 수많은 요소에 따라 결정된다. 동시에 한중일 3국의 협력이 자유무역지대 건설을 넘어서서 매우 중요한 것은 이미 정상회의 및 다양한 장관회의 체제를 건설했고 이를 통해 다양한 영역에서 협력에 대해 끊임없이 공감대를 증진하고 새로운 과정을 추진해나가고 있다는 것이다.[61] 중국의 입장에서 보면 이러한 발전이 매우 유리한 만큼 가장 적극적인 노력을 기울여야 하고 전력을 다해 추진해야 한다.

동아시아 지역통화금융협력은 이미 뚜렷한 진전을 보였고 다음 단계의 노력은 이하 몇 가지 방면에 집중되어야 한다. 첫째, 약속한 금액을 외

---

60 2012년 아세안은 '역내포괄적경제동반자협정(RCEP)'을 시작했고 '아세안+6(한국·중국·일본·호주·뉴질랜드·인도)'의 방식에 대해 기타 6개국의 일치된 지지를 얻었으며 협상은 2013년 정식으로 개시되었다.

61 장원링·선밍휘(沈銘輝) 편, 《동아시아와 아태지역협력모델의 이익게임(東亞, 亞太區域合作模式以利益博弈)》, 경제관리출판사, 2010, 24-25쪽.

환기금에 투입하는 것이다. 이를 통해 실질적인 자본을 가진 역내협력기금이라는 의미를 넘어서서 금융위기의 재발을 막고 각국의 경제발전에서 긍정적인 기능을 발휘할 수 있도록 해야 한다. 둘째, 거시경제조사기구를 기반으로 역내 경제협력시스템의 건설을 더욱 강화하는 것이다. 이를 통해 거시경제관측·조기경보·협조·환율안정·역내경제질서정비 등에 긍정적인 기능을 발휘할 수 있도록 한다. 셋째, 역내협력기금의 건설을 기초로 하여 역내자본시장의 발전을 조속히 추진하는 것이다. 역내 외환기금 내 자금을 순환시키고 회원국 경제발전에 융자를 하는 등 새로운 시스템을 만드는 것이다.[62] 현재의 통화금융협력은 '10+3'에서 출발해 실질적인 발전을 이룬 후 기타 동아시아 협력시스템에 참여하는 국가를 대상으로 확대할 수 있다. 중국은 동아시아 역내통화금융협력의 적극적인 주도국이자 큰 외환보유고를 가지고 위안화 국제화를 추진하는 국가로서 적극적인 리더십을 발휘하는 것이 매우 중요하고 중국은 여기에 더 큰 노력을 기울여야 한다.

상술한 추세가 말해주듯이 동아시아 협력의 제도화 건설은 다양한 노선을 답습하고 다층적인 방식으로 발전할 것이고 따라서 중국의 참여와 추진도 융통성 있고 능동적이며 실질적인 전략을 택할 것이다.

그 밖에 깊게 생각해봐야 할 문제는 중국의 대외개방과 참여 전략 사이에서 지역 및 다자 협상의 전략을 어떻게 설정할 것인가이다. 위의 논의에서 보았듯이 비록 역내개방과 협력에 참여하고 추진하는 것이 중국에게 매우 중요하고 아태지역과 동아시아든 전 세계적 범위이든 중국은 더욱 적극적인 노력을 기울일 필요가 있지만, 향후 한동안 여러 측면에서

---

62 Yoon Hyung Kim and Yunjong Wang, *Regional Financial Arrangements in East Asia*, KIEP, 2001, p. 3; Zhang Yunling, 앞의 글(2010), pp. 128-130.

의 원인으로 인해 중국의 역내 자유무역지대 추진에는 한계가 있을 것으로 예상된다. 이는 다음의 두 가지 요소에 기인한다. 첫째, 중국 경제구조의 특징과 중국 자체의 개방능력이다. 둘째, 외부환경으로, 특히 선진국의 중국과의 자유무역지대 체결에 대한 의향이다. 이렇듯 중국이 향후 한동안 역내협력을 추진해 시장을 확대하고 더 큰 무역과 투자 공간을 확보하는 것은 달성하기 어려운 목표로 보인다. 이러한 형세에 직면해 중국의 실행 가능한 선택은 첫째, 이미 타결된 자유무역지대협정을 공고히 하고 심화하는 것으로 특히 중국-아세안 자유무역지대에 더욱 큰 노력을 기울여야 한다. 둘째, 다자무역과정을 촉진하는 것에 중점을 두고 더욱 적극적이고 영향력 있는 역할을 발휘하는 것이다.

중국은 대국으로서 세계화 체제 속에서 세계시장과 자원을 이용하여 신속한 발전을 이루었다. 따라서 중국은 이러한 발전방식에 따라 다자체제의 참여와 추진에 더욱 적극적이어야 한다. 앞으로 세계경제의 발전에는 네 개의 큰 도전이 존재할 것이다. 첫째, 세계경제의 발전은 종합적인 위기를 맞고 있어 전 세계적인 정비가 필요하다. 개발도상국, 특히 중국을 포함한 신흥경제체의 세계경제에의 참여는 중요한 의의가 있다. 둘째, 세계경제의 동력과 구조에 중대한 전환이 발생했고 새로운 성장 동력은 더 이상 선진국의 수요에서 나오지 않고 신흥경제체의 경제성장에서 나온다. 세계경제의 중심이 신흥국가로 전환되고 있으며, 특히 아시아로 이전되고 있다. 이러한 전환은 아시아 국가 중에서도 중국과 같은 신흥경제체의 경제구조조정을 요구하고 이를 통해 스스로 발전할 수 있는 내부동력을 확보시켜나가야 한다. 셋째, 세계경제 구조의 전환으로 인해 세계시장 개방의 추진력이 약해질 것이다. 보호주의의 압력이 높아지고 이러한 가운데 중국을 포함한 신흥경제체는 세계의 시장개방 노력을 전력을 다해 수호해야 하고 세계시장이 한 단계 더 개방될 수 있도록 능동적인 조치를 취해야 한다. 넷째, 세계발전이 전 세계적 기후변화의 도전에 직면해 있고 기타 새로운 도전에 대해 신흥경제체제를 포함한 세계가 반드시 발전방식을 전환하여 새로운 지속가능한 발전의 길을 찾아야 한다.

이 몇 가지 측면에서의 변화가 증명하듯 중국의 미래 발전은 새로운 외부환경을 맞이하고 있다. 중국이 전 세계적인 발전환경 정비에 참여하는 것과 세계시장의 개방을 추진하는 것, 그리고 발전방식의 전환을 위해 노력하는 것은 모두 중국의 향후 발전에 중요한 문제이며 세계적으로도 중국에 더 큰 책임을 요구하고 있다. 이러한 의미에서 미래 중국은 지역화와 세계화 사이에 균형적인 전략을 취해야 한다.[63]

---

63 장원링, 〈정치 전략은 지역을 중점으로, 경제발전은 세계시장에 기대어(政治戰略以區域為重點, 經濟發張靠全球市場)〉, 《국제경제평론》, 2011, 제5기, 29쪽.

제11장

지역관념의 회귀와 질서의 구축

근대에 이르러 쇠락한 중국은 내우외환에 시달리며 꽤 오랜 기간을 생존의 경계에서 몸부림치며 활로를 모색했다. 이후 신중국이 탄생하고 내란이 종결되면서 국가 통일과 민족부흥의 길로 나아가기 시작했다. 그러나 냉전과 기타 복잡한 원인들로 인해 중국이 처한 외부환경, 특히 주변 환경은 여전히 심각한 상황에 놓여 있었다. 이에 중국은 외부로부터 오는 위협에 대응하기 위해 많은 힘을 소모할 수밖에 없었는데, 이러한 사실들은 국가 통일과 민족부흥의 발전을 저해하는 요인으로 작용했다. 중국은 개혁개방정책을 실시하는 과정에서 경제발전을 가장 중요한 임무로 삼은 동시에 개방적이고 평화적인 외부환경의 조성을 대외정책의 중점으로 간주했다. 그리고 이로부터 외부환경이 차츰 개선되고 경제가 빠르게 발전하기 시작했다. 예컨대 개방의 실시, 외자유치, 가공수출 등 '자율성의 설계'와 '세계무역기구(WTO)' 가입 등을 통해 국제 규정을 받아들여 스스로를 국제체제와 연계시켰으며, 국제규칙에 부합되지 않는 정책과 법규에 대해서는 자발적으로 조정과 개혁을 진행했다.[1]

---

1 한 가지 중요한 발전은, 타이완이 아직 회귀하지 않았기 때문에 국가의 통일이 완성되지는 않았지만, 중국 본토와 타이완은 지혜로운 방식을 통해 국제(WTO) 및 지역(APEC)의 체계 아래에서 공존하면서 최소한 시장 기제의 연계를 실현했다는 점이다. 물론 중국의

냉전이 종결되고 국가 간의 교류과정에서 이념의 장벽이 무너지면서 중국은 모든 이웃국가와 관계정상화를 실현했다. 이러한 정상화 국면은 중국의 개방을 촉진하고 자신이 위치한 지역에 대해 더욱 진취적인 사고를 가능케 했다. 이에 따라 지역관계에 대한 새로운 의식이 배양되었다.

비록 중국이 외부환경의 전반적인 개선에 중점을 두고 있었다 할지라도, 경제는 중국 정책방향의 명백한 중심이었다. 국제 및 지역 조직에 참여하는 것은 중국의 두 가지 중요한 전략적 이익에 부합한다. 하나는 참여를 통한 시장진입이며, 다른 하나는 참여를 통한 국내의 개혁개방 촉진이다. 중국은 '아시아태평양경제협력체(APEC)' 참여를 통해 처음으로 역내시스템에 편입되었다. APEC 자체는 아태 시장의 개방을 추진하는 공식적인 포럼이었지만, 중국은 APEC에 대해 여전히 경계심을 품고 있었다. 이는 APEC이 가지고 있는 초국가적인 간섭기능을 우려했기 때문이다. 중국은 APEC을 '아태공동체'로 건설하려는 미국의 시도에 반대하면서 자발적이고 개방적이며 융통성 있는 APEC의 방식을 지지했다. 그러나 중국 역시 APEC을 적극 이용해 스스로 '자율적'인 시장개방을 추진했다. APEC을 세계무역기구에 가입하기 위한 리허설 무대로 간주하고, 그 틀 아래서 수차례 새로운 시장개방 조치를 발표했다. 이는 분명 APEC 시스템을 이용하여 국내의 시장개방을 촉진하고, WTO 가입에 한 걸음 더 다가가고자 하는 의도라고 볼 수 있다.

그러나 아태지역이 중국에게 매우 중요한 의미를 지니고 있다 하더라도, 지연적 인식에 있어서 아태지역에 대한 중국의 지역 인식은 주로 이

입장에서는 이러한 경제적 연계가 '정치화'되어 향후 타이완의 장기적 독립에 합법적 기제로 이용되지 않을까 하는 우려 역시 안고 있다. 홍콩과 마카오가 반환되면서 자연스레 이와 관련된 정치적 문제 역시 수그러들었다. 따라서 타이완과 관련된 문제는 줄곧 중국의 국제 및 지역정책에 영향을 미치는 중요한 요인이 되었다.

익에 기초하고 있다. 아태지역은 중국에게 있어 중요한 무역시장이자 투자시장이며, 아태 협력에의 참여는 시장과 이익공간의 개척에 유리하다. 아태지역에는 초강대국인 미국이 포함되어 있기 때문에 중국은 미국이 주도하는 모든 역내 조치에 대해 경계심을 늦추지 않고 있다. 이것이 바로 중국이 APEC에 적극적으로 참여하면서도, APEC의 제도화를 반대하고 정치와 안보의 협력을 의제에 포함시키는 것에 반대하는 이유이다.[2]

중국의 WTO 가입은 경제체제가 기본적으로 국제경제 규범과 연계를 실현했다는 것을 의미한다. 가입 이후 중국은 자신의 이익에 유리한 지역환경을 조성하기 시작했고, 자신의 이익에 부합하는 규칙제정에 참여했다. 2000년에 중국은 아세안과의 자유무역지대 건설을 제의했으며, 이어서 아세안과 전략적 동반자관계를 수립하고, '동남아시아 우호협력조약' 등을 체결했다. 이는 분명히 지역에 대한 뚜렷한 전략적 고려에 기초한 것이다. 즉, 아세안이 중국에게 있어 특별하고 중요한 의의를 지닌 지역임을 보여준 것이다. 비록 아세안이 초국가적 관리기능을 갖춘 역내조직은 아니지만, 강력한 협상기능을 보유하고 있다는 것은 분명한 사실이다. 중국은 아세안과의 자유무역지대 건설, 전략적 동반자관계 수립, 지역협력 과정에서 아세안의 지도적 역할에 대한 지지 등을 통해 점차 동남아시아 전체 지역과의 협상 및 협력 플랫폼을 건설하고, 지역적 연계 기제와 이익 기반을 구축해왔다. 이처럼 중국은 한편으로는 동남아시아 각국

---

2   중국은 미국이 역내시스템을 이용하여 중국에게 정치적 압박을 가하고, 이를 통해 중국의 정치제도를 변화시킬 가능성에 대해 우려하고 있었다. 그러나 미국이 9·11테러 사건을 겪은 후, 중국은 반테러리즘을 의제에 포함시키자는 미국의 제의에 동의했다. 또한 최근에는 중국이 정치와 안보협력 대화의 선택적 진행에도 찬성했으며, 2014년에는 반부패를 APEC 협력의 새로운 의제로 포함시키는 데 동의했다. 이는 중국이 결코 정치안보문제에 대한 협력을 무조건적으로 거부하는 것이 아니라, 단지 정치문제에서 '유익한 선택'이라는 기본원칙을 견지해가고자 함을 표명한 것이다.

과 양자관계를 수립하는 동시에, 다른 한편으로는 아세안 전체와 관계를 수립하는 '투 트랙(two-track)'의 관계를 형성했다. 지역 전체의 틀을 통한 접근은 중국과 그 지역 사이의 관계적 안정성을 증대시켰고, 이익의 지연적 공간을 확대시켰다.

중국과 아세안은 중국이 지연적 역내 협력시스템의 건설을 추진하면서 양자 간 관계 발전에 대한 믿음이 증대되었다. 2004년 중국은 동아시아 자유무역지대(10+3) 건설의 실현가능성에 대한 연구를 앞장서서 진행하기로 발의했다. 그 후 적극적으로 '치앙마이 이니셔티브(CMI, 이하 CMI)'의 다변화, 동아시아 외환보유고 건립, ASEAN+3 거시경제조사기구 (AMRO) 건립을 추진했다. 또한 북핵문제와 동북아시아의 장기적 평화문제 해결을 목적으로 하는 '6자회담'을 추진하고, 한중일 정상회담 및 사무국 건립 등에 참여했다. 특히, 중국은 반테러리즘 추세에 힘입어 '상하이협력기구(SCO)'의 설립을 제안했다. 이를 통해 지역적 협력시스템 건설에 한 걸음 더 다가갈 수 있었다. 중국 지역관념의 시각에서 보면 상하이협력기구의 설립은 큰 돌파였다. 이는 중국이 제안하여 설립된 첫 지역 안보협력기구일 뿐만 아니라, 일정 정도 지역안보를 관리하고 제어할 수 있는 기능을 갖고 있기 때문이다.

역내시스템 건립에 대해 신중함을 유지해오던 중국의 입장이 적극적 추진으로 급속하게 전환된 것은 확실히 큰 변화였다. 이는 중국이 정책결정과정에서 지역, 특히 주변지역에 대해 새로운 정의를 내리고 새로운 전략을 수립했다는 것을 의미한다.

중국은 대국이며 전 세계에 걸쳐 광범위한 이익을 갖고 있다. 그 전략과 이익의 시야는 역시 전 지구적 차원의 특징을 지니고 있는 대국이다. 중국은 전 지구적 대국으로서, 전 지구적 범위 내에서 관계를 발전시키고 이익을 모색하며 역할을 발휘하려는 의지와 능력을 갖추고 있다. 예를 들어,

중국은 일찍부터 아프리카를 중시해왔는데, 이는 자원과 시장을 위해 그런 것이 아니라, 중국에 대한 지지라는 정치적 고려와 아프리카의 독립, 자주, 발전 등을 위한 이념에서 비롯된 것이다. 아울러 현재의 아프리카는 중국의 자원 및 에너지의 중요한 공급처이자 무역투자시장으로서 중요한 경제적 의의도 내포하고 있다. 남미에 대해서도 중국은 경제적 함의를 중시할 뿐만 아니라, 상당한 전략적 고려도 가지고 있다. 사실, 중국의 자유무역지대 건설 역시 세계적 차원에서 실행이 가능한 전략이다.

그러나 중국은 독특한 지연적 환경을 가지고 있는 국가로서 확고한 지역관과 특수한 지역적 이익을 갖고 있다. 많은 부분에 있어서 중국은 우선 지역적 대국이며, 그다음으로 전 지구적 대국으로서의 성격을 갖는다고 말할 수 있다. 중국의 지역적 대국으로서의 특징은 주로 그 주변지역과의 관계에서 나타난다. 주변지역이 중요한 이유는 중국이 지리적으로 이 지역에 기반을 두고 있고, 그 안에 중국과 분리될 수 없는, 대체불가의 직접적이고 종합적인 이익이 존재하기 때문이다. 역사적으로 보면, 중국의 대외관계는 주로 주변지역에서 중국을 중심으로 한 '화이질서(華夷秩序)'를 오랫동안 유지해왔다. 그러나 근대에 이르러 중국이 쇠락하고 지연적 질서가 붕괴되면서 주변지역은 중국을 위협하기 시작했고, 이로부터 중국은 주변지역에 대해 쓰라린 기억들을 갖게 되었다. 오늘날 중국이 자신의 성장을 바탕으로 주변지역을 새롭게 바라보기 시작하면서 이 지역에 대해 새로운 질서를 구축하고자 하는 시도는 어찌 보면 자연스러운 것이다.

주변지역에 대한 중국의 새로운 관점과 계획은 주변지역을 중국대외관계의 핵심으로 간주하고, '이웃을 동반자로, 이웃과 선린관계를 유지하는(以隣爲伴, 與隣爲善)', '이웃과 화목하게, 이웃을 안전하게, 이웃을 부유하게(睦隣, 安隣, 富隣)' 등의 원칙을 바탕으로 주변국가와의 관계를 원만하게 처리하고 발전하는 것을 목표로 한다. 최근에 중국은 또 '친밀하고, 진실

되며, 자애롭고, 포용하는(親, 誠, 惠, 容)' 새로운 원칙과 이익공동체 및 운명공동체를 건설하는 새로운 구상을 제시했다. 이는 모두 주변을 핵심으로 하는 중국의 지역관이 형식적인 것에서 실질적인 것으로, 즉 지연적인 것에서 구조적인 것으로 변화하기 시작했음을 의미한다.

중국이 주변국가와 건설하려는 이익공동체, 운명공동체의 개념과 형식은 유럽공동체의 그것과는 다르며, 또한 아세안이 건설한 공동체는 물론, 동아시아비전그룹이 제시한 '동아시아공동체'와도 다르다. 중국의 전통 철학은 공동체는 결코 제도가 아닌 관계와 질서 위에서 구현되며, 이러한 관계와 질서는 모두가 인정하는 규범과 이익에 근거하며 일종의 사상과 문화를 형성한다. 당연히 지금의 주변은 이전과는 다르게 변화되었다. 때문에 주변관계 및 질서의 조정과 수립은 반드시 현실에 기초를 두고 진행되어야 하고, 또한 대내관계와 역량이 복잡하게 얽혀 있고 경쟁과 협력이 병존하고 있다는 사실을 고려해야 하며, 새로운 관계 발전과 새로운 질서는 개방성과 포용성을 바탕으로 수립되어야 한다.

동아시아공동체 건설의 어려움은 중국으로 하여금 주변지역 관계 및 질서의 수립이 이익과 힘으로 경쟁하는 게임의 과정이며, 고정된 형식을 갖기 어렵다는 것을 인식하게 했고, 관계와 질서의 수립을 위해서는 시대의 흐름에 맞는 진취적이고 적극적인 노력이 필요함을 깨닫게 했다. 중국의 주변지역은 광범위하고, 동서남북으로 그 격차가 매우 크다. 중국은 주변지역을 하나의 지연적 전체로 보고 있지만, 다른 국가들의 시각은 그 것과는 사뭇 다르다. 그들은 서로 다른 원인에 근거하여, 중국을 반드시 교류해야 하는 큰 이웃으로 여기고는 있지만 중국에 대한 각국의 인식과 평가는 모두 상이하다. 오늘날 중국이 대국으로 성장함에 따라, 각국은 중국에 대한 정책을 때로는 친근하게, 때로는 소원하게, 때로는 방어적으로, 때로는 협력적으로, 서로 다른 이익의 고려에 따라 '이해타산'에 맞춰 추진하고 있다. 모두들 '헤징(hedging) 전략'을 취하고 있는데, 한편으로는 관계를 발전시켜나가면서 다른 한편으로는 방어적 자세를 취하고 있는 것이다. 사실 현재와 미래 어느 시기까지는 중국은 물론 주변국가들이 모두 관계와 이익을 재구성하는 새로운 역사 발전과정에 처하게 될 것이다. 이 과정은 매우 긴 시간을 요할 것이다. 관계를 잘 설정하는 것은 어려움도 있고 리스크도 존재한다.

당연히 '주변'이라는 이 개념은 중국의 지역관념과 위치설정에 기초한 것이다. 다른 국가의 시각에서는 다른 관점이 있을 것이다. 따라서 중국의 지역관념과 위치 인식을 이해하기 위해서는 두 가지 시각이 필요하다. '나와 주변'과 '주변과 나'라는 시각이다. 이 두 시각의 결합이 이루어져야만 비로소 입체적인 이미지의 생성이 가능해진다.

주변국가들은 서로 복잡한 대외관계를 맺고 있다. 어떤 국가들은 외부 세력과 동맹을 맺고 있다. 예를 들어, 일본, 한국, 필리핀 등은 미국의 동맹이다. 또한 일부 국가들은 자체적으로 지역협력기구를 건설했는데, '동남아시아국가연합(ASEAN)', '남아시아지역협력연합(SAARC, 이하 SAARC)', '유라시아연합(EAEU)' 등이 있다. 집단으로서 그들은 중국의 지역관과 지역전략을 어떻게 바라보고 있을까? 어떻게 해야 그들의 지역관을 중국의 지역관과 일치시킬 수 있을까? 양자 간의 연결점을 찾을 수 있을까? 이에 대한 연구가 필요하고, 실질적인 발전과정 중 많은 소통을 필요로 한다. 이익공동체 혹은 운명공동체의 건설은 모두의 일치된 인식과 공동의 노력이 뒷받침될 때 비로소 가능한 것으로 중국 혼자만의 노력으로는 실현이 불가능하다. 이것이 바로 중국의 새로운 지역전략이 직면해 있는 어려움이다. 물론 중국이 역사의 회귀와 재건을 진행하고 있는 만큼, 이 도전들로 인해 위축되지는 않을 것이다.

1. 역사적 고찰

중국은 수천 년의 문명사를 지닌 강대한 국가이다. 유구한 역사의 흐름 속에서 중국은 자신만의 특색 있는 교류이념, 규칙, 방식을 수립했다. 한 연구에 따르면 중국의 '세계관'은 중화민족을 중심으로 하는 인식과 질서로부터 발원되었다. 오랜 기간 동안 발전해온 중화민족은 주변의 여러 민족들과 인접하여 살아왔고, 이를 바탕으로 한 상호교류의 관계를 점차 발전시켜왔다. 주나라가 중국을 통일한 이후, 중화민족의 지역범위가 확대되었고, 중화민족 중심의 문화와 질서가 한층 더 강화되었다.[3]

한나라 이후, 중국의 교류가 확대되기 시작하면서 육지는 물론 바다로까지 뻗어나갔다. 동쪽으로는 한반도, 류큐, 일본열도와 교류하기 시작했고, 서쪽으로는 하서주랑(河西走廊)을 경유하는 고대 실크로드를 개척하여 중앙아시아, 지중해 연안까지 교류를 확장했으며, 남쪽으로는 전체 동남아시아까지 확대했을 뿐만 아니라, 해상 실크로드를 통해 남아시아, 심지어는 아라비아반도, 아프리카와 교역관계를 발전시켰다.[4] 그럼에도 불구하고 중국은 서구국가가 이후에 자신의 성장한 국력을 바탕으로 세계 곳곳에 식민지를 건설하며 최대한 많은 지역을 점령하려 했던 것과 달리 여전히 이웃한 주변을 기반으로 하고 있다.

---

3 허팡추안, 〈화이질서론〉,《베이징대학학보(北京大學學報)》(철학사회과학판), 1998, 제6기, 31쪽.

4 명조(明朝) 시기에는 비록 정화(鄭和)의 해상원정으로 서양의 여러 국가들과 대외관계를 수립했지만, 한편으로는 해금(海禁) 정책이 일찍부터 시행되고 있었다. 해금이 시행된 원인은 상당히 복잡한데, 그중에서도 해상안전위협문제가 주요원인으로 작용했다. 마틴 자크(Martin Jacques)는 해금 정책 시행원인 중의 하나로 황제가 대(大) 명나라의 문명이 오랑캐의 것보다 훨씬 낫다고 자만했기 때문이라고 보고 있다. Martin Jacques, *When China Rules the World: the Rise of the Middle Kingdom and the End of the Western World*, Allen Lane, London, 2009, p. 78.

장기간 교류를 통해, 중국은 주변국가 및 지역과 복잡하고, 다양한 관계를 수립했으며, 일부 국가는 중국의 체제로 편입되어 책봉을 받았으며, 조공을 바치기도 했다. 비록 중국 대부분의 이웃국가들은 중국의 체제로 편입되지 않았지만, 최대한 중국과의 우호적인 관계를 유지하려 노력했다.[5]

중국은 스스로를 강대국이라 규정하고, 이에 입각하여 외부세계를 대하면서 외부와의 관계를 처리했고, 주변의 이웃국가들과 특색 있는 '화이질서'를 수립했다. 중국은 '화이질서' 안에서 높은 위상을 바탕으로 타국으로부터 존중을 받았으며 '화이부동(和而不同)'의 사상에 기초하여 타국의 내정에 개입하거나 간섭하지 않았다. 또한 속국들의 조공 역시 자신들의 구체적인 상황에 근거하여 바칠 수 있도록 융통성을 발휘했는데, 이를 통해 중국이 바라는 것이 단순한 공물이 아닌 예를 갖춘 존중이었음을 알 수 있다. 중국은 자신의 위상과 핵심이익이 존중받는 것을 중요하게 생각하고 각국이 각자의 위치에서 평화롭게 공존하기를 희망했으며, 화목하게 다툼 없이 지내기만 한다면 다른 국가에게 무력을 사용하거나 간섭하지 않았다. 중국은 명나라 황제의 말처럼 "천하를 다스림에 한민족과 이민족을 차별하지 않고, 공정하게 대우할 것"을 중시하고 있다.[6] 비록 오랜 기간 중국이 이웃국가와의 관계에서 '당근과 채찍'을 번갈아가며 사용해 왔지만 이는 일종의 '주변국에 대한 회유' 정책이라 할 수 있다.[7]

---

5 연구에 의하면, 청나라는 매우 강성했던 시기에도 그 속국이나 조공국은 십여 개에 불과했다. 추이피(崔丕), 《동북아국제관계사연구(東北亞國際關系史研究)》, 동북사범대학출판사(東北師範大學出版社), 1992, 28쪽; 장샤오밍(張小明), 〈중국과 주변국가 관계의 역사변천: 모델과 과정(中國與周邊國家關系的歷史演變: 模式與過程)〉, 《국제정치연구》, 2006, 제1기, 59쪽에서 재인용.

6 《명사외국지(明史外國志〔古里〕)》, 326권, 열전 제214, 허팡추안, 앞의 글, 37쪽에서 인용.

7 장샤오밍, 앞의 글, 60쪽.

중국은 주변에 많은 국가가 존재하는 복잡한 환경 속에 놓여 있다. 장기간의 교류를 통해 중국은 주변국가와 비교적 잘 준비된 규칙체계를 점차적으로 발전시켜왔다.[8] 이 체계는 유교의 계급질서사상을 원칙으로 삼아, 일종의 '중심-주변식(中心-邊緣式)'의 안정된 틀을 건설했다.[9] 이 틀은 두 가지 기초 위에서 건설된 것으로, 하나는 중국의 압도적으로 우세한 경제역량이고, 다른 하나는 중국이 지역을 위해 제공하는 안보에 대한 보장이다.[10] 중국을 중심으로 하는 지역질서 건설의 범위와 깊이는 중국 자신의 발전과 연관되어 있다. 기나긴 역사 속에서 중국의 힘이 끊임없이 성장해옴에 따라 주변지역도 지속적으로 확장되었다.

역사의 발전과정에는 굴곡이 있기 마련이며, 당연히 중국의 중심적 지위도 외부로부터 오는 도전에 의해 충격을 받았고 주변국가 및 부족과의 전쟁 역시 빈번하게 발생했다. 그러나 전반적으로 중국은 오랫동안 강대함을 유지해왔고 그 중심적 지위를 근본적으로 위협하는 심각한 도전을 받지 않았으며 중국을 중심으로 하는 지역관계질서 역시 기본적으로는 외부세력의 간섭을 받지 않았다. 그리고 이로부터 긴 역사 속에서 중국과 주변국가와의 관계를 주로 일종의 지역 내부의 상호활동관계로 표현해왔다.[11]

---

8 일부 학자들은 이러한 체계를 '중국예치체계(天朝禮治體系)'로 칭한다. 황즈리엔(黃枝連), 《중국예치체계연구(天朝禮治體系研究)》, 중국인민대학출판사, 1992 참조.

9 일부 학자들은 이른바 '화이질서'를 실질적인 경제적 관계를 중심으로 하는 역내국가와 지역 간의 상호 이익적 무역전개에 의존하는 의례적인 질서구조로 인식하고 있다. 중국이 사용하는 것은 '소프트파워'이지 '하드파워'가 아니다. 한동위(韓東育), 〈화이질서의 동아시아구조와 해체의 내막(華夷秩序的東亞構架與自解體內情)〉, 《동북사대학보(東北師大學報)》(철학사회과학판), 2008, 제1기, 46쪽.

10 이러한 관점을 주장한 이는 일본학자인 하마시타 다케시(濱下武志)다. 한동위, 위의 글, 46쪽에서 재인용.

11 장샤오밍, 앞의 글, 59쪽.

장기간 축적되고 발전되어온 이러한 지역 상호활동관계는 중국의 지역관 형성과 관련해 매우 중요한 의의를 내포하고 있다. 우리는 최소한 아래의 세 가지 방면으로 그 중요성을 요약해볼 수 있다. 첫째, 중국은 항상 주변지역을 기초로 간주하는 지연적 시각을 가져왔고 둘째, 주변지역을 이익과 관련된 곳으로 여겨왔으며 셋째, 주변지역의 국가와 상호공존의 규칙 및 행동방식을 형성했다. 이른바 '천하를 다스린다'는 것은 중국과 긴밀한 관계를 맺고 있는 주변국가에 대한 책임을 의미한다.[12]

그러나 19세기 중엽에 이르러, 중국과 주변국가와의 이러한 기초질서가 파괴되었다. 이는 첫째로는 중국이 쇠락하기 시작했고, 둘째로는 서양 열강들이 대거 동방으로 진출하면서 중국과 이웃국가에게 압력을 행사했기 때문이다. 서양열강세력의 팽창과 침입으로 중국은 맥없이 무너졌고, 주권을 상실하는 치욕적인 조약을 마지못해 체결했으며, 막대한 배상금을 지불하고 영토를 빼앗겼다. 주변의 이웃국가 역시 대부분이 점령당해 식민지로 전락했다. 8개국 연합군이 베이징을 공격해 중국의 권위에 타격을 입혔고, 주변국가들이 식민지화되면서 중국과의 직접적인 교류관계가 단절되었다. 이처럼 중국 중심의 지역질서는 철저하게 해체되었다.

특히 19세기 말, 급성장한 일본의 도발이 거세지기 시작했는데, 중국을 공격하고 침범했으며, 류큐를 병탄하고 조선을 점령하면서 중국이 겨우 붙들고 있던 '대국으로서의 존엄'마저 무너뜨렸다. 1840년의 아편전쟁부터 1945년 일본이 패망하기까지 약 100년이라는 기간 동안 중국과

---

12 사실 여기서 언급된 규칙과 행동방식은 서면상의 조약이 아니라, 확신과 묵약(默約)을 말한다. 조지프 나이(Joseph S. Nye)는 이른바 소프트파워를 타인의 행위에 영향을 주는 능력이라 주장한다. 또한 소프트파워는 타인에 대한 흡인력으로 표현되기도 한다. 대체로 중국이 발휘하고 있는 일련의 행동들이 바로 '소프트파워'다. Joseph S. Nye Jr., "Soft Power: the Means to Success in the World Politics", *Public Affairs*, New York, 2004, pp. 5-6.

주변지역에는 거대한 변화가 발생했는데, 중국 자신은 물론 자신이 속해 있는 지역관계와 환경까지 모두 속수무책으로 잃어버렸다. 이처럼 중국의 전통적 지역관이 흔적도 없이 사라짐에 따라 주변지역은 중국의 안보와 이익을 위협하는 근원이 되었다.

1949년 신중국이 성립되면서 내부의 혼란이 종결되었고 쇠퇴기 역시 끝이 났다. 그러나 중국과 이웃국가와의 관계는 여전히 복잡하고 어려운 조정 시기를 겪고 있었다. 형세의 복잡함으로 인해 오랫동안 중국은 주변국가와의 관계에 있어 소극적인 자세를 취하고 있었다. 수많은 상황 속에서 외부적 요인이 중국과 이웃국가 간의 관계의 특징과 성질을 규정했고, 이에 대해 중국은 주로 피동적으로 대응했다.

신중국은 수동적 구도를 전환하려는 노력을 기울임과 동시에 새로운 관계발전을 추진키 위해 노력했다. 예를 들어, 1950년대에 중국은 미얀마, 인도와 함께 '평화공존의 5원칙'을 제시했다. 이 원칙은 영토주권의 상호존중, 상호불가침, 상호내정불간섭, 호혜평등, 평화공존을 핵심내용으로 하고, 국가의 생존, 안정적인 발전, 평화적 환경을 그 출발점으로 한다. 특히 눈여겨볼 것은 신중국이 제시한 이 원칙들에 내포된 새로운 의의들이다. 중국의 입장에서 보면, '중국 우선' 개념의 포기와 중국의 전통적 계급질서사상의 변화는 새로운 국가평등과 이에 기초한 평화공존의 창도가 시작되었음을 의미한다. 그러나 냉전적 구도와 중소 분열 등의 원인으로 주변지역의 관계가 매우 복잡한 양상을 띠게 되면서 평화공존과 관련된 원칙은 실현되지 못했다.[13]

주변국가와의 관계에서 매우 큰 변화는 중국이 개혁개방정책을 시행

---

13 자세한 내용은 《국제경제평론》에 실린 필자의 논문 〈중국주변의 형식과 사고(我國周邊的 形式與思考)〉, 2014, 제9기를 참조. 추가 참고자료(더 읽을거리)로 이 장의 마지막에 수록 했다.

한 후에 발생했다. 개혁개방을 위해서는 안정적이고 평화적인 외부의 정치 환경과 개방에 대한 협력적인 경제 환경이 요구된다. 때문에 중국은 주변국가, 특히 개방발전정책을 실행하는 시장경제국가와 지역과의 관계개선을 진행하고 그들과의 경제관계 발전을 추진하는 등 적극적인 조치를 취하기 시작했다.

냉전이 종식된 후, 주변지역에 거대한 변화가 발생했고 이 변화는 중국과 모든 이웃국가와의 관계를 한층 더 개선하는 데 필요한 정치적 분위기와 환경을 제공했다. 그 외에 각국이 채택한 개방정책 역시 중국과 이웃국가 간의 더욱더 광범위한 경제관계발전을 위한 환경을 제공했다. 이처럼 중국과 이웃국가 간의 정치 및 경제관계에 새로운 변화가 출현하게 되면서 첫째, 중국은 모든 이웃국가와 관계정상화를 실현했고 둘째, 중국이 이웃국가들과 밀접한 경제관계를 형성하게 되면서 그들에게 가장 중요한 무역파트너가 되었다. 이는 근대 이후 역사적인 대전환이라 할 수 있다. 중요한 것은 중국이 모든 주변국가와 관계정상화를 실현함에 따라 이 주변국가들이 가장 중요한 경제무역 동반자가 되었고, 이로 인해 중국의 주변지역에 대한 인식이 차츰 과거의 지역관으로 회귀하기 시작했다는 사실이다. 그러나 이와 같은 회귀는 고대의 '화이질서'로의 후퇴가 아니라 새로운 환경 아래에서 나타난 새로운 인식, 새로운 정의, 새로운 건설에 기반하여 창조된 지역관을 의미한다.

2. 주변관계와 질서의 수립

오늘날 중국은 완전히 새로운 정세와 관계의 틀 아래에서 주변국가와 관계를 발전시켜나가며 주변지역관계 및 질서의 수립을 진행하고 있다. 중국은 비록 주변지역 중에서 경제총량이 가장 큰 국가지만 가장 강한 국가라고는 볼 수 없으며, 국가의 역량이 대폭 향상되었지만 미국의 패권적 지위는 여전히 확고부동하다. 이는 중국이 여전히 복잡한 과정 위에 놓여 있다는 것을 입증한다. 중국은 역사적으로 미국처럼 '압도적으로 우세한 경제역량'을 가져본 적이 없고, 때문에 주변국가들에게 안보보장을 제공하는 것은 더욱 불가능하다. 주변지역 국가들의 상황은 상당히 복잡하며, 다양한 역량들이 주변지역 내에서 서로 경쟁 중에 있다. 따라서 중국의 주변지역에 대한 인식과 위상은 아직 형성과정 중에 있으며 이것이 정리되고 명확해지기 위해서는 좀 더 시간이 필요하다. 또한 주변지역 관계 구조 및 질서 건설을 위해서는 참여를 통해 역할을 발휘하고 영향력을 높이려는 노력이 동반되어야 한다.

1) 아세안과의 긴밀한 관계

가장 먼저 동아시아와 동남아시아 지역에서 역내협력이 전개되었지만, 중국은 이를 선의가 아닌 적대감으로 받아들였고, 역내연계협력에 대해 경계심을 가지고 있었다. 초창기의 아세안은 강한 반공의식을 지니고 있었는데, 당시 중국은 동남아시아 국가들의 공산당과 긴밀하게 연계되어 있었고 그들의 활동을 지원하고 있었다.[14]

그러나 환경이 변화됨에 따라 중국은 아세안과 새로운 이익 교집합을 찾기 위해 노력했다. 예를 들어, 동남아시아 지역에서 베트남의 영향력 확대는 중국이 당시 베트남이 포함되어 있지 않은 아세안과 함께하게 하도록 만든 원인 중의 하나로 작용했다.[15] 아세안이 베트남을 편입시켜 확

---

14 ASEAN Declaration, http://en.wikipedia.org/wiki/ASEAN_Declaration.
15 이 시기의 경험은 중국이 아세안에 대한 입장을 전환하는 데 적지 않은 영향을 주었다. 베트남이 아세안에 가입한 후에도, 중국의 아세안 지지 입장은 변하지 않았고, 아세안과의 관계 개선 및 강화를 지속적으로 추진했으며, 아세안의 연합을 지원했다. 한마디로 중국

대된 후, 중국은 아세안을 새로운 관계수립이 가능한 역내기구로 간주했다. 종전의 협력기초에 더해 새로운 국면의 조성으로부터 중국은 아세안과의 대화동반자관계 발전에 적극적인 자세로 임하게 되었다.[16] 중국은 아세안이 주도한 '10＋1'과 '10＋3' 메커니즘에 적극적으로 참여하고 '동남아시아 우호협력조약'에 서명했으며, 아세안과의 자유무역지대 건설과 전략적 동반자관계 수립을 제시했다. 게다가 아세안과 남중국해의 안정을 목적으로 하는 '남중국해행동선언' 등을 체결했다.

남중국해 분쟁이 고조되는 상황에서 중국은 주권분쟁의 당사국들이 협상을 통해 문제를 해결하여 남중국해와 전체 지역의 안정을 도모하는 동시에 아세안과의 협력에 기반하는 '더블트랙 메커니즘' 전략을 꺼내들었다. 이는 중국이 아세안의 역내협력기구로서의 긍정적인 역할에 대해, 특히 중국의 주변관계 및 질서 수립에서 아세안이 발휘하는 역할의 특수성에 대해 특별히 중요시하고 있음을 표명한 것이다.[17]

비록 전반적으로 중국과 아세안의 관계가 전에 없던 발전을 거두었고, 또한 아세안과의 관계에서 '지역화 구축'의 중요성을 몸소 체험하긴 했지만, 중국과 아세안의 관계 수립, 특히 역내질서의 수립은 결코 순조롭지

의 정책결정자가 아세안이 중국에 위협이 되지 않는다는 것을 인식한 것이다. 이 방면의 분석은 차오윈화(曹雲華), 〈변화하는 중국: 아세안관계(變化中的中國: 東盟關系)〉, 《동남아연구(東南亞研究)》, 1995, 제5기, 11-14쪽 참조.

16 1997년 중국의 정상은 아세안 정상과 첫 비공식회담을 진행하고, 미래지향적인 '상호신뢰 선린동반자관계'를 확립했으며, '단결되고 번영한 아세안은 아시아 평화와 발전을 촉진하는 중요한 역량'임을 인정했다. 장쩌민(江澤民), 〈선린 우호를 증진하여 광휘의 미래를 창조하다(增進睦隣友好, 共創光輝未來)〉, http//www.fmprc.gov.cn/chn/2780.html.

17 즉, 주권과 관련된 문제는 당사국 간의 협상을 통해 해결해야 하며 따라서 중국은 아세안과 함께 남중국해의 분쟁국면을 안정시켜야 한다는 것이다. 왕이(王毅), 〈중국-아세안 외무장관회의 기자회견에서의 담화〉, 2004. 8. 9, http://www.fmprc.gov.cn/mfa_chn/zyxw_602251/t1181457.shtml.

않았다. 이는 첫째, 아세안은 대국균형외교를 시행했는데, 중국과의 관계가 너무 가깝거나 멀어지는 것을 바라지 않았기 때문이다. 여기서 대국균형이란 다른 대국을 이용하여 중국과 균형을 맞추는 것을 의미한다. 둘째, 중국은 아세안의 일부 회원국과 남중국해에서 분쟁을 겪고 있었는데, 이 분쟁은 종종 중국과의 관계를 요원하게 하는 주요원인으로 작용했기 때문이다. 비록 중국과 아세안 간의 자유무역지대가 합의되었지만 아세안은 중국과 통일된 역내협력기구를 건설할 의사가 없었고, 아세안의 자율성과 주도성을 유지하며 중국과의 관계를 발전시켜가는 것을 마지노선으로 간주했다. 중국-아세안 자유무역지대는 양자 간 시장개방과 경제협력 강화를 추진하기 위한 일종의 기능적 시스템 구축을 의미한다. 동남아시아의 입장에서 보면 아세안은 하나의 전체로서, 그 함의는 집단적 역량을 이용하여 중국과 같은 대국과 교류하고, 이 집단적 역량을 통해 중국과 실력의 '균형'을 형성하는 것이다. 중국의 입장에서 아세안이 반중사상의 기지가 아닌, '안정적이고, 발전된 지역'이라면, 중국은 아세안의 '중심적 지위'와 역내협력에서의 중요한 역할을 존중할 것이다. 현재 중국과 아세안 일부 국가들 간에는 남중국해 분쟁 등의 적지 않은 문제들이 잔존해 있지만, 중국 정부는 여전히 아세안과의 관계발전을 중국 외교의 '우선적 해결과제'로 중요시하고 있으며, 아세안과의 관계발전에 대해 '자신감'을 내보이고 있다.[18]

중국의 새로운 주변발전전략의 위상에서 아세안과의 관계에 대한 가능성 및 관계발전 수준은 특별한 의의를 갖고 있다. 역사적으로 중국은 일찍부터 동남아시아 국가들과 원만한 관계를 유지해왔다. 근대에 동남아시아 지역이 식민통치에 의해 분열되면서 중국과 각국 간의 관계에도

---

18 왕이, 위의 담화, http://www.chinanews.com/gn/2013/08-02/5118348.shtml.

변화가 발생했고, 이에 따라 전통적 관계는 흔적조차 사라지게 되었다. 제2차 세계대전 이후 동남아시아 국가들은 힘겨운 재건의 과정을 거치면서, 국가의 자주적 독립을 실현하고, 각국을 하나로 모은 역내기구인 아세안을 성립했다. 아세안은 동남아시아 지역 전체를 대신하여 기타 국가와의 관계발전을 도모하는 대표적 기구로 격상되었고, 아세안을 중심으로 대화와 협력관계를 건설했는데, 이는 동남아시아 지역 역사상 유례없던 일이었다.[19]

중국이 볼 때, 동남아시아 국가들과의 관계에 있어 아세안은 새로운 플랫폼이라는 의미를 가지고 있었다. 때문에 중국은 아세안의 전체적인 위상과 역할을 중시하고, 적극적으로 관계를 발전시켜나갔으며, 이는 우호 및 협력관계의 발전을 위한 기둥이자 종합적 이익의 확장과 안보를 보장하는 중요한 전략적 근거가 되었다. 지역 관계 및 질서 구축의 시각에서 보면, 중국 주변에는 아직 아세안과 같은 경제, 안보 및 사회문화공동체 건설 능력을 가진 지역이 없다. 따라서 중국이 아세안의 지위와 역할을 중시하는 것은 어찌 보면 당연한 것이다. 중국은 어떠한 어려움이 있다 하더라도 우호협력의 기초가 무너지지 않도록 끊임없는 노력을 기울여야 한다. 예를 들어, 2013년, 남중국해 분쟁으로 인해 긴장이 점차 고조되고 있을 때, 중국은 아세안과의 운명공동체 건설을 적극 제안했고 선린우호 조약을 체결했는데, 이를 통해 중국의 아세안에 대한 전략적 의도가 장기적 발전에 착안하고 있음을 알 수 있다.

---

19 이는 아세안의 법률적 지위가 기타 국가들의 승인을 얻었고, 점점 더 많은 국가들이 대사를 파견하는 등 아세안과의 전반적 관계가 발전되었음을 의미한다.

2) 동아시아 협력에 대한 집중

중국의 주변지역 관점에서 동아시아는 특수한 지연적 특징을 가지는데, '10+3' 메커니즘에 대한 중국의 관점이 이를 명확하게 보여주고 있다.[20] 아세안이 1997년 비공식 정상회의에 한중일 3국 정상을 초청했을 때, 중국은 처음부터 적극적인 태도를 취했는데, 이는 중국의 아세안 중시정책과 '동아시아 지역 주체성'에 대한 인식에서 비롯된 것이다. 중국은 동아시아를 지연적으로 동북아시아와 동남아시아를 포괄하는 지역이며 하나로 연결되어 공존하는 지역으로 인식하고 있다. 따라서 중국은 동아시아 협력추진에 대해 매우 진지하고 실용적인 입장을 견지해왔다. 예를 들어, 1998년의 '10+3' 정상회의에서 중국은 중앙은행과 재정부의 책임자 협력시스템 설립을 제안했고, 그 후 적극적으로 '동아시아 협력연합성명' 발표를 추진하고, '동아시아비전그룹(EAVG)'의 연구(연속 2기)를 지원했으며, 관련 분야의 조직이 동아시아 자유무역지대에 관한 실행가능성 연구를 진행할 것을 제의했다. 또한 금융화폐협력을 목적으로 하는 CMI를 적극 지지하고, CMI 틀 아래서의 화폐 상호교환시스템의 다변화를 촉진했으며, 동아시아 외환보유고 건립 및 아시아 거시경제연구부서를 설립하여 그 초대주임을 맡았다.

중국의 지연적 이익과 전략적 사고에서 동아시아 지역은 중요한 지위와 특수한 의의를 가지고 있다.[21] 개혁개방 이후 중국의 해안지역이 우선

---

20 실제로 중국의 동아시아 지역관점은 아세안 10국과 한반도(남북), 일본, 몽고에 기초한다.

21 마틴 자크는 동아시아를 '중국의 후원(後園)'으로 평가하고, 중국의 성장이 세계적 차원에서 가지는 의의를 이해하기 위해서는 반드시 동아시아를 인식의 기점으로 삼아야 한다고 주장한다. 중국이 동아시아에서 어떻게 성공할 수 있었고, 어떻게 동아시아에서 그 성장한 권한을 사용할 수 있었는가에 대한 이해는 세계적 대국으로서 무엇을 할 것인가의 중요한 지표가 된다. 당연히 저자가 동아시아를 중국의 '후원'으로 비유한 것은 전략적 오해와 오판을 가져오기 쉽다. 중국은 동아시아를 제패할 능력이 없고, 동시에 동아시아 역시

적으로 발전하면서 중국 경제의 중심이 되었고 이에 따라 동북아시아부터 동남아시아까지를 포괄하는 지연적 차원에서의 동아시아 지역은 중국의 발전 및 종합적 이익과 관련된 특별한 중요성을 지니게 되었다. 중국이 동아시아 협력에 참여하고 추진하는 주요내용은 경제부문과 관련되어 있지만 동아시아는 중국에 있어 매우 강한 정치적, 전략적 의의 역시 가지고 있었기 때문에 중국은 동아시아 지역협력의 전체 구조와 조직 구성의 발전을 점차 촉진해나가기를 희망했다.[22]

근대 이후 동아시아 지역관계의 변화와 힘의 재편과정은 중국의 쇠락을 반영하는 거울이 되었다. 이곳 동아시아에서 중국의 이익이 착취당하고, 침략을 당했으며, 전쟁 또한 이곳에서 발생했다. 그리고 개혁개방 이후, 역시 이곳에서 세계로 나아가는 문을 열었고, 경제발전의 시장적 기반(상품, 투자, 서비스)을 건설했다. 그러나 동아시아와의 협력과정은 세 가지 장애물과 맞닥뜨렸는데, 첫째는 힘의 재편과 경쟁으로, 이는 주로 '지키려는 일본'과 '상승하는 중국'의 사이에서 나타났다. 근대 이후 일본은 동아시아 역량의 중심이었다. 일본은 중국이 주도적인 영향력을 갖는 것을 두려워했고, 이에 중국이 추진하는 역내 협력시스템의 성공을 전력으로 방해했다. 동시에 더 많은 국가들, 특히 인도와 같은 대국을 동아시아 협력과정에 끌어들여 중국과 균형을 맞추려 하는 등 이른바 '동아시아에서의 지연적 어려움'을 해소하려 했다.[23] 둘째는 '아세안이 스스로의 중심

중국의 역내 지연적 관계의 전부가 아니다. 만약 동아시아가 '후원'이라면 아마도 중국을 '성장의 지역딜레마(안보위기)'에 빠뜨렸을 것이다. 마틴 자크의 관련분석에 대한 내용은 Martin Jacques, 앞의 책, p. 273 참조.

22 장원링, 〈동아시아 지역주의 탐구(深求東亞的區域主意)〉,《당대아태》, 2004, 제12기, 5쪽 참조.

23 경제적인 측면에서 일본은 동아시아의 '중요한 대국'으로서 경제실력, 기술능력과 투자 및 무역 등의 방면에서 우세한 지위를 점하고 있었기 때문에 중국이 일본을 대신하여 주도적

적 지위를 유지하고자 하는 태도'인데 이는 비록 아세안이 더 큰 역내협력 틀을 빌려 자신의 이익을 확장하기를 원하지만 동시에 더 큰 역내시스템에 의해 주변화되는 것 역시 바라지 않고 있음을 보여준다. 따라서 아세안은 스스로 '아세안+'를 기본 틀로 하는 '바퀴와 축(hub-and-spoke) 형식'의 대화협력시스템을 수립하고, 동아시아의 제도화 추진에 대해서는 비교적 신중하게 대응했다. 셋째는 미국의 간섭으로, 이는 동아시아 협력시스템이 자신을 배척하는 것에 대한 우려에서 비롯되었으며 자신의 주도적 지위가 손상되는 것에 대한 우려는 TPP와 같이 미국이 자발적으로 지역시스템을 건설하고, 광대한 동아시아 대화시스템의 발전을 추진하게 했으며, 여기에 동아시아정상회담과 같은 직접 참여하여 동아시아 협력과정에 대한 영향력 증대를 모색하게 했다.

여러 역량의 작용 과정에서 등장한 '10＋3'을 '주요경로'로 하는 동아시아 협력프로세스는 우여곡절을 거치면서 사실상 다양한 시스템이 병존하는 국면을 형성했는데, 이는 중국의 동아시아에 대한 초기 지역위상 및 설계와는 크게 달랐다.[24] 이러한 국면은 중국이 동아시아 지역협력에 대해 새로운 사고와 정책의 수립을 진행하게 만들었다. 지연적 이익을 고려했을 때 중국은 동아시아 역내협력 추진에 대한 노력을 포기할 수가 없었고, 다만 중점방향과 방식에 대해서는 조정을 진행했는데, 이는 전반적인

위치를 점하는 것에 대한 우려는 일본의 '전략적 공포'였다. 사실 일본은 줄곧 '대동아' 인식을 갖고 있었지만 도서 국가로서의 지역적 한계는 중국과 매우 큰 차이가 있었다.

24 필자는 일찍이 이상적인 역내협력 틀로 연합된 동아시아가 미국과 협력 틀을 건설하여, 새로운 동아시아-북미관계 틀인 '태평양 관계'를 형성하는 것이라 주장했고, 이와 유사한 것으로 연합된 유럽이 미국과 건설한 협력관계인 '대서양 관계'가 있다. 그러나 사실 '미국을 제외한 동아시아 협력시스템건설'은 실현 불가능하다'. 장윈링, 앞의 글(2004), 6-7쪽; 장윈링, 〈중국 주변환경의 변화와 대책(中國周邊環境的變化與對策)〉, 《사상전선(思想戰線)》, 2012, 제1기, 2-3쪽.

제도의 구축을 중점으로 하는 것이 아니라 실무적 성격의 '기능 구축'에 국한되어 있었다.[25]

또한 중국이 모든 주변의 지역관계와 질서의 수립을 점차 중시함에 따라 동아시아 지역에 대한 인식과 전략적 위상에도 변화가 발생했다. 즉, 동아시아를 주변지역의 구성요소로 간주한 것이다. 이는 중국의 주변지역에 대한 관점이 '동쪽이 밝지 않으면 서쪽이 밝다', 즉 동아시아에서 불가능한 일을 다른 지역에서는 추진하여 성공할 수 있음을 인식했다는 것이다. 이에 따라 중국은 '동아시아 중심'의 지역인식에서 탈피해 새로운 지역관점과 전략으로 지역관계와 질서를 수립하기 시작했다.

3) 아태지역 공간의 확장

중국의 지역적 관점에서 볼 때 아시아태평양은 새로운 개념이다. 아태지역이 하나의 지역이 된 이유는 경제 및 안보영역에서 서로 연계하기 위함이었다. 경제연계의 측면에서 보면, 아시아태평양은 중국에게 거대한 대외개방공간을 제공했는데, 이는 중국 대외무역의 주요시장이자 외자유치의 주요원천이었다. 안보연계의 측면에서 보면 아시아태평양은 중국에게 있어 중요한 안보와 전략적 관심지역으로, 특히 성장하는 중국과 패권을 유지하려는 미국 간의 신형대국 관계가 원만하게 수립되어야 한다. 따라서 아시아태평양은 하나의 지역으로서 중국의 경제적 참여를 위한 플랫폼을 제공해야 함과 동시에 중국이 정치와 안보관계를 수립하기 위한 공간도 제공해야 한다.

APEC은 중국 경제가 참여하는 주요 플랫폼이다. 중국이 APEC 가입에 적극적이었던 까닭은 첫째, 중국의 세계무역기구 가입이 순조롭게 진행

---

25 장윈링, 위의 글(2004), 6쪽 참조.

되지 못하면서 APEC 가입을 통해 경제참여기회를 얻고자 하기 위함이었다. 둘째는 1989년 중국 국내의 정치적 혼란으로 인해 서구의 제재를 받게 되자 중국은 APEC 가입을 통해 중국의 대외개방에 대한 결심을 보이고, 이를 통해 서구의 제재국면을 돌파하고자 했기 때문이다. 따라서 이러한 의의에서 비롯된 중국의 APEC에 대한 지역적 인식과 위상은 그리 깊지 않았고, 주로는 참여를 통한 경제이익에 기초하고 있었으며, APEC을 WTO의 가입을 위한 리허설 무대로 간주했다.[26]

APEC은 자발적 의사에 기초한 협력 추구와 합의에 의해 의사를 결정하는 'APEC 방식'을 취했는데, 이는 중국에게 있어 매우 적합한 방식이었다. 중국은 꽤 오랫동안 강경한 추진 방식이 아닌, 점진적으로 시장개방을 추진하는 것을 선호해왔다. 예를 들어, 2004년 캐나다는 아시아태평양자유무역지대(FTAAP) 의사일정 추진을 제안했고, 미국은 2006년에 정식으로 FTAAP 건설 추진을 제안했지만, 중국은 이 강경한 방식에 대해 유보적 태도를 취했다.[27] 그러나 미국이 TPP 협상을 주도하고, 협상에서 중국을 제외시키자, 중국은 입장을 바꿔 FTAAP의 추진에 대해 관심을 기울이기 시작했다. 2014년에 중국은 APEC 계열회의를 유치하고, FTAAP를 회의의 의사일정에 포함시키기 위해 노력했다.[28] 이와 같은 FTAAP를 APEC 의사일정에 포함시키고자 하는 중국의 노력은 자신의

---

26 예를 들어, 어떤 사람들은 APEC이 중국의 세계진출을 위한 사전준비와 연습의 무대를 제공했다고 보고 있다. 차이펑훙(蔡鵬鴻), 〈APEC: 중국의 WTO 가입을 위한 연습무대(APEC: 中國入世的演練場)〉,《푸둥개발(浦東開發)》, 2001, 제10기, 13쪽.

27 당시 캐나다와 미국의 FTAAP 추진배경은 동아시아가 추진하던 동아시아 자유무역지대(EAFTA) 의사일정에서 자신들이 제외됨으로써 입게 될 손실과 미국의 원래 계획인 2005년 FTAA 건설이 무산될 가능성에 대한 우려에서 비롯된 것이다. 미국의 제안이 유보되면서 2009년에야 TPP 추진이 결정되었다.

28 당연히 중국뿐만 아니라 2010년 일본에서 개최된 APEC 비공식정상회의에서도 FTAAP가 재언급되었는데, 당시 일본은 아직 TPP 가입에 대한 결정을 내리지 않았었다.

아태지역에 대한 인식이 변화되었음을 의미한다.

비록 APEC은 그 주요 의사일정이 아태지역의 시장개방과 경제 및 기술의 협력을 추진하는 경제기구이지만, 강한 정치적 함의 역시 가지고 있다. APEC이 제공하는 역내 대화 및 협력의 틀은 외교활동이 전개되는 장소라고도 할 수 있다. 예를 들어, 1990년대 중미 간에 극도의 긴장관계가 반복되는 상황 속에서 때마침 전개되고 있던 APEC 정상회의와 부장급회의는 관계의 긴장국면을 해소할 기회를 가져다주었다. 미국은 아태지역에서 가장 강력한 영향력을 지니고 있었다. 특히 안보영역에서 중국은 미국이 주도하는 체계의 구성요인이 아니었기 때문에 아시아태평양지역의 역내관계 및 질서의 수립에서 주도적 지위를 점하지 못했다. 중국이 국가부흥을 실현하기 위해서는 안정되고 평화로운 외부환경이 필요한데, 그중에서도 미국과의 관계를 어떻게 수립할 것인지가 가장 중요한 문제였다. 때문에 중국의 주요전략은 안보와 전략적 공간의 확장을 통해 태평양이 '중·미 양국을 수용하게' 하는 것이었다.[29] 이러한 측면에서 볼 때, APEC은 중국이 복잡한 대국관계를 해소하는 중요한 플랫폼이었다.[30]

당연하게도 아태지역을 어떻게 다룰 것인가에 대한 인식은 모두 서로 다르다. 어떤 사람은 아태지역에서 중국의 주요전략이 여전히 대국 간 전략적 세력균형을 형성하는 것에 중점을 두고 있고, 이 세력균형을 통해 중국의 외부환경이 안정된다고 보고 있다.[31] 또 다른 이는 중국이 아태지

---

29 〈중·미 정상이 함께 건설한 신형대국관계 분석: 불충돌·불대항(中美元首共建新型大國關係: 不衝突不對抗)〉, http://news.ifeng.com/mainland/special/xjprnzzx/content-3/detail_2013_06/09/26267547_0.shtml.

30 중국은 최근 지역 플랫폼이 양자 간 회담을 위해 제공하는 기회를 중시하고 있는데, APEC 회의 기간에 최대한 많은 양자 간 정상회담을 진행하려 노력하고 있다.

31 찌아오빙(焦兵), 〈아시아태평양 세력균형의 형성: 중국대전략의 미래(塑造亞太均勢: 中國大戰略的未來)〉, 《강한포럼(江漢論壇)》, 2014, 제4기, 108쪽 참조.

역에 위치하고 있다는 것은 매우 중요한 이익으로 지역에서 규범적인 역할을 발휘하고 영향력 있는 이념과 흡인력 있는 모델을 제시해야 하며 중국의 아태 전략이 다양한 방면에서 중요한 역할을 발휘해야 한다고 주장한다.[32] 심지어 중국은 꾸준히 확장되고 있는 아태지역의 지리적 중심에 위치해 있으며 흡인력 있는 중심이자 아태지역의 '지연적 중심국가'로 격상되었다고 말한다.[33] 그러나 중국의 지연적 관점에서 보면, 아태지역을 중국 중심의 지역으로 만드는 것은 매우 어렵다. 아태지역은 중국의 지연적 이익의 합류점이며 동시에 대국관계를 처리하는 집중점이다. 비록 중국이 지역적 질서의 구축을 통해 목표를 실현하는 것은 매우 어렵지만, 그럼에도 불구하고 여전히 이 지역의 플랫폼을 이용하여 경제적 이익과 전략적 이익을 실현하기 위한 노력을 기울이고 있다.

4) 상하이협력기구(SCO)의 도약

SCO는 중국이 주도하여 설립한 첫 역내협력기구다.[34] 원래 이 기구의 전신은 소련이 해체된 후, 중국이 러시아 및 소련으로부터 분리되어 나온 중앙아시아 국가들과 외교문제를 처리하기 위한 협상시스템이었다. 이 시스템을 통해 중국은 새롭게 탄생한 러시아 및 중앙아시아 국가들과 새로운 관계를 확립하고, 협력에서의 상호신뢰를 구축했다. 소련이 해체되

---

32 우신보(吳心伯), 〈중국 아시아태평양전략 신사유(中國亞太戰略急需新思惟)〉,《동방조보 (東方早報)》, 2012. 11. 21. 참조.

33 주팅창(朱听昌), 〈아태지역의 지역중심지로서의 중국(論中國在亞太地區的區域中心位置)〉, 《세계경제와정치포럼(世界經濟與政治論壇)》, 2010, 제1기, 77쪽 참조.

34 사실 상하이협력기구(SOC) 건립은 중국이 '동아시아 중심'의 지연적 인식을 탈피했다는 것을 보여주는 지표다. 1996년 중국과 러시아 그리고 중앙아시아 3국(카자흐스탄, 키르기스스탄, 타지키스탄) 등 5개국은 '접경지역에 관한 군사 분야 신뢰강화협정'을 맺었고, 2001년에는 우즈베키스탄이 가입하여, 총 6개국이 이에 기초하여 공식 역내기구로서 상하이협력기구의 설립을 결정했다.

기 전, 이 지역에는 오직 중국과 소련 간의 양자관계만이 존재했다. 그러나 소련이 해체되면서 지역성을 띤 다자간 관계로 변화되었고 이로 인해 이 지역의 관계는 더욱 복잡해졌다. 즉, 이 지역에는 주로 중국-러시아 관계, 중국-중앙아시아의 일부 국가와의 관계, 마지막으로 중국-러시아-중앙아시아 관계 등이 서로 복잡하게 얽혀 있었다. 중국이 보기에 지역의 문제들은 역내 협력시스템만 있다면, 쉽게 해결이 가능하고 공통적 관심사를 가진 많은 문제들 역시 지역 틀 아래에서 해결할 수 있는 것들이었다. 본래 이곳은 러시아의 중앙아시아 지역이었으나 소련이 붕괴된 후, 그 입지가 달라지면서 중앙아시아는 한편으로는 독자적 함의를 지닌 국제지역이 되었고 다른 한편으로는 특별한 중요성과 많은 변수를 지닌 지역이 되었다.[35] 중국은 이 역내 협력시스템의 건설을 통해 많은 국가들과 관계를 발전시켰고 또한 역내협력기구의 기능을 이용하여 지역의 전반적 발전과 안보환경을 수립했다고 말할 수 있다. 그리고 이는 신중국이 성립된 후 주변지역에 대한 인식이 새롭게 변화되었다는 것을 의미한다.

SCO가 상호 간의 차이를 극복하고 합의될 수 있었던 이유는 중국과 러시아 그리고 중앙아시아 국가가 공동안보라는 최대공약수를 지닌 협력의 접점을 찾았기 때문이다.[36] 비록 SCO가 안보를 주축으로 한 협력기구이지만, 미국, 유럽 그리고 미국과 유럽 간에 건립된 안보시스템과는 차이가 있다. SCO는 군사동맹을 맺지 않고, 군사 확장을 하지 않으며, 평등

---

35 특히 중요한 것은 서북지역의 안정이 중국에게는 매우 중요하다는 점이다. 중국의 우려와 관련하여, 일부 전문가들은 소련의 해체로 인해 중앙아시아가 전략적 활동공간으로 변화됨에 따라 다양한 역량의 개입을 야기시켰다고 주장하고 있다. 왕지아인(王佳殷), 〈소련 해체 후의 중앙아시아와 중국(蘇聯解體後的中亞與中國)〉, 《국제정치연구》, 1995, 제1기, 23쪽 참조.
36 각국은 모두 세 가지 악의적인 세력(테러리즘, 분리주의, 극단주의 세력)에 직면해 있었고, 게다가 이 세력들의 활동은 국경을 뛰어넘어 확산되는 특징을 지니고 있었다.

한 참여와 협상의 기초 위에서 안보협력을 진행하여 함께 공유하는 안정되고 평화로운 환경의 조성을 목적으로 한다. 이러한 협력방식은 '당대질서 밖에서의 또 다른 질서의 선택'으로 불리기도 하며, 이 방식의 기능은 주로 회원국이 공통으로 관심 갖는 안보문제의 해결에서 구현되는 동시에 유라시아 지역안보를 유지시키는 안정장치가 되었다.[37]

사실 중국이 중앙아시아 지역을 중시하는 원인은 안보 측면뿐만 아니라, 종합적 관계의 발전 측면에도 있다. '상하이기구 장기선린우호조약'의 체결은 하나의 거대한 성과로 이는 중국에게 중앙아시아 국가와의 전반적인 관계 안정화에 도움을 준다. 중국은 특히 SCO를 통한 경제협력 촉진을 중시하고 있다. 중국은 자유무역지대 건설, 상하이기구 개발은행 설립, 에너지클럽 성립, 식량안보시스템 건립, 인프라망 구축 등을 포함한 다수의 제안들을 연이어 제시했다. 중국의 제안에 중앙아시아 국가와 러시아는 즉각 긍정적인 회답을 내놓지는 않았는데, 그 이유는 이들 국가들이 여전히 중국의 의도에 대한 의구심을 품고 있었기 때문이었다. 예를 들어, 중앙아시아 국가들은 자유무역지대를 건설하여 중국에게 자국의 시장을 전면 개방하는 것은 중국의 시장독점을 야기할 수 있고, 또한 상하이기구은행의 건립을 중국이 주도하기 때문에 이 기구의 목적이 중국을 위한 자금융통에 있는 것이 아닌가 하는 우려를 하고 있었다. 특히 러시아의 가장 큰 우려는 중국이 중앙아시아에서 주도권을 틀어쥐고 러시아의 전통적 이익을 배제하는 것이었다.[38] 그럼에도 불구하고 상하이기구

---

37 이 방면의 분석은 펑위쥔(馮玉軍), 〈상하이협력기구의 전략적 위상과 발전방향(上海合作組織的戰略定位與發展方向)〉, 《현대국제관계》, 2006, 제11기 14-16쪽 참조.

38 상하이협력기구 개발은행의 성립은 2010년에 제안된 것이다. 새로운 진전은 2014년 9월에 열린 상하이협력기구 지도자회의에서 발표한 선언에서 상하이협력기구 발전기금과 개발은행의 건립을 협력의사일정에 포함시켰다는 것이다. http//news.163.com/14/0913/03/A60B010400014SEH.html.

는 경제협력 분야에서 여전히 적지 않은 진전을 보이고 있는데, 이는 중국이 중앙아시아 지역의 중요성을 고려해 중도에 포기하지 않고 끊임없이 노력한 결과였다. 또한 2013년에는 실크로드 경제벨트의 건설을 제안했고, 이를 통해 중앙아시아 지역과의 전면적 경제협력 및 더욱 확장된 경제개발지대의 건설을 추진하고 있다.[39]

SCO의 발전은 하나의 기적과도 같다.[40] 이 기구가 빠르게 발전할 수 있었던 이유는 첫째, 중국은 명확한 지역구상과 전략을 가지고 있었고 둘째, 중국, 러시아, 중앙아시아 국가들이 공통된 인식을 갖고 있었기 때문인데, 그중 중요한 것은 중국과 러시아가 중앙아시아의 참여에 대해 일치된 인식을 갖고 있었다는 점이다. 셋째는 외부 강대국들의 직접적인 간섭이 없었기 때문이었다. 본래 대다수 사람들은 SCO의 발전전망에 대한 기대가 크지 않았지만, 현실은 예상보다 훨씬 빠르게 발전하고 있다. 오늘날 상하이기구의 흡인력은 날로 증가하고 있고, 그 기능은 더욱 확대되고 있으며 새로운 회원국의 가입을 위한 준비 역시 진행 중에 있다.

SCO를 통해 중국이 취하고자 하는 목표는 무엇인가? 현 시점에서 분명하게 말할 수 있은 것은 기구의 종합적인 발전을 점차적으로 추진해 새로운 형태의 역내협력기구로 격상시키고, 이에 기초하여 평화적이고 협력적이며 발전된 서부지역 환경을 조성하는 것이다. SCO의 규모 및 기능

---

39 예를 들어, 2013년에 중국은 '국제도로운송 원활화협정' 체결을 제안했고, 발트 해에서부터 태평양까지, 중앙아시아에서 인도양과 페르시아 만까지 교통운송의 주랑(走廊)을 개척했다. 〈시진핑 주석의 상하이협력기구 정상회의에서의 담화〉, 2013. 9. 14, http://news.xinhuanet.com/mrdx/201309/14/c_132779882.htm 참조.

40 물론 상하이협력기구와 관련한 비판 역시 매우 많다. 특히 서구매체 여론들은 이를 "중국의 통제를 받는" 기구이며, 단지 중·러가 장악하고 있을 뿐, "중앙아시아 국가는 한쪽에 방치되어 있다"고 묘사하고 있다. 예를 들어, Tyler Roney, *The Shanghai Organization: China's NATO?*, The Diplomat, September 11, 2013, http://thediplomat.com/2013/09/the-shanghai-cooperation-organization-chinas-nato-2/ 참조.

의 확장은 역내에서 더 큰 영향력의 발휘와 서부지역에서 중국의 영향력을 확장하는 데 유리하게 작용할 것이다. 역사적으로 중국 서부와 외부의 관계는 주로 고대 실크로드를 통해 이루어졌고, 그 지역이 중앙아시아, 서아시아, 유럽까지 확장되었다. 오늘날 SCO와 실크로드 경제벨트의 건설을 통해 중국은 더욱 거대하게 확장된 공간을 확보했고 경제, 정치, 안보의 종합적 이익을 실현할 수 있게 되었다. 역사적으로 중국의 가장 불안정한 지역이 서부지역인데, 극단적 종교주의와 분리주의 세력으로부터 오늘날에도 여전히 새로운 안보위협에 직면해 있다. 중국은 이러한 종합적 전략을 통해 안정된 서부, 발전된 서부, 통제된 서부의 장기적 시스템을 마련하기 위해 노력하고 있다. 서부지역은 중국이 중일관계, 중미관계 등과 같은 문제를 처리하는 데 있어 모두 미국의 전략과 역량에 의해 방해를 받아야 하는 동부지역의 상황과는 다르다.

5) 동북아시아 지역문제 해결을 위한 노력

주변 지연적 관점에서 동북아시아의 지위는 대단히 중요한 의미를 갖는다. 그 어떤 시각에서 보더라도 동북아는 중국에게 있어 매우 중요하다. 비록 한중일 3국 간의 경제교류가 매우 밀접하게 연계되어 있지만, 동북아는 여전히 분열되어 있는 지역으로 역사적 상처와 제2차 세계대전 이후 고착된 분단구조가 아직도 봉합되지 않은, 세계에서 몇 안 되는 지역 중의 하나다.

중국은 일찍이 6자회담을 통한 북핵문제 해결 및 동북아의 종합적 관계와 장기적 평화문제의 해결을 시도했지만, 복잡한 관계로부터 비롯된 여러 제약으로 인해 이 시스템은 제대로 작동하지 못하고 도중에 중단되었다. 이것은 새로운 형세 아래에서 중국이 처음으로 지역시스템 건설의 시각을 기반으로 동북아의 새로운 지역관계와 협력구조의 구축에 대한 시도였다.[41] 그러나 솔직히 말해, 당시 중국은 중요한 역할을 발휘하기 위한 역량이 부족했고, 진정으로 뜻이 통하는 전략적 파트너의 도움 역시 결여되어 있었다. 한미일은 동맹관계로서, 그들의 단결과 이익의 보호를 위해 6자회담의 틀 아래에서 3국 협상시스템을 마련했다. 북한은 중국과 비록 전통적인 관계를 이어오고는 있었지만, 6자회담에서의 전략목표에 대해 불일치를 보였고, 이러한 의미에서 중국의 진정한 파트너는 아니었다. 러시아는 제3자의 입장을 표방하며 참여에는 적극적이지 않았다. 때문에 중국의 이러한 '중간자' 입장은 중요한 역할이나 주도적인 작용을 발휘하는 데 어려움을 주었다.

북핵문제는 동북아 지역의 관계구조와 성질을 변화시켰고, 동북아 지역을 틀로 하는 협력시스템 건설의 기초를 파괴했다. 북핵문제의 원인은 북미관계와 한반도에서의 미국의 이익 및 전략적 의도와 관련이 있다. 북한이 정치적 변화를 꾀하지 않는 이상 미국은 북한을 수용하기 어렵고 대북정책 역시 변경될 일이 없다. 북한이 6자회담을 불신하는 근본적인 원인은 이것이 북핵문제 해결만을 주요목표로 하고, 북한의 생존과 발전환경 개선에 대한 목표는 부재한다고 판단했기 때문이다. 북한의 주요관심은 미국과의 관계개선과 미국의 대북정책 변화에 있다. 이 문제들은 명백히 역내 협력시스템만으로는 해결이 어려운 것들이다. 오늘날 북한이 더는 6자회담으로 되돌아가지 않겠다고 공언했음에도 불구하고 기타 국가들은 여전히 6자회담 시스템 아래에서 도달한 합의의 이행을 바라는 태

---

41 어떤 학자는 중국의 동북아에서의 전략적 목표는 지역의 안정 유지를 전제로 한 완전히 새로운 협력체계의 건설과 동북아 정치의 재조직에 있으며, 그중 가장 중요한 것은 중국이 한반도의 문제해결에서 중요한 역할을 하는 것으로 보고 있다. 진창이(金强一), 〈중국의 동북아전략에 대해(論中國的東北亞戰略)〉, 《옌볜대학학보(延邊大學學報)》, 사회과학판, 2004, 제2기, 34쪽 참조.

도를 보이고 있다. 그러나 이 역내 틀을 통한 북핵문제와 한반도의 장기적 평화문제의 일괄적 해결은 여전히 그 희망이 보이질 않는다. 따라서 중국이 동북아 지역에서 새로운 관계와 질서를 수립하려는 전략 역시 새로운 사고가 필요하다.

한중일 협력시스템은 경제이익을 위한 연계를 기초로 하고 이것을 주요경로로 삼아 동북아의 '역내 어려움'을 돌파하는 데 그 목적이 있다. 한중일 관계의 민감성을 감안하여 아세안이 주도하는 '10+3'의 틀이 고려되었는데, 처음부터 중국은 1999년에 '10+3' 대화 틀이 제공한 플랫폼을 이용한 3국 정상회담(조찬회의) 진행에 대해 매우 신중한 자세를 보였고, 정부는 최대한 그 한중일 협력시스템이 가진 정치적 함의를 희석시키려는 태도를 취했다.

그러나 이후 중국은 점차 이 정상회담을 지지하는 입장으로 선회했는데, 일례로 3국이 '10+3' 틀 아래에서 회담일정의 정례화, '10+3' 틀에서 독립된 3국 정상회담 시스템의 건립, 사무국 설립, 3국 자유무역지대의 건설 등의 결과는 이를 입증한다. 중국의 한중일 협력에 대한 이러한 진취적 태도는 동북아 지역의 중요성에 대한 인식에서 비롯되었다.[42] 예를 들어, 한중일 3국 자유무역지대 건설은 발전수준의 차이에 기초한 것이기 때문에 개발도상국인 중국은 회담에서 많은 어려움에 직면할 수밖에 없었다. 그러나 중국은 오히려 일본, 한국보다 더 적극적인 태도를 취했다. 특히 미국이 TPP 추진에 많은 노력을 기울이고 있고, 동아시아 자유무역지대('10+3') 건설이 정체되어 있는 상황에서 중국은 한중일 자유무

---

42 한중일 제2차 정상회의가 개최되기 전 한 조사에 따르면, 중국인 중 91.8%가 중국이 더 큰 역할을 발휘할 것을 희망하고 있었다. 〈한중일 정상회담 개최, 90% 네티즌은 중국의 더 큰 역할을 희망한다(中日韓召開峰會, 九成網民望中國發揮更大的作用)〉, 환구망(環球网), http://news.qq.com/a/20091010/000408.htm 참조.

역지대 추진이 하나의 적극적인 대응전략으로서 이 자유무역지대의 발전이 동아시아 자유무역지대의 발전을 촉진하고, TPP로부터 오는 도전에 대응할 수 있기를 기대했다.

그러나 한중일 협력의 결정적 결함은 바로 불안정한 정치관계에 있다. 마침 한중일 협력이 양호한 국면에 접어들었을 때,[43] 중일관계와 한일관계가 틀어지면서 어려움에 처하게 되었고, 이에 따라 정상회담의 중단, 고위급회의의 감소, 협력사항 추진의 난항 등과 같은 문제가 발생했다. 즉, 비록 자유무역지대 협상프로세스는 여전히 지속되고는 있었지만, 정치적 영향에서 자유롭다고 말하기에는 다소 어려운 상황인 것이었다.[44]

중국이 동북아 지역공동체 건설에서 맞닥뜨린 가장 큰 난관은 정치적 문제로, 이는 동북아 지역 각국의 역내 협력시스템 건설에 대한 공감대가 결여되어 있음을 보여준다. 많은 전문가들이 동북아 역내협력에 관한 다양한 구상들을 제시했는데, 그중 가장 이상적인 방안은 단연 동북아공동체의 건설이다. 그러나 동북아공동체 건설을 제안한 중국의 전문가 및 학자들은 그리 많지 않았다.[45] 지금까지도 중국의 동북아 역내시스템 건설 노력은 여전히 실무적인 기능성 구축에 방점을 두고 있으며, 설령 그렇다

---

43 2008년에 3국의 협력적 동반자관계(3국 동반자관계를 위한 공동성명 발표)가 확립되었고, 2009년에는 3국 협력의 대방향(3국 협력 10주년 기념 공동성명 발표), 2010년에는 3국 미래협력달성을 위한 공통인식(3국 협력 비전2020 채택)을 확립했다.

44 어떤 학자에 따르면 한중일의 협력이 정치적 지지와 분리될 수 없기 때문에 공리성을 지닌 자유무역지대 건설계획도 반드시 정치적 영향을 받을 수밖에 없으며, 따라서 단지 자유무역지대 진행과정이 추진 중에 있다고 하여 영향을 받지 않는 것은 아니라고 한다. 위하이양(于海洋), 〈자유무역지대와 정치일체화: 한중일 자유무역지대의 전략설계 및 시행(自貿區與政治一體化: 中日韓自貿區的戰略設計與實施)〉, 《동북아포럼》, 2011, 제6기, 39쪽.

45 한국의 많은 학자들이 동북아공동체 건설 구상을 제시했지만, 일부 학자들은 공동체가 하나의 목표는 될 수 있지만, 지금 시점에서의 공동체 건설은 시기상조라 보고 있다. 〈한국국제교류재단 이사장 임성준이 말하는 동북아공동체(韓國國際交流財團理事長任晟准談東北亞共同體)〉, 인민망, http://theory.people.com.cn/GB/9733517.html.

하더라도 이 역시 매우 큰 장애물에 가로막혀 있다. 이는 동북아의 지역 분열이 봉합되기 위해서는 더 많은 시간이 필요하며 동시에 중국의 지역 관계와 질서 역시 다방면에서 동시에 진행되는 전략들에 의해 수립되어야 할 필요가 있음을 여실히 보여주고 있다.[46]

6) 남아시아 지역에서의 공동이익 모색

중국 주변지역의 관점에서 볼 때, 남아시아 지역의 중요성이 점차 부각되고 있는데, 그 이유는 첫째, 인도는 급성장 중인 개발도상국으로 중국은 인도와 새로운 형식의 개발도상국 관계 수립을 원하기 때문이며 둘째, 중국에게 있어 인도양은 중요한 의미를 지닌 지역으로, 개방 및 협력적인 해상로드의 건설이 필요하기 때문이다. 안정되고 개방적이며 발전되고 우호적인 남아시아 지역은 중국의 이익에 부합되며 따라서 이상적인 구조는 중국이 전체 남아시아와 협력시스템의 틀을 마련하는 것이다.[47] 오랫동안 복잡한 원인들로 인해 중국은 남아시아에서 파키스탄만이 '허물없는 친구'였을 뿐 지역 군사훈련이나 협력 틀은 없었다.

　　중국이 남아시아 지역과의 관계 및 질서를 수립하는 과정에서 나타나

---

46 한 가지 중요한 진전은 2014년 9월 11일, 중·몽·러 정상들이 역사적인 회담을 실현하여 정례화된 대화와 협력시스템을 마련하기로 결정했다는 것이다. 회담기간에 시진핑 주석은 중·몽·러 경제주랑 건설을 제의했고, 러·몽의 지지를 받았다. 유의미한 것은 이 회담에서 '제3국' 전략을 몽고가 제안했다는 점이다. 이는 동북아 역내협력이 단지 한중일 3국 협력의 발전에만 의존하지 않음을 의미한다. 또한 중국이 동북아 지역의 신질서 건설을 추진하기 위한 주도성을 확보했음을 보여준다. 〈시진핑, 중·몽·러 경제회랑을 제의하다(習近平倡議打造中蒙俄經濟走廊)〉, http://news.ifeng.com/a/20140912/41951795_0.shtml.

47 어떤 전문가는 양자 모델은 중국과 남아시아 관계의 전부를 포괄할 수 없기 때문에 다자간 협력시스템 건립해야 한다고 주장한다. 룽싱춘(龙兴春), 〈중국과 남아시아 지역협력연합 간 다자간 협력시스템과 경과시론(試論中國與南盟多邊合作的機制和進程)〉, 《남아시아연구(南亞研究)》, 2009, 제4기, 2쪽.

는 장애물은 중국-인도관계다. 양국 간에는 영토분쟁뿐만 아니라 성장의 측면에서도 경쟁적 요소를 가지고 있다. 동시에 전략적 이익의 고려로부터 비롯된 중국과 파키스탄 간 '전천후' 협력관계의 발전도 인도를 불쾌하게 만들었다. 특히 중국의 급속한 발전과 종합국력이 대폭 상승함에 따라 인도는 중국의 전략에 대한 경계를 강화했다. 때문에 중국-인도관계의 현 국면을 어떻게 돌파하고 남아시아 지역관계의 새 국면을 어떻게 개척해나갈 것인지는 중국의 주변 지연적 관계와 질서 건설에 대한 숙제로 남게 되었다.[48]

남아시아 지역은 그 지역기구인 SAARC을 설립하고 자유무역지대를 건설했다. 중국은 SAARC와의 협력관계구축을 희망했는데, SAARC의 회원국인 파키스탄과 방글라데시 등의 지지를 받았으나 인도의 반대에 직면했다. 그러나 기타 SAARC 회원국들의 지지에 힘입어 2006년에 중국은 마침내 일본(인도는 일본과의 동시편입을 주장했다)과 함께 SAARC의 옵서버로 편입되었다. 미래의 발전양상을 예측해보면 중국의 SAARC 정식가입은 거의 불가능하고 중국 역시 가입을 염두에 두고 있지 않기 때문에 가장 이상적인 발전은 SAARC와 중국이 주관하는 '1+8', 혹은 SAARC가 주관하는 '8+1'의 대화협력시스템을 건립하는 것이다.

중국과 남아시아 기타 국가 간의 관계는 거대한 발전공간을 가지고 있는데, 파키스탄을 제외하고도 스리랑카, 방글라데시와 네팔이 있으며 이 국가들은 모두 중국과의 경제협력 강화를 통한 자국의 빠른 경제발전을 도모하기 위해 중국이라는 '발전을 약속하는 기차'에 올라타야 할 필요성을 느끼고 있다. 사실 중국과 남아시아 기타 국가 간에 빠르게 발전한 양자 간 경제관계 및 다양한 분야에서의 협력은 인도가 중국에 대해 적극적

---

48 위의 글, 3쪽.

인 대응조치를 취하도록 만들었다. 즉, 인도가 남아시아 국가와의 관계를 더욱 긴밀히 하는 동시에 중국과의 관계 역시 적극적으로 발전시켜나가는 대응조치를 채택한 것이다. 2014년 9월 인도를 방문한 시진핑 주석은 새로 당선된 인도의 모디 총리와 중요한 문제들에 대해 공감대를 형성하고, '전략적이고 전체적인 시각에서 중국-인도관계를 다루었으며', 심화 발전된 동반자관계를 핵심으로 '평화와 번영의 전략적 동반자관계로 나아가기 위한 기초를 다졌다'. 중국-인도관계의 개선은 발전된 동반자관계의 수립을 가져왔고, 중국이 추진하는 남아시아 지역과의 협력시스템 건설에 대해 새로운 환경을 제공했다.[49]

중국의 지역참여와 이행계획의 수립에서 알 수 있는 것은 중국의 지역관 인식이 지역의 실제적인 발전과 중국 자신의 발전에 근거해 조정을 진행한다는 점이다. 한 가지 명확한 추세는 중국이 동아시아를 중심으로 한 참여에서 주변 전체를 바탕으로 하는 포괄적인 계획과 건설로 방향을 전환하면서 점점 더 분명하게 중국-주변관계를 중심으로 하는 그 지역 본원의 인식으로 회귀하고 있다는 것이다. 비록 주변이 몇 개의 지역으로 분열되어 있고, 각 지역마다 서로 다른 특징 및 관계구조를 지니고 있지만 중국의 입장에서 보면 모두 공통의 이해관계를 지닌 주변 이웃국가들이며 포기할 수 없는 공생이익의 기초와 장기간 축적되어온 역사를 가지고 있고, 다양한 경제, 정치, 안보 및 사회문화관계를 통해 서로 연결되어 있는 전체성 및 포괄성을 가진 하나의 지역인 것이다. 이것은 근대 이후로 중국의 부상이라는 새로운 국면 아래서의 지역관 회귀를 의미한다.

---

49 〈중화인민공화국과 인도공화국의 더욱 긴밀한 동반자관계발전 수립에 관한 공동성명 (中華人民共和國和印度共和國關於構建更加緊密的發展夥伴關系的聯合聲明)〉, http:// news.ifeng.com/a/20140919/42033837_0.shtml.

3. 운명공동체 의식

시진핑 주석은 2013년에 열린 주변 외교업무 좌담회에서, "지리방위, 자연환경 그리고 상호관계 등 어떤 관점에서 보더라도, 주변은 중국에 있어 매우 중요한 전략적 의의를 가지고 있다. 따라서 입체적이고, 다원적이고, 시공을 초월한 시각으로 주변문제를 사고하여 이를 바탕으로 주변외교를 전개해야 하며", "호혜호리(互惠互利)의 원칙에 근거해 주변국가와 협력을 전개하고 더욱 긴밀한 공동이익 네트워크를 구축하고 쌍방의 이익을 융합하여 더욱 높은 수준으로 끌어올리며 주변국가들이 중국의 발전으로부터 혜택을 받고 중국 역시 주변국가들의 공동발전으로부터 이익과 도움을 받게 하여", "운명공동체 의식이 주변국가의 곳곳에서 성장할 수 있도록 해야 한다"고 강조했다.[50] 중국의 국가지도자가 발표한 이 주변에 관한 새로운 인식은 중국이 주변을 하나의 전체로서 사고하고, 평가하고, 건설하려 하고 있음을 보여주고 있다.[51] 중국의 주변국가들을 보면 독특한 주변관계와 지연적 구조를 가지고 있으며, 이러한 주변관계와 환경은 이전부터 중국에게 큰 영향을 미쳐왔다. 주변지역은 중국이 주권권익을 수호하는 중점이고, 대국으로서의 역할을 발휘하는 우선적 선택지이며 중국의 국제적 지위를 격상시키기 위한 주요한 토대이자 전략적 근거지다.

중국이 주변지역을 대국, 강국의 길로 나아가는 전략적 근거지로 삼아 공동발전과 공동안보에 기초한 운명공동체를 건설한다는 것은 주변지역

---

50 시진핑, 〈운명공동체를 주변국가에 뿌리내리게 하라(讓命運共同體在周邊國家落地生根)〉, 신화망, http://news.xinhuanet.com/2013-10/25/c_117878944.htm.

51 어떤 학자는 운명공동체 건설 제안이 중국의 주변외교의 방향을 보여주고 있다고 주장한다. 류전민(劉振民), 〈협력 상생을 통한 아시아운명공동체 건설(堅持合作共贏, 攜手打造亞洲命運共同體)〉, 《국제문제연구》, 2014, 제2기, 3쪽.

에 대한 인식이 새롭게 전환되었음을 의미한다. 이는 주변지역이 더 이상 중국의 안보를 위협하는 근원이 아니며 더 이상 말썽을 부리는 골칫덩이도 아닌 발전과 안보의 토대이자 동고동락하는 운명공동체라는 것이다.[52] 주변지역을 중국 성장의 전략적 근거지로 구축하는 것은 첫째, 양자관계의 양호한 발전, 관계의 안정적인 국면, 우호적인 이웃진영의 확대 등이 필요하고 둘째, 역내 협력시스템을 플랫폼으로 하는 종합적 이익기초를 마련해야 한다. 이는 중국과 주변국가의 경제적 측면에서의 더욱 긴밀한 연계와 상호의존성이 필요한데, 그 예로 중국이 대다수 주변 이웃국가의 최대 무역파트너가 된다거나 중국이 주변국가에 대한 투자를 늘린다거나 하는 식의 연계를 통해 중국이 주변국가와 이익을 공유하는 튼실한 기초를 건설하는 것이 중요하다. 정치안보 분야에서는 지역성을 띤 각종 협력시스템을 통해 주변국가와 대화협상 및 협력발전을 전개하여 공동안보에 기초한 새로운 형식의 안보시스템을 마련해야 한다.

신중국이 성립된 후 중국은 이웃국가와 함께 평화공존의 5개 원칙을 제시했고, 개혁개방 이후에는 연이어 '이웃을 동반자로, 이웃에게 선을 행하는' 지도원칙을 제안했으며 발전적 측면에서 성공을 거둔 후에는 '이웃을 화목하게, 이웃을 안전하게, 이웃을 부강하게'라는 지도이념을 제시했다. 새로운 형세 속에서 중국은 또 '친밀하고, 진실되며, 자애롭고, 포용하는' 주변 외교에 대한 새로운 방침을 제시하여, 주변국가와의 이익공동체와 운명공동체 건설을 주도했다. 운명공동체는 중국이 주변지역에 대해 수립한 새로운 전략으로, 이러한 전략과 노력은 중국 부흥이라는 대

---

52 어떤 전문가는 중국은 주변전략의 토대 건설이 유리하다고 말하는데, 첫째 많은 이웃국가를 보유하고 있고, 두 번째 개방적인 아태지역을 가지고 있다는 것을 그 근거로 들었다. 리후이(李輝), 〈적극적 주변 전략적 근거지 구축은 중국굴기의 토대(積極打造周邊戰略依托帶, 托起中國崛起之翼)〉, 《현대국제관계》, 2013, 제10기, 36쪽.

국면 아래에서의 주변관계 및 질서의 백년재건에 착안한 장기적인 역사 발전의 과정이라 말할 수 있다.

전반적으로 볼 때 현재는 신중국 성립 이후 주변 환경으로부터 오는 위협성이 가장 적은 시기이며, 중국을 침범할 수 있는 국가나 혹은 중국을 겨냥해 전쟁을 일으킨다거나 공공연히 중국의 이익을 침해할 수 있는 능력을 가진 국가는 존재하지 않는다. 주변 절대 다수의 국가들은 모두 중국과 협력관계를 발전시켜나가기를 희망하며, 함께 안정되고 평화로운 정세를 유지해나가기를 바라고 있다.

당연히 중국의 국력상승은 필연적으로 지역관계에 대한 중대한 조정을 야기했다. 첫째, 중국의 실력이 강화되면서 자국의 이익과 이익공간의 확장에 대한 요구도 높아지게 되었는데, 이는 사실상 '현재 상황'의 변화를 의미한다. 두 번째는 주도적 지위를 점하고 있던 미국이 다양한 자원을 동원하여 더 큰 힘으로 중국의 성장을 견제 및 제약하고 있는데, 이를 통해 미국의 중국에 대한 '접근과 경계'의 양면정책 중 경계의 측면이 더욱 강화되었다는 것을 알 수 있다. 예를 들어, 미국은 '아시아태평양 재균형' 전략과 '아시아 회귀전략'의 시행을 통해 중국 주변지역에서의 군사적, 경제적 존재감을 강화해 중국의 공간확장 전략을 압박하고 있다. 셋째, 이웃한 국가들은 위험을 분산시키기 위한 대책을 취해 중국의 급속한 성장이 가져오는 도전을 완화했다. 비록 각국의 대책이 모두 동일하지는 않지만 크게 두 가지로 나눌 수 있는데, 하나는 중국과의 관계발전이고 다른 하나는 중국에 대한 경계를 강화하는 것이다. 특히 이들은 중국과 영토영해 주권을 둘러싸고 분쟁이 존재하는 주변국가들로 중국의 성장으로 인한 압력과 위협을 더욱 심각하게 느끼고 있었기 때문에 중국의 확대를 저지할 것인지 혹은 중국의 이익침해를 방지하기 위한 전략을 방점으로 할 것인지 등 중국의 강세에 어떻게 대처하는 것이 더 효과적인지를 가늠하고 있다.

이러한 상황 속에서 중국 주변지역에는 일련의 새로운 긴장국면이 출현했고, 특히 동해, 남중국해 지역의 갈등은 무력충돌의 위험마저 발생할 수 있는 일촉즉발의 상황까지 갈 수 있는 조짐을 보였다. 그러나 이 갈등의 첨예화가 위험을 가져오고, 중국이 속해 있는 주변 환경에 불리한 영향을 미치기도 했지만 중국은 전반적인 정세에 대한 주도권을 여전히 장악하고 있었다. 말하자면 현재는 근대 이후 중국이 주변정세를 장악할 수 있는 능력이 가장 강한 시기로 국력이 증가하면서 중국은 자신의 노력 여하에 따라 정세의 방향을 바꿀 수 있고, 자신의 영향력으로 정세의 악화를 제어할 수 있으며 끊임없이 증대하는 실력과 영향력을 이용해 지역관계의 발전을 양호한 방향으로 견인하고 게다가 새로운 발전 및 안보 질서의 구축을 견인했다. 중국이 구상하는 질서구축의 목표는 패권을 쥐거나 그를 중심으로 한 세력범위의 확장이 아닌 안정되고, 평화로우며, 발전된 지역 환경을 조성하는 데 있다.

중국과 같이 주변에 많은 이웃국가를 가지고 있는 대국은 주도성 또는 중요한 영향력을 발휘할 수 있는 양자관계를 초월한 플랫폼이 필요하다. 지연적 역내 협력시스템의 건설은 중국과 이웃국가의 관계의 새로운 발전을 의미한다. 오늘에 이르기까지 중국은 주변 동서남북 각 방향에서 모든 상관국가와 대화협력시스템을 구축해왔다. 중국-아세안 협력시스템은 자유무역지대와 전략적 동반자관계의 틀 아래에서 정치 및 안보대화 협력을 포함하고, SCO는 중국과 러시아, 그리고 중앙아시아 국가가 공동으로 건설한 지역협력시스템으로서 안보협력을 중심으로, 경제, 에너지, 인프라 구축 등의 분야로까지 확장되었다. 중요한 것은 SCO의 영향력과 흡인력이 높아지면서 지역의 새로운 안보관계 및 질서수립의 중요한 플랫폼이 되었다는 점이다. 동북아에서 복잡한 원인으로 인해 역내시스템은 비교적 취약한 편인데, 현재 북핵문제를 목적으로 하는 6자회담 시스템은 정체된 상황에 놓여 있고, 한중일 3국협력 시스템은 반(半)정체 상황에 처해 있다. 그러나 미래를 예측해보면, 6자회담 시스템의 재시동 가능성이 없지는 않으며, 한중일 정상회담의 복구 역시 시간문제일 뿐이다. 남아시아에서 중국은 SAARC의 옵서버로서, 아직 SAARC와의 대화협력 틀은 건립되지 않았지만, 미래의 발전양상을 살펴볼 때 자유무역지대 건설을 포함한 중국- SAARC 대화협력시스템 건립이 아예 가능성이 없는 것은 아니다. 주변지역 대화협력 틀의 건립으로 인해 중국과 주변국가 간에 양자관계밖에 없었던 구조가 변화되었고, 지역적 종합이익의 균형과 확장기제가 증가되었으며, 중국 주변지역의 새로운 관계 및 질서 수립에 도움을 주었다.

공동이익에 기초한 운명공동체 건설은 중국 주변전략의 핵심이다. 운명공동체의 건설은 주로 두 개의 '공동구조'에 기반한다. 첫 번째는 공동발전으로, 이는 중국과 주변국가와의 개방 및 협력발전 시스템 건설, 개방 및 협력시장 건설, 상호연결 네트워크 구축 등을 통해 주변국가가 우선적으로 중국의 끊임없이 증대되는 경제실력으로부터 이익을 얻게 하고 동시에 중국의 시장 및 투자에 대한 의존도를 증가시킨다. 두 번째는 공동안보로 중국은 주변국가와 안보대화, 협상 및 협력 시스템을 건립하고, 공동안보와 공동책임에 기초한 새로운 안보협력시스템을 건립해 협력의 정신과 공동안보의 목적인 분쟁해결을 통해 충돌이 발생할 위험을 감소시킨다.[53]

---

53 류전민은 운명공동체가 공동발전을 핵심으로, 상호신뢰협력을 통해 안보환경을 유지하며, 개방과 포용으로 시스템을 건설하고, 문화를 통해 공감대를 형성하며, 함께 난관을 극복하여 정서적 유대를 강화한다고 설명했다. 운명공동체의 건설은 정치, 경제, 안보, 사회, 문화 등 다양한 분야를 포함한 종합적이고 체계적인 과정이다. 류전민, 앞의 글, 3-4쪽.

중국의 지리적 위치는 중국에게 주변과의 상호연결 네트워크를 구축하는 특수한 지위와 역할을 부여했다. 상호연결 네트워크는 마치 주변이익과 운명공동체를 유기적으로 연결하는 동맥처럼 생명력과 능동성을 가지고 있다고 볼 수 있다. 따라서 중국과 주변지역 국가의 시장개방 및 협력발전이 심화되는 과정에서 상호연결 네트워크의 구축은 매우 중요한의의를 지닌다. 2013년 중국은 '실크로드 경제벨트'와 '21세기 해상 실크로드' 건설이라는 새로운 창의를 제시했다. '실크로드 경제벨트'는 중국서부지역의 개방개발을 기반으로 서부로 뻗어나가는 거대한 지역공간의확장과 중앙아시아에서 유럽에 이르는 광활한 개방적 협력경제지대 건설을 추진한다. '21세기 해상 실크로드'의 목적은 개방 및 협력적 해상통로의 건설을 촉진하고 해안국가 간의 경제협력과 발전을 위한 새로운 동력 창출에 있다. 필자는 '일대일로' 창의는 중국이 시작하는 거대 건설 프로젝트가 아닌 통솔의 의의를 지닌 새로운 성장전략으로, 그것이 선도하는 것은 새로운 발전관, 새로운 안보관 및 문명관이며, '고대 실크로드'가가지고 있던 호혜호리의 교류정신과 정화의 대원정이 창조한 '해상문명'의 도움을 빌어 내륙 발전을 도모하고 해양의 새로운 질서를 구축하는 데있다고 믿는다. 따라서 '일대일로'는 결코 지역과 형식, 그리고 참여 국가를 제한하지 않으며 본질적으로 개방적 성격을 가진 전략이다. 이러한 의의에서 '일대일로'는 지역에 기초하여 세계로 나아가는 대전략이라 할 수있다.

주변전략은 소프트파워라는 기둥이 필요하다. 중국의 소프트파워는우선 자국의 성공적인 발전으로 인해 증대된 영향력에 있고, 나아가 그것이 선도하는 '화이부동'과 '포용과 조화'의 사상문화의 전통적 가치에 있다. 서구의 소프트파워는 그 가치관과 문화의 우월성 및 주도성을 강조하는 데 반해 중국은 다양한 가치와 문화의 공존, 상호존중과 상호학습을 강조한다. 만약 중국이 현재에 입각해 역사문명의 전통을 중시한다면, 미래의 발전에서 문화적 관제고지를 차지할 수 있다.

유럽의 공동체 건설이 제도의 건설에 의지했던 반면 중국과 이웃국가 간의 운명공동체 건설은 이와는 달랐다. 그것이 구현하는 것은 일종의 공생이념, 공리적 관계, 다층적이고 다양한 개방적 협력구조였다.[54] 복잡하게 얽혀 있는 각종 관계 속에서 운명공동체의 건설은 공동이익에 기초한 협력공존에 기반한다. 따라서 이러한 공동체는 현실의 위에서 체현될 뿐만 아니라 그 과정에도 존재한다.[55] 운명공동체의 뚜렷한 특징은 발전성과를 공유하고, 안보협력을 실현하며, 사람들이 조화롭게 공존한다는 것이다. 이는 이전에 중국이 주장한 '세계를 조화롭게, 주변을 조화롭게'의 구호와 일치한다.[56] 당연히 중국의 지역관 회귀와 지역질서의 수립은 장기적 과정이며, 주변국가의 이해와 참여 그리고 지지가 필요하다. 오늘날과 같은 복잡하고 다변적인 세계에서 이러한 '조화'와 '대동단결'을 실현하는 것은 쉽지 않은 일이며, 많은 시간이 필요하고 또한 절차의 검증이 필요하다.

---

54 어떤 전문가는 개방적인 지역공동체 건설이, 아마도 중국이 새로운 주변관계 및 질서를 구축하는 가장 좋은 선택일 것이라고 말한다. 장샤오밍, 앞의 글, 71쪽.

55 서구학자의 정의에 의하면, 국제질서는 세 가지 역량의 결합에 의존한다. 권력의 분배, 제도의 건설, 규범적 행위의 인정이 그것이다. 지역주의는 초국가적인 집단의 공감대와 조직의 공감대를 배양해야 한다. 중국의 운명공동체 제의는 일종의 새로운 패러다임이다. 질서와 지역정의의 논술은 Robert Cox, "State, Social Force and World Order"에서 발원했고, 먼훙화(門洪華), 〈지역질서수립의 논리(地區秩序構建的邏輯)〉,《세계 경제와 정치(世界經濟與政治)》, 2014, 제7기, 18–19쪽에서 인용. 먼훙화는 지역질서의 구축이 공동이익 추구, 공동책임 부담, 개발적 지역주의, 안보협력 및 지역제도 건설에 기초한다고 보고 있다. 이 논문의 20–23쪽.

56 중국공산당은 18차 보고에서 인류운명공동체의 개념을 제시했고, 인류는 오직 하나의 지구, 각국이 공존하는 하나의 세계를 만들기 위해 인류운명공동체의 의식을 증강해야 한다고 주장했다. 후진타오(胡錦濤), 〈중국공산당 제18차 대표대회에서의 담화〉, http://www.xj.xinhuanet.com/2012-11/19/c_113722546_11.htm.

현재 주변국가는 중국의 부흥에 대해, 특히 중국의 실질적 위상과 이를 인정하는 정도의 차이가 매우 큰 것에 대한 우려가 높다.[57] 이러한 우려는 오늘날의 중국이 모든 방면에서 빠르게 변화되고 있다는 사실이 '남들과 다르다'는 판단에서 비롯되었음을 쉽게 이해할 수 있다.

---

57 2013년 《환구시보(環球時報)》의 국제조사에 의하면, 주변국가의 중국에 대한 인식과 기대는 중국과 멀리 떨어진 국가보다 더 소극적이다. 천송천·션더창(陳松川·沈德昌), 〈중국 주변전략이 직면한 소프트파워 도전과 그 대책(中國周邊戰略面臨的軟實力挑戰及其對策)〉, 《당대세계》, 2014, 제9기, 16쪽에서 인용.

회고와 사고

1990년대 초, 필자가 주로 아태지역, 특히 동아시아 지역문제 연구에 종사하면서부터 주변지역은 나에게 있어 가장 많이 접촉하고, 가장 많은 관심과 생각의 대상이 되었다. 개혁개방 이후, 특히 21세기에 들어서면서 필자의 느낌과 경험에 비추어볼 때 중국과 주변지역의 관계는 세 가지의 중요한 변화를 겪었다.

첫째, 중국이 다른 국가들에게 '개혁개방의 새로운 중국'을 인정해줄 것을 요구하면서, 다른 국가들은 '국력이 급성장한 새로운 중국'을 어떻게 받아들일 것인가에 대해 중요한 인식의 변화가 발생했다. 필자는 대외교류의 과정에서 이러한 전환이 가져오는 변화에 대해 깊은 인상을 받을 수 있었다. 예를 들어, 이전에는 국외에서 사람들의 주요 관심사가 중국 국내의 개혁과 국내의 정치 및 사회정세 등에 있었는데, 이는 그들이 중국의 정책변화를 이해하길 원했고 도대체 중국의 정세가 어떻게 변화하고 있는지를 알고 싶었기 때문이다. 그 이후 사람들의 가장 큰 관심은 중국의 대외정책으로 옮겨갔고, 이에 따라 중국이 자신의 증대한 실력을 어떻게 사용할 것인지 등이 최대의 관심사가 되었다.

둘째, 중국은 외부에서 오는 압력과 충격에 소극적으로 대응했던 과거와 달리, 환경의 조성과 시스템 그리고 질서의 구축에 적극적으로 나서기 시작했다. 필자는 역내협력과 관련한 참여과정에서 이러한 전환이 가져오는 변화를 몸소 체험했다. 예를 들어, 이전에는 모든 의사과정 참여 전에 다른 국가가 중국에게 불리한 방안을 제시할 수도 있다는 사실에 착안하여 중국이 어떻게 대응하고 반격해야 하는지를 충분히 고려했다면, 이후에는 우리의 연구중점이 중국이 추진하는 방안이나 창의를 어떻게 적극적으로 제출할 것인지, 그리고 자신의 방안을 위한 구체적인 재정지원을 어떻게 제공할 것인지로 변화되었다.

셋째, 중국과 주변국가의 관계는 전보다 더욱 복잡해졌다. 복잡한 관계로의 변화가 의미하는 것은 첫째, 중국의 영향력이 더욱 종합성을 띠게 되면서 경제뿐만 아니라, 정치, 안보 및 문화 방면에서도 영향력을 발휘하게 되었고, 둘째 주변국가가 중국과의 관계를 고려할 때 다소 간결했던 이전과 달리 이익에 대한 고려뿐만 아니라 종합적인 영향 역시 고려해야 했다.

넷째, 주변국가와 외부역량이 중국의 역량 상승에 대해 다중적 구조로 대응하면서 중국과 주변국가의 관계가 양자구조에만 의존하지 않도록 변화되었다.[58] 이러한 복잡성에 대한 필자의 생각은 분명하다. 예를 들어, 아세안 국가의 전문가들과 교류하면서 중국의 '확장성' 전략에 대한 논의가 많았는데, 특히 남중국해 문제는 거의 모든 회의마다 다뤄지는 화제가 되었다. 이러한 상황에서, 중국의 지역관 회귀와 주변관계 및 질서의 구축은 몇 가지 방면의 도전을 고려해야 한다.

그 첫 번째는 주변관계를 어떻게 합리적으로 처리할 것인가에 대한 문제다. 비록 중국과 주변국가가 이전 역사에서부터 형성해온 관계구조가

---

58 예를 들어, 한반도 문제와 같은 일부 문제들은 이전부터 존재했던 것들로 점차적인 해결이 필요하다. 어떤 문제들은 새롭게 출현한 것으로 해상 다중역량의 경쟁 및 해상분쟁의 고조 등은 그 영향이 크다.

근대에 들어서면서 근본적인 변화가 발생했지만 중국과 주변국가 간에는 여전히 역사적 상호연계와 계승이 존재하며 이러한 역사의 교차와 현대사회의 변화는 종종 오늘날 중국과 일부 주변국가의 관계에 갈등을 불러일으키는 원인이 되고 있다. 때문에 중국은 반드시 이웃국가와 '역사의 공유'라는 공감대를 형성해야 한다.[59] 또한 근대 역사의 갈등, 특히 일본의 침략은 근대 역사에 씻을 수 없는 상처를 남겨놓았다. 오늘날 일본의 일부 정치가들이 역사를 부인하면서 역사는 오히려 양국관계의 발전을 가로막는 장애물이 되었다. 특히 역사의 화해는 중일 양국의 힘겨루기와 복잡하게 얽히면서 관계발전을 더욱 어렵게 만들었다. 그리고 신중국 성립 이후 당시의 복잡한 정세와 중국의 국정은 중국의 대외정책을 변화시켰고, 이 과정에서 많은 '후유증'을 남겼기 때문에 중국은 이웃국가와의 관계에 있어 앞을 내다보고 포용하는 자세를 취할 필요가 있다. 따라서 '친밀하게(親) 성심껏(誠) 혜택을 주며(惠) 포용하겠다(容)'라는 중국의 새로운 외교노선의 공고한 확립은 여전히 많은 시간과 중국의 끊임없는 노력이 필요하다.

두 번째는 각 측 모두가 받아들일 수 있는 포용적 관계 및 질서를 어떻게 구축할 것인가의 문제다. 지역관 회귀는 중국의 지연적 지역인식론의 필연적 변화이자 중국 부흥의 필연적 결과이다. 그러나 중국은 '나와 주변'의 관점을 바탕으로 관계 및 질서를 구축하기를 원하는데, 이는 오늘날 현실의 정세와 복잡한 관계구조를 고려해야 할 필요가 있다. 지금의 성장한 중국은 더 이상 이전 역사에서의 중국이 아니며 오늘날의 주변 역시 그 당시의 주변이 아니다. 중국이 회귀하려는 지역관은 '지연을 테두

---

59 전형적인 예로 한국과의 고구려 역사에 대한 갈등, 그리고 몽골과의 역사인식 불일치 등이 있다.

리로 삼아야 할 것'이며, 또한 '개방적 구조로 하는 것'이어야 한다. 이러한 프레임의 기초 위에서 중국은 우선 최대한 큰 역할을 발휘할 수 있도록 노력하고 대세를 장악해야 한다. 그리고 중국의 역할이 주변국가에 의해 받아들여져야 한다. 이러한 관계 및 질서의 구축은 중국의 역할이 발휘되는 과정이자, '강한 중국'이 점차 인정받는 과정이 될 것이다. 마지막으로 중국의 행위 자체를 어떻게 평가할 것인가의 문제다. 중국은 스스로를 잃고 새롭게 부흥한 대국으로, '버릴 것'과 '회귀할 것'을 어떻게 합리적으로 처리할 것인가와 관련해서 역량과 지혜를 필요로 한다. 오직 힘에만 의존한다면 과거의 대국굴기의 역사가 되풀이될 수 있다. 이는 경솔하게 무력을 사용하고, 이 무력에 기대어 국경을 확장하거나 패권을 장악하여 이익을 독점하는 것을 말한다. 지혜가 필요하다고 말한 까닭은 관계의 복잡성과 많은 모순의 존재로 인해 때로는 위험이 발생할 수 있는데, 선의의 지혜를 이용한다면 충돌을 피하고 공동의 이익을 얻을 수 있기 때문이다. 중국이 한 일련의 약속들, 즉 '평화발전의 길로 나아가고', '전통적 대국굴기의 길로 나아가지 않으며', '분쟁을 평화적으로 해결할 것' 등은 모두 이전의 어떠한 강대국도 약속한 적이 없는 것들로 이를 중국이 대담하게 약속한 이상 신념과 의지를 갖고 이행해나가야 한다.

근대 이후 중국은 오랜 쇠락의 시기를 지나 오늘날에는 새로운 백년의 부흥을 위한 중요한 시기에 들어섰다. 장기간의 쇠퇴기를 거치며 나타난 거대한 변화를 돌아보면 우리가 기억해야 할 것은 고통, 굴욕뿐만 아니라 그 안에서 자신은 물론 다른 국가들의 교훈 역시 습득해야 한다는 점이다. 필자는 중국이 한 일련의 약속들이 바로 과거에서 오는 교훈들의 총화라 생각한다. 시진핑은 주변공작 좌담회에서 "주변 외교의 기본방침은 이웃을 선의로 대하고 이웃을 동반자로 삼으며 화목한 이웃, 안정된 이웃, 부강한 이웃이 되고, 특히 친(親)·성(誠)·혜(惠)·용(容)의 이념을 잘 체현할 것"을 약속했고, "성심성의껏 주변국가를 대하고, 더 많은 친구와 동반자를 만들며", "주변국가가 우리 중국의 발전으로부터 혜택을 받게 하고, 우리 중국 역시 주변국가들의 공동발전으로부터 이익과 조력을 얻으며", "포용의 사상을 창도하고, 더욱 개방적인 포부와 더욱 적극적인 태도로 지역협력을 촉진해야 한다"고 강조했다.[60] 복잡한 관계와 정세에 직면하여 이러한 일들을 성취하는 것은 여전히 쉽지 않지만 지속적으로 견지해나간다면 아마도 예상보다 더 나은 결과를 가져올 수 있을 것이다.

---

60 〈시진핑: 주변외교공작좌담회에서의 중요담화(習近平在周邊外交工作座談會上發表重要講話)〉, http://news.cntv.cn/2013/10/25/VIDE1382700366688436.shtml

중국 주변의 새로운 정세 및 사고[61]

중국은 많은 이웃국가를 보유하고 있고, 이를 토대로 주변의 이웃국가들과 독특하고 거대한 지역을 형성했으며 줄곧 복잡하고 다변적인 주변관계가 존재해왔다. 중국과 주변국가의 관계(혹은 주변이웃과의 관계)는 지연, 관계, 이익과 게임이라는 네 가지의 서로 다른 시각에서 인식될 수 있는데, 그 시각에 따라 관계의 특징 및 함의 역시 달라진다. 지연이 갖는 가장 직접적이며 심도 있는 함의는 바로 중국과 이웃국가가 긴밀히 연결되어 공존하는 지역이라는 것으로 이는 불변의 진리다. 관계는 양자 및 다자간 관계, 밀접한 혹은 소원한 관계들이 있으며, 이들 간에는 복잡하고, 다층적이며, 좋고 나쁨이 혼재된 관계로 구성된 네트워크를 형성한다. 이익관계는 여러 형태가 존재하며 이익의 많고 적음에 상관없이 이익은 모두 직접적이고 포기할 수 없는 것이다. 게임은 중국과 이웃국가 간에 존재할 뿐만 아니라 외부세력의 참여와 획책에서부터도 온다. 세계에는 중국과 같이 복잡한 이웃국가 관계를 지닌 국가는 거의 없다. 중국이 이웃국가와 어떻게 지낼 것인지, 이웃국가는 중국과 어떻게 지낼 것인지는 줄곧 어려운 문제였다. 이를 잘 해결하면 각 측은 이익을 얻고 그렇지 못한

---

61 이 부분은 《국제경제평론》, 2014, 제9기에 발표.

다면 손해를 입게 되는데, 확실한 것은 이익은 공동의 이익이요, 손해는 공동의 손해라는 것이다. 이것이 바로 중국과 이웃국가 간의 이익과 운명 공동체에 내포된 의미이다.

1. 주변관계의 위상

우리는 보통 중국이 역사적으로 많은 이웃국가들과 좋은 관계를 유지해 왔다고 말한다. 강대한 중국은 주변국가와 장기적인 안정적 관계 틀을 구축했는데, 그 핵심은 상호존중, 우호적 공존, 강한 중국을 중심으로 한다는 특징이 있다. 그러나 비록 이 질서가 경제력, 군사력 등 중국의 하드파워와 문화, 사상, 도덕 등과 같은 소프트파워로 유지되는 것이라 할지라도 중국은 결코 이웃국가에게 변화를 강요한 적이 없으며 오히려 모두가 공존하는 기본원칙과 질서를 수립하고, 일종의 '치료하지 않고 치료하는(타국에 간섭하지 않는—옮긴이) 천하공동체'를 형성했다.

근대 이후, 중국이 쇠퇴하고 그 질서구조가 해체되면서 이웃국가들은 서구 열강들의 식민지로 전락했고 중국과 이웃국가들과의 관계는 간접적으로 변화되었다. 오늘날의 많은 문제들은 모두 이와 관련이 있으며, 중국 자신의 쇠퇴로 인해 질서를 유지할 역량과 능력을 상실했을 뿐 아니라, 중국 자신 역시 열강에 의해 착취당하고 분할 점령되었으며 침략을 받았다. 이러한 열강들 중에는 중국의 강한 이웃국가였던 일본과 러시아가 있다.

1949년 신중국이 성립되면서 중국의 내란이 종결되었고, 쇠락의 내리막길 역시 끝이 났다. 그러나 중국과 주변국가의 관계는 여전히 복잡하고 어려운 조정과정을 겪고 있었다. 복잡한 정세로 인해 중국은 주변국가의 관계에 대해 소극적인 태도를 취하고 있었다. 또한 여러 상황으로 인해 외부요인이 중국과 이웃국가 간의 관계의 특징과 성질을 결정했고 이에 중국은 피동적으로 대응했다.

당연히 신중국도 소극적인 태도를 전환하기 위한 노력을 기울이면서 새로운 관계발전을 추진했다. 예를 들어, 1950년대에 중국은 미얀마, 인도와 함께 '평화공존의 5원칙'을 제안했다. 이 원칙은 영토주권의 상호존중, 상호불가침, 상호내정불간섭, 호혜평등, 평화공존을 핵심내용으로 하며 국가의 생존과 발전된 평화적 환경의 쟁취를 기본 출발점으로 하고 있다. 이 원칙들은 새로운 의의를 지니고 있는데, 중국의 전통적 계급질서관이 쇠퇴하고 새로운 평등질서관이 등장했다는 것이다. 어떤 사람은 이는 약자의 논리일 뿐이며, 중국과 같은 대국이 일단 강대해지고 난 후에는 이러한 평등질서관을 지속적으로 견지해갈 것이라고 단언하기는 어렵다고 주장한다. 이것이 아마도 오늘날 다른 국가들이 굴기하고 있는 중국에 대해 우려하고 있는 부분일 것이다.

사실 냉전의 종식으로 인해 중미 간 대치국면이 형성되고, 중소 분열로 인해 양국은 적대국가가 되었다. 냉전과 분열이 야기한 복잡한 주변관계는 평화공존의 정책이 결코 좋은 결과를 거둘 수 없게 만들었고 중국과 다수의 주변 이웃국가의 관계에 불리하게 작용했으며 중국이 부득이하게 '멀리 떨어진 곳'에서 친구를 찾을 수밖에 없게 만들었다.

주변국가와의 관계에 있어 거대한 변화는 중국이 개혁개방정책을 실시한 후에 발생했다. 개혁개방은 안정되고 평화로운 정치 환경과 개방적이고 협력적인 경제 환경이 필요했기 때문에 중국은 전략적 사고의 전환을 통해 적극적이고 주동적인 조치를 취했으며 이웃국가, 특히 개방정책을 시행하는 시장경제국가와 지역들과 관계 개선 및 발전을 추진했다. 냉전이 종결된 후 주변의 정치 분열 정세에 일대 변화가 발생했는데, 이는 중국이 이웃국가와의 관계를 개선하는 데 필요한 정치적 환경을 제공했고, 각국이 채택한 개방정책 역시 더욱 광범위한 경제관계 발전을 위한 환경을 제공했다. 따라서 중국과 주변국가 간의 정치관계와 경제관계 모두 발전적 성과를 거두었는데 첫째, 중국은 모든 이웃국가들과 관계정상화를 실현했고 둘째, 중국은 차츰 이웃국가들의 가장 중요한 무역파트너가 되었는데, 이는 모두 매우 커다란 변화였다.

강대해진 중국은 이웃국가와 어떻게 공존할 것인가? 어떠한 관계를 구축할 것인가? 중국은 '이웃국가와 선린관계를 유지하고(與鄰爲善), 이웃국가와 동반자관계를 맺으며(以鄰爲伴)', '화목한 이웃(睦鄰), 안정된 이웃(安鄰), 부유한 이웃(富鄰)'이라는 정책을 통해 주변 이웃국가와의 관계 발전을 우선순위에 두고, 주변을 우선으로 하는 전략을 제출했다. 중공 18차 대회 이후, 새로운 지도자는 이웃국가와의 관계 발전 정책인 '신4자방침(新四字方針)'을 제시했는데, 이는 '친(親)·성(誠)·혜(惠)·용(容)'과 주변국가와 '이익공동체'와 '운명공동체' 건설을 바탕으로 주변지역을 중국의 전략적 근거지로 삼는다는 내용을 골자로 한다.

요약하면 신중국은 주변 이웃국가의 관계를 줄곧 조정해왔고, 주변국가와의 관계개선을 위해 늘 새로운 방법이나 조치를 취해왔다. 단계적으로 보면 제1단계에서는 주로 '생존과 공존을 추구'했고, 제2단계에서는 '우호증진과 평화발전'을 강조했으며, 제3단계에서는 '이익과 운명공동체 건설'을 적극적으로 추진했다. 각 단계마다 서로 다른 중점과 특징을 지니고 있지만, 신중국 성립 이후 제시된 평등한 대우, 평화공존, 협력발전을 이념으로 하는 '새로운 질서관'은 각 단계마다 공통적으로 적용되었다.

중국이 성장하고 중국과 이웃국가의 관계가 발전함에 따라 주변지역을 어떻게 인식하고 규정할 것인가에 대한 문제도 새로운 사유와 전략적 사고를 필요로 하게 되었다. 개괄하면 새로운 전략적 사고는 크게 두 가지가 있다. 하나는 주변지역을 하나의 전체로서 인식하고, 중국을 그 안에 두고 상호연결과 이익이 밀접한 광범위한 지역으로 간주하여 중국을 가정의 구성원으로 보는 전략적 사고다. 이는 중국과 각 이웃국가의 관계가 더 이상 선형적 관계가 아닌 입체적 관계로 변화되었음을 의미한다. 다른 하나는 주변지역을 중국의 전략적 근거지로 간주하는 것이다. 주변을 중국이 대국 및 강국으로 나아가는 길의 전략적 근거지로 보는 것은 완전히 새로운 관점으로 주변지역을 중국 안보위협의 발원지가 아닌 안보의 근거지로 간주한다. 필자는 2011년의 첫 회의석상에서 이 의견을 제시했고 당시에 많은 질의를 받았으나 현재는 이미 정부의 공식적인 주변전략 중의 하나로 자리 잡았다.

그렇다고 해도 주변지역을 안보의 근거지로 바라보는 것은 그리 쉽지 않다. 중국이 과거에 받은 굴욕적 역사로 인해 '피해자 콤플렉스'가 나타날 수 있고, 이로 인해 중국이 강대해진 후 '보복심리'나 '보상심리'의 발현을 야기할 수 있는데, 이는 극단적 민족주의 사조가 자라는 환경을 제공하는 원인이 된다. 동시에 종합국력이 상승한 중국이 자신의 이익을 확장하고, 스스로의 영향력을 제고하는 과정에서 필연적으로 대국, 특히 강대국과의 갈등이나 분쟁을 초래할 수 있으며 중국의 군사력 동원 가능성은 이웃국가로 하여금 평화발전의 길로 나아가겠다는 중국의 선언에 대해 의심을 품게 만들 수 있다.

중국 주변 이웃국가의 상황은 매우 복잡하고 특수하며 문제해결의 어려움도 매우 높다. 그 특징 중의 하나는 대국 및 강국과 이웃 관계를 맺고 있다는 것인데 한 국가가 일본, 러시아, 인도, 미국 등 크고 강한 이웃을 여럿 가진 나라는 세계 어디에도 없다. 미국은 태평양 반대편에 위치하고 있지만 중국의 일부 이웃국가의 영토 안에 군대를 주둔시키고 있고 항공모함, 전투기 등을 근거리에 배치했으며 전략무기를 보유하고 있기 때문에 중국의 지연적 이웃국가이자 전략적 이웃국가라 볼 수 있다. 오랫동안 중국의 안보위협의 주요근원은 강대한 이웃국가들이었다. 그들 역시 중국 및 인접한 지역에서 이익쟁탈을 시도하는 주요참여자로서 중국은 이 몇몇 대국들과 갈등을 겪은 경험이 있다. 두 번째 특징은 '거리는 가깝지만 친밀하지는 않은' 이웃국가들이 많으며 게다가 많은 분쟁이 존재하는데, 특히 해상분쟁은 오늘날 가장 심각한 문제로 대두되었고 동시에 '역사의 트라우마'도 아직 지워지지 않았다. 이웃국가와 관계를 맺는 데 있어 원만한 관계를 유지한다면 금과도 바꿀 수 없는 우호적인 이웃이 될 것이고 그렇지 못하다면 악한 이웃이 되어 번거로움이 끊이지 않을 것이다.

일부 사람들이 언급한 중국이 충분히 강대해지기만 한다면 이웃국가는 '신하의 예로써 중국을 받들게 될 것이다'라는 주장은 사실과 전혀 맞지 않는다. 지금의 주변정세와 관계는 '화이질서'의 시대보다 더 복잡하며 그 성격도 다르다. 중국의 정부 인사들은 중국이 온화한 대국이 되어야 한다고 주장하고 있지만 이는 쉽지 않은 일이다. 국가 간의 이웃관계는 본래부터 함께하기 어려운 것으로 그 이유는 첫째는 관계 안에 각종 모순 및 이익이 존재하고, 서로 복잡하게 얽혀 티격태격하기 때문이고 둘째는 여러 국가들이 복잡하게 얽혀 있으면 갈등이 발생할 수밖에 없기 때문이다. 성장하는 중국에 있어 이웃국가와 발생한 갈등의 해소는 더욱 복잡하기 때문에 실력뿐 아니라 지혜와 인내심 역시 필요하다.

오늘날 다시 중국을 침범할 역량을 갖춘 국가는 존재하지 않는데, 이는 세계의 판도가 변화했음을 의미한다. 이와 같은 상황에서는 대체로 자신의 인내심이 얼마나 강한지, 발전과 성장의 기회가 얼마나 지속될지에 따라 언제 인내심을 잃어버리고 기회의 환경이 파괴될 것인지가 결정되기 때문에 민족부흥의 꿈을 이루기가 매우 어렵다. 필자가 일찍이 말했듯이 성장한 대국은 자신의 역량을 과대평가하고 맹목적이고 모험적으로 행동하기가 쉽다. 오늘날의 중국 역시 이러한 위험성을 안고 있다. 여전히 거대한 역사발전과정에 놓여 있는 중국이 필요한 것은 시간과 환경으로, 이것이 전반적인 정세이며 바로 여기에 이익이 있다. 이 점을 항상 명심하고 깨어 있는 정신을 유지해야 한다.

2. 주변정세의 변화

오늘날 사람들의 입에 가장 많이 오르내리고 있는 문제는 중국 주변지역에서 출현한 새로운 긴장 국면, 즉 동해(동중국해)와 남중국해 지역에서의 분쟁이다. 이곳은 현재 일촉즉발의 상황에 놓여 있으며 전쟁의 발생 위험이 매우 큰 지역이다. 이러한 정세를 어떻게 인식할 것인가에 대한 각국의 관점은 서로 상이하다.

일련의 모순들 속에 존재하는 매우 큰 위험들이 중국이 속한 주변 환경에 큰 영향을 미치고 있기는 하지만 전체적인 정세는 여전히 양호하다. 지금은 신중국 성립 이래 국가의 안보위협이 가장 적고 중국이 주변정세를 장악하는 능력이 가장 강한 시기라고 말할 수 있다. 최근 출현한 새로운 이슈와 모순에 대해 넓은 시야로 분석하고 인식하려는 노력이 필요하다.

돌이켜보면 신중국 성립 이후, 주변지역은 안보위협의 주요 발원지였다. 오랫동안 중국은 정권의 생존과 국가의 안위에 소극적으로 대응했는데, 그 대부분은 외부요인들이 중국의 소극적 대응을 강요했기 때문이며, 전쟁 참여 혹은 군사행동도 이에 포함된다. 개혁개방 이후, 중국은 자발적으로 평화롭고 발전된 환경을 개선 및 개척하고 가까운 서구 진영의 국가와의 관계를 개선했으며 안보 공간을 확장·발전시키고 관계와 지역질서의 변화가 유리한 방향으로 진행되도록 유도했다. 개혁개방의 가장 큰 전략적 변화는 바로 중국의 외부환경에 대한 대응태도가 소극적 태도에서 적극적 태도로 바뀌면서 개방개발에 유리한 환경을 구축했다는 점이다. 개방정책의 시행을 위해서는 서구의 투자를 유도하고 서구 시장으로의 진입이 필요했다. 이를 위해 그들과의 관계개선이 필요했고 이에 중미 관계개선을 계기로 중국은 일본, 싱가포르, 말레이시아, 태국 등 주변 이웃국가들과도 관계를 개선해나갔다. 냉전이 끝난 후 중국은 빠르게 과거의 묵은 감정과 원한을 버리고 러시아 및 소련에서 분리한 신생국가들, 예를 들어 친소련적인 라오스, 베트남 등의 국가와 관계를 구축하고 1990년대 말까지 모든 주변국가들과 외교관계 정상화를 실현하는 등 역사적인 변화가 발생했다.

이어 중국과 주변국가의 관계는 또 한 번의 새로운 발전을 거두었다. 예를 들어, 러시아와는 국경을 확정했고, 베트남과는 육상경계선을 확정했으며, 인도와는 국경회담을 진행함과 동시에 안정적 국경에 공감대를 형성했다. 거의 모든 국가와 동반자관계를 건립했으며 자유무역협정 체결 및 협력기구건립 등을 포함한 주변지역의 협력시스템을 발전시켰다. 이후에도 중국과 주변 이웃국가의 관계는 지속적인 발전을 거듭했다. 전반적으로 관계는 큰 개선을 보였으며 공동의 이익이 증가했다. 특히 경제관계에 커다란 변화가 발생했는데, 중국은 대다수 주변 이웃국가들의 최대 무역시장이 되었다. 많은 분야에서 중국은 중요하고, 주도적인 영향력을 발휘할 수 있게 된 것이다.

그러나 언제나 그랬듯이 순조롭지는 않았다. 중국의 성장은 그 자체로 다중적이고 복잡한 반응을 불러일으키거나 지역관계에 대한 중대하고 심각한 조정을 초래할 가능성도 내포하고 있었다. 지역관계에서 조정의 기조는 약세였던 중국 아래서의 관계에서 벗어나 강해진 중국 아래서의 관계로의 변화이다. 강세인 중국 아래서의 관계는 일련의 분쟁들을 고조시킬 수 있는데, 왜 그럴까? 중국이 약세였던 시기에는 분쟁에 대해 중국 스스로는 관여할 능력이 없었기 때문에 사람들 역시 신경 쓰지 않고 내버려두는 것이 가능했다. 그러나 강세인 중국은 다르다. 강세인 중국은 양방향의 반응을 가져왔다. 첫째, 중국은 자신의 이익에 대한 요구가 필연적으로 증강했다. 중국은 일찍이 오랜 쇠퇴기를 겪으면서 많은 것을 잃어버렸고, 이후 강대해진 중국은 다른 누군가가 빼앗아 간 것을 되찾아오겠다는 생각이 자연스레 들게 되었고 불합리한 질서에 대해 더 이상 인내하기가 어려웠으며 강제로 삼킨 쓴 약은 뱉어내기를 원했다. 중국의 이러한 행동은 보복을 하고자 하는 것이 아니라 바로잡고자 하는 것이다. 당연히 강대해진 중국은 여기에 그치지 않고 이익 확대에 대한 요구가 필연적으로 증가했으며 자신의 이익 공간도 확장되기를 원했다. 두 번째는 관련 국가들이 강대해진 중국에 대응하기 위해 어떤 대책을 취할 것인가와 관련한 반응이다. 각국의 대책은 그 내용이 거의 동일하며 중국에 대비하는 측면에서는 마치 '사전에 준비된 공동의 인식'을 가지고 있는 것처럼 유사하다. 즉, 이는 중국의 '간섭'을 배제하고, 자신들의 이익을 침해하는 것을 방지하는 것으로, 특히 중국과 분쟁 중인 국가들은 다른 국가들과 손을 잡고, '준동맹' 연합을 추진하는 등의 방법을 통해 중국에 대응하려 할 것이다.

가장 적극적인 대응을 펼치고 있는 국가는 미국이다. 왜냐하면 중국의 부흥은 반드시 미국이 주도하는 지역 및 세계정세 형성에 도전을 가해올 것이기 때문이다. 새로운 세기에 들어서기 10년 전, 미국은 전략의 중점을 주로 반테러리즘에 두고 있었다. 중국의 경제력이 세계 제2위로 도약하고, 이에 따라 질서구조의 변화가 필연적으로 발생하면서 미국은 견디지 못하고 어쩔 수 없이 전략을 수정해, 전략의 중점을 중국의 도전에 대한 대응으로 전환했다. 이를 위해 미국은 자원을 동원하고 세력을 규합하여 중국의 공간 확장을 억제하고 중국의 영향력이 커지는 것을 견제했다. 이와 함께 중국이 미국의 존재와 영향력을 대체하거나 축소시키는 것을 방지하기 위해 노력했는데, 이것이 바로 미국의 '아시아 회귀전략'이 나오게 된 배경이다.

일본도 대대적으로 조정했다. 중국 경제의 일본 추월은 일본에게 거대한 압박과 긴장을 가져왔다. 일본은 강대해진 중국과 어떻게 지낼 것인가를 진지하게 고려하기 시작했다. 19세기 후반 일본은 동아시아의 강대국이었지만 제2차 세계대전은 일본을 붕괴시켰고 그 후 다시 급속하게 회복하여 경제총량이 세계 제2위를 차지하는 강국이 되었다. 오늘날 중국의 경제력이 이미 일본을 넘어섰고, 게다가 매우 빠른 속도로 그 간격이 끊임없이 벌어지고 있으며, 군사력을 포함한 종합국력이 지속적으로 상승하면서 일본은 좌불안석에 있다. 조어도 문제와 관련해 본래 양국의 외교관계 회복시기에는 공동의 인식을 달성했지만, 중국의 종합국력이 대폭 상승한 상황에 직면하자 일본 정부가 그것을 국유화하면서 조어도 문제를 최우선 과제로 설정하게 되었다. 아베 총리가 재임 후에 중국의 위협을 국내의 개혁과 자위권 행사의 금지를 해제하는 계기로 삼으면서 중국과의 관계악화도 불사하자 양국의 관계는 더욱 악화되었다.

필리핀과 베트남은 남중국해에서 차지하고 있는 산호섬의 이익을 유지, 보호하기 위해 공개적으로 중국을 도발했고 남미국가는 이를 지지했다. 매체들 역시 중국을 거만하고, 권력의 확대를 시도하는 국가로 묘사했다.

만약 표면적으로만 문제를 바라보면 상당히 골치 아픈 것임에는 틀림없다. 갑자기 이렇게 많은 문제들이 왜 나타났는가? 왜 이렇게 정세가 빠르게 변화하고 있는가? 이러한 질문에 비추어보면 중국의 주변지역이 갑자기 변해버린 것처럼 보이지만 만약 우리가 주변을 하나의 전체로 간주하고 이 변화를 중국에게 변화를 가져오는 역사발전과정으로 본다면 객관적인 정세분석을 도출할 수 있다. 즉, 강세인 중국 아래서의 정세 및 관계 재구축은 새로운 백년의 국면이 시작되는 과정이다.

3. 대전략의 사고

중국이 과거 오랜 쇠퇴기를 벗어나 백년 부흥의 역사로 나아가는 변화를 맞이하면서 이는 필연적으로 중국과 주변 이웃국가와의 관계, 그리고 주변질서 정세에 커다란 영향을 미치게 되었고 관계 및 질서 구조에도 거대한 전환이 발행했다. 즉, 중국의 변화로 인해 주변의 관계 및 질서가 장기간의 조정과 재건의 과정에 들어서게 되었고 마침 지금은 재건의 역사적 발전과정의 중요한 시기를 맞이하고 있다. 만약 중국과 주변 이웃국가의 관계, 그리고 주변지역 질서에서 출현하는 갈등과 충돌을 백년 재건의 역사의 발전과정 위에서 분석하고 인식한다면 그 명확한 실제와 추세를 볼 수 있을 것이다.

전체성과 역사의 발전과정은 중국과 주변의 관계를 관찰하고 인식하는 중요한 출발점이다. 전체적인 시각에서는 첫째, 중국의 주변을 하나의 전체로 다루고, 두 번째는 중국 자체를 전체의 일부로 본다. 주변을 하나의 전체로 본다면, 전체 국면이 안정되고 포위망이 존재하지 않으며 대다수 국가들은 안정적인 정세를 유지하길 원하고 중국과의 협력발전의 관계를 희망하고 있음을 알 수 있고 또한 안정을 위협하는 몇 가지 주요이슈들의 확산을 제어할 수 있다. 오늘날의 주변 정세는 신중국 성립 이래 위협성이 가장 낮은 시기이다. 가장 중요한 것은 중국을 침범하거나 중국을 겨냥해 전쟁을 발동시킬 능력을 가진 외부국가들이 존재하지 않는다는 점이다. 중국의 안보가 직면한 주요 위협은 미국의 전략적 압박과 개별 국가가 불러일으키는 분쟁이다. 주변지역은 중국의 전략 및 이익을 극대화하는 거대한 공간을 가지고 있으며 중국도 이 능력을 가져야 한다. 동시에 중국을 전체의 일부분으로 간주함으로써 중국이 변화의 요인이자 중요한 요소 중의 하나이며 중국은 자신의 조정을 통해 정세의 방향을 바꿀 수 있고 게다가 자신의 능력을 통해 정세의 악화와 자신의 이익이 손실을 입는 것을 제어할 수 있다는 것을 알 수 있다. 이와 같이 중국은 이제 수동적이고 소극적 태도에서 탈피하여 주도적이고 적극적인 태도로 전환되었다고 볼 수 있다.

전략적 사고의 진행은 우선 넓은 시야에서 상황을 인식하고, 그 기초 위에서 전략을 수립한다. 대전략은 세 가지로 정리할 수 있다. 첫째, 절호의 기회를 이용해 대대적인 발전추세를 파악하고, 둘째, 평화적인 환경을 확보하여 주변지역에서의 전쟁발동을 억누르며, 셋째, 전략적 인내심을 갖고 시간의 흐름과 변화에서 오는 시련을 견뎌낸다는 것이 골자이다.

중화민족의 부흥을 실현코자 하는 중국의 꿈은 여전히 진행 중에 있다. 아직 개발도상의 단계에 있는 중국은 지속적으로 개혁개방을 추진하고 발전 방식의 변화를 이끌어내야 하며, 자신의 종합국력을 제고하는 것이 필요한데, 이 과정은 중단되어서는 안 된다. 따라서 발전은 여전히 선결되어야 하는 과제이자 전략적 사고의 마지노선이다.

앞으로 20~30년은 중국의 발전을 위한 매우 중요한 시기로, 현실의 기초 위에서 진일보한 성장을 통해 중국의 더욱 큰 변화를 실현할 것이다. 중국이 새로운 장기 성장국면에 접어들었다는 것은 놓쳐서는 안 될 역사적 기회다. 개혁개방 후의 30여 년 동안, 중국은 평화적 발전에 입각하여 기회를 틀어쥐고 자신의 충분한 노동력과 정부관리 능력의 우월성을 발휘하여 외자유치와 세계시장을 통한 경제의 급성장을 실현했다.

미래의 기회는 이전과는 다른 함의와 환경을 갖고 있고 성장의 난이도가 더욱 높으며 외부환경에서 오는 도전이 더 강해질 것이기 때문에 더 큰 어려움을 극복하기 위한 더 많은 노력이 필요할 것이다. 중국의 경제력은 세계 제2위를 점하고 있음에도 1인당 GDP는 중후반에 머무르고 있는데, 이는 중국이 진정한 강국이 되기까지는 아직 시간이 필요하다는 것을 보여준다. 이러한 중국의 정세는 전략적 위상의 발전을 유지하는 기본 좌표이다.

중국의 주변지역에서 전쟁 발생을 억제하는 것은 대전략 계획의 하나이자, 대전략의 목표이다. 중국이 오랜 쇠퇴기를 거치는 동안 중국을 겨냥한 전쟁이 끊이질 않았고, 이는 강대국들의 분열을 조장했다. 신중국 성립 후에도 오랫동안 주변지역에서는 전쟁이 발생했고 일부 전쟁은 중국을 겨냥했으며 일부는 중국을 강제해 휘말리게 만들었다. 이로 인해 거대한 손실의 발생을 초래했고 결과적으로 중국의 발전과정을 늦추는 요인으로 작용했다. 전쟁이 중국 주변지역에서 발생하는 것을 막기 위해서는 두 가지를 파악하고 있어야 한다. 첫째, 정세를 파악하고 억제능력을 강화하며, 기타 국가들이 주변지역에서 자신 혹은 우호적 이웃을 겨냥한 전쟁을 막을 수 있는 능력을 갖추고 있어야 한다. 둘째, 스스로 전쟁을 수단으로 이용하지 않고 충돌과 분쟁을 해결하며 이웃국가에 대한 무력사용을 피해야 한다.

다른 국가가 자국을 겨냥해 전쟁을 발동하는 것을 저지하려면 군사력을 포함한 자신의 종합국력을 제고해야 할 필요가 있는데, 중국은 기본적으로 이 일을 해낼 수 있는 능력이 있다. 앞으로의 종합국력 향상과 군사력의 현대화는 중국에게 더욱 힘을 실어줄 것이다. 우호적 이웃을 겨냥한 전쟁의 발동을 저지하는 것은 쉽지 않은 일이지만 해야 할 일이고 할 만한 가치가 있는 일이다. 사실 과거에는 중국도 베트남을 도와 프랑스를 몰아내고, 미국에 대항했으며 한국전쟁 등에 참여했다. 그것은 소극적 참여이긴 했지만 앞으로는 적극적인 태도로 전쟁을 저지해야만 한다. 자신의 집 입구에서 소동이 일어나거나 문제가 발생하지 않고, 특히 전쟁의 도발이 없다는 것은 중국이 그만큼 강대해졌음을 의미한다. 중국이 아직이 일을 완벽하게 이행하고 있는 것은 아니지만 이를 위한 역량과 능력을 제고시키려는 노력을 지속해나가야 한다.

영토분쟁을 포함한 분쟁에서 전쟁을 수단으로 사용하는 것은 문제를 해결할 수 없으며 오히려 갈등만 증폭시킬 뿐이다. 이웃국가에 대해 무력을 사용하지 않는 것은 강자의 태도다. 중국의 전통문화는 '조화를 귀하게 여기는 것'을 숭상하고, 모순 '해결'을 지지하며, '화해'를 촉구하고, '싸우지 않고 이기는' 전술적 원칙을 신봉한다. 중국이 약세인 상황에서는 전쟁은 주로 수동적 선택이었으나 오늘날과 같이 강성해지고 적극성이 상승하여 능동적인 선택 능력을 구비하면서 중국은 '조화의 문화'를 구현할 기회를 맞이했다.

역사적으로 전쟁은 일찍부터 대국과 강국들의 영토 확장의 주요수단이었으나 오늘날은 그와 다르다. 역사상 중국의 기본전략은 국경을 수비하는 것이었지만 쇠퇴기의 중국은 자신의 영토를 지킬 힘조차 없었다. 오늘날의 영토분쟁은 주로 그 당시 해결되지 못하고 남아 있는 문제에서 비롯되었다. 현재 중국은 아직까지 인도와 부탄 두 국가와 국경을 확정하지 못했다. 부탄과는 큰 분쟁이 없었지만 인도와는 국경문제로 인한 분쟁이 있었다. 중국과 인도 양국은 안정적인 국경에 대해 합의를 달성했고, 경계선 획정을 위한 회담도 진행했다. 여기서 분명한 것은 전쟁은 선택사항이 아니라는 것이다. 현재의 뜨거운 감자는 동해(동중국해)의 조어도 문제와 남중국해의 산호섬 및 그 해역이다. 조어도 문제는 영토분쟁일 뿐만아니라, 힘의 역학관계와도 관련되어 지역의 역량과 전략적 구조 질서에 변화를 가져왔다. 소위 '돌 때문에 싸우는 것이 아니다'는 말은 농담이 아니라 전략적 사고이다. 조어도 문제는 힘의 전환에서 시작되었으며, 문제 해결을 위해서는 여전히 힘의 균형에 의한 반전이 요구된다. 중국이 얻고자 하는 것은 시간이기 때문에 전략적 인내가 필요하다.

남중국해 문제에서 중요한 것은 중국이 정세를 제어할 수 있는데 세 가지 함의가 있다. 첫째, 당사국들의 분쟁이 고조되는 것을 허용하지 않고, 둘째, 외부세력의 방해를 저지하고, 셋째, 아세안의 전체 틀을 잘 이용하는 것이다. 남중국해 문제에서의 어려움은 전술상에서 중국의 대응방안과 제어능력을 시험한다. 분쟁국가들 중에서 말레이시아는 중국과 안정적인 관계발전에 중점을 두었으며 더 큰 문제가 일어나는 것을 원치 않았다. 필리핀 사태는 미국의 지원과 지도자의 개인적 특징에 의해 발생했을 뿐, 본질적으로는 중국과 전면적 대립할 수 있는 능력은 없었다. 오직 베트남만이 군사적으로 모험을 감행할 가능성을 갖고 있는데, 정치의 축을 장악하기만 한다면 자발적으로 무력사용을 회피할 것이고, 이렇게 된다면 군사적 충돌도 피할 수 있을 것이다. 남중국해 분쟁에 대해 비록 구단선 (Nine dotted line)의 역사적 권리와 이익의 문제가 있지만 운용 가능한 공간이 여전히 존재하고, 적절한 상황에서 중국이 남중국해 영해와 배타적 경제수역의 긴장완화에 대한 원칙적 입장을 버리고 회담을 추진하는 계획을 수립하는 것이 바람직하다.

여기서 미국과의 관계를 어떻게 처리해야 하는가는 중요한 요소다. 중국은 미국과의 새로운 대국관계 건립을 제안했는데, 그 출발점은 중국이 강대국으로서 미국과 같은 강대국과의 충돌, 특히 전쟁의 발생을 막는 것이다. 중국의 이 같은 행동은 미국을 두려워하거나 미국에 굴복하는 것이 아니라, 새로운 전략적 사유에 기초하여 강대국들이 반드시 전쟁을 일으키는 법칙을 답습하는 것을 피하려는 것이다. 미국이 이 제안을 수락하지 않을 수도 있지만, 이보다 더 나은 선택이 존재할지에 대해서는 한번쯤 고려해봐야 한다. 당연히 중국에 대한 미국의 우려는 불식되기가 쉽지 않다. 동시에 중국의 도전 역시 객관적으로 현존하는 것이기 때문에 미국은 온갖 방법을 동원하여 중국의 성장을 제한하고, 중국의 세력 확장을 저지하려 할 것이다. 그러나 이것은 미국이 중국과의 일전을 원한다는 것을 의미하지는 않는데, 이러한 방식으로는 목표한 바를 실현할 수 없기 때문이다. 현대의 전쟁, 특히 대국 간의 전쟁은 승자가 없다. 이러한 시각에서 보면 서로 다투지 않는 것이 전략의 마지노선이 된다. 중미 간의 운용 가능한 전략적 공간은 매우 넓고, 해결해야 할 구체적인 '실무적' 문제뿐만 아니라 '전략적' 문제도 있다. 양자가 같이 테이블에 앉을 수만 있다면 아직 종결되지 않은 문제를 발견하고 협력의 영역을 찾아낼 수 있으며 이로 인해 양국의 관계는 더욱 친밀해질 것이다.

당연히 중국과 주변 이웃국가의 관계는 이미 수많은 새로운 관계의 특징을 가지고 있다고 봐야 하며, 그중에서도 두드러지는 것은 이익의 공유성이 증가하고, 이익을 한데 모으는 역내 대화협력시스템이 건설되었으며, 특히 중국이 관계변화의 핵심이 되었다는 점이다. 이러한 새로운 발전은 전반적으로 중국이 평화적이고, 협력적인 주변지역을 건설하는 데 유리한 환경을 제공한다. 중국이 자신감을 가져야 한다는 것은 스스로에 대한 자신감뿐만 아니라, 처해 있는 환경에 대해, 특히 주변 환경에 대해서도 자신감을 가져야 한다는 것을 의미한다.

중국과 주변지역을 '나와 주변'의 관점에서 인식하고, 동시에 '주변과 나'의 관점에서도 고려해야 하는데, '나의 주변'은 전체적인 국면을 보고, 전체적인 각도에서 대응하게 하며, 자신의 역량을 잘 사용할 수 있도록 인도한다. '주변의 나'는 자신의 위치를 모색하고, 주변국가와의 관계를 원만하게 처리하도록 유도한다. 또한 주변지역은 폐쇄적 특징이 아닌 개방적 특징을 가지고 있으며, 이미 과거 중국 중심의 '화이질서'로 되돌아가야 할 필요성도 그럴 가능성도 없으며, '치료하지 않음으로써 치료한다'는 이상적인 지역질서도 더 이상 출현하기가 어렵다. 미래의 주변지역은 다양성과 상호접촉성이 병존하고, 관계의 다양성과 이익의 공유성이 병존하며, 여러 역할을 통한 참여와 다양한 이익 게임이 존재할 것이다. 중요한 것은 중국의 조정 능력과 통제 능력이 증대해 비록 차별과 불일치, 갈등이 여전히 존재하지만 힘을 합쳐 차이를 극복하고, 안정된 평화를 실현했다는 점이다. 중국은 다시 지역무대에서의 주연 역할로 돌아가, 주변지역의 역사적 전환이라는 연극을 어떻게 연출할 것인지, 주연의 역할이 어떻게 바뀌어야 하는지를 곰곰이 생각해봐야 한다.

옮긴이의 말

장원링 선생은 한국에도 잘 알려진 중국의 학자이다. 그는 경제학과 국제 정치를 아우르는 다양한 학문적 활동을 전개해왔고, 중국적 문제의식과 서구적 방법론 모두에 해박하다는 점에서, 그의 글은 발표될 때마다 많은 주목을 받았다. 그의 학문적 궤적에 대해 위험을 무릅쓰고 단순화하면, 평생을 통해 찾고자 했던 것은 '지역'의 발견에 있었다. 지역에 대한 그의 여정(旅程)은 세계에서 시작해 유럽을 거쳐 아시아로 돌아와 정착했다. 그는 천하, 조공체제와 같은 전통적 질서관을 재해석하면서도 중국 중심 주의에 빠지지 않았고 동아시아 지역협력을 통한 동아시아공동체의 꿈을 꾸었다.

그의 꿈은 유럽통합과 같은 화학적 결합에 가까운 단일화가 아니라, 동아시아 각국의 주권이 보장되고 협력에 대한 경험을 축적하기까지 단계적으로 접근해가는 것이었다. 동아시아는 오랫동안 전쟁과 침략에 대한 기억, 힘에 기반한 질서, 경제적 불평등이 착종되어 있었기 때문이다. 이렇게 보면 동아시아 지역주의에 대한 그의 꿈은 일종의 증량주의(incrementalism)와 점진주의(gradualism)에 가깝다. 나아가 '중국과 주변'이 아니라, 개방적이고 포용적 질서를 모색해야 하고, 무엇보다 중국은 힘을 투사하기 전에 주변국가로부터 매력을 얻어야 한다는 점을 강조했으며, 구성국들이 역내 공급망, 네트워크 구축을 통해 구체적인 실익을 체감할 수 있어야 한다는 의리관(義利觀)도 고려했다.

이 책은《이상과 현실 사이》라는 제목이 말해주듯이 지역협력, 지역통합에 대한 학술서이자 구체적인 동아시아 지역협력체를 구축하기 위해 수많은 학자와 행정가를 설득한 실천의 편력도 포함하고 있다. 그는 동아시아비전그룹 위원, 중국-아세안 협력 전문가, 동아시아 FTA 전문가로 정책현장에 참여하면서 지역협력에 대한 각국의 조건, 인식 그리고 정책의 차이와 현실의 제약조건을 확인하면서 지역에 대한 중국의 인식과 방법을 성찰하는 계기로 삼기도 했다.

사실 중국도 동아시아 협력을 주도하기에는 힘과 경험 모두 부족했다. 실제로 종합국력의 한계 때문에 미국을 대체하는 초강대국이 되기는 어렵고, '개발도상국으로서의 대국'이라는 점을 강조하고 있다. 중국 외교가 공세적으로 변했다는 이미지와는 달리 실제로는 도광양회(韜光養晦)라는 방어적 현실주의(defensive realism)를 취하고 있다. 최근 미중 무역마찰과 바이든 정부 출범 이후의 디커플링과 '중국 때리기(China Bashing)'에도 불구하고 중국이 신중하게 접근하는 이유도 이러한 힘의 한계를 절감하고 있기 때문이다.

1990년대 이후, 중국은 변화하는 국제질서 속에서 점차 과거 비동맹에 기초한 고립주의를 버리고 다자주의와 지역주의에 주목하는 신(新)안보관을 정립했고, 이에 상응하는 정책을 투사해왔다. 실제로 아시아인프라투자은행(AIIB), 상하이협력기구(SCO), 아시아 교류 및 신뢰 구축회의(CICA), 6자회담, 역내포괄적경제동반자협정(RCEP) 등을 주도한 것도 이러한 맥락이었다. 더 나아가 일본 주도로 아시아·태평양 11개국이 참여하는 포괄적·점진적 환태평양경제동반자협정(CPTPP)에 가입할 의사를 피력하는 등 다른 국가가 주도하는 협력체에도 참여하는 등의 변화가 있었다.

그동안 한국의 동아시아 연구는 동아시아 지역협력의 가능성과 한계에 대한 담론을 많이 생산했다. 1990년대 초 동아시아 연구는 한국 지식계의 폭발적 관심을 불러 일으켰다. 특히 백영서 교수는 실천과제, 이중적 주변의 눈, 지역연대, 핵심현장, 복합국가 등 담론을 통해 지속적으로 동아시아 담론에 생동력을 불어 넣었고 실제로 동아시아 지식계의 교량 역할을 했다. 그러나 이러한 문제의식을 정책화하는 데까지 나아가지는 못했다. 한국은 샌프란시스코 체제 이후에 형성된 반공주의 속에서 '연동형 종속구조'를 탈피하기 위해 정권의 성격과 무관하게 지역을 발견하고 이를 정책화하고자 했다. 동북아 시대, 신아시아, 유라시아 이니셔티브, 신북방과 신남방을 제기했으나, 정권의 필요에 의해 만들어지고 소멸하면서 지속가능한 지역 구상을 발신하는 데는 실패했다. 상대적으로 중국에서는 학술담론이 정책현장과 결합하면서 전개되었다고 볼 수 있다. 이 책도 이러한 학술과 정책현장을 종횡으로 넘나들면서 동아시아 지역협력의 논의와 실천과정을 풍부하게 다루고 있다.

이 책의 저자 장윈링 선생은 학문적·실천적 성취에서 볼 때 가히 중국의 일대일로 이니셔티브에 대한 최고 전문가라 할 수 있다. 그럼에도 불구하고 동아시아 지역협력의 화두를 놓치지 않으면서 논지의 일관성을 유지하고 과도한 일반화를 경계하고 있다. 특히 이 책이 한국에 소개된다는 것을 알고 최근 체결된 역내포괄적경제동반자협정(RCEP) 논의 상황도 일부 반영했다. 현재 전개되는 상황을 이미 예견했다는 점에서 그의 학문적 통찰력을 느낄 수 있다.

이 책은 중국의 가장 권위 있는 출판사인 중국사회과학출판사에서 중국을 대표하는 학자들의 논총 시리즈의 일환으로 출판된 후 2019년 루틀리지(Routledge) 출판사에서 영문판을 펴냈는데, 1997년 이후부터 추진된 중국의 동아시아 지역협력에 대한 가장 중요한 저작 중 하나로 평가 받고 있다. 또한 각 장별로 구체적인 참고자료를 붙여 당시의 논의 과정을 생생하게 확인할 수 있어 향후 중요한 참고서의 역할을 할 수 있을 것이다.

중국의 옮긴이들은 장원링 선생이 오랫동안 근무했던 중국사회과학원에 소속된 저명한 한반도 및 동아시아 전문가들이다. 아마도 가장 가까이에서 학문적·실천적 열정을 지켜봤던 학자들이라고 생각한다. 옮긴이의 한 사람인 필자도 그와 오랫동안 학문적으로 교류하면서 문사철(文史哲)을 아우르는 식견, 편견에 빠지지 않은 개방성, 중국 중심주의에 매몰되지 않는 열린 동아시아를 지향하고 있다는 점에서 늘 감탄하곤 했다.

이 책의 번역에는 많은 사람들이 참여했다. 중국사회과학원의 퍄오젠이, 리청르 박사 등이 참여했으며, 필자는 모든 원고를 처음부터 끝까지 읽고 단일한 문체의 책으로 만들었다. 이 과정에서 성균중국연구소의 장영희 박사, 최소령 연구원도 힘을 보탰다. 그럼에도 불구하고 옮기는 과정에 나타난 모든 책임은 옮긴이들의 몫이다. 이 책의 출판이 막연하게 '믿고 싶은 것을 믿으려는 경향'과 '이데올로기가 투영된 중국의 지역'이라는 인식을 넘어 공론의 장에서 논의되는 계기가 되기를 바란다. 독자 여러분의 아낌없는 질정을 바란다.

2020년 12월
옮긴이를 대표해 이희옥 씀

이상과 현실 사이

중국의 동아시아 협력

1판 1쇄 2021년 1월 25일

지은이 | 장원링(張蘊嶺)
옮긴이 | 이희옥, 퍄오젠이(朴鍵一), 리청르(李成日)

펴낸이 | 류종필
책임편집 | 김현대
편집 | 이정우
마케팅 | 이건호, 김유리
표지 디자인 | 박미정
본문 디자인 | 박애영

펴낸곳 | (주) 도서출판 책과함께
　　　　주소 (04022) 서울시 마포구 동교로 70 소와소빌딩 2층
　　　　전화 (02) 335-1982
　　　　팩스 (02) 335-1316
　　　　전자우편 prpub@hanmail.net
　　　　블로그 blog.naver.com/prpub
　　　　등록 2003년 4월 3일 제25100-2003-392호

ISBN 979-11-88990-58-0 93340

* 이 책은 아모레퍼시픽재단의 지원을 받아 번역·출판되었습니다.